Zeitenwechsel

Zeitenwechsel

Umbrüche in Geschichte und Geschichtswissenschaft

Festschrift für Christine Roll zum 65. Geburtstag

Herausgegeben von
Thomas Dorfner, Thomas Kirchner und Matthias Schnettger

DE GRUYTER
OLDENBOURG

Gedruckt mit freundlicher Unterstützung der Neuman & Esser Stiftung der Familie Peters

Zusätzlich unterstützt von proRWTH e.V.

ISBN 978-3-11-138391-0
e-ISBN (PDF) 978-3-11-138421-4
e-ISBN (EPUB) 978-3-11-138450-4

Library of Congress Control Number: 2024952073

Bibliografische Information der Deutschen Nationalbibliothek
Die Deutsche Nationalbibliothek verzeichnet diese Publikation in der
Deutschen Nationalbibliografie; detaillierte bibliografische Daten
sind im Internet über http://dnb.dnb.de abrufbar.

www.degruyter.com
Fragen zur allgemeinen Produktsicherheit:
productsafety@degruyterbrill.com

Inhaltsverzeichnis

Thomas Kirchner / Thomas Dorfner / Matthias Schnettger
Einleitung —— 1

Teil I: **Biographische Umbrüche als Zeitenwechsel**

Nora Gädeke
„Nie ist ein großer Mann von seinem Fürsten kleinlicher gemißhandelt worden, als Leibniz von Georg I."?
Gottfried Wilhelm Leibniz und sein letzter Dienstherr —— 17

Frank Pohle
Alfred von Reumont (1808–1887) und die Akademien des deutschsprachigen Raumes
Eine Annäherung —— 39

Harald Müller
Verscharren oder verehren?
Beobachtungen zum Umgang mit Konkurrenten um das Papstamt im Mittelalter —— 65

Matthias Schnettger
„un carattere deturpato"
Der Fall Domenico Bologna und die genuesische Diplomatie in der Mitte des 18. Jahrhunderts —— 85

Teil II: **Kommunikations- und Vermittlungsversuche in Zeitenwechseln frühneuzeitlicher Herrschaft**

Gabriele Haug-Moritz
Monarchische Herrschaft im Wandel?
Machtdelegation im Reich der Teutschen Nation und im Königreich Frankreich im 16. Jahrhundert, vergleichend betrachtet —— 107

Jan Kusber
**Der Akt von Perejaslav 1654 als Zeitenwechsel in der frühneuzeitlichen
Geschichte des östlichen Europas?** —— **135**

Michael Kaiser
Kaiserliche Kommissare am Niederrhein (1651)
Die Landstände der erbvereinten Territorien der Vereinigten Herzogtümer im Kontext
der Reichspolitik —— **153**

Teil III: **Lebensphasen eines Zeitenwechsels**

Thomas Richter
Hoffnung auf einen Zeitenwechsel durch Gott und Gustav II. Adolf
Johann Amos Comenius und seine Schrift *Bazuine des genaden jaar* (1632) —— **177**

Florian Hartmann
**Von Wechseln, Wenden und Wissen: Für eine Wissensgeschichte des
Investiturstreits** —— **191**

Klaus Freitag
**Die Zerstörung von Poleis und die Vernichtung von Polisverbänden in
militärischen Auseinandersetzungen im Griechenland des
5. Jahrhunderts v. Chr.** —— **209**

Bettina Braun und Wolfgang Dobras
Die eigene und die fremde Revolution
Der Herrschaftswechsel in Mainz 1798 im Spiegel der französischen
Nationalfeste —— **231**

Franziska Schedewie
Die Deutschlandpolitik der Perestrojka in ihrer Selbstdarstellung
Imagepflege, Glasnost und Zeitenwechsel in der Zeitschrift *Sowjetunion heute*,
1985–91 —— **253**

**Teil IV: Zeitenwechsel als Kategorie der Geschichtswissenschaft
und Gegenwartsbewältigung**

Marian Füssel
Die vielen Struktur-Revolutionen der Frühen Neuzeit
Beobachtungen zur historiographischen Semantik von Zeitenwechseln —— **289**

Ines Soldwisch
Wende, Umbruch, Revolution?
Das Jahr 1989 und seine Deutungen —— **309**

Armin Heinen
Zeiten(ohne)Wende
Putins Herrschaftssystem, der Ukrainekrieg und das Unbehagen über die
bundesrepublikanische Debatte —— **321**

Danksagung —— **337**

Thomas Kirchner / Thomas Dorfner / Matthias Schnettger

Einleitung

‚Die Zeiten ändern sich'. Diese Einsicht ist nicht nur eine Selbstverständlichkeit, sondern auch eine Grundvoraussetzung dafür, Geschichte überhaupt als solche zu verstehen.[1] Blieben alle Zeiten gleich, hätten Historiker:innen nichts zu untersuchen. Obwohl der Wandel der Zeit für das Fach also offensichtlich konstitutiv ist, kostet es die Geschichtswissenschaft Mühe, ihn forschend zu bewältigen. Oft gelingt es nicht, die Bedeutung von Umbrüchen, verstanden als verdichtete Phasen neu erfahrener Zeit, für das ‚Davor' und das ‚Danach' deutlich zu verstehen. Die Streitfrage, ob ein bestimmter Umbruch überhaupt als solcher zu bewerten sei, bleibt daher häufig ungelöst. Auch in der geschichtswissenschaftlichen Forschung selbst stellen neue Zeiten immer wieder eine Herausforderung dar. Wenn neue Fragen, Methoden und Paradigmen die Forschung zu dominieren beginnen, stellt sich regelmäßig die Frage, wie mit alten Befunden weitergearbeitet werden kann oder ob bisher höchst relevant erscheinende Themen gar als abgeschlossen gelten können. Sollen gewohnte Orientierungspunkte – insbesondere als Epochendaten etablierte Umbrüche – weiter Beachtung finden oder ist die ständige Revision solcher Zeitenwechsel im Fach unumgänglich?

Die mit diesem Band geehrte Christine Roll betont beständig, wie wichtig es sei, dass geschichtswissenschaftliche Forschung eben nicht darin verfangen bleiben darf, ihren Fokus immer wieder zu verschieben und mit neuen Perspektiven und Methoden jedes Mal auch die Abgrenzungen ihrer Gegenstände neu zu erfinden. Stattdessen müsse es der Forschung gerade auch um die Vermittlung solcher Orientierungspunkte und grundlegender Befunde aus verschiedenen Phasen oder Bereichen der Geschichtswissenschaft gehen.[2] Es ist deswegen nur passend, dass

---

1 *Landwehr*, Alte Zeiten, Neue Zeiten, 15, bezeichnet ‚Zeit' in seiner historischen Dimension als möglichen „Grenzfall zwischen Theorie und Trivialität". Das gilt ähnlich auch für das besondere und geschichtswissenschaftlich zugleich leichter fassbare Zeit-Phänomen Zeitenwechsel; gerade in der populären Geschichtswissenschaft wird das geflügelte Wort von den sich ändernden Zeiten als Erkennungsmarke für Geschichte an sich verwendet und dementsprechend für lokal- und regionalhistorische Veröffentlichungen sowie für Erinnerungsliteratur verwendet.
2 Nur wenige Beiträge Christine Rolls seien hier als Beipiele ihrer forschenden Arbeit an der Vermittlung geschichtswissenschaftlicher Perspektiven in diesem Sinne genannt: *Roll*, Barbaren? Tabula rasa? greift Befunde einer älteren Gelehrten- und Begriffsgeschichte auf, um sie unter Einbeziehung wissensgeschichtlicher Überlegungen und Methoden zur Analyse von Korrespondenznetzwerken weiterzudenken; auf vergleichbare Weise hat zuletzt *Roll*, Domherrenkorrespondenz, die Problemstellung aus *Roll/Schnettger*, Einleitung. Epochenjahr 1806, aktualisiert; *Roll*, Einleitung. Gesandtenberichte, 17 f., schlägt vor, Gesandtenberichte als Quellen neu zu per-

https://doi.org/10.1515/9783111384214-001

sich die Beiträger:innen entschieden haben, vertiefte und problemorientierte Perspektiven auf Wandel in der Geschichte und der Geschichtswissenschaft zu eröffnen, deren Verständnis von Zeitenwechseln jedoch kein Anlass für Neuauflagen der Debatten über die genaue Abgrenzung oder die grundsätzliche Nützlichkeit von Epochen geben soll.[3] Stattdessen hinterfragen alle Beiträge die bedeutungsverengende Metapher ‚Umbruch‘. Zeitenwechsel meint nicht, dass eine Zeit an die Stelle einer anderen tritt, um sie ganz zu verdrängen, sondern der Wechsel ist auch als Austausch zwischen den Zeiten gedacht. Ein Austausch, dessen Herausforderungen die Zeitgenoss:innen als definierendes Merkmal eines Zeitenwechsels erlebten; ein Austausch, den aber auch Historiker:innen sorgfältig beobachten müssen, und eine Kommunikation, die sie in ihrer Forschung aktiv herstellen wollen.

Die vertiefte Untersuchung von Zeitenwechseln beginnt in vielen Beiträgen bei den Akteur:innen, die einen solchen gestalten mussten. Zeitenwechsel wurden zunächst als konkrete lebensweltliche Herausforderungen erlebt, was besonders deutlich gezeigt werden kann, wenn sie, wie in der ersten Sektion, in biographischen Kontexten untersucht werden. Der Zusammenhang von Zeitenwechseln mit weiterreichenden Entwicklungen wird in den Beiträgen der zweiten Sektion zur Herrschaftsverdichtung in der Frühen Neuzeit untersucht, in denen jeweils deutlich wird, wie sehr die Gestaltung von Zeitenwechseln auch Kommunikationsprozess beziehungsweise Vermittlungsversuch sein konnte.[4]

Die Beiträge in der dritten und vierten Sektion des Bandes befassen sich mit Themen aus ganz unterschiedlichen Epochen – von der griechischen Antike bis zur jüngsten Zeitgeschichte. In der Zusammenschau erzählen sie zunächst eine Art kollektiven Lebenslauf für Zeitenwechsel. Die Beiträge in Sektion III zeigen auf, dass die Bewältigung von Umbrüchen erkennbar in Phasen erfolgte und Zeitenwechsel häufig ein längeres (Nach-)Leben hatten, als das Bild einer klaren Bruchlinie in der Zeit vermuten lassen würde. Die Aufsätze in Sektion IV heben nochmals explizit hervor, wie Zeitenwechsel in der Regel den Charakter einer Herausforderung trugen, sowohl für historische Gesellschaften als auf für die Geschichtswissenschaft. Es sind nicht zuletzt die hier erarbeiteten Befunde, die dazu

---

spektivieren und weist dabei ausdrücklich darauf hin, dass eine solche methodische Neuerung besonders die Weiterentwicklung älterer diplomatiegeschichtlicher Einzelbefunde ermöglichen sollte.

3 Vgl. beispielhaft zur Reformation als Epochenereignis: *Hamm*, Abschied vom Epochendenken; und *Brady*, Lost Reformations?; grundlegend: *Jasper/Lotz-Heumann/Pohlig* (Hrsg.), Alteuropa – Vormoderne – Neue Zeit.

4 Mit Blick auf den ‚Zeitenwechsel 1806‘ finden sich ähnliche Überlegungen zur Bedeutung der Erfahrungen derjenigen, „deren persönliche Lebensplanungen nun obsolet geworden waren" bereits bei *Roll/Schnettger*, Einleitung. Epochenjahr 1806, 3.

anregen, eine tiefgreifende und differenzierte Untersuchung von Zeitenwechseln, wie sie hier erprobt wurde, als Beitrag zur Vermittlung zwischen verschiedenen thematischen, epochalen und methodischen Teilbereichen des Faches zu lesen.

I. Biographische Umbrüche als Zeitenwechsel

Zeitenwechsel waren Phänomene von Lebensläufen und persönlichen Erfahrungen historischer Einzelpersonen in deren unmittelbaren sozialen Beziehungen. Gerade durch diese Zentrierung auf die Akteur:innen können Antworten auf die Frage erarbeitet werden, welche Richtungswechsel eine historische Gesellschaft umfassend prägten. In diesem Sinne wurden Zeitenwechsel als Auseinandersetzung Einzelner und kleiner Gruppen mit konkreten Herausforderungen und Verunsicherungen erzählt, ohne sie aber als rein individuelle oder subjektive Erscheinungen zu verstehen.

Gleich die beiden ersten Beiträge des Bandes zeigen, auf welch unterschiedliche Art und Weise sich Herausforderungen in biographischen Umbrüchen als Zeitenwechsel begreifen ließen. Unter scheinbar vergleichbaren Umständen mussten zwei (früh-)neuzeitliche Gelehrte damit umgehen, in einen neuen Lebensabschnitt einzutreten, weil die Anerkennung ihrer Gelehrsamkeit in Frage gestellt schien: *Nora Gädeke* nimmt mit ihrer Studie eine Neubewertung des vermeintlichen Einschnitts vor, den der Regierungsantritt des braunschweig-lüneburgischen Kurfürsten Georg Ludwig und späteren Königs von England (Georg I.) für die Gelehrtenbiographie von Gottfried Wilhelm Leibniz bedeutete.[5] *Frank Pohle* hingegen untersucht, wie der preußische Gesandte in Italien Alfred von Reumont gegen Ende seiner Laufbahn darum bemüht war, seine anfechtbare Position innerhalb der Gemeinschaft europäischer Gelehrter durch die Aufnahme in verschiedene Akademien zu verteidigen.[6] Den Unterstützern Reumonts gelang es dabei zunächst häufig, ihren Freund zumindest in die erweiterten Kreise der Akademieangehörigen aufrücken zu lassen, obwohl in den Aufnahmeverfahren bereits erkennbar wurde, wie die von Reumont vor allem als Historiker praktizierten traditionellen Formen der Gelehrsamkeit neuen Kriterien der Wissenschaftlichkeit nicht mehr gerecht wurden. Reumont konnte die Auswirkungen eines Zeitenwechsels in der gelehrten Welt auf seine Biographie nur zeitweilig überdecken und verzögern. Dagegen hatte Leibniz' Gelehrtenleben keine dramatische Wende genommen, als sein Dienstherr in Hannover wechselte. Erst spätere Historiogra-

---

5 *Gädeke*, Leibniz und sein letzter Dienstherr.
6 *Pohle*, Reumont und die Akademien.

phen, die Leibniz als Genie verstanden wissen wollten, beschrieben unter anderem die Einschränkung seiner Reisefreiheit durch den neuen Kurfürsten als skandalös. Sie akzentuierten oder erfanden also einen Zeitenwechsel, der von seinen Hauptakteuren gar nicht erlebt worden war.

Den Zusammenhang zwischen Zeitenwechseln und der letzten, abschließenden Station jeder Biographie untersucht der Beitrag von *Harald Müller*. Er verdeutlicht den historischen Wandel von Grablegungen derjenigen mittelalterlichen Bischöfe, die in Konkurrenz zu anderen zum Papst erhoben worden waren, schließlich aber in den Auseinandersetzungen um die Legitimität ihres Pontifikats unterlagen. Die Bestattung und liturgische Memoria der erfolglosen Papstprätendenten wurde demnach symbolisch und medial als Kristallisationspunkt für eine Erinnerung im Sinne der siegreichen Konkurrenten angelegt. Allerdings kam es, wie Müller zeigt, im 12. Jahrhundert außer Gebrauch, vor allem das Scheitern der Gegenpäpste zu markieren und – einer „eliminatorischen Handlungslogik"[7] folgend – die sonstige Erinnerung an sie möglichst vollständig zu löschen. Die Rolle als Gegner des Papstes wurde stattdessen in den Biographien der Bestatteten zu einer unbedeutenden Episode reduziert, und die mit dem Wettstreit konkurrierender Päpste einhergehenden Zeitenwechsel wurden somit verschleiert.

Hier zeigt sich, welche subtilen Unterschiede die beiden Epochen-Metaphern ‚Umbruch' beziehungsweise ‚Zeitenwechsel' kommunizieren. Nicht nur trennt der ‚Umbruch' – ähnlich wie die Revolution – die vorige Zeit deutlicher und endgültiger von der folgenden als der Zeitenwechsel, sondern Umbrüche stellen sich auch als extern, das heißt als Auswirkungen von gesellschaftlichen Entwicklungen, der Zeitläufte oder des Schicksals dar, denen die Betroffenen kaum entkommen können. Zeitenwechsel dagegen wurden gestaltet und erforderten zwingend eine Deutung, wobei nicht selten die Kontinuitäten im Wechsel hervorgehoben beziehungsweise der Umbruch im Wandel geglättet wurde. Das wurde gerade in denjenigen Fällen deutlich, in denen es den Akteur:innen nicht gelang, sich planvoll in neuen Zeiten einzurichten, sondern sie mit ungewissem Ausgang probierten und experimentierten, um sich Raum in der Zukunft zu schaffen – die Möglichkeit, zu scheitern und ‚gestrig' zu werden, nie ausgeschlossen.

Ganz in diesem Sinne wurden die von *Matthias Schnettger* untersuchten Zeitenwechsel im Lebenslauf des genuesischen Gesandtschaftssekretärs in Wien, Domenico Bologna, in erster Linie als Scheitern erlebt:[8] Nachdem Bologna – unter anderem wegen nachlässiger Amtsführung, Unterschlagungsversuchen und einem unregelmäßigen Lebenswandel – sein Amt verloren hatte, floh er nach Venedig, um sich letztlich erfolglos seinen Gläubigern zu entziehen. Wie Schnettger

---

7 *Müller*, Konkurrenten um das Papstamt, 75.
8 *Schnettger*, Der Fall Domenico Bologna.

herausarbeitet, hatte Bologna sich für einen frühneuzeitlichen Diplomaten nicht außergewöhnlich verhalten. Die Kritik an seiner Amts- und Lebensführung konnte deswegen zur Forderung nach einem Zeitenwechsel im genuesischen Gesandtschaftswesen ausgebaut werden, zu einem Plan, Verfehlungen wie diejenigen Bolognas durch Professionalisierung der Diplomatie künftig zu unterbinden. Durchaus nicht ungewöhnlich war, dass ein solcher Zeitenwechsel zwar gefordert, aber nicht umgesetzt wurde.

II. Kommunikations- und Vermittlungsversuche in Zeitenwechseln frühneuzeitlicher Herrschaft

Brüche in Lebensläufen oder auch in der gemeinsamen Geschichte begrenzter Gruppen konnten also eng mit weiterreichenden gesellschaftlichen Entwicklungen verknüpft sein. Wie produktiv es sein kann, Zeitenwechsel auf beiden Ebenen zusammenhängend zu untersuchen, belegt eine Reihe von Beiträgen, die verschiedene Aspekte verdichteter beziehungsweise geteilter Herrschaft in der Frühen Neuzeit untersuchen.

Gabriele Haug-Moritz analysiert in ihrem Beitrag, inwiefern der grundlegende Wandel der monarchischen Herrschaft, der sich in ganz Europa als eine der Epochensignaturen der Frühen Neuzeit überhaupt beobachten lässt, als Zeitenwechsel präzise charakterisiert werden kann.[9] Der Beitrag vergleicht, wie im Königreich Frankreich und im Heiligen Römischen Reich deutscher Nation die Stabilisierung von Herrschaft während der Abwesenheit oder Minderjährigkeit des Herrschers gelang. Dabei geht es Haug-Moritz nicht etwa darum, Phasen der Regentschaft an sich als Umbruch zu beschreiben. Vielmehr zeigt die Analyse, dass der Wandel im Umgang mit solchen Phasen, vor allem durch die zunehmende Entpersonalisierung von Herrschaft, ein charakteristischer Bestandteil der größeren Zeitenwechsel war, die wir in Gestalt eines ‚Wachstums‘ oder einer ‚Verdichtung‘ der Staatsgewalt während der Frühen Neuzeit beobachten.

Während bereits der Beitrag von Haug-Moritz die Bedeutung von Akteur:innen betonte, die – selbst in Frankreich – unterhalb der Ebene der Monarchen an frühneuzeitlicher Herrschaft beteiligt waren, stellen die folgenden beiden Studien solche Gruppen und deren Erfahrungen sowie Gestaltungsversuche in Zeitenwechseln ganz in den Vordergrund. Dabei fallen Parallelen auf zwischen den erb-

---

9 *Haug-Moritz*, Machtdelegation.

vereinten Landständen der Vereinigten Herzogtümer von Jülich, Kleve und Berg, denen sich *Michael Kaiser* widmet,[10] und den ukrainischen Kosaken, die *Jan Kusber* in den Mittelpunkt seines Beitrags stellt.[11] Beiden Gruppen eröffnete sich während des 17. Jahrhunderts die Aussicht, dass ihre bisherige Position in den Systemen geteilter Herrschaft zwischen Adel und Monarchen nicht dauerhaft stabil war. Freiheiten und Vorrechte, die bisher selbstverständlich waren, standen in Frage und ließen sich nicht kurzfristig, zum Beispiel vertraglich, wieder sicherstellen. Stattdessen versuchten Landstände wie Kosaken insbesondere durch die Neugestaltung ihrer politischen Beziehungen einen Weg durch unsichere Zeiten zu finden – sei es durch den Versuch, sich Geltung auf politischen Bühnen zu verschaffen, die ihnen bis dahin verschlossen geblieben waren, oder indem sie den Zeitenwechsel mit einem politischen Seitenwechsel zu überwinden suchten. In jedem Fall – und auch das ist eine bedeutsame Gemeinsamkeit – lag ihrem Handeln keine präzise Idealvorstellung und kein strategisch ausgearbeiteter Plan für die neue Zeit zu Grunde, sondern vielmehr die Hoffnung auf eine Wende zum Guten.

Untersucht werden also Bemühungen historischer Akteure, Übergänge von einer Zeit in die nächste zu schaffen. Dabei zeichnet sich schnell ab, dass der Zeitenwechsel als Praxis des historischen Übergangs selbst eine Geschichte hat. Einerseits finden die Studien ereignisgeschichtliche Konstellationen, institutionell-organisatorische Rahmungen, medial-kommunikative Situationen und Praktiken, die bei Zeitenwechseln immer wieder eine Rolle spielten. Gerade der Kommunikation während der und über die Zeitenwechsel kam offensichtlich eine Schlüsselfunktion für deren Bewältigung zu. Andererseits scheint es epochenspezifische Kulturen des Zeitenwechsels zu geben. So unterschieden sich die Haltungen, Werte und Zielvorstellungen, die Menschen in der Moderne und in verschiedenen Phasen der Vormoderne bei der Gestaltung von Zeitenwechseln annahmen.

Besonders deutlich scheint sich der moderne Modus der Veränderungsbewältigung von seinen historischen Vorläufern abzusetzen. Der unbedingte Anspruch, einen Zeitenwechsel planvoll und erfolgreich zu gestalten und den Veränderungen des Übergangs unmittelbar eine erklärbare Bedeutung als Fortschritt zuzuschreiben, die auch mit dem eigenen Selbstbild vor und nach dem Wechsel vereinbar sein sollte, war erst den Menschen der Moderne eigen.[12] So drohten die Akteur:innen aber auch, auf neue Art an Zeitenwechseln zu scheitern. Es reichte nicht länger, irgendwie, sei es tastend, stolpernd oder einfache passiv, duldsam,

---

10 *Kaiser*, Kaiserliche Kommissare.
11 *Kusber*, Perejaslav 1654.
12 Dieser Anspruch lässt sich auch als Repräsentation des von Achim Landwehr pointiert als „Zwang zur Zukunftsgestaltung" bezeichneten Charakteristikums des Zeitregimes der westlichen Moderne verstehen. *Landwehr*, Alte Zeiten, Neue Zeiten, 13.

den Weg in die neue Zeit zu finden. Wer versuchte, einen Zeitenwechsel zu gestalten, ohne sich selbst und andere zu überzeugen, dass sie ein klares Ziel vor Augen hatten und die Zügel in der Hand hielten, blieb ohne Anerkennung.

Inwiefern diese Haltung auch schon während der Frühen Neuzeit Wirkung zeigt, haben bereits die gerade vorgestellten Beiträge begonnen auszuloten. Doch in fast jeder der hier präsentierten Studien zur Vormoderne zeigt sich eine Gemeinsamkeit: Die bevorzugte Haltung der Akteure in Zeitenwechseln – zumindest des Mittelalters und der Frühen Neuzeit – war im Unterschied zum entschlossenen Kontrollwillen der Moderne die Hoffnung. Entsprechend der spätmittelalterlichen Darstellung Fortunas mit ihrem Rad, zu sehen auf dem Cover des Bandes, waren Zeitenwechsel nicht als fester Punkt am Horizont vorstellbar, zu dem sich die Akteure geschickt einen möglichst geraden Weg zu bahnen hatten.[13] Stattdessen wurden sie als Rotation des Schicksalsrads empfunden, dessen Geschwindigkeit und Richtung die Menschen weder ganz verstehen noch entscheidend beeinflussen konnten, an das sie sich aber unweigerlich gebunden sahen. Maßstab für die erfolgreiche beziehungsweise tugendhafte Bewältigung eines Umbruchs konnte dementsprechend nicht sein, dass die Akteure bestimmte Pläne und Zukunftsvorstellungen wahr werden ließen und damit gleichsam Fortuna ihren Willen aufzwangen. Entscheidend war vielmehr, Zeitenwechsel und das eigene Schicksal darin hoffnungsvoll als gottgewollt zu verstehen.[14] Einer der ersten, die das anders sahen, war bekanntlich Niccolò Machiavelli, der in Kapitel 25 seines *Principe* Fortuna als eine zwar unkalkulierbare, aber prinzipiell beherrschbare Größe charakterisiert: *Fortuna ist ein Weib, und es ist notwendig, wenn man sie niederhalten will, sie zu schlagen und zu stoßen.*[15] Wenn jedoch als Ausdruck christlichen Gottvertrauens in Zeiten des Umbruchs Vorstellungen von der Zeit danach kommuniziert wurden, um damit das eigene Handeln im Zeitenwechsel zu rechtfertigen, wurde dafür nicht zufällig auch die Form der Prophezeiung gewählt. Banden Prophezeiungen für die Christ:innen der Vormoderne doch die Deutung einer unsicheren Gegenwart an offenbartes religiöses Wissen zurück und markierten gleichzeitig die erhoffte Zukunft als gottgewollt und gottgemacht.[16]

---

13 Die Abbildung entstand in den 1460er Jahren. Coëtivy Master (Vulcop, Henri de?), Miniatures from Boethius, 1v.
14 Dass mit den Launen der Fortuna keine Pläne zu machen waren, galt in der Frühen Neuzeit als gesetzt. Zwar wurden die Läufe des Schicksals durchaus vielfältig vor- und dargestellt – nicht in jedem Bild dreht die Fortuna ein Rad –, doch Willkür und Unbeständigkeit waren fest im Bedeutungsfeld der Allegorie verankert; vgl. dazu beispielsweise *Sandrart*, Inconologia Deorum, 161 f.
15 *Machiavelli*, Il Principe/Der Fürst, Kap. XXV, 193.
16 *Ludwig*, Prognostication in Early Modern Times; sowie *Green*, Printing and Prophecy, 62–84.

III. Lebensphasen eines Zeitenwechsels

In beiden historischen Kulturen des Zeitenwechsels waren Kommunikation und Repräsentation die entscheidenden Mittel, um Übergänge zu gestalten. Zeitenwechsel wurden gestaltet, indem sie besprochen, inszeniert und vermittelt wurden. Diese Erkenntnis erklärt auch, warum alle hier vorliegenden Studien eine längeren Untersuchungszeitraum gewählt haben, um Zeitenwechsel als Prozess zu verstehen. Die untersuchten Übergänge verdichteten sich eben zunächst nicht auf einzelne Momente des Umbruchs. Vielmehr ließen sich für viele Zeitenwechsel ausgedehnte und zum Teil gewundene Lebensläufe nachzeichnen. Sie begannen aus Sicht der Betroffenen mit einem deutlich erfahrbaren Abbruch des gewohnten Normalzustands.[17] Die Akteur:innen machten die Erfahrung, dass erprobte Praktiken, lang bestehende Beziehungen oder bisher erfolgreiche Kommunikationsstrategien an ihre Grenzen stießen. Entweder wurden sie spürbar prekär oder es zeigte sich, dass neue Handlungsweisen bessere Erfolge erwarten ließen. Damit begann also eine zweite Phase, in der – zum Teil richtiggehend experimentell, zum Teil nur vorsichtig probend, reaktiv oder sogar weitestgehend duldend – neue Ansätze zum Einsatz kamen. Schon während dieser Zeit drängte sich auch die Notwendigkeit auf, den Zeitenwechsel zu bewerten und einzuordnen, also Worte und Haltungen dazu zu finden, welche weitere Bedeutung und langfristige Auswirkungen sowohl die aktuellen Herausforderungen als auch die eigenen Bewältigungsbemühungen haben könnten. Die Ergebnisse dieser Evaluationen des Umbruchs deckten ein Spektrum ab, an dessen einem Ende das Beharren stand, Traditionen in die neue Zeit hinein zu verlängern, an dessen anderem Ende aber die Erfindung und Vertiefung eines unwiederbringlichen historischen Bruchs stand, hinter dem zwangsläufig viel Althergebrachtes zurückgelassen werden musste.

Bemerkenswert ist allerdings nicht nur die Vielfalt der Deutungen, sondern auch die relative Homogenität derjenigen Gruppe, die diese Deutungen primär vornahm. Es waren offensichtlich eben jene bevorzugten Protagonist:innen der Beiträge dieses Bandes, die Gesandten und Gelehrten, die Fürstendiener:innen und Mitglieder der Herrscherfamilien sowie der höfischen Gesellschaften, die in besonderer Weise aktiv wurden, wenn es daran ging, Umbrüche zu bewältigen. Dieser Befund mag zum Teil das Produkt einer voreingenommenen Perspektive sein: Wer nach Gesandten und Gelehrten in Zeitenwechseln fragt, wird vor allem

---

17 Dass es schon grundsätzlich eine Herausforderung ist, „sich der Verunsicherung durch die Zeit zu stellen", wie *Landwehr*, Alte Zeiten, Neue Zeiten, 10, feststellt, spielte dabei sicherlich auch eine Rolle, war aber in den besonders fordernden Situationen der untersuchten Zeitenwechsel nicht entscheidend.

erfahren, was gerade diese Gruppen zur Gestaltung von historischem Wandel beitrugen. Allerdings ist es auch nicht zu weit hergeholt, einen Zusammenhang zwischen den während einer entscheidenden Phase eines Zeitenwechselprozesses in
Schlüsselpositionen befindlichen Kommunikations- und Repräsentationsprofis
und der Kommunikation und Deutung dieses Zeitenwechsels anzunehmen.

Thomas Richter kann in seinem Beitrag zeigen, wie der böhmische Theologe
Johann Amos Comenius den Lebenslauf eines Zeitenwechsels – dem wechselhaf-
ten Schicksal der Gemeinschaft böhmischer Glaubensflüchtlinge während des
Dreißigjährigen Kriegs und besonders der schwedischen Kriegserfolge der Jahre
1631/32 – als Gelehrter entlang der gerade beschriebenen Stationen begleitete und
zu leiten versuchte. Die eigene Flucht und sein Exil hatte Comenius als Einschnitt
erlebt, den er schnell als bedeutend auch für seine gesamte Glaubensgemeinschaft einstufte. Er deutete diese Erfahrungen von Beginn an theologisch und behielt diese Perspektive auch bei, als er in der von Richter untersuchten Schrift *Bazuine des genaden jaar voor de Bohemische natie* (1632) angesichts der außergewöhnlichen Kriegsereignisse Orientierung auf eine bessere Zukunft nach den
erlebten Umbrüchen zu geben suchte. Richter unterstreicht, dass Comenius der
lesenden Teilöffentlichkeit der Exilböhmen Trost spendete, indem er Hoffnung
auf eine bessere Zeit in religiöser Freiheit weckte. Da er seine Deutung des laufenden Umbruchs als Rettung der Böhmischen Brüder durch König Gustav II. Adolf
in die Form einer heilsgeschichtlich gesättigten Prophezeiung kleidete, war auch
klar, dass er einen echten, fundamentalen Zeitenwechsel erhoffte und herbeizu-
schreiben suchte: Durch Gottes Wirken und sein Werkzeug, den Schwedenkönig,
würde sich das Schicksal der Böhmischen Brüder unumkehrbar zum Besseren
wenden.

Auch *Florian Hartmann* erläutert den Zusammenhang zwischen der Kommunikationsarbeit von Gelehrten und der Bewältigung von Zeitenwechseln präzise,
indem er in seinem Beitrag zu den Umbrüchen im Jahrhundert des Investiturstreits zunächst darauf hinweist, dass die Deutung der in solchen Zeiten erlebten
Unsicherheiten neben intensiverer schriftlicher Kommunikation von Gelehrten
auch die Anwendung spezifischer Wissensformen erforderte.[18] Die Autoren des
11. Jahrhunderts, die darum bemüht waren, ihren Stimmen in den Auseinandersetzungen zwischen Papst und Kaiser sowie anderen Konflikten der Zeit Gehör zu
verschaffen, mussten Wissen aus den Bereichen Logik, Rhetorik, Recht und Geschichte zur Anwendung bringen. Erst durch intensive Kommunikation, die sich
aus all diesen Wissensbereichen bediente, sie reproduzierte und transferierte,
konnten bestimmte Deutungen des Zeitenwechsels Geltung erlangen. Insbesondere dann, wenn diese Kommunikationsarbeit historisches Wissen verarbeitete, pro-

---

18 *Hartmann*, Von Wechseln, Wenden und Wissen.

duzierte sie vermehrt auch neues Wissen.[19] Die Bewältigung der Zeitenwechsel im Umfeld des Investiturstreits war wissenskulturell produktiv.

Als ein Beispiel für die Bedeutung wissensbasierter Kommunikationspraktiken – oft verbunden mit Formen der Gelehrsamkeit – für die Bewältigung von Zeitenwechseln ist der Rückgriff auf Erinnerungen und Geschichte auch in anderen Beiträgen hervorgetreten. So zeigt *Klaus Freitag*, dass bereits die kriegerischen Gewaltakte der Poliszerstörungen in der „erheblichen militärischen Eskalation"[20] des fünften vorchristlichen Jahrhunderts ihre Bedeutung als Umbrüche vorrangig durch ihre Einordnung und Deutung in der Geschichtsschreibung erhielten. So waren die Gewaltakte militärischer Akteure wichtig, um den Stellenwert einer Poliszerstörung zu markieren; dasselbe galt auch für die unmittelbaren Erfahrungen der überlebenden, oft geflohenen Mitglieder der ursprünglichen Polisgemeinschaft. Diese ‚Übriggebliebenen' zeigten aber häufig eine solche Resilienz gegen das Ende ihrer Autonomie, dass das abschließende Urteil darüber, wie endgültig die Zerstörung eines Ortes, wie grundlegend also der Zeitenwechsel war, die Geschichtsschreibung fällte. Freitag zeigt, dass verschiedene Historiographen dabei unter anderem zum Vergleich verschiedener Stadtzerstörungen griffen, um die Qualität eines Ab- beziehungsweise Umbruchs abzuwägen.

Mehrere gleichsam ineinander verwobene Phasen der Historisierung und parallelen Profilierung von Zeitenwechseln veranschaulicht der Beitrag von *Bettina Braun* und *Wolfgang Dobras* zu den Revolutionsfeierlichkeiten im Mainz der Jahre 1797/98. Die Mainzer inszenierten, verstanden und gestalteten den Zeitenwechsel in ihrer Stadt in den historischen Zusammenhängen der *Tyrannei* des Ancien Régime, des revolutionären Kampfes in Paris, der Geschichte der Mainzer Republik und der lokalen Traditionen in der Stadt.

Die historisierenden Deutungspraktiken zur Übergangsbewältigung lassen sich wie schon die allgemeinen Muster im Umgang mit Zeitenwechseln auf einem Spektrum abbilden. Auffällig ist, dass an dessen einem Ende historische Erzählungen entwickelt wurden, die im Wesentlichen dazu dienten, Umbrüche zu leugnen oder zumindest zu relativieren und sie auf diese Weise zu bewältigen. Diese moderierende Art und Weise der Gestaltung von Zeitenwechseln war insbesondere in der Vormoderne verbreitet, als Veränderungen, selbst wenn sie als grundlegend erkannt oder planvoll herbeigeführt wurden, kaum eine Chance hatten, als legitim zu gelten, solange sie ‚Neuerungen' waren. Eine Reform aber oder die Bewegung des Schicksalsrads in eine Position, die schon da gewesen und damit or-

---

19 Ebd.; auch Haug-Moritz weist in ihrem Beitrag auf die Bedeutung von „Wissenshaushalt" und „Erfahrungswissen" der Akteure hin.
20 *Freitag*, Zerstörung von Poleis, 210.

dentlich war, konnte hingegen als Reaktion selbst auf einen radikalen Zeitenwechsel Anerkennung finden.

Im 20. Jahrhunderts war dieses Mistrauen in Neuerungen zwar Vergangenheit und hatte sich sogar in eine mehr oder weniger radikale Orientierung an immer neuen Zukünften verkehrt. Trotzdem blieb es eine Option, in Umbruchsitua-
tionen darauf zu verweisen, dass bestimmte Deutungsmuster oder Strategien
historisch etabliert waren, um die eigenen Gestaltungsversuche im Zuge eines Zeitenwechsels zu legitimieren. Ein eindrückliches Beispiel dafür liefert *Franziska
Schedewie*, indem sie offenlegt wie Autor:innen der *Sowjetunion heute* – einer von
der sowjetischen Botschaft in Bonn aus als Propagandaorgan für deutschsprachige Leser:innen im Westen produzierten Zeitschrift – darum bemüht waren, die
sowjetische Deutschlandpolitik in der Wendezeit als Fortsetzung und Weiterentwicklung der Beziehungen zwischen der Sowjetunion und den deutschen Staaten
seit dem Ende des Zweiten Weltkriegs verständlich zu machen. Dabei ging es allerdings weniger darum zu leugnen, dass Europa Zeiten des Umbruchs erlebte.
Die Botschaft war vielmehr, dass sowjetische Intellektuelle und Entscheidungsträ-
ger trotz des offensichtlichen Zeitenwechseln weder Orientierung noch Kontrolle
verloren hatten.[21]

IV. Zeitenwechsel als Kategorie der Geschichts-wissenschaft und Gegenwartsbewältigung

Weil betroffene Zeigenoss:innen schon während der Deutung noch laufender Zeitenwechsel so intensiv mit der Historisierung ihrer Umbruchserfahrungen befasst
waren, produzierten sie häufig Geschichtsbilder, die zunächst unmittelbar auf
ihre Funktion für die Übergangsbewältigung zugschnitten waren. Diese Geschichtsbilder fanden unweigerlich Eingang in die Geschichtsschreibung der Epoche nach den Zeitenwechseln und wurden schließlich auch Gegenstand der Geschichtswissenschaft. Die Erfahrung und Gestaltung von Zeitenwechseln ist also
direkt mit deren geschichtswissenschaftlicher Analyse verbunden, sodass sich beides kaum oder nur mit Mühe trennen lässt.

Tatsächlich kann *Marian Füssel* in seinem Beitrag zu den für die Frühe Neuzeit geprägten Revolutionsbegriffen zeigen, wie die Diskussionen der Geschichtswissenschaft über verschiedenste „Struktur-Revolutionen" während der Frühen
Neuzeit die Arbeit an der Gestaltung und Bewältigung vergangener Epochenüber-
gänge in gewisser Weise fortsetzen oder wiederaufnehmen.[22] Sie evaluieren Zei-

---

21 *Schedewie*, Deutschlandpolitik der Perestrojka.
22 *Füssel*, Struktur-Revolutionen der Frühen Neuzeit.

tenwechsel nach ganz ähnlichen Kriterien, wie es bereits die Zeitgenoss:innen getan haben: Wie weitreichend und wie unumkehrbar waren die Folgen des wahrgenommenen Wandels? Waren die Veränderungen erwünscht, geplant oder waren sie es wert gewesen, erkämpft zu werden? Zusätzlich kam im fachlichen Streit über die vermeintlichen Revolutionen der Frühen Neuzeit die Auseinandersetzung der Historiker:innen mit dem selbst erlebten Wandel des eigenen Faches zum Ausdruck. Über die Umbrüche von Politik- und Strukturgeschichte zur neuen Kulturgeschichte und die verschiedenen *cultural turns* hinweg konnten Revolutionsbegriffe fortgeschrieben oder umgedeutet werden, um so weiter als Orientierungspunkte der Forschung zu dienen.

Selbstverständlich sind Frühneuzeithistoriker:innen aktuell nicht die einzige Gruppe, die in der Geschichte vergangener Zeitenwechsel Anhaltspunkte sucht, um sich zu positionieren. Die Deutung von Umbrüchen mit noch heute unmittelbarem Gegenwartsbezug, wie das Ende der DDR in den Jahren 1989/90, beschäftigt – wie *Ines Soldwisch* in ihrem Beitrag zeigt – Geschichtswissenschaft, Politikwissenschaft und Soziologie ebenso wie die weitere Öffentlichkeit.[23] In den Bemühungen, Gründe und Dynamik der ‚Wende‘ auf den Begriff zu bringen, können Empirie, Analytik und Theoriebildung der verschiedenen wissenschaftlichen Perspektiven keinen Anspruch auf alleinige Geltung erheben. Die Erfahrungen und Erinnerungen derjenigen, die vom Umbruch direkt betroffen waren und ihn aktiv mitgestalteten, werden für das fortgesetzte Reevaluieren dieses Umbruchs ebenso berücksichtigt. Das hat, wie Soldwisch zeigt, auch damit zu tun, dass die Deutung, oder eben die begriffliche Fassung eines Zeitenwechsels eng mit der Aushandlung der Verhältnisse in der neuen Zeit nach dem Wechsel verknüpft ist und bleibt. Konkret heißt das hier, dass die Bewertungen des Umbruchs von 1989 nicht eingefroren, vereinheitlicht oder vereinfacht werden können, solange sie für das Zusammenleben der Menschen im vereinigten Deutschland relevant bleiben.

Wie folgenreichen es für Politik und Gesellschaft sein kann, sich der offenen Auseinandersetzung über die Bedeutung eines Zeitenwechsels aus Unwillen oder Unvermögen zu entziehen, zeigt *Armin Heinen* im letzten Beitrag dieses Bands anhand der in der deutschen Öffentlichkeit vertretenen Positionen zum russischen Angriffskrieg gegen die Ukraine.[24] Zwar seien seit Kriegsbeginn in den Stellungnahmen politischer Akteur:innen und in den Kommentaren der politischen Leitmedien grundsätzlich unterschiedliche Meinungen sowohl zu den Ursachen des Konflikts als auch zu den Optionen für dessen Beilegung vertreten worden. Jeweils für sich genommen wiesen diese Meinungen auch eine gewisse Differenzierung und politik- oder geschichtswissenschaftliche Fundierung auf. Es sei aber

23 *Soldwisch*, Wende, Umbruch, Revolution?
24 *Heinen*, Zeiten(ohne)Wende.

bisher nicht gelungen, die verschiedenen Positionen diskursiv zu vermitteln und so zu weniger eindimensionalen Deutungen des Krieges zu gelangen. Beachtlich ist, wie sehr Heinens abschließende Analyse der Ursachen dafür, dass „wirkliches Miteinanderdiskutieren" über den Ukrainekrieg in der deutschen Öffentlichkeit scheitert, mit den Befunden der vorangegangenen Beiträge zu den Grundvoraussetzungen der Bewältigung eines Zeitenwechsels übereinstimmt.[25] Zwar sei das nötige Wissen zur Deutung des gerade geschehenden Umbruchs prinzipiell vorhanden, es fehle aber bei denjenigen, die die von Kanzler Olaf Scholz ausgerufene Zeitenwende gestalten müssten, an den nötigen kommunikativen Strategien. Sie böten allenfalls einfache Deutungen und Lösungen an, nicht aber Argumente, die für eine weiterführende Diskussion anschlussfähig wären. Diese Gestaltungsschwäche werde durch die mediale Struktur der deutschen Öffentlichkeit noch gravierender. Ohne bedeutsamen, öffentlichen Austausch über ihre Pläne und Ziele büße die Politik aber im Zeitenwechsel ihre Handlungsfähigkeit ein.

In der Zusammenschau der Beiträge wird deutlich, dass eine Phänomenologie und Phasenanalyse des Zeitenwechsels ein hilfreiches Instrument nicht nur für historische, sondern auch für gegenwartskritische Untersuchungen von Umbrüchen ist. Es wird aber insbesondere die Geschichtswissenschaft sein, die davon profitieren kann, die Übergänge zwischen alten und neuen Zeiten als Prozesse zu verstehen, die unter anderem durch kommunikative Strategien und Wissensproduktion der Menschen im Zeitenwechsel gestaltet wurden. Diese Perspektive kann die Charakterisierung historischer Umbrüche – zum Beispiel als Revolution – oder deren Würdigung als Epochenumbruch nicht ersetzen, bietet aber Orientierungshilfe für historischen Wandel und kann im besten Fall dabei helfen, das Phänomen Zeitenwechsel selbst zu historisieren und damit differenzierter zu verstehen.

Bibliografie

Quellen

Coëtivy Master [*Vulcop*, Henri de?], Miniatures from Boethius, Consolation de philosophie [1460–1470]. The J. Paul Getty Museum, Ms. 42.
Machiavelli, Niccolò, Il Principe/Der Fürst, Italienisch/Deutsch, übersetzt u. hrsg. v. Philipp Rippel (Reclams Universal-Bibliothek, 1219), Stuttgart 2004.
Sandrart, Joachim von, Iconologia Deorum, Oder Abbildung der Götter, Welche von den Alten verehret worden [...], Nürnberg 1680.

---

25 Ebd., 333 f..

Literatur

Brady, Thomas A. Jr., Lost Reformations? From World-Historical Event to One Process of Many, in: Alteuropa – Vormoderne – Neue Zeit. Epochen und Dynamiken der europäischen Geschichte, hrsg. v. Christian Jasper/Ute Lotz-Heumann/Matthias Pohlig (Zeitschrift für Historische Forschung. Beihefte, 46), Berlin 2012, 95–110.

Green, Jonathan, Printing and Prophecy. Prognostication and Media Change 1450–1550 (Cultures of Knowledge in the Early Modern World), Ann Arbor 2012.

Hamm, Bernd, Abschied vom Epochendenken in der Reformationsforschung. Ein Plädoyer, in: Zeitschrift für Historische Forschung 39 (2012), 373–411.

Jasper, Christian/Ute *Lotz-Heumann*/Matthias *Pohlig*, Alteuropa – Vormoderne – Neue Zeit. Leistungen und Grenzen alternativer Periodisierungskonzepte für die europäische Geschichte, in: Alteuropa – Vormoderne – Neue Zeit. Epochen und Dynamiken der europäischen Geschichte (1200–1800), hrsg. v. dens. (Zeitschrift für Historische Forschung. Beihefte, 46), Berlin 2012, 9–26.

Landwehr, Achim, Alte Zeiten, Neue Zeiten. Aussichten auf die Zeit-Geschichte, in: Frühe Neue Zeiten. Zeitwissen zwischen Reformation und Revolution, hrsg. v. dems. (Mainzer Historische Kulturwissenschaften, 11), Bielefeld 2014, 9–40.

Ludwig, Ulrike, Prognostication in Early Modern Times – Outlook, in: Prognostication in the Medieval World. A Handbook, Bd. 1, hrsg. v. Matthias Heiduk/Klaus Herbers/Hans-Christian Lehner, Berlin/Boston 2021, 243–268.

Roll, Christine, Barbaren? Tabula rasa? Wie Leibniz sein neues Wissen über Russland auf den Begriff brachte. Eine Studie über die Bedeutung der Vernetzung gelehrter Korrespondenzen für die Ermöglichung aufgeklärter Diskurse, in: Umwelt und Weltgestaltung: Leibniz' politisches Denken in seiner Zeit, hrsg. v. Friedrich Beiderbeck/Irene Dingel/Wenchao Li (Veröffentlichung des Instituts für Europäische Geschichte Mainz, Beihefte, 105: Abt. für abendländische Religionsgeschichte), Göttingen 2015, 307–358.

Roll, Christine, Einleitung. Berichten als kommunikative Herausforderung. Europäische Gesandtenberichte der Frühen Neuzeit in praxeologischer Perspektive, in: Berichten als kommunikative Herausforderung. Europäische Gesandtenberichte der Frühen Neuzeit in praxeologischer Perspektive, hrsg. v. ders./Thomas Dorfner/Thomas Kirchner (Externa. Geschichte der Außenbeziehungen in neuen Perspektiven, 16), Köln/Weimar/Wien 2021, 9–47.

Roll, Christine, Von reichsadliger Domherrenkorrespondenz zu bürgerlichen Moralbriefen. Der Wessenbergische Familiennachlass im Stadtarchiv Konstanz als Dokumentation des Umbruchs um 1800, in: „Etwas Rein-Gutes zu wirken..." Ignaz Heinrich von Wessenberg 1774–1860, hrsg. v. Karl-Heinz Braun/Barbara Stark, Konstanz 2024, 107–131.

Roll, Christine/Matthias *Schnettger*, Einleitung, in: Epochenjahr 1806? Das Ende des Alten Reiches in zeitgenössischen Perspektiven und Deutungen, hrsg. v. dens. (Veröffentlichungen des Instituts für Europäische Geschichte Mainz, Beihefte, 76: Abt. für Universalgeschichte), Mainz 2008, 1–6.

Teil I: **Biographische Umbrüche als Zeitenwechsel**

Nora Gädeke

„Nie ist ein großer Mann von seinem Fürsten kleinlicher gemißhandelt worden, als Leibniz von Georg I."?

Gottfried Wilhelm Leibniz und sein letzter Dienstherr

Das Bild des Universalgelehrten Gottfried Wilhelm Leibniz (1646–1716) hat in den über 300 Jahren, die seit seinem Tode vergangen sind, immer wieder andere Züge angenommen.[1] Das gilt für die wissenschaftliche Auseinandersetzung mit seinem Œuvre,[2] das, zu seinen Lebzeiten weitgehend unpubliziert, erst sukzessive zum Erscheinen kam und immer noch nicht vollständig ediert vorliegt.[3] Und das gilt für seine Biographie, genauer die Deutung des Spannungsfeldes zwischen dem Gelehrten und seinem höfischen Umfeld und die Formulierung von Vorstellungen über die Handlungsspielräume eines Nicht-Adligen an einem Fürstenhof des Ancien Regime.[4] Doch gibt es hier in den Beschreibungen lang etablierte Konstanten, die für Licht und Schatten stehen: Auf der einen Seiten das große ‚Dreigestirn', Leibniz' fürstliche Gesprächspartnerinnen und Patroninnen in Hannover, Berlin und London, Kurfürstin Sophie, Königin Sophie Charlotte und Kurprinzessin/ Princess of Wales (Wilhelmine) Caroline,[5] auf der anderen Seite sein letzter Dienstherr, der braunschweig-lüneburgische Kurfürst Georg Ludwig, ab August 1714 König Georg I. von Großbritannien,[6] dessen Beziehung zu Leibniz als noto-

---

1 Sabine Sellschopp (Potsdam) und Regina Stuber (Hannover) danke ich für die kritische Lektüre meines Textes.
2 Vgl. *Antognazza*, Handbook; *Beiderbeck/Li/Waldhoff*, Leibniz.
3 Zur Editionsgeschichte *Waldhoff*, Quellenkunde. Die historisch-kritische Ausgabe Gottfried Wilhelm Leibniz, Sämtliche Schriften und Briefe, ist in den hier vor allem einschlägigen Briefreihen (Reihe I–III) inzwischen in Leibniz' letztem Lebensjahrzehnt angekommen. Für spätere Briefe liegen zunehmend online zugängliche Transkriptionen vor unter https://www.gwlb.de/leibniz/ar beitsschwerpunkte-projekte/leibniz-edition/transkriptionen; 17.04.2024. Zahlreiche Briefe aus Leibniz' letzten Lebensjahren jetzt bei *Brown*, Correspondence.
4 Dazu *Gädeke*, Fürstenhof.
5 Nach Leibniz' Aussage in A I, 24 N. 259: *Voilà les trois personnes de la terre parmy celles de vostre sexe non seulement que j'honnorois infiniment* [...]. Zur Bedeutung der Fürstinnen für ihn exemplarisch *Utermöhlen*, Rolle; zur zitierten Textstelle ebd., 44.
6 Biographie von *Hatton*, George I (zitiert nach der Ausgabe von 2001).

https://doi.org/10.1515/9783111384214-002

risch schlecht gilt.[7] Wenn ich diese ‚Schattenseite' nun in den Blick nehme,[8] werden Urteile zur Sprache kommen, die, so zeit- und situationsgebunden sie ursprünglich waren, sich zu normativen Vorstellungen verfestigt haben; zu Bildern
von Charakteren und Vorstellungen vom angemessenen Umgang mit einem ‚Genie'. Im Folgenden wird es darum gehen, zu den zeitnahen Quellen zurückzukehren und diese zu kontextualisieren.

*

40 Jahre, von 1676 bis 1716, hat Leibniz im Dienst des braunschweig-lüneburgischen Fürstenhauses gestanden.[9] Hannover war bekanntlich nicht seine erste
Wahl gewesen. Schon als junger Mann hatte er den Wunsch formuliert, eine An-
stellung bei einem hohen Herrn zu finden, um diesem seine Kenntnisse und Fähigkeiten zur Verfügung zu stellen.[10] Gemeint war damit in erster Linie ein Fürstenhof, aber nicht jeder beliebige. Dass es Leibniz vor allem um einen Dienstherrn
ging, der über genügend Ressourcen verfügte, um ihn wirken zu lassen, zeigen
seine Bemühungen unmittelbar zuvor: Erst nachdem sich seine Hoffnung auf einen besoldeten Posten bei der Pariser *Académie des Sciences* zerschlagen hatte,
entschloss er sich, der Einladung Herzog Johann Friedrichs nach Hannover zu folgen.[11] Dort blieb er, wenn auch mit Unterbrechungen durch ausgedehnte, oft mo-
nate- bis jahrelange Reisen, für den Rest seines Lebens. Drei Fürsten diente er
hier, nach Johann Friedrich dessen Bruder Herzog/Kurfürst Ernst August und
schließlich Georg Ludwig, der dem Vater 1698 als Kurfürst nachfolgte. Zudem hatte Leibniz seit 1691 die Leitung der *Bibliotheca Augusta* am benachbarten Welfen-
hof in Wolfenbüttel inne. In Hannover selbst kam ihm, neben der Leitung der
fürstlichen Bibliothek, ab 1685 als offizielle Hauptaufgabe zu, eine quellenkritisch
abgesicherte welfische Hausgeschichte zu verfassen.[12] Dieses *opus historicum*, für
das Leibniz sich selbst vorgeschlagen hatte, das er aber bald als seinen *Sisyphos-
Stein* bezeichnen[13] und nie zum Abschluss bringen sollte, zieht sich fortan durch
seine Biographie, für das Verhältnis zu seinem letzten Dienstherrn gilt es als Kon-
fliktherd.

---

7 Vgl. etwa *Müller*, Leibniz, 52f; *Aiton*, Biographie, 317 f., 396 f., 461; *Antognazza*, Biography, 381–
383.
8 Dabei baue ich auf früheren Untersuchungen auf: *Gädeke*, Fürstenhof, v. a. 187–201; Vortrag
Der Fürst und sein Genie – Kurfürst Georg Ludwig und Leibniz vom 18. September 2019 (Leibniz-
Festtage der Neustädter Kirche Hannover).
9 Zur Biographie etwa *Müller/Krönert*, Chronik; *Hirsch*, Leibniz; sowie *Antognazza*, Biography.
10 Im Vorfeld der Verhandlungen mit Hannover gegenüber dem herzoglichen Kammerdiener
Kahm, wohl Dezember 1675 (A I, 1 N. 340).
11 Dazu etwa *Müller*, Leibniz, 30 f.; *Antognazza*, Biography, 174 f.
12 Dazu etwa *Reese*, Historie, 39–46.
13 A I, 9 N. 152, wohl 2. Hälfte Januar 1693.

Georg Ludwig (1660–1727), dem ältesten Sohn Ernst Augusts und Sophies von Pfalz-Simmern, war nicht in die Wiege gelegt worden, jemals regierender Fürst zu werden. Das Ernst August zunächst zugefallene Fürstbistum Osnabrück war als Territorium nicht vererbbar; dynastische Zufälle sollten dazu führen, dass er dann doch regierender Herzog von Braunschweig-Lüneburg-Calenberg wurde, da war sein ältester Sohn fast 20 Jahre alt. Er erlebte fortan die Stationen des von seinem Vater angetriebenen Aufstiegs Hannovers mit der Primogenitur-Regelung, der Erhebung in den Kurfürstenstand und dem Heimfall Braunschweig-Lüneburg-Celles. Und mit dem englischen Parlamentsbeschluss des *Act of Settlement* von 1701 kam seiner Mutter, der Stuart-Enkelin, die Anwartschaft auf die britische Krone zu; da Sophie wenige Wochen vor Eintritt des Sukzessionsfalls verstarb, wurde ihr Sohn 1714 der erste britische König aus dem Haus Hannover, womit eine Personalunion begann, die weit über 100 Jahre bestehen sollte. Während Sophie in den langen Jahren des Wartens ihre Hoffnungen auf die Krone hinter ironischen Bemerkungen verbarg, trug ihr Sohn pures Desinteresse zur Schau; ein – wie wir heute wissen – erfolgreiches Mimikri, auf das nicht nur die Zeitgenossen, sondern auch, jahrhundertelang, die Historiker hereingefallen sind.[14]

War der politische Aufstieg Hannovers unter Ernst August mit großer Prachtentfaltung einhergegangen,[15] so verpasste Georg Ludwig diesem Hof bei seinem Regierungsantritt erst einmal ein Sparprogramm und ließ immer wieder deutlich erkennen, dass er für glanzvolle Repräsentation wenig übrig habe.[16] Diese Ablehnung, die er auch ironisch reflektieren konnte,[17] sollte sein Enkel, der preußische König Friedrich II., mit ihm teilen.[18] Aber was bei diesem Teil der Inszenierung war und zur ‚Marke‘ wurde, galt zwei Generationen früher als Defizit.[19]

Nicht der einzige Makel im Bild dieses Fürsten, um dessen moralische Bilanz es in den Augen der Nachwelt ziemlich schlecht bestellt war: als eine der Hauptfiguren in der Königsmarck-Affaire; als harter Vater, der seinen Sohn von den Kin-

---

14 *Hatton*, George I, 105: „George was not merely a passive observer. He watched carefully that no interference which he thought prejudicial to his house should occur". Vgl. auch *Härtrich*, Sukzessionsfrage, v. a. 91–96 sowie das Resumee 110 f.
15 *Heuvel*, Niedersachsen, 206.
16 *Schnath*, Geschichte, Bd. 3, 11–14; *Heuvel*, Niedersachsen, 207; vgl. auch A I, 25 Einleitung, XLI; A I, 26 Einleitung, XLVI f. Nach der Idealtypologie von *Bauer*, Gesellschaft, 55–80, wäre der Hof Ernst Augusts wohl unter „zeremoniell", der Georg Ludwigs unter „hausväterlich" einzuordnen.
17 So in seinem Schreiben an Marlborough, 13. April 1706, *Schnath*, Geschichte, Bd. 4, 147.
18 Vgl. etwa *Kunisch*, Friedrich, 279 f.
19 *Schnath*, Geschichte, Bd. 2, 488: „Kälte, Verschlossenheit und Wortarmut sind [...] die Züge in Georg Ludwigs Erscheinungsbild, die in fast allen zeitgenössischen Beurteilungen seiner Person wiederkehren"; ebd. aber auch zu zeitgenössischen Äußerungen, die ihm Gerechtigkeitssinn und die Ablehnung von Intrigen zusprechen.

dern trennte[20] – und schließlich: weil er Leibniz schlichtweg schikaniert haben soll, mit Reiseverboten, mit dem Insistieren auf der Fertigstellung der welfischen Hausgeschichte, weil er das Genie an seinem Hofe in Fesseln gelegt haben soll.[21] Und das gilt auch als verantwortlich dafür, dass so viele von dessen Arbeiten und Ansätzen im Konzeptstadium verblieben.[22] Kein Wunder also – das ist die Schlussfolgerung –, dass Leibniz Hannover immer wieder den Rücken kehrte, dass er sich Höfen zuwandte, an denen er sich eher gewürdigt fühlte, wie Wolfenbüttel, Berlin, Wien.[23]

An dieser dunklen Einfärbung ändert sich auch nicht viel, wenn man Apologeten Georg Ludwigs zu Wort kommen lässt, die vor allem im Umkreis des niedersächsischen Landeshistorikers Georg Schnath zu finden sind. Dieser selbst hat in seiner *Geschichte Hannovers im Zeitalter der neunten Kur und der englischen Sukzession* eine Ehrenrettung des Fürsten versucht: Zwar habe dieser „im Umgang mit Genies keine sehr glückliche Hand gehabt" (gemeint ist neben Leibniz auch Georg Friedrich Händel und sein Gastspiel in Hannover), aber man müsse doch anerkennen, dass er beiden „ein beachtliches Maß an Geduld und Toleranz entgegengebracht" habe.[24] Schärfer waren die Urteile von Mitarbeitern und Schülern Schnaths: Sie sahen die Schuld bei Leibniz, der das Auftragswerk auch nach Jahrzehnten nicht zu Ende gebracht habe,[25] der sich dem immer wieder entzogen, der auf dem Feld der Politik dilettiert und dort durch sein Agieren – etwa während des langen Wartens auf die englische Sukzession – auch schon mal die Linie des Kurfürsten konterkariert habe.

Welcher der beiden Seiten man zuneigt: der Antagonismus zu Georg Ludwig gehört zu dem Bild, das wir von Leibniz haben. Das war allerdings nicht immer so. Zwar hatte schon Johann Georg Eckhart in seiner kleinen Leibniz-Vita bemerkt, der König habe wegen der nicht zum Abschluss kommenden Hausgeschichte Grund zur Ungnade gehabt – aber der Satz setzt sich fort mit, er habe sei-

---

20 Zum Geschehen *Hatton*, George I, 206–214; zur Parteinahme der Öffentlichkeit ebd., 208.

21 Am schärfsten *Doebner*, Bernstorff, 226: „[D]ie Fertigstellung der Geschichte des Welfischen Hauses, die man in rücksichtsloser Weise betrieb, erschien geeignet, den hohen Geist in Fesseln zu legen"; dazu *Gädeke*, Fürstenhof, 191.

22 Leibniz selbst hat mehrfach geäußert, das *opus historicum* hindere ihn an der Verfolgung anderer Pläne und Arbeiten sowie seiner Korrespondenz; vgl. etwa die bei *Müller/Krönert*, Chronik, 253 u. 257 zitierten Äußerungen von 1716. Bereits 1701 (A I, 19 N. 202) hatte er über seine vielen Beschäftigungen geklagt, unter denen (neben Hofdienst und Korrespondenz) auch die Hausgeschichte genannt wird, so dass er gezwungen sei, *de laisser perdre bien des choses plus importantes à mon avis, que ce qui ne regarde que certains temps et certains hommes*. Zu dieser bei Gelehrten in einem Dienstverhältnis häufigen Klage *Bots/Waquet*, République, 111.

23 So etwa *Müller*, Leibniz, 53; *Liske*, Leibniz, 39; *Murdoch*, Leben, 1017 f.

24 *Schnath*, Geschichte, Bd. 3, 512.

25 Zusammenfassend *Gädeke*, Fürstenhof, 195–198.

nen Gelehrten *doch jederzeit aestimiret und distinguiret, auch nach seinem Tode bet*[r]*auret.*[26] Wenn danach im weiteren Verlauf des 18. Jahrhunderts sporadisch Differenzen wegen der Hausgeschichte erwähnt wurden, dann nur en passant (und als Gerücht beiseite geschoben).[27] Dominant sind dagegen Aussagen, in denen Leibniz' außerordentliches Ansehen an Fürstenhöfen hervorgehoben wird, als Gelehrter wie als Ratgeber, geradezu als Freund.[28] Bis weit über 100 Jahre nach Leibniz' Tod kann in Äußerungen über sein höfisches Dasein allenfalls auffallen, dass der Name Georg Ludwigs, im Gegensatz zu dem seiner Vorgänger, kaum genannt wird.[29]

Erst seit der Mitte des 19. Jahrhunderts erfährt dieser Antagonismus nachhaltige Formulierung. Das basiert nicht zuletzt auf außerwissenschaftlichen Faktoren. Mit den durch die Französische Revolution in Gang gesetzten Veränderungen auf dem politischen und gesellschaftlichen Feld, mit der daraus resultierenden Öffnung von bisher als arkan geltenden Quellenbereichen veränderte sich mit der Zeit auch der Blick auf die beiden Protagonisten. Zunehmend entwickelte sich bürgerliches Selbstbewusstsein. Aus dem *citoyen* der Gelehrtenrepublik wurde der sich politisch betätigende Bürger; Leibniz wurde zur Projektionsfigur.[30] Und da war die ‚Verbürgerlichung‘ des Fürstenhofes, in dessen Selbstdarstellung jetzt auch bürgerliche Tugenden zählten – wie etwa ein glückliches Familienleben.

Über das Familienleben Georg Ludwigs hatte es seit jeher Gerüchte gegeben, nicht nur in England.[31] Insbesondere die Königsmarck-Affaire war literarisch immer präsent.[32] Um die Mitte des 19. Jahrhunderts, seit dem Vormärz, scheint das Interesse daran wissenschaftliche Fundierung erhalten zu haben, wobei freilich zunächst erdichtete neben veritablen Quellen standen und lebhafte Kontroversen über Echtheitsfragen geführt wurden.[33] In dieser Zeit, in der Fürsten zunehmend nach Maßstäben der bürgerlichen Moral beurteilt wurden, wurden die unglückli-

---

26 *Eckhart*, Lebensbeschreibung, 202; dazu *Gädeke*, Fürstenhof, 174 f. Die bald nach Leibniz' Tod verfasste Vita erschien 1779 im Druck, nachdem sie seit Jahrzehnten handschriftlich in Teilöffentlichkeiten vorgelegen hatte.

27 *Gädeke*, Fürstenhof, 180 f.

28 Ebd., 185–187. Exemplarisch die dort (186) zitierten Charakterisierungen bei *Eberhard*, Leibnitz, 172 f. zur Unterredung mit Zar Peter I. in Torgau, sowie 171.

29 *Gädeke*, Fürstenhof, 188.

30 *Beiderbeck*, Politik, 295.

31 Hier vor allem zu Georg Ludwigs bis zu seinem Tod andauerndern Verbindung mit Ehrengard Melusine von der Schulenburg und zu deren Töchtern, vgl. *Hatton*, George I, 49–54, 134–137 u. passim.

32 *Schnath*, Geschichte, Bd. 2, 206–212.

33 Ebd., 212–220.

che Ehe Georg Ludwigs und das Schicksal der Prinzessin von Ahlden immer wieder öffentlich diskutiert.[34]

Hinzu kamen Äußerungen aus Georg Ludwigs Verwandtschaft: aus dem Briefwerk seiner Cousine Elisabeth Charlotte, der Herzogin von Orléans. Ihre eigentlich rein privaten, keinesfalls für die Öffentlichkeit bestimmten Briefe[35] erzielten seit der gegen Ende des 18. Jahrhunderts einsetzenden Publikation eine große Breitenwirkung und setzten, so Gerd van den Heuvel, „eine mit aufklärerischer Verve vorgetragene Skandalisierung der in den Briefen geschilderten Zustände" in Gang.[36] Äußerungen über Georg I. finden sich bereits in *Bekenntnisse der Prinzessinn Elisabeth Charlotte von Orleans* von 1791, wo Briefzitate in eine kommentierende Darstellung eingefügt sind;[37] kritische Sätze, die aber noch vom Herausgeber abgefedert wurden.[38] Schärfere Konturen erhielt das Bild Georg Ludwigs in den 1843 veröffentlichten Briefen *Madames* an ihre Halbschwestern, die Raugräfinnen Amalie und Louise.[39] Dieses Bild ist definitiv nicht freundlich. Elisabeth Charlotte hatte mehrere Jugendjahre in der Obhut ihrer Tante Sophie zugebracht, sie kannte deren ältesten Sohn von Geburt an, und ihr Urteil über ihn stand fest. In dieser Korrespondenz ist ihr bevorzugtes Epitheton für ihn *trucken*, daneben können härtere stehen.[40] Vor allem verurteilte sie dezidiert den 1717 eskalierenden Konflikt zwischen dem König und seinem Sohn, die daraus resultierende Trennung der Kinder des Kronprinzenpaares von den Eltern.[41] Dass hier

---

34 Ebd.

35 *Kapp*, Pathos, 189 f., betont, die Herzogin habe darauf vertraut, dass die von ihr verfassten Briefe über die Zensur hinaus nicht in andere Hände kommen und so, wie die an sie gerichteten, spätestens nach dem Tod der Adressaten verbrannt würden.

36 Zitat nach *Heuvel*, Liselotte, 374; zunächst wurden die Briefe vor allem für Anedoktensammlungen zum Versailler Hof Ludwigs XIV. herangezogen, vgl. *Cruysse*, Madame, 638.

37 *Pockels*, Bekenntnisse, zu Georg Ludwig/Georg I. v. a. 128–132. Die Äußerungen basieren auf Briefen der Herzogin an Christian Friedrich von Harling in Hannover.

38 Ebd., 128, zu ihrer Kritik an Georg I. wegen *des unväterlichen und harten Betragens gegen seine Kinder, besonders gegen den Prinzen von Wallis und dessen Gemahlinn* [sic!]. Dazu der Kommentar: „Georg I. hatte sich schon frühzeitig durch eine natürliche Anlage seines Temperaments als einen ernsten und strengen Mann gezeigt, ein Character, der sich vortrefflich für die Nation schickte, zu deren König er nachher erhoben wurde".

39 Auszugsweise gedruckt bei *Menzel*, Briefe, mit zahlreichen Äußerungen zum Charakter Georg Ludwigs wie auch zum Konflikt mit seinem Sohn; im Register erfahren diese beiden Themen besondere Betonung, indem sie explizit ausgewiesen sind.

40 Zur Charakterisierung ebd., etwa 67, 109, 122, 280, 291; zum Konflikt ebd., etwa 293 f., 297, 311, 327.

41 *Cruysse*, Madame, 596 f. Die dort angesprochenen, noch schärfer urteilenden Briefe Elisabeth Charlottes an Johanna Sophie Gräfin Bückeburg aus der Entourage der Princess of Wales sind erst 2003 ediert worden (*Voss*, Bückeburg; zur kritischen Haltung gegenüber dem König ebd., 121); zum Konflikt *Hatton*, George I, 206–208, 213–215.

ein Vater-Sohn-Konflikt vorlag, wie er auch in anderen Herrscherhäusern jener Zeit zu finden war (bekanntlich mit zum Teil dramatischeren Auswirkungen), dass der König formal im Recht war, die Kinder bei sich zu behalten, da sie nach den Gesetzen des Landes der Krone gehörten,[42] dass die Herzogin von Orléans als vertraute Korrespondentin der Princess of Wales Partei war und sich zudem gekränkt fühlte, weil der König es abgelehnt hatte, mit ihr eine direkte Korrespondenz aufzunehmen, [43] dürfte in der Rezeption dieser Briefe, als sie um die Mitte des 19. Jahrhunderts im Druck erschienen, kaum eine Rolle gespielt haben: Für ein bürgerliches Lesepublikum, das Fürsten nicht mehr, wie zu Zeiten des Ancien Regime, auf einem Sockel sah, war der Kurfürst/König ein Mensch mit schweren charakterlichen Defiziten.

Diese generelle Einschätzung Georg Ludwigs bot eine Folie auch für die Beurteilung seines Verhältnisses zu Leibniz. Bereits in der wenige Jahre später, 1846, erschienenen großen Leibniz-Biographie von Gottschalk Eduard Guhrauer werden Differenzen insofern angedeutet, als der Wechsel von Kurfürst Ernst August auf seinen Sohn nicht mehr stillschweigend übergangen ist, sondern als „eine unersetzbare Lücke" für Leibniz gilt.[44] Grundiert wird das durch Leibniz' *Personalia* für den verstorbenen Fürsten,[45] in denen Guhrauer „eine Klage um einen unersetzlichen Verlust", für den „fürstlichen Freund" sieht[46] – und dahinter steht das spätestens seit dem Ende des 18. Jahrhunderts etablierte Bild von Leibniz ‚auf Augenhöhe' mit Fürsten.[47]

Aber das war erst der Auftakt. Denn die großpolitische Entwicklung in Deutschland im Vorfeld und im Zuge der Reichsgründung sollte nachhaltige Folgen auch für die Erzählungen von diesem Verhältnis haben. Seit 1866 finden sich zwei Interpretationen: eine hannoversche (die Differenzen nicht leugnet, aber die

---

42 *Cruysse*, Madame, 596.

43 Ebd., 565.

44 *Guhrauer*, Biographie, Bd. 2, 143; zu seiner Darstellung des Verhältnisses *Gädeke*, Fürstenhof, 143 f.

45 Zu Leibniz' *Personalia oder Christlicher Lebens-Lauff des Durchleuchtigsten Fürsten und Herrn Herrn Ernst Augusten*, [...] von 1698 vgl. *Müller/Krönert*, Chronik, 152.

46 *Guhrauer*, Biographie, Bd. 2, 144; vgl. auch ebd., 302: „Der Kurfürst Georg Ludwig schätzte in Leibnitzen den treuen Diener, den Gelehrten von europäischer und außereuropäischer Berühmtheit (er nannte ihn immer [...] sein lebendiges Dictionnaire); aber niemals [...] erhob er ihn, nach dem Beispiele seines Vaters, seiner Mutter oder seiner Schwester [...] zu seinem Freunde". Dagegen hat *Reese*, Historie, 172, darauf hingewiesen, der Unterschied liege in greifbaren Erfolgen Leibniz' in den 1690er Jahren, die unter Georg Ludwig ausgeblieben seien, mit dem Fazit: „Nur deshalb konnte die von der Leibniz-Literatur immer wieder hervorgehobene Tatsache, daß Leibniz kein persönliches Verhältnis zu Georg Ludwig hatte, überhaupt wesentliche Bedeutung erlangen".

47 Beispiele bei *Gädeke*, Fürstenhof, 181–189.

,Schuld' dafür auch bei Leibniz, dem unruhigen Geist, sieht) und eine borussische (nach der ein ignoranter Fürst dem Genie an seinem Hofe die Flügel stutzte).[48] Die letztere sollte sich durchsetzen, forciert in den 1880er Jahren durch eine Quellenpublikation aus dem hannoverschen Archiv, jetzt in preußischer Hand, für die es auch hier nun keine Arcana mehr gab, zu den Auseinandersetzungen zwischen Leibniz und dem Hof um die Hausgeschichte.[49] Auch wenn im Mittelpunkt dabei der Minister Bernstorff steht und nicht der Kurfürst selbst, ist das Urteil des Herausgebers Richard Doebner klar: Gefehlt habe Georg Ludwig „der Adel der Gesinnung, welcher Leibnizens Geistesleistung die Achtung nicht entzogen hätte, wenn auch ihm selbst die Kraft, seinem hohen Fluge zu folgen, versagt war".[50] Andere Publikationen aus Berlin stellen den dortigen Hof als Leibniz' eigentliche geistige Heimat dar.[51] Dass diese Lesart sich bis nach Süddeutschland verbreitete, zeigt die *Geschichte der neuern Philosophie* des Heidelberger Philosophen Kuno Fischer, in der seit der zweiten Auflage Leibniz ein kompletter Band gewidmet ist.[52] Wird 1867 das Verhältnis bereits eindeutig negativ beschrieben,[53] hatte Fischer hier, auf Guhrauer aufbauend, dessen Urteile bereits verschärft, so ist das in weit höherem Maße der Fall in der 1920 (postum) erschienenen fünften Auflage,[54] gipfelnd in dem Satz „Nie ist ein großer Mann von seinem Fürsten kleinlicher gemißhandelt worden, als Leibniz von Georg I.".[55]

Diese Urteile aus lang zurückliegenden Zeiten bestimmen das Bild von Leibniz' Verhältnis zu seinem letzten Dienstherrn (und damit auch von einer Lebensphase, die fast die Hälfte seiner Hannoveraner Zeit umfasst) bis heute. Und diese Urteile sollen nun hinterfragt werden.

---

48 Ebd., 189–192.
49 *Doebner*, Bernstorff; zu weiteren Publikationen *Gädeke*, Fürstenhof, 191 f.
50 *Doebner*, Bernstorff, 226.
51 Zusammenfassend *Gädeke*, Fürstenhof, 191 f.
52 *Fischer*, Leibniz (1867).
53 Ebd., 181: „Georg Ludwig war nicht der Mann, um einen Leibniz zu schätzen. Er sah in ihm nur den Polyhistor, das ‚lebendige Wörterbuch', wie er ihn nannte, und er gefiel sich wohl auch in dem Ruhme, zwei Reiche zu besitzen, in deren einen Leibniz, in dem anderen Newton lebte; im Uebrigen würdigte er Leibnizens Thätigkeit nach dem engsten Maßstabe".
54 *Fischer*, Leibniz (1920), etwa 279: „eine Behandlung […], welche des Königs, von dem sie ausging, noch unwürdiger war, als des Mannes, der sie erlitt"; ebd. „Es fehlte diesem Fürsten von Natur die Fähigkeit, sich eines Geistes, wie Leibniz war, zu erfreuen"; ebd. 284: „Das Verfahren wider Leibniz war nicht blos rücksichtslos, sondern grausam".
55 Ebd., 285; es soll aber nicht unerwähnt bleiben, dass ebd., 228 auch Leibniz, als „Diener mehrerer Herren", Kritik erfährt; vgl. *Gädeke*, Fürstenhof, 194.

*

Ragnhild Hatton ist in ihrer Biographie Georgs I. dessen „undoubted unpopularity" bereits vor Jahrzehnten entgegengetreten.[56] Mit einer ausgesprochen positiven Bilanz[57] – und nicht allein hinsichtlich seiner Herrschaftsausübung, sondern auch seiner Aufgeschlossenheit für die Ideen der Frühaufklärung und seiner kulturellen Interessen.[58] Dabei hat sie davor gewarnt, Narrativen, die auf der Memoirenliteratur und anderen persönlichen Zeugnissen basieren, ein zu großes Gewicht zu geben.[59] Aber sie stellt fest, Georg I. sei keine glanzvolle Gestalt gewesen; seine beachtlichen Leistungen im Spanischen Erbfolgekrieg seien in Großbritannien, das seine Narration auf seinen eigenen Kriegshelden, Marlborough, konzentrierte, unbeachtet geblieben; seine kulturellen Interessen seien nicht in das kollektive Gedächtnis eingegangen, weil sie sich eher privat als im Rahmen des Hofes manifestiert hätten.[60] Sie selbst stellt Details in den Mittelpunkt ihrer Revision, die sie abschließend charakterisiert als „an illumination [...] of an elusive ruler, in the sense that so much of the evidence was hard to come by".[61]

Es gilt also, die etablierten Geschichten in Frage zu stellen. Wenn wir beim Verhältnis Georg Ludwig-Leibniz genauer hinsehen, werden wir ebenfalls einige Aussagen finden, die dem gängigen Bild widersprechen. Davon möchte ich jetzt ein paar anführen; Details, keine fertigen Bilder, eher einzelne Steinchen eines weiterhin lückenhaften Mosaiks.

Da ist das in Eckharts Vita als Zeichen von Leibniz' großem Ansehen bei Hofe zitierte und seitdem immer wieder kolportierte Dictum des Fürsten vom *lebendigen Dictionaire*[62] (was freilich im 19. Jahrhundert auch als mangelnde Achtung

---

56 Zitat nach *Black*, Jeremy, Foreword to the Yale Edition (der postumen Neuausgabe von 2001) von *Hatton*, George I, hier 3.
57 *Hatton*, George I, 297: „George turns out to be, if not the most attractive of the Hanoveranian kings in Britain, the most competent and politically imaginative".
58 Ebd. etwa 264–267; 290 f. Dass dieser Punkt immer noch kontrovers ist, zeigt Blacks Foreword zur Neuausgabe von 2001, 3.
59 Ebd. 172: „the [...] printed memoirs and letters of this period [...] are full of traps for the unwary and more important for the development of myths [...] than for historical insight."
60 Ebd., 173. Hattons Urteil folgt *Standke*, Hof. Einleitend, 6 f. stellt sie fest, das Bild Georg Ludwigs in der Geschichtsschreibung sei „bis heute als zumindest zwiespältig zu charakterisieren". Ihre Untersuchung zur Privatschatulle des Fürsten zeigt in der Tat Sparsamkeit, aber auch Fürsorge und Großzügigkeit gegenüber Personen aus seinem vertrauten Umfeld (ebd, 67 f.). Die untersuchten Schatullenquittungen spiegeln zudem statt der unterstellten Kulturferne häufige Besuche von öffentlichen Theatervorstellungen und Konzerten in London, aber eben nicht im höfisch-zeremoniellen Rahmen (ebd., 70).
61 *Hatton*, George I, 297.
62 *Eckhart*, Lebensbeschreibung, 198 f.: *Er war und speisete offt bey Hofe, und war gewiß eine Zierde der königl. Tafel. Se. Königl. Mt. pflegten ihn immer ihr lebendiges Dictionaire zu heisen; weil nichts vorkam, wovon er nicht gründlich discurirte.*

vor dem großen Geist ausgelegt werden konnte[63]). Es gibt so manches Zeugnis dafür, dass Georg Ludwig (anders als sein Vater[64]) gerade dem „Weltweisen" Leibniz aufgeschlossen und interessiert begegnete. Ragnhild Hatton hat, nicht ohne Hinweis auf bisher gegenteilige Urteile, auf einen Brief der Kurfürstin hingewiesen, in dem das zur Sprache kommt.[65] Dem lassen sich weitere Zeugnisse hinzufügen. So antwortet Sophie auf Leibniz' Bericht von seiner Teilnahme an philosophisch-theologischen Disputen am Hofe der preußischen Königin Sophie Charlotte im Spätwinter 1703, ihr Sohn habe gesagt, hier wäre er gern *de la petite table* dabei gewesen.[66] Ein paar Monate später, im Sommer 1703, berichtet Leibniz der Königin von einem Vortrag vor dem Kurfürsten und dessen Mutter über die Natur des Rechts;[67] der beigelegte Text gilt heute als zentrales Dokument für Leibniz' Rechtsphilosophie.[68]

Zeugnisse für eine solche Aufgeschlossenheit finden sich gelegentlich auch in Leibniz' Korrespondenz mit anderen. So erhielt er während eines Berlin-Aufenthalts im Frühsommer 1700 von der Kurfürstin den Bericht über eine Debatte ihres Sohnes mit dem Konsistoriumsdirektor zu Hannover, Molanus, zur Frage, ob das Denken materiell oder immateriell sei,[69] was Leibniz zum Anlass nahm, selbst eine Betrachtung darüber zu verfassen.[70] Im Sommer 1706 gab er en passant weiter, der Kurfürst widme sich während seines Aufenthalts im Kurbad Pyrmont dem Studium der hebräischen Sprache.[71] Kurz danach datiert die Entstehung eines der rätselhaftesten Leibniztexte, der *Histoire de Bileam*.[72] Diese Interpretation einer Wundererzählung des Tanach (4. Mose 22, 22–35) hat auch mit dem Kurfürs-

---

63 Vgl. oben Anm. 46 u. Anm. 47.

64 Zu ihm *Liske*, Leibniz, 37.

65 *Hatton*, George I, 90, Anm. *: „George, contrary to what is usually maintained, also enjoyed conversations with Leibniz: see Sophia's letter of 17 March 1711 to George's daughter that her father is not happy about Leibniz's many absences from Hanover, ‚denn er liebt seine Unterhaltung'".

66 A I, 22 N. 23, 10. März 1703.

67 A I, 22 N. 308, 5. August 1703: *Ayant eu [...] une conversation avec Mg^r l'Electeur en presence de Mad. l'Electrice; sur la nature de la bonté et de la justice, si c'est une chose arbitraire, ou si elle est fondée dans les raisons eternelles [...] j'ay fait un petit discours là dessus; et je ne say si j'oseray mettre un jour ces bagatelles sous les yeux de V. M.*

68 Jetzt unter dem (nicht von Leibniz stammenden) Titel *Sur la notion commune de la justice* in A IV, 10 N. 1 ediert (dort ungefähr auf Anfang Juni–August 1703 datiert), dazu A IV, 10 Einleitung, XXIII f.; zu diesem Text (zusammen mit dem früher dazugerechneten, jetzt A IV, 10 N. 2 edierten) vgl. den Sammelband von *Li* (Hrsg.), „Das Recht kann nicht ungerecht sein"; zur Aufgeschlossenheit Georg Ludwigs für solche Fragen *Hatton*, George I, 165 u. 348 (Anm. 46).

69 A I, 18 N. 69; vgl. *Utermöhlen*, Rolle, 47.

70 A I, 18 N. 79, an die Kurfürstin gesandt als Beilage zu A I, 18 N. 78.

71 A I, 26 N. 126, 10. Juli 1706.

72 Dazu A I, 26 Einleitung, XCVI–XCIX.

ten zu tun: Leibniz verfasste sie in Abwandlung einer rationalistischen Deutung des Helmstedter Orientalisten Hermann von der Hardt, die dieser auf Wunsch von Georg Ludwig und Sophie zu Papier gebracht hatte. Leibniz, an den zunächst nur die Bitte ergangen war, den lateinischen Text ins Französische zu übersetzen und dem Hof zu übergeben,[73] handelte hier nicht nur als Mittler (und Vollender) seines Helmstedter Korrespondenten, sondern begegnete auch dem Interesse des Hofes an Bibelkritik.[74] Auch wenn Leibniz' überlieferte Korrespondenz mit Georg Ludwig, anders als die mit Kurfürstin Sophie, vorrangig mit dienstlichen Themen befasst ist, müssen wir uns das Gespräch bei Hofe lebhaft und immer wieder geistreich vorstellen: Wie seine Mutter, wie seine Schwester Sophie Charlotte war auch der Kurfürst am Wissensfundus und am Diskurs des Universalgelehrten interessiert. Durch Eckhart wissen wir, dass Leibniz ein häufiger Gast an der kurfürstlichen Tafel war.[75] Aber wenn die dort geführten Gespräche keine schriftliche Fixierung oder Spiegelung in der Korrespondenz mit anderen gefunden haben, sind sie für uns verweht.[76]

Dass der Fürst Anteil nahm an seinem Gelehrten, zeigt nicht nur seine Aufmerksamkeit für dessen Befinden beim ersten Wiedersehen nach fast vier Jahren im Sommer 1716,[77] sondern auch eine viel länger zurückliegende Episode: Im Spätwinter 1703 weilte Leibniz in Berlin; seine Rückkehr nach Hannover war überfällig, längst erwartet, immer wieder angekündigt und immer wieder verschoben worden; zuletzt durch gesundheitliche Probleme.[78] Nachdem wohl schon von Dritten recht dramatische Berichte nach Hannover gelangt waren, genügte Leibniz' kurze Bemerkung gegenüber der Kurfürstin, er müsse sich um seine Gesundheit kümmern, wofür es vielleicht schon zu spät sei, um bei Hofe Alarm auszulösen – die Kurfürstin schrieb zurück, ihr Sohn und sie seien beide schockiert (*un poin qui nous choqua tous deux où vous doutés qu'il ne soit trop tart de prandre soin de vostre santé dont nous serions tous deux bien faché*).[79] Zwei Jahre später war Leibniz selbst mit einem tatsächlichen, ihn tief erschütternden Todesfall konfrontiert: Während er in Berlin weilte, war die preußische Königin Sophie Charlotte am 1.

---

73 A I, 26 N. 200: von der Hardt an Leibniz, Ende August 1706.
74 A I, 26 Einleitung, XCVIII. Nachdem zunächst die Kurfürstin am Hof zu Wolfenbüttel an von der Hardts Vorträgen zur rationalistischen Bibelkritik teilgenommen hatte, erging Ende August an ihn die Aufforderung von Georg Ludwig und Sophie zur schriftlichen Bereitstellung seiner Bileam-Interpretation; vgl. A I, 26 N. 200, Ende August 1706, und A I, 26 N. 209, 27. August 1706.
75 Wie Anm. 62.
76 Das gilt auch für die direkten Gespräche mit der Kurfürstin, die den brieflichen Austausch bei weitem überwogen haben müssen, die aber gelegentlich gespiegelt sind in ihrer Korrespondenz mit ihrer Tochter Sophie Charlotte oder ihrer Nichte Elisabeth Charlotte.
77 Leibniz an Caroline, 31. Juli 1716 (*Brown*, Correspondence, Nr. 135).
78 A I, 22 Einleitung, XXXI f.
79 A I, 22 N. 20, 3. März 1703.

Februar 1705 in Hannover verstorben.[80] Nach seiner Rückkehr muss er ein Gespräch mit dem Kurfürsten gehabt haben, der, selbst tief getroffen vom Tod seiner Schwester,[81] Leibniz von deren letzten Stunden und letzten Worten berichtete. Dieser wird im ersten Brief, der nicht mehr allein den Schock spiegelt, sondern auch den Versuch einer Sublimierung, dieses Gespräch als etwas, das ihm Trost gegeben habe, zitieren.[82] In diesen Sätzen erscheint das Verhältnis in einem recht freundlichen Licht.

Die Erzählung vom Antagonismus ist freilich nicht unbegründet. Es sind bittere Äußerungen von beiden Seiten überliefert, bestimmt vor allem von zwei Faktoren: der nach wie vor ausstehenden Welfengeschichte sowie Leibniz' Reisen. Beide stehen miteinander in Verbindung. So waren vom Hof ausgehende Reiseverbote wie das vom Juni 1705 oder die mehrfachen Anweisungen von 1714/1715 explizit von der Sorge begleitet, das Haus könne schließlich (auch angesichts von Leibniz' Alter) nach jahrzehntelanger Förderung mit leeren Händen dastehen.[83] Dahinter stand auch die Befürchtung, Leibniz an einen anderen Hof zu verlieren, jeweils aus aktuellem Anlass: 1705 stand Leibniz' enge Bindung an den Berliner Hof im Raum,[84] 1714 die an den Kaiserhof zu Wien, wo er sich gegen den Willen des Kurfürsten fast zwei Jahre lang aufgehalten und den Titel eines Reichshofrats angenommen hatte; die schließliche Zustimmung Georg Ludwigs war mit der Bedingung verbunden, dass Leibniz ausschließlich in seinem Dienst verbliebe.[85] Dessen wiederholte Beteuerungen, seinen Verpflichtungen in Hannover nachkommen zu wollen, stellte der Kurfürst schließlich offen in Frage.[86] Auf die Reiseverbote und die Zweifel an der Vollendung der Hausgeschichte reagierte Leibniz sehr gekränkt[87] und beklagte sich umgekehrt, ausgerechnet von seinem Dienst-

---

80 Dazu A I, 24 Einleitung, XXXII f.

81 *Hatton*, George I, 91.

82 Leibniz an Wilhelmine Caroline von Brandenburg-Ansbach, 18. März 1705 (A I, 24 N. 259).

83 Georg Ludwig an Leibniz, 6. Juni 1705 (A I, 24 N. 377) bzw. Herzog Georg Wilhelm von Celle an Leibniz, 11. Juni 1705 (A I, 24 N. 390), dazu A I, 24 Einleitung, XXXI f. u. XXXIX; Georg I. an die Regierung in Hannover, 30. November 1714: *ob und wann wir die früchte Unserer so langen gedult und wartens zu genießen Unß hoffnung machen können oder nicht*; Georg I. an die Regierung in Hannover, 1. Januar 1715: *daß [...] wir fast die Hoffnung gar verlieren müßen, ob von ihm [= Leibniz] jemahlen etwas weiter an mehrerwehnetem opere historico geschehen würde*, Zitate nach *Heuvel*, Hof, 48 bzw. 50.

84 *Reese*, Historie, 171. Tatsächlich sondierte Leibniz im Frühjahr 1705 in Berlin wegen eines Übertritts, die dazu hinter dem Rücken Hannovers unternommene Berlin-Reise blieb wohl nicht geheim und könnte den Anlass zum Reiseverbot gegeben haben, dazu A I, 24 Einleitung, XXXIII.

85 *Stuber*, Leibniz, 36.

86 Ebd., 36 f. bzw. 39 f.

87 So im Brief an Kurfürstin Sophie, wohl erste Hälfte Juni 1705 (A I, 24 N. 380) bzw. im Brief an Georg I. vom 18. Dezember 1714, dazu *Heuvel*, Hof, 49 f.

herrn werde ihm diese verletzende Behandlung zuteil, da doch ganz Europa ihm Gerechtigkeit widerfahren lasse.[88]

Die meisten dieser Zeugnisse (und weitere)[89] wurden, wie erwähnt, von Richard Doebner gegen Ende des 19. Jahrhunderts ans Licht gebracht und mit ihnen das Bild vom gefesselten Genie.[90] Besondere Empörung der Nachwelt erregte ein Aspekt des Reiseverbots von 1714: Leibniz wurde auch verwehrt, dem Hof nach Eintritt der englischen Sukzession Hannovers nach London zu folgen, wo er den Titel eines britischen Hofhistoriographen anvisierte.[91] Sein Zurückbleiben in Hannover musste der Welt vor Augen führen, dass er bei seinem Dienstherrn in Ungnade gefallen war.[92]

Die Ereignisse sind kürzlich noch einmal detailliert von Regina Stuber, Gerd van den Heuvel und Gregory Brown aufgearbeitet worden.[93] Hier genügen Stichworte: Leibniz' Rückkehr aus Wien im August 1714 in ein Hannover ohne die kurz zuvor verstorbene Kurfürstin und den Kurfürsten, der, jetzt König Georg I., bereits auf dem Weg nach London war; der Hof im Begriff, sich teilweise dorthin zu verlagern. Caroline, nunmehr Princess of Wales, ebenfalls im Aufbruch, wurde von Leibniz noch angetroffen, bei Gesprächen in Herrenhausen muss die Englandreise in ihrem Gefolge anvisiert worden sein. Diese Idee sollte fortan die sich nun entwickelnde intensive Korrespondenz zwischen beiden bis zum Schluss durchziehen.[94] Zumeist als Negativmeldung: Leibniz, der von Ministern die dringende Warnung erhielt, von dem Plan Abstand zu nehmen,[95] musste auch von der Prinzessin, seiner Fürsprecherin beim König, immer wieder erfahren, für diesen sei eine Zusage mit der Fertigstellung eines Teils des *opus historicum* verknüpft.[96]

---

88 Leibniz an Friedrich Wilhelm von Görtz, 28. Dezember 1714 (*Brown*, Correspondence, Nr. 55): […] *de voir que pendant que l'Europe me rend justice, on le fait pas où j'aurois le plus de droit de l'attendre.*

89 Zusammengestellt bei *Heuvel*, Hof.

90 Vgl. *Gädeke*, Fürstenhof, 191.

91 Darauf bezieht sich etwa der oben bei Anm. 55 zitierte Ausruf Kuno Fischers; zum Geschehen *Heuvel*, Hof, 50.

92 Bezeichnenderweise wird schon in Memorialtexten nach Leibniz' Tod meistens als Grund für das Zurückbleiben in Hannover sein hohes Alter angegeben, allein Eckhart erwähnt den königlichen Befehl zur Fertigstellung der Hausgeschichte, was schon bald als Gerücht abgetan wird, vgl. *Gädeke*, Fürstenhof, etwa 174, 176, 180; *Heuvel*, Hof, 48, sieht eine weitere Kränkung darin, dass Leibniz statt des gewohnten Immediatzugangs jetzt die Weisungen des Königs über die Regierung in Hannover erhielt.

93 *Stuber*, Leibniz; *Heuvel*, Hof; *Brown*, Correspondence, XXXVII–LX.

94 *Brown*, Correspondence, LIII–LIX; LXXVIII; LXXXI.

95 Ebd., Nr. 46, Nr. 69.

96 Ebd. LV–LIX. Zuletzt ging es um das Teilstück *Annales Imperii Occidentis Brunsvicenses* (768–1024).

Zunehmend versöhnlicher und mit der in den Briefen Carolines immer deutlicher aufscheinenden Aussicht auf Verwirklichung,[97] was den Anschein erwecken konnte, es sei letztendlich dann nur Leibniz' Tod gewesen, der seine Übersiedlung verhindert habe.[98] Aber wollte er wirklich nach London?

Dass Leibniz jetzt von Hannover (nie seine erste Wahl und nun auch noch ohne fürstlichen Patron[99]) fortstrebte, dass er neben London auch andere Ziele – Wien, kurzzeitig Paris – ins Auge fasste, ist bekannt.[100] Eine Rückkehr an den Kaiserhof, die in den letzten Lebensmonaten immer mehr als beschlossene Sache erschien, gilt allgemein als ‚Plan B', nachdem der Weg nach London vorerst versperrt war.[101] Gregory Brown hat jüngst in sorgfältiger Abwägung von Leibniz' Aussagen zu beiden Optionen aber die Frage in den Raum gestellt: Was hätte Leibniz von einer Übersiedlung nach England gehabt?[102] In der dortigen Gelehrtenwelt hätte ihn in der damaligen Hochphase des Prioritätsstreits mit Isaac Newton ein schwieriges Terrain erwartet, in Wien dagegen konnte er auf offene Türen hoffen und hatte die Gründung einer neuen Sozietät der Wissenschaften vor Augen.[103] Wohl aber hätte er mit einem – kurzen – Aufenthalt am Hof zu London (und mit dem Historiographentitel) gerade gegenüber den Newtonianern einen Punktgewinn erzielt, den Erweis der fortwährenden Gnade seines Dienstherrn, der jetzt britischer König war.[104] Die Option London reduzierte sich damit auf einen strategischen Schachzug. Leibniz' ‚Plan A' war vielmehr Wien; sobald er sich der *historia domus* entledigt haben würde (was in der Tat nahe bevorzustehen schien), sah er seine Zukunft am Kaiserhof.[105]

---

97 Ebd., Nr. 78, Nr. 89, Nr. 128, Nr. 139, Nr. 152, Nr. 158. Das spiegeln auch Aussagen von Ministern Georgs I., ebd., Nr. 137; N. 155.

98 Dazu bereits die Diskussion bei *Fischer*, Leibniz (1920), 286 f.

99 Aus Georgs I. Familie waren nur der im Kindesalter stehende Enkel Friedrich August und der als Regent amtierende Bruder, Fürstbischof Ernst August von Osnabrück, zurückgeblieben; von letzterem sind deutlich ablehnende Bemerkungen über Leibniz überliefert, vgl. *Müller/Krönert*, Chronik, 206, 226.

100 *Antognazza*, Biography, 521.

101 Ebd, 523: „Indeed, notwithstanding his desire to move to London, he kept other opinions open, above all the possibility of returning to Vienna"; *Heuvel*, Hof, 51: „Angesichts der schwindenden Aussichten, in naher Zukunft englischer Historiograph zu werden und damit nach London übersiedeln zu können, erwägt Leibniz weitere Optionen für mögliche Dienstverhältnisse".

102 *Brown*, Correspondence, XLVII f.

103 Ebd., XLVIII–L.

104 Ebd., XLVIII; Nr. 72.

105 Ebd., LIX f.; LIII.

Was bliebe dann also von dem großen Schatten, den Georg Ludwig/Georg I. auf Leibniz' Dasein in Hannover warf? Ein Punkt wäre noch aufzugreifen: die Reisen. Waren sie Auslöser oder Indikator einer Entfremdung?[106]

Leibniz' häufige Reisen gehören in der Tat neben seiner Korrespondenz zu den gängigen Topoi der Fremdwahrnehmung[107] – und zum Bild gehören auch hier Differenzen mit dem Dienstherrn. Manche Berlin-Reise wurde von Georg Ludwig nicht genehmigt,[108] und genehmigte Reisen, öfters in der Entourage der Kurfürstin Sophie, hat Leibniz mitunter so lang ausgedehnt, dass in Hannover das Gerücht aufkam, er sei inzwischen in den Dienst des Berliner Hofes getreten.[109] Die eine oder andere Reise in die Ferne trat er heimlich an, wofür ihm vor allem seine Dienstverpflichtungen in Wolfenbüttel Tarnung boten, das gilt besonders für Reisen nach Wien.[110]

Indikator sind Leibniz' Reisen an fremde Höfe aber zunächst für seine wachsenden höfischen Beziehungen – und nicht selten erst einmal ‚projektbezogen': Dort sah er Möglichkeiten für sich, etwa für den Kirchenfrieden oder als Wissenschaftsorganisator zu wirken.[111] Bereits unter Ernst August, in den 1690er Jahren, hatte er Interesse am Amt des brandenburgischen Hofhistoriographen gezeigt, als sich die Aussicht konkretisierte, zog er sich zurück.[112] Auch wenn er unter Georg Ludwigs Herrschaft gelegentlich wegen der Übernahme in den Dienst eines anderen Hofes (neben Wien und Berlin kurzzeitig auch Dresden[113]) sondierte, war damit die Vorstellung verbunden, weiterhin auch für Hannover tätig zu sein.[114] Und noch in den letzten Lebensjahren, als ihn vermehrt Rufe aus Wien erreichten, stellte er den Abschluss der dienstlichen Aufgabe in den Vordergrund.[115]

---

106 Letzteres dürfte die communis opinio sein; vgl. etwa *Müller*, Leibniz, 52 f., der in der „Zeit der vielen Reisen" ein Zeichen von Leibniz' „innerer Loslösung von Hannover" unter Georg Ludwig sieht.

107 *Gädeke*, Fürstenhof, 172.

108 Etwa 1698 und im Sommer 1703.

109 Im Spätwinter 1703, vgl. A I, 22, Einleitung, XXXIII.

110 Zur (erst im Zuge der Arbeit an A I, 19 von Sabine Sellschopp entdeckten) Wien-Reise vom Frühsommer 1701 A I, 19 Einleitung, XXXI. Camoufliert wurde auch die Berlin-Reise vom Frühjahr 1705, dazu A I, 24 Einleitung, XXXII. Auch die weiteren Wien-Reisen von 1700, 1708/1709 und 1712–1714 begannen jeweils in Wolfenbüttel.

111 *Heuvel*, Berlin; *Liske*, Leibniz, 39.

112 Ebd., 272 f.

113 So kaum verhüllt in A I, 22 N. 233.

114 Gegenüber dem Kaiserhof vgl. *Stuber*, Leibniz, 36; gegenüber Dresden A I, 24 N. 135 sowie Einleitung, XXXIII f. Die explizite Wechselstimmung vom Frühjahr 1705 war wohl durch die Eintrübung von Leibniz' Verhältnis zum Wolfenbütteler Hof bedingt; vgl. A I, 24 N. 350 sowie Einleitung, XXXIII.

115 *Brown*, Correspondence, XLIX, LIII, LX.

Nach der Rückkehr von einer heimlich angetretenen Reise konnte Leibniz Kritik des Kurfürsten erfahren.[116] Aber was an Kommentaren Georg Ludwigs überliefert ist, ist bis auf die der letzten Jahre eher ironisch. Etwa wenn er im Herbst 1703 gegenüber seiner Mutter Leibniz als flüchtige Erscheinung beschreibt und bezweifelt, dass die Existenz von dessen „unsichtbarem Buch" sich jemals beweisen lassen werde.[117] Eine durch die Kurfürstin weitergegebene Äußerung (wobei auch ihre eigene Kritik durchklingt) vom Herbst 1704 als Antwort auf Leibniz' Bitte, sich für ihn beim Kurfürsten für ein politisches Amt zu verwenden, enthält, eingekleidet in Worte der Wertschätzung, Kritik an Leibniz' Erfüllung dienstlicher Aufgaben und eine freundliche Ablehnung des Gesuchs: Dessen großem Geist werde die mühevolle Kleinarbeit eines solchen Amtes weniger liegen als etwa seine weit gespannte Korrespondenz:

> [...] le maitre semble ce plaindre que vostre merite qu'il estime infiniment ne luy sairt à rien [,] qu'il vous voit rarement, et de l'Histoire que vous aviés entrepris de faire il ne voit rien du tout; pour laquelle il avoit pourtant promis recompense à ce qu'il dit [...] à l'esgard de vice-schancelie[r] il ne scauroit croire qu'il seroit de vostre genie de prandre sur vous des paines si facheuses au lieu de corespondre jusqu'aus Indes.[118]

Und in einem Brief von Januar 1709, als Leibniz bereits seit über zwei Monaten fern von Hannover weilte, bringt Sophie etwas süffisant ihre Freude über ein Lebenszeichen von ihm zum Ausdruck und fügt hinzu, der Kurfürst wolle in den Zeitungen eine Belohnung für den ausschreiben lassen, der ihn wieder auffinde.[119] Dass dieser Gesprächston, in dem Kritik elegant transportiert wurde, nicht nur für die Kurfürstin, sondern auch für ihren Sohn gegenüber Leibniz nicht unüblich gewesen sein dürfte, zeigt dessen Reaktion auf die ihm im August 1714 hinterbrachte Äußerung des Kurfürsten, Leibniz werde erst aus Wien zurückkehren, wenn er selbst König sei – Leibniz zeigt sich betroffen, hofft aber, es habe sich um einen Scherz gehandelt.[120]

Auch diese Äußerungen sind in das Bild von der Beschneidung von Leibniz' Bewegungsfreiheit eingegangen. Dabei wird ganz selbstverständlich angenommen, dass es diese Bewegungsfreiheit an sich hätte geben sollen. Aber gab es sie

---

116 Während nach der Wien-Reise 1700 Kritik nur andeutungsweise bezeugt ist (vgl. A I, 19 N. 190), ist sie nach der von 1708/1709 evident und veranlasste Leibniz zu einem Rechtfertigungsschreiben; vgl. *Müller/Krönert*, Chronik, 213.

117 Georg Ludwig an Sophie, 27. Oktober 1703 (gedr.: *Schnath*, Briefe, Nr. 33); vgl. *Müller/Krönert*, Chronik, 186.

118 Sophie an Leibniz, 20. September 1704 (A I, 23 N. 524); Übersetzung in *Li/Utermöhlen/Sellschopp*, Sophie, Nr. 260.

119 Sophie an Leibniz, 23. Januar 1709; Übersetzung in *Li/Utermöhlen/Sellschopp*, Sophie, Nr. 322.

120 *Brown*, Correspondence, Nr. 31.

wirklich? In Leibniz' Augen schon – ob er als junger Erwachsener für sich ein *amphibisches Dasein* zwischen Frankreich und dem Reich ins Auge fasst,[121] oder ob er bei der Ausschau nach Posten an fremden Höfen immer wieder betont, gleichzeitig seinen Verpflichtungen für Braunschweig-Lüneburg nachkommen zu wollen,[122] ob er im Alter jede territoriale Bindung überhaupt leugnet (der Himmel sei sein Vaterland[123]): die Realität des Territorialstaates hat er immer wieder transzendiert. Was ihm vorschwebte, kann man vielleicht als „multiple Loyalitätsbeziehungen" bezeichnen.[124]

Für Georg Ludwig, der sich gelegentlich Leibniz' Anwesenheit an anderen Höfen durchaus zunutze machte,[125] der ihm gestattete, dort auch Titel anzunehmen,[126] musste dagegen die dienstliche Bindung im Vordergrund stehen, zumal mit dem Auftrag zur *historia domus*, die den Aufstieg seines Hauses publizistisch untermauern sollte.

*

Nach allem Abwägen bleibt als Kernfrage: War Georg Ludwig, bei aller Aufgeschlossenheit, nicht doch zu rigide, hätte er dem universalen Geist an seinem Hofe nicht doch mehr Freiheiten zugestehen sollen? Diese Frage führt zu dem blinden Fleck der Beurteilung schlechthin, sie deckt einen Anachronismus auf: den Geniebegriff.[127] Norbert Elias hat dies in seiner nachgelassenen Schrift *Mo-*

---

121 A I, 1 N. 298 (14. Februar 1676): *Pour moy je croy qve je seray un Amphibie, tantost en Allemagne, tantost en France.*

122 Vgl. *Stuber*, Leibniz, 36 f.

123 Leibniz an Zar Peter I., 16. Januar 1712: [...] *denn ich nicht von denen so auff ihr Vaterland, oder sonst auf eine gewiße Nation, erpicht seyn; sondern ich gehe auf den Nuzen des gantzen menschlichen Geschlechts, denn ich halte den Himmel für das Vaterland und alle wohlgesinnete Menschen fur deßen Mitbürger, und ist mir lieber bey den Rußen viel Guthes auszurichten, als bey den Teutschen oder andern Europaern wenig*; zitiert nach der Vorausedition [https://rep.adw-goe.de/bitstream/handle/11858/2471/LAA-Transkriptionen1712nue-v1.pdf?sequence=1&isAllowed=y; 22.4.2024].

124 Damit folge ich *Stuber*, Loyalität, die dies am Beispiel des Diplomaten Johann Christoph von Urbich untersucht hat. Ebd., 11 die einleitende Feststellung: „Bemerkenswert ist das Faktum, dass es ihm gelang, im Laufe seiner Karriere parallel zu seinen jeweiligen offiziellen Dienstverhältnissen weitere Loyalitätsbeziehungen sowohl zu anderen Prinzipalen als auch zu Vertretern diverser Fürstenhöfe aufzubauen und zu unterhalten". Dazu am Beispiel von Reichs-Agenten bereits *Dorfner*, Diener, 92 f.

125 So am Kaiserhof, vgl. *Stuber*, Leibniz, 37; für Berlin etwa in der Affaire um John Tolands Aufenthalt am dortigen Hof 1702 vgl. A I, 21 (Korrespondenz mit Platen, Schütz, Spanheim) oder im Kontext des Marlborough-Besuches dort A I, 24 Einleitung, XLIX.

126 Aufzählung bei *Beiderbeck*, Kontextualisierung, 16.

127 Ausführlicher mit ähnlichem Urteil *Stollberg-Rilinger*, Leibniz, der Höfling, 144. Dieser Aufsatz lag mir erst nach dem Einreichen meines Textes vor.

zart. Zur Soziologie eines Genies analysiert,[128] am konkreten Fall des Komponisten, der mit 21 den Dienst des Fürstbischofs von Salzburg quittierte, weil dieser ihn nicht reisen ließ; aber mit Worten, die sich wohl auf Leibniz übertragen ließen: „ein Genie, [...] geboren in eine Gesellschaft, die den romantischen Geniebegriff noch nicht kannte".

Als Gelehrter im Fürstendienst (auch wenn nach seinem eigenen Rollenverständnis dazu größere Unabhängigkeit gehörte) war Leibniz in seiner Zeit kein Einzelfall.[129] Die Rahmenbedingungen, die Hannover ihm bot, waren insgesamt recht liberal.[130] Georg Ludwig, der zu seinem Regierungsantritt die Zahl der Hofchargen erst einmal reduzierte,[131] behielt Leibniz in seinen Diensten, über viele Reisen, lange Aufenthalte an fremden Höfen, ständige Verzögerungen bei der Hausgeschichte hinweg.[132] Auch zur Zeit der größten Entfremdung ließ er Leibniz ausrichten, dessen Meriten seien ihm wohlbekannt.[133] Wenn er sich gelegentlich ironisch oder sarkastisch über seinen wieder einmal abwesenden Hofgelehrten äußerte, so kann das auf Linie liegen mit manchem, was seine Mutter diesem schrieb. Und schließlich war es der doch notorisch sparsame König, der Leibniz' gesamten Nachlass (das heißt jenseits der dienstlichen Kollektaneen) dem Erben abkaufte, womit dieser immense Fundus für die Wissenschaftsgeschichte erhalten blieb; ein weit über die eigene Zeit hinausweisender Akt und ein weiteres Zeichen der Wertschätzung.[134] Alles in allem: der Blick auf Details kann durchaus Schatten zeigen – aber auch immer wieder Licht: erst in der im 19. Jahrhundert formulierten Erzählung ist der Kurfürst/König zu Leibniz' Widerpart geworden.

Georg Ludwig sah sich nicht als *roi philosophe* wie sein Enkel in Berlin. Aber anders als dessen Vater, Friedrich Wilhelm I., stand er Leibniz keinesfalls ablehnend gegenüber,[135] und von „kleinlich gemißhandelt" kann wirklich keine Rede sein. Auch wenn wir der Kurfürstin Sophie zu Recht zentrale Bedeutung für die ‚sonnigen' Seiten von Leibniz' höfischem Dasein zuschreiben: gegen den Willen

---

128 *Elias*, Mozart, 30.
129 *Bots/Waquet*, République, 107–111; *Beiderbeck*, Kontextualisierung, 17, ordnet Leibniz ein als „Gelehrten Rat", schreibt ihm ebd. (18) aber ein davon divergierendes Rollenverständnis zu nach dem französischen Modell des „savant in fürstlichen Diensten".
130 So *Dülmen*, Gespräche, 125 f.; dass Leibniz sich durchaus zufrieden über sein Dasein in Hannover äußern konnte, bemerkt *Heuvel*, Berlin, 277.
131 Vgl. oben Anm. 16 (*Schnath*, Geschichte, Bd. 3, 11–14).
132 Leibniz selbst hat sich (im Kontext eines Dresdener Favoritensturzes) Kurfürstin Sophie gegenüber lobend über das Festhalten des Hofes zu Hannover an langjährigen Dienern geäußert (A I, 22 N. 38).
133 *Heuvel*, Hof, 50.
134 *Waldhoff*, Quellenkunde, 42, betont, dass diese Behandlung des Nachlasses sich von der damals gängigen Praxis unterschied.
135 Dazu etwa A I, 24 N. 308.

ihres Sohnes wäre das nicht möglich gewesen. Das Verhältnis vom Fürsten und seinem Universalgelehrten bedarf einer neuen Erzählung.

Bibliografie

Gedruckte Quellen

The Leibniz – Caroline – Clarke Correspondence, hrsg. v. Gregory *Brown*, Oxford/New York 2023.

Leibnizens Briefwechsel mit dem Minister von Bernstorff und andere Leibniz betreffende Briefe und Aktenstücke aus den Jahren 1705–1716, hrsg. v. Richard *Doebner* in: Zeitschrift des Historischen Vereins für Niedersachsen, 46 (1881), 205–380.

Eberhard, Johann August, Gottfried Wilhelm Freiherr von Leibnitz, in: Journal zur Kunstgeschichte und zur allgemeinen Litteratur, Bd. 7, hrsg. v. Christoph G. von *Murr*, Nürnberg 1779.

Eckhart, Johann Georg von, Lebensbeschreibung des Freyherrn von Leibnitz. Ex Autographo, in: Journal zur Kunstgeschichte und zur allgemeinen Litteratur, Bd. 7, hrsg. v. Christoph G. von *Murr*, Nürnberg 1779.

Leibniz, Gottfried Wilhelm, Sämtliche Schriften und Briefe, hrsg. v. der Berlin-Brandenburgischen Akademie der Wissenschaften und der Niedersächsischen Akademie der Wissenschaften zu Göttingen, [jetzt:] Berlin/Boston, 1923ff (zitiert: A [Reihe], [Band] [Stücknr.]).

Leibniz, Gottfried Wilhelm/Kurfürstin Sophie von Hannover, Briefwechsel, hrsg. v. Wenchao Li, aus dem Französischen übersetzt v. Gerda *Utermöhlen*/Sabine *Sellschopp*, Göttingen 2017.

Briefe der Prinzessin Elisabeth Charlotte von Orleans an die Raugräfin Louise 1676–1722, hrsg. v. Wolfgang *Menzel*, Stuttgart 1843.

Liselotte von der Pfalz, Briefe an Johanna Sophie von Schaumburg-Lippe, kommentiert u. mit einem Nachwort versehen, hrsg. v. Jürgen Voss, St. Ingbert 2003.

Pockels, Carl F., Bekenntnisse der Prinzessinn Elisabeth Charlotte von Orleans. Aus ihren Originalbriefen, Danzig [vielmehr Hannover] 1791.

Briefe des Prinzen und Kurfürsten Georg Ludwig (Georgs I.) an seine Mutter Sophie 1681–1704, hrsg. v. Georg *Schnath*, in: Niedersächsisches Jahrbuch für Landesgeschichte 48 (1976), 249–305.

Literatur

Aiton, Eric, Leibniz. A Biography, Bristol 1985; [dt.] Leibniz. Eine Biographie. Aus dem Englischen übertragen von Christiana Goldmann und Christa Krüger, Frankfurt a. M./Leipzig 1991.

Antognazza, Maria Rosa, Leibniz. An Intellectual Biography, Cambridge u. a. 2009.

Antognazza, Maria Rosa (Hrsg.), The Oxford Handbook of Leibniz, Oxford 2018.

Bauer, Volker, Die höfische Gesellschaft in Deutschland von der Mitte des 17. bis zum Ausgang des 18. Jahrhunderts (Frühe Neuzeit, 12), Tübingen 1993.

Beiderbeck, Friedrich, Zur Kontextualisierung der Politischen Schriften von G. W. Leibniz. Eine Einführung, in: Umwelt und Weltgestaltung. Leibniz' politisches Denken in seiner Zeit, hrsg. v. dems./

Irene Dingel/Wenchao Li (Veröffentlichungen des Instituts für Europäische Geschichte Mainz, Beiheft 105), Göttingen 2015, 11–40.

Beiderbeck, Friedrich/Wenchao *Li*/Stephan *Waldhoff* (Hrsg.), Gottfried Wilhelm Leibniz. Rezeption, Forschung, Ausblick, Stuttgart 2020.

Beiderbeck, Friedrich, Politik, in: Gottfried Wilhelm Leibniz. Rezeption, Forschung, Ausblick, hrsg. v. dems./Wenchao Li/StephanWaldhoff, Stuttgart 2020, 285–341.

Bots, Hans/Françoise *Waquet*, La Republique des Lettres, Paris 1997.

Cruysse, Dirk van der, „Madame sein ist ein ellendes Handwerck". Liselotte von der Pfalz – eine deutsche Prinzessin am Hof des Sonnenkönigs. Aus dem Französischen v. Inge Leipold, München/Zürich 1988.

Dorfner, Thomas, Diener vieler Herren. Die Reichs-Agenten am Kaiserhof (1550–1740), in: Potestas. Estudios del Mundo Clásico e Historia del Arte 10 (2017), 87–101.

Dülmen, Richard van, Gespräche, Korrespondenzen, Sozietäten. Leibniz' dialogische Philosophie, in: Denkwelten um 1700. Zehn intellektuelle Profile, hrsg. v. dems./Sina Rauschenbach, Köln/Weimar/Wien 2002, 123–138.

Elias, Norbert, Mozart. Zur Soziologie eines Genies, hrsg. v. Michael Schröter, Frankfurt a. M. 1991.

Fischer, Kuno, Leibniz und seine Schule (Geschichte der neuern Philosophie, 2), 2. Aufl., Heidelberg 1867; Gottfried Wilhelm Leibniz. Leben, Werk und Lehre (Geschichte der neuern Philosophie, 3), 5. Aufl., Heidelberg 1920.

Gädeke, Nora, Fürstenhof und Gelehrtenrepublik, in: Gottfried Wilhelm Leibniz. Rezeption, Forschung, Ausblick, hrsg. v. Friedrich Beiderbeck/Wenchao Li/StephanWaldhoff, Stuttgart 2020, 169–211.

Guhrauer, G[ottschalk] E[duard], Gottfried Wilhelm Freiherr von Leibniz. Eine Biographie, 2 Bde Berlin 1846; ND. Hildesheim 1966.

Härtrich, Anne-Kathrin, Georg Ludwig und die Sukzessionsfrage, in: Hannover und die englische Thronfolge hrsg. v. Heide Barmeyer (Hannoversche Schriften zur Regional- und Lokalgeschichte, 19), Bielefeld 2005, 113–139.

Hatton, Ragnhild, George I. Elector and King, London 1978; New Haven/London 2001.

Heuvel, Gerd van den, Leibniz zwischen Hannover und Berlin, in: Leibniz in Berlin, hrsg. v. Hans Poser/Albert Heinekamp (Studia Leibnitiana. Sonderhefte, 16), Stuttgart 1990, 271–280.

Heuvel, Gerd van den, Niedersachsen im 17. Jahrhundert (1618–1714), in: Geschichte Niedersachsens, Bd. 3, Tl. 1: Politik, Wirtschaft und Gesellschaft von der Reformation bis zum Beginn des 19. Jahrhunderts, hrsg. v. Christine van den Heuvel/Manfred von Boetticher (Veröffentlichungen der Historischen Kommission für Niedersachsen und Bremen, 36), Hannover 1998, 119–218.

Heuvel, Gerd van den, „Emeritus" oder „tout à fait inutile". Leibniz' Verhältnis zum britisch-hannoverschen Hof in seinen letzten beiden Lebensjahren, in: 1716 – Leibniz' letztes Lebensjahr. Unbekanntes zu einem bekannten Universalgelehrten, hrsg. v. Michael Kempe (Gottfried Wilhelm Leibniz Bibliothek Forschungen, 2), Hannover 2016, 39–57.

Heuvel, Gerd van den, „L'Histoire anecdote de nostre tems". Leibniz liest mit Königin Sophie Charlotte die Briefe Liselottes von der Pfalz an Kurfürstin Sophie, in: Scintillae Leibnitianae. Wenchao Li zum 65. Geburtstag, hrsg. v. Friedrich Beiderbeck/Nora Gädeke/Stephan Waldhoff, Stuttgart 2022, 363–375.

Hirsch, Eike C., Der berühmte Herr Leibniz. Eine Biographie, München 2000; überarbeitete Neuauflage München 2016.

Kapp, Volker, Pathos der Ehrlichkeit und Kunst des Schreibens in den Briefen der Liselotte von der Pfalz, in: Pathos, Klatsch und Ehrlichkeit. Liselotte von der Pfalz am Hofe des Sonnenkönigs, hrsg. v. Klaus J. Mattheier/Paul Valentin (Romanica et Comparatistica, 14), Tübingen 1990, 175–199.

Kunisch, Johannes, Friedrich der Grosse. Der König und seine Zeit, München 2004.

Li, Wenchao (Hrsg.), „Das Recht kann nicht ungerecht sein … ". Beiträge zu Leibniz' Philosophie der Gerechtigkeit (Studia Leibnitiana, Sonderhefte, 44), Stuttgart 2015.

Liske, Michael-Thomas, Gottfried Wilhelm Leibniz, München 2000.

Müller, Kurt, Gottfried Wilhelm Leibniz, in: Leibniz. Sein Leben – Sein Wirken – Seine Welt, hrsg. v. Wilhelm Totok/Carl Haase, Hannover 1966, 1–64.

Müller, Kurt/Gisela *Krönert*, Leben und Werk von Gottfried Wilhelm Leibniz. Eine Chronik (Veröffentlichungen des Leibniz-Archivs, 2), Frankfurt a. M. 1969.

Murdoch, Vilem, Gottfried Wilhelm Leibniz, § 29: Art. Leben, in: Grundriss der Geschichte der Philosophie. Begründet von Friedrich Ueberweg. Die Philosophie des 17. Jahrhunderts, Bd. 4: Das Heilige Römische Reich Deutscher Nation, Nord- und Ostmitteleuropa hrsg. v. Helmut Holzhey/Wilhelm Schmidt-Biggemann, Basel 2001, 1008–1022.

Poser, Hans/Albert *Heinekamp* (Hrsg.), Leibniz in Berlin (Studia Leibnitiana, Sonderhefte, 16), Stuttgart 1990.

Reese, Armin, Die Rolle der Historie beim Aufstieg des Welfemhauses 1680–1714 (Quellen und Darstellungen zur Geschichte Niedersachsens, 71), Hildesheim 1967.

Schnath, Georg, Geschichte Hannovers im Zeitalter der neunten Kur und der englischen Sukzession 1674–1714, Bd. 1, Hildesheim/Leipzig 1938, Bd. 2–4, Hildesheim 1976. 1978–1982.

Standke, Jenny C., Ein Fenster zum Hof. Die Privatschatulle des Kurfürsten und Königs Georg I. (Ludwig) als Quelle für die Hofkultur um 1770 (Lesesaal Gottfried Wilhelm Leibniz Bibliothek, 41), Hannover 2015.

Stollberg-Rilinger, Barbara, Leibniz, der Höfling, in: Studia Leibnitiana 54 (2022), 144–155.

Stuber, Regina, Die hannoversche Sukzession von 1714. Leibniz im Wiener Abseits, in: Leibniz, Caroline und die Folgen der englischen Sukzession Li, hrsg. v. Wenchao Li (Studia Leibnitiana, Sonderhefte, 47), Stuttgart 2016, 31–50.

Stuber, Regina, Multiple Loyalitätsbeziehungen und Transterritorialität. Aufstieg und Fall des Diplomaten Johann Christoph von Urbich (1653–1715) (Schriftenreihe der Historischen Kommission bei der Bayerischen Akademie der Wissenschaften, 112), Göttingen 2024.

Utermöhlen, Gerda, Die Rolle fürstlicher Frauen im Leben und Wirken von Leibniz, in: Leibniz in Berlin, hrsg. v. Hans Poser/Albert Heinekamp (Studia Leibnitiana. Sonderhefte, 16), Stuttgart 1990, 44–60.

Waldhoff, Stephan, Quellenkunde, in: Gottfried Wilhelm Leibniz. Rezeption, Forschung, Ausblick, hrsg. v. Friedrich Beiderbeck/Wenchao Li/StephanWaldhoff, Stuttgart 2020, 29–165.

Frank Pohle
Alfred von Reumont (1808–1887) und die Akademien des deutschsprachigen Raumes

Eine Annäherung

Einleitung

2008 beteiligte sich Christine Roll an einer Tagung anlässlich des 200. Geburtstags Alfred von Reumonts mit einem sieben Jahre später in deutlich erweiterter Fassung veröffentlichten Beitrag, der heute fraglos zu den meistzitierten des Tagungsbandes zählt: „Wie der Historiker zum Gestrigen gemacht wurde – Alfred von Reumonts *Italienische Diplomaten und diplomatischen Verhältnisse* neu gelesen".[1] Der Beitrag setzt sich keineswegs nur mit Reumonts diplomatiegeschichtlicher Arbeit auseinander,[2] für die Christine Roll hohe Wertschätzung entwickelt, sondern fragt darüber hinaus, warum sie schon bald nach Erscheinen als nicht mehr zeitgemäß galt, in den Kanon der kulturwissenschaftlich geprägten „neuen Diplomatiegeschichte" keinen Eingang fand und in den letzten Jahrzehnten vollkommen dem Vergessen anheimgefallen ist.[3] Ihre These dazu lautete, dies habe gar nichts mit der Qualität dieser Arbeit zu tun, sondern sei

> Ergebnis der Historiographiegeschichte des 20. Jahrhunderts, die eine Darstellung wie diese und einen Historiker wie Reumont schon kurz nach seinem Tod nicht mehr zu schätzen wusste, von seinen historischen Schriften insgesamt bald keine Notiz mehr nahm und ihn schließlich zu einem Gestrigen erklärte.[4]

Bedeutende Historiker seiner Zeit schätzten Reumont und sein Werk hingegen sehr, darunter Leopold von Ranke, Friedrich von Raumer, Wilhelm von Giesebrecht, Louis Gachard und Ludwig von Pastor, und viele bedeutende Akademien der Wissenschaften und der Künste machten ihn zu ihrem Mitglied, worüber sich freilich in den kurzen biografischen Würdigungen der Lexika nur selten etwas findet.[5]

---

1 *Roll*, Historiker. Zur Biografie Reumonts: kurz *Lepper*, Reumont; *Jedin*, Reumont; *Schumacher*, Reumont; jüngst überragend *Schumacher*, Diplomat; unter den älteren Arbeiten wertvoll: *Höfler*, Gedenkblatt; *Hüffer*, Reumont; *Loersch*, Erinnerung; *Just*, Reumont.
2 *Reumont*, Diplomaten.
3 Vgl. *Roll*, Historiker, 65.
4 *Roll*, Historiker, 65.
5 Vgl. als seltene Ausnahme den Art. „Reumont, Alfred v." in Meyers Konversationslexikon.

https://doi.org/10.1515/9783111384214-003

Anders als Ferdinand Gregorovius und Theodor Mommsen – die ebenso wie Reumont mit der römischen Ehrenbürgerwürde als Anerkennung für ihre Römischen Geschichten ausgezeichnet wurden –, anders vor allem als Arnold Heeren, Leopold von Ranke, Heinrich von Sybel und Johann Gustav Droysen, ja anders selbst als katholische Historiker wie etwa Johannes Janssen, die immer in der Diskussion waren, die als Autoritäten galten, ja teilweise bis heute gelten, und die in den Historiographiegeschichten ihren Platz haben, ist Alfred von Reumont aus dem historiographiegeschichtlichen Bewusstsein herausgefallen,[6]

obwohl sie einander oft genug begegneten. Im Unterschied zu den Genannten lehrte Reumont jedoch zu keiner Zeit an einer Universität, begründete weder eine Schule noch eine Schülerschaft und rechnete sich selbst (bei aller Verehrung für Leopold von Ranke) keiner Schule zu, was – so Roll – der wesentliche Faktor für die Missachtung des wissenschaftlichen Werkes Alfred von Reumonts im späteren 19. und im 20. Jahrhundert gewesen sei.[7] Seine berufliche Bestimmung fand Reumont im diplomatischen Dienst des preußischen Königs, an den Gesandtschaften in Florenz und Rom, also an den kleineren Höfen Mittelitaliens, die im 19. Jahrhundert machtpolitisch unerheblich, aber von hoher kultureller Bedeutung waren.

In der Tat entfaltete Reumont seine fruchtbarsten Tätigkeiten in Vorträgen und Zeitungsbeiträgen, die ohne Nachwirkung über den Tag hinaus blieben, und in der Verbreitung von Erkenntnissen, Veröffentlichungen und wissenschaftlichen Fragestellungen als zentraler Knoten eines weit verzweigten Netzwerks, das sich nicht unwesentlich auf die erwähnte Mitwirkung in gelehrten Gesellschaften und Akademien vor allem Italiens und Deutschlands stützte, mithin in der eigentlichen Bedeutung des Wortes ein „akademisches" war. Die Aufnahme in eine Akademie war für Reumont stets ein Akt der Auszeichnung durch die gelehrte Welt, der der Erlangung eines wissenschaftlichen Grades zumindest nahe kam.

Erforscht ist das Verhältnis zwischen Reumont und den Akademien bislang erst in Ansätzen, was auch insofern zu bedauern ist, als sich gerade hier der Umbruchprozess des 19. Jahrhunderts zu einer wachsenden „Professionalisierung" in der Geschichtswissenschaft, wie er sich früh im deutschen Raum vollzog und als Entwicklung von einer breiten, unbesoldet-nebenberuflichen Gelehrsamkeit hin zum Idealbild des Universitätsgelehrten als Regelfall skizziert werden kann, besonders gut im Fallbeispiel untersuchen lässt. Im Fokus der folgenden Betrachtungen steht daher Alfred von Reumont in seinem Verhältnis zu den Wissenschaftsakademien des deutschsprachigen Raumes mit besonderem Schwerpunkt auf Vorschlag und Wahl (oder Nichtwahl) des bedeutenden Deutsch-Italieners.[8]

---

6 *Roll*, Historiker, 65 f.
7 Vgl. *Roll*, Historiker, bes. 97–104; unter häufigen Verweisen auf *Fulda*, Wissenschaft.
8 Der Beitrag war ursprünglich umfangreicher angelegt, hätte damit aber den an dieser Stelle vorgegebenen Umfang in jeder Hinsicht gesprengt. Ein größeres Seitenstück des Themas wird daher zeitnah an anderer Stelle veröffentlicht; vgl. *Pohle*, Akademien.

Reumonts Akademiemitgliedschaften im deutschsprachigen Raum

Erfurt

Die erste Akademie im deutschsprachigen Raum, die Alfred Reumont als Korrespondierendes Mitglied akzeptierte, war schon 1836 die *Königliche Akademie gemeinnütziger Wissenschaften zu Erfurt*, die, 1754 als *Churfürstlich-Mayntzische Gesellschaft oder Academie nützlicher Wissenschaften zu Erfurt* zur Stärkung der kurmainzischen Landesuniversität gegründet, zwar zu den ältesten Akademien im deutschsprachigen Raum zählte und bis heute existiert, in den Jahrzehnten nach Auflösung des Kurfürstentums Mainz aber eine Zeit tiefer existentieller Verunsicherung durchlief und um eine Neuausrichtung rang.[9] Immerhin: Zu ihren Mitgliedern gehörten zahlreiche Persönlichkeiten des politischen und wissenschaftlichen Lebens Preußens und benachbarter Staaten, die zum Ansehen der Erfurter Akademie nicht unwesentlich beigetragen hatten, aber zu Reumonts Zeiten bereits verstorben waren, wie Karl August von Hardenberg (†1822), August Neidhardt von Gneisenau (†1831) und Johann Wolfgang von Goethe (†1832), aber auch höchst aktive Persönlichkeiten, die für Reumont bald schon Bedeutung als Türöffner zum Hof Friedrich Wilhelms IV. erlangen sollten, wie Alexander von Humboldt. Bei seiner Aufnahme in die Erfurter Akademie war Reumont wissenschaftlich noch kaum in Erscheinung getreten, hatte sich erste Meriten durch seine Beiträge zur *Rheinischen Flora*, zur *Lorgnette* und durch den *Aachener Sagenschatz* (1829) erworben,[10] sonst aber nur seine zwischen 1830 und 1834 entstandenen Übersetzungen literarischer und wissenschaftlicher Werke[11] und im Grunde nur jene Schriften, mit denen ihn die Universität Erlangen 1833 promoviert hatte,[12] vorzuweisen. Auch konnte er auf seine Aufnahme als Korrespondierendes Mitglied in mehrere Florentiner Wissenschaftsakademien in den Jahren 1832 und 1833 verweisen: die *Accademia Toscana di Scienze e Lettere „La Colombaria"*, die *Accademia dei Georgofili* und die *Accademia delle Belle Arti*.[13] Angesichts der Schwierigkeiten der Erfurter Akademie, ihren wissenschaftlichen Betrieb in und

---

9 Zur Geschichte der Erfurter Akademie: *Sundermann*, Geschichte; „Propter Fructus Gratior". [https://www.akademie-erfurt.de/index.php/akademie/geschichte; 21.7.2024]. Anfragen, ob es bei der Erfurter Akademie zur Mitgliedschaft Reumonts und insbes. zu seiner Wahl zum Mitglied noch Unterlagen gibt, blieben bis Redaktionsschluss leider unbeantwortet.
10 *Reumont*, Liederkranz.
11 Vgl. *Pohle*, Lebensskizze, 13, Kat.-Nrn. II.4 und II.5.
12 Vgl. ebd., 13; *Lepper*, Reumont, 26 und unten.
13 Vgl. ausführlicher *Pohle*, Akademien.

noch lange nach den Napoleonischen Kriegen sicherzustellen, scheint eine Aufnahme jedoch relativ leicht möglich gewesen zu sein.

Als wichtiger Fürsprecher Reumonts darf Johann Peter Joseph Monheim gelten,[14] Apotheker, Fabrikant und Stadtrat in Aachen mit ausgesprochen guten Verbindungen in die Politik und die katholische Gelehrtenschaft seiner Fachgebiete, der Chemie und der Naturwissenschaften, und Korrespondierendes Mitglied der Erfurter Akademie. Er war mit Reumonts Vater, dem führenden Aachener Badearzt Gerhard Reumont, befreundet,[15] der als Absolvent der Bonner Akademie, der Pariser Sorbonne und der Medical School in Edinburgh eine hervorragende medizinische Ausbildung besaß und wichtige Positionen im Medizinalwesen des französischen Roerdepartements wie des preußischen Regierungsbezirks Aachen bekleidete.[16] Nach dessen unerwartetem Tod 1828, der die Familie ohne größeres Vermögen zurückließ, konnte Monheim zumindest in Erfurt Beistand leisten, wenn er den jungen Alfred schon nicht darin bestärken konnte, ein ungeliebtes Medizinstudium in Heidelberg fortzusetzen. Möglicherweise spielte auch Alexander von Humboldt bei der Berufung in die Erfurter Akademie eine Rolle, denn Reumont sagt über ihn, er habe ihn *während der anderhalb Decennien unserer Bekanntschaft, nahe wie ferne, wiederholt durch die That gefördert* und sei *stets auf mein Interesse bedacht gewesen*.[17]

---

14 Zu Monheim und seinem wissenschaftlichen Werk: *Haagen*, Monheim; *Monheim*, Monheim; *Schwedt*, Apotheker.

15 1810 publizierten Monheim und Gerhard Reumont (der immerhin bei Lavoisier in Paris analytische Chemie gehört hatte) in Aachen gemeinsam eine *Analyse des eaux sulfureuses d'Aix-la-Chapelle*. Möglicherweise wurde auch noch das Akademiemitglied Christoph Wilhelm Hufeland (†1836), einer der bedeutendsten preußischen Mediziner seiner Zeit, im Sinne Reumonts tätig, denn dessen Vater Gerhard hatte in Hufelands *Journal der practischen Arzneykunde und Wundarzneykunst* mehrere Beiträge veröffentlicht. Das Schicksal der Familie wird ihm nicht unbekannt geblieben sein.

16 Zu Gerhard Reumont vgl. *Günther*, Gerhard Reumont; die Erzählungen über den Vater in Alfred von Reumonts Jugenderinnerungen bei *Hüffer*, Reumont; sowie die fundierten Beiträge von *Schmitz-Cliever*, Arzt; *Schmitz-Cliever*, Gerhard Reumont. Beeindruckend ist Gerhard Reumonts Selbstbezeichnung am Beginn seiner 1828 erschienenen Schrift *Aachen und seine Heilquellen*. Er sei: *Königlich Preußischer Medizinal-Rath und Brunnenarzt zu Aachen, Arzt des Elisabethspitales, [...] Mitglied der medizinischen und der naturwissenschaftlichen Gesellschaften zu Edinburgh, der medizinischen Gesellschaften zu London und Brüssel, der physikalisch-medizinischen Gesellschaft zu Erlangen, der mineralogischen Gesellschaft zu Jena, der niederrheinischen Gesellschaft für Natur und Heilkunde zu Bonn und der Gesellschaft der Wissenschaften zu Vlissingen* – auch er also eine Persönlichkeit, die vor allem über die Mitgliedschaft in Akademien wissenschaftlich vernetzt war. Den Ruf auf einen medizinischen Lehrstuhl für Therapie an der neugegründeten Universität Lüttich lehnte er 1817 ab.

17 *Reumont*, Friedrich Wilhelm IV., 148.

Die Mitgliedschaft bei der *Königlichen Akademie gemeinnütziger Wissenschaften zu Erfurt* konnte dem jungen Reumont eine hervorragende Eintrittskarte für eigene wissenschaftliche Betätigung und ein Sprungbrett zur Berufung in ähnliche Institutionen im deutschen Raum sein, denn wenn die Erfurter Akademie auch angesichts des Verfalls der von der Aufklärung geschaffenen traditionellen Grundlagen ihrer Tätigkeit und der erzwungenen Einstellung eigener Forschungen auf medizinischem und naturwissenschaftlichem Gebiet wesentliche Bereiche der eigenen Aktivitäten nicht mehr aufrechterhalten konnte und die Auflösung der Universität Erfurt 1816 zu Nachwuchsproblemen geführt hatte, blieb ihr Ansehen doch unangetastet. Mitglied der Erfurter Akademie zu sein war um 1830 keine akademische Visitenkarte zweiter Klasse, im Gegenteil.[18] Als sich Reumont an der großen Florentiner Gelehrtenversammlung des Jahres 1841 beteiligte, an der mehr als 800 Gelehrte aus allen Teilen Italiens, aber auch des Auslands teilnahmen, hatte er sich nicht als Mitglied einer der italienischen Akademien eingeschrieben, denen er damals bereits angehörte, sondern als Mitglied der Erfurter Akademie registrieren lassen,[19] vielleicht um die aufgekommenen Differenzen über Anzahl und Würdigkeit teilnehmender Gelehrter aus der Toskana zu umgehen und seinem Beitrag über die Landwirtschaft in der römischen Campagna durch eine räumliche wie politische Distanz zum Thema größeres Gewicht zu geben.[20]

München

Vergleichsweise spät begannen sich die großen Akademien im deutschsprachigen Raum mit dem Gedanken an eine Aufnahme Alfred von Reumonts auseinanderzusetzen, Jahre nach seiner Erhebung in den Adelsstand und erst lange nach der Aufnahme in die bedeutenden Akademien von Florenz und Rom. Als wichtiger Förderer der Wissenschaften im katholischen Deutschland (und durchaus im Wettbewerb mit der Wissenschaftsförderung des protestantischen Preußen) verstanden sich traditionell die Kurfürsten, respektive Könige von Bayern, die zu die-

---

18 Zu Reumont als Mitglied der Erfurter Akademie kurz: *Kiefer*, Handbuch, 469.
19 Vgl. das Teilnehmerverzeichnis StB Aachen, Sign. vR gr. 65; dazu *Pohle*, Lebensskizze, 13; zur Florentiner Gelehrtenversammlung: *Reumont*, Capponi, 194–197; *Reumont*, Friedrich Wilhelm IV., 27.
20 *Reumont*, Campagna, erschienen auch 1844 als 33. Brief des zweiten Bandes der *Römischen Briefe*. Anlässlich der Versammlung stellte Reumont auch seine *Tavole cronologiche* (Florenz 1841) zur Geschichte der Toskana vor.

sem Zweck seit 1759 über eine Wissenschafts-Akademie in München verfügten.[21]
Als *Churbaierische Akademie* zur Sicherung und Verbreitung des aufgeklärten
Wissenschaftsdenkens begründet und zu Reumonts Zeiten längst in *Königlich
Bayerische Akademie der Wissenschaften* umbenannt, teilte sich das Wirken der
Gemeinschaft auf eine Historische und eine Philosophisch-physikalische Klasse
auf, die jeweils Ordentliche, Außerordentliche und Korrespondierende Mitglieder
wählten. 1853 wählte die Historische Klasse nun Alfred von Reumont zum Korre-
spondierenden, 1857/58 zum Außerordentlichen Mitglied.

Die 1827 von König Ludwig I. von Bayern erlassene Satzung schrieb die Akademie als freie Gelehrtengemeinschaft und Forschungseinrichtung fest, eingerichtet, *um die Wissenschaften zu pflegen, dieselben durch Forschungen zu erweitern,
und durch die vereinten Kräfte ihrer Mitglieder Werke hervorzubringen, welche die
Kraft eines einzelnen Gelehrten übersteigen,*[22] wahrte aber einen Einfluss des In-
nenministeriums durch die verpflichtende Bestätigung neuer Mitglieder. Ordentliches Mitglied konnte jeder werden, der *der gelehrten Welt durch schriftstellerische
Werke von anerkanntem Werthe oder durch wichtige Entdeckungen bekannt, von
unbescholtenem Charakter*[23] und in München wohnhaft war, Außerordentliche
oder Ehrenmitglieder Mitglieder hingegen wurden solche, die

> *nach ihren Verhältnissen die Bedingungen zu ordentlichen Mitgliedern nicht erfüllen, aber
> sonst durch Rang und Kenntnisse und Liebe zu den Wissenschaften, zur Beförderung der Zwe-
> cke der Anstalt beytragen können.*[24] [...] *Zu korrespondierenden Mitgliedern werden von in-
> und ausländischen Gelehrten diejenigen ausersehen, welche durch zweckmässige Mittheilun-
> gen über wissenschaftliche Gegenstände fortwährend der Akademie nützliche Dienste zu leis-
> ten im Stande und bereitwillig sind.*[25]

Das Vorschlagsrecht stand jedem Ordentlichen Mitglied der Klasse zu, für die die
Berufung erfolgen sollte, wobei die Zahl der Außerordentlichen und der Korrespondierenden Mitglieder im Prinzip unbegrenzt war, laut Satzung aber *angemessen* sein sollte.[26]

---

21 Zur Geschichte der Bayerischen Akademie der Wissenschaften: *Heydenreuter/Krauß*, Helle
Köpfe.
22 ABAW, Organisations-Urkunde der Kgl. Bayer. Akademie der Wissenschaften vom 21.3.1827,
Absch. I.
23 Ebd., Absch. VII.
24 Ebd., Absch. VIII.
25 Ebd., Absch. IX.
26 Ebd., Absch. IV. Gerade im Hinblick auf das Kooptationsrecht der Akademie war es mehrfach
zu schweren Konflikten mit dem bayerischen König gekommen. 1830 hatte die Akademie 36 Auswärtige Mitglieder gewählt, von denen der König nur drei bestätigte, um die Mitgliedschaft in der
Akademie nicht zu entwerten. 1841 war die Wahl Constantin Höflers zunächst gescheitert, doch
ernannte ihn König Ludwig I. gegen die Akademiemehrheit; vgl. Almanach, XXX. Es scheint, als

1853 nun schlug der Sekretär der Historischen Klasse, Georg Thomas Rudhart, Reumont zur Wahl als Korrespondierendes Mitglied vor.[27] Dabei handelte er keineswegs als Stellvertreter für andere Mitglieder, die nicht selbst in Erscheinung treten wollten, sondern aus eigener Überzeugung in Wahrnehmung der ihm zustehenden Rechte, denn die Klassensekretäre wurden jeweils auf die Dauer von drei Jahren aus dem Kreis der Ordentlichen Mitglieder gewählt und durch das Innenministerium bestätigt. In seinem Amt als Sekretär hatte Rudhart sicherlich Einfluss auf die Tagesordnung, führte das Protokoll in den Versammlungen und die an die Klasse gerichtete Korrespondenz und redigierte gemeinsam mit dem Sekretär der Philosophisch-physikalischen Klasse die Sitzungsberichte der Akademie. Dass die Sekretäre Vorschläge für Neuaufnahmen machen, ist satzungsmäßig nicht festgelegt, doch war dies ein Recht, das ihnen schon allein als Ordentliche Mitglieder zukam – und Rudhart hatte als Jurist, Historiker und Archivar fraglos die nötige Kompetenz dazu. Seit 1847 war er Professor der Geschichte an der Universität München, seit 1849 Vorstand, später Direktor des Allgemeinen Reichsarchivs in München. Als Historiker betonte er die Notwendigkeit der Geschichtsschreibung zur konsistenten, stilistisch geschickten Darstellung, verfocht aber bereits die Ideale einer unbedingt quellenkritischen Geschichtswissenschaft in Forschung und Lehre. In der Geschichtsbetrachtung verlangte er nicht nur eine Berücksichtigung der neubayerischen Gebiete in der bayerischen Landesgeschichte, sondern auch die gleichrangige Behandlung sozialer, wirtschaftlicher und staatlich-politischer Entwicklungen in historischer Analyse und Darstellung – letzteres Ansätze, die sich mit der Herangehensweise Reumonts trafen.[28]

Reumont hatte Rudharts Aufmerksamkeit erregt, als er der Akademie *eines seiner neuesten Werke mit einer verbindlichen Zuschrift* zugesendet hatte,[29] genauer gesagt: seine 1853 erschienene Arbeit über die *Italienischen Diplomaten und diplomatischen Verhältnisse vom XIII. zum XVI. Jahrhundert*. Rudhart führt in seinem Wahlvorschlag das Inhaltsverzeichnis und Reumonts Absichten bei Abfassung der Schrift aus dem Vorwort an und berichtet, dass *dem Vernehmen nach soeben der Tridentinische Gelehrte Gar*[30] eine italienische Übersetzung unternommen habe.

---

habe die Akademie daraus die Lehre gezogen, ihr Wahlrecht moderat und möglichst einhellig auszuüben.

27 Vgl. ABAW, Wahlakt 1853.

28 Zu Rudhart: *Heigel*, Rudhart; *Rumschöttel*, Rudhart.

29 ABAW, Wahlakt 1858, fol. 21r–22r (Wahlvorschlag Rudharts vom 16.7.1853), hier fol. 21r. Der Wahlvorschlag von 1853 ist in den Akten von 1858 abgelegt, da er zu Reumonts Wahl zum Auswärtigen Mitglied nochmals herangezogen wurde.

30 Ebd., fol. 21r.

Wenn je ein deutscher Gelehrter sich in italienische Zustände der Vergangenheit wie der Gegenwart eingelebt hat, und über dieselben gründlichst unterrichtet ist, so ist es Alfred von Reumont. Wie viel hat er dazu beigetragen, als geistreicher Correspondent der Augsburger allg. Zeitung das Urtheil über italienische Gelehrsamkeit und Kunst bei seinen Landsleuten zu leiten und zu berichtigen. Man kann ohne irgend Jemanden in Deutschland zu nahe zu treten die Behauptung aufstellen, daß Reumont einer der wenigen deutschen Gelehrten ist, welche das ganze Land von den Seealpen bis zum Faro di Messina in künstlerischer, geschichtlicher und gelehrter Beziehung vollständigst kennt. Von seinen mit Geist, Klarheit und Gründlichkeit geschriebenen Werken seyen hier nur seine Dichtergräber [...], die Tavole cronologiche [...] und seine Memoria della Campagna di Roma, [...] und seine Beiträge zur italienischen Geschichte genannt. Bei Gelegenheit seiner vor kurzem erst erfolgten Aufnahme in die alte und berühmte Accademia della Crusca hat er in correcter und zierlicher italienischer Rede einen Überblick über die Beziehung der italienischen Literatur zur deutschen [...] vorgetragen. [...] Dieser Gelehrte ist ganz dazu geeignet, durch Arbeiten ähnlichen Inhalts in Italien die deutsche Literatur würdig zu vertreten.[31]

Und weiter: *Deßhalb nehme ich keinen Anstand, Herrn v. Reumont als korrespondierendes Mitglied der historischen Classe unserer Akademie vorzuschlagen.*[32]

Die Historische Klasse der Bayerischen Akademie nahm den Wahlvorschlag auf; Alfred von Reumont erhielt in der Ballotage der Klassen-Sitzung am 16. Juli 1853 – wie auch alle anderen zu Korrespondierenden Mitgliedern Vorgeschlagenen – alle Stimmen der sieben anwesenden Stimmberechtigten.[33] Die sich anschließende Wahl durch die Vollversammlung der Akademie verlief für Reumont ebenfalls positiv: Er wurde *in der allgemeinen Sitzung mit 17 weißen und 2 schwarzen Kugeln gewählt.*[34] Nach erfolgter Bestätigung durch das bayerische Innenministerium war Reumont zum Korrespondenten ernannt; er trug die Mitgliedsnummer 1853,1 Nr. 27.[35]

1857 ergab sich die Möglichkeit, neue Auswärtige Mitglieder zu erwählen, und erneut war es Rudhart, der Reumonts Namen unter Verweis auf sein Gutachten von 1853 mit auf die Liste der Empfehlungen setzte. Am 20. Juni 1857 schritt die Klasse zur Wahl und sprach dem Korrespondierenden Mitglied Reumont mit 10 zu 1 Stimmen das Vertrauen aus; die Vollversammlung der Akademie bestätigte die Wahl per Akklamation.[36] Die Akademie berichtete dem Innenministerium mit

---

31 Ebd., fol. 21r/v.
32 Ebd., fol. 22r.
33 Vgl. ABAW, Wahlakt 1853, fol. 56 f. Anwesend waren Buchner, Döllinger, Fallmerayer, von Maurer, von Stichaner, von Thiersch und Weittmann.
34 Ebd., fol. 68–76 (Wahlprotokoll 21.7.1853), hier fol. 76r/v. Anwesend waren 20 wahlberechtigte Mitglieder, von denen sich eines an der Abstimmung nicht beteiligte. Döllinger und Fallmerayer fehlten unentschuldigt; vgl. ebd., fol. 68r.
35 Ebd., fol. 29.
36 Vgl. ebd.

Datum vom 5. August 1857 von den Ergebnissen der Wahl und bat um Bestätigung, die jedoch im Falle Reumonts ausblieb. Die Gründe dafür wurden nicht mitgeteilt; Reumonts Name fehlt einfach ohne jeden Kommentar in der Liste der Bestätigten vom 31. August 1857, und es scheint, als hätte die Historische Klasse dafür keine Erklärung gehabt außer diejenige, dies als bloßes Versehen zu deuten.[37] Sie schreckte daher nicht davor zurück, ihr Wahlergebnis 1858 nochmals zur Bestätigung einzureichen, ohne Reumont intern erneut vorzuschlagen und unter den Ordentlichen Mitgliedern der Historischen Klasse nochmals selbst zur Wahl geschritten zu sein. Die Wahl Reumonts wurde *nur* reproduciert, *„da der Vorgeschlagene sowohl als Gelehrter wie als Staatsmann die allgemeine ausgezeichnetste Hochachtung genießt".*[38] In der Wahlsitzung der Gesamtakademie am 17. Juli 1858 bestätigte man die Wahl des Vorjahrs nochmals mit 21 von 33 Stimmen. Das Protokoll verweist auf das Fehlen Reumonts in der Bestätigung der Wahlliste von 1857, aber auch auf seine unbestrittene Würdigkeit zur Promotion unter die Auswärtigen Mitglieder, sei er doch *inter historiae italicae indagatores et scriptores acerrimos magna cum laude versatum.*[39] Die Bestätigung durch das Bayerische Innenministerium erfolgte nun anstandslos.[40] Damit hatte Alfred von Reumont 1858 den höchstmöglichen Status in der Münchner Akademie erlangt, den er als Auswärtiger erreichen konnte.[41]

Wien

Wesentlich zurückhaltender verhielt sich die zweite große Akademie des katholischen deutschsprachigen Raumes, die *Kaiserliche Akademie der Wissenschaften* in Wien. Obwohl Reumont 1870 für die *Geschichte der Stadt Rom* mit dem Großkreuz

---

37 Vgl. ebd.

38 Ebd.

39 Ebd., fol. 22; er sei also auf dem Gebiet der italienischen Geschichte mit großem Lob unter die aktivsten Forscher und Autoren zu rechnen. Zu den gewählten Auswärtigen Mitgliedern des Jahres 1858 zählte auch Wilhelm Giesebrecht, der 1887 die Aufgabe übernahm, den Nachruf der Akademie auf Alfred von Reumont zu verfassen; vgl. *Giesebrecht*, Nachruf. Das Votum der Klasse für Giesebrecht, vorgeschlagen durch Heinrich von Sybel, war weniger eindeutig als das für Reumont im Jahr zuvor. Er erhielt 14 von 18 Stimmen, nachdem drei Ordentliche Mitglieder (Döllinger, Bischoff, von Siebold) den Saal verlassen hatten. Vgl. ABAW, Wahlakt 1858, fol. 51.

40 Vgl. ABAW, Wahlakt 1858, fol. 59 (Ministerielle Entschließung vom 25.8.1858). Das Konzept zur Wahlanzeige u. a. Reumonts an das Ministerium vom 27.7.1858 findet sich ebd., fol. 57 f.

41 Einschlägige biografische Veröffentlichungen der Akademie behandeln Reumont allerdings nicht; vgl. Geist und Gestalt; *Willoweit*, Forscher.

des Franz-Josef-Ordens ausgezeichnet wurde,[42] dachte sie anscheinend zu keinem Zeitpunkt seiner aktiven Laufbahn daran, ihm eine Mitgliedschaft anzutragen.[43] Vermutlich waren die Angebote, die Reumont und seine Netzwerke machen konnten, für eine in Italien territorial, politisch und diplomatisch höchst präsente Macht wenig interessant, da die österreichische Wissenschaft über eigene Türöffner und gute Kenntnis der wissenschaftlichen Neuerscheinungen in italienischer Sprache verfügte. Erst 1885 schlugen Constantin von Höfler und Josef von Fiedler den greisen Reumont als Auswärtiges Ehrenmitglied vor.

In der von Fiedler mitgezeichneten Würdigung listet der mit Reumont befreundete Höfler Reumonts wichtigste Schriften der späten Jahre auf, namentlich die *Geschichte der Stadt Rom*, den *Lorenzo il magnifico* und die *Geschichte Toscana's*. Reumont habe sich *die geistige Vermittlung Deutschlands und Italiens* [...] *zur Lebensaufgabe* gemacht; ihm sei *keine Seite des geistigen Lebens Italiens fremd ge*blieben und er habe, *mit einem fabelhaften Gedächtnisse ausgerüstet, sich auf dem Gebiete der Kunst und zeitlichen Geschichte Kenntnisse* erworben, *die die gelehrtesten Italiener in Staunen versetzten; ganz abgesehen von seinen zahlreichen Monographien.*[44] Höfler lobt die detailreichen Studien, die Verbreitung der Früchte der Archivforschungen, namentlich in der Augsburger *Allgemeinen Zeitung*, und insbesondere Reumonts auch in italienischer Sprache beachtlichen Publikationen, etwa im *Archivio Storico Italiano*.

> *Von seinem königlichen Landesherrn ausgezeichnet, ward er es auch nicht minder durch I. Majestät Kaiser Franz Josef, während die gelehrten Gesellschaften Italiens, Deutschlands, Englands u. Frankreichs wetteiferten, dem hochverdienten Gelehrten für sein rastloses Schaffen u. Wirken die verdiente Anerkennung zu zollen. Er ist die, Alterthum, Mittelalter und neuere Zeit umfassende Gelehrtheit eines halben Jahrhunderts.*[45]

Der Mittler zwischen den Nationen und der Historiker stehen sich hier gleichwertig gegenüber, wenn der Vorschlag auch sehr auf eine letzte Ehrung des 77-jährigen am Ende eines langen Gelehrtenlebens abzielt. Diese Ehrung blieb Reumont gleichwohl verwehrt – der Wahlvorschlag scheint nicht weiterverfolgt worden zu sein.[46]

---

42 Vgl. *Pohle*, Lebensskizze, Kat.-Nr. X.5 und StAA Aachen, Nachlass Reumont, Stück 41 (Verleihungsurkunde).

43 Vgl. *Krestan*, Dokumentation, ohne Nennung Reumonts.

44 AÖAW, Wahlvorschläge, 1885, Reumont (Laudatio durch Constantin Höfler, 26.4.1885).

45 Ebd. (Laudatio durch Constantin Höfler, 26.4.1885).

46 Ein Wahlakt ist nicht belegt, ein Abstimmungsergebnis in der Akte nicht enthalten.

Berlin

Weniger eindeutig in Zustimmung und Ablehnung war die *Königlich Preußische Akademie der Wissenschaften,* die sich ebenfalls mit Vorschlägen zur Wahl Reumonts zum Korrespondierenden Mitglied auseinanderzusetzen hatte. Reumont selbst verfolgte dabei dieselbe Taktik, die in München so eindrucksvoll funktioniert hatte: Er schickte der Akademie unaufgefordert Bücher aus Italien, wichtige Neuerscheinungen italienischer Historiker und eigene Werke. Erstmals erscheinen solche Büchersendungen im Protokoll der Akademiesitzung vom 29. Juli 1847, als er ein Buch eines italienischen Autors eingesandt hatte,[47] dann wieder am 26. April 1849, als er der Akademie zwei eigene Schriften geschickt hatte, den Aufsatz *Galilei und Rom* sowie den *Francesco Burlamacchi.*[48] Es folgten weitere Zusendungen, belegt in den Berliner Sitzungsprotokollen am 28. November 1850, am 20. November 1851, am 26. Mai und 2. Juni 1853, am 10. Januar 1854[49] usw.

Gegen Ende des Jahres 1849, wohl Anfang November, war es Leopold Ranke, Ordentliches Mitglied seit 1832,[50] der sich erlaubte, *den Herrn Legationsrath v. Reumont zum Correspondenten der K. Akademie vorzuschlagen,*[51] und er fügte eine kurze (!) Würdigung des Vorgeschlagenen bei: *Reumont erwirbt sich das eigenthümliche Verdienst, die deutsche Literatur in Italien bekannt zu machen, und die italienische, namentlich historische, den Deutschen nahe zu bringen. Seine Arbeiten über Ganganelli, und die toskanische Geschichte verdienen alle Anerkennung.*[52] Ranke betonte also sowohl Reumonts Wirken als Vermittler zwischen der deutschen und der italienischen Geschichts- und Altertumswissenschaft als auch dessen eigene Forschungen.

Die Reaktionen auf den Vorschlag lassen sich nur indirekt am weiteren Geschehen ablesen. In der Sitzung der Philosophisch-historischen Klasse vom 26. November 1849 wurde aus dem Plenum heraus anscheinend eine vertrauliche Aussprache verlangt, die für den 7. Januar 1850 anberaumt, dann aber, *da inzwischen die Zeit vorgerückt war, [...] auf eine gelegenere Zeit ausgesetzt*[53] wurde. Am 4. Fe-

---

47 Vgl. ABBAW, Bestand Preußische Akademie der Wissenschaften (1812–1945), Nr. II-V-28, fol. 166r.

48 Vgl. ebd., Nr. II-V-30, fol. 85r.

49 Vgl. ebd., Nr. II-V-31, fol. 231r, Nr. II-V-32, fol. 246r, Nr. II-V-34, fol. 107r und 114r, Nr. II-V-35, fol. 131r.

50 Vgl. *Harnack,* Geschichte, Bd. 1, Teil 2, 971.

51 ABBAW, Bestand Preußische Akademie der Wissenschaften (1812–1945), Nr. II-III-118, fol. 129r. Der Vorschlag wurde satzungsgemäß von zwei stimmberechtigten Mitgliedern unterzeichnet; die zweite Unterschrift ist nicht leserlich.

52 Ebd.

53 Ebd., fol. 130r (Auszug aus dem Sitzungsprotokoll der Philos.-histor. Klasse vom 7.1.1850).

bruar 1850 wurde der Punkt erneut aufgegriffen, und erst jetzt wird deutlich, dass sich die gewünschte Aussprache auf eingegangene Wahlvorschläge bezog, *worüber nichts im Protokoll vermerkt werden soll*.[54] Im weiteren Geschäftsgang kündigte der Klassen-Sekretär mit Datum vom 1. März 1850 allen Mitgliedern, die in der Sitzung am 4. Februar abwesend waren, an, dass in der folgenden Sitzung am 4. März neue Mitglieder gewählt werden sollten und entsprechende Vorschläge unter Darlegung der wissenschaftlichen Leistungen und Verdienste der Vorgeschlagenen schriftlich eingebracht werden könnten.[55] Ranke jedoch scheint seinen Vorschlag zurückgezogen zu haben; die Wahl Reumonts zum Korrespondierenden Mitglied erfolgte nicht, da er nicht zur Wahl gestellt war. Die Gründe dafür, die in der vertraulichen Aussprache dargelegt worden sein müssen, lassen sich den Akademieakten nicht entnehmen.

Dass es ausgerechnet Ranke war, eine der hervorragendsten Persönlichkeiten in der deutschen Geschichtsforschung des 19. Jahrhunderts, der Reumont in Vorschlag brachte, erklärt sich aus einer langjährigen, freundschaftlichen und von gegenseitiger Wertschätzung für Person und Werk getragenen Beziehung, die 1830 in Florenz begann, sich in langen Jahren im Kreis um König Friedrich Wilhelm IV. festigte und bis ans Lebensende Rankes 1886 erhalten blieb.[56] Wechselseitige Gefälligkeiten gehörten dazu: Reumont öffnete Ranke die Archivtüren in Norditalien und las einige seiner Werke in den Korrekturfahnen gegen.[57] Er widmete 1853 den ersten Band der *Beiträge zur italienischen Geschichte* Leopold Ranke, während Ranke Reumonts *Lorenzo de' Medici* lobte als ein *Buch, in welchem Sie reiche Kenntnisse, wie sie in der Fülle wie Sie, Niemand besitzt, mit populärer Darstellung vereinigen*.[58] Reumont führte sein ganzes Geschichtsverständnis auf den Austausch mit Ranke zurück[59] und verfasste später auch einen feinsinnigen,

---

54 Ebd., fol. 131r (Auszug aus dem Sitzungsprotokoll der Philos.-histor. Klasse vom 4.2.1850).
55 Vgl. ebd., fol. 132r.
56 Zu Reumont und Ranke: *Hüffer*, Reumont, 191–209; *Schumacher*, Diplomat, passim; kurz *Lepper*, Reumont, 25; *Roll*, Historiker, 100 f.; über die Begegnung mit Ranke in der Toskana 1830 vgl. auch *Reumont*, Friedrich Wilhelm IV., 5. Ein ähnlich enges Verhältnis verband Reumont mit dem großen belgischen Historiker und Archivar Louis Gachard, der ihm zur Wahl als Korrespondierendes Mitglied der Königlich-Belgischen Akademie der Wissenschaften verhalf. Die näheren Umstände dieser Wahl und Mitgliedschaft sind noch zu untersuchen.
57 Vgl. *Hüffer*, Reumont, 192 u. 202 f.
58 Leopold von Ranke an Alfred von Reumont, 8.6.1874, zit. nach *Hüffer*, Reumont, 194; 1877 trug sich Ranke mit der Absicht, Reumont die Verpflichtung zur Abfassung des ADB-Beitrags über Friedrich Wilhelm IV. abzutreten, was dieser nach reiflicher Überlegung aber ausschlug, vgl. ebd., 198 f.
59 Vgl. *Hüffer*, Reumont, 191 f.

von Wilhelm von Giesebrecht vor der Münchner Akademie gelobten Nachruf auf den verstorbenen Freund.[60]

1854 unternahm Ranke einen neuen Anlauf, für Reumont eine Mehrheit für die Wahl zum Korrespondierenden Mitglied zu organisieren – ebenfalls nicht ohne Schwierigkeiten, aber diesmal mit Erfolg und zu einer Zeit, als die 1700 als *Kurfürstlich Brandenburgische Societät der Wissenschaften* begründete Akademie längst zu Weltruhm gelangt war und als bedeutendste Gelehrtenvereinigung Deutschlands galt.[61] Die Beschlussfassung, auch über die Neuaufnahme von Mitgliedern, erfolgte allerdings nach einem komplizierten Verfahren in einem ersten Schritt in den Vollversammlungen der Klassen, dann im Plenum aller Akademiemitglieder, und sie bedurfte der Bestätigung durch den König beziehungsweise das zuständige Ministerium.[62] Auch hier war die Ernennung zum Ordentlichen Mitglied an eine Residenzpflicht in Berlin selbst oder in der unmittelbaren Umgebung der Stadt gebunden; hinzu traten Auswärtige und Korrespondierende Mitglieder, dazu Ehrenmitglieder (zu denen Ordentliche und Auswärtige gewählt werden konnten) und Veteranen (zu denen man sich nach mindestens 25 Jahren aktiver ordentlicher Mitgliedschaft selbst erklären konnte und dann keinerlei Pflichten in der Arbeit der Akademie mehr nachkommen musste). Auch in diesem Falle wäre für Reumont mehr als die Wahl zum Auswärtigen Mitglied nicht möglich gewesen; die geringeren Hürden bestanden aber sicherlich bei einer Wahl zum Korrespondierenden Mitglied, und *zu correspondirenden Mitgliedern werden außerhalb Berlins wohnende Gelehrte gewählt, mit welchen die Akademie in näherer wissenschaftlicher Verbindung und Mittheilung zu stehen wünscht,*[63] wobei je Klasse maximal 100 Korrespondenten tätig sein durften.

Am 23. Januar 1854 zeigte der Klassen-Sekretär an, dass Ranke Alfred von Reumont zum Korrespondierenden Mitglied der Akademie vorgeschlagen habe; die Wahl solle in der Sitzung der Philosophisch-historischen Klasse am 20. Februar 1854 erfolgen,[64] in der Ranke seinen Wahlvorschlag gemäß den Bestimmungen der Geschäftsordnung persönlich vortrug:

---

60 Vgl. *Reumont*, Nachruf, aber auch die Ausführungen über Ranke bei *Reumont*, Friedrich Wilhelm IV., 150–152. Zu Giesebrechts Würdigung des Nachrufs vor der Historischen Klasse der Münchner Akademie vgl. *Hüffer*, Reumont, 209.
61 Zur Geschichte der Berliner Akademie: *Harnack*, Geschichte.
62 Zur Wahl von Mitgliedern: *Harnack*, Geschichte, Bd. 2, 437–439.
63 Ebd., 442, § 28.
64 ABBAW, Bestand Preußische Akademie der Wissenschaften (1812–1945), Nr. II-III-119, fol. 39r.

Zum Correspondenten schlage ich Herrn Legationsrath Reumont in Florenz vor, einen Mann, der unter den Kennern der italienischen Literatur, besonders in Bezug auf Geschichte, jetzt ohne Zweifel eine der ersten Stellen einnimmt. Seine beiden neuesten Schriften, [...] Beiträge zur italienischen Geschichte zeigen eben so viel genaue Kenntniß, wie gleichlich Darstellungs-gabe.[65]

Und dieses Mal wurde der Vorschlag zur Abstimmung gestellt, obgleich die Sitzung nur schwach besucht war. Der Sekretär befand, dass die Wahlen in den meisten Fällen nur vorbehaltlich einer späteren Konfirmierung vorgenommen werden konnten, da weder die nötige Anwesenheit von ¾ der Mitglieder (nur 17 von 26 waren erschienen) noch die absolute Mehrheit der Stimmen aller Ordentlichen Mitglieder der Klasse erreicht worden war. Zu diesen Fällen zählte Reumont: *Für Herrn Reumont in Florenz, vorgeschlagen von Herrn Ranke, fanden sich 10 bejahende gegen 7 verneinende Kugeln – die Wahl bleibt daher schwebend.*[66] Daraufhin ging das Verfahren, bei dem Reumont als noch nicht gewählt angesehen wurde, am 15. Juni 1854 in die Wahlversammlung der Gesamtakademie. Von 47 stimmberechtigten Mitgliedern waren 37 anwesend. Da nach Auffassung der Akademie eine ¾-Mehrheit aller Stimmberechtigten zu erzielen war, hätten für eine Wahl 36 weiße Kugeln in der Ballotage liegen müssen; mindestens 19 Kugeln (als Mehrheit der Anwesenden) waren nötig, um zumindest eine Wahl unter Vorbehalt erfolgen zu lassen, die dann von einer vollzähligen Versammlung hätte bestätigt werden müssen. Nur einer der zur Wahl stehenden neuen Mitglieder erhielt 36 Ja-Stimmen (Angelo Mai), auf Reumont entfielen 25 weiße und 10 schwarze Kugeln. Auch in dieser Sitzung galt er folglich laut Protokoll als nicht abschließend gewählt.[67] Ein weiteres Blatt in der Wahlakte enthält dann aber den merkwürdigen Zusatz: *Es sind folglich alle gewählt, gleichviel ob die Zahl der Stimmen 37 eine vollzählige oder 35 eine Wahlversammlung bedingt, welche nur mit Vorbehalt wählen kann, da die Zahl der weißen Kugeln bei allen mehr wie 19 und wie die absolute Majorität der Anwesenden beträgt.*[68] Was war geschehen?

Die Wahl in der Klasse hatte bereits – unklar, auf wessen Veranlassung – eine Prüfung nach sich gezogen, ob die Regeln in den Statuten der Akademie bezüglich der Wahl neuer Mitglieder auch korrekt angewendet worden waren. Dies waren sie nach Ansicht des den Akten beiliegenden, ausführlichen Gutachtens des Vorsitzenden Klassen-Sekretärs August Böckh nicht.[69] Zum einen war die Zahl der

---

65 Ebd., fol. 130.
66 Ebd., fol. 99r.
67 Vgl. ebd., fol. 111r.
68 Ebd., fol. 112r.
69 Vgl. ebd., fol. 116–121. Das Gutachten lag der Philosophisch-historischen Klasse in ihrer Sitzung am 22.5.1854 vor, war der Vollversammlung am 1.6. zur Kenntnis gebracht und am 15.6. vorgelegt worden; dem Sitzungsprotokoll vom 15.6. nach scheint die Befassung damit jedoch vor dem Wahl-

Stimmberechtigten falsch bestimmt worden, da man ein langfristig beurlaubtes und daher nicht stimmberechtigtes Ordentliches Mitglied mitgezählt habe. Die Wahl hätte also von mindestens ¾ von 25, nicht von 26 Mitgliedern vorgenommen werden müssen, und dieses Quorum war in der Sitzung der Klasse am 20. Februar erreicht. Auch seien nicht ¾ der Stimmen nötig, sondern satzungsgemäß nur eine einfache Mehrheit. Auch die hatten alle Kandidaten auf sich vereinigen können, weshalb sie als in der Klasse gewählt gelten mussten. In gleicher Weise waren dann die Regeln auf die Abstimmung in der Vollversammlung anzuwenden, wonach dann auch hier eine Wahl erfolgt war. Da Reumont die wenigsten Stimmen in beiden Gremien erlangt hatte, ist sein Fall in den Rechenbeispielen des Gutachtens als der maßgebliche durchgerechnet. Nach Auffassung Böckhs, dem sich die Akademie anschloss, hatte Reumont in beiden Wahlen immer genau so viele Stimmen erzielt wie mindestens notwendig gewesen waren.[70]

Ranke ließ es sich nicht nehmen, den Freund in Florenz umgehend persönlich von seiner Wahl in Kenntnis zu setzen, freilich ohne auf die demütigenden näheren Umstände einzugehen:

Verehrter Freund!
Als Antwort auf ein Billet, das Sie mir noch in den letzten Tagen Ihrer vorjährigen Anwesenheit in Berlin schrieben, gebe ich Ihnen die Nachricht, dass Sie soeben zum korrespondierenden Mitglied der hiesigen Akademie der Wissenschaften gewählt worden sind.
Um Sie in der Akademie zu loben, hat mir Ihr Aufsatz über Galilei dienen müssen. Die Majorität im Plenum fiel recht anständig aus.
Sei dies denn ein neues Band guter Verhältnisse zwischen uns. Ihre kleinen Sendungen empfing ich immer mit vielem Vergnügen. Mögen Sie zur Fortsetzung so mannigfaltiger Studien immer recht gesund und heiter bleiben. Von Herzen der Ihre.
Berlin, 15. Juni [1854].L. R a n k e
(Diplom und offizielle Anzeige werden Ihnen durch das Sekretariat der Akademie zugehen.)[71]

---

gang nicht stattgefunden zu haben, sonst hätte dieser nicht so protokolliert werden können, wie es geschah.

70 *Harnack*, Geschichte, Bd. 1, Teil 2, 972; *Amberger*, Mitglieder, verzeichnen die Aufnahme Reumonts folglich unter dem Jahr 1854 als Korrespondierendes Mitglied. Es erstaunt, dass im ganzen Vorgang Reumonts Adelsprädikat weggelassen, an einer Stelle sogar nachträglich gestrichen wurde. Es wird aber deutlich, dass der Akademie Reumonts schon 1846 erfolgte Erhebung in den Adelsstand nicht bekannt war. Erst im Zuge der Ausfertigung der Ernennungsurkunde bemerkte der Aktuar am 20.6.1854, er erlaube sich *gehorsamst zu bemerken, daß Herr Reumont nach dem neuesten Staats-Kalender geadelt ist, wovon mir sonst nichts bekannt geworden ist* (ABBAW, Bestand Preußische Akademie der Wissenschaften [1812–1945], Nr. II-III-119, fol. 123r). Böckh bemerkt dazu in der Marginalie: *Ich bestätige die Richtigkeit zu obigem Text; Hrn. Reumont wird aber sein de zuzutheilen seyn* (ebd.).

71 Brief Rankes an Reumont, 15.6.1854, zit. nach *Hüffer*, Reumont, 193.

Ebenso umgehend richtete Reumont seinen Dank an die Akademie: *Je höher das Ansehen ist, in welchem Teutschlands erste wissenschaftliche Anstalt steht, umso mehr weiß ich die durch diese Ernennung mir zu Theil gewordene Auszeichnung zu schätzen.*[72] Er freue sich, dem Zwecke der Studien der Akademie behilflich sein zu können, vor allem durch persönliche Beziehungen zu den toskanischen Archiven, Bibliotheken und Sammlungen wie durch Ausführung von Aufträgen daselbst.

> *Seit einem Vierteljahrhundert größtentheils in Italien verweilend, kann ich auf dem angedeute-*
> *ten Wege vielleicht am ehesten hoffen, das ehrende Vertrauen der Königlichen Akademie zu*
> *rechtfertigen und meinen eifrigen Wunsch, mich nützlich zu erweisen, zu bethätigen, während*
> *ich in mancherlei literarischen Arbeiten mich bemüht habe, die Beziehungen zwischen*
> *Teutschland und Italien zu vermitteln und zu berichten, was diesseits der Alpen auf für mich*
> *mehrfach schmeichelhafte Weise anerkannt worden ist.*[73]

Reumont publizierte in der Folge dann auch weder in den wissenschaftlichen Abhandlungen der Akademie, noch hielt er dort eine Festrede,[74] nahm aber vor allem in den ersten Jahren seiner Mitgliedschaft an den Akademiesitzungen teil, wenn ihn die Ferien nach Berlin führten beziehungsweise er zur Berichterstattung in die preußische Hauptstadt kam, so am 21. und 28. Juni 1855, am 12. Juni 1856, 16. Juli 1857, 7. Juni 1860 und am 28. Juni 1866.[75] Auch setzte Reumont seine Büchersendungen fort. Es muss Reumont dabei längst klar gewesen sein, dass die Akademie diese Werke in der Regel nicht in die eigene Bibliothek aufnahm[76] – diese war den Publikationen anderer Akademien, Lexika und Zeitschriftenbänden vorbehalten –, sondern an die Königliche Bibliothek weiterleitete, dies aber erst nach Auslage. Es war also vorteilhaft für die italienischen Autoren, ihre Werke nicht direkt nach Berlin zu schicken, sondern über Reumont einzureichen, der sie empfehlen, gegebenenfalls rezensieren und in der Akademie der Wissenschaften zur Kenntnis bringen konnte.[77]

Wie sehr Alfred von Reumont und sein Lebenswerk bei vielen zünftischen Historikern der Berliner Akademie aber auf Ablehnung stießen, wurde 1883 noch-

---

72 ABBAW, Bestand Preußische Akademie der Wissenschaften (1812–1945), Nr. II-III-119, fol. 186 (Dankschreiben Reumonts, verlesen in der Sitzung der Philos.-histor. Klasse vom 22.1.1855), hier fol. 186r.

73 Ebd., fol. 186r/v.

74 Vgl. Gesamtregister.

75 Vgl. Dr. Wolfgang Knobloch, Archivar der Berlin-Brandenburgischen Akademie der Wissenschaften, an Dr. Herbert Lepper, 19.2.2007.

76 Eine Ausnahme bildete eines der Alterswerke Reumonts: *Der Correspondent der Akademie, Hr. Alfred v. Reumont sein Werk über Lorenzo da Medici. Es ist ihm höchlich zu danken; das Buch bleibt in der hiesigen Bibliothek* (ABBAW, Bestand Preußische Akademie der Wissenschaften [1812–1945], Nr. II-V-51, fol. 38r [Gesamtsitzungsprotokoll vom 23.4.1874]).

77 Vgl. *Schumacher*, Diplomat, 497 f.

mals deutlich. Reumont feierte am 3. Mai jenes Jahres sein Goldenes Doktorjubiläum. Orden und Ehrenzeichen aus aller Herren Länder wurden ihm zu diesem Anlass verliehen, die Akademien und Vereine, die Reumont zu ihrem Mitglied zählten, sandten Grußadressen nach Aachen – und in Berlin weigerte sich Theodor Mommsen hartnäckig, eine solche zu verfassen. Als Vorsitzender Sekretär der Philosophisch-historischen Klasse war er dazu eigentlich verpflichtet, zumal ihm Reumont persönlich bekannt war und er ihm durchaus einigen Dank für so manche italienische Tür, die sich auf dessen Empfehlung hin geöffnet hatte, hätte abstatten können, allein: Mommsen lieferte nicht.[78] Heinrich von Sybel, Reumont durchaus wohlgesonnen, schlug daher am 29. April 1883 vor, einen anderen Weg zu gehen:

> Da die Reumont'sche Sache Eile hat und sehr wenige Mitglieder der Akademie mit dem Jubilar persönlich befreundet sind, gebe ich anheim, daß das Diplom im Original nur von Ihnen als Vorsitzendem und von Curtius als Classensecretar unterschrieben wird. Das Herumschicken hätte doch wahrscheinlich nur ein unvollständiges Ergebniß, und schließlich kommt es doch nur auf die Beglaubigung an. Ich habe keinen Zweifel, daß wir dies Verfahren vor der Akademie verantworten können.[79]

Dies war allerdings so ungewöhnlich, dass es noch ein Vierteljahrhundert später in einer ähnlich gelagerten Sache als Präzedenzfall angeführt wurde.[80]

Die Akademie formulierte schließlich eine Gratulationsurkunde die sie *dem gelehrten Darsteller der Geschichte der Stadt Rom*[,] *dem feinsinnigen, überall unterrichteten, pietät- und geschmackvollen Kenner der italiänischen Geschichte, Kunst und Literatur*[,] *dem unermüdlich thätigen Vermittler italiänischer und deutscher Wissenschaft*[,] *dem langjährigen Collegen und geehrten Freunde*[81] widmete und den Vermittler in den Vordergrund stellte. Nicht einmal dem Geschichtsforscher gratulierte man, *College* hin oder her, sondern nur dem *Darsteller der Geschichte*, als hätte Reumont auch in seinem wissenschaftlichen Schrifttum nur Vermittlerdienste geleistet. Von menschlicher Größe zeugt dies nicht, wohl aber

---

78 Vgl. retrospektiv, aber aufschlussreich: ABBAW, Bestand Preußische Akademie der Wissenschaften (1812–1945), Nr. II-V-130 (Sitzungsprotokoll der phys.-mathemat. Klasse, 9.7.1908), fol. 57r.
79 Ebd., Nr. II-III-122, fol. 109r.
80 Vgl. ebd., Nr. II-V-130 (Sitzungsprotokolle der Phys.-mathemat. Klasse, 9.7.1908), fol. 57r: *Nach Verlesung des Protocolls der ordentlichen Sitzung vom 18. Juni bemerkt Hr. Auwers, das einmal, seiner Erinnerung nach, die Absendung einer Glückwunsch-Adresse zum 50sten Doktorjubiläum eines correspondierenden Mitgliedes (Alf. v. Reumont) unterblieben sei, da Hr. Mommsen die Abfassung einer Adresse abgelehnt habe; die Akademie habe sich in diesem Falle für eine Tabula gratulatoria entschieden.*
81 Ebd., fol. 111 (Ausfertigung der Gratulationsurkunde); der nur geringfügig abweichende Entwurf des Textes findet sich ebd., fol. 110.

davon, was 1883 in der Philosophisch-historischen Klasse der Berliner Akademie im Urteil über Alfred von Reumont mehrheitsfähig war.

Schluss

> Nicht ohne Verwunderung blickt man auf den Lebensgang Reumont's zurück. Aus sehr bescheidenen Verhältnissen hervorgegangen, ohne alle anziehenden äusseren Vorzüge, gewinnt er sich Ansehen und Achtung in den höchsten Kreisen der Gesellschaft; ohne die gewöhnliche bureaukratische Schule durchgemacht zu haben, erlangt er ehrenvolle Stellungen in der diplomatischen Welt; ohne sich jemals einer strengwissenschaftlichen Schulung unterworfen zu haben, wird er nicht nur ein höchst fruchtbarer Geschichtsschreiber, sondern schuf auch Werke, denen ein dauernder Werth beizumessen ist.[82]

Eine solide Grundbildung und hervorragendes Sprachtalent, ein begonnenes Medizinstudium in Bonn, halbherzig fortgeführt in Heidelberg und nach dem Tod des Vaters abgebrochen, einige Vorlesungen in Philosophie und Geschichte in der Heidelberger Zeit, viel mehr hatte Reumont an akademischer Erfahrung und Grundbildung am Anfang seiner Karriere in der Tat nicht zu bieten. Der wenig fundierte Plan eines Freundes der Familie, des Earl of Guilford, den jungen Reumont 1824 nach Korfu mitzunehmen und dort an seinen Bemühungen zur Gründung einer „Ionischen Universität" teilhaben zu lassen, scheiterte schon daran, dass die nötigen Pässe nicht rechtzeitig ausgestellt waren.[83] Mitunter hilft dem Talent aber auch das Glück, das Reumont in seinen ersten Jahren in Italien stets begleitete und ihm Förderer an die Seite stellte, die für ein echtes Fortkommen sorgten, ihm die Türen der bedeutendsten Florentiner Akademien öffneten und seine schriftstellerische Tätigkeit wohlwollend begleiteten. Nach dem schon 1829 im Druck vorgelegten *Aachener Sagenschatz* entstanden so in kurzer Folge die *Reiseschilderungen aus südlichen Gegenden* sowie der *Andrea del Sarto* – Schriften, von denen Reumont schon im Manuskript optimalen Gebrauch machte als Grundlage für seine 1833 in Abwesenheit erfolgte Promotion an der Friedrich-Alexander-Universität in Erlangen[84] und als Präsente für den preußischen Kronprinzen Friedrich Wilhelm bei seiner ersten Audienz bei Hofe, die in mehr als einer Hinsicht eine wichtige Weichenstellung für seine weitere Laufbahn bedeutete.[85] Die entschieden holprige Studienzeit ohne Stallgeruch und erkennbare Lehrer aber stand

82 *Giesebrecht*, Nachruf, 296.
83 Vgl. Reumonts Jugenderinnerungen bei *Hüffer*, Reumont, 77, 80 f.; *Reumont*, Frederick North, bes. 189 f.; zum Vorhaben: *Henderson*, Ionian Academy.
84 Vgl. ausführlicher *Pohle*, Akademien.
85 Vgl. *Hüffer*, Reumont, 127 f. und die rückblickende Bewertung Reumonts in *Reumont*, Friedrich Wilhelm IV., 1, 16 f. Den Kontakt zum preußischen Hof untermauerte Reumont durch weitere

einer Karriere Reumonts an den Universitäten entgegen. Auch nach dem Eintritt des Diplomaten in den Ruhestand und der Veröffentlichung größerer historiografischer Werke, wie der *Geschichte Toscana's seit dem Ende des Florentiner Freistaates* (1876/77), des *Lorenzo de' Medici il Magnifico* (1874) und vor allem der *Geschichte der Stadt Rom* (1863–1870), änderte sich daran nichts; Überlegungen, ihn zum Honorarprofessor an der Rheinischen Friedrich-Wilhelms-Universität in Bonn zu machen, konkretisierten sich nicht,[86] sodass die Verleihung der Bonner Ehrendoktorwürde in Anerkennung seiner Forschungen zur Geschichte Italiens 1868 kaum als würdiger Ersatz erscheint.[87]

Für einen gewissen Ausgleich hinsichtlich der Akzeptanz und Präsenz in der wissenschaftlichen Welt sorgten daher die zahlreichen Mitgliedschaften Reumonts in Akademien und gelehrten Gesellschaften. Diese waren ihm einerseits ein Herzensanliegen zur Beförderung der Geschichtsforschung, denn durch gemeinsame Anstrengungen (und durch den kleinen Beitrag, den Reumont und seine Netzwerke dazu leisten konnten) war mehr zu leisten als durch vereinzelte Forscherpersönlichkeiten. Andererseits ist die Häufung von Mitgliedschaften auch im Rahmen des „Jagens und Sammelns" von Ehrungen und Auszeichnungen zu sehen, die Reumont zeitlebens betrieb. So mancher trat an ihn als Amtsperson heran mit der Bitte um Vermittlung eines preußischen Ordens; er selbst konnte Auszeichnungen seiner Person als Gegengabe wie auch als Erhöhung des persönlichen und damit auch des Ansehens Preußens in Italien auffassen. Durch seine dienstliche Stellung, die Nähe zum preußischen Hof, aber auch und gerade durch seine wissenschaftliche Arbeit erfuhr Alfred von Reumont höchste Anerkennung. 1846 durch Friedrich Wilhelm IV. in den erblichen Adelsstand erhoben, 1861 zum königlichen Kammerherrn ernannt, 1885 durch Kaiser Wilhelm I. mit dem Titel eines Wirklichen Geheimen Rates belohnt und mit den Ehrenbürgerschaften der Städte Rom, Florenz und Aachen ausgezeichnet, legte er auch auf die zahllosen Orden und Ehrenzeichen nahezu aller europäischen Staaten, die ihm im Laufe seines Lebens verliehen worden waren, größten Wert.[88] Diese waren kein *Stern-*

Büchergaben. 1837 etwa sandte er seine Zeitschrift *Italia* dem preußischen König Friedrich Wilhelm III. zu; *Schumacher*, Diplomat, 489.
86 Vgl. *Hüffer*, Reumont, 7; *Pohle*, Lebensskizze, 7.
87 Zur Verleihung der Ehrendoktorwürde an Reumont: Bericht über das fünfzigjährige Jubiläum, 128. Aktenstücke zu dem Vorgang sind im Bonner Universitätsarchiv mit Ausnahme eines Doppels der Urkunde und eines Dankesbriefs Reumonts vom 18.10.1868 nicht erhalten; vgl. Dr. Paul Schmidt, Archiv der Rheinischen Friedrich-Wilhelms-Universität Bonn, an Dr. Herbert Lepper, 1.7.1987. Rektor im akademischen Jahr 1867/68 war im Übrigen Heinrich von Sybel.
88 Vgl. hierzu *Pohle*, Lebensskizze, 8 f., 19 f. mit bisher vollständigster Zusammenstellung der Ehrungen Reumonts.

schnuppenregen,[89] wie Gregorovius spottete, sondern Ausdruck von Beziehungen, Ausfluss von Netzwerken des gegenseitigen Empfehlens und der gegenseitigen Zugehörigkeit und damit mehr als bloßer Selbstzweck; sie waren eine Selbstvergewisserung der eigenen Stellung in den politischen, diplomatischen und gelehrten Netzwerken der Italienforschung seiner Zeit, derer Reumont angesichts seiner im Ganzen doch fragilen, in vielerlei Hinsicht von seiner dienstlichen Stellung abhängigen Bedeutung innerhalb seiner Netzwerke bedurfte. Die Zugehörigkeit zu Netzwerken und die Möglichkeit, darin durch eigene Tätigkeit eine wichtige Rolle zu spielen, fand auch ihren Ausdruck in der Mitgliedschaft in gelehrten Gesellschaften und Akademien.[90]

Eine wirklich herausragende Rolle spielte Reumont nur in wenigen Sozietäten beziehungsweise in wenigen der von ihnen angestoßenen und betreuten Projekte, vornehmlich in der Mitarbeit am *Archivio Storico Italiano* in Florenz und in der Arbeit des *Istituto di corrispondenza archeologica* in Rom.[91] In fast allen Akademien war Reumont Korrespondierendes Mitglied, und nur in wenigen Fällen stieg er zum Auswärtigen oder Ehrenmitglied auf (wobei auf die unterschiedliche Verfasstheit der einzelnen Akademien zu achten ist). Durch seinen Beitrag zu einer Vernetzung von Akademieprojekten aber konnte Reumont fördernd wirken.[92]

Reumont konnte und wollte für die gelehrte Welt in Deutschland und in Italien nützlich sein. Das Besorgen und Verschicken von Büchern gehörte zu Reumonts Mitteln, sich innerhalb der gelehrten Welt zu vernetzen, durch seinen Überblick über die Neuerscheinungen in Italien und in Deutschland machte er sich auch als Bibliograf nahezu unentbehrlich.[93] Er hatte die Möglichkeit und die Mittel, Gelehrte zu fördern – sei es durch Empfehlungen für sonst verschlossene Bibliotheken und Archive in Italien,[94] sei es durch Bekanntmachen ihrer Werke in Deutschland (respektive, wenn auch in geringerem Maße, in Italien) oder gar durch Weiterleitung an den preußischen König, von dem im Gegenzug vielleicht ein Gunstbeweis zu erwarten war. Für die Königliche Bibliothek in Berlin konnte Reumont italienische Fachliteratur beschaffen und helfen, die empfindlichen Lü-

---

89 Ferdinand Gregorovius an Hermann von Thile, 10.5.1883, zit. nach *Petersdorff*, Briefe, 140–143, hier 142.
90 Vgl. auch *Schumacher*, Diplomat, 494, der Reumonts Akademiemitgliedschaften erstmals und überzeugend unter den Gedanken der Netzwerk-Arbeit fasste.
91 Vgl. ausführlich *Pohle*, Akademien; *Schumacher*, Diplomat, 347–383 u. 499–507; *Porciani*, Achivio Storico Italiano.
92 Vgl. *Pohle*, Akademien; *Schumacher*, Diplomat, 495.
93 Reumonts *Notizie bibliografiche* erschienen regelmäßig im *Archivio Storico Italiano* und listeten deutschsprachige Neuerscheinungen zur italienischen Geschichte auf; vgl. auch *Reumont*, Bibliografia.
94 Vgl. ausführlicher *Schumacher*, Diplomat, 520–522.

cken im Bestand durch die Abarbeitung von Bestellungen des Hofbibliothekars zu schließen.[95] Auch für die Belange der Königlichen Museen wurde Reumont tätig, besorgte Literatur, Fotografien, Zeichnungen, Abgüsse, meist auf Bestellung, und konnte auch bei Neuerwerbungen vermitteln.[96] Reumont konnte schnellen Zugang zu Informationen und Materialien gewährleisten, sich gegebenenfalls der Hilfe italienischer Fachleute und Kulturfunktionäre versichern sowie meist gute Lokalkenntnisse beisteuern, und er war fast immer bereit, seine Netzwerke zur Förderung der Wissenschaften (und zur Stärkung seiner Position) einzusetzen. Das ist es, was ihn als Korrespondierendes Mitglied auch für deutsche Akademien interessant machen konnte, das ist es zugleich, was seine Mittlerrolle im Wissenschaftsbetrieb ausmachte, die wohl am stärksten aus seinen Aufgaben im diplomatischen Dienst Preußens erwuchs und die parallel neben der Vermittlung des italienischen Geisteslebens (etwa über seine zahllosen Beiträge zur Augsburger *Allgemeinen Zeitung*) und den eigenen historischen Forschungen steht. Reumonts Bedeutung und Wertschätzung in der wissenschaftlichen Welt stützte sich maßgeblich auf seine Netzwerke, deren Stärkung er sich durch die Mitgliedschaften in den gelehrten Gesellschaften und Akademien der Wissenschaften, aber auch der Schönen Künste zu Recht versprechen konnte. Erst als mit seiner Pensionierung wesentliche Möglichkeiten des Wirkens wegfielen, nahm sein Schrifttum an Umfang und Vielfalt zu. Der Versuch, allmählich wegbrechende Netzwerke der Wissenschaftsorganisation durch ein gelehrtes Netzwerk auf Grundlage des eigenen wissenschaftlichen Œuvres zu ersetzen, wurde von seinen deutschen Zeitgenossen aber nur wenig goutiert.[97] „Als konservativer, papsttreuer Katholik [...] blieb er der protestantisch, kleindeutsch und preußisch orientierten Professorenschaft, die die Historischen Institute vom letzten Drittel des 19. Jahrhunderts an jahrzehntelang dominierte, auch hinsichtlich Sozialisation und Habitus fremd."[98] Am Ende trug Reumont seine Netzwerke zu Grabe, durch Erinnerungen an Zeitgenossen, die ihm wichtig schienen, und durch Nachrufe, die einen Großteil des Schrifttums seiner letzten Jahre ausmachen.

In den wissenschaftlichen Akademien war Reumont nicht der einzige, dessen Lebens- und Wissenschaftsentwurf von einem universitären Idealbild abwich,

---

95 Vgl. *Pohle*, Lebensskizze, 15, Kat.-Nr. V.5; *Schumacher*, Diplomat, 497 f.

96 Vgl. *Schumacher*, Diplomat, 507–510.

97 Vgl. dazu auch *Roll*, Historiker, 100: „Gewiss war Reumont bestens vernetzt – aber nur für sein Leben, gerade auch für die Erfordernisse seiner Tätigkeiten in Italien, nicht aber für sein Nachleben als deutscher Historiker. [...] eine Biographie wie die Reumonts funktionierte schon in seinem Todesjahr nicht mehr, und sie wurde nicht einmal mehr verstanden – wer konnte um die Jahrhundertwende noch Historiker, Diplomat und Publizist zugleich sein und in allen drei Tätigkeiten mit Anerkennung rechnen?"

98 Ebd., 99 f.

aber die Mehrheit der Universitätsgelehrten in den Akademien wurde zu seinen Lebzeiten immer größer, was sich dann auch auf das Wahlverhalten auswirkte. Die Schwierigkeiten bei der Wahl Alfred von Reumonts zum Korrespondierenden Mitglied der *Preußischen Akademie der Wissenschaften* in Berlin und seine Nichtberücksichtigung bei der *Kaiserlichen Akademie der Wissenschaften* in Wien zeigen die Auswirkungen dieser Tendenz, dass Vertreter einer nun vornehmlich an den Universitäten betriebenen professionellen Geschichtswissenschaft die Ausgrenzung anderer Ansätze als unwissenschaftlich und rückwärtsgewandt betrieben, weil sie die Macht errungen hatten, darüber zu entscheiden.

Hat man in der Forschung die Bedeutung Reumonts zu Unrecht auf die des Mittlers reduziert? Ja und nein, denn sein Agieren in und für die Wissenschaftsakademien, die ihn in ihre Mitte aufnahmen, war ganz überwiegend und ganz bewusst ein wissenschaftsorganisatorisch-vermittelndes. Es sind nicht erst die Nachgeborenen, die Reumont zum Vermittler erklärt haben, Reumont selbst sah sich in dieser von ihm keineswegs als inferior empfundenen Rolle und versuchte sie bestmöglich auszufüllen. Ihn freilich darauf zu reduzieren und seine eigenen Schriften als letztlich überholt zu bezeichnen, mühsam im Stil und ohne hinreichende analytische Durchdringung, greift in jedem Fall zu kurz, wie Christine Roll am Beispiel der *Italienischen Diplomaten und diplomatischen Verhältnisse* gezeigt hat.

Bibliografie

Ungedruckte Quellen

Aachen, Stadtarchiv (StAA Aachen)
– Nachlass Reumont, Stücke 41 und 84.
– Briefwechsel Dr. Herbert Lepper (Briefe von: Dr. Paul Schmidt, Archiv der Rheinischen Friedrich-
     Wilhelms-Universität Bonn, 1.7.1987; Dr. Klaus Wundsam, Archiv der Österreichischen Akademie
     der Wissenschaften, 1.12.1987; Dr. Görzer, Archiv der Bayerischen Akademie der Wissenschaften,
     30.12.1987; Dr. Wolfgang Knobloch, Archiv der Berlin-Brandenburgischen Akademie der Wissen-
     schaften, 19.2.2007).
Aachen, Stadtbibliothek (StB Aachen)
– Verzeichnis der Teilnehmer an der Tagung Florenz 1841, Sign. vR gr. 65.
Berlin, Archiv der Berlin-Brandenburgischen Akademie der Wissenschaften (ABBAW)
– Bestand Preußische Akademie der Wissenschaften (1812–1945), Nrn. II-V-28, II-V-30, II-V-31, II-V-32,
     II-V-34, II-V-35, II-III-118, II-III-119, II-III-122 und II-V-130.
München, Archiv der Bayerischen Akademie der Wissenschaften (ABAW)
– Organisations-Urkunde der Kgl. Bayer. Akademie der Wissenschaften, 21. März 1827.
– Wahlakten 1853, 1858, 1865 und 1871.

Wien, Archiv der Österreichischen Akademie der Wissenschaften (AÖAW)
– Wahlvorschläge 1885.

Gedruckte Quellen

Briefe von Ferdinand Gregorovius an den Staatssekretär Hermann von Thile, hrsg. v. Herman von *Petersdorff*, Berlin 1894.
Gesamtregister über die in den Schriften der Akademie von 1700–1899 erschienenen wissenschaftlichen Abhandlungen und Festreden, Berlin 1900.
Reumont, Alfred (Hrsg.), Aachens Liederkranz und Sagenwelt, Aachen/Leipzig 1829.
Reumont, Alfred, Tavole cronologiche e sincrone della storia fiorentina, Firenze 1841.
Reumont, Alfred, Della Campagna di Roma, Firenze 1842.
Reumont, Alfred von, Italienische Diplomaten und diplomatische Verhältnisse. Vom XIII. zum XVI. Jahrhundert, in: ders., Beiträge zur Italienischen Geschichte. Bd. 1, Berlin 1853, 1–270.
Reumont, Alfred von, Frederick North, Graf von Guilford. Eine Erinnerung, in: ders., Zeitgenossen. Biografien und Karakteristiken, Bd. 2., Berlin 1862, 175–198.
Reumont, Alfred von, Bibliografia dei lavori pubblicati in Germania sulla storia d'Italia, Berlin 1863.
Reumont, Alfred von, Gino Capponi. Ein Zeit- und Lebensbild, Gotha 1880.
Reumont, Alfred von, Aus König Friedrich Wilhelms IV. gesunden und kranken Tagen. 2. unveränd. Aufl., Berlin 1885.
Reumont, Alfred von, Nachruf auf Leopold von Ranke, in: Historisches Jahrbuch 7 (1886), 608–635.
Reumont, Gerhard, Aachen und seine Heilquellen, Aachen 1828.
Statut der Preußischen Akademie der Wissenschaften vom 31.3.1836, in: Geschichte der Königlich Preußischen Akademie der Wissenschaften zu Berlin, Bd. 2, hrsg. v. Adolf *Harnack*, Berlin 1900, 434–456.

Literatur

Almanach der Königlich Bayerischen Akademie der Wissenschaften für das Jahr 1909, München 1909.
Amberger, Erik, Die Mitglieder der Deutschen Akademie der Wissenschaften zu Berlin 1700–1950, Berlin 1950.
Art. „Reumont, Alfred v.", in: Meyers Konversationslexikon. 5., gänzlich neubearb. Aufl., Bd. 14, Leipzig/Wien 1897, 670.
Bericht über das fünfzigjährige Jubiläum der Rheinischen Friedrich-Wilhelms-Universität Bonn, herausgegeben von Rector und Senat, Bonn 1868.
Fulda, Daniel, Wissenschaft aus Kunst. Die Entstehung der modernen deutschen Geschichtsschreibung 1760–1860 (European Cultures. Studies in Literature and the Arts, 7), Berlin/New York 1996.
Geist und Gestalt. Biographische Beiträge zur Geschichte der Bayerischen Akademie der Wissenschaften vornehmlich im zweiten Jahrhundert ihres Bestehens. 3 Bde., München 1959.
Giesebrecht, Wilhelm von, Nachruf Alfred von Reumont, in: Bayerische Akademie der Wissenschaften. Sitzungsberichte der philosophisch-historischen Klasse 1888, Bd. I, 288–296.

Günther, Carl, Art. „Gerhard Reumont", in: Neuer Nekrolog der Deutschen 6 (1828), 2. Teil, Ilmenau 1830, 675–679.

Haagen, Friedrich, Art. „Monheim, Johann Peter Joseph", in: Allgemeine Deutsche Biographie 22 (1885), S. 168 f.

Harnack, Adolf, Geschichte der Königlich Preussischen Akademie der Wissenschaften zu Berlin, im Auftrage der Akademie bearbeitet. 4 Bde., Berlin 1900.

Heigel, Karl Theodor von, Art. „Rudhart, Georg Thomas von", in: Allgemeine Deutsche Biographie 29 (1889), 458 f.

Henderson, George Patrick, The Ionian Academy, Edinburgh 1988.

Heydenreuter, Reinhard/Sylvia *Krauß*, Helle Köpfe. Die Geschichte der Bayerischen Akademie der Wissenschaften 1759 bis 2009 (Ausstellungskatalog der Staatlichen Archive Bayerns, 51), Regensburg 2009.

Höfler, Constantin, Gedenkblatt auf das Grab Alfreds von Reumont, in: Historisches Jahrbuch 9 (1888), 49–75.

Hüffer, Hermann, Alfred von Reumont, in: Annalen des Historischen Vereins für den Niederrhein 77 (1904), 1–241.

Jedin, Hubert, Alfred von Reumont (1808–1887), in: Rheinische Lebensbilder 5 (1973), 95–112.

Just, Leo, Alfred von Reumont. Eine Gedenkrede, in: Annalen des Historischen Vereins für den Niederrhein 135 (1939), 133–148.

Kiefer, Jürgen D. K., Bio-bibliographisches Handbuch der Akademie Gemeinnütziger Wissenschaften zu Erfurt. 1754–2004. Bio-bibliographisches Handbuch der Protektoren und Spezialprotektoren, der Träger von Ehrentiteln und Inhaber von Ehrenämtern, der Preisträger sowie der Ehren-, Ordentlichen und Auswärtigen Mitglieder, einschließlich einer chronologischen Übersicht aller Aufnahmen, der Mitglieder der Erziehungswissenschaftlichen Gesellschaft an der Akademie (eröffnet 1927) und einer Auswahl von Vortragenden, die nicht Mitglieder der Akademie waren. Festgabe im Jubiläumsjahr, Erfurt 2005.

Krestan, Ludmilla (Bearb.), Dokumentation zur Österreichischen Akademie der Wissenschaften 1847–1972. Bd. 3: Die Mitglieder und Institutionen der Akademie, Wien 1972.

Lepper, Herbert, Alfred von Reumont. Eine biographische Skizze, in: Alfred von Reumont (1808–1887). Gelehrter, Diplomat, Ehrenbürger Aachens. Eine Ausstellung der Stadtbibliothek Aachen, 28. November 2008–3. Januar 2009, hrsg. v. der Stadtbibliothek Aachen, Aachen 2008, 22–38.

Loersch, Hugo, Zur Erinnerung an Alfred von Reumont. Vortrag gehalten in der Generalversammlung des Aachener Geschichtsvereins am 10. November 1887, in: Zeitschrift des Aachener Geschichtsvereins 10 (1888), 1–21.

Monheim, Felix, Johann Peter Joseph Monheim 1786–1855. Apotheker und Chemiker, sozial engagierter Bürger und Politiker zu Aachen (Veröffentlichungen des Stadtarchivs Aachen, 2), Aachen 1981.

Monheim, Johann P./Gerhard *Reumont*, Analyse des Eaux Sulfureuses d'Aix-la-Chapelle, Aachen 1810.

Pohle, Frank, Alfred von Reumont (1808–1887). Lebensskizze und Katalog, in: Alfred von Reumont (1808–1887). Gelehrter, Diplomat, Ehrenbürger Aachens. Eine Ausstellung der Stadtbibliothek Aachen, 28. November 2008–3. Januar 2009, hrsg. v. der Stadtbibliothek Aachen, Aachen 2008, 5–21.

Pohle, Frank, Alfred von Reumont und die Akademien in Florenz und Rom, in: Geschichte im Bistum Aachen 17 (2023/24) [im Druck].

Porciani, Ilaria, L'„Archivio Storico Italiano". Organizzazione della ricerca ed egemonia moderata nel Risorgimento, Firenze 1979.

„Propter Fructus Gratior". Zur Geschichte der Akademie. [https://www.akademie-erfurt.de/index.
   php/akademie/geschichte; 21.7.2024].
Roll, Christine, Wie der Historiker zum Gestrigen gemacht wurde. Alfred von Reumonts „Italienische
   Diplomaten und diplomatischen Verhältnisse" neu gelesen, in: Alfred von Reumont (1808–1887).
   Ein Diplomat als kultureller Mittler, hrsg. v. Frank Pohle (Historische Forschungen, 107), Berlin
   2015, 65–104.
Rumschöttel, Hermann, Art. „Rudhart, Georg Thomas Ritter von", in: NDB 22 (2005), 163 f.
Schmitz-Cliever, Egon, Der Arzt Gerhard Reumont und die erste Schutzpockenimpfung im Rheinland
   1801, in: Sudhoffs Archiv für Geschichte der Medizin und der Naturwissenschaften 41 (1957),
   213–222.
Schmitz-Cliever, Egon, Gerhard Reumont (1765–1828), in: Rheinische Lebensbilder 2 (1966), 143–158.
Schumacher, Felix, Der preußische Diplomat und Historiker Alfred von Reumont (1808–1887). Ein Ka-
   tholik in Diensten Preußens und der deutsch-italienischen Kulturbeziehungen (Historische Forschungen, 121), Berlin 2019.
Schumacher, Felix, Alfred von Reumont (1808–1887), in: Historiker aus dem Bistum Aachen. Sieben
   Lebensbilder, zusammengestellt anlässlich der 124. Generalversammlung der Görres-Gesell-
   schaft in Aachen, 23.–25. September 2022, hrsg. v. Geschichtsverein für das Bistum Aachen (Geschichte im Bistum Aachen, Beiheft 11), Neustadt an der Aisch 2022, 16–32.
Schwedt, Georg, Der Apotheker J. P. J. Monheim über die Thermal- und Schwefelwässer von Aachen
   und Burtscheid, Aachen 2015.
Sundermann, August, Zur Geschichte der Akademie nützlicher Wissenschaften zu Erfurt, in: Festschrift
   zur Eröffnung der Medizinischen Akademie Erfurt, hrsg. v. Harry Güthert, Erfurt 1954, 61–71.
Willoweit, Dietmar (Hrsg.), Forscher und Entdecker. Eine Geschichte der Bayerischen Akademie der
   Wissenschaften in historischen Portraits, München 2009.

Harald Müller
Verscharren oder verehren?

Beobachtungen zum Umgang mit Konkurrenten um das Papstamt im Mittelalter

In Sachen Erinnerungskultur ist kaum Gegensätzlicheres denkbar als das Denkmal des unbekannten Soldaten auf der einen Seite und die gezielte Verweigerung, ja die Verhinderung der Erinnerung an ein Individuum auf der anderen. Während hier die namen- und gesichtslose Masse im kollektiven Gedächtnis nationalen Zuschnitts zum heroischen Typus geformt und erhoben wird, soll dort die konsequente Anonymisierung die Tilgung der einzelnen Person aus der historischen Erinnerung bewirken. An Beispielen für beide Formen mangelt es nicht. Der *Arc de Triomphe* in Paris ist der Symbolort des Kriegs- und Kriegergedenkens der Grande Nation schlechthin,[1] während in manch anderen Fällen die Ausbildung eines solchen Kristallisationspunkts historischen Erinnerns und damit auch einer möglichen Identifikation konsequent behindert beziehungsweise verhindert wird. So wurde das Grab des Hitler-Stellvertreters Rudolf Heß im niedersächsischen Wunsiedel am 20. Juli(!) 2011 aufgelöst,[2] auch um den alljährlichen politreligiösen Pilgerfahrten der Neonazi-Szene dorthin an dessen Todestag ein Ende zu setzen. Den Leichnam des al-Qaida-Anführers Osama bin Laden entsorgte (im Wortsinn) das zu seiner Liquidierung entsandte Spezialkommando nach US-Angaben auf dem Rückweg aus Pakistan im Indischen Ozean und unterband damit konsequent jegliche unmittelbar an den Körper oder den Bestattungsort gebundene Verehrung des Terroristen.[3]

Genau dies, so scheint es, war auch die Strategie der mittelalterlichen Bischöfe von Rom im Umgang mit überwundenen Konkurrenten um diese prestigeträchtige und später mächtige Führungsposition der Lateinischen Kirche. Die Zahl der Krisen und veritablen Spaltungen der Kirche aufgrund konkurrierender Erhebungen zum römischen Bischof im Mittelalter geht über 30 hinaus. Sie sind aus unter-

---

1 Denkmäler für große Gruppen sind heute stärker von der Idee geprägt, den zu ehrenden Namen und Identität zu geben, etwa das Vietnam-Memorial in Washington und das National September 11 Memorial in New York. Beide enthalten sichtbare Gravuren mit den Namen der Opfer des Terroranschlags vom 11. September 2001 beziehungsweise der Gefallenen des Vietnamkriegs („These names, seemingly infinite in number...").
2 Vgl. Münchner Merkur, Grab von Hitlers Stellvertreter aufgelöst, 21.07.2011. [https://www.mer kur.de/bayern/grab-hitlers-stellvertreter-aufgeloest-zr-1330774.html; 28.2.2024].
3 Vgl. ABC News, USS Carl Vinson. Osama bin Laden's Burial at Sea, 02.05.2011. [https://abcnews. go.com/Technology/uss-carl-vinson-osama-bin-ladens-burial-sea/story?id=13510831; 28.2.2024].

https://doi.org/10.1515/9783111384214-004

schiedlichen Blickwinkeln und in wechselnder Intensität von der Forschung bearbeitet worden.[4] Auch mit den Vorgehensweisen, derer die Erfolgreichen sich bedienten, um die unterlegenen Konkurrenten als Fehlbesetzung, Zerstörer der Einheit und Ketzer zu brandmarken, ihre Entscheidungen und Handlungen zu entwerten und die Erinnerung an diese zu diskreditieren, hat man sich intensiv beschäftigt. Die öffentliche Verfluchung des Gegners, Akte der Demütigung, das Verbrennen von Urkunden und das gezielte Tilgen der Namen aus Dokumenten oder von Monumenten, eine diffamierende Bildpropaganda und das wiederholte Einschärfen des Irrtums und des Scheiterns in medialen Formen aller Art sind bemerkt und gedeutet worden. Eine stattliche Anzahl von Studien ließe sich nennen, beginnend mit Harald Zimmermanns stärker juristisch fokussiertem Blick auf die Absetzungen der Päpste und Klaus Schreiners faszinierendem Panorama der Inszenierung des Scheiterns des Papstes Gregor VIII. im 12. Jahrhundert.[5] Wie Schreiner erweiterte Kai-Michael Sprenger mit Clemens III. einen Einzelfall zur systematischen Betrachtung der Prägung von Erinnerung und legte damit die Fährte zu einem zentralen Aspekt des Themas, der Herrschaft über die *memoria* des Geschehens. Kai-Michael Sprenger und Gerhard Schwedler haben schließlich mit dem Band „*Damnatio in memoria*" von 2014 diese negative Prägung von Erinnerung theoretisch und speziell auch mit Bezug auf gescheiterte Papstprätendenten in systematischer Weise vermessen.[6]

Statt an dieser Stelle eine erneute Musterung wohlbekannter Einzelfälle der Geschichte von Schismen und Gegenpäpsten mit ihren Formen und Wirkungen der symbolischen Markierung von Niederlage und abgewiesenen Ansprüchen auf das Amt zu präsentieren, soll aus diesem weiten Themenfeld ein Detail in den Mittelpunkt rücken: der Umgang mit den sterblichen Überresten der Unterlegenen als Kristallisationspunkte einer traditionsbildenden Verehrung.[7]

Es geht dabei im Sinne des Rahmenthemas dieser Festschrift für Christine Roll um die Frage des Wandels. Die Praktiken des Umgangs mit den Gescheiterten – im Falle des Todes unwiderruflich mit ihren Ansprüchen Gescheiterten – waren in erster Linie kommunikative Leistungen, die für die Akteure eine doppel-

---

4 Den wissenschaftlichen Zugang ebnen *Amanieu*, Antipape; *Laudage*, Kampf; *Müller/Hotz*, Gegenpäpste. Eine kurze Literaturübersicht bei *Müller*, Autorität und Krise, 1–4.
5 *Zimmermann*, Papstabsetzungen; *Schreiner*, Gregor VIII.
6 *Sprenger*, Damnatio memoriae; *Ders.* Gegenpapst im Fluss; *Scholz/Schwedler/Sprenger*, Damnatio in memoria, darin besonders die Beiträge von Klaus Herbers, Sible de Blaauw und Kai-Michael Sprenger. Erst kürzlich war die Formung der Erinnerung. Thema einer Wuppertaler Tagung mit dem Titel „Die Ritualisierung des Scheiterns. Die rituelle Stiftung einer *memoria damnata* der Besiegten in der antiken und mittelalterlichen Textrezeption" (21.–22.09.2023).
7 Vgl. zu Grab und Memoria der Päpste *Borgolte*, Petrusnachfolge; zwei detaillierte Fallstudien bei *Sprenger*, Gegenpapst im Fluss, und *Ders.*, Zwischen den Stühlen, 400–433.

te Dimension besaßen. Sie demonstrierten die faktische Überlegenheit und Handlungsmacht in der Gegenwart auf der einen und prägten maßgeblich die künftige Erinnerung an die Konkurrenzsituation auf der anderen Seite, indem sie Legitimität und Illegitimität klar zuwiesen. Für diese Stiftung erinnerungsbezogener Eindeutigkeit, die eben auch mit den Mitteln der Bestattung und der liturgischen Verehrung bekräftigt wurde, gibt es kein besseres Beispiel als die von Petrus bis in die Gegenwart hinein strikt durchgezählte Liste der römischen Bischöfe; sie schafft Klarheit auch dort, wo die Geschichte Unschärfen und Fraglichkeiten erkennen lässt.[8] Insofern ist die im Titel dieses Beitrags gestellte Frage keine Petitesse. „Verscharren oder verehren?" bringt in starker Verkürzung die Frage nach einem gelungenen, legitimen Pontifikat auf den Punkt.[9]

Schon ein erster Blick auf die Rahmendaten zu den Bestattungen konkurrierender Päpste lässt erkennen, dass sich im Laufe des Mittelalters eine Abkehr vom Verscharren vollzog und eine Öffnung zum Verehren oder genauer gesagt: zum Verehren lassen.[10] Dieser Wandel ist hier in einem ersten Teil an ausgewählten Beispielen vorzuführen. Anhand dieser Befunde ist dann zu überlegen, wodurch dieser veranlasst worden sein könnte, was dies in der damaligen Situation bedeutete und welche Schlussfolgerungen daraus für die Bewertung der Papstschismen in einer längeren zeitlichen Perspektive zu ziehen sind.

I. Markierungen des Scheiterns in der Konkurrenz

Vorab ist kurz zu anzusprechen, warum das umstrittene Papsttum sich für Fragen der Markierung des Scheiterns besonders eignet. Es ist die Exklusivität des Amtes an der Spitze der seit dem Hochmittelalter lateinischen Kirche, die das entscheidende Argument liefert. Flapsig formuliert, gilt das in anderem Kontext geflügelte

---

8 Vgl. zum Gedanken *Müller*, Autorität und Krise, 1–18; zur Bedeutung der Papstliste ebd., 10–12. Die Liste wird regelmäßig im *Annuario pontificio* publiziert.
9 In diesem Beitrag wird die Bezeichnung Gegenpapst im Sinne unmittelbar konkurrierender Päpste verwendet, nicht im Sinne einer Bewertung von gegen=illegitim, da dies dem lateinischen Präfix *anti-* in *antipapa* am angemessensten ist und zudem die Konfrontation der Konkurrenten heuristisch vielversprechender ist als die Scheidung in rechtmäßig und unrechtmäßig im Sinne der kirchlichen Institutionengeschichte. Vgl. zu diesen gedanklichen und begrifflichen Grundlegungen *Müller*, Gegenpäpste, 22–34. Papstname und Ordnungszahlen werden daher allen Konkurrenten beigelegt, gelegentlich tritt der Geburtsname hinzu.
10 Eine Übersicht über die Bestattungsorte der Päpste bei *Borgolte*, Petrusnachfolge, 343–360.

Wort: „Es kann nur einen geben!"[11] Konkurrenz ist auf dem Stuhl Petri nicht nur unerwünscht, sie birgt eine fundamentale Gefahr für die hierarchische Konstruktion der Kirche. Diese ist dogmatisch und später auch historisch durch die so genannte apostolische Sukzession begründet. Seit dem 3. Jahrhundert suchte man den gegenwärtigen Bischof einer Diözese lückenlos und eindeutig an eine Gründungsfigur zurückzubinden, die dem unmittelbaren Umkreis Christi entstammte; im Falle von Rom auf Petrus und Paulus, von denen dann Petrus in ekklesiologischer Hinsicht und im Wortsinn zur Schlüsselfigur wurde. Mehrdeutigkeit in dieser historischen Kontinuitätslinie konnte zur existenziellen Bedrohung der *auctoritas apostolica* im Sinne einer solch reinen und unmittelbaren Autoritätstradition werden.[12]

Dieser Umstand verleiht dem Umgang mit Konkurrenz eine grundsätzlich andere Dimension als im weltlichen Bereich. Aus der weltlichen Praxis sind nicht wenige Beispiele gemeinsamen Herrschens bekannt, etwa die karolingische Samtherrschaft, die in der *Ordinatio imperii* von 817 entworfen wurde, oder Ludwig der Bayer und Friedrich von Habsburg, die 1325 trotz eines eindeutigen Ausgangs der Entscheidungsschlacht zumindest zeitweise den Thron des römisch-deutschen Reiches miteinander teilten.[13] Im Papstamt war solche Kollaboration oder gar „Kon-Legalität" bis ins 21. Jahrhundert nicht vorstellbar. An der Spitze der Kirche hatte Eindeutigkeit zu herrschen.[14] Deshalb fielen Markierungen des Scheiterns, so sollte man zumindest vermuten, in dieser Sphäre kirchlicher Monarchie rigoroser aus als anderswo.

Versucht man diese Markierungen des Scheiterns am Ende des Konflikts mehrerer Papstprätendenten zu systematisieren, so lassen sich drei Felder benennen, die hier nach Objekten und Formen möglicher Erinnerungsformung unterschieden werden.

Feld 1 betrifft den im Konkurrenzkampf Unterlegenen und unmittelbare Aktionen gegen ihn als Person. Hier spielen sich die in der Historiografie am drastischsten ausgemalten Szenen ab, in welchen der überwältigte und körperlich anwesende Gegner für alle sichtbar bestraft wird. Johannes XVI. etwa, der Erzbischof von Piacenza, der 998 gegen einen Kandidaten Ottos III. zum Bischof von Rom erhoben worden war, dann von den Truppen des Kaisers ergriffen, grausam verstümmelt und im Prototyp aller gegenpäpstlichen Schandritte durch Rom geführt wurde, um klarzumachen, dass er weder fähig noch würdig war, das Papst-

---

11 Ein Spielfilm mit mittelalterlichen Versatzstücken: *Mulcahy*, Russel, Highlander. Es kann nur einen geben, 1986.

12 Vgl. *Müller*, Autorität und Krise, 5–7.

13 Zur Problematik von Gegenkönigen als Bedrohung von Alleinherrschaft im römisch-deutschen Reich vgl. *Muylkens*, Reges geminati.

14 Vgl. *Rebenich*, Einer sei Herr, 30–35.

amt jemals ausgeübt zu haben. Der Nachhall dieser Strafaktion war für damalige Zeiten gewaltig, das Repertoire der symbolischen Markierung vom unreinen Reittier über die umgekehrte Sitzrichtung beim Reiten, die karnevalesken Elemente pontifikaler Bekleidung bis hin zum Bewerfen mit Steinen oder Kot.[15] Die Inversion des Zeremoniellen – hier die feierliche Prozession des amtierenden Pontifex war eine allen Betrachtenden unmittelbar eingängige Botschaft, die das Opfer zudem der Lächerlichkeit preisgab. Es handelt sich um die elaborierte Form der spottvollen Negierung jeglichen Amts- und Herrschaftsanspruchs, wie sie in hochverdichteter Form bereits die Dornenkrone Christi bot, später etwa die Ketzerkrone als Gegenstück zur Mitra.[16]

Es ließen sich einige parallele Fälle betrachten[17], doch ist es spannender, Nikolaus V., einen Franziskaner namens Petrus Rainalducci, hier zu erwähnen, der am 12. Mai 1328 auf Betreiben Ludwigs des Bayern (1314–1347) zum Papst erhoben worden war, weil dieser im erbitterten Streit mit dem Avignoneser Papsttum, namentlich mit Papst Johannes XXII. (1316–1334), stand.[18] 1329 von dem nun frisch zum Kaiser gekrönten Ludwig in Italien zurückgelassen, verzichtete Nikolaus bald in Pisa auf sein Amt und unterschrieb ein Schuldbekenntnis. All seine Entscheidungen und Gunsterweise wurden kassiert, sein Papstsein rückwirkend für nichtig erklärt. Bemerkenswert ist, dass Nikolaus seinerseits ein Jahr zuvor einen förmlichen Absetzungsprozess gegen Johannes XXII. inszeniert hatte, der uns exakt zeigt, was damals ein gescheiterter Papstanwärter zu erwarten hatte. Giovanni Villani berichtet vom zentralen Häresievorwurf gegen Johannes und von der anschließenden Urteilsvollstreckung: An Johannes' Stelle wurde eine Puppe – gleichsam der Stellvertreter des Stellvertreters – aller päpstlichen und klerikalen Insignien entkleidet und dann der weltlichen Gewalt überantwortet. Das Ende auf dem Scheiterhaufen wurde damit angedeutet. Dies blieb indes reines Wunschdenken. Vielmehr eröffnete eben jener Johannes XXII. ein Gerichtsverfahren gegen den Konkurrenten, dessen Akten wiederum Nikolaus zum Zerrbild des Regulären

---

15 Zu den Ereignissen vgl. *Laudage*, Kampf, 68–71. Der Schandritt ist eindrucksvoll beschrieben bei Arnulf von Mailand, Liber gestorum, I,12, 135: *Pseudopapa vero Grecus effossis occulis, abscisis naso et auribus, dorso asine retroversus manu tenens caudam totam distrahitur per urbem*; zu den Ereignissen vgl. *Böhmer/Zimmermann*, Regesta Imperii, II, 5, Nr. 814–820, 836; zur Sache *Nitschke*, Der mißhandelte Papst; *Althoff*, Otto III., 100–113.

16 Gut zu sehen für den auf dem Konstanzer Konzil 1415 als Ketzer verurteilten und hingerichteten böhmischen Reformator Jan Hus in der bebilderten Handschrift der Konzilschronik des Ulrich Richental: Richental, Chronik, fol. 57v–58r. Richental erwähnt, dass die Ketzerkrone (*infel*) nicht vom Feuer verzehrt worden war und eigens zerstoßen werden musste (ebd., fol. 57r).

17 Vgl. oben bei Anm. 5 zu Gregor VIII.

18 Vgl. ausführlich *Godthardt*, Marsilius von Padua, 320–343; zu den Ereignissen um die Absetzung Nikolaus' *Laudage*, Kampf, 130–137.

machen.[19] Dieser begab sich schließlich in einen ehrenvollen Hausarrest am Hof in Avignon. Ein Schandritt blieb ihm, anders als Johannes XVI. am Ende des 10. Jahrhunderts und Gregor VIII. 1119, ebenso erspart wie die Klosterhaft, in der im Frühmittelalter wohl die meisten gescheiterten Papstanwärter geräuschlos endeten. War dies fortschreitender Zivilisiertheit geschuldet oder eher den mittlerweile herrschenden rechtlichen Formen? Es zeigt sich jedenfalls ein Wandel im Umgang mit den Besiegten wie in der kommunikativen Markierung dieser Situation.

In Feld 2 wird das Augenmerk auf die liturgische Memoria der gescheiterten Päpste und auf deren Bestattung als fundamentale Bedingung dieser Erinnerungsform gerichtet. Während Bestattung und liturgische Erinnerung den anerkannten römischen Bischöfen sicher war, sind die Begräbnisorte der gescheiterten Papstprätendenten im frühen und hohen Mittelalter zumeist unbekannt. Das entsprach der Logik der *erasio memoriae*, die unerwünschte Erinnerung und Erinnerungsorte möglichst vollständig zu tilgen suchte. Die schon angesprochene Klosterhaft etwa nahm den Inhaftierten bereits zu Lebzeiten wirkungsvoll die Möglichkeit, von den Zeitgenossen überhaupt wahrgenommen zu werden. Dieses Entschwinden bestimmte zugleich die Leerstelle in der Erinnerung künftiger Zeiten voraus. Selbst in den Fällen, in denen man heute den Bestattungsort lokalisieren kann, liegt dieser mit ganz wenigen Ausnahmen nicht an den zentralen, traditionsbildenden Memorialorten der römischen Bischöfe wie St. Peter oder den anderen römischen Basiliken.[20] Die nachträgliche Ausräumung der Gräber Clemens' III. in Cività Castellana und Viktors IV. in Lucca, die zwei markante Ausnahmetatbestände dieser Logik des Schweigens bieten, standen jeweils mit dem Aufkeimen einer lokalen Verehrung für den Bestatteten in Verbindung. Beide Akte dokumentieren die Bedeutung, die man solchen Kristallisationsorten des Personenkults beimaß, selbst wenn diese außerhalb der engeren petrinischen Erinnerungslandschaft lagen. Die Zerstörung der Grabmonumente konterkarierte freilich die Intention, einen dichten Mantel des Schweigens über die Herausforderer und Herausforderungen der Vergangenheit zu breiten.[21]

Wiederum kann Nikolaus V. als Indikator eines grundlegenden Wandels begriffen werden. An die Stelle der bislang häufig praktizierten Abschiebung in ein meist ungenanntes Kloster trat bei ihm der ehrenvolle Hausarrest am Hof des Papstes; auch eine Pension soll ihm zumindest angeboten worden sein. Diese Kontrolle über den Kontrahenten erscheint nicht nur mit Blick auf die Vollzugsform

---

19 Die Abdankung Nikolaus' V. in: *Baluze/Mollat*, Vitae paparum Avenionensium, 146–151; die Bestrafung einer Puppe nach Giovanni Villani erwähnt *Laudage*, Kampf, 136; ein Hinweis auf die Exekution einer Puppe Johannes' XXII. auch bei *Matena*, Papst als Idol, 135; zum Prozess gegen Nikolaus vgl. *Beattie*, Antipope.
20 Vgl. die Übersicht bei *Borgolte*, Petrusnachfolge, 343–360 sowie *Müller*, Gegenpäpste, 44 f.
21 Vgl. *Sprenger*, Gegenpapst im Fluss; *Ders.*, Memoria damnata, 161–163.

moderater, sie beließ den einstigen Papstprätendenten zudem im administrativen Zentralort der Kirche, damals das südfranzösische Avignon, statt ihn an die symbolische und kommunikative Peripherie einer namenlosen monastischen Existenz zu verbannen. Mehr noch, mit dem Hausarrest an der Kurie korrespondierte die Erlaubnis, den toten Körper des angemaßten Nikolaus' V. in der Kirche der Franziskaner am Ort diskret beizusetzen.[22] Der Grad der Diskretion erscheint dabei verhandelbar, besonders im Hinblick auf die öffentliche Reichweite einer solchen liturgischen Memoria, posthumen Seelsorge und eventuellen Verehrung.

Das Beispiel Nikolaus' V. machte Schule. Clemens VII., an dessen konkurrierender Erhebung auf den Stuhl Petri sich 1378 das sogenannte Große Abendländische Schisma entzündet hatte, fand 1394 sein Grab zunächst in der Kathedrale zu Avignon, in der Kapelle Johannes' XXII., er wurde aber 1401 in den Neubau der Cölestinerkirche am Ort umgebettet, wie er selbst es gewünscht hatte. Der von zwei Konzilien abgesetzte Benedikt XIII. (Pedro de Luna) wurde 1422 auf der spanischen Halbinsel Peñiscola im engen Kreis seiner verbliebenen Anhänger beigesetzt und 1430 in seinen Heimatort Illueca in der Diözese Saragossa transferiert. Sein Nachfolger Clemens VIII. (1423–1429) wurde 1447 als Bischof von Palma de Mallorca in der dortigen Kathedrale bestattet.[23]

Vom 14. Jahrhundert an garantierten demnach meist die geistlichen Gemeinschaften oder die lokalen Herkunftskirchen der gescheiterten Papstanwärter deren liturgische Memoria. Dies barg die Gefahr, dass die Totensorge in Totenverehrung umschlug und dass das Grab zum Nukleus propagandistischer Erzählungen über die einstige Konkurrenz um das Papstamt wurde. Gerald Schwedler sieht in solchen Fällen in den Grabhütern mit Recht Gemeinschaften oder gar Netzwerke, welche die Erinnerungshoheit der Kirche über ihre Geschichte in strittigen Momenten festigen, in diesen Fällen aber auch unterminieren konnten.[24]

Aus St. Peter in Rom, der symbolträchtigen Begräbnisstätte der Nachfolger des Apostelfürsten im römischen Bischofsamt bis heute, blieben die Gegenpäpste insgesamt recht konsequent verbannt. Allein für Paschalis III. (1164–1168) ist eine Beisetzung in Alt-St. Peter namhaft zu machen.[25] Wer jedoch das Grab des vom Konstanzer Konzil förmlich abgesetzten Johannes' XXIII. (Baldassare Cossa) im Baptisterium des Doms von Florenz besucht, vermag zu ermessen, was es mit der zugestandenen „diskreten Verehrung" auf sich haben konnte, wenn man deren Grenzen dehnte. Geradezu grenzenlos präsentiert sich die Überhöhung des aus

---

22 So berichtet es der Liber Pontificalis aus der Feder des Bernard Gui: Liber pontificalis, Bd. 2, 486; über ein Grabmal ist nichts bekannt, vgl. *Borgolte*, Petrusnachfolge, 240 Anm. 45.

23 *Borgolte*, Petrusnachfolge, 250–252. Die Liste ließe sich verlängern.

24 *Schwedler*, Damnatio in memoria, 12, 18.

25 Vom Grab Paschalis' III. dort ist im Liber Pontificalis Bosos die Rede, der genaue Ort der Beisetzung in St. Peter aber unbekannt. Vgl. *Borgolte*, Petrusnachfolge, 174 f. und 355 Nr. 171b.

Konstanz geflohenen, von den Konzilsvätern verurteilten und schließlich nach Hause Entlassenen dem Betrachter. Dass der Florentiner als römischer Bischof offiziell entwürdigt und verworfen worden war, störte den Klerus der Arnostadt offenbar nicht im Geringsten, immerhin war er im Herbst seiner Karriere noch zum Kardinalbischof von Tusculum aufgestiegen. Die Grabinschrift identifiziert den Verstorbenen in weithin sichtbaren Majuskeln als *Johannes quondam papa*, als „einstiger Papst" mit seinem Amtsnamen. Bei näherem Augenschein erkennt man im Ensemble der Attribute des Grabmals zudem die Tiara und die gekreuzten Schlüssel als Insignien der Petrusnachfolge.[26] Und auch der letzte Gegenpapst des Mittelalters, Felix V., liegt ehrenvoll bestattet: im Dom zu Turin. Dorthin war er auf abenteuerlichen Umwegen gelangt. Nach seiner forcierten Abdankung auf dem Basler Konzil, dem er auch seine Erhebung verdankt hatte, wählte Felix das Leben in einer komfortabel ausgestatteten Kanonikergemeinschaft in Ripaille am Genfer See, wo er zunächst auch bestattet wurde. Sein Leichnam musste später jedoch vor den robusten Kräften der Reformation in Sicherheit gebracht werden und gelangte auf dieser Flucht schließlich in die Bischofsstadt im Piemont. Für seine Anhänger hatte er zudem den Titel eines Papstes niemals abgelegt.[27]

Keiner der zuletzt genannten Papstprätendenten wurde von seinem jeweiligen Konkurrenten physisch überwältigt, anschließend körperlich geschädigt oder gewaltsam der Freiheit beraubt. Die typischen Handlungen der rechtlichen und symbolischen Annullierung angemaßter Autorität von der Tilgung des Namens bis zur Verbrennung von Urkunden sind festzustellen, doch blieb der 1119 gefangengesetzte Gregor VIII. (Mauritius von Braga) der letzte, der einen Schandritt durch Rom, die ehrabschneidende Travestie der triumphalen päpstlichen Prozession, zu erdulden hatte.[28] Die Geschichtsschreibung ergötzt sich indes bis heute schaudernd an dieser Art des emblematischen Spektakels. Dass eine feinfühlige Natur wie Klaus Schreiner für einen Beitrag, in der die Schmähung des Mauritius ikonologisch behandelt wird, den Titel „Gregor VIII. nackt auf einem Esel" wählte, entlarvt die verführerische Kraft des Spektakels.

Im Spätmittelalter reichten dagegen offenbar selbst starke Markierungen des Scheiterns wie die formale, durch Eid bekräftigte Abdankung oder gar die Abset-

---

26 *Borgolte*, Petrusnachfolge, 261–265, unter anderem mit Hinweisen auf die testamentarischen Bestimmungen und die Ausführung des Grabmals.
27 *Borgolte*, Petrusnachfolge, 269 Anm. 90; für seine Abdankung war der Fürstensohn unter anderem mit der Kardinalswürde von Santa Sabina und dem Titel eines Bischofs von Genf sowie eines Legaten in Savoyen und der Schweiz entlohnt worden. Vgl. dazu ausführlich *Gießmann*, Der letzte Gegenpapst, 355–371. Turin war seit 1515 Erzbistum, v. a. aber die neue Hauptstadt des Hauses; die Umbettung war also v. a. dynastisch bedingt, nachdem das ursprüngliche Grab von den protestantischen Eidgenossen zerstört worden war.
28 Vgl. dazu oben bei Anm. 5.

zung durch ein Konzil nicht aus, um den widerlegten Anspruch auf die Tiara dauerhaft zu tilgen oder zumindest Stillschweigen darüber zu verordnen. Die Hauptpersonen der jeweiligen Kirchenspaltungen blieben nicht selten zu Lebzeiten sichtbar und vermochten auch über ihren Tod hinaus noch Bindungskraft zu entfalten.

Solche Formen der Milde waren der *ratio* des Umgangs mit überwundenen Papstkonkurrenten bis weit in das 12. Jahrhundert hinein fremd. Dieser Befund gilt nicht nur für den Umgang mit den Galionsfiguren der Spaltung, sondern bezieht auch deren Gefolgsleute mit ein. Damit öffnet sich das deutlich kleinere Feld 3 unserer Beobachtungen, die Ausdehnung der Diskreditierung eines gescheiterten Papstes auf dessen Funktionsträger. Nicht sehr oft erhalten wir hiervon Kenntnis, denn es bestand ja ein Interesse daran und zumindest eine Handlungstradition, die ordnungsstörende Konkurrenz möglichst nicht zum Thema zu erheben. Obwohl die Konkurrenten im Schisma jeweils eigene kirchliche Strukturen aufzubauen suchten, blieben aktive Parteigänger der Gescheiterten gerade im Hinblick auf die Eliminierung der Konkurrenz lange Zeit kaum sichtbar. Spuren hinterlassen hat jedoch die Begebenheit, dass Innozenz II. auf dem Zweiten Laterankonzil 1139 zornig einigen Kardinälen, die zu seinem Widersacher Anaklet II. (Petrus Pierleoni) gestanden hatten, die Zeichen ihres Ranges herunterriss. Dies war die affektbetonte Kurzfassung einer rituellen Degradierung,[29] für deren Impulsivität der Papst anschließend vom Abt Bernhard von Clairvaux gescholten wurde.[30]

Der Friede von Venedig im Jahr 1177, der nach fast zwei Jahrzehnten der Auseinandersetzung den Erfolg Alexanders III. über Kaiser Friedrich I. Barbarossa und die Serie der von diesem geförderten schismatischen Päpste markierte, erlaubt einen noch genaueren, gleichwohl immer noch exemplarischen Blick. Der Mainzer Erzbischof Christian von Buch (1166–1183) musste dort sein vom Gegenpapst erhaltenes Pallium, das Zeichen seiner Metropolitanwürde, öffentlich ins Feuer werfen. Dies war zweifellos ein Akt, der die Nichtigkeit des Amtes und desjenigen, der es verliehen hatte, symbolisch offenkundig machte und der sich buchstäblich in das Gedächtnis der Anwesenden einbrannte. Zum Handlungsablauf gehörte allerdings auch, dass Christian von Buch im unmittelbaren Anschluss daran aus der Hand Alexanders III. ein neues Pallium empfing. Die Person blieb, Amt und Beauftragung wurden – nach der Reinigung durch das Feuer – erneuert.

---

29 Grundlegend zum Prozedere *Schimmelpfennig*, Absetzung von Klerikern.
30 Chronique de Morigny (1095–1152), 72; Conciliorum oecumenicorum decreta, 203, c. 30; die identische Vorgehensweise nach Schismen schon auf dem Ersten Laterankonzil (1123), ebd., 190 c. 5; Die Reaktion des Zisterzienserabtes in: *Clairvaux*, Sämtliche Werke, Bd. 3, 186–189, Nr. 213; vgl. zum Geschehen *Johrendt*, Das Innozenzianische Schisma, 157–159.

Die Entwertung der konkurrierenden, nun überwundenen kirchlichen Hierarchie war in diesem Fall die eine Seite der Medaille, die Wiederaufnahme des Metropoliten in die frisch geeinte Kirche die andere.[31] Man kann also von einer Re-Inkardinierung des Mainzers sprechen – symbolische Kommunikation *par excellence*, einmal destruktiv, einmal konstruktiv. Zwar ist die öffentliche Verbrennung des Palliums der deutlich spektakulärere Teil, die Neu-Übertragung der Würde dürfte mit der kirchenpolitischen Neueinordnung des Metropoliten spätestens mittelfristig aber dessen vorherige Fehlorientierung praktisch wie erinnerungstechnisch überschrieben haben.

Der Fall des Mainzer Erzbischofs war aufsehenerregend. Immerhin handelte es sich um den ranghöchsten Kleriker im Reich Barbarossas. Seine Wende konnte als Wende des gesamten Reichsepiskopats gedeutet werden. Einzigartig ist diese Re-Integration von prominenten Abtrünnigen in dieser Zeit jedoch nicht mehr. Am besten abzulesen ist dies am unmittelbaren Kontrahenten Alexanders III. im Jahr 1177. Kalixt III. (Johannes von Strumi) (1168–1178) wurde nicht öffentlichkeitswirksam bestraft; er fehlte allerdings auch in Venedig und bot so keinen Ansatzpunkt für spektakuläre Gesten. Nachdem er sich 1178 unterworfen hatte, wurde er in die nun unter Alexander III. geeinte Kirche aufgenommen und mit dem Amt eines Rektors von Benevent ausgestattet. Lange Zeit hatte man keine Vorstellung davon, wo er sein Grab fand, bis Hubert Houben dieses in der Abtei Venosa entdeckte, die ebenfalls zu Kalixts Abfindungsmasse gehört hatte.[32] Im Lichte dieser Feststellung wandelt sich die Bedeutung der erwähnten chronikalischen Nachricht, Kalixts III. Vorgänger Paschalis III. sei in St. Peter bestattet worden; er bildet nun keine verwirrende Ausnahme mehr.[33] Auch wenn Paschalis' Grab dort heute nicht mehr auffindbar ist, kontrastiert allein die Idee der römischen Bestattung eines verworfenen Papstes scharf mit den Praktiken, die wir noch in den 1130er-

31 Chronica Houedene, Bd. 2, 140: *Et Christianus imperatoris cancellarius successit ei in archiepiscopatu Maguntino et pallium suscepit a Guidone de Crema: quod quia ab eo receperat, propriis manibus suis combussit Venetiae in Rivo Alto, in palatio patriarchae, coram Alexandro papa et cardinalibus universis, et a domino papa absolutus est; et remansit archiepiscopus Maguntinus et pallium ab Alexandro recepit.* Vgl. dazu *Görich*, Friedrich Barbarossa, 458 f.; *Sprenger*, Zwischen den Stühlen, 26 f.; vgl. auch RI IV,2,3 n. 2291, in: Regesta Imperii Online, [http://www.regesta-imperii.de/id/1177-08-01_4_0_4_2_3_519_2291; 29.04.2024].
32 Vgl. etwa *Borgolte*, Petrusnachfolge, 174. Zum Abbatiat Kalixts/Johannes' in Venosa, das er wohl erst nach dem Tod Alexanders antreten konnte, vgl. *Houben*, Abtei Venosa, 163 und 387–390, Nr. 163–167, mit Dokumenten dazu; vgl. auch RI IV,4,4,1 n. 480, in: Regesta Imperii Online, [http://www.regesta-imperii.de/id/1183-02-05_5_0_4_4_1_480_480; 30.04.2024]; mit dem zu Johannes korrigierten Namen des Abtes; der kurzzeitige Nachfolger, Innozenz III., der sich offensichtlich den Bestimmungen des Friedens von Venedig widersetzte, wurde nach La Cava in Klosterhaft geschickt, der Ort seiner Bestattung ist unbekannt. Vgl. *Borgolte*, Petrusnachfolge, 175.
33 Vgl. dazu oben bei Anm. 25.

Jahren beobachten, die von der Verhinderung, Tilgung und Überschreibung jeglicher unerwünschten Memoria geprägt waren.[34] Mit den beiden letzten ernsthaften Kontrahenten Alexanders III. scheint die Bestattung der überwundenen Kontrahenten dagegen vollends denk- und machbar geworden zu sein.

Die Praxis zurückliegender Zeiten, in denen päpstliche Gegenspieler bevorzugt der Verstümmelung, Lächerlichkeit und der unsichtbar machenden Klosterhaft anheimfielen, in denen sie zudem eine Leerstelle in ihrem Totengedenken und damit Schaden für eine heilbringende Zukunft ihrer Seele fürchten mussten, waren Mitte des 12. Jahrhunderts offenbar vorbei.

II. Wandel, warum?

Auf allen drei untersuchten Feldern sind im Laufe der Jahrhunderte markante Veränderungen zu erkennen. An die Stelle der gnadenlosen physischen, symbolisch kommunizierten und erinnerungsbezogenen Markierung der Überlegenheit des Siegers traten sanftere, humaner erscheinende Verhaltensformen. Die erfolgreichen Papstprätendenten ließen die jeweils anderen leben, sie waren mit Blick auf die Person diskreter in den Formen der Entwürdigung und sie erlaubten, dass die einstigen Gegner ihr Leben in einer Weise beschlossen, welche die Erinnerung an die Person und damit zumindest implizit auch an den Konflikt um das Amt zuließ. Jede dieser veränderten Formen barg die Gefahr, dass die päpstliche Autorität gegenwärtig und auch noch weit nach dem Konflikt infrage gestellt werden konnte, indem an Konkurrenz oder gar Schisma erinnert wurde. Deshalb ist nach den Gründen für diesen Wandel von einer im Kern eliminatorischen Handlungslogik hin zu respektvolleren und in Teilen sogar integrativen Vorgehensweisen zu fragen.

Ein gewachsenes Verständnis von Humanität oder eine Tendenz zur Milde im Sinne einer zivilisatorischen Entwicklung wären vorstellbar, beides ist aber durch die Zeiten weder konsistent zu verfolgen noch als Argument mithilfe der Quellen präzise zu erhärten. Abgesehen von den wenigen Fällen, in denen man der angemaßten Nachfolger Petri nicht habhaft werden konnte, kann auch mangelnde Gelegenheit zum Übergriff kaum für das Nachlassen rigoroser Verdrängungspraktiken vor oder nach dem Tod der Konkurrenten verantwortlich gemacht werden. Dies rückt die Frage nach Veränderungen in den Rahmenbedingungen der Konflikte um das Papstamt ins Zentrum.

---

34 Beispiele der Überschreibung von Erinnerung in einer eliminatorischen Logik bieten *Johrendt*, Innozenzianisches Schisma, 136–140 und *de Blaauw*, Kirchenbau und Erinnerung. Das Grab Anaklets II. (1130–1143) ist unbekannt.

Betrachtet man diese in chronologischer Folge von der Spätantike bis zum Ende des Mittelalters, so lassen sich durchaus wechselnde Charakteristiken insbesondere mit Blick auf die Parteienkonstellationen und die Reichweite der Papstschismen erkennen. Mit dem an dieser Stelle unverzichtbaren Mut zur Vergröberung lässt sich festhalten, dass die Auseinandersetzungen der Spätantike und des frühen Mittelalters ihren Ausgang vorrangig von lokalen römischen Interessengegensätzen nahmen und auch in der Konfliktführung lokal dominiert blieben.[35] Erst allmählich traten äußere Kräfte, zum Beispiel der Kaiser, in die Rolle des Hebels für eine Partei ein oder sie bedienten sich im eigenen Interesse eines der Kontrahenten. Vom 10. bis zum Beginn des 12. Jahrhunderts formte sich dies schrittweise zu einem Approbations- und Besetzungsanspruch des römisch-deutschen Königs beziehungsweise Kaisers aus, kulminierend in den Auseinandersetzungen des sogenannten Investiturstreits, in dessen Verlauf der nordalpine Herrscher als Ausdruck seiner Schutzgewalt über die römische Kirche kurzerhand eigene Päpste kreierte. Die Spaltungen dieser Zeiten waren im Grundsatz längst keine lokalen und keine innerkirchlichen Problemlagen mehr. Einer der Kontrahenten war stets Geschöpf einer auswärtigen Macht, was kaum gelungener illustriert wird als durch den im Hochmittelalter geläufigen Vorwurf, ein *idolum imperatoris*, ein Götzenbild des Kaisers, zu sein.[36] Diese Phase der „kaiserlichen Gegenpäpste" endete 1119 mit Gregor VIII. (Mauritius von Braga), von dem bereits mehrfach die Rede war, und mit der zeitlich nahen Festlegung einer theoretischen Trennung der Sphären von kirchlicher und weltlicher Gewalt im Wormser Konkordat von 1122.[37]

Das Jahr 1130 markiert mit seinen konkurrierenden Päpsten eine deutliche Zäsur, denn die aktuelle römische Doppelwahl war nun nicht mehr von außen veranlasst worden. Der Riss zog sich vielmehr durch das den Bischof wählende Kardinalskollegium, ging mithin durch das Innerste der römischen Kirche. Dasselbe vollzog sich knapp drei Jahrzehnte später in der Frontstellung zwischen Alexander III. (1159–1181) und Viktor IV. (1159–1164) erneut. Beide Male wurde die Krise erweiternd von Rom nach außen getragen und die dem christlichen Grundgedanken nach in jeder Hinsicht unteilbare Kirche *(unitas ecclesiae)* in Blöcke aufgespalten. Kirchliche Amtsträger wie weltliche Machthaber versammelten sich und ihre Einflussgemeinschaften in sogenannten Obödienzen hinter jeweils ei-

---

35 Eine typisierende Periodisierung aller Konflikte um das Amt des römischen Bischofs fehlt. Sie ist Teil einer in Vorbereitung befindlichen Publikation des Verfassers.

36 Vgl. *Müller*, Kaisers Götzenbild, 84 f.

37 Sogar Friedrich II. verzichtete trotz seiner intensiven Konflikte mit den römischen Bischöfen darauf, einen eigenen Papst zu kreieren. Der Pontifikat Nikolaus' V. (1328–1330), der von Ludwig dem Bayern installiert worden war – nicht zuletzt, um eine formal korrekte Kaiserkrönung durchführen zu können – wirkt wie eine anachronistische Episode.

nem der Kontrahenten. Die polarisierende Wirksamkeit in der gesamten lateinischen Kirche blieb die grundlegende Signatur der Papstschismen bis hin zum Konkurrenzpapsttum Felix' V. (1439–1449), dem letzten seiner Art im Spätmittelalter. Mit Ausnahme Nikolaus' V. (1328–1330), dessen Pontifikat wie eine verspätete Neuauflage der kaiserlichen Gegenpäpste des hohen Mittelalters anmutet, resultierten die Schismen der späteren Jahrhunderte aus innerkirchlichen Konkurrenzen.[38]

Die Lokalisierung der Spaltung im Zentrum der Kirche selbst, in der Uneinigkeit der Papstwähler über die Eignung der Kandidaten und die von diesen jeweils eröffnete politische Perspektive der Kirche, und die deutliche Überschreitung des Wirkungsraumes Rom charakterisieren die Szenerie von 1130 an. Die Gewinnung von Anhängern im *orbis* ist demgegenüber ein zeitlich nachgeordnetes Phänomen, geradezu die Folge der Uneinigkeit bei der Wahl, die durch kumulierte Zustimmung in der Welt überwunden werden sollte. Es handelt sich letztlich um ein gestrecktes Akklamationsverfahren, für das man die gesamte Kirche in Anspruch nahm.

Für die Binnendifferenzierung dieser Kontroversen vom Jahr 1130 an, erweist sich eine weitere Beobachtung als zentral. Die wechselseitige Diffamierung der Kontrahenten zielte stets auf den Vorwurf der ungerechtfertigten Aneignung des Amtes ab. Es fehlten aus heutiger Sicht anfangs jedoch noch die belastbaren, rechtlichen und formal hinreichend präzisen Grundlagen, die den Dissens über Kandidaten in formale Bahnen und zu einer eindeutigen Entscheidung hätten leiten können. Zugespitzt könnte man sagen, dass das traditionelle Ideal der Einmütigkeit der Wahl es in den Jahren 1130 und 1159 nicht mehr vermochte, die Einheit der römischen Kirche zu garantieren. Die Papstwahlordnung selbst wurde erst 1179, nach dem fast zwei Jahrzehnte währenden Alexandrinischen Schisma, in zukunftsweisender Form präzisiert. Die auf dem III. Laterankonzil getroffene Festlegung schuf einen definierten Wahlkörper, der aus allen Kardinälen bestand, und die Wahl mit der Zweidrittelmehrheit seiner Stimmen entschied. Nicht von ungefähr bildete diese Festlegung die Eröffnungskonstitution der Versammlung von 1179, deren Beschlüsse zugleich ein Manifest der wiedergewonnenen Ordnungskraft der nun unter der Führung des römischen Bischofs wieder geeinten Kirche war.[39] Die Rechtmäßigkeit des künftigen Papstes war von nun an numerisch defi-

---

38 Dies gilt für das Große Abendländische Schisma von 1378 ebenso wie für den Pontifikat Felix' V. (1439–1449), der seine Erhebung dem Basler Konzil verdankte, das sich selbst wiederum als strukturelles Gegengewicht zum amtierenden römischen Bischof Eugen IV. (1431–1447) verstand. Die Vertiefung des Schismas durch das Konzil von Pisa 1409 entsprach nicht den ursprünglichen Absichten, die Tatsache, dass nun drei Päpste miteinander konkurrierten, bleibt dennoch Produkt der Parteiung in den höchsten Rängen der damaligen Kirche.
39 Conciliorum oecumenicorum decreta, Bd. 2, 211, c. 1, *Licet de vitanda*.

niert, jede erzwungene Abweichung vom festgelegten Prozedere begründete damit sachgerecht den vorher stets plakativ erhobenen Vorwurf der oft gewaltsamen, in jedem Fall illegitimen *invasio* des Amtes.

Auch jenseits dieser konkreten Festlegung erweist sich das Recht als wesentlicher Parameter des Wandels in dieser Phase. In Verbindung mit der dynamischen juristischen Entwicklung in Wissenschaft und Praxis in dieser Zeit, die im Dekret des Bologneser Gelehrten Gratian (um 1140) ebenso sichtbar wird wie in der danach anschwellenden Dekretalengesetzgebung der römischen Bischöfe, ist die Ursache dafür zu sehen, dass auch die Spaltungen des späteren Mittelalters sämtlich, ja fast ausschließlich mit der Expertise der gelehrten Juristen diskutiert und im Gewand förmlicher Strafprozesse beurteilt werden sollten.[40]

Die beiden Schismen des 12. Jahrhunderts besitzen daher in der Geschichte päpstlicher Konkurrenz eine erkennbar eigene Charakteristik. Für den zu beobachtenden veränderten Umgang mit den überwundenen Konkurrenten im Schisma sind scharfe wahlrechtliche Verstöße jedoch kaum verantwortlich zu machen; es blieb bei Einwänden gegen Abläufe und zeremonielle Elemente im Erhebungsverlauf. Auch die Tilgung oder drastisch negative Formung der Erinnerung an die Pseudopäpste war weniger die Folge formaler rechtlicher Aspekte als vielmehr die deutliche Ausformulierung einer agonalen Grundkonstellation. Insbesondere 1130 wurden im Disput deutlicher Themen der Idoneität, der individuellen Eignung für das Amt, erörtert und wurden hierin auch die Würde und Eignung der jeweiligen Papstwähler einbezogen.[41] Der Streit um das Amt wurde mit allen Mitteln *ad hominem* ausgetragen – konsequent bis ins Grab und bis in die memoriale Praxis.

An der harten Konkurrenz änderte sich im Laufe der Zeit nichts, mit Ausnahme dieser beiden letzten Schritte. Der Umschwung, den wir hier im Laufe des 12. Jahrhundert feststellen können, dürfte sich durch drei Aspekte erklären lassen, in denen sich die Verlaufsmuster der Papstschismen änderten. Da ist erstens der Wegfall der dominanten Frontstellung zwischen der römischen Kirche und einer auswärtigen Macht, die Ansprüche auf die Besetzung des Stuhls Petri geltend machte. Die Herrscher in Byzanz, regionale Potentaten oder die römisch-deutschen Herrscher produzierten mit den von ihnen gestützten oder gar lancierten Papst-Prätendenten stets Eindringlinge. Rom bildete hier eine weitgehend solida-

---

40 Gut zu verfolgen anhand der Beschreibung des neuen Schisma-Verständnisses im Vorfeld des Konzils von Pisa 1409, das aus einer Neujustierung fast ausschließlich kanonistischer Detailbewertungen bestand; *Eßer*, Schisma als Deutungskonflikt, 208–216.
41 Dem Thema der umstrittenen Idoneität widmet sich u. a. am Beispiel der Invektive des Arnulf von Lisieux gegen Anaklet II. die Dissertation von Christian Schiffer (RWTH Aachen); zu den sich wandelnden Erwartungen an den römischen Pontifex im Hochmittelalter vgl. *Johrendt*, Der gute Papst.

rische Abwehr- und Erinnerungsgemeinschaft, zumindest wird in den Texten die Polarisierung deutlich. Mit der Spaltung des Kardinalkollegiums, dem Innersten der römischen Bischofskirche, bei der Wahl des Jahres 1130 vollzog sich hier ein signifikanter Paradigmenwechsel. Ausgehend von den Parteiungen der Kardinäle war nicht absehbar, welcher der beiden Kandidaten sich durchsetzen würde. Das Spielfeld zur Gewinnung notwendiger Unterstützung in Kirche und Welt öffnete sich für beide nun deutlich zur Gesamtheit der lateinischen Kirche. Die Erweiterung des päpstlichen Handlungsrahmens von der *urbs* zum *orbis* wurde nun für die Legitimation des römischen Bischofsamts zunehmend relevant. Damit ging eine drastische Erweiterung der Öffentlichkeit einher. Ihr sind die kompetitiven Wahlanzeigen der Prätendenten an Empfänger in den Regionen ebenso geschuldet wie die Entsendung von Legaten, welche die jeweils eigene Version der Wahrheit hinaustrugen und in kirchenpolitisches Kapital umzumünzen versuchten.[42]

Lange Zeit hatte Rom in seiner lokalen Überschaubarkeit damit zweitens den konkreten Handlungs- und Wahrnehmungsraum für öffentlich vollzogene Schandrituale wie für die Verbannung der Unterlegenen aus dem kollektiven Gedächtnis geboten. In einem seit 1130 von der *urbs* zum *orbis* geöffneten Resonanzraum konnten solche Inszenierungen der Überwindung und Entehrung des jeweiligen Kontrahenten kaum mehr eine so eindrückliche Wirkung entfalten. Der Schandritt beeindruckte den Zuschauer am Straßenrand unmittelbar, in der historiografischen Nacherzählung schrumpfte er zum skurrilen Faktum.

Mit dem Verlust einer stärker geschlossenen Öffentlichkeit für die Inszenierungen des Erfolgs schwanden auch die Aussichten auf eine erfolgreiche Lenkung der Erinnerung. Die vollständige Verbannung der überwundenen Konkurrenten aus der Wahrnehmung der Gegenwärtigen, die Tilgung aus dem kollektiven Gedächtnis, erst recht die Verhinderung langfristig wirksamer liturgisch-memorialer Praktiken an ihren Begräbnisstätten gelang nur in überschaubaren, gestaltbaren Räumen beziehungsweise nur dort hatte sie ihren vertieften Sinn. Auf lange Sicht wurde lediglich die Exklusivität der päpstlichen Grablegen im Lateran und in der Peterskirche bewahrt, wie die vorgestellten Beispiele zeigen. Man kann dies als Ausweis einer räumlich begrenzten Gebotmacht der römischen Bischöfe auf diesem Feld lesen. Eine strikte Verbannung aus der Erinnerung erfolgte auf lange Sicht nur in der offiziellen Bischofsliste Roms. Deren Kontrolleure haben es geschickt verstanden, gescheiterten Prätendenten den Papstnamen und die auf den Apostel Petrus zurückverweisende Ordnungszahl bis heute zu verweigern. Rückblickend entwarfen sie andererseits selbst für schwierigste Phasen der Papstge-

---

42 So ein zentrales Ergebnis von *Egger*, Päpstliche Wahldekrete, der damit die Schismen von 1130 und 1159 in eine durch die Ausweitung des Kommunikationsraumes bedingte Sonderposition rückt.

schichte wie das Große Abendländische Schisma (1378–1415) eine eindeutige Sukzessionslinie.[43]

Das festgestellte Schwinden der drastischen Überwindungsszenarien und der Verzicht auf die konsequente Bekämpfung memorialer Kristallisationspunkte der Gegenspieler scheint drittens auch Ausdruck und Folge einer veränderten Sichtweise auf das Phänomen Schisma insgesamt zu sein. Hatte der Konfliktaustrag bislang unerbittlich auf die Annullierung der Gegenseite, ihrer Protagonisten und Ansprüche in der politischen Gegenwart wie in der erinnerungsbezogenen Formung des Geschehens gezielt, so wurden mit der Doppelwahl langsam konziliantere Handlungsformen sichtbar. Bei aller Schwarzweiß-Zeichnung in der Kommunikation scheint sich zunehmend die Wahrnehmung eingestellt zu haben, dass die Konflikte um das Amt des römischen Bischofs in der deutlich geweiteten Perspektive auf den *orbis Romanus* nicht mehr in der gewohnten Rigorosität beizulegen waren. Das Schisma von 1130 endete 1143 de facto noch mit dem Tod eines der beiden Konkurrenten. Die Chronisten hatten bereits konstatiert, dass sich durch die Spaltung die Strukturen der Kirche verdoppelt hatten und bis auf die Ebene einzelner Kirchen hinab eine verwirrende Unklarheit herrschte, wer denn nun den Glauben recht verkünde.[44] Angesicht dieser elementaren Spaltungserfahrung im *orbis* kann man die Kritik Bernards von Clairvaux an der demonstrativen Demütigung von Kardinälen, die auf der falschen Seite gestanden hatten, neu lesen. Es bleibt eine moralisch motivierte Kritik: Innozenz hätte sich im Triumph gnädig erweisen sollen. Aber es schwingt auch eine politische Handlungsanweisung mit: Er hätte klarer erkennen lassen können, dass eine tief gespaltene Kirche nur dann wieder zur Einheit finden könne, wenn sie bereit sei, die Abtrünnigen wieder in ihre Reihen aufzunehmen.[45]

Das Alexandrinische Schisma vertiefte mit seiner deutlich längeren Laufzeit und der Ausbildung einer mehrgliedrigen Kette von Konkurrenten gegen Alexander III. diese Spaltungserfahrung nochmals deutlich. Es wäre sicherlich nach alter Sitte entschieden worden, wenn es dem Heer Friedrichs I. Barbarossa 1167 gelungen wäre, Alexander in Rom zu ergreifen und den vom Kaiser unterstützen Kandidaten Paschalis III. auf der Cathedra Petri durchzusetzen. Vielleicht hätte man ein ähnliches Schauspiel erlebt, wie es noch Gregor VIII. 1119 über sich ergehen lassen musste. Doch es kam anders. Die Spaltung wurzelte sich noch über ein Jahrzehnt hinaus im Kontinent ein. Erst die schwindende militärische Kraft des

---

43 Vgl. zur Papstliste *Müller*, Verlust der Eindeutigkeit, 10–12.
44 Beispiele bei Ordericus Vitalis, XIII,11, Bd. 6, 418; Actus pontificum Cenomannis, 434; zur Spaltungsqualität dieses Schismas vgl. *Müller*, Gegenpäpste, 31 f.
45 Vgl. dazu oben bei Anm. 30.

Kaisers im Kampf gegen die lombardischen Städte läutete auch das Ende des Schismas ein.

Erwartungsgemäß musste im Zuge des Friedensschlusses zwischen Barbarossa und Alexander in Venedig 1177 auch Kalixt III. (Johannes von Strumi) resignieren, wurden seine Anordnungen und Privilegien wie die der gesamten Viktor-Linie annulliert und die Amtsträger der konkurrierenden Kirche ihrer Positionen enthoben. Dennoch entdeckt man nun die Handlungsformen, die Bernhard von Clairvaux vielleicht schon 35 Jahre zuvor vage im Sinn gehabt haben mag: Kalixt selbst, der Repräsentant der gescheiterten Gegenkirche, wurde nach seiner Anerkennung Alexanders mit dem Rektorat in Benevent ausgestattet, einem eigenen Wirkungsbereich innerhalb der wiedervereinten *ecclesia Romana*. Der Mainzer Erzbischof Christian vom Buch musste als ranghöchster Kleriker des Reiches zwar in Venedig sein Pallium öffentlich verbrennen, erhielt aber sogleich ein neues aus der Hand Alexanders III.[46] Sinnfälliger konnte man Annullierung und Neubegründung der kirchlichen Struktur kaum machen, kaum deutlicher aber auch den demonstrativen Willen ihrer Führung zur Einbindung von Dissidenten, zu deren Reintegration in die *unitas* der Lateinischen Kirche. Auf deren heilsgeschichtlich begründete Unteilbarkeit hatte Alexander schon 1159 in seiner Wahlanzeige hingewiesen.[47] Viktor IV. hatte die Kirche seiner Ansicht nach 1159 zerrissen. Nun fügte Alexander sie wieder zusammen – diesmal nicht in einem eliminatorischen Verfahren, in dem der Sieger den Unterlegenen verdrängte, sondern mit der Geste einer wohlkontrollierten Umarmung. In Zeiten, in denen die römische Kirche nicht mehr der politischen und kommunikativen Logik der *urbs* gehorchte, sondern der des *orbis*, war ein pragmatisch motiviertes Zusammenführen der Teile geboten, um die Paralyse des 18-jährigen Schismas nicht weiter zu verstetigen, ja sie überhaupt bewältigen zu können.

Die moderne Formel „Es kann nur einen geben!" blieb gültig. Sie war für die Legitimation des Amtes und die monarchische Ausprägung der Institution dauerhaft unverzichtbar. Mit der Ausweitung des Handlungs- und Kommunikationsraumes der Lateinischen Kirche verschoben sich indes die Formen der Auseinandersetzung und der Bewältigung von Schismen weg von der Auslöschung oder Verdrängung hin zur Reintegration und Zuweisung eines zumindest in der aktuellen Gegenwart klar markierten Ortes innerhalb der wiedergewonnenen *unitas ecclesiae*. Gescheiterte Papstprätendenten wurden deshalb, je länger das Mittelalter

---

46 Vgl. zu beiden oben bei Anm. 31–33.

47 *Eterna et incommutabilis* Alexanders III., in: Gesta Frederici, IV.61, 624–635, hier 626 f. mit mehreren auf die Einheit der Kirche hinweisenden Bildern, darunter die *inconsutilis tunica Christi*, die von den Abtrünnigen zerrissen zu werden drohe.

währte, nicht mehr anonym verscharrt, sondern in einem gewissen Rahmen zur
Verehrung freigegeben.

Bibliografie

Quellen

Actus pontificum Cenomannis in urbe degentium, hrsg. v. Gustave *Busson*/Ambroise *Ledru* (Archives
   historiques du Maine, 2), Le Mans 1901.
Arnulf von Mailand, Liber gestorum recentium, hrsg. v. Claudia Zey (MGH Scriptores rerum Germani-
   carum in usum scholarum, 67), Hannover 1994.
Baluze, Etienne (Hrsg.), Vitae paparum Avenionensium, nouvelle édition par Guillaume *Mollat*, Bd. 1,
   Paris 1914.
Bernhard von Clairvaux, Sämtliche Werke lateinisch/deutsch, hrsg. v. Gerhard B. *Winkler*, Bd. 3, Inns-
   bruck 1992.
Chronica Magistri Rogeri de Houedene, hrsg. v. William *Stubbs* (Rolls Series, 51), London 1868 (ND
   Wiesbaden 1964).
La Chronique de Morigny (1095–1152), hrsg. v. Léon *Mirot* (Collection de textes pour servir á l'étude et
   a l'enseignement de l'histoire, 41), Paris.
Conciliorum oecumenicorum decreta, hrsg. v. Joseph *Alberigo* u. a., dt. Ausgabe besorgt v. Josef *Wohl-
   muth*, Bd. 2, Paderborn u. a. 2000.
The Ecclesiastical History of Orderic Vitalis, hrsg. v. Marjorie *Chibnall*, Bd. 6 (Oxford Medieval Texts),
   Oxford 1978.
Le Liber Pontificalis. Texte, introduction et commentaire, hrsg. v. L(ouis) *Duchesne*, Bd. 2, Paris 1955.
Ottonis episcopi Frisingensis et Rahewini, Gesta Frederici seu rectius Chronica, übers. v. Adolf
   Schmidt, hrsg. v. Franz-Josef *Schmale* (Ausgewählte Quellen zur deutschen Geschichte des Mittel-
   alters. Freiherr vom Stein-Gedächtnisausgabe, 17), 3. Aufl., Darmstadt 1986.
Richental, Ulrich, Chronik des Konzils zu Konstanz 1414–1418. Faksimile der Konstanzer Handschrift
   mit einem Beiheft von Jürgen Klöckler, Darmstadt 2013.

Literatur

Althoff, Gerd, Otto III. (Gestalten des Mittelalters und der Renaissance), Darmstadt 1996.
Amanieu, Armand, Antipape, Dictionnaire de Droit Canonique 1 (1924) Sp. 598–622.
Beattie, Blake, The Antipope Who Wasn't There. Three Formal Submissions to Pope John XXII, in: La
   vie culturelle, intellectuelle et scientifique à la cour des papes d'Avignon, hrsg. v. Jacqueline Ha-
   messe, Turnhout 2006, 197–236.
[*Böhmer/Zimmermann*] *Böhmer*, Johann Friedrich, Regesta Imperii II: Sächsische Zeit, 5. Abteilung:
   Papstregesten 911–1024, bearb. v. Harald Zimmermann, 2. verbesserte und ergänzte Aufl., Wien
   u. a. 1998.

Borgolte, Michael, Petrusnachfolge und Kaiserimitation. Die Grablegen der Päpste, ihre Genese und Traditionsbildung (Veröffentlichungen des Max-Planck-Instituts für Geschichte, 95), Göttingen 1989.

De Blaauw, Sible, Kirchenbau und Erinnerung in Rom unter Anaklet II. und Innozenz II., in: Damnatio in memoria. Deformation und Gegenkonstruktion in der Geschichte, hrsg. v. Sebastian Scholz/ Gerald Schwedler/Kai-Michael Sprenger (Zürcher Beiträge zur Geschichtswissenschaft, 4), Köln 2014, 129–152.

Egger, Christoph, Päpstliche Wahldekrete und Wahlanzeigen. Formen mittelalterlicher Propaganda?, in: Propaganda, Kommunikation und Öffentlichkeit (11.–16. Jahrhundert), hrsg. v. Karel Hruza (Österreichische Akademie der Wissenschaften, Phil.-hist. Klasse, Denkschriften, 307), Wien 2002, 89–128.

Eßer, Florian, Schisma als Deutungskonflikt. Das Konzil von Pisa und die Lösung des Großen Abend-ländischen Schismas (1378–1409) (Papsttum im mittelalterlichen Europa, 8), Köln 2019.

Gießmann, Ursula, Der letzte Gegenpapst: Felix V. Studien zu Herrschaftspraxis und Legitimationsstra-tegien (1434–1451) (Papsttum im mittelalterlichen Europa 3), Köln u. a. 2014.

Godthardt, Frank, Marsilius von Padua und der Romzug Ludwigs des Bayern. Politische Theorie und politisches Handeln (Nova Medievalia. Quellen und Studien zum europäischen Mittelalter, 6), Göttingen 2011.

Görich, Knut, Friedrich Barbarossa. Eine Biographie, München 2011.

Houben, Hubert, Die Abtei Venosa und das Mönchtum im normannisch-staufischen Süditalien (Biblio-thek des Deutschen Historischen Instituts in Rom, 80), Tübingen 1995.

Johrendt, Jochen, Das Innozenzianische Schisma aus kurialer Perspektive, in: Gegenpäpste. Ein uner-wünschtes mittelalterliches Phänomen, hrsg. v. Harald Müller/Brigitte Hotz (Papsttum im mittel-alterlichen Europa, 1), Köln 2012, 127–163.

Johrendt, Jochen, Der gute Papst. Eignung und notwendige Fähigkeiten im Spiegel der hochmittelal-terlichen Papstviten, in: Der Verlust der Eindeutigkeit. Zur Krise päpstlicher Autorität im Kampf um die Cathedra Petri, hrsg. v. Harald Müller (Schriften des Historischen Kollegs. Kolloquien, 95), München 2017, 91–108.

Laudage, Christiane, Kampf um den Stuhl Petri. Die Geschichte der Gegenpäpste, Freiburg u. a. 2012.

Matena, Andreas, Der Papst als Idol. Skizzen zu einem Diskurs zwischen dem 11. und dem 15. Jahrhun-dert, in: Der Verlust der Eindeutigkeit. Zur Krise päpstlicher Autorität im Kampf um die Cathedra Petri, hrsg. v. Harald Müller (Schriften des Historischen Kollegs. Kolloquien, 95), München 2017, 127–145.

Müller, Harald/Brigitte *Hotz* (Hrsg.), Gegenpäpste. Ein unerwünschtes mittelalterliches Phänomen (Papsttum im mittelalterlichen Europa, 1), Köln 2012.

Müller, Harald, Gegenpäpste – Prüfsteine universaler Autorität im Mittelalter, in: Gegenpäpste. Ein unerwünschtes mittelalterliches Phänomen, hrsg. v. dems./Brigitte Hotz (Papsttum im mittelal-terlichen Europa, 1), Köln 2012, 13–53.

Müller, Harald (Hrsg.), Der Verlust der Eindeutigkeit. Zur Krise päpstlicher Autorität im Kampf um die Cathedra Petri (Schriften des Historisches Kollegs. Kolloquien, 95), München 2017.

Müller, Harald, Autorität und Krise. Der Verlust der Eindeutigkeit und seine Folgen am Beispiel der mittelalterlichen Gegenpäpste – einleitende Gedanken, in: Der Verlust der Eindeutigkeit. Zur Kri-se päpstlicher Autorität im Kampf um die Cathedra Petri, hrsg. v. dems. (Schriften des Histori-schen Kollegs. Kolloquien, 95), München 2017, 1–18.

Müller, Harald, Des Kaisers Götzenbild. Friedrich I. Barbarossa und seine Päpste im Alexandrinischen Schisma (1159–1177), in: Päpste in staufischer Zeit, hrsg. v. Karl-Heinz Rueß (Schriften zur staufi-schen Geschichte und Kunst, 38), Göppingen 2020, 79–94.

Muylkens, Michaela, Reges geminati. Die Gegenkönige der Zeit Henrichs IV. (Historische Studien, 50), Husum 2012.

Nitschke, August, Der mißhandelte Papst. Folgen ottonischer Italienpolitik, in: Staat und Gesellschaft in Mittelalter und Früher Neuzeit. Gedenkschrift für Joachim Leuschner, hrsg. v. Historischen Seminar der Universität Hannover, Göttingen 1983, 40–53.

Rebenich, Stefan, Einer sei Herr – Monarchie als Herrschaftsform. Annäherungen aus (alt-)historischer Perspektive, in: Der Verlust der Eindeutigkeit. Zur Krise päpstlicher Autorität im Kampf um die Cathedra Petri, hrsg. v. Harald Müller (Schriften des Historischen Kollegs. Kolloquien, 95), München 2017, 19–36.

Schimmelpfennig, Bernhard, Die Absetzung von Klerikern in Recht und Ritus vornehmlich des 13. und 14. Jahrhunderts, in: Proceedings of the Fifth International Congress of Medieval Canon Law. Salamanca, 21–25 September 1976, hrsg. v. Stephan Kuttner/Kenneth Pennington, Vatikanstadt 1980, 517–532.

Scholz, Sebastian/Gerald *Schwedler*/Kai-Michael *Sprenger* (Hrsg.), Damnatio in memoria. Deformation und Gegenkonstruktionen in der Geschichte (Zürcher Beiträge zur Geschichtswissenschaft, 4), Köln u. a. 2014.

Schreiner, Klaus, Gregor VIII., nackt auf einem Esel. Entehrende Entblößung und schandbares Reiten im Spiegel einer Miniatur der Sächsischen Weltchronik, in: Ecclesia et regnum. Beiträge zur Geschichte von Kirche, Recht und Staat im Mittelalter. Festschrift für Franz-Josef Schmale zu seinem 65. Geburtstag, Bochum 1989, 155–202.

Sprenger, Kai-Michael, Damnatio memoriae oder Damnatio in memoria? Überlegungen zum Umgang mit den sogenannten Gegenpäpsten als methodisches Problem der Geschichtsschreibung, in: Quellen und Forschungen aus italienischen Archiven und Bibliotheken 89 (2009), 31–62.

Sprenger, Kai-Michael, Der tote Gegenpapst im Fluss – oder wie und warum Clemens (III.) in den Tiber gelangte, in: Gegenpäpste. Ein unerwünschtes mittelalterliches Phänomen, hrsg. v. Harald Müller/Brigitte Hotz (Papsttum im mittelalterlichen Europa, 1), Köln 2012, 97–125.

Sprenger, Kai-Michael, Zwischen den Stühlen. Studien zur Wahrnehmung des Alexandrinischen Schismas in Reichsitalien (1159–1177) (Bibliothek des Deutschen Historischen Instituts in Rom, 125), Berlin/Boston 2012.

Sprenger, Kai-Michael, Memoria damnata – Ein Konzept der Kurie zum Umgang mit Gegenpäpsten (und anderen Kirchenfeinden)?, in: Damnatio in memoria. Deformation und Gegenkonstruktionen in der Geschichte, hrsg. v. Sebastian Scholz/Gerald Schwedler/Kai-Michael Sprenger (Zürcher Beiträge zur Geschichtswissenschaft, 4), Köln u. a. 2014., 153–180.

Zimmermann, Harald, Papstabsetzungen des Mittelalters, Graz u. a. 1968.

Matthias Schnettger

„un carattere deturpato"

Der Fall Domenico Bologna und die genuesische Diplomatie in der Mitte des 18. Jahrhunderts

In den 1740er Jahren erlebte die Republik Genua eine tiefgreifende Krise (nicht nur) ihrer Außenpolitik. Schon im 17. Jahrhundert war die Bindung an die bisherige Schutzmacht Spanien lockerer geworden, im selben Maße, wie deren Protektion aus genuesischer Perspektive zu wünschen übrig ließ. Das Aussterben der spanischen Habsburger im Jahr 1700 hatte die Republik dann definitiv zu einer Neuausrichtung ihrer Außenbeziehungen genötigt. In den ersten Jahrzehnten des 18. Jahrhunderts verfolgte die genuesische Regierung eine strikte Neutralitätspolitik, sah sich aber schon in den 1730er Jahren gezwungen, auf die Unterstützung Österreichs und Frankreichs zurückzugreifen, um die Expansionsbestrebungen der Könige von Sardinien aus dem Haus Savoyen abzuwehren und diverse Aufstände unter Kontrolle zu bekommen, die auf dem ligurischen Festland, vor allem aber auf der Insel Korsika die Herrschaft der *Dominante* erschütterten. Seit den ausgehenden 1730er Jahren näherte sich die Republik immer mehr Frankreich an, eine Entwicklung, die während des Österreichischen Erbfolgekriegs an Dynamik gewann. Der Vertrag von Worms (1743), in dem Maria Theresia alle ihre Ansprüche an der seit 1713 genuesischen Markgrafschaft Finale an den König von Sardinien abtrat[1], bewog die genuesische Regierung, ihre Neutralitätspolitik endgültig aufzugeben und 1745 im Vertrag von Aranjuez auf die Seite der Bourbonenkronen zu treten. Diesen Schritt musste die Stadt Genua im Folgejahr teuer bezahlen, als sie von September bis Dezember 1746 eine österreichische Besatzung erdulden musste, die erst durch die sogenannte *Rivolta del Balilla* beendet wurde. Der Aufstand delegitimierte die oligarchische Regierung, deren Politik zur Besetzung Genuas geführt hatte, die selbst den Übergabevertrag mit den gegnerischen Truppen geschlossen hatte und die nicht in der Lage gewesen war, die Stadt zu befreien.[2]

Kurz nach diesen Ereignissen, im Jahr 1750, verfasste der genuesische Patrizier, Historiker und Reformbefürworter Gianfrancesco Doria unter dem Pseudonym Nifrano Cegasdarico eine zweibändige Schrift, die den Weg aufzuzeigen be-

---

1 Zwar war der Umfang dieser Rechte zweifelhaft, die Vereinbarung lief aber darauf hinaus, dem Haus Savoyen auf genuesische Kosten den lange angestrebten Hafen an der ligurischen Küste zu verschaffen. Vgl. *Schnettger*, „Principe sovrano", 549–564.
2 Vgl. für einen groben Überblick über die Ereignisse *Costantini*, Repubblica, 419–447; zu den wechselnden außenpolitischen Ausrichtungen der Republik *Schnettger*, Grenzen.

https://doi.org/10.1515/9783111384214-005

anspruchte, um einige hauptsächliche Missstände in der Regierung der Republik Genua zu beheben und deren Herrschaft nach innen und außen Glück und Beständigkeit zu verleihen[3], die aber letztlich auf nichts weniger hinauslief, als für die Republik eine Zeitenwende zu beschwören, um sie aus der tiefgreifenden Krise herauszuführen.[4]

Den zweiten Teil seines Werkes widmete Doria den Schwächen der genuesischen Diplomatie. Hierzu zählte er die unzureichende Bezahlung der Gesandten, die auch bei ihrer Rückkehr keine Ehrungen für die geleisteten Dienste zu erwarten hätten, mit dem Ergebnis, dass es schwierig geworden sei, die Gesandtschaftsposten überhaupt zu besetzen. Doria regte an, die jungen Patrizier das diplomatische Geschäft dadurch erlernen zu lassen, dass man sie erfahrenen Gesandten an die Seite stellte. Er misstraute freilich den allzu ehrgeizigen Patriziern, die danach strebten, sich auf dem Welttheater in Szene zu setzen. In der Erkenntnis, dass dies im Dienst einer Republik nicht möglich sei, suchten sie ihr Ziel im Dienst eines absoluten Monarchen zu erreichen und seien bei der Verrichtung ihrer Amtsgeschäfte mehr auf den eigenen Vorteil als auf den der Republik bedacht.[5]

Eine weitere Fehlentwicklung, die Doria beklagte, war der wachsende Anteil von Nichtadligen unter den genuesischen Diplomaten. Diese verglich er mit besoldeten Hirten, die keinen Anteil an der ihnen anvertrauten Herde hätten.[6] Doria hielt es für besonders problematisch, wenn solche niederrangigen Gesandten lange Zeit an einem Ort blieben, dort Eigentum erwürben, und Verwandtschaften oder andere Beziehungen anknüpften, sodass sie schließlich als *nazionali* jenes Landes gelten könnten.[7]

---

3 Nifrano Cegasdarico [Gianfrancesco Doria], Del modo di rimediare ad alcuni principali disordini nel Governo della Repubblica di Genova e di rendere felice e perpetuo internamente, ed esternamente il Dominio di Essa. Trattato di Nifrano Cegasdarico, patrizio genovese, 2 Tle., 1750 (ungedruckt, Privatbesitz). Das Pseudonym ist ein Anagramm des Namens Gianfrancesco Doria. Vgl. *Bitossi*, „La Repubblica è vecchia", 425–435; *Piccardo*, Doria, 146.
4 Die Reformforderungen Dorias erinnern in ihrer Ausrichtung an die Versuche der genuesischen *Repubblichisti* der 1630er Jahre, die – mit gemischten Erfolgen – eine Renaissance der großen Zeit Genuas anstrebten. Vgl. *Schnettger*, Republik.
5 [...] *far nel teatro del mondo una brillante, e luminosa comparsa, e ben conoscendo di non poterla fare in Repubblica cercano di farla al serviggio di un Monarca assoluto: e nel maneggiare gli affari della Patria può temersi, che più che a' vantaggi di questa, abbiano la mente, ed il pensiero rivolti alle proprie loro mire, ed al proprio loro utile.* Cegasdarico [Doria], Del modo di rimediare. Tl. 2, 117 f., zitiert nach *Bitossi*, „La Repubblica è vecchia", 436.
6 [...] *nulla ha che fare nel gregge alla sua cura raccomandato.* Cegasdarico [Doria], Del modo di rimediare. Tl. 2, 119, zitiert nach *Bitossi*, „La Repubblica è vecchia", 436. Hierbei handelt es sich offenbar um eine Anspielung auf Joh 10, 12–13.
7 *Un'altra nostra costumanza altresì mi dispiace assaissimo, ed è quello di continuare nel maneggio degli affari pubblici nelle Corti estere que' Ministri di seconda sfera, che per lunga dimora fatta in un Paese vi hanno acquistati beni, e contratte parentele, o altre relazioni, in vigor delle*

Als Gianfranceso Doria diese Defizite der genuesischen Diplomatie konstatier-
te, dürfte er nicht zuletzt die Gesandten am Wiener Hof im Blick gehabt haben.
Der Tadel in Richtung der allzu ehrgeizigen Patrizier passte gut auf den früheren
genuesischen Gesandten in Wien, Gian Luca Pallavicino, der im Österreichischen
Erbfolgekrieg zeitweise die habsburgischen Truppen in der Lombardei komman-
diert hatte.[8] Der Gedanke, jungen Patriziern eine praktische diplomatische Ausbildung angedeihen zu lassen, bevor man ihnen einen wichtigen Posten anvertraute,
dürfte durch Erfahrungen mit zeitweise überforderten Gesandten wie Rodolfo
Maria Brignole Sale befördert worden sein, der 1740/41 als außerordentlicher Gesandter in Wien akkreditiert war.[9] Im Folgenden soll es aber vor allem um jene
nichtpatrizischen Diplomaten der *seconda sfera* gehen, die Gianfrancesco Doria
besonders harsch kritisierte – auch hier spricht manches dafür, dass er die Verhältnisse an der Wiener Gesandtschaft im Blick hatte.

Der Beitrag wertet zwei Quellenbestände aus, die einen Skandal um den langjährigen genuesischen Legationssekretär und zeitweiligen Geschäftsträger in
Wien Domenico Bologna beleuchten: die Berichte des genuesischen Gesandten am
Wiener Hof Rodolfo Maria Brignole Sale an die *Serenissimi Collegi* aus dem Jahr
1741[10] und die Korrespondenz der Regierung mit dem genuesischen Konsul in Venedig von 1741 bis 1743.[11] Dass diese ediert vorliegt, ist dem Umstand zu verdanken, dass es sich bei diesem Konsul um niemand geringeren handelte als Carlo
Goldoni. Im Rahmen von Goldoni-Biographien ist der Fall Bologna bereits aufgearbeitet worden, insofern der berühmte Librettist und Komödiendichter in diese Affäre verstrickt war.[12] Dieser Beitrag verfolgt demgegenüber ein anderes Ziel,
wenn er im Folgenden die Entwicklung der Affäre Bologna auf den Hauptschau-
plätzen Wien und Venedig nachzeichnet. Zum einen zeigt er auf, welche Weite-

---

quali possono colà essere considerati come nazionali. Cegasdarico [Doria], Del modo di rimediare,
Tl. 2, 118, zitiert nach *Bitossi*, „La Repubblica è vecchia", 436, Anm. 42.

8 Zu Gian Luca Pallavicino vgl. *Bitossi*, „La Repubblica è vecchia", 436; *Costa*, Gian Luca Pallavicino.

9 Siehe unten 89–94.

10 ASt Ge, AS 2585 (unfol.). Die genuesische Gesandtschaftskorrespondenz wurde in der Regel an
die *Serenissmi Collegi*, also an das aus den *Collegi* der *Governatori* und der *Procuratori* zusammengesetzte höchste Regierungsorgan, gerichtet, in deren Namen die Staatssekretäre die Weisungen an die Gesandten richteten. Manche Weisungen ergingen auch nur im Namen des Dogen und
des *Collegio* der *Procuratori*, so etwa diejenigen an den Konsul Goldoni. Vgl. *Goldoni*, Carteggio,
passim; allgemein zur Verfassung und der Organisation der Außenbeziehungen der Republik vgl.
Schnettger, „Principe sovrano", 42–51 mit weiterer Literatur; für ein Profil der genuesischen Diplomaten *Zunckel*, Diplomatische Geschäftsleute.

11 *Goldoni*, Carteggio.

12 Vgl. *Oliveri/Rodda*, Introduzione, 63–99 (mit umfangreichen Verweisen auf die ältere Literatur); zur Tätigkeit Goldonis als Konsul auch *Rodda*, Diplomatiche distanze.

rungen die persönlichen Wechselfälle im Leben auch eines Gesandtschaftssekretärs oder Konsuls im Zeitalter der Diplomatie vom „type ancien"[13] verursachen
konnte. Zum anderen erörtert er abschließend, inwieweit die Affäre Bologna (und
Goldoni) das harsche Urteil Gianfrancesco Dorias über die Diplomaten der *seconda sfera* nachvollziehbar macht und was sie an Erkenntnissen für das (Nicht-)
Funktionieren der genuesischen Diplomatie im 18. Jahrhundert beitragen kann.

I. Wien. Ein Legationssekretär verabschiedet sich (nicht)

Über die Person Domenico Bolognas (1689–1748) ist wenig bekannt. Er war der
Sohn des aus der korsischen Stadt Bastia stammenden Francesco Maria Bologna
und seiner Gemahlin Maria Caterina Picetti. Er hatte mindestens drei Brüder, von
denen einer, der Abate Giuseppe, im weiteren Verlauf der Darstellung noch eine
Rolle spielen wird.[14] Er absolvierte das Studium der Rechtswissenschaften und
wurde im März 1725 zum Notariat zugelassen. Zu diesem Zeitpunkt war er bereits
als Legationssekretär in Wien tätig, ein Posten, den er bis ins Jahr 1741 behielt. In
diesen 16 Jahren fungierte er während längerer Abwesenheiten der Gesandten
mehrfach als genuesischer Geschäftsträger und erwarb sich in dieser Zeit beachtliche Verdienste um die Republik.[15] Es war nicht ungewöhnlich, wenn Bologna daneben für verschiedene genuesische Patrizier tätig war und für sie Finanzgeschäf-
te in der Kaiserstadt abwickelte.[16] Zu diesen *Magnifici* gehörte auch Domenico
Sauli, der ihn am 10. September 1740 zu seinem Prokurator in Wien ernannte.[17]

---

13 *Thiessen*, Diplomatie.
14 Vgl. ebd., 72, mit Anm. 389–390.
15 So bemühte er sich (freilich mit begrenztem Erfolg), die durch den Wiener Frieden von 1735/
38 dem König von Sardinien zugesprochenen verlorengegangenen Cinque Terre für die Republik
zu bewahren. Vgl. *Schnettger*, „Principe sovrano", 533–545; mehr Erfolg hatte Bologna damit, die
kaiserlichen Kontributionsforderungen im Türkenkrieg 1736–1739 herunterzuhandeln und die
Auszahlung der Gelder hinauszuzögern. Vgl. ebd., 600–603. Für weitere Aktivitäten vgl. ebd.,
ad indicem.
16 Zu den genuesischen Finanzgeschäften in Österreich im Überblick *Felloni*, Gli investimenti,
265–276.
17 Domenico Maria Ignazio Sauli (1675–1760) gehörte zu den Spitzen der genuesischen Gesellschaft. Er war der Sohn Francesco Maria Saulis, der 1697–1699 das Dogenamt bekleidet hatte, und
Anna Saulis, führte den Titel eines *Marchese di Montella* (Königreich Neapel) und war laut der
steuerlichen Veranlagung seines Nachlasses (1762) der zwölftreichste Mann der Stadt. Er gehörte
zeitweise dem *Senato*, also dem *Collegio dei Governatori*, an und erwarb sich gewisse Verdienste
um die Republik, die Stadt und seine Familie, etwa wenn er den Bau der Brücke von Carignano

Offenbar hatte Bologna zu diesem Zeitpunkt die Folgen eines Schlaganfalls weitgehend überwunden, der ihn im Jahr 1739 genötigt hatte, die genuesische Regierung
um Entpflichtung von seinem Amt als Geschäftsträger zu bitten, was die *Serenissimi Collegi* jedoch abgelehnt hatten.[18] Freilich erfreute sich Bologna in Wien offenbar eines zweifelhaften Rufs. Denn in einer Satire auf den Kaiserhof in der
Spätzeit Karls VI. trat er unter dem bezeichnenden Namen „der Spieler" (*le Jou-
eur*) auf.[19]

In der genuesischen diplomatischen Korrespondenz finden sich erste Indizien
für finanzielle Probleme und Betrügereien Bolognas Anfang 1741. So wurde er in
einer Weisung vom 12. Januar 1741 dafür gerügt, dass er noch nicht alle bei ihm
deponierten Gelder dem neuen *Inviato straordinario* Rodolfo Maria Brignole Sale
übergeben hatte.[20] Offenbar veruntreute er die ihm anvertrauten Gelder, wie Domenico Sauli im April 1741 dem Wiener Bankier Arnold Philipp Wenzel mitteilte.
Auch bei den genuesischen *Collegi* büßte der Gesandtschaftssekretär sein bisheri-
ges Renommée ein. Obwohl er beteuerte, das ihm bezeigte Misstrauen nicht verdient zu haben, wurde er im Frühjahr 1741 aus dem Dienst der Republik entlassen. Er führte aber bis zum 21. Juni seine Korrespondenz mit der genuesischen
Regierung fort.[21]

Kurz darauf setzte eine Reihe von Schreiben ein, in denen Brignole Sale –
und zwar außerhalb der ordentlichen Gesandtschaftsberichte – die *Collegi* darü-

---

und der Basilica di Nostra Signora Assunta di Carignano, der Familienkirche der Sauli, vollendete.
Gleichwohl wird er von Marco Bologna in seinem Abriss der Familiengeschichte der Sauli als ein
guter Verwalter und durchaus kultivierter Mann, jedoch mit einem begrenzten Horizont charakterisiert: *un amministratore, sia del proprio che del pubblico, minuzioso, attento, di buon gusto e di
buona cultura, ma che non risulta in grado di andare al di là dei ristretti confini geografici e politici
della Repubblica.* Da sein einziger Sohn noch vor ihm verstorben war, erlosch mit ihm dieser
Familienzweig der Sauli. Vgl. *Bologna*, La famiglia Sauli, 26–28, Zitat 28; *Oliveri/Rodda*, Introduzione, Anm. 402.

18 Vgl. *Oliveri/Rodda*, Introduzione, 72–74, mit Anm. 394–403; zur diplomatischen Tätigkeit Bolognas auch *Vitale*, Diplomatici, 124 f.

19 Vgl. *Braubach*, Satire, 73.

20 Weisung an Domenico Bologna. Genova, 12.01.1741. ASt Ge, AS 2585. Abgedruckt in *Oliveri/
Rodda*, Introduzione, 74. Am 25. Januar 1741 konnte Brignole Sale dann aber berichten, dass er
außer den 24.850 fl. von Bologna weitere 21.900 fl. als Anweisung auf den Wiener Stadtbanco und
5.090 fl. in bar erhalten habe. Relation Rodolfo Maria Brignole Sales. Wien, 25.01.1741. ASt Ge, AS
2585. Rodolfo Maria Brignole (1708–1774) entstammte einer einflussreichen Familie und hatte eine
beachtliche Karriere vor sich, die 1762–1764 im Dogenamt gipfelte, der höchsten Würde auf, die
die Republik Genua zu bieten hatte. 1741 war er aber noch weitgehend unerfahren. Die Gesandtschaft nach Wien war nach dem städtischen Amt des *Padre di Comune* überhaupt erst die zweite
öffentliche Funktion, die Brignole Sale ausübte. Vgl. *Ciappina*, Brignole Sale, Rodolfo; *Ponte*, Brignole Sale, Ridolfo.

21 Vgl. *Oliveri/Rodda*, Introduzione, 75 f.; *Vitale*, Diplomatici, 125.

ber informierte, dass Bologna offenbar im Begriff sei, sich aus Wien abzusetzen. Am 8. Juli berichtete er, dass Bologna zusammen mit seinem Bruder soeben nach Kaiserebersdorf abgereist sei. Er, Brignole Sale, habe erst vor zwei Tagen von diesem *movimento* erfahren, und erst an diesem Vormittag habe ihm Bologna eröffnet, dass er für zwei oder drei Tage aufs Land fahren wolle und anschließend zurückkehren werde.[22] Die Beunruhigung Brignole Sales erklärt sich aus den *circostanze* Bolognas: Offenbar war dieser bei einigen genuesischen Patriziern und etlichen Wiener Geldgebern verschuldet, was ihn zu einem bedenklichen Schritt verleiten könnte. Als besonders heikel empfand Brignole Sale den Umstand, dass eine Anweisung der Republik auf den Wiener Stadtbanco in Höhe von 21.900 fl. auf die Person Bolognas ausgestellt war. Er befürchtete anscheinend, dass Bologna eine Veruntreuung dieser Summe plane, um seine Gläubiger zu befriedigen, und beschloss daher, die Anweisung auf seine eigene Person umschreiben zu lassen. Darüber hinaus ließ er Bologna vor dessen Abreise ein *viglietto riservativo* zustellen, um die Republik vor möglichem Schaden zu bewahren. Bologna ließ ihm zwar mündlich ausrichten, er werde ihm darauf eine Antwort erteilen (und so seine Verpflichtung anerkennen). Da die versprochene Antwort aber unterblieb, schickte Brignole Sale erneut einen Boten, über den Bologna ihm abermals nur mündlich ausrichten ließ, in den nächsten drei oder vier Tagen könne er ihm nicht antworten. Um dem Sekretär vor seiner Abreise doch noch eine Aussage abzuringen, begab sich der Gesandte schließlich persönlich in die Wohnung Bolognas, der ihn erneut mit Ausflüchten und Entschuldigungen abzuspeisen suchte. Erst als Brignole Sale ihm drohte, er werde nicht gehen, sondern unverzüglich entschiedene Maßnahmen ergreifen, fand sich Bologna schließlich bereit, die geforderten Abtretungserklärungen zu unterschreiben. Wie sich Brignole Sale von einer *persona segreta* hatte bestätigen lassen, war er damit auf der sicheren Seite, es sei denn, in das *libro del Banco* wären bereits vorher irgendwelche Verbindlichkeiten eingetragen worden. In jedem Fall wollte er den nächsten Öffnungstag des Banco für die Überschreibung der Anweisungen zu nutzen. Brignole Sale bat die *Collegi* dringend um Geheimhaltung der Angelegenheit und um Verhaltensmaßregeln.[23]

Am 12. Juli setzte Brignole Sale seinen Bericht fort: Domenico Bologna sei immer noch in Kaiserebersdorf, während sein Bruder Giuseppe, der, wie man dem

---

22 Diese Reise sollte angeblich der Erholung dienen, geschah aber tatsächlich aus geschäftlichen Gründen. Vgl. *Oliveri/Rodda*, Introduzione, 76. Hier wird als Ziel der Reise fälschlicherweise „Erbendorf" angegeben.
23 Relationen Rodolfo Maria Brignole Sales. Wien, 08.07.1741 und 12.07.1741. ASt Ge, AS 2585. Das Streben nach Geheimhaltung geht auch daraus hervor, dass Brignole Sale seine Berichte in der Causa Bologna nicht in seine ordentlichen Relationen integrierte, sondern in separaten Schreiben niederlegte.

Schreiben entnehmen kann, dem Gesandten als Sekretär diente, zurückgekehrt
sei. Möglicherweise war dieses Nahverhältnis ein weiterer Grund dafür, dass Brignole Sale die Angelegenheit so unangenehm war. Er kenne zwar Domenico Bolognas Pflichten, nachdem er nach Genua zurückberufen worden sei, nicht aber
dessen Absichten. Da er zu diesen und zu Bolognas *circostanze* nichts Sicheres sagen könne, wolle er lieber dazu schweigen. Brignole Sale brachte zum Ausdruck,
dass er widerwillig und überhaupt nur aus Pflichtbewusstsein über diese uner-
quickliche Angelegenheit berichte, und bat abermals dringend um Geheimhaltung.[24] Am 15. Juli konnte er vermelden, dass Domenico Bologna am Vortag nach
Wien zurückgekehrt sei und ihm inzwischen auch die Umschreibung der Wechsel
im Wert von 21.900 fl. auf seine Person geglückt sei.[25]

Nach dieser kurzzeitigen Entspannung der Lage spitzten sich die Ereignisse
zu: Am 22. Juli informierte Brignole Sale die *Collegi*, dass Domenico Bologna am
Vortag erneut abgereist sei, diesmal an einen Ort, der an der Straße nach Kärnten
und Venedig liege. Er habe zwar verlauten lassen, er werde am 24. oder 25. Juli
zurückkehren, doch offensichtlich hegte Brignole Sale den Verdacht, er wolle sich
nach Venedig absetzen. Diese Befürchtungen teilten offenbar auch die Gläubiger
Bolognas. Denn der Wiener Agent einer hervorragenden genuesischen Persönlichkeit habe ihn informiert, dass es Pläne gebe, sich unmittelbar an die Königin von
Ungarn zu wenden.[26] Ungeachtet des Dekrets, dass jeder, der einem ausländischen
ministro Geld leihe, dies auf eigenes Risiko tue, solle Maria Theresia veranlasst
werden, zumindest ohne großes Aufsehen Vorsorge zu treffen, dass Bologna nicht
einfach mitsamt seinem Besitz verschwinde. Diese gegen den bisherigen Gesandtschaftssekretär gerichteten Pläne beunruhigten Brignole Sale aufs höchste, weil
er immer noch ohne Instruktionen war, und er flehte die *Collegi* geradezu an,

---

24 *Io so il di lui dovere, dopo d'essere stato richiamato da Vostre Signorie Serenissime, mà non mi
son note le di lui intenzioni, sopra delle quali, e sopra delle di lui circostanze, siccome non saprei
parlar con accerto, così tacerò, continuando solo a supplicare Vostre Signorie Serenissime del mag-
giore segreto intorno a quello, che con mio sommo dispiacere, ma per essiggenza del mio debito
scrivo, ed hò scritto.* Relation Rodolfo Maria Brignole Sales. Wien, 12.07.1741. ASt Ge, AS 2585. In
demselben Schreiben musste er auch berichten, dass sich die Umschreibung der Wechsel verzö-
gere, da das Geschäftsbuch der Bank sich derzeit beim Buchbinder befinde. Brignole Sale hegte
zunächst den Verdacht, dass dies ein vorgeschobener Grund sei, konnte aber von einem subal-
ternen Bankbeamten in Erfahrung bringen, dass die Auskunft den Tatsachen entspreche.
25 Allerdings musste er dafür eine Summe von 16,36 fl. aufwenden. Die Formulierung (*per dile-
guare le ombre consaputesi, le difficoltà, [...] e le dilazioni, mi è convenuto fare una spesa di fiorini
16:36, mediante la quale tutto si è terminato*) legt nahe, dass es sich zumindest teilweise um Be-
stechungsgeld gehandelt hat. Relation Rodolfo Maria Brignole Sales. Wien, 15.07.1741. ASt Ge, AS
2585.
26 Dieser Informant dürfte Paolo Antonio Poli, der neue Prokurator Domenico Saulis, gewesen
sein. Siehe unten 92.

ihm ihre Befehle so schnell wie möglich zukommen zu lassen. Unterdessen werde
er zu verhindern suchen, dass ein sakrosanktes Recht – offenbar das der diplomatischen Immunität – verletzt werde.[27]

Während in Genua jetzt erst über die Angelegenheit beraten wurde,[28] sah Brignole Sale sich zum Handeln genötigt. Denn statt nach Wien zurückzukehren, hatte Bologna am 23. Juli überraschend seine Reise von *Freslauu*[29] Richtung Kärnten
fortgesetzt, und zwar ohne Abschied und ohne irgendjemand davon in Kenntnis
zu setzen. Jeder spreche von seiner Abreise als einer vorsätzlichen Flucht zum
Schaden seiner Gläubiger. Bologna hatte seine Pläne so geschickt verborgen, dass
Brignole Sale erst am 27. Juli vage Nachrichten und am Morgen des 28. Juli sichere
Kenntnis davon hatte, obwohl er ja schon vorher einen entsprechenden Verdacht
gehegt und den *Collegi* mitgeteilt hatte.

Darauf ließ Brignole Sale in Anwesenheit Giuseppe Bolognas und des Abate
Paolo Antonio Poli, des neuen Prokurators Domenico Saulis,[30] durch einen Notar
ein Verzeichnis von allem anfertigen, was in der Wohnung Domenico Bolognas
zurückgeblieben war.[31] Vor allem aber trug er Sorge, alle sich dort befindlichen
Staatspapiere (die übrigens in großer Unordnung waren) unter Verschluss zu nehmen und in sein eigenes Quartier bringen zu lassen. Der Hausbesitzer – dem Bologna offenbar die Miete schuldig war –, hatte zwar schon eine Person abgestellt,
die darauf achthaben sollte, dass nichts aus der Wohnung entwendet werde. Da
Brignole Sale aber lediglich Papiere abtransportieren ließ, gab es keinen Widerspruch. Der Gesandte beteuerte gegenüber den *Collegi*, von der Angelegenheit
aufs Äußerste angewidert (*disgustatissimo*) und wegen der zahlreichen Scherereien geradezu krank zu sein (*quasi ammalato*). Da er nicht wisse, welche Pläne die
Collegi mit den Hinterlassenschaften Bolognas hätten und inwieweit sie sich überhaupt einschalten wollten, könne er sich aus dieser Qual (*pena*) nicht befreien. –
Dringender konnte der Gesandte kaum um Instruktionen flehen.

Brignole Sale versicherte, dass alles aufgezeichnet und unter Verschluss sei.
Er habe die Schlüssel an sich genommen und lasse das Haus Bolognas bewachen.

---

27 Relation Rodolfo Maria Brignole Sales. Wien, 22.07.1741. ASt Ge, AS 2585; Vgl. zur diplomatischen Immunität in der Frühen Neuzeit *Frey/Frey*, History, 149 f., 217–242; *Krischer*, Gesandtschaftswesen, 227–230.

28 Siehe unten 93.

29 Vermutlich Vöslau, heute Bad Vöslau im niederösterreichischen Bezirk Baden.

30 Domenico Sauli berief Poli am 21. Juni zum Prokurator, offenbar mit der dezidierten Absicht,
sich seiner Dienste gegen Bologna zu bedienen. Dafür war Poli aufgrund seiner Verbindungen
bestens geeignet. Er hatte dem früheren kaiserlichen Gesandten in Genua Graf Giovanni Orazio
Guicciardi als Sekretär gedient und bekleidete aktuell die Position eines Hofkammerrats. Vgl. *Oli-
veri/Rodda*, Introduzione, 75 mit Anm. 411.

31 Möglicherweise befand sich diese Wohnung am Krautmarkt. Vgl. *Schnettger*, „Codesta nuova
corte", 81.

Über die Schulden des Geflüchteten könne er allerdings nichts Genaues sagen. Giuseppe Bologna habe beteuert, keinerlei Kenntnis von den Geschäften, dem Lebenswandel und den Schulden seines Bruders zu besitzen. Brignole Sale glaubte, Bologna habe einen Kredit in Höhe von 10.000 fl. beim Bankier Carignani, den Gläubigern eines gewissen Bankrotteurs Heller sei er etwa 2.000 fl. schuldig. Dazu kämen noch diverse Verpflichtungen gegenüber Handwerkern, Händlern und anderen in Höhe von etwa 1.900 fl. Den größten Posten machten aber die 54.000 fl. aus, die Bologna Domenico Sauli schulde,[32] der in Wien durch den Abate Poli vertreten werde. Brignole Sale schloss nicht aus, dass Bologna weitere Scherereien (guai) habe, die ihm noch nicht bekannt seien. Er wagte es auch nicht eine Prognose darüber abzugeben, welche Schritte die Gläubiger unternehmen würden, erinnerte aber daran, dass sich bereits vor der Abreise Bolognas der Abate Poli an die Königin von Ungarn gewandt hatte, die daraufhin eine Untersuchungskommission angeordnet habe.

Da Brignole Sale sich in casi così straordinarj an keinem Präzedenzfall orientieren und niemanden vor Ort um Rat bitten konnte, ersuchte er die Collegi dringend um genaue Instruktion: Solle er den gesamten Besitz Bolognas freigeben und es zulassen, dass seine Gläubiger vor den Wiener Richtern ihre Ansprüche vertraten? Wie solle er sich verhalten, wenn die österreichischen Gerichte tätig werden, die Güter neu inventarisieren, versiegeln und dann darüber verfügen sollten? In einer ihm derart neuen Materie (in una materia, che mi è così nuova) wisse er nicht, wie er sich verhalten solle. Zwar beteuerte Brignole Sale, er werde nichts unterlassen, was er für angebracht halte; er schloss sein Schreiben aber mit einem erneuten Flehen um schleunige Instruktion.[33]

Kurz nachdem der Gesandte diesen Brandbrief abgeschickt hatte, erhielt er endlich erste Anweisungen aus Genua.[34] Während Brignole Sale, wie berichtet, die Notwendigkeit der Geheimhaltung betonte und dringend um Instruktion in dieser Angelegenheit bat, reagierten die Collegi vergleichsweise gelassen, als sie am 21. Juli über dessen Schreiben vom 8. Juli berieten. Der Eifer des Gesandten sei zwar zu loben und seine Maßnahmen zu billigen; sie bezweifelten aber, dass Bologna zu ihrem Missfallen handeln könnte. Statt Brignole Sale klare Anweisungen zu geben, stellten sie ihm im Bedarfsfall die erforderlichen Maßnahmen frei, wo-

---

32 Domenico Sauli selbst bezifferte den ihm durch Bolognas Machenschaften entstandenen Schaden in einem Schreiben an Giovanni Tomaso Centurione vom 12. August 1741 auf 50.900 fl. Abgedruckt in *Oliveri/Rodda*, Introduzione, 78 f.
33 Relation Rodolfo Maria Brignole Sales. Wien, 29.07.1741. ASt Ge, AS 2585. Ein Teil des Schreibens ist abgedruckt in *Oliveri/Rodda*, Introduzione, 76 f.
34 Relation Rodolfo Maria Brignole Sales. Wien, 02.08.1741. ASt Ge, AS 2585. Er bestätigt hier den Empfang des auf den 20. Juli datierten Schreibens der *Collegi* und berichtet, auch deren Schreiben an Bologna an sich genommen und geöffnet zu haben.

bei es ihnen in erster Linie um die Sicherung der Schriftstücke ging, die sich noch in Bolognas Wohnung befanden.[35] Am 27. Juli berieten die *Collegi*, denen unterdessen der Bericht Brignole Sales vom 12. Juli vorlag, erneut in der Angelegenheit. Abermals billigten sie die Maßnahmen des Gesandten, bestätigten ihre früheren Befehle und veranlassten, dass ihm seine Auslagen für die Umschreibung der Wechsel erstattet würden. Neu ist, dass die genuesische Regierung sich nunmehr dezidiert von Bologna distanzierte. Brignole Sale sollte dem bisherigen Gesandtschaftssekretär und allen anderen, bei denen er das für angebracht halte, zu verstehen geben: Da nunmehr die Zweimonatsfrist verstrichen sei, die Bologna für seine Rückkehr nach Genua gesetzt worden war, sei sein *ministero* beendet und die *Collegi* würden ihm künftig keinerlei Auftrag mehr erteilen.[36] Auf diese Weise sollte offenbar verhindert werden, dass das Ansehen der Republik durch die Betrügereien Bolognas in Mitleidenschaft gezogen oder sie sogar für seine Schulden haftbar gemacht würde. Diese Position bekräftigten die *Collegi* nach dem Empfang des Berichts vom 29. Juli: Da Bologna keinerlei *carattere pubblico* und keinen Anteil an den *publici affari* mehr habe, untersagten sie Brignole Sale, sich ferner um die zurückgelassenen Güter des Flüchtigen zu kümmern, ohne Rücksicht auf die gerichtlichen Schritte der Gläubiger und die Verfügungen der Wiener Gerichte. Vielmehr sollte er gegenüber den Ministern bekunden und öffentlich bekanntmachen, dass Bologna nicht mehr im Dienst der Republik stehe. Die in der Behausung Bolognas sichergestellten Schriftstücke interessierten die *Collegi* dagegen durchaus, und sie beauftragten Brignole Sale, diese zu inventarisieren und ihnen eine Kopie des Verzeichnisses zukommen zu lassen.[37]

Damit verschwindet Domenico Bologna weitgehend aus der Korrespondenz der *Collegi* mit ihrem Wiener Gesandten. Brignole Sale berichtete noch mehrfach über seine Probleme, die genannten Wechsel ohne Verlust einzulösen.[38] Im November 1741 reiste er dann selbst aus Wien ab.[39] Zu diesem Zeitpunkt war Bologna längst in Venedig angekommen, ohne sich aber der Verfolgung durch seine Gläubiger entziehen zu können.

---

35 Protokoll der *Collegi*, 21.07.1741. Als Marginalie auf der Relation Rodolfo Maria Brignole Sales. Wien, 08.07.1741. ASt Ge, AS 2585.

36 Protokoll der *Collegi*, 27.07.1741. Als Marginalie auf der Relation Rodolfo Maria Brignole Sales. Wien, 12.07.1741. ASt Ge, AS 2585. Die Beratungen bezogen die Relation vom 15. Juli mit ein. So wurde auch beschlossen, Brignole Sale die ihm entstandenen Auslagen von 16,36 fl. zu erstatten,

37 Protokoll der *Collegi*, 11.08.1741. Als Marginalie auf der Relation Rodolfo Maria Brignole Sales. Wien, 29.07.1741. ASt Ge, AS 2585. Teilweise abgedruckt in *Oliveri/Rodda*, Introduzione, 78.

38 Z. B. Relation Rodolfo Maria Brignole Sales. Wien, 02.08. und 06.09.1741. ASt Ge, AS 2585; zu den Maßnahmen Domenico Saulis vgl. *Oliveri/Rodda*, Introduzione, 78 f.

39 Am 22. November 1741 war Brignole Sale noch in Wien, kündigte aber seine baldige Abreise an. Relation Rodolfo Maria Brignole Sales. Wien, 22.11.1741. ASt Ge, AS 2585.

II. Venedig. Ein geschasster Gesandtschaftssekretär wird verhaftet

Der Verdacht, den Rodolfo Maria Brignole Sale in seiner Relation vom 22. Juli 1741 geäußert hatte, nämlich dass sich Domenico Bologna nach Venedig absetzen wolle,[40] erwies sich als zutreffend. Schon am 12. August wusste Domenico Sauli von Bolognas Anwesenheit in der Adriametropole.[41] In den Berichten des genuesischen Agenten und Konsuls Carlo Goldoni an die *Collegi* wird Bologna dagegen erstmals am 4. November genannt.[42] Aus dem Schreiben geht hervor, dass Goldoni von dritter Seite informiert worden war, dass sich in Venedig ein gewisser Domenico Bologna befinde, der der Republik als *königlicher Sekretär* in Wien gedient habe.[43] Ohne Namen zu nennen, teilt der Konsul den *Collegi* mit, dass er *commissioni particolari* habe, gegen Bologna vorzugehen – tatsächlich war sein Auftraggeber kein anderer als Domenico Sauli. Bezeichnenderweise bat Goldoni die genuesische Regierung keineswegs um Erlaubnis für seine Maßnahmen gegen den ehemaligen Gesandtschaftssekretär, sondern beteuerte lediglich, er werde ihr darüber Bericht erstatten. Ein solches Vorgehen legitimierte er implizit damit, dass er Bologna in den schwärzesten Farben schilderte: Er sei ihm als eine Person beschrieben worden, deren Charakter durch Taten verderbt sei, die sich für einen Untertan und Diener der genuesischen Regierung nicht gebührten.[44] Somit – so ist zu folgern – habe er jeden Anspruch auf den Schutz durch die Republik Genua verloren. Auch sprachlich markieren die Schreiben Goldonis den Abstieg Bolognas: Er ist nur noch eine verderbte Person, während Brignole Sale in seinen Berichten Bologna noch in aller Regel als (ehemaligen) Sekretär der Republik bezeichnet und ihm zumeist auch das ehrende Prädikat *magnifico* beigelegt hatte.

---

40 Siehe oben 91 f..

41 Vgl. *Oliveri/Rodda*, Introduzione, 78 f.

42 Aufgrund eines Rangkonflikts mit Venedig, das sich weigerte, den von Genua seit 1637 beanspruchten Königsrang anzuerkennen, verzichtete die Republik Genua auf eine ranghohe diplomatische Vertretung in der Adriametropole, sondern ließ sich dort in der Regel lediglich durch Agenten und Konsuln vertreten. Vgl. *Vitale*, Diplomatici, 69–74, zu Goldoni 73.

43 Dass Goldoni Bologna als früheren *regio* [...] *secretario* bezeichnet, hängt damit zusammen, dass die Republik Genua seit 1637/38 den königlichen Rang für sich beanspruchte. Vgl. *Schnettger*, Republik.

44 [...] *mi viene descritta con un carattere deturpato da azioni incompetenti ad un suddito, ed un servidore delle signorie vostre serenissime.* Relation Carlo Goldonis. Venedig, 04.11.1741, in: *Goldoni*, Carteggio, 326 f.; vgl. *Oliveri/Rodda*, Introduzione, 79 f. In seinem Schreiben erwähnte Goldoni zwar, man habe ihm mitgeteilt, dass Bologna sich erneut abgesetzt habe. Diese Information erwies sich aber als falsch.

In seinem nächsten Schreiben an die *Collegi* nannte Goldoni seinen Auftraggeber Sauli mit Namen und erklärte, dass er von diesem zu seinem Prokurator in
der Causa Bologna ernannt worden sei. Vor allem aber berichtete er von der unterdessen auf seine Veranlassung erfolgten Verhaftung des Delinquenten. Goldoni
rühmte sich dieses Erfolgs, wenn er darauf hinwies, dass eine solche Verhaftung
in Venedig völlig unüblich sei, da weder der Beklagte noch der Kläger Venezianer
sei und auch das Verbrechen sich nicht auf venezianischem Gebiet ereignet
habe.[45] Zugleich beteuerte er, dass er sich in dieser Angelegenheit nicht des Titels
eines genuesischen Konsuls bedient, sondern *solo privatamente* agiert habe. Dementsprechend berichtete er auch nicht weiter über die konfiszierten Besitztümer
Bolognas, sondern nur von den drei Schreiben der *Collegi*, die man bei ihm gefunden habe; darunter dasjenige, mit dem ihm die Rückkehr nach Genua in Zweimonatsfrist befohlen worden sei.[46] Diese Schreiben befänden sich bei Gericht, Goldoni könne sie aber jederzeit zurückfordern. Auch stünde es ihm frei, dem Inhaftierten die Freiheit zu geben. Da es aber im Interesse Saulis sei, weiteres Licht in die
Angelegenheit zu bringen, sehe er sich gezwungen, Bologna vorläufig in Haft zu
lassen.[47]

In einem ergänzenden Schreiben informierte Goldoni am 18. November die
genuesische Regierung, dass er gezwungen sei, Bologna bald in Freiheit zu setzen,
da er nun so weit wie möglich die Interessen seines Auftraggebers gewahrt habe.
Er versäumte nicht, seine Verdienste gebührend hervorzuheben, wenn er darauf
hinwies, dass er erreicht habe, was eine nicht näher bezeichnete Monarchie in
einem vergleichbaren Fall in Venedig nicht vermocht habe; also die Verhaftung
des Delinquenten und die Beschlagnahmung seines Besitzes. In demselben Brief
beteuerte Goldoni, er sorge dafür, dass Bologna mit Rücksicht auf seine frühere
Tätigkeit für die Republik Genua würdig behandelt werde.[48]

---

45 Relation Carlo Goldonis. Venedig, 11.11.1741, in: *Goldoni*, Carteggio, 329–331, hier 329 f. Goldoni
nennt hier auch die Summe von 54.000 fl., die Bologna Sauli entwendet habe. In der Tat war das
Vorgehen der venezianischen Behörden unüblich, und Sauli hatte im August die Befürchtung
geäußert, Bolognas in Venedig nicht habhaft werden zu können, *mentre essendo cotesta città
porto franco vi si può egli trattenere con piena sicurezza sì cognito, come sconosciuto*; Domenico
Sauli an Poli. O. O., 21.08.1741, zitiert nach *Oliveri/Rodda*, Introduzione, 79. Genau diese sich nun
als irrig erweisende Annahme dürfte Bologna veranlasst haben, Venedig als Ziel seiner Flucht zu
wählen.
46 Die beiden anderen waren nur kurze Empfangsbestätigungen. Relation Carlo Goldonis. Venedig, 11.11.1741, in: *Goldoni*, Carteggio, 329–331, hier 330.
47 *Sarebbe ora in mio arbitrio render la libertà al carcerato siccome fu mia instanza la sua reten-
zione, ma la necessità di rilevar maggiori lumi a cautela del cavaliere pregiudicato mi costringe a
non rilasciarlo.* Ebd.
48 *Io ad onta della sua disgrazia procuro ch'egli sia trattato decorosamente, considerando in lui
uno che più non gode, ma ha goduto lo specioso carattere di servidore delle signorie vostre sere-*

Auf Goldonis Bericht vom 11. November beauftragte die genuesische Regierung den Konsul, nicht nur die fraglichen drei Schreiben an sich zu bringen, sondern auch aus der Konfiskationsmasse 500 fl. zu sichern, die Bologna der genuesischen Kammer schulde.[49] Doch in seinem Schreiben vom 25. November 1741 musste Goldoni einräumen, dass es ihm unmöglich sein werde, diese Forderung durchzusetzen. Er hatte zwar bei Gericht befehlsgemäß die Ansprüche der Republik Genua gegen Bologna angemeldet. Da nach den venezianischen Gesetzen die Gläubiger aber in der zeitlichen Reihenfolge ihres Tätigwerdens vor Gericht berücksichtigt wurden, war für die Republik hier wenig zu holen: Denn vor ihr rangierten Domenico Sauli sowie die Brüder Domenico Maria und Felice Spinola mit ihren Forderungen, von denen allein diejenigen Saulis 54.000 fl. betrugen, während der Gesamtwert der bei Bologna beschlagnahmten Güter an Gold, Silber, Mobilien, Bargeld und Wertpapieren sich auf lediglich 12.000 fl. belief. Die Brüder Spinola konnten sich zumindest Hoffnung darauf machen, ein diamantenes Kreuz zurückzuerhalten, das als ihr Eigentum identifiziert worden war.[50] Goldoni hielt eine erneute Verhaftung des unterdessen wieder freigelassenen Bologna für nutzlos und glaubte nicht, dass sie wegen der Summe von 500 fl. überhaupt zugelassen würde. Nach seiner Einschätzung waren auch keine Güter Bolognas dem Sequester entgangen. Vielmehr hielt er diesen für völlig mittellos, denn aus Verzweiflung habe er sich sogar geweigert das Gefängnis zu verlassen, sodass man ihn mit Gewalt herausbefördern musste. Lediglich die bewussten drei offiziellen Schreiben konnte Goldoni sicherstellen und nach Genua schicken.[51] Die genuesische Regierung fand sich damit ab, dass es unmöglich sei, die Ansprüche der genuesischen Kammer aus den beschlagnahmten Besitztümern Bolognas zu befriedigen. Als sie Goldoni die Weisung erteilte, nach alternativen Möglichkeiten zu suchen, um an

---

nissime. Relation Carlo Goldonis. Venedig, 18.11.1741, in: *Goldoni*, Carteggio, 333 f., hier 334. Vgl. *Oliveri/Rodda*, Introduzione, 81 f. Nach ebd., Anm. 453 war Bologna bereits am 17. November aus der Haft entlassen worden.

49 Weisung an Bologna. Genua, 18.11.1741, in: *Goldoni*, Carteggio, 332 f.; vgl. auch das Protokoll der vorangegangenen Beratungen ebd., 331 f.

50 Dieses Kreuz hatte einst Kaiser Karl VI. dem Wiener Nuntius und späteren Kardinalstaatssekretär Giorgio Spinola, ihrem 1739 verstorbenen Bruder, geschenkt. Vgl. *Oliveri/Rodda*, Introduzione, 82. In Anm. 441 spekulieren die Autoren darüber, dass Domenico Maria Spinola ein Patron Domenico Bolognas gewesen sei, dem er seine Nominierung als Geschäftsträger zu verdanken gehabt habe.

51 Relation Carlo Goldonis. Venedig, 25.11.1741, in: *Goldoni*, Carteggio, 335–337, hier 335 f.; bemerkenswert ist, dass Goldoni in demselben Schreiben um finanzielle Unterstützung ersuchte, wobei er auf die Kosten verwies, die ihm entstünden, um die Verbindungen zu Ministern und Informanten zu pflegen und die Würde als genuesischer Konsul zu wahren. Ebd., 337.

das Geld zu kommen, dürfte sie damit keine allzu großen Erfolgshoffnungen verbunden haben.[52]

Seinen Abschlussbericht in dieser Angelegenheit verfasste Carlo Goldoni am 9. Dezember 1741. Im Zivilprozess gegen Bologna war nun das Urteil ergangen. Erwartungsgemäß konnten weder die Brüder Spinola, deren Forderungen sich immerhin auf 20.000 fl. beliefen, noch die genuesische Kammer ihre Ansprüche durchsetzen, weil die gesamten konfiszierten Besitztümer Bolognas Domenico Sauli zugesprochen wurden. Über den ehemaligen Gesandtschaftssekretär wusste Goldoni noch zu berichten, dass er für lange Zeit in Venedig zu bleiben gedenke und eine Unterkunft bezogen habe, deren Monatsmiete in Höhe von 5 Zechinen seine Brüder für ihn zahlten.[53] Zuvor hatte er versucht, Goldoni auf dem Rechtsweg zu verpflichten, ihm eine Unterstützung für Lebensunterhalt und Gerichtskosten zu zahlen, war aber damit gescheitert.[54] Offenbar ebenso vergeblich richtete Domenico Bologna am 1. März 1742 eine Supplik an die genuesischen *Collegi*, in der er durchaus selbstbewusst auf seine Verdienste um die Republik verwies und darauf beharrte, keineswegs *indegno del Servigio* zu sein.[55] Die Rückkehr nach Genua blieb ihm jedoch verwehrt, und er starb 1748 in Venedig.[56]

Ironischerweise machte Carlo Goldoni, der sich über die Machenschaften Domenico Bolognas so sehr ereiferte und sich seiner Verdienste bei dessen Inhaftierung und der Beschlagnahmung seiner Effekten so sehr gerühmt hatte, statt diese vollständig Domenico Sauli zukommen zu lassen, selbst der Unterschlagung einiger wertvoller Tabakdosen und eines Diamantrings schuldig, wie er nach längerem Leugnen im Juli 1742 einräumte. Angesichts der Finanzprobleme Goldonis ließ sich Sauli im Januar 1743 darauf ein, dass Goldoni die 140 Zechinen, die er ihm noch schuldig war, in monatlichen Raten von 6 Zechinen zurückzahle.[57]

---

52 Weisung an Carlo Goldoni. Genua, 09.12.1741, in: *Goldoni*, Carteggio, 338 f., hier 338.

53 Relation Carlo Goldonis. Venedig, 09.12.1741, in: *Goldoni*, Carteggio, 341. Domenico Sauli war bestrebt, seine Außenstände doch noch aufzutreiben, und beauftragte Goldoni in Erfahrung zu bringen, bei welcher Dame Bologna in Venedig gewohnt habe und mit welcher er am Abend seiner Verhaftung (2. November) ins Theater gegangen sei. Offenbar argwöhnte er, dass Bologna vor seiner Verhaftung Besitztümer beiseitegeschafft habe. Er versuchte auch, Bologna durch Goldoni zur Offenlegung seiner wirtschaftlichen Verhältnisse zu bewegen, und stellte ihm im Gegenzug eine finanzielle Unterstützung in Aussicht. Im Januar 1742 bereitete er dann einen Prozess gegen Bologna in Genua vor. Vgl. *Oliveri/Rodda*, Introduzione, 84 f.

54 Die Empörung Goldonis über den *coraggio* Bolognas geht aus dem Schreiben deutlich hervor. Relation Carlo Goldonis. Venedig, 02.12.1741, in: *Goldoni*, Carteggio, 339 f., hier 339.

55 Supplik Domenico Bolognas an die *Collegi*, 01.03.1742, zitiert nach *Oliveri/Rodda*, Introduzione, 73.

56 Ebd., 72.

57 Letztlich zahlte der Schwiegervater Goldonis am 9. März 1744 den Großteil der Summe. Ebd., 85–94.

Sein Schelmenstreich (*Birbanteria*) hatte die Reputation Goldonis beschädigt, doch er fand angesichts seiner finanziellen Engpässe auch ein gewisses Verständnis. Interessant ist ein Brief Giovanni Battista de Maris an Filippo Maria Lomellini vom 4. Mai 1743. Darin berichtet er, dass Goldoni es nicht mehr wage, im Haus seines in Venedig lebenden Bruders Stefano de Mari zu erscheinen. Außerdem schildert er, wie Goldoni zu seinem Konsulat gekommen sei: nämlich durch die Fürsprache Giacomo Durazzos, der ihn kennengelernt habe, als er mit der Compagnia Imer[58] in Genua gewesen sei. Dieser gute Mann habe seine Person nicht so kritisch durchleuchtet, wie es angemessen gewesen wäre, und nicht in Betracht gezogen, dass die Anforderungen an einen hauptstädtischen Konsul ganz andere seien als an diejenigen, die in kleinen Dörfern amtierten. Aus der Sicht de Maris sprach immerhin für Goldoni, dass er mit der Tochter eines genuesischen Notars (Nicoletta Conio) verheiratet war.[59]

Als de Mari diesen Brief schrieb, hatte Goldoni angesichts seiner andauernden finanziellen Nöte sein Konsulat bereits faktisch aufgegeben und Venedig verlassen. Anfang 1744 legte er sein Amt definitiv nieder.[60] In diesem Punkt ähnelt Goldonis Schicksal dem Bolognas. Damit enden die Gemeinsamkeiten jedoch: Goldonis Karriere als Komödiendichter und Librettist nahm ab 1748 wieder Fahrt auf – im selben Jahr, als Bologna in Venedig starb.

Fazit

Verfolgt man die Affäre Domenico Bologna mit ihrem Nachspiel um Carlo Goldoni, so spricht einiges dafür, dass sie die Forderungen Gianfrancesco Dorias für eine Reform des diplomatischen Apparats Genuas inspirierte. Der materielle Schaden für die Republik war zwar gering, aber ein Ansehensverlust ist durchaus in Rechnung zu stellen, wenn ein langjähriger Botschaftssekretär als „Spieler" galt, wegen undurchsichtiger Geschäfte abgesetzt wurde, sich der Aufforderung, in die Heimat zurückzukehren, entzog und nach Venedig flüchtete, wenn genuesische Patrizier sowohl in Österreich als auch in Venedig gerichtlich gegen ihn vorgingen und er sogar kurzzeitig inhaftiert wurde, wenn die Forderungen der Republik selbst gegenüber denen der genuesischen Adligen zurückstehen mussten und

---

58 Die Compagnia Imer gastierte 1736 auf Einladung Giacomo Durazzos in Genua. *Oliveri/Rodda*, Introduzione, 21.
59 Giovanni Battista de Mari an Filippo Maria Lomellini. O. O., 04.05.1743. Zitiert nach *Oliveri/ Rodda*, Introduzione, 95.
60 Vgl. ebd., 25–32; zur Familie Connio ebd., 36–49.

wenn der genuesische Konsul, der in Venedig gegen den Flüchtigen vorging, sich wenig später selbst der Unterschlagung schuldig machte.

Andererseits dürfte manches von dem, was aus heutiger Perspektive – und womöglich auch für Gianfrancesco Doria – als skandalös oder zumindest fragwürdig erschien, den meisten Zeitgenossen vertraut gewesen und von ihnen allenfalls mit Nachsicht getadelt worden sein. Dass sowohl Domenico Bologna als auch Carlo Goldoni zusätzlich zu den diplomatischen Angelegenheiten der Republik für Dritte, darunter namhafte genuesische Patrizier, tätig wurden, war offenbar kein Skandalon. Es geschah mit dem Wissen der *Collegi*, die nicht einmal um Erlaubnis gefragt wurden und es ihrerseits überhaupt nicht infrage stellten, dass die finanziellen Ansprüche der Republik denen einzelner Patrizier nachgeordnet wurden.

Interessanterweise reagierten die *Collegi* in der Affäre Bologna deutlich entspannter als ihr unerfahrener Gesandter in Wien Rudolfo Maria Brignole Sale. Sie konnten dies tun, indem sie gewissermaßen eine Trennung zwischen dem Gesandtschaftssekretär und dem Privat- und Geschäftsmann Domenico Bologna vornahmen. Da sie ihm den diplomatischen Status entzogen und dafür Sorge trugen, dass seine Dienstakten sichergestellt wurden, konnten sie sich auf die Position zurückziehen, der ganze Skandal tangiere nicht die Republik, sondern nur die Privatperson Domenico Bologna. Schon vor diesem Hintergrund waren dessen Appelle an die genuesische Fürsorge und Dankbarkeit ziemlich aussichtslos.

Schließlich verursachten altgediente und an ihrem Dienstort gut vernetzte niederrangige Diplomaten nicht nur Probleme. Gerade ihre Erfahrung und ihre Verbindungen konnten sie besonders wertvoll machen. Domenico Bologna war eben deswegen in der Lage, interimsweise die genuesischen Interessen am Wiener Hof durchaus mit Erfolg zu vertreten[61], und Carlo Goldonis Vorgehen gegen Bologna wurde durch seine Kenntnis der venezianischen Justiz begünstigt. Freilich profitierte in diesem Fall nicht die Republik von diesen Kenntnissen, sondern Domenico Sauli.

Damit ist angesprochen, dass die Aktivitäten (nicht nur) niederrangiger Diplomaten neben ihren Beziehungen am Dienstort auch durch ihre Vernetzungen mit dem Land und Hof bzw. den Gremien des Dienstherrn determiniert wurden.[62] Die jüngere Forschung hat einhellig den hohen Stellenwert von Patronagenetzwerken

---

61 So erlangte Bologna dank seines Kontakts zum kaiserlichen Leibarzt Longobardi im Herbst 1740 Informationen über die letzte Krankheit Karls VI. Außerdem rühmte er sich wenig später seiner guten Beziehungen zum französischen Legationssekretär. Vgl. *Schnettger*, „Codesta nuova corte", 77, Anm. 14. – Auch Bolognas Hauptgläubiger Domenico Sauli setzte, um erfolgreich gegen Bologna vorzugehen, mit Poli und Goldoni auf Prokuratoren, die vor Ort bestens vernetzt waren.
62 Auch die Netzwerke der in die Affäre verwickelten Personen sind im Rahmen dieses Beitrags nicht restlos aufzudecken. So würde man gern mehr über die Einflussnahme Domenico Saulis auf die genuesische Regierung wissen. Auch die Auffälligkeit, dass nach der Absetzung Domenico

als ein prägendes Charakteristikum frühneuzeitlicher Diplomatie hervorgehoben und in diesem Zusammenhang auch auf die daraus resultierenden multiplen Loyalitäten und möglichen Loyalitätskonflikte hingewiesen.[63] Diese Problematik stellte sich für den diplomatischen Apparat der Republik Genua noch stärker als für den der europäischen Monarchien. Denn während bei diesen klar definiert war, wer der Souverän und höchste Patron war, standen in Genua die Oberhäupter der führenden Adelsfamilien als prinzipiell gleichrangige Patrone nebeneinander, von denen nicht wenige ihrerseits Klienten des Allerchristlichsten Königs, des Katholischen Königs oder des Kaisers waren.[64]

Genau solche prekären Loyalitäten waren es, gegen die sich die Reformforderungen Gianfrancesco Dorias richteten, der mit einer besseren finanziellen Ausstattung, der Etablierung eines auch für Patrizier attraktiven *Cursus Honorum* und einer gewissen Professionalisierung letztlich nichts weniger als eine Zeitenwende in der genuesischen Diplomatie – und darüber hinaus – beschwor. Damit war er freilich seiner Zeit allzu weit voraus. Selbst unter den Gesandten der großen Mächte dominierten um die Mitte des 18. Jahrhunderts noch Diplomaten vom „type ancien" und steckte die Ausbildung von Berufsdiplomaten noch in den Kinderschuhen.[65] Eine allgemeine Zeitenwende hin zu einer „modernen" Diplomatie erfolgte erst Jahrzehnte später.

In der Republik Genua kam es bis zu ihrem Ende zu keiner grundlegenden Reform des diplomatischen Apparats, und es gibt auch für die zweite Hälfte des 18. Jahrhunderts Beispiele für die von Gianfrancesco Doria identifizierten Missstände. Die genuesische Republik blieb – in offensichtlichem Gegensatz zum Reichtum etlicher ihrer Patrizier – finanziell unterausgestattet, und deren Bereitschaft, sich rückhaltlos dem Dienst an ihrer Vaterstadt zu widmen, war nach wie vor begrenzt.[66] Im Jahr 1752 wechselte mit Giacomo Durazzo ein weiterer genuesi-

---

Bolognas als Legationssekretär ausgerechnet dessen Bruder diese Funktion übernahm, lässt weitergehende Forschungen attraktiv erscheinen.

63 Vgl. *Emich* u. a., Stand und Perspektiven; *Windler/Thiessen*, Nähe in der Ferne; den Zusammenhang von Patronage und Korruption akzentuieren besonders *Karsten/Thiessen*, Nützliche Netzwerke; *Asch/Emich/Engels*, Integration; *Engels*, Geschichte, 37–82; in einem spezifischen Spannungsverhältnis bezüglich ihrer Loyalitäten standen die Reichshofratsagenten. Vgl. *Dorfner*, Mittler; zur besonderen Situation der Sekretäre *Kühnel/Vogel*, Zwischen Domestik und Staatsdiener.
64 Es sei darauf hingewiesen, dass diese geteilten Loyalitäten spezifische kommunikative Herausforderungen mit sich brachten. So galt es, gegenüber den *Collegi* einerseits den Diensteifer für die Republik herauszustellen und andererseits genau abzuwägen, welche Informationen über die sonstigen Aktivitäten man ihnen zukommen lassen wollte. Zu den kommunikativen Herausforderungen an frühneuzeitliche Diplomaten vgl. *Dorfner/Kirchner/Roll*, Berichte.
65 Vgl. *Thiessen*, Diplomatie; ders., Diplomacy.
66 Vgl. *Schnettger*, „Ihr Augenmerck ist Reichthum".

scher Gesandter am Wiener Hof in habsburgische Dienste.[67] Auch das Phänomen, dass niederrangige genuesische Diplomaten über Jahrzehnte an einem Dienstort blieben, lässt sich in der zweiten Hälfte des 18. Jahrhunderts mehrfach beobachten.[68] Man könnte somit die Reformforderungen Gianfrancesco Dorias – und dies gilt nicht nur für den Bereich der Außenbeziehungen – als ein Beispiel dafür bewerten, dass im Angesicht einer offenkundigen Krise häufiger eine Zeitenwende beschworen wird, als dass daraus die notwendigen und nicht selten unbequemen Konsequenzen gezogen werden.

Bibliografie

Ungedruckte Quellen

Archivio di Stato di Genova, Archivio segreto (ASt Ge, AS) 2585.

Gedruckte Quellen

Goldoni, Carlo, Carteggio consolare con la Repubblica di Genova, hrsg. v. Franco P. Oliveri/Giordano Rodda (Carlo Goldoni. Le opere. Edizione nazionale), Venezia 2021.

Literatur

Asch, Ronald G./Birgit *Emich*/Jens I. *Engels*, (Hrsg.), Integration – Legitimation – Korruption. Politische Patronage in Früher Neuzeit und Moderne, Frankfurt a. M. u. a. 2011.
Assereto, Giovanni, Art. Durazzo, Giacomo Pier Francesco, in: Dizionario Biografico degli Italiani, Bd. 42, Rom 1993, 150–153. [https://www.treccani.it/enciclopedia/giacomo-pier-francesco-durazzo_%28Dizionario-Biografico%29/; 11.4.2024].

---

67 Er wirkte lange Jahre als „Hofspektakeldirektor" und „Hofkammermusikdirektor", bevor er 1764 auf den traditionsreichen, aber mittlerweile politisch unbedeutenden Posten eines Botschafters in Venedig abgeschoben wurde, den er bis 1784 innehatte. Durch seine Ehe mit Aloisia Ernestine Ungnad von Weißenwolf knüpfte Durazzo bereits im März 1750 eine Verwandtschaft mit dem österreichischen Adel an. Vgl. *Assereto*, Durazzo, Giacomo Pier Francesco; *Podestà*, Giacomo Durazzo; kurz vor der Niederschrift von Dorias Reformprogramm war mit Girolamo Grimaldi ein namhafter Patrizier in spanische Dienste getreten, der 1763 sogar zum Ersten Minister Karls III. aufstieg. Vgl. *Benzoni*, Grimaldi, Girolamo.
68 So wurde 1752 der bisherige Legationssekretär in Wien Maurizio de Ferrari zum Geschäftsträger und 1754 zum Residenten ernannt, ein Posten, den er bis 1765 innehatte. Vgl. *Vitale*, Diplomatici, 126; in Rom war Serafino Figari gar von 1766 bis 1796 als Agent tätig. Vgl. ebd., 27.

Benzoni, Gino, Art. Grimaldo, Girolamo, in: Dizionario Biografico degli Italiani, Bd. 59, Rom 2002, 543–550 [https://www.treccani.it/enciclopedia/girolamo-grimaldi_%28Dizionario-Biografico%29/; 11.4.2024].

Bitossi, Carlo, „La Repubblica è vecchia". Patriziato e governo a Genova nel secondo Settecento (Studi di storia moderna e contemporanea, 17), Rom 1995.

Bologna, Marco, La famiglia Sauli, in: L'Archivio Sauli di Genova, hrsg. v. dems. (Pubblicazioni degli Archivi di Stato, Strumenti, 149; Atti della Società Ligure di Storia Patria N. S. 40, Fasz. 2), Genova 2000, 11–37.

Braubach, Max, Eine Satire auf den Wiener Hof aus den letzten Jahren Kaiser Karls VI., in: Mitteilungen des Instituts für Österreichische Geschichtsforschung 53 (1939), 21–78.

Ciappina, Margherita, Brignole Sale, Rodolfo, in: Dizionario Biografico degli Italiani, Bd. 14, Roma 1972, [https://www.treccani.it/enciclopedia/rodolfo-brignole-sale_%28Dizionario-Biografico%29/; 30.3.2024].

Costa, Antonio, Gian Luca Pallavicino e la Corte di Vienna (1731–1753), in: Giornale storico e letterario della Liguria N. S. 2 (1926), 113–132, 204–218.

Costantini, Claudio, La Repubblica di Genova, Torino 1986 (Storia d'Italia 9).

Dorfner, Thomas, Mittler zwischen Haupt und Gliedern. Die Reichshofratsagenten und ihre Rolle im Verfahren (1658–1740) (Verhandeln, Verfahren, Entscheiden – Historische Perspektiven, 2), Münster 2015.

Dorfner, Thomas/Thomas *Kirchner*/Christine *Roll* (Hrsg.), Berichten als kommunikative Herausforderung. Europäische Gesandtenberichte in praxeologischer Perspektive (Externa, 16), Köln/Weimar/Wien 2021.

Emich, Birgit u. a., Stand und Perspektiven der Patronageforschung. Zugleich eine Antwort auf Heiko Droste, in: Zeitschrift für Historische Forschung 32 (2005), 233–265.

Engels, Jens I., Geschichte der Korruption. Von der Frühen Neuzeit bis ins 20. Jahrhundert (S. Fischer Geschichte), Frankfurt a. M. 2014.

Felloni, Giuseppe, Gli investimenti finanziari genovesi in Europa tra il Seicento e la Restaurazione (Università degli Studi di Genova, Istituto di Storia Economica, 5), Milano 1971.

Frey, Linda S./Marsha L. *Frey*, The History of Diplomatic Immunity, Columbus 1999.

Karsten, Arne/Hillard von *Thiessen*, Nützliche Netzwerke und korrupte Seilschaften, Göttingen 2006.

Krischer, André, Das Gesandtschaftswesen und das vormoderne Völkerrecht, in: Rechtsformen internationaler Politik. Theorie, Norm und Praxis vom 12. bis 18. Jahrhundert, hrsg. v. Michael Jucker (Zeitschrift für Historische Forschung, Beiheft 45), Berlin 2011, 19–239.

Kühnel, Florian/Christine *Vogel* (Hrsg.), Zwischen Domestik und Staatsdiener. Botschaftssekretäre in den frühneuzeitlichen Außenbeziehungen (Externa, 15), Köln / Weimar / Wien 2021.

Oliveri, Franco P./Giordano *Rodda*, Introduzione, in: *Goldoni*, Carteggio consolare, 15–205.

Piccardo, Lara, Doria, Giovanni Francesco, in: Dizionario Biografico dei Liguri. Bd. 7, Genova 2008, 144–147.

Podestà, Emilio, Giacomo Durazzo da genovese a cittadino d'Europa (Memorie dell'Accademia Urbense, N. S. 7), Ovada 1992.

Ponte, Raffaella, Brignole Sale, Ridolfo, in: Dizionario Biografico dei Liguri, Bd. 2, Genua 1994, 245 f.

Rodda, Giordano, Diplomatiche distanze. Goldini cronista della Prima Guerra di Slesia, in: Diplomatici en travesti. Letteratura e politica nel „lungo" Settecento, hrsg. v. Valentina Gallo/Monica Zanardo (Temi e testi, 225), Roma 2022, 66–77.

Schnettger, Matthias, Die Republik als König. Republikanisches Selbstverständnis und Souveränitätsstreben in der genuesischen Publizistik des 17. Jahrhunderts, in: Majestas 8/9 (2002), 171–208.

Schnettger, Matthias, „Principe sovrano" oder „civitas imperialis"?. Die Republik Genua und das Alte Reich in der Frühen Neuzeit (1556–1797) (Veröffentlichungen des Instituts für Europäische Geschichte, 209; Abteilung für Universalgeschichte; Beiträge zur Sozial- und Verfassungsgeschichte des Alten Reiches, 17), Mainz 2006.

Schnettger, Matthias, Die Grenzen der Freiheit. Die Republik Genua und ihre königlichen Beschützer in der Frühen Neuzeit, in: Protegierte und Protektoren. Asymmetrische politische Beziehungen zwischen Partnerschaft und Dominanz (16. bis frühes 20. Jahrhundert), hrsg. v. Tilman Haug/Nadir Weber/Christian Windler (Externa, 9), Köln/Weimar/Wien 2016, 89–106.

Schnettger, Matthias, „Codesta nuova corte". Außensichten auf den Wiener Hof im Spätjahr 1740, in: Weibliche Herrschaft im 18. Jahrhundert. Maria Theresia und Katharina die Große, hrsg. v. Bettina Braun/Jan Kusber/dems. (Mainzer Historische Kulturwissenschaften, 40), Bielefeld 2020, 73–109.

Schnettger, Matthias, „Ihr Augenmerck ist Reichthum". Wahrnehmungen und Bewertungen des genuesischen Adels im 17. und 18. Jahrhundert, in: Decorum und Mammon im Widerstreit?. Adeliges Wirtschaftshandeln zwischen Standesprofilen, Profitstreben und ökonomischer Notwendigkeit, hrsg. v. Annette C. Cremer/Alexander Jendorff (Höfische Kultur interdisziplinär, 4), Heidelberg 2022, 129–152.

Thiessen, Hillard von, Diplomatie vom *type ancien*. Überlegungen zu einem Idealtypus des frühneuzeitlichen Gesandtschaftswesens, in: Akteure der Außenbeziehungen. Netzwerke und Interkulturalität im historischen Wandel, hrsg. v. Hillard von Thiessen/Christian Windler (Externa, 1), Köln/Weimar/Wien 2010, 471–503.

Thiessen, Hillard von, Diplomacy in a Changing Political Order. An Actor-centered View of European Diplomats at the Time of the War of the Spanish Succession, in: The War of the Spanish Succession. New Perspectives, hrsg. v. Matthias Pohlig/Michael Schaich (Studies of the German Historical Institute London), Oxford 2018, 63–84.

Thiessen, Hillard von/Christian *Windler* (Hrsg.), Nähe in der Ferne. Personale Verflechtung in den Außenbeziehungen der Frühen Neuzeit (Zeitschrift für Historische Forschung, Beiheft 36), Berlin 2005.

Vitale, Vito, Diplomatici e consoli della Repubblica di Genova (Atti della Società Ligure di Storia Patria, 53), Genova 1934.

Zunckel, Julia, Diplomatische Geschäftsleute – geschäftstüchtige „Diplomaten": Akteure der genuesischen Außenbeziehungen in der Frühen Neuzeit zwischen Wirtschaft und Politik, in: Akteure der Außenbeziehungen. Netzwerke und Interkulturalität im historischen Wandel, hrsg. v. Hillard von Thiessen/Christian Windler (Externa, 1), Köln/Weimar/Wien 2010, 31–44.

Teil II: **Kommunikations- und Vermittlungsversuche in Zeitenwechseln frühneuzeitlicher Herrschaft**

Gabriele Haug-Moritz
Monarchische Herrschaft im Wandel?

Machtdelegation im Reich der Teutschen Nation und im Königreich
Frankreich im 16. Jahrhundert, vergleichend betrachtet

Die geschichtswissenschaftliche Forschung ist sich einig. Beschleunigter Wandel
ist zu konstatieren, wenn monarchische Herrschaft im Lateineuropa des 16. Jahrhunderts betrachtet wird. Das „Wachstum der Staatsgewalt" (Wolfgang Reinhard)
wird für das Reich der Teutschen Nation seit der Zeit um 1500 als „Verdichtung"
(Peter Moraw), für das spätmittelalterliche Frankreich (und England) als ein Mehr
an „Koordination" (John Watts) auf den Begriff gebracht.[1] Dank der Leistungen
der jüngeren Forschung sind wir heute über diese Prozesse in ihren, raum-zeitlich
in Lateineuropa divergierenden phänomenologischen Erscheinungsformen wesentlich besser informiert als vor 50 Jahren – zum Beispiel über die Transformation des Sozialgebildes Hof (Stichwort: Ansätze zur Ausformung von Herrschafts-
apparaten) oder auch über die Veränderungen der Modalitäten politischer
Mitsprache.[2] Von ganz unterschiedlichen „Sehepunkten" her hat eine kulturgeschichtlich inspirierte verfassungs-, verwaltungs-, stände- oder auch rechtsge-
schichtlich arbeitende Geschichtswissenschaft die Veränderungsdynamiken er-
hellt und alte Gewissheiten verabschiedet. „Traumwandlerisch" habe sich dieser
Gestaltwandel vollzogen, so eine der wenigen Versuche, diese Entwicklungen
nicht nur auf den Begriff zu bringen, sondern sie auch zu charakterisieren.[3] Das
„Traumwandlerische" aber analytisch präziser zu fassen, dieser Versuch wurde
bislang nicht unternommen. Das Fragezeichen im Titel steht für diese Leerstelle.
Eine der vielen Möglichkeiten, Wandel präziser argumentieren zu können, möchte ich im Folgenden ausloten und zur Diskussion stellen.

Ich bediene mich der Popitz'schen Machtanthropologie als heuristischen In-
strumentariums.[4] Mit ihren Charakterisierungen der „Grundformen von Macht"
(Aktionsmacht, instrumentelle, autoritative und datensetzende Macht) kann sie
analytisch ebenso fruchtbar gemacht werden wie mit ihren auf Institutionalisierung von Macht zielenden Überlegungen. Institutionalisierung ist in Popitzschem

---

1 *Reinhard*, Wachstum, 59–75; *Moraw*, Verfassung; *Watts*, Making of polities.
2 Unmöglich ist es, auch nur die wichtigsten Studien nachzuweisen. Einige wichtige Namen werden bei den Detailnachweisen im Folgenden genannt werden.
3 *Hébert*, Voix, 288, spricht von „somnambulisme", um einen der zentralen Veränderungsprozesse monarchisch verfasster Staatlichkeit seit dem 14. Jahrhundert, die Veränderung der Modalitäten politischer Mitsprache, zu beschreiben.
4 *Popitz*, Phänomene.

https://doi.org/10.1515/9783111384214-006

Verständnis weiter gefasst als in der historischen Institutionentheorie. Sie meint „,Verfestigung', ‚Festlegung', ‚Feststellung' sozialer Beziehungen", das heißt Prozesse, die Machtgefüge komplexer machen, sie verfestigen, und damit zu „Herrschaft" werden lassen.[5] Herrschaft ist in diesem Verständnis dadurch gekennzeichnet, dass die zeitliche Kontinuität des Amtes die Stellung des Machthabers begründet und zudem gesellschaftlich akzeptiert ist, dass er über normierende Macht verfügt. Solche normierende Macht begegnet als instrumentelle Macht, das ist die Macht des Strafens und Belohnens, und sie wird symbolisch-expressiv als überindividuelle „Aura" beglaubigt, das heißt sie begegnet als autoritative Macht, die im „Amts- oder Gentilcharisma" verankert ist. Durch „Delegation von Entscheidungen und Verleihung von Vertretungsrechten" soll die dergestalt institutionalisierte Macht tradiert werden.[6] Kurz: Neben Formalisierung (Regeln, Rituale, Verfahrensweisen) und Integrierung (Einbindung in gesellschaftliche Gefüge) ist die Entpersonalisierung eines der Elemente, die für Herrschaft konstitutiv sind. Letzterer gilt, empirisch vergleichend betrachtet, im Folgenden meine Aufmerksamkeit. Anders formuliert: Ich bediene mich dieser Popitz'schen Kategorie als Sonde, um einen Vorschlag zu unterbreiten, wie sich „Zeitenwechsel" analytisch präziser fassen ließe als es Konzeptualisierungen möglich ist, die sich biologischer Metaphorik („Wachstum") bedienen.

„Macht steht und fällt nicht mehr mit dieser einen Person, die augenblicklich das Sagen hat. Sie verbindet sich sukzessive mit bestimmten Funktionen und Stellungen, die einen überpersonalen Charakter haben", so die Popitz'sche Definition von Entpersonalisierung,[7] die in nuce das beschreibt, was Ernst Kantorowicz, spezifiziert auf die Position des Monarchen, als mittelalterliche „politische Theologie" zu plausibilisieren versuchte. Dass Kantorowicz' „Kronzeugen" für die zwei Existenzformen des königlichen Körpers, den leibhaftig-sterblichen und den unsterblichen, jedoch nicht aus dem Mittelalter, sondern aus dem frühneuzeitlichen Frankreich (und England) stammen,[8] erstaunt nicht, wenn man weiß, dass sich die Körpermetaphorik zwar als Imagination gesellschaftlicher Ordnung bis in die Antike zurückverfolgen lässt, dass sie aber erst in der Zeit der Konzilien theoretisiert wurde, um konziliare Praxis, auf ganz widersprüchliche Art, zu legitimieren.[9] Aus der, jenseits ihrer hierarchischen Grundstruktur, Unbestimmtheit der Körpermetaphorik resultiert ihre Anschlussfähigkeit, in Popitz'scher Diktion: ihre

---

5 Ebd., 234; vgl. auch 232–236.
6 Ebd., 245 f.
7 Ebd., 233.
8 Kantorowicz, Körper; *Jussen*, King's Two Bodies, 102–117, hier v. a. 105; vgl. auch *Marek*, Körper, 18 f.
9 Zu den vielfältigen Wurzeln der Imagination der Gesellschaft als eines unsterblichen politischen Körpers vgl. Koschorke u. a., Staat, 64–102; *Peil*, Untersuchungen, 302–337 und zu den spät-

Einbindung in soziale Gefüge, zuerst in das Gefüge der Kirche, dann in das der weltlichen Ordnung. Denn je nachdem wie man die Beziehungen zwischen dem verbindenden Gemeinsamen – Kirche, Heiliges Römisches Reich, Königreich –, Papst/Monarch (Haupt), mitspracheberechtigten Gruppen und *peuple* (Glieder) sich erzählte, rituell dar- wie herstellte und schließlich, seit dem ausgehenden 16. Jahrhundert, auch theoretisch reflektierte, war dieser Körper formbar, ließ sich das Überpersonale ganz unterschiedlich verorten. Holzschnittartig: Der sterbliche Körper des französischen Königs *ist* der mystisch-sakrale Körper des Königreichs und die Sakralität des Königreichs fließt aus dem königlichen Körper, so die im Krönungsritual inszenierte „Aura" der französischen Könige. Ganz anders konfiguriert ist Macht im Heiligen Römischen Reich. Seit dem Spätmittelalter ist es in Römischem König *und* Kurfürsten verkörpert und, seit Maximilian I., der Teutschen Nation überantwortet. Der König/Kaiser herrscht ‚von des Reiches wegen' und seit dem 15. Jahrhundert gewinnt die aus dem Sacrum Imperium abgeleitete, im Akt des Kürens erfahrbar werdende Heiligkeit des Königs als „Wahlheiligkeit" gegenüber seiner persönlichen Geblütsheiligkeit immer mehr an Gewicht.[10] Unauflöslich, da performativ seit der Zeit um 1500 stabilisiert, ist der Widerspruch zwischen ideeller Gleichordnung von Römischen König und Kurfürsten/Teutscher Nation im gemeinsamen Dienst am Heiligen Reich und faktischer, im Lehnsrecht begründeter Über- und Unterordnung von oberstem Lehnsherrn und seinen Lehensleuten.[11]

Doch wie auch immer das Phantasma eines politischen Körpers die Erscheinungsformen von Welt hervorbrachte, die es voraussetzte, es lieferte nur eine prekäre Legitimation gesellschaftlicher Machtbeziehungen. Denn die dynastische Verfasstheit der meisten europäischen *Rei publicae* machte bei jedem Herrschaftsübergang den Spannungsbogen zwischen königlichem Menschen und königlichem Amt beobachtbar und nötigte die höfischen Akteure dazu, ihn rituell zu bewältigen. Rituale als stabilisierte normative Verhaltenserwartungen, seien es solche, die den toten Körper verabschieden und den Körper des Nachfolgers als den

---

mittelalterlichen Denkbewegungen im Umfeld der Konzilien *Hofmann*, Repräsentation, 116–321 sowie zusammenfassend zum Konzept Repräsentation um 1500 *ders.*, Rechtsbegriff, 523–545.

10 Immer noch grundlegend Schubert, König und Reich, hier 253 f., 267–276 und zur identischen Konzeptualisierung der Kirche bei den Konziliaristen *Hofmann*, Repräsentation, 266–271; zum Frankreich des 16. Jahrhunderts zuletzt, wenn ich richtig sehe, *Roberts*, Kingdom's two bodies, 147–164.

11 Die Arena, in der dieser Widerspruch immer wieder aufs Neue aufgeführt wird, ist der sich allmählich ausformende Reichstag. Vgl. hierzu, mit Literaturnachweisen, *Haug-Moritz*, Reichstag, Sp. 263–274; das frühneuzeitliche Lehenswesen im Reich stellt immer noch ein zentrales Forschungsdesiderat dar. Vgl. zuletzt, mit der wenigen älteren Literatur, *Roll*, Rechtsordnung; *Schenk*, Reichshofrat, 255–294; sowie *Schnettger*, Reichslehnswesen, 304–310.

des sterblichen wie unsterblichen Königs hervorbringen, können in einem engeren zeitlichen Zusammenhang stehen, so im französischen Königreich, oder in einem weiteren, wie im Reich, immer aber ist die liminale Phase der Herrschaftstransition auf wenige Wochen beschränkt.[12] Nicht situativ-rituell aber lassen sich
die zwei kontingenten Konstellationen überbrücken, die Person und Amt dauerhafter als divergent erweisen – die Abwesenheit des Herrschers von seinem Herr-
schaftsgebiet zum einen, die Minderjährigkeit des Herrschers zum anderen.

Dass in beiden Gemeinwesen, die vergleichend betrachtet werden, solche
Konstellationen zur Vorgeschichte militärischer Gewalteskalation gehören, in die
die Monarchen, habsburgischer Familienverband und die Valois, involviert waren
(Schmalkaldischer Krieg 1546/47; Erster Französischer Religionskrieg 1562/63),
deutet jedoch schon zu Beginn auf eine Erkenntnis, die Horst Rabe in Hinblick auf
die Person Kaiser Karls V. bereits 1987 formulierte: „Herrschaft [bedeutet] die
konkrete und persönliche Demonstration von Macht und Autorität".[13] Die Machtdelegation ist demnach das Tertium Comparationis. Dies hat zur Folge, dass im
Folgenden für Frankreich die Anfangsphase der Religionskriege, für das Reich die
Zeit bis zum Frühsommer 1546 im Zentrum steht. Der sehr unterschiedlich lange
währenden Genese und der ideellen Fundierung der Machtdelegation in beiden
Gemeinwesen gilt im ersten Teil meine Aufmerksamkeit. Wie die delegierte Macht
in den jeweiligen politischen Körper eingefügt wurde und wie diese Einfügung
Dritten kommuniziert wurde, wird Gegenstand des zweiten Teils meiner Ausfüh-
rungen sein. Ich schließe mit einem knappen Fazit.

I.

Weder war die Minderjährigkeit eines französischen Königs noch die temporäre,
meist kriegsbedingte, Abwesenheit eines Herrschers eine Problemstellung, die
sich im Reich erstmals 1519/21 beziehungsweise in Frankreich erstmals 1560/61
stellte. Die Lösungen, die man Ende des zweiten Dezenniums des 16. Jahrhunderts
im Reich und zu Beginn des siebten in Frankreich fand, schreiben sich in eine, in

---

12 Zur Ritualtheorie und auch zu den Ritualen der Macht im Überblick *Stollberg-Rilinger*, Rituale. Dass diese rites de passage / d'initiation (Bourdieu) quellenmäßig erst im 16. Jahrhundert um-
fänglicher fassbar werden (*Schenk*, Zeremoniell, 89), hat viele Gründe, ist aber auch Ursache wie
Ausdruck dessen, dass den Zeitgenossen die Notwendigkeit unabweisbarer wurde, Machtinstitutionalisierung auf Dauer zu stellen. Zur ereignisgeschichtlichen Seite sei hier und für das Folgende verwiesen auf *Jouanna*, Histoire et Dictionnaire und als Handbuchdarstellung für das Reich
auf *Rabe*, Reich, v. a. 112–257.
13 *Rabe/Marzahl*, Comme représentant, 79.

Frankreich bis in das beginnende 15. Jahrhundert, im Reich bis ins Jahr 1495 zurückreichende Geschichte ein. Es ist diese Vorgeschichte, die im Wissenshaushalt
der Akteure verankert war,[14] die sowohl für das Reich als auch für Frankreich
verdeutlicht, worin das Neue der Situation zum Zeitpunkt des Herrschaftsantritts
Karls V. beziehungsweise Karls IX. bestand: In Frankreich hatten seit dem beginnenden 14. Jahrhundert die Könige, wenn die Möglichkeit bestand, dass ihr Nachfolger minderjährig sein könnte, explizit geregelt, wem die Vormundschaft überantwortet sein sollte.[15] 1560 aber war dies nicht der Fall, zu unerwartet war der
Tod des 16-jährigen Franz II. gewesen. Und Karl V. war der erste Herrscher des
Reichs, der zwar – wie er es selbst 1521 formulieren ließ – *als ain geborener Teutscher* [...] *derselben* [Teutschen] *nation mit sonder lieb* zugetan, der aber zudem
von Gott *mit viel konnigreichen und landen reichlich und vilfaltig mit gnaden und
gaben fursehen* worden war.[16] Ein Regiment für die Zeit der königlichen Abwesenheit zu errichten, *wie vormals* [1495] *bedacht und auf der pan* [1500] *gewest,*[17] war
eine der kurfürstlichen, in der Wahlkapitulation verschriftlichten Bedingungen
seiner Wahl 1519 gewesen. Über deren Konkretion sollte – neben vielem anderem – auf dem ersten Reichstag gemeinsam beraten werden. Sowohl für Frankreich als auch für das Reich existierten daher Handlungsskripte, allerdings keine
beziehungsweise nur ansatzweise formalisierte Verfahren, mit der aktuellen Situation umzugehen.

Reich: Als Karl V. im Herbst 1520 erstmals im Reich eintraf, um sich in Aachen
krönen zu lassen und anschließend in Worms seine erste Reichsversammlung abzuhalten, stand daher das „Ob" der Errichtung eines Regiments, allerdings nicht
das „Wie" jenseits allen Dissenses. Das seit der Goldenen Bulle (1356) in hohem
Maße formalisierte Wahlverfahren und die erste verschriftlichte, durch kaiserliches Siegel und kaiserlichen Eid bekräftigte Wahlabrede legte die Akteure fest.
Am 16.2.1521 begannen in Worms die Verhandlungen, die auf das schriftlich gespeicherte Erfahrungswissen, also die geplante Regimentsordnung von 1495, zurückgriffen. Rasch und, wie das gesamte Verhandlungsgeschehen auf dem Worm-

---

14 Zum Reich vgl. unten; zu Frankreich *Dupuy*, Majorité, 1–33 (Gutachten Jean Du Tillets für
Katharina von Medici, 20.9.1560).

15 Zur Vorgeschichte von Katharina von Medicis Vormundschaft *Crawford*, Performances, v. a.
214; *Cosandey*, Puissance maternelle, Abs. 7 und als knappen Überblick (auch) über die Häufigkeit
von Regentschaften im Europa des 13. bis 19. Jahrhunderts *Corvisier*, Pour une enquête.

16 *Wrede*, Reichstag zu Worms 1521,186 (künftig zitiert als: RTA 1521).

17 In fünf Ausgaben (Erfurt, Köln, Augsburg und zwei aus Straßburg) aus dem Jahr 1519 liegt die
Verschreibung und Verwilligung ‚Karls gegen das Heilige Reich' – und nicht gegen(-über) den
Kurfürsten – vor (www.vd16.de; D1145–1148, ZV 4435); vgl. jetzt *Burgdorf*, Wahlkapitulationen,
22 f.; zum „vormals" vgl. *Roll*, „Sin lieb", 5–43 sowie dies., Reichsregiment (1500–1502, 1521–
1530), 283–287.

ser Rathaus, nicht im Vordergrund der Versammlung stehend, denn die Wormser Versammlung war weit mehr altüberkommener Hof-, denn „neuer" Reichstag, vermochte man sich zu verständigen. Im Reichsabschied von 1521 schriftlich fixiert, und damit als auf dem Konsens von König und Reich beruhend ausgeflaggt, wurde ein Regiment etabliert.[18] Bis Sommer 1530, als Karl V. als gekrönter (und nicht mehr nur Erwählter) Römischer Kaiser ins Reich zurückkehrte, ‚vertrat' es den seit Frühjahr 1522 nicht mehr in seinen mitteleuropäischen Ländern weilenden König. Vor der Folie des Skripts der Jahre 1495/1500 verdeutlichen die Genese des Regiments 1521 wie dessen Geschichte in den 1520er Jahren das Entscheidende: In der Regimentsordnung von 1500 wurde das Regiment umfassend bevollmächtigt und seine Zuständigkeit umfassend definiert, kurz: das Regiment zur, allerdings auf sechs Jahre befristeten (de facto: zwei Jahre währenden) Organisationsform von König und Reich.[19] Im Gegensatz hierzu verstanden es die kaiserlichen Unterhändler in Worms 1521 und die kaiserlichen Vertreter am Regiment in den 1520er Jahren, dessen Position im Spannungsfeld von königlicher und (kur-)fürstlicher Repräsentation des Heiligen Reichs, gerade auch semantisch, zu verschieben. Das Regiment amtierte nur in Zeiten kaiserlicher Abwesenheit; es stand nicht unter der Leitung eines Präsidenten (des Regiments), sondern des, allerdings erst zum Zeitpunkt der Abreise Karls (22.3.1522) bevollmächtigten königlichen Statthalters, das war, wie 1521 im Reichsabschied festgehalten wurde, der Kaiserbruder Don Ferdinand; und es entwickelte sich in den 1520er Jahren immer mehr zu einem „kaiserlichen Regentschaftsrat" – so Christine Roll –, der denjenigen glich (ohne mit ihnen strukturell identisch zu sein), die Karl auch in seinen anderen Ländern für die Zeiten seiner Abwesenheit einrichtete.

Christine Roll hat auf eine, im Vergleich zur Regimentsordnung von 1500 kleine, aber bezeichnende semantische Verschiebung aufmerksam gemacht, in der die zwischen Identitäts- und Stellvertretungsrepräsentation oszillierende Stellung des Regiments sich Dritten gegenüber beispiel- und zeichenhaft verdichtete. Das Regiment von 1500 gewährleistete die Verbindlichkeit seiner Mandate mit königlichem Siegel, der Formel *Ad mandatum domini Regis in consilio Imperii* und der handschriftlichen Initiale des Namens eines der anwesenden Kurfürsten. Das Regiment der 1520er Jahre bediente sich ebenfalls, nachdem der Kaiser sein Siegel unmittelbar vor seiner Abreise im Januar 1522 an das Regiment übergeben hatte, des königlichen Siegels, verwandte aber die Publikationsformel *ad mandatum domini imperatoris in consilio imperiali* und akzeptierte im November 1522 die kaiserliche Deklaration, dass die Unterschrift seines Bruders, des Statthalters, für die

---

18 RTA 1521, 173–233; 730–732; zum Zweiten Reichsregiment grundlegend *Roll*, Zweite Reichsregiment; vgl. auch dies., Zeiten, 263–291, v. a. 268–280.
19 *Buschmann*, Kaiser und Reich, 195–214, v. a. 197 f.

Geltung der Regimentsmandate hinlänglich sei.[20] „Mit der Ersetzung des Substantivs ,*imperium*' durch das Adjektiv ,*imperialis*' gelang es den kaiserlichen Räten nämlich, den ,Reichsrat' von 1500 in einen ,kaiserlichen Rat' zu verwandeln: ,in consilio *imperii*' heißt eindeutig ,in *des Reichs* Rat', demgegenüber kann ,in consilio *imperiali*' sowohl als ,in *des Reichs* Rat' wie auch als ,in *dem kaiserlichen Rat*' verstanden werden."[21]

Für den Kaiserbruder Ferdinand aber bot das Regiment die Plattform, sich als der zu präsentieren, zu dem er 1531, nach seiner Wahl zum designierten Nachfolger seines kaiserlichen Bruders, endgültig wurde – zu Karls, in einer ostensiblen lateinischen Vollmacht (16.1./10.2.1531)[22] mit vollkommener Gewalt ausgestatteten, Stellvertreter in den Zeiten von dessen Abwesenheit vom Reich. *Nous Ferdinandus roy des Romains au lieu de l'empereur*, so lautete nun – mit Ausnahme der gerichtlichen Mandate – die Publikationsformel, die die Wirkmächtigkeit des Verordneten/Gewährten bei Dritten sicherstellen sollte. 1542/43 freilich – der Kaiser war erneut abwesend – veränderte sie sich erneut. Zwar immer noch als Stellvertreter seines kaiserlichen Bruders, nunmehr aber *auch* ,für uns selbst' als Römischer König, erließ er die Reichsabschiede.[23]

Frankreich: Als Katharina de' Medici am 6. Dezember 1560, unmittelbar nach dem Tod ihres Sohnes Franz II., den Conseil privé einberief,[24] tat sie dies im Bewusstsein, dass die seit dem beginnenden 15. Jahrhundert (1407) der Mutter eines minderjährigen Königs zugedachte Aufgabe, Obsorge für ihr Kind zu tragen und gemeinsam mit den nächsten männlichen Verwandten ihres Sohnes und den wichtigsten Würdenträgern im Conseil die Geschäfte zu führen (*gouvernement*), zur Disposition stand. Vor allem deswegen, weil die Frage nach der rechten Art der Machtausübung in Zeiten eines jungen (Franz II.: geb. Jan. 1544/reg. Juli 1559– Dez. 1560) beziehungsweise, seit dem 6. Dezember 1560, eindeutig minderjährigen

---

20 Ebd., 203; *Roll*, Zweite Reichsregiment, 40 f., 186.

21 Ebd., 187; zu der, nicht auf das Reichsregiment bezogenen, Übersetzung des *imperialis* im spätmittelalterlichen Reich vgl. *Schubert*, König und Reich, 276, 323 f.

22 https://www.archivinformationssystem.at/detail.aspx?ID=3952923 (kaiserliche Ratifikation der Wahl Ferdinands; mit leider unleserlichem Digitalisat); 16.1.1531: *Wolfram/Thomas/Heiss*, Familienkorrespondenz Ferdinands I, 25–33; https://www.archivinformationssystem.at/detail.aspx?ID=3952924 (Karl V. an König Ferdinand I., übersendet ihm den Vollmachtbrief und die Instruktion als Römischem König, dann Mandate an die Reichsstände und das Kammergericht). Letzter Aufruf dieser und aller folgenden URLs: 16.03.2024.

23 Zu Wahl und Krönung Ferdinands *Dotzauer*, Ausformung, 44–55; *Burgdorf*, Wahlkapitulationen, 33–45 (Erstdruck der Wahlkapitulation: 1781); *Kohler*, Antihabsburgische Politik, 189–201; zu den Vollmachten auch *Roll*, Zeiten, 273 f., 283. Erst 1544 anerkannte auch der sächsische Kurfürst Johann Friedrich Ferdinand als designierten Nachfolger Karls V. an (*Haug-Moritz*, Schmalkaldischer Bund, 344).

24 *Dupuy*, Majorité, 2, 33–36.

Königs (Karl IX., geb. Okt. 1550), integraler Bestandteil der ‚Meinungsschlacht'
war, die sich in Frankreich im Gefolge der sogenannten Verschwörung von Am-
boise (März 1560) entwickelt hatte. Es war nicht zuletzt der Rekurs auf das Geschehen in der Anfangsphase der Regierung des minderjährigen Karl VIII. (geb.
1470/reg. 1483–1498) gewesen, der es den reformierten Opponenten der Guise
erlaubt hatte, gegenüber der tradierten Rolle der weiblichen Angehörigen der Dynastie – 1483 der Schwester, 1560/61 der Mutter des Königs – diejenige herauszu-
streichen, die die Princes du Sang im königlichen Rat, aber auch in den Generalständen zu spielen hatten. 1483 hatten sich die Generalstände über die testamentarischen Bestimmungen Ludwigs XI. hinweggesetzt und postuliert, dass ihnen
die Vormundschaft über den 13-jährigen Karl VIII. zukomme.[25] Weder handelnd
(1483) noch redend (1560) aber wurde das in Frage gestellt, was für den Modus
der Zurechnung von Macht entscheidend war: Dass auch der junge beziehungsweise minderjährige König in dem Moment, in dem sein Vorgänger stirbt, die
sterbliche Verkörperung des unsterblichen Königtums *ist*. Ausschließlich mit dem
Siegel Karls IX. versehen waren die zahllosen Akte, in denen sich die umfassende
datensetzende und instrumentelle Macht des französischen Königtums manifestierte.[26] Nur informell, situativ und im – umstrittenen – sedimentierten Erfahrungswissen der Akteure verankert, gewann daher die mütterliche Mitsprache
Gestalt.

Die Genese der Machtdelegation gibt demnach zu erkennen, dass im Vergleich mit Frankreich die Delegation von königlicher Macht im Reich in höherem
Maß auf verschriftlichten, durch Siegelung wie Eid für die Akteure verbindlich
gemachten und durch den Modus Tractandi als in ihrem Konsens verankert ausgewiesenen, expliziten Regeln beruhte, kurzum: dass sie formalisierter war als in
Frankreich beziehungsweise formalisierter sein musste – ebenso Ursache wie
Ausdruck der widersprüchlichen politischen Verfasstheit des Reichs. Innerhalb
dieses Rahmens aber unterlag die Machtdelegation im dritten Jahrzehnt des 16.
Jahrhunderts weitreichenden Veränderungen, die dazu führten, dass sich seit
1531 die Verhältnisse in beiden Ländern in zweierlei Hinsicht glichen: (1) Die
nächsten Angehörigen des Königs, Mutter und Bruder, handelten für den französischen König resp. anstelle des Römischen Königs/Kaisers. Dies zum einen. (2) Zudem kam in beiden Ländern dem Rat der Herrschaftsträger bei der Ausübung de-
legierter Herrschaft eine herausragende Bedeutung zu.[27] Der ‚Ort' dieses Consili-

---

25 Crawford, Catherine de Médicis, 648 f.
26 Der Universal Shorttitle Catalogue (www.ustc.ac.uk) weist für die Jahre 1561–1563 nahezu 500
„Ordinances and Edicts" Karls IX. nach, die vielfach auch digital verfügbar sind; zu Druckmedien
im Königreich Frankreich als „Machtmedien" *Haug-Moritz*, Entscheidung, 658–666.
27 *Roberts*, Monarchie consultative, 89–108.

ums freilich divergierte: In Frankreich war er generell und in Zeiten von königlicher Minderjährigkeit, qua tradiertem Handlungsskript in besonderem Maße im königlichen Hofrat verankert. Bis zur Volljährigkeitserklärung ihres Sohnes im August 1563 war die Königinmutter zwingend auf den Hofrat verwiesen. Versammlungen der Stände des Königreichs, wie deren eine beim Tod Franz' II. unmittelbar bevorstand (Orléans) und wie sie, nach der Krönung Karls IX., in Pontoise erneut stattfanden, waren – im Gegensatz zum Reich – zwar ein möglicher, aber nicht, wie für die Interaktion von König und Reich, konstitutiver Modus, monarchische Herrschaft auszuüben. Bis 1530/31 war auch Ferdinand an den in seiner personellen Zusammensetzung detailliert geregelten Reichs- beziehungsweise Regentschaftsrat gebunden gewesen, insofern als seine Rolle als Statthalter an diesem Gremium „hing". Mit seiner Wahl und Krönung zum Römischen König aber wurde sein Bruder Karl der formalisierte und als formalisiert kommunizierte legitimatorische Bezugspunkt seiner königlichen Rolle. Karl aber erschien es als eine Frage der politischen Klugheit, wie er Ferdinand in seiner geheimen Instruktion wissen ließ, sich des Rats der Kurfürsten und der mächtigen Stände des Reiches zu bedienen und diese zu einem Versammlungstag einzuberufen, aber nicht als zwingende Notwendigkeit.[28]

Dem unterschiedlichen Ort des conseil/consilium wird, auch weil er für die kommunikative Seite der Machtdelegation eine zentrale Rolle spielt, im zweiten Teil die Aufmerksamkeit gelten. Zuerst möchte ich danach fragen, ob es einen und, wenn ja, welchen Unterschied es für die Übertragung des königlichen Amts machte, ob der Bruder oder die Mutter Funktionen übernahm, die das Überleben des politischen Körpers auch in Zeiten eines „defizitären" leibhaftigen Königs gewährleisten sollte.

(a) Der Bruder: Im Spannungsfeld zwischen der normativen Fundierung brüderlicher Beziehungen in der „Liebe" und brüderlicher Konkurrenz um die materiellen wie immateriellen familiären Ressourcen bewegen sich (nicht nur) Karl und sein jüngerer Bruder Ferdinand.[29] Nachdem nicht nur im spätmittelalterlichen Reich, sondern auch in Frankreich die Rolle der weiblichen Mitglieder regierender Familien auf ihre reproduktive Funktion begrenzt wurde und sie an Herrschaft zwar fortdauernd teilhatten, aber sie nicht aus eigenem Recht ausüben konnten, besaßen von allen innerfamiliären Beziehungen die brüderlichen Beziehungen den ambivalentesten Charakter. Waren Brüder als Söhne ihrer Eltern

---

28 *Roll*, Zeiten, 280–283; *Kohler*, Quellen, 183.
29 Zur Liebe als „umfassende wechselseitige Beistandsverpflichtung und affektive Bindung" und „fundamentale[s] Konzept [...] sozialer Kohäsion" vgl. *an Eickels*, Bruder, 218 u. 221; als Beispiel eines der um 1500 militärisch ausgefochtenen Bruderkriege *Rogge*, Herrschaftsweitergabe, 168–207.

Gleiche, so waren sie in der Konkurrenz um die mehr oder weniger begrenzten materiellen wie immateriellen familiären Ressourcen genuin Ungleiche – in Familien, die regierten, ebenso wie in solchen, bei denen das nicht der Fall war. In der *cordiale et fraternelle correspondence* zwischen Kaiser und König – integraler Bestandteil der Politischen Korrespondenz Karls V. und zentrales kaiserliches Herrschaftsmittel – trugen die habsburgischen Brüder wechselseitig konsequent diesem Spannungsverhältnis Rechnung.[30] Adressierte Karl seinen Bruder mit *Monsieur, mon bon frère* und akzentuierte damit implizit, dass er ihr Verhältnis als eines unter Gleichen erachtete, so anerkannte Ferdinand, indem er Karl mit *Mons [eigneur]* anschrieb, in der brüderlichen Binnenkommunikation die zwischen ihnen herrschende Ungleichheit.[31] Ungleichheit aber bestimmte, wie ex post ganz offenkundig ist, Ferdinands Geschicke als Dynast: von seiner Eheschließung über seine politischen Handlungsmöglichkeiten nach der Teilung des großväterlichen Erbes, bis hin zu der in den letzten Jahren der Herrschaft seines kaiserlichen Bruders immer virulenter werdenden Nachfolgeregelung in der Casa d'Austria, um nur etliche der das brüderliche Verhältnis grundsätzlicher bestimmenden und belastenden Themen aufzurufen.[32]

Doch es waren weniger diese im kommunikativen Binnenraum begegnenden, in den 1540er Jahren wachsenden brüderlichen Interessensdivergenzen, die für die Autorität Ferdinands als Stellvertreter seines Bruders im Reich je länger desto abträglichere Folgen zeitigten. Viel gewichtiger war, was *allenthalben*, so Cornelius Schepper 1542, für die Ursache seiner Misserfolge (Verlust des Herzogtum Württembergs 1534; „Türkengefahr"; ungarische Gegenkönige) ausgemacht wurde. Es bestünden, so Schepper, Zweifel, *que sa maieste jmperiale [...] assisteroit et ayderoit le roy son frere.*[33] Diese „Zweifel" aber berührten den Kern dessen, worauf die ihm als Römischem König zugeschriebene Macht beruhte – *quem alterum nos esse censemus, quo nullus nobis sanguine propinquior / seu magis coniunctus nullusque nobis maiori amore ac benevolentia devinctus esse potest*, so lautete schon die Begründung der Ernennung Ferdinands zum Statthalter in Tirol und den Vorlanden 1522. Zu Recht betont Christine Roll, dass diese Formulierung „weder eine bedeutungslose Floskel noch der Ausdruck einer besonderen emotionalen Beziehung zwischen den Brüdern [war], sondern [...] ein sehr bewußt einge-

---

30 *Roll*, Zeiten, 279; sowie https://polkaweb.kim.uni-konstanz.de/.
31 Zahlreiche Beispiele finden sich z. B. im fünften Band der Familienkorrespondenz Ferdinands I. aus den Jahren 1535/36; vgl. auch *Laferl*, Sprache, 359–371, v. a. 367.
32 Vgl. z. B. *Kohler*, Ferdinand I., 70–72 u. ö.; *Roll*, Zweite Reichsregiment, 38 f.; dies., Zeiten, 288–290.
33 *Wir halten ihn für unser anderes Ich, da uns keiner durch Blutsverwandschaft näher oder enger verbunden und keiner uns in stärkerer Liebe und Güte verpflichtet sein kann*; vgl. *Lanz*, Staatspapiere, 299–316, hier 309 (Stimmungsbericht Cornelius Scheppers über die Jahre 1533–1542).

setztes Instrument zur Intensivierung von dynastischer Autorität."[34] Formalisierte Rollen, das gesellschaftliche Wissen um die Ambivalenz brüderlicher Beziehungen und, letztlich zufällige, tagespolitische Konstellationen, die diese Ambivalenz gesellschaftlich erfahrbar machten – in diesem Spannungsfeld bewegte sich die brüderliche Stellvertretung.

(b) Die Mutter: „La régence maternelle demeure une nécessité garantie par les usages et les coutumes enveloppée par la vague indétermination de l'institution qui n'y est pas", so resümiert Maria Teresa Guerra Medici ihren, die mittelalterlichen europäischen Vormundschaften umfassenden Überblick.[35] Sie stellt damit auf zweierlei ab, das auch die Situation am französischen Hof in Orléans seit dem Mittag des 5. Dezember 1560 bestimmte: zum einen auf die jenseits allen Dissenses stehende, da als im Naturrecht wurzelnd gedachte uneigennützige, liebevolle Fürsorge der verwitweten Mutter für ihre minderjährigen Kinder; zum anderen auf die – in Frankreich 1560 zum Gegenstand öffentlichen Dissenses gewordene – Unbestimmtheit der mit dieser Rolle einhergehenden Rechte und Pflichten der Mutter. Begegnen mütterliche Rechte und Pflichten bei Katharinas Schwiegermutter Louise von Savoyen, die 1515 beziehungsweise 1523/24 für ihren abwesenden, erwachsenen Sohn die Geschäfte führte, in formalisierter, allerdings bereits zur Zeit Franz' I. nicht unumstrittener Form, so beließ Katharina ihre Rolle als in Verantwortung für das Königreich stehende Königinmutter bis zum Tod Karls IX. 1574 im Unbestimmten.[36] Im Gegensatz zur modernen Forschung, die Katharinas Rolle in der Zeit der Minderjährigkeit ihres Sohnes auf den Begriff bringt („gouvernante"), verzichteten sie und ihr Kanzler Michel de l'Hôpital konsequent darauf, sie zu explizieren und „begnügten" sich damit, ihre herrschaftliche Funktion von mütterlicher Rolle abzuleiten.[37] Ein alternativloser kommunikativer Verzicht. Denn als Frau war sie zwar zum ‚Hüten und Bewahren' ihres Sohnes/ihrer Kinder verpflichtet (*custodia*), doch das Amt einer Tutorin oder Vormünderin konnte sie nicht ausüben, weil es nicht existierte. Denn Vormund kann nur sein, wer alle „Handlungen, welche zur Defension des Pupillen im weitesten Sinn des Wortes nothwendig sind", vorzunehmen vermag, das heißt gegebenenfalls auch in der Lage ist, physische Gewalt einzusetzen. Exakt dieses für die Tutela unabdingbare

---

34 *Roll*, Zweite Reichsregiment, 46 f.; zur größeren emotionalen Nähe beider Brüder zu ihrer Schwester Maria vgl. *Laferl*, Sprache, 366 f.

35 *Die mütterliche Regentschaft bleibt eine Notwendigkeit, garantiert durch Gebräuche und Gewohnheiten, verpackt in der vagen Unbestimmtheit einer Einrichtung, die es nicht gibt; Guerra Medici*, Régence, 11.

36 *Crawford*, Performance, 650.

37 So bereits ebd., 657 („Catherine de Médicis [...] was not named regent in 1560 and never exercised authority in her own name"); *Wanegffelen*, Pouvoir, 221, 660 u. 658; anders: *Crouzet*, Haut Coeur.

Moment ist es auch, das es in Zeiten weiblicher Regentschaften unmöglich machte, Mitspracheansprüche des männlichen Hochadels diskursiv abzuweisen.[38]

Was es Katharina zwischen dem 6. und 21. Dezember 1560 im Conseil privé erlaubt hatte, den Dissens des Jahres 1560 über ihre Rolle und diejenige der nächsten männlichen Verwandtschaft des minderjährigen Königs, allen voran Antoine de Bourbon, König von Navarra, in ihrem Sinn zu entscheiden,[39] kommunizierte ihr Kanzler am 13. Dezember 1560 bei seiner Eröffnungsrede den in Orléans tagenden Generalständen. *[C]ontinuée* [i. e. der Wille des verstorbenen Franz, Generalstände abzuhalten] *au roi Charles son frère, notre souverain seigneur, et à la reine[,] mère des deux rois*, seien die Früchte des *changements* offenkundig. Sei es früher, wenn die Könige jung oder minderjährig gewesen seien, so gewesen, dass dies den *mauvais* die Gelegenheit geboten habe *mal faire*, so seien nun nicht nur *aucunes nouvelles émeutes et séditions, ains a appaisé et admorties celles qui lors etoient.* Im Antlitz des Königs und seiner Mutter seien *tous soupçons, passions et affections* gewichen, hätten alle nichts anderes mehr vor Augen *que de bien et fidèlement servir ledit seigneur, lui obéir, et à la reine sa mère.* Der König von Navarra, als erster Prinz von Geblüt, *a premier montré le chemin aux autres, et donné l'exemple d'obéissance.* Schon Antigonos, Nachfolger Alexanders, habe, als sein Sohn ihn geküsst und sich neben ihn gesetzt habe, geäußert, dass, werde ein König *bien aimé et obéi de son fils*, dies *la plus grande de ses forces* sei. Und so sei es auch heute wieder, *que cent millions obéissent à un, les forts aux foibles, les vieils et anciens à l'enfant, les sages et expérimentés, à celui qui pour son jeune âge ne peut encore avoir acquis prudence ni expérience.*[40] Aus der Liebe und dem Gehorsam des Sohnes gegenüber der Mutter erwächst im Kleinen, was das Ganze ausmacht – *paix, repos et tranquillité.* Und insofern ist die Mutter nicht das ‚andere Ich' des Königs, nicht seine Stellvertreterin, sondern ihre Autorität ruht im unhinterfragt Geltenden des Dazwischen.

Dass dies eine ebenso wirkungsvolle wie fragile Form der Machtdelegation war, zeigen die Jahre 1561 bis 1563. Auch wenn die Stimmen nicht gänzlich verstummten, die 1560 die *Politia* den Princes du Sang und nicht der Königinmutter überantwortet sehen wollten,[41] so stellten die Generalstände 1560/61 nicht, wie es 1483 bei der Schwester des Königs der Fall gewesen war, die Rolle der Königin-

38 *von Brinz*, Lehrbuch, 805 f.; vgl. auch *Haug-Moritz*, Schutz, 167–171.
39 *Dupuy*, Majorité, 33–45; *La Ferrière*, Lettres, LXXXIV–LXXXVI; *Gellard*, Catherine, 143–157; vgl. auch *Crawford*, Performance, 660; *Wanegffelen*, Pouvoir, 221
40 *[...] dass hundert Millionen Einem gehorchen, die Starken den Schwachen, die Alten und Älteren dem Kind, die Weisen und Erfahrenen dem, der wegen seines jungen Alters noch keine Klugheit und Erfahrung erworben haben kann; Duval/Lalourcé*, Recueil, 42–66, Zitate: 43 f.; zur politischen Situation im Dezember 1560 vgl. auch *Durot*, François de Lorraine, 629–635.
41 Z. B. *La Faye*, Discours.

mutter zur Debatte. Und so konnte Katharina beim Lit de Justice aus Anlass von Karls Volljährigkeitserklärung 1563 dieses Schweigen als Tacitus Consensus vorstellen (*remet és mains de sa Maiesté l'administration de son Royaume, qui auroit esté baillée à icelle Dame par les Estats*)[42] und damit verdeutlichen, dass ihre mütterliche Macht nicht nur faktisch im Konsens der Mächtigen ruhte, sondern ihr von den Ständen formell übertragen worden war. Dass dies freilich, wie auch im Reich, nicht hinlänglich war, die eigene Macht zu wahren, zeigen nicht nur die kommunikativen Strategien, die Katharina in der Folgezeit intensiv verfolgte, sondern auch das Lit de Justice von 1563 selbst. Nachdem die Ereignisse der vergangenen zwei Jahre hatten offenkundig werden lassen, dass die sozialen Logiken im Königreich die gegenteiligen derjenigen waren, die der Mutter-Kind-Beziehung zugrunde liegen, wurde die fortdauernde Gültigkeit des Dazwischen performativ bekräftigt und überdies schriftlich auf Dauer gestellt. Zu seiner Mutter mit nacktem Haupt drei bis vier Stufen herabsteigend, machte der volljährige König *ladite Dame une grande reuerence, & le baisant, ledit Seigneur* [i. e. der König] *luy a dit, qu'elle gouernera et commandera autant ou plus que iamais.*[43]

Katharinas Machtstellung lag demnach bis 1563 ausschließlich in ihrer Rolle als Reine mère begründet, in der sie von den Mitgliedern des Conseil privé anerkannt war. Ausschließlich ihr Sohn stellte mit seinem Namen und/oder Siegel die Verbindlichkeit königlicher Willensakte Dritten gegenüber her wie dar. Ausschließlich in actu hatte sich der postulierte Konsens des Conseil privé zu dem zu manifestieren, was Katharina für ihre mütterlichen Regierungsrechte und -pflichten erachtete. Ausschließlich im königlichen Rat und gegenüber dem Parlement de Paris wurde ihre mütterliche autoritative Macht in aufschlussreicher Form als instrumentelle Macht kommuniziert und nicht, wie 1552 und 1553, als sie für ihren abwesenden Gemahl die Geschäfte führte, in Form eines Lit de justice.[44]

II.

Horst Rabe, Peter Marzahl und Christine Roll haben betont, dass sowohl Ferdinands Funktion als Statthalter als auch diejenige als Römischer König angemessen nur vor der Folie des Regentschaftssystems Karls interpretiert werden kann.[45] Mit

---

42 *[...] gibt wieder in die Hände des Königs die Verwaltung seines Königreichs, die von den Ständen an diese Dame [sc. Katharina] übertragen worden war.*
43 *Godefroy*, Cérémonial, 260; und zu den kommunikativen Strategien ausführlich *Crawford*, Performance.
44 *Crawford*, Performance, 644, 651.
45 *Roll*, Zeiten, 272–277; *Rabe/Marzahl*, Comme représentant.

den Regentschaften der Schwester Maria in den Niederlanden, des Bruders Ferdinand im Reich sowie in den österreichischen Erbländern, den Königreichen Böhmen und Ungarn sowie seiner (1539 verstorbenen) Gemahlin und später seines Sohnes Philipp in den Ländern der Spanischen Krone hatte es zu Beginn der 1530er Jahre die Ausgestaltung gefunden, die bis Mitte der 1550er Jahre fortdauern sollte. Erst diese Einordnung in das europäische Herrschaftssystem lässt die Eigenart der Rolle Ferdinands als Römischer König deutlich werden und macht damit auf einen der zentralen Unterschiede aufmerksam, die die Gestaltungsmöglichkeiten Ferdinands I. und Katharinas de' Medici betreffen. Ruhte Ferdinands Stellung als Römischer König auf einer ostensiblen lateinischen Plenipotenz (16.1.1531) für die Zeiten kaiserlicher Abwesenheit und einer das Verhältnis der Brüder regelnden geheimen Restriktion[46] der umfassenden ostensiblen Bevollmächtigung, so fehlt das Element, das für die anderen habsburgischen Regentschaften wie auch für die französische Regentschaft charakteristisch ist: eine Instruktion, die das Verhältnis des Regenten/der Regentin zu dem Personenkreis bestimmt, der am Hof präsent ist und gemeinsam mit dem König die Machtinstitutionalisierung in praxi gewährleistet. In der Praxis des *regere, protegere* und *administrare*, so die Umschreibung der ferdinandeischen Funktionen in der ihm erteilten Gewalt, war Ferdinand nur auf seinen kaiserlichen Bruder verwiesen, mit dem er sich in allen wichtigeren Fragen abzustimmen hatte.[47] Die brüderliche Korrespondenz ist der Kern von Ferdinands Herrschaft in actu.

Begegnet demnach im Reich der Kaiserbruder öffentlich *allermeniglich*, so der Adressatenkreis auch seiner Wahlkapitulation (7.1.1531), als umfassend bevollmächtigter Römischer König, so hat im Frankreich des Jahres 1560 weder das Eine, das explizit-formell übertragene Amt, noch das Andere, die detaillierte umfassende Bevollmächtigung als Grundlage stellvertretenden Handelns, ein Äquivalent. Als Registereintrag einer Sitzung des Conseil du roi am 6. Dezember 1560 unter Vorsitz des neuen Königs, angefertigt von Staatssekretär L'Aubespine, begegnet die von Kanzler L'Hôpital eine Woche später den Generalständen referierte Situation: Die Mitglieder des Conseil privé Franz' II. entschließen sich, eingedenk der *grandes vertus, prudence, & sage conduite de très haute Princesse la Reine Catherine sa mere*, ihr die *administration* zum Wohle des Königreichs zu überlassen. Daraufhin bestätigt Karl die Fortdauer des Conseil privé seines Bruders, dankt den namentlichen genannten Mitgliedern für ihre bisherigen Dienste und befiehlt ihnen, wie allen Mitgliedern des Hofes, *obëïr & faire ce que leur commanderoit ladite Dame Reine sa mere, étant accompagnée de tant de grands & notables person-*

---

46 „Pouvoir [gewalt brief] pour l'administracion et gouvernement en l'empire bien ample avec ung memoire" (12.2.1531), vgl. *Kohler*, Opposition, 192 f.
47 Ebd., 195–202; *Roll*, Zeiten, 274 f.; vgl. auch *Burgdorf*, Wahlkapitulationen, 44.

nages de son Conseil. Konsequenz dieser königlichen Entscheidung ist die Über-
antwortung des (neu anzufertigenden) Siegels an die Königinmutter.[48] Gesondert,
durch einen von Karl und L'Aubespine unterschriebenen Lettre missive, wurde
das Parlement de Paris am 8. Dezember 1560 von der königlichen Entscheidung in
Kenntnis gesetzt. Am 10. Dezember registrierte das Parlement den Lettre missive
und gab, indem es am 12. Dezember dem *souverain Seigneur* und der *souveraine
Dame* antwortete, den von ihm geforderten Gehorsam gegenüber der königlichen
Entscheidung zu erkennen.[49] Die *justice, une des principales par laquelle les Royau-
mes ont été maintenus*, wie im königlichen Befehl vom 8. Dezember ausgeführt,
und die für sie verantwortlichen Organe bilden demnach, im Reich (Übersendung
der Vollmacht an das Reichskammergericht) wie in Frankreich gleichermaßen, einen der archimedischen Bezugspunkte von Herrschaft, auch und gerade in Zeiten
von Regentschaften.

Die entscheidende Differenz zwischen dem *gouverner/administrer* im Reich
und in Frankreich liegt in dem von der Forschung viel beachteten, jedoch nur teilweise zutreffend charakterisierten königlichen Règlement vom 21. Dezember
1560.[50] Seine Bedeutung liegt zwar auch, aber weniger, darin, dass, so die bisherige Forschung, dadurch Katharine zur „reine épistolaire" wurde, sondern vielmehr darin, dass das erst 1557 formell etablierte königliche Conseil eine Geschäftsordnung erhält, die es nur im Zusammenspiel von Königinmutter, Kanzler und
Staatssekretären handlungsfähig machte.[51] In dieser Geschäftsordnung, die Zu-
ständigkeiten, Geschäftsgang und Entscheidungsprozesse formalisiert, ist der zentrale Unterschied zum Reich zu greifen.

Gouverner bedeutet, die schriftliche Kommunikation zu kontrollieren (*gouvernement par l'écriture*[52]) und, auf dieser Basis, das *Commander* zu normieren.
Für sämtliche Korrespondenzen, die den königlichen Hof erreichten, waren die
Staatssekretäre die ausschließlichen Empfänger, und diese hatten sie, ungeöffnet,
der Königinmutter zu übermitteln. Dies gilt, allen voran, für diejenigen Korre-
spondenzpartner, die den unsterblichen Körper des Königs in den Provinzen ver-

---

48 *[...] zu gehorchen und zu tun, was ihnen die Königin, seine Mutter, befiehlt, die von so vielen
großen und namhaften Persönlichkeiten ihres Rates begleitet wird*; Dupuy, Majorité, 2, 33–36, hier
36.
49 Ebd., 37–42.
50 Ebd., 43–45; *Crawford*, Performance, 663 u. 666; das Règlement, als königliche Erklärung und
Ordonanz (*déclaré et ordonné*) vom 21.12. 1560 *sans adresse ni sceaux* erlassen, allerdings nicht
publiziert, changiert zwischen formalem Gesetz und *Règlement du Conseil*, dessen erstes (über-
liefertes) auf den 30.10.1557 datiert (vgl. *Barbiche*, Institutions, 189, 281).
51 *Gellard*, Reine épistolaire; zur Etablierung des Conseil privé *Barbiche*, Institutions, 279–282;
zum Conseil privé als Gegenstand publizistischer Kontroverse zu Beginn des Ersten Französischen Religionskriegs *Haug-Moritz*, Pamphletistik, 115–134; dies., Entscheidung.
52 *Barbiche*, Institutions, 184.

körperten, die Gouverneure,[53] beziehungsweise diejenigen, die königliche Macht als bindende Aktionsmacht repräsentierten: die Inhaber der höchsten Chargen (*offices*) der königlichen Armee (die *Connétables* und *Maréchaux* sowie der *Admiral de France*), die *Lieutnants généraux des provinces* auf regionaler, die *Capitaines de place* auf lokaler Ebene.[54] Nur diejenigen Gouverneure und *Capitaines de place*, die sich am Hof aufhielten, konnten sich in ihren dienstlichen Angelegenheiten und in solchen, die *le fait d'armes* betreffen, an den König von Navarra wenden. Und ebenso wie sich Katharina mit dem König von Navarra und den Mitgliedern des Conseil über alle einlaufenden Berichte beriet, hatte sich der erste Prinz von Geblüt an Katharina zu wenden, worauf diese, auf der Grundlage der Beratungen mit dem Conseil, alle notwendigen Anordnungen und Entscheidungen traf. Gilt diesem Personenkreis die umfänglichste und detaillierteste Aufmerksamkeit und stellt Katharina den zentralen Bezugspunkt (nicht nur) der verschriftlichen Interaktionen mit ihnen dar, so wird dem Conseil in Fragen, die die *Justice, les Finances & Police* betreffen, ein größerer Gestaltungsspielraum zugestanden. Es kann auch in Abwesenheit der Königinmutter beraten und beschließen, muss ihr aber über die Beratungen Bericht erstatten.

Die Publikation der Entscheide des Conseil (*actes en commandement*) aber war streng normiert: Gesiegelte Entscheide waren vom Staatssekretär auszufertigen und vom Kanzler zu siegeln, *non autrement*. Entscheide, die vom König unterschrieben wurden, waren im *Conseil du matin* Katharina zu Gehör zu bringen.[55] Dass die königliche Macht, der von allen Gehorsam geschuldet wurde, sich freilich nicht nur als Fähigkeit zu physischer Gewaltanwendung und Ordnungsgestaltung präsentierte, sondern dass das Versprechen des Krönungseides, „Barmherzigkeit und Mitleid" walten zu lassen, nicht nur ein Versprechen war, auch dafür steht, das Règlement. Jeden Dienstag und Freitag konnten die Untertanen dem Conseil ihre *requêtes* vortragen. Schließlich wurde der desaströsen finanziellen Lage der Krone, die auch zur Einberufung der Generalstände geführt hatte, Rechnung getragen und der Conseil des finances etabliert. Neben den Staatssekretären gehörten ihm die *Superintendants, & les deux Sécretaires ordonnez pour le fait des finances, & Tresorier de l'Epargne, & des Parties Casuelles, non autres* an, die sich wöchentlich donnerstags versammeln sollten.

Zusammenfassend: Im Reich war die konkrete Ausgestaltung der formell umfassend definierten Macht des Regierens, Beschützens und Verwaltens als Stellvertreter des Bruders ausschließlich in das brüderliche Binnenverhältnis verwiesen, das heißt personal verfasst. In Frankreich hingegen musste die unbestimmte, in-

---

53 Zu den Gouverneuren vgl. ebd., 323–328; *Jouanna*, Histoire, 950–952.
54 *Barbiche*, Institutions, 145–149, 326 f.
55 Zu den verschiedenen Formen der ‚actes et commandements' ebd., 185–191.

formelle und personale Macht der Mutter, um in praxi realisiert werden zu können, formalisiert und entpersonalisiert werden.

Hatte es der frühe und überraschende Tod Franz' II. Katharina nicht erlaubt, die Herrschaftstransition rituell zu überformen, so war es ihr in etwas mehr als zwei Wochen, den Ratschlägen ihres wichtigsten Beraters, des Kanzlers Michel de l'Hôpital, folgend, doch gelungen, ihre herausgehobene Rolle bei der Eröffnungssitzung der Generalstände performativ zu kommunizieren und etwas mehr als eine Woche später im Conseil privé zu formalisieren. Doch nicht als diejenige, die von ihrem Sohn gebeten worden war, in der Zeit seiner Minderjährigkeit *de gouverner et commander* und das königliche Siegel, materialisierter Ausdruck der zwei Körper des Königs, zu führen, präsentierte sie sich in den folgenden zweieinhalb Jahren dem Königreich, sondern als vorbildliche Witwe und Mutter.[56] Die Reimser Krönung (14.5.1561) illustriert eindrücklich ihren Verzicht, ihre Rolle als die einer *Gouvernante* zu kommunizieren. Im Gegensatz zu früheren Krönungen, bei denen die Königinnen ebenfalls präsent gewesen waren, stand im Mai 1561 ausschließlich ihr Sohn im Zentrum der Inszenierung.[57] Und in den zahlreichen königlichen Dekreten und Erlassen, die 1561/62 publiziert wurden, begegnet sie zwar einmal als die wichtigste, da erstgenannte Ratgeberin ihres königlichen Sohnes, sowie als Adressatin, von *Remontrance, Advertissement* etc. der Hugenotten, doch ihre Schlüsselposition im Conseil privé kommunizierte sie ebenso wenig, wie sie in dieser Rolle explizit adressiert wurde. Es liegt nahe, dies als Ursache wie Ausdruck dessen zu deuten, dass ihr, wie gerade auch der Vergleich mit Ferdinand zeigt, fehlte und als Mutter fehlen musste, was aber in der eskalierenden Lage Frankreichs der Jahre 1561–1563 immer gewichtiger wurde – die Fähigkeit, physische Gewalt mit physischer Gewalt zu vergelten.

Es ist kein Zufall, dass der einzige Druck, in dem Katharina im Januar 1562 als Ratgeberin Karls, *à présent regnant*, wie in vielen Drucken betont wird, begegnet, von den *moyens les plus propres d'appaiser les troubles et séditions survenus pour le faict de la religion* handelt.[58] Wo aber *paix, repos* und *tranquillité* des Königreichs aus der normativen Fundierung der Mutter-Kind-Beziehung abgeleitet wurden, ist die wichtigste Grundlage der Machtdelegation hinfällig geworden, wenn *troubles und séditions* den politischen Körper befallen haben. In einem Königreich

---

56 Zur Visualisierung *Probst*, Mutter sein, 281 f.

57 *Godefroy*, Cérémonial, 312–320.

58 *[...] angemessensten Mitteln, die Unruhen und Aufstände, die der Religionssache wegen entstanden sind, zu befrieden; Édict du roy Charles neufième de ce nom, faict par le conseil et advis de la Roine sa mère, du roy de Navarre, des princes du sang et seigneurs du conseil privé [...], sur les moyens les plus propres d'appaiser les troubles et séditions survenus pour le faict de la religion*; vgl. auch zur Druckpublizistik der Jahre 1562/63 https://gams.uni-graz.at/archive/objects/context:kmw/methods/sdef:Context/get?mode=fr_start.

wie Frankreich aber, das im sakralisierten königlichen Körper existierte, musste dies desaströse Folgen haben. Denn wo „stability depended greatly on the charismatic authority of the king [...] the kingdom's collapse was all the more spectacular".[59]

Dass 1570 nicht nur die *Quarante Tableaux* von Jacques Tortorel und Jean Perrissin, eine ‚Bildergeschichte' der ersten drei Religionskriege, erschienen, sondern Tortorel auch ein illustriertes Blatt der 1560/61 in Orléans abgehaltenen Generalstände publizierte,[60] könnte mehr als eine zeitliche Koinzidenz darstellen. König und Königinmutter nebeneinander erhöht unter dem Baldachin sitzend und „the spectrum of conflicting factions"[61] ihr und dem König zugewandt, könnte in der Situation des Jahres 1570 (8.8.1570 Friede von Saint-Germain) von den Zeitgenossen als Erinnerung an vergangene, bessere Zeiten gedeutet worden sein, in denen Fürsorge und Liebe den leiblichen wie unsterblichen königlichen Körper durchdrangen und Frieden, Ruhe und Sicherheit herrschten. Die geschichtliche Erfahrung in der Gegenwart des Jahres 1570 nochmals aufzurufen, erlaubte es aber auch, Zukunft positiv zu konzeptualisieren und, im Rückgriff auf das Vergangene, die Hoffnung zu plausibilisieren, dass der dritte Friedensschluss in acht Jahren dauerhafter sein möge als die vergangenen. Die Hoffnung trog.

In den Jahren bis zur Mündigkeitserklärung Karls IX., verschwand, so lässt sich bilanzieren, die Regentin Katharina hinter der Mutter und Witwe, wenn die eigene Rolle denjenigen Untertanen kommuniziert wurde, die nicht zu den mitspracheberechtigten, in den Generalständen versammelten Gruppen gehören. Ihr Sohn aber re-präsentierte sich und seine datensetzende wie instrumentelle Macht, sprachlich wie visuell, einem dispersen Publikum in hunderten Edikten, Deklarationen etc.[62] Wesentlich fragmentarischer als für die Königinmutter und ihren Sohn ist unser Kenntnisstand, wenn es um Ferdinands kommunikative Präsenz bei Dritten in den ersten 25 Jahren seiner Regierungszeit als kaiserlicher Statthal-

---

59 *Carroll*, Blood, 331.

60 Zu den Quarante Tableaux und deren Genese ausführlich *Benedict*, Graphic history; http://gallica.bnf.fr/ark:/12148/btv1b8400488s (Bild der Generalstände von Orléans 1560/61, 1570); https://gallica.bnf.fr/ark:/12148/btv1b8400487c (dito).

61 *Crawford*, Performance, 662.

62 Die druckmedial repräsentierte normierende Macht des Königs ist zu Beginn der 1560er Jahre visuell bereits in hohem Maße standardisiert. Zahlreiche, primär in Paris produzierte Texte sind visuell entweder auf dem Titelblatt oder am Ende des Drucks mit dem gekrönten, königlichen Wappen versehen, das von der Ordenskette des Michaelordens „gerahmt" wird. Selten findet sich auch eine Porträtdarstellung des Königs (zahlreiche Beispiele sind nachgewiesen: https://gams. uni-graz.at/archive/objects/o:kmw.2/methods/sdef:TEI/get?mode=kurztitel; ein Beispiel für einen, mit königlichem Porträt versehenen Druck, ist: https://gams.uni-graz.at/archive/objects/o:kmw.2/ methods/sdef:TEI/get?mode=FR.265); vgl. auch *Fogel*, Cérémonies de l'information.

ter, designierter Nachfolger und Stellvertreter des Kaisers geht.[63] Präziser lässt sich dank POLKAweb nur seine persönliche Präsenz im Reich nachvollziehen: Wie sein Bruder Karl war auch er, mit Ausnahme der Zeiten, in denen Reichstage abgehalten wurden, abwesend und hielt sich vor allem in seinen Königreichen Böhmen und Ungarn sowie im Erzherzogtum Österreich auf.[64]

Als Statthalter – und nicht, wie bis dahin primär, als Landesherr des Erzherzogtums, Tirols oder Württembergs (1519–1534) – ist Ferdinand erstmals 1528 mit seiner in zehn Auflagen gedruckten „Entschuldigung" im Umfeld der Pack'schen Händel anzutreffen.[65] Nicht zuletzt diese kommunikative Verwicklung Ferdinands I. in die erste konfessionspolitische Krise, die militärisch zu eskalieren drohte, dürfte es zuzuschreiben sein, dass er auf dem Augsburger Reichstag 1530 prominenter präsentiert wurde. Taugte doch die feierliche Belehnung Ferdinands durch seinen Bruder Karl 1530 auch dazu, dynastische Autorität aufzuführen und damit die angeschlagene Position Ferdinands zu konsolidieren.[66] Ferdinands Krönung in Aachen 1531 stieß hingegen bei den Abwesenden offenkundig auf wenig Interesse. Nur ein in Antwerpen zum Kauf angeboter beziehungsweise ein in Wien publizierter Druck lassen sich nachweisen.[67] Auf ‚gleicher Höhe' präsentierten Bildme-

---

63 Eine systematische Analyse der Medialität der ferdinandeischen Herrschaft als Landesherr wie Römischer König steht aus. Die neuen digitalen Recherchemöglichkeiten erleichtern sie erheblich, so sind zum Beispiel zahlreiche Bildmedaillen der 1530er Jahre digital zugänglich. Die großen digitalen Kataloge zur europäischen Druckproduktion (www.ustc.ac.uk) bzw. zu den im deutschen Sprachraum erschienen Drucken (www.vd16.de – allerdings ohne, in USTC nachgewiesene, Einblattdrucke) vermitteln rasch einen ersten Eindruck von der kommunikativen Integration Ferdinands in das Reich; zur Ferdinand-Ikonographie vgl. *Hilger*, Ikonographie.
64 Ferdinands Itinerar (http://karl-v.bsz-bw.de/) gibt so z. B. zu erkennen, dass er vom September 1526 bis zum März 1529 ein abwesender Statthalter war, woran sich auch nichts änderte, als er als Römischer König und Stellvertreter des Kaisers amtierte. Mit Ausnahme eines kurzen Aufenthalts in Dresden im Mai 1538 hielt er sich von Oktober 1532, d. h. nach dem Reichstag in Nürnberg und Schweinfurt, bis Ende Januar 1540 kontinuierlich in den Erblanden auf, primär im Königreich Böhmen (Prag) bzw. im Erzherzogtum, in den ausgehenden 1520er Jahren auch in Ungarn, dem anderen seiner 1526/27 neu gewonnenen Königreiche.
65 *Entschuldigug. Auff die vormeinten unnd erdichten verbünthnus welcher copey in kurtzen tagen aussgangen ist.* USTC weist für diesen und andere Drucke, die dem Gerücht entgegentreten, Ferdinand I. habe sich gegen Kursachsen und Hessen mit anderen altgläubigen Obrigkeiten verbündet, Drucke, z. T. in mehreren Auflagen, aus Breslau, Leipzig, Erfurt, Straßburg, Köln und Tübingen nach (Suche: Ferdinand I., 1521–1529, subject: political tracts).
66 Der Reichsherold Caspar Sturm veröffentlichte gleich mehrere Berichte zur feierlichen Belehnung Ferdinands (und auch anderer Reichsfürsten), vgl. www.vd16.de S 10017, S 10023 f.; zu dieser letzten solennen Reichsbelehnung eines Agnaten des Hauses Österreich jetzt auch *Winkelbauer*, Bedeutung, 327–332.
67 www.ustc.ac.uk; Nr. 410736; www.vd16.de: P 1681. Desinteresse beschreibt auch die Haltung Heinrichs VIII. trefflich (vgl. hierzu z. B. http://www.british-history.ac.uk/letters-papers-hen8/vol5/pp48-59).

daillen und Flugblätter der 1530er Jahre die beiden Brüder.[68] Darüber hinaus aber begegnet Ferdinand im druckgestützten Kommunikationsraum, wie bereits in den 1520er Jahren, vor allem als Landesherr – seit der Mitte der 1530er Jahre vor allem als ein solcher, der durch die osmanische Expansion bedroht ist.[69] Nicht zuletzt dieser Form kommunikativer Präsenz des physisch zumeist abwesenden Römischen Königs dürfte es zuzuschreiben sein, dass nach den von Ferdinand 1542 und 1543 erneut in Abwesenheit seines kaiserlichen Bruders als Römischer König einberufenen Reichstagen der „Macht- und Reputationsverlust [...] unübersehbar geworden" war – nicht nur bei der Teutschen Nation, sondern auch beim Gemeinen Mann. Denn, so berichtet es etwa der protestantische Theologe Johannes Brenz seinem Kollegen Joachim Camerarius, im Reich sei der Glaube weit verbreitet, dass Ferdinand, wo immer er hinkomme, Missgeschick mit sich bringe.[70]

III.

Einen Vorschlag zu unterbreiten, um die Transformation monarchischer Herrschaft im Lateineuropa des 16. Jahrhunderts analytisch präziser zu fassen als dies einer Forschung möglich ist, die sich biologistischer Metaphorik bedient, war das Ziel dieser Studie. Entpersonalisierung als eines der Elemente, das für Herrschaft, wie sie in der Popitz'schen Machtanthropologie konzeptualisiert ist, konstitutiv ist, diente als heuristisches Instrument. Empirisch aufgesucht wurde es in den beiden Konstellationen, die in den ‚dynastischen Staaten' (Richard Bonney) der Frühen Neuzeit dazu nötigten, monarchische Macht dauerhaft, sei es für kürzere oder längere Zeit, zu delegieren, weil die Person des Monarchen das ihr zugeschriebene Amt nicht versehen konnte. Im Reich wie in Frankreich gehörten solche Konstellationen zur langen beziehungsweise kurzen Vorgeschichte gewaltsamer Konflikteskalation, in der immer auch um die rechte Gestalt des politischen Körpers gefochten wurde.

Grundverschieden – und in Anbetracht der unterschiedlichen Erscheinungsformen monarchischer Macht seit dem Spätmittelalter wenig erstaunlich – stellt sich die Machtdelegation dar. Im Reich ruhte die Delegation königlicher Macht auf verschriftlichten, durch Siegelung wie Eid für die Akteure verbindlich ge-

68 Nachweise und zahlreiche Abbildungen bei *Hilger*, Ikonographie, 58–61, 71 (Doppelporträts auf Vasen, Kacheln) u. ö. sowie Tafeln 19–40; „eine Flut solcher Arbeiten" habe, so *Hilger* (59), nach 1530 eingesetzt.
69 Vgl. www.ustc.ac.uk; Suche: Ferdinand I.; date: 1530–1546.
70 *Eltz*, Speyrer Reichstag von 1544, 82 f.; dort auch der Hinweis auf *Pressel*, Anecdota Brentiana, hier 222.

machten und durch den Modus Tractandi als in ihrem Konsens ruhend ausgewiesenen, expliziten rechtlichen Regeln der Stellvertretungsrepräsentation (Bevollmächtigung). Konstitutives Merkmal von Stellvertretung ist die Zurechnung des Handelns des Stellvertreters auf die Person von deretwegen er handelt.[71] Aus dem daraus zwingend resultierenden Erfordernis, die Handlungsautonomie des Stellvertreters zu regulieren, resultiert sowohl die Geheiminstruktion Karls als auch die Rückbindung des stellvertretenden Handelns in das personale, brüderliche Beziehungsgefüge. Umgekehrt verhält es sich im Königreich Frankreich: Wenn die beiden Körper des Königs nicht unterschieden werden können, weil sie das Königreich sind, dann kann Machtdelegation nur Gestalt gewinnen, indem sie ideell auf die Person des Königs bezogen bleibt – im Dezember 1560: in der Mutter-Kind-Beziehung verankert wird. In der Praxis des Regierungshandelns aber begegnet delegierte Macht entpersonalisiert, in Gestalt einer Geschäftsordnung für den Conseil privé. Trefflich illustriert die Verwaltungsgeschichte diesen Unterschied: Gewinnt der ferdinandeische Hofrat für den Landesherrn, aber nicht für den Statthalter und Römischen König bis in die 1540er Jahre Kontur, so rückt der königliche Conseil privé seit den 1560er Jahren ins Zentrum französischer Königsherrschaft.[72] Modalität und Praxis der Machtdelegation korrelieren demnach im Reich und in Frankreich, spiegeln die divergierende Position des Königs im politischen Körper wider und zeitigen demzufolge ganz unterschiedliche Wirkungen. Ex post und in der longue durée betrachtet, konsolidiert die Zeit der Regentschaft Katharinas den königlichen Machtapparat, wohingegen im Reich mit der Herrschaft Ferdinands nichts Vergleichbares einhergeht. Machtdelegation in diese Perspektive gerückt ist Ausdruck, nicht Ursache der seit dem Spätmittelalter zu beobachtenden divergierenden Entwicklungspfade beider Monarchien, transformiert diese aber nicht.

Doch nur die Unterschiede zu thematisieren, hieße das Entscheidende übersehen. Denn so divergierend die Modi der Machtdelegation sind, so bedurften sie der Beglaubigung auf der Bühne der anwesenden Großen, sei es auf der Bühne der Generalstände oder der Reichstage, die bis in die Mitte der 1540er Jahre, wenn der Kaiser anwesend war (1541, 1544, 1545, 1546), immer auch noch Hoftage waren. Und so divergierend diese Versammlungen in den beiden Politiae situiert waren, so waren sie auch im Frankreich des 16. Jahrhunderts noch integraler Bestandteil des politischen Gefüges, auch und gerade, wie jüngst gezeigt wurde, im Denken des Theoretikers des Absolutismus, Jean Bodin.[73] Für Königinmutter wie Kaiser-

---

71 Zur Bevollmächtigung als dem in der zeitgenössischen Repräsentationstheorie rechtliche Stellvertretung erzeugenden Moment vgl. *Hofmann*, Repräsentation, 156–165.
72 Vgl. *Ortlieb*, Kaiserlicher Hofrat, 142–155 und oben Anm. 51.
73 *Kewes*, Representative Assemblies.

bruder führte an diesen Bühnen kein Weg vorbei, was bei Ferdinand durchaus im Wortsinn zu verstehen ist. Wie für die Monarchen selbst war demnach auch für diejenigen, denen monarchische Macht delegiert war, unabdingbar, den von ihnen beanspruchten Status zu re-präsentieren, das heißt augenfällig zu machen, selbst dann, wenn ihnen, wie dies bei Ferdinand der Fall ist, ihr Status formell-explizit übertragen war. Auch dies eine Einsicht, die nicht nur vor der Folie der Popitz'schen Machttheorie, sondern auch vor der der neueren Forschung zur frühneuzeitlichen politischen Kultur wenig erstaunlich ist, aber, wiederum aus analytischer Distanz betrachtet, auch diesbezüglich das transformative Potential solcher Konstellationen gering erscheinen lässt.

Ein ganz anderes Bild aber zeigt sich, wenn man die kommunikative Präsenz beider (ganz unterschiedlich verfasster) Alter Egos Karls V. beziehungsweise Karls IX. im druckmedialen Kommunikationsraum betrachtet. Das Ergebnis ist eindeutig: Ihre kommunikative Integrierung in das über den Kreis der mitspracheberechtigten Gruppen hinausragende gesellschaftliche Gefüge als Regentin beziehungsweise als Stellvertreter des Herrschers ist, im Falle Katharinas, inexistent beziehungsweise, im Falle Ferdinands, marginal. Und so werden sie perzipiert, als was sie sich ausschließlich beziehungsweise vorrangig, sprachlich wie visuell, kommunizieren – als Mitglieder eines dynastischen Familienverbands. So unterschiedlich die gesellschaftlichen Zuschreibungen an diese Familienrollen waren, so unterschiedlich begegnen sie im beispielhaft unternommenen Vergleich. Die sozial eindeutig positiv konnotierte Mutterrolle ließ sich in Frankreich kommunikativ in die Regentinnenrolle überführen. Die formell als Stellvertretung wie kommunikativ als brüderliches Einvernehmen ins Werk gesetzte Gleichordnung der sozial mehrdeutigen brüderlichen Beziehungen hingegen beförderte deren Ambiguität noch weiter. Doch wie unterschiedlich diese Rollen sozialnormativ konnotiert und wie unterschiedlich Familien- und Regentenrolle auch verschränkt waren, sie waren mit ganz konkreten sozialen Erwartungen an die Person, die in dieser familiären Rolle begegnete, verknüpft. Erwartungen, die von der Faktizität zeitgeschichtlicher Entwicklungen konterkariert wurden und die, *indem* sie enttäuscht wurden, zugleich der Machtdelegation ihr Fundament entzogen. In Frankreich straften sie 1562, als erneut ‚Unruhen und Aufstände‘ das Königreich erschütterten, die von L'Hôpital vorgetragene Deutung der normativen Kongruenz von familiärem Mikro- und gesellschaftlichen Makrokosmos Frankreichs Lügen. Im Reich manifestierten sich die enttäuschten Erwartungen ‚nur‘ in der Zuschreibung von ‚Mißgeschicken‘ an Ferdinand. Die immer dringlicher werdenden Appelle Ferdinands an seinen Bruder Mitte der 1540er Jahre, seine ‚Niederen (Erb-) Lande‘ zu verlassen und in seinen kaiserlichen Herrschaftsbereich zurückzukehren, sowie die Mündigkeitserklärung des 13-jährigen Karl IX. verdeutlichen, dass auch die Dramatis personae um diese Prämisse ihrer Herrschaftsausübung ‚wussten', sei es bewusst oder unbewusst. Und so steht am Ende ein Ergebnis, das nicht neu, das aber, so hoffe ich zumindest, präziser argumentierbar ist: Es sind die gesellschaftlichen Zuschreibungen, die sich nicht an die ‚überpersonale' funktionale, sondern an die überpersonale soziale Rolle, die den individuellen Akteuren eignet, ankristallisieren, die das Fragezeichen des Titels plausibilisieren.

Bibliografie

Quellen

Brenz, Johannes, Anecdota Brentiana, hrsg. v. Theodor Pressel, Tübingen 1868.

Burgdorf, Wolfgang (Hrsg.), Die Wahlkapitulationen der römisch-deutschen Könige und Kaiser 1519–1792 (Quellen zur Geschichte des Heiligen Römischen Reiches, 1), Göttingen 2015.

Buschmann, Arno (Hrsg.), Kaiser und Reich. Klassische Texte zur Verfassungsgeschichte des Heiligen Römischen Reiches Deutscher Nation vom Beginn des 12. Jahrhunderts bis zum Jahre 1806, München 1984.

Deutsche Reichstagsakten unter Kaiser Karl V. Der Reichstag zu Worms 1521, bearb. v. Adolf *Wrede* (Deutsche Reichstagsakten Jüngere Reihe, 2), Göttingen 1962 (= photomechanischer Nachdruck der Ausgabe von 1896).

Deutsche Reichstagsakten unter Kaiser Karl V. Der Speyrer Reichstag von 1544, bearb. v. Erwein H. *Eltz* (Deutsche Reichstagsakten Jüngere Reihe, 15), Göttingen 2001.

Dupuy, Pierre, Traité De La Majorité De Nos Rois, Et Des Regences Du Royaume. Avec Les preuves tirées, tant du Tresor des Chartes du Roi, que des Registres du Parlement, & autres lieux, Et Un Traité Des Preéminences Du Parlement De Paris, Bd. 2, Amsterdam 1722.

Duval/Charlemagne *Lalourcé* (Hrsg.), Recueil de pièces originales et authentiques Bd. 1, Paris 1789.

Édict du roy Charles neufième de ce nom, faict par le conseil et advis de la Roine sa mère, du roy de Navarre, des princes du sang et seigneurs du conseil privé, appelez avec eux aucuns présidens et principaux conseillers des cours souveraines de ce royaume, sur les moyens les plus propres d'appaiser les troubles et séditions survenus pour le faict de la religion. Paris 1561.

Godefroy, Théodore, Le cérémonial François Bd. 2. Contenant les ceremonies observées en France aux Mariages et Festins, Paris 1649.

Kohler, Alfred (Hrsg.), Quellen zur Geschichte Karls V. (Ausgewählte Quellen zur deutschen Geschichte der Neuzeit, 15), Darmstadt 1990.

Die Korrespondenz Ferdinands. I. Familienkorrespondenz Ferdinands I., Bd. 3. 1531 und 1532, hrsg. v. Herwig Wolfram/Christiane Thomas/Gernot Heiss (Veröffentlichung der Kommission für Neuere Geschichte Österreichs, 58), Wien u. a. 1973/1977/1984.

Die Korrespondenz Ferdinands I. Familienkorrespondenz Ferdinands I., Bd. 5. 1535 und 1536, hrsg. v. Bernadette Hofinger u. a. (Veröffentlichungen der Kommission für Neuere Geschichte Österreichs, 109), Wien 2015.

La Faye, Jean de, Discours sur ce qu'aucuns seditieux ont temerairement dict que pendant la minorité des roys de France leurs meres ne sont capables de la regence, o. O. 1561.

La Ferrière, Hector de (Hrsg.), Lettres de Catherine de Medici (1), Paris 1880.

Lanz, Karl (Hrsg.), Staatspapiere zur Geschichte des Kaisers Karl V. aus dem Königlichen Archiv und der Bibliothèque de Bourgogne zu Brüssel, Stuttgart 1845.

Literatur

Barbiche, Bernard, Les institutions de la monarchie française à l'époque moderne. XVIe–XVIIIe siècle (Collection Premier Cycle), Paris 2001.
Benedict, Philip, Graphic history. The Wars Massacres and Troubles of Tortorel and Perrissin (Travaux d'humanisme et Renaissance, 431), Genève 2007.
Brinz, Alois von, Lehrbuch der Pandekten. Die Familienrechte und die Vormundschaften (2,3), 2. Aufl., Erlangen u. a. 1889.
Carroll, Stuart, Blood and Violence in Early Modern France, Oxford 2006.
Corvisier, André, Pour une enquête sur les régences, in: Histoire, économie & société 21/2 (2002), 201–226.
Cosandey, Fanny, Puissance maternelle et pouvoir politique. La régence des reines mères, in: Clio. Femmes, Genre, Histoire 21 (2005), 69–90 [http://journals.openedition.org/clio/1447].
Crawford, Katherine, Catherine de Médicis and the Performance of Political Motherhood, in: The Sixteenth Century Journal 31/3 (2000), 643–674.
Crouzet, Denis, Le Haut Coeur de Catherine de Médicis. Une raison politique aux temps de la Saint-Barthélemy (Bibliothèque Albin Michel, Histoire), Paris 2005.
Dotzauer, Winfried, Die Ausformung der frühneuzeitlichen deutschen Thronerhebung. Stellenwert, Handlung und Zeremoniell unter dem Einfluß von Säkularisation und Reformation, in: Archiv für Kulturgeschichte 68 (1986), 25–80.
Durot, Éric, François de Lorraine, duc de Guise. Entre Dieu et le Roi (Bibliothèque d'histoire de la Renaissance, 1), Paris 2012.
Fogel, Michèle, Les cérémonies de l'information dans la France du XVIe au milieu du XVIIIe siècle (Nouvelles études historiques), Paris 1989.
Gellard, Mattieu, Catherine de Médicis, régente en décembre 1560. Entrée en communication et mise en place d'un système épistolaire, in: Entrer en communication. De l'âge classique aux Lumières, hrsg. v. Pierre-Yves Beaurepaire/Héloïse Hermant (Les Méditerranées, 6), Paris 2013, 143–157.
Gellard, Matthieu, Une reine épistolaire. Lettres et pouvoir au temps de Catherine de Médicis (Bibliothèque d'histoire de la Renaissance, 8), Paris 2015.
Guerra Medici, Maria Teresa, La régence de la mère dans le droit médiéval, in: Parliaments, Estates and Representation 17 (1997), 1–11.
Haug-Moritz, Gabriele, Der Schmalkaldische Bund (1530–1541/42). Eine Studie zu den genossenschaftlichen Strukturelementen der politischen Ordnung des Heiligen Römischen Reiches Deutscher Nation (Schriften zur südwestdeutschen Landeskunde, 44), Leinfelden-Echterdingen 2002.
Haug-Moritz, Gabriele, Hugenottische Pamphletistik und gelehrtes Wissen – die Déclaration Louis de Bourbons, Prince de Condés (1562). Ein Beitrag zur politischen Ideengeschichte der Anfangsphase der französischen Religionskriege, in: Francia. Forschungen zur westeuropäischen Geschichte 39 (2012), 115–134.
Haug-Moritz, Gabriele, Entscheidung zu physischer Gewaltanwendung. Der Beginn der französischen Religionskriege (1562) als Beispiel, in: Praktiken der Frühen Neuzeit. Akteure, Handlungen, Artefakte, hrsg. v. Arndt Brendecke (Frühneuzeit-Impulse, 3), Köln u. a. 2015, 658–666.

Haug-Moritz, Gabriele, Schutz fremder Glaubensverwandter?. Die Intervention des elisabethanischen England in den ersten französischen Religionskrieg (1562/63), in: Protegierte und Protektoren. Asymmetrische politische Beziehungen zwischen Partnerschaft und Dominanz (16. bis frühes 20. Jahrhundert), hrsg. v. Tilman Haug/Nadir Weber/Christian Windler (Externa, 9), Köln u. a. 2016, 165–186.

Haug-Moritz, Gabriele, Reichstag des Alten Reiches, in: Handwörterbuch zur Deutschen Rechtsgeschichte, IV, 31. Lieferung, hrsg. v. Albrecht Cordes, Berlin 2024, Sp. 263–274.

Hébert, Michel, La Voix du Peuple. Une histoire des assemblées au Moyen Âge, Paris 2018.

Hilger, Wolfgang, Ikonographie Kaiser Ferdinands I. (1503–1564) (Veröffentlichungen der Kommission für Geschichte Österreichs, 3), Wien 1969.

Hofmann, Hasso, Der spätmittelalterliche Rechtsbegriff der Repräsentation, in: Der Staat 27 (1988), 523–545.

Hofmann, Hasso, Repräsentation. Studien zur Wort- und Begriffsgeschichte von der Antike bis ins 19. Jahrhundert (Schriften zur Verfassungsgeschichte, 22), 4. Aufl., Berlin 2003.

Jouanna, Arlette u. a., Histoire et Dictionnaire des Guerres de Religion (Bouquins), Paris 1998.

Jussen, Bernhard, The King's Two Bodies Today, in: Representations 106 (2009), 102–117.

Kantorowicz, Ernst, Die zwei Körper des Königs. Eine Studie zur politischen Theologie des Mittelalters (dtv, 4465), München 1995.

Kewes, Paulina, Representative Assemblies in the Political Thought of Jean Bodin, in: Digitale Edition und vormoderner Parlamentarismus. Eine interdisziplinäre Annäherung an frühneuzeitliche Quellen, hrsg. v. Florian Zeilinger/Roman Bleier/Josef Leeb (Schriftenreihe der Historischen Kommission bei der Bayerischen Akademie der Wissenschaften, 114), Göttingen 2025, 43–70.

Kohler, Alfred, Antihabsburgische Politik in der Epoche Karls V. Die reichsständische Opposition gegen die Wahl Ferdinands I. zum römischen König und gegen die Anerkennung seines Königtums (1524–1534) (Schriftenreihe der Historischen Kommission bei der Bayerischen Akademie der Wissenschaften, 19), Göttingen 1982. (elektr. 2010).

Kohler, Alfred, Ferdinand I. 1503–1564. Fürst, König und Kaiser, München 2003.

Koschorke, Albrecht u. a., Der fiktive Staat. Konstruktionen des politischen Körpers in der Geschichte Europas (Fischer-Taschenbücher, 17147), Frankfurt a. M. 2007.

Laferl, Christopher F., Sprache – Inhalt – Hierarchie unter Brüdern. Zum Verhältnis zwischen Karl V. und Ferdinand I. in der Familienkorrespondenz Ferdinands I. (1533/1534), in: Karl V. 1500–1558. Neue Perspektiven seiner Herrschaft in Europa und Übersee, hrsg. v. Alfred Kohler/Barbara Haider/Christine Ottner (Zentraleuropa-Studien, 6), Wien 2002, 359–372.

Marek, Kristin, Die Körper des Königs. Effigies, Bildpolitik und Heiligkeit, Paderborn 2009.

Moraw, Peter, Von offener Verfassung zu gestalteter Verdichtung. Das Reich im späten Mittelalter 1250–1490 (Propyläen-Geschichte Deutschlands, 3), Frankfurt a. M. 1989.

Ortlieb, Eva, Kaiserlicher Hofrat und kaiserliche Herrschaft unter Karl V. (1520–1556). Ein Beitrag zur Geschichte des Reichshofrats (Quellen und Forschungen zur höchsten Gerichtsbarkeit im Alten Reich, 79), Köln 2024.

Peil, Dietmar, Untersuchungen zur Staats- und Herrschaftsmetaphorik in literarischen Zeugnissen von der Antike bis zur Gegenwart (Münstersche Mittelalterschriften, 50), München 1983.

Popitz, Heinrich, Phänomene der Macht, 2. Aufl., Tübingen 2009.

Probst, Dagmar, Mutter sein. Die Darstellung der Herrscherin als Mutter, in: Körperbilder der Macht, 1300–1800. Beiträge zu einer Ikonographie des Politischen in Aktion, hrsg. v. Jörge Bellin/Ulrich Pfisterer, Berlin/Boston 2022, 277–289.

Rabe, Horst/Peter *Marzahl*, Comme représentant nostre propre personne. The Regency Ordinances of Charles V. as a Historical Source, in: Politics and Society in Reformation Europe. Festschrift für Geoffrey Elton, hrsg. v. E. I. Kouri/Tom Scott, Basingstoke 1987, 78–102.

Rabe, Horst, Reich und Glaubensspaltung. Deutschland 1500–1600 (Neue Deutsche Geschichte, 4), München 1989.

Reinhard, Wolfgang, Das Wachstum der Staatsgewalt. Historische Reflexionen, in: Der Staat 31 (1992), 59–75.

Roberts, Penny, The Kingdom's Two Bodies? Corporal Rhetoric and Royal Authority During the Religious Wars, in: French History 21 (2007), 147–164.

Roberts, Penny, La monarchie consultative, mythe ou réalité. Les états généraux et le ‚père du peuple‘ 1560–1614, in: Lendemains de guerre civile. Réconciliations et restaurations en France sous Henri IV (Les collections des la République des Lettres, Série symposiums), hrsg. v. Michel de Waele, Paris 2015, 89–108.

Rogge, Jörg, Herrschaftsweitergabe, Konfliktregelung und Familienorganisation im fürstlichen Hochadel. Das Beispiel der Wettiner von der Mitte des 13. bis zum Beginn des 16. Jahrhunderts (Monographien zur Geschichte des Mittelalters, 49), Stuttgart 2002.

Roll, Christine, Das Zweite Reichsregiment. 1521–1530, Köln 1996.

Roll, Christine, „Sin lieb sy auch eyn kurfurst...“. Zur Rolle Bertholds von Henneberg in der Reichsreform, in: Das Reichserzkanzleramt und das Reich im 16. und 17. Jahrhundert, hrsg. v. Peter Claus Hartmann (Geschichtliche Landeskunde, 47), Stuttgart 1998, 5–43. [urn:nbn:de:0291-rzd-007694-20202312-2; 2024-03-16]

Roll, Christine, Die „kaiserlosen Zeiten“ im Reich. Zu einigen Aspekten der Reichsregierung Karls V. absente imperatore, in: Karl V. 1500–1558. Neue Perspektiven seiner Herrschaft in Europa und Übersee, hrsg. v. Alfred Kohler/Barbara Haider/Christine Ottner (Zentraleuropa-Studien, 6), Wien 2002, 263–292.

Roll, Christine, Archaische Rechtsordnung oder politisches Instrument? Überlegungen zur Bedeutung des Lehnswesens im frühneuzeitlichen Reich, in: zeitenblicke 6 (2007), [https://www.zeitenbli cke.de/2007/1/roll/index_html; 2024-03-16].

Roll, Christine, Reichsregiment. 1500–1502, 1521–1530, in: Verwaltungsgeschichte der Habsburgermonarchie in der Frühen Neuzeit, Bd. 1. Hof und Dynastie, Kaiser und Reich, Zentralverwaltungen, Kriegswesen und landesfürstliches Finanzwesen, hrsg. v. Michael Hochedlinger/Petr Mat'a/Thomas Winkelbauer (MIÖG, Ergänzungsband 62,1), Wien 2019, 283–287.

Schenk, Gerrit Jasper, Zeremoniell und Politik. Herrschereinzüge im spätmittelalterlichen Reich (Forschungen zur Kaiser- und Papstgeschichte des Mittelalters, 21), Köln 2002.

Schenk, Tobias, Der Reichshofrat als oberster Lehnshof. Dynastie- und adelsgeschichtliche Implikationen am Beispiel des Brandenburg-Preußens, in: Adel, Recht und Gerichtsbarkeit im frühneuzeitlichen Europa, hrsg. v. Anette Baumann/Alexander Jendorff (Bibliothek Altes Reich, 15), München 2014, 255–294.

Schnettger, Matthias, Das Reichslehenswesen, in: Verwaltungsgeschichte der Habsburgermonarchie in der Frühen Neuzeit, Bd. 1. Hof und Dynastie, Kaiser und Reich, Zentralverwaltungen, Kriegswesen und landesfürstliches Finanzwesen, hrsg. v. Michael Hochedlinger/Petr Mat'a/Thomas Winkelbauer (MIÖG, Ergänzungsband 62,1), Wien 2019, 304–310.

Schubert, Ernst, König und Reich. Studien zur spätmittelalterlichen deutschen Verfassungsgeschichte (Veröffentlichungen des Max-Planck-Instituts für Geschichte, 63), Göttingen 1979.

Stollberg-Rilinger, Barbara, Rituale (Historische Einführungen, 16), 2. Aufl., Frankfurt a. M. u. a. 2019.

van Eickels, Klaus, Der Bruder als Freund und Gefährte. Fraternitas als Konzept personaler Bindung im Mittelalter, in: Die Familie in der Gesellschaft des Mittelalters, hrsg. v. Karl-Heinz Spieß (Vorträge und Forschungen, 71), Sigmaringen 2009, 195–222.

Watts, John Lovett, The Making of Polities. Europe 1300–1500 (Cambridge Medieval Textbooks), Cambridge 2009.

Wanegffelen, Thierry, Le pouvoir contesté. Souveraines d'Europe à la Renaissance, Paris 2008.

Winkelbauer, Thomas, Die Bedeutung des Privilegium maius für die Erzherzöge von Österreich in der Frühen Neuzeit. in: Privilegium maius. Autopsie, Kontext und Karriere der Fälschung Rudolfs IV. von Österreich, hrsg. v. Thomas Just u. a. (Veröffentlichungen des Österreichischen Staatsarchivs, Sonderbd. 15; Veröffentlichungen des Instituts für Österreichische Geschichtsforschung, 19), Wien/Köln/Weimar 2018, 321–338.

Jan Kusber

Der Akt von Perejaslav 1654 als Zeitenwechsel in der frühneuzeitlichen Geschichte des östlichen Europas?

I. Der Akt als Zeitenwechsel?

Am 18. Januar 1654 kam in Perejaslav ein Rat der Kosakenführung des Hetmanats unter Bohdan Chmel'nyc'kyj zusammen, bei dem die überwiegende Mehrheit der Kosaken in Anwesenheit des russischen Bojaren und Gesandten Vasilij Buturlin einen Treueeid auf Zar Alexei Michailowitsch leistete.[1] Die Tragweite dieses „Aktes" war den Beteiligten zeitgenössisch keineswegs bewusst – weder auf kosakischer noch auf Moskauer Seite. Zu oft hatten die Kosaken in ihrer politischen Orientierung zwischen dem König von Polen und dem Moskauer Zaren gewechselt.[2] Erst im Zuge des Einheitsparadigmas in der russischen Geschichte, von dem Zenon Kohut sprach,[3] und dessen Ablehnung durch die ukrainischen Eliten, wurde aus diesem Eid ein Ereignis, auf dass sich die russische und ukrainische Nation und ihre Nationalismen seither beziehen, auch wenn dessen Konstruktcharakter durch die russische Historiographie offensichtlich bleibt.[4] Dennoch ist der Akt von Perejaslav ein Schlüsselereignis in der Geschichte des östlichen Europas, das einen Zeitenwechsel in diesem geographischen Raum beschleunigte und zwar auf mehreren Ebenen, wie ich im Folgenden diskutieren werde:

1. Der Eid war ein weiterer Meilenstein erst im Aufstieg des Moskauer, dann des Russischen Reiches zur Groß- und Vormacht im östlichen Europa.
2. Er markierte das beginnende Ende einer sich entwickelnden Herrschafts- und Staatsbildung des Hetmanats in jenen Territorien, die heute auf dem Gebiet der Ukraine liegen.
3. Er verschob in der mächtepolitischen Konkurrenz zwischen Moskau und der polnisch-litauischen Adelsrepublik nach der Zeit der Wirren (*Smuta*) das Gewicht zugunsten der Zaren und Zarinnen.

---

1 Das Thema dieses Beitrages verbindet mich und Christine Roll – der Schauplatz war nicht Aachen, Mainz oder vor allem und am häufigsten Moskau, sondern Heidelberg. Gemeinsam mit Kerstin S. Jobst trugen wir dort 2015 zur frühneuzeitlichen Ukraine vor und hatten zwei fröhliche Abende!
2 *Hrytsak*, 113–126.
3 *Kohut*, Istoki.
4 Hier folge ich *Vulpius*, Konkurrenz, 106 f.

https://doi.org/10.1515/9783111384214-007

4. Er führte zu einer forcierten Angleichung der Sozialverhältnisse im südlichen Osteuropa an die des Moskauer beziehungsweise Russischen Reiches durch eine Expansion des leibeigenschaftlichen Systems.[5]

II. Die Entstehung des Hetmanats und die Expansion Moskaus

Von der Mitte des 15. Jahrhunderts bis zum 17. Jahrhundert stieg Moskau zu einem bedeutenden Machtfaktor zunächst in der osteuropäischen Herrschafts- und Staatenwelt, schließlich als petrinisches Imperium in Gesamteuropa auf. Die Herrscher Moskaus strebten nach einer Rangerhöhung mittels Expansion, Diplomatie und symbolischer Politik. Im Zuge dieser Entwicklung wurde der *Gosudar* (Herrscher) *zum Samoderžec* (Selbstherrscher). Dies war nichts anders als eine Übersetzung des Autokratortitels. Auch die Herrscher des petrinischen Imperiums bezeichneten sich als solche, nachdem Peter der Große nach dem Frieden von Nystadt (1721) den Titel eines „Imperators" angenommen hatte und hieraus eine nochmalige Vorrangstellung ableitete, die den Universalanspruch des Kaisers herausforderte. Freilich hatte dies in anderer Weise auch schon Ivan IV. getan, als er sich als erster Moskauer Herrscher zum Zaren krönen ließ. Dies allerdings war im Westen bei Weitem nicht so zeitnah rezipiert worden, wie 1722 die Annahme der Imperatortitels. Allen Herrschern des russländischen Reiches galt die Herrschaftsform der Autokratie bis zu seinem Untergang als etwas, das zu bewahren sei, weil sie eben genuin russisch sei. Dieses Konzept entwickelte sich keineswegs linear, sondern mit Brüchen: Von der beginnenden Ausformulierung in der Zeit Ivans III. über die Zarenkrönung Ivan IV. Groznyjs 1547 bis zur Sakralisierung von Zar und Dynastie im Gesetzbuch des Zaren Aleksej 1649 war die Autokratie als Konzept und Herrschaftspraxis bedroht, am schwerwiegendsten in der Zeit der Wirren (*Smuta*) an der Wende vom 16. zum 17. Jahrhundert.[6]

Nach der *Smuta*, die das Moskauer Reich als Imperium und als Staat an den Rand seiner Existenz gebracht hatte, konnten die ersten Zaren aus dem Hause Romanov, Michail und Aleksej, ihre Herrschaft trotz fortgesetzter Aufstände und der bleibenden Gegensätze mit den Nachbarn im Westen, vor allem Polen-Litauen, aber auch Schweden, konsolidieren. So wie die Großfürsten Ivan III. und Vasilij III. den Abzug von Bojaren in den litauischen Bereich als Verrat zu definieren be-

---

5 Zu deren grundlegender Bedeutung siehe *Kusber*, Leibeigenschaft.
6 Vgl. *Kusber*, Die „byzantinische Autokratie"; vgl. *Filiyushkin*, Das Bild der Autokratie.

gonnen hatten,[7] und so wie Ivan Groznyj in der Zeit des Livländischen Krieges Andrej Kurbskij nach dessen Flucht Verrat vorwarf,[8] so sahen die ersten Zaren aus dem Haus der Romanovs das schwankende Verhalten von Adligen zwischen den Machtpolen Moskau beziehungsweise Krakau (und Wilna) als Verrat an, wie Angela Rustemeyer insbesondere an den lang anhaltenden Auseinandersetzungen um Smolensk zeigen konnte.[9] Der Verweis auf (vermeintlich) alte Herrschaftsrechte, vor allem aber auf den orthodoxen Glauben der Menschen an der westlichen Peripherie diente zur Untermauerung des Anspruchs; beide Fälle konnten in dem Argument, man wolle das Erbe der Rus' antreten, zusammengefasst werden.[10]

Beflügelt wurde Moskaus Politik an der südwestlichen Peripherie um die Mitte des 17. Jahrhunderts durch Ereignisse, die das mächtepolitische Verhältnis zu den Nachbarn umzukehren begannen und eine Expansion des Moskauer Reiches in den Westen mit sich brachten. Das „wilde Feld", die linksufrige Ukraine, von dem die Ereignisse ihren Ausgang nahmen, war dabei nicht das oberste Ziel auf der politischen Agenda Moskaus, aber die zarische Diplomatie nutzte den Unmut unter den Zaporoger Kosaken, einer seit dem 14. Jahrhundert nachweisbaren kosakischen Gemeinschaft,[11] deren Organisationsgrad sich bis um die Mitte des 17. Jahrhunderts stark verfestigte. Das egalitäre Ideal der Gemeinschaft blieb, aber mit dem Wachsen der Gemeinschaft, der Herausbildung verschiedener befestigter Zentren, einer Binnendifferenzierung, in der die Eliten sich Errungenschaften einer von Kiev aus geprägten orthodoxen Bildungskultur aneigneten, hierarchisierte sich die Gemeinschaft. Zugleich begann sie über die funktionale Differenzierung und eine stabilisierte Anwendung des Fall- und Gewohnheitsrechts Merkmale einer frühneuzeitlichen Staatsbildung zu zeigen.[12] Das Hetmanat und andere kosakische Gemeinschaften, die aus Tataren, entlaufenen ostslavischen Bauern und anderen bestanden, sahen sich am Ende des 16. und in der ersten Hälfte des 17. Jahrhunderts Druck von mehreren Seiten ausgesetzt. Zum einen war da die vordringende Gutswirtschaft des polonisierten ruthenischen Adels, die das System der Leibeigenschaft in Gebiete ausdehnte, in die man vor ebenjener geflohen war. Zum anderen fiel es den Kosaken schwer, an der Wende vom 16. zum 17. Jahrhundert ihre Lebensweise aufrechtzuerhalten. Die kosakischen Freiheiten (*vol'ja*) gerieten nicht nur von außen unter Druck. Die erwähnte soziale Differenzierung in

---

7 Vgl. *Alef*, Das Erlöschen, 35–73.
8 Vgl. *Fennell*, The Correspondence.
9 Vgl. *Rustemeyer*, Dissens.
10 Zu den unterschiedlichen Beanspruchungen der mittelalterlichen Rus', siehe die Studien in den Sammelbänden: Vgl. *Doronin*, Drevnjaja Rus'; *Doronin*, Narrativy; *Doronin*, „Mesta pamjati".
11 Und zum Folgenden *Stökl*, Die Entstehung; *Kumke*, Führer; *Kappeler*, Die Kosaken.
12 Stark betont in der ukrainischen Historiographie: *Sas*, Ukrainskij Get'manat.

den kosakischen Gemeinschaften tat das ihre, um das egalitäre Ideal eines ‚freien'
Lebens auszuhöhlen. Kosaken gingen in den Dienst vor allem der polnischen Könige, die sie anlassbezogen als Söldner einsetzten, entlohnten und danach wieder
freisetzten. Nicht wenige Kosaken strebten nun danach, dauerhaft besoldet zu
werden, ihre Anführer gar nach Nobilitierung. Ersteres gelang einigen Tausend,
die seit 1591 als Registerkosaken geführt worden waren; manche der großen „ruthenischen"[13] Magnatenfamilien führten sich schon um 1600 symbolpolitisch auf
kosakischen Ursprung zurück und hatten gleichwohl eine kosakische Vergangenheit längst hinter sich gelassen. Aber die Mehrheit der Kosaken nahm diesen Weg
nicht.[14]

All dies ging einher mit der Zunahme der Pflichten für die Bauern und der
Verletzung ihrer Rechte. So stellte der französische Ingenieur Guillaume le
Vasseur de Beauplan, der von Anfang der 1630er Jahre bis 1648 in polnischem
Dienst stand, fest, dass die Bauern dort extrem arm und gezwungen seien, *ihrem
Herrn* alles zu geben, was er wolle. Ihre Position sei *wie leibeigen*, wiewohl eine
Vorstellung von Freiheitsrechten unter ihnen existiere.[15] Dies betraf die Bauern
auf Magnatenland, aber auch die bäuerlich lebenden Kosaken. Die Union von
Brest 1596 führte zudem dazu, dass die orthodoxen Untertanen in der Rczespospolita sich marginalisiert fühlten.[16] Orthodoxe Bauern und Adlige, vor allem die in
der Regel orthodoxen Kosaken, gingen den Weg in die Union nicht mit. Stattdessen traten die Zaporoger Kosaken in die orthodoxe Bruderschaft ein, die unter
den Metropoliten von Kiev mit dem Höhlenkloster als Zentrum bedeutsam wurde.
Kosakenunruhen sprangen in den ersten Jahrzehnten schnell auf die gesamte
bäuerliche Bevölkerung über – immer wieder mussten sich König und Sejm mit
den Aufständen befassen, die die Könige nicht selten durch Aufnahme weiterer
Kosaken ins Register beruhigen wollten, während der Adel die damit verbundenen Kosten – den dauerhaften Sold – scheute und nicht bewilligen wollte.[17]

Zwischen Moskau und den nach Auffassung der Krone Polens eigentlich zur
Rczespospolita gehörenden linksufrigen Ukraine lag die Sloboda-Ukraine mit dem
Zentrum Char'kiv. Russland erlangte die Kontrolle über das Territorium im Zuge
der Kriege mit Polen-Litauen im 15. und 16. Jahrhundert – in der Moskauer Eigen-
sicht war die Sloboda jedoch historischer Bestandteil der Rus. Im 16. Jahrhundert
begann die Kolonisation durch Bauern und die Region wurde Teil einer Verteidi-

---

13 So die Bezeichnung im Kontext der Adelsrepublik und nach den Teilungen Polen-Litauens im
habsburgischen Kronland Galizien.
14 Und zum folgenden, vgl. *Kusber*, „Unter die hohe Hand nehmen", 146–155.
15 Vgl. *Sieur de Beauplan*, Beschreibung der Ukraine, der Krim und deren Einwohner; zur Person
und dem hier interessierenden Werk vgl. *Essar/Pernal*, Beauplan's Description d'Ukraine.
16 Vgl. *Augustynowycz*, Die Union von Brest.
17 Vgl. *Vernadsky*, A Source Book, 281–292.

gungslinie gegen tatarische Überfälle. Eine zweite Kolonisationswelle erfolgte in den 1620 und 1630er Jahren, hauptsächlich in Form von ukrainischen Kosakenregimentern, die sich dort niederlassen durften, um das Territorium vor den Tataren zu schützen. Die Kosaken, die in die Sloboda-Ukraine kamen, standen unter der Souveränität der russischen Zaren und ihrer Militärkanzlei und wurden im russischen Militärdienst registriert. Der Zar verhielt sich somit nicht anders als der polnische König; im Gegensatz zum Wahlmonarch verfügte er aber über andere Macht- und Finanzmittel, um die Kosaken dauerhaft an sich zu binden. Eine große Anzahl ukrainischer Flüchtlinge kam nach dem Aufstand von 1637/38 aus Polen-Litauen und erhielt von der russischen Regierung großzügige Subventionen für die Neuansiedlung.[18] Jahrzehntelang überquerten ukrainische Kosaken die Grenze nach Südrussland, um Vieh zu sammeln, aber viele von ihnen gingen auch zum Banditentum über, sodass Moskau eine neue Garnisonsstadt am Fluss Bogučar bauen musste, um das Land vor ukrainischen Kosakenbanden zu verteidigen, und siedelte viele der ukrainischen Flüchtlinge nach Valujki Woronesch und bis nach Kozlov um.[19]

Krimtataren und Nogai-Tataren nutzten traditionell das dünn besiedelte Gebiet des „wilden Feldes" an der Südgrenze des Moskauer Reiches, unmittelbar südlich von Severien, um jährliche Razzien in den russischen Gebieten entlang des sogenannten Muravskij- und des Izjum-Pfades zu starten – unter anderem war ihr Ziel die Versklavung von Menschen, die dann über das Schwarze Meer gehandelt wurden.[20] 1591 erreichte einmal mehr ein tatarischer Überfall die Region Moskau und zwang die russische Regierung, 1593 neue Festungen in Belgorod und Oskol zu errichten. Es folgte die Errichtung einiger Wassergräben und Forts, um der Region Sicherheit zu bieten.[21]

Das Moskauer Reich war also an die linksufrige Ukraine herangerückt und hatte vor allem ein Interesse an Kiev, während die Krone Polens, der die ukrainischen Gebiete der Rczespospolita angehörten, mit den Aufständen und den Zügen der Krimtataren sowie der Bedrohung durch die Osmanen überfordert und in dieser Situation immer auf die Kooperation und Unterstützung der Zaporoger Kosaken angewiesen war. Zunächst wurde diese Unterstützung gegen Geld und Privilegien auch gewährt.

---

18 Vgl. *Davies*, Empire and Military, 43–45.
19 Vgl. *Davis*, Warfare, 100 f.
20 *Witzenrath*, The Russian Empire, 35–41.
21 *Sljusarskij*, Social'no ėkonomičeskoe razvitie Slobožanščiny, 30–32.

III. Bohdan Chmel'nyc'kyj und der Akt von 1654

Die Krone Polens sah sich jedoch nicht in der Lage, dauerhafte Privilegien zu gewähren. In dieser Gemengelage war es ein in der Nähe von Lemberg geborener
Kleinadliger, der sich den Unmut der Zaporoger Kosaken zunutze machte: Bohdan
Chmel'nyc'kyj war der Sohn eines polnischen Unterstarosten[22], der eine Ausbildung in einem Jesuitenkolleg erhalten und im Jahr 1620 an einem Feldzug gegen
die Osmanen teilgenommen hatte, bei dem er in deren Gefangenschaft geriet.
Nach seinem Loskauf machte er Karriere im Kosakenheer; als später die polnische Regierung den Kosaken viele Rechte aberkannte, verhielt er sich dieser gegenüber loyal und führte ein ruhiges Familienleben auf seinem Gut bei Čyhryn.
Erst ab 1646, als ihn persönlich betreffende Rechtsstreitigkeiten ihm seine Recht-
losigkeit vor Augen führten, nahm er diese zum Anlass, sein Gut und seine Familie zu verlassen und den Kampf gegen das Königreich Polen aufzunehmen. Im Januar 1648 ließ er sich handstreichartig zum Hetman der Kosaken der Zaroroger
Sič wählen und entfesselte einen Aufstand, der das Königreich Polen erschüttern
und zu einem einschneidenden Moment der ukrainischen Geschichte werden sollte.[23] Chmel'nyc'kyj, der seine Truppen im Laufe des Jahres bis vor Lemberg führte
und weite Teile des Landes verheerte, erhielt massiven Zulauf von Bauern. Gemeinsam wandten sie sich gegen den Adel und die Juden, die oft als Schankpäch-
ter und Verwalter eine intermediäre Stellung einnahmen und nun zum generellen
Feindbild wurden. Bohdan Chmel'nyc'kyj ging es zuvorderst um die juristische
Anerkennung der traditionellen Privilegien der Kosaken, darunter Steuerfreiheit
und Erhalt der paramilitärischen Strukturen.[24] Des Weiteren wurde verlangt, die
vom polnischen König direkt besoldete Kosakentruppe auf die bereits zugesicher-
ten 40.000 Mann zu erweitern. Am 20. Mai 1648 starb König Wladislaw IV. in Warschau, was das Königreich im Interregnum zeitweise handlungsunfähig machte.
1648 und 1649 besiegte Chmel'nyc'kyj mehrere polnische Heere, unter anderem
bei Zboriv (Zborów), wo er schließlich mit den Unterhändlern des neuen polni-

---

22 Als Verwalter eines Krongutes.

23 Zum Aufstand und seinen Folgen, vgl. *Kappeler*, Ungleiche Brüder, 49–63; vgl. *Sysyn*, Chmel'-
nyćkyj-Aufstand; *Sysyn*, Khmel'nyts'kyi Uprising.

24 *Wir haben einen Rat einberufen, der dem ganzen Volk offensteht, damit ihr mit uns zusammen
einen von vier Herrschern wählt, wen immer ihr wollt: Der erste ist der türkische Zar [Sultan], der
uns schon oft durch seine Gesandten angetragen hat, uns unter seine Herrschaft zu begeben; der
zweite ist der Krim-Khan; der dritte ist der polnische König, der uns, wenn wir es wünschen, noch in
seine frühere Gunst aufnehmen wird; der vierte ist der orthodoxe Herrscher der Großen Rus, der
Zar, Großfürst Alexei Michailowitsch, der östliche Herrscher der ganzen Rus, den wir nun schon
seit sechs Jahren mit unaufhörlichen Bitten für uns herbeigewünscht haben. Wählt nun, wen ihr
wollt!*, zitiert nach *Plokhy*, Das Tor Europas, 164 f.

schen Königs Jan II. Kazimierz den Vertrag von Zboriv schloss,[25] der den kosakischen Forderungen weit entgegenkam. Die kosakischen Unterhändler hatten nota bene nicht auf Bauernschutz oder ähnliches gedrungen. Chmel'nyc'kyj, so Kerstin Jobst zu Recht, ging es nicht um die Durchsetzung egalitärer Prinzipien.[26]

Seit Beginn des Aufstandes der Zaporoger Kosaken 1648 bot Bohdan Chmel'-nyc'kyj Zar Aleksej wiederholt an, sich seiner Oberherrschaft zu unterstellen:[27]

> Wir ersuchen Sie, Zarische Majestät: Verstoßen Sie uns nicht von Ihrer Gunst; und wir beten zu Gott, dass Ihre Zarische Majestät, als gläubige orthodoxe Souveränität, über uns als Zar und Autokrat walten möge. In der Vereinigung des orthodoxen Glaubens liegt unsere Hoffnung auf Gott, dass jeder Feind umkommt.[28]

Aleksej lehnte vor dem Hintergrund innenpolitischer Probleme – dem Moskauer Aufstand und der daraus folgenden Ständeversammlung (*Sobor*)[29] – ab, wiewohl das Hetmanat als neuer Reichsteil den Weg nach Kiev eröffnet und damit das Sammeln der Länder der Rus', dem sich Ivan III., Vasilij III. und Ivan IV. verschrieben hatten, fortgesetzt hätte. Aleksej, für dessen Herrschaft seine abwägende Haltung charakteristisch war, rang sich erst an der Jahreswende 1653/54 dazu durch, auf das Angebot des Hetmans einzugehen, ließ sich aber sein Vorgehen auf einer eigens einberufenen Reichsversammlung absegnen.[30] Die *sobory* als Mittel der Herrschaftskonsolidierung und Foren, auf denen er und seine Berater ausloten konnten, welche machtpolitischen Möglichkeiten die langsam wiedererstarkende Autokratie hatte, erfüllten für Aleksej den Zweck der Absicherung außenpolitischen Handelns.

Als am 18. Januar 1654 die *Perejaslavs'ka Rada*, die Versammlung der Zaporoger Kosaken und vieler Ukrainer, zusammentrat, warb Chmel'nyc'kyj für die Moskauer Option. Kosakische Anführer und Vertreter von Regimentern, aber auch Adlige und Bürger antworteten, so die russischen Quellen, mit Applaus und verbaler Zustimmung. Noch am gleichen Tag schworen Hetman Bohdan Chmel'nyc'kyj und die Zaporoger Kosaken „ewige Treue" – 127.000 Ukrainer, darunter 64.000 Kosaken sollen es in Perejaslav gewesen sein. In vielen ukrainischen Städten leisteten Einwohner auf zentralen Plätzen den Eid. Ein Teil der orthodoxen Geistlichen aber legte den Eid erst nach langem Widerstand ab, einige Kosakenführer verweigerten den Eid. Zwei Monate später wurde die Übereinkunft mit kleineren Verän-

25 Vgl. Akty otnosjaščiesja k istorii Južnoj i Zapadnoj Rossii, Bd. 3, 414 f.
26 Vgl. *Jobst*, Geschichte, 110.
27 Vgl. Akty otnosjaščiesja k istorii Južnoj i Zapadnoj Rossii, Bd. 3, 207 f., 309.
28 Zitiert nach: *Wilson*, The Ukrainians, 64.
29 Vgl. Akty otnosjaščiesja k istorii Južnoj i Zapadnoj Rossii. Bd. 3, 320 f.; zum Hintergrund, vgl. *Kivelson*, The Devil.
30 Vgl. Polnoe sobranie zakonov, T. 1, 284, 287–291.

derungen in Moskau bestätigt. Der Vertrag bedeutete aus Moskauer Sicht, ganz im frühneuzeitlichen Sinne, dass dem Moskauer Reich eine Herrschaftsbildung hinzugefügt wurde, die weiterhin über hohe Autonomierechte verfügte. Das Kosakenheer behielt seine Privilegien und eigene Kommandostruktur; das eigene Rechtswesen sollte ebenso weiter Bestand haben wie die Selbstverwaltung. Schließlich sollte es dem frei gewählten Hetman sogar möglich sein, in einem gewissen Umfang zu nachgeordneten auswärtigen Mächten eigene außenpolitische Beziehungen zu pflegen. In einer separaten Übereinkunft bestätigte der Zar auch dem Adel, dem Metropoliten von Kiev und den Städten der Ukraine ihre Privilegien und Selbstverwaltungsrechte.[31] Es ging Moskau also keineswegs nur um die Kosaken, sondern um das gesamte Territorium. Dies zeigte an, dass die eigene Zielrichtung die Expansion nach Westen war.

Ebenso bekannt wie signifikant ist jene Episode, die aus der Sicht des Moskauer Unterhändlers, des Bojaren Vasilij Buturlin, überliefert worden ist:[32] Die Kosaken forderten auch von Buturlin eine Eidesleistung. Dieser lehnte mit dem Hinweis ab, der Zar gewähre Privilegien und beschwöre sie nicht. Wo die Kosaken das Moment der Gegenseitigkeit sahen, machte der Moskauer Vertreter das Momentum der Unterordnung stark. Diese unterschiedlichen Sichtweisen standen am Beginn einer Geschichte des Hetmanats und der Teile der Ukraine im Bestand des Moskauer Reiches und existieren bis in die Gegenwart fort. Die Kosaken sahen den Vertrag als Bündnis an, das gegebenenfalls auch zu lösen sei, während Buturlin und natürlich auch Aleksej von einer endgültigen Unterordnung ausgingen.[33]

Die Ergebnisse wurden in Moskau als diplomatischer Sieg verbucht. Dass dieser einen Krieg mit Polen-Litauen bedeutete, nahm Aleksej in Kauf. Bis 1667 währte dieser Krieg, bei dem die Invasion der Schweden gegen den polnischen Wasa-König Jan II. Kazimierz Moskau in die Hände spielte. Die *Kriege der blutigen Sintflut* beflügelten den Moskauer Erfolg beim Abschluss des Waffenstillstandes von Andrussovo, der die linksufrige Ukraine einschließlich Kievs unter Moskauer Herrschaft brachte.[34] Die Kosaken waren die Verlierer. Sie hatten sich aus Moskauer Sicht als wenig loyal erwiesen. Chmel'nyc'kyj selbst hatte von der Errichtung eines Königtums geträumt. Nach seinem Tod 1657 waren seine Nachfolger bereit, die Seiten zu wechseln, und schlossen 1658 in Hadiach einen Vertrag mit

---

31 Aus Anlass des 300. Jahrestages des Aktes 1954 publiziert in: Vossoedinie Ukrainy, s Rossiej, 560–565, 567–570.

32 Bericht der Gesandtschaft in: Ebd., 23–490, hier insbesondere 464, 466 f.

33 Diese schon zeitgenössisch unterschiedliche Lesart zieht sich bis in das 20. und 21. Jahrhundert fort. Zur älteren Historiographie aus nationalukrainischer Sicht vgl. *Basarab*, Pereiaslav 1654. Zur sowjetischen Deutung *Aust*, Polen und Russland, 203–247.

34 Vgl. Polnoe sobranie zakonov, Tom 1, 633–635. Siehe auch: *Wójcik*, Traktat Andruszowski 1667 roku.

der Krone Polens, mit dem seit 1648 gehegten und nun erneut vorgetragenen Wunsch, aus drei Woewodschaften einen eigenen Reichsteil innerhalb der polnisch-litauischen Union, das heißt ein ruthenisches Großfürstentum, zu konstituieren.[35] Dieser Vertrag bedeutete eine Aufkündigung des Treueeides gegenüber dem Zaren, war in der kosakischen Elite umstritten und wurde durch militärische Erfolge Moskaus hinfällig – 1659 wurde der zweite Akt von Perejaslav geschlossen, nun zu ungünstigeren Konditionen für die linksufrige Ukraine. Moskau erzwang das Recht, in mehr Städten Truppen zu stationieren, der Kiever Metropolit wurde dem Patriarchen in Moskau nun explizit untergeordnet.[36] Aus der Sicht der Autokratie waren militär- und religionspolitisch wichtige Schritte zur Integration dieser Peripherie, die ideologisch mit dem Bezugspunkt zur Rus so zentral war, getan.

Der im Mai 1686 mit Polen-Litauen in Moskau geschlossene Friedensvertrag, der *Ewige Friede*, zeigte, dass die Rzeczpospolita Bündnispartner gegen die Osmanen und vor allem die Krimtataren brauchte, die als Gegner ersten Ranges der Adelsrepublik eingestuft wurden. Fürst Vasilij Golicyn, Favorit der Carevna Sofija, beendete völkerrechtlich den Russisch-Polnischen Krieg (1654–1667) und bestätigte die im Waffenstillstand von Andrussowo getroffenen Vereinbarungen. In seinen 33 Artikeln sicherte der Frieden der russischen Seite die in Andrussowo von der polnischen Krone abgetretenen Gebiete um Kiev und Smolensk, nun aber vertraglich auf Dauer,[37] und legte bis 1772, also bis zur ersten Teilung Polen-Litauens, die polnisch-russische Grenze fest. Beide Seiten verpflichteten sich, keinen Separatfrieden mit dem Osmanischen Reich einzugehen. Für die Orthodoxen wurde in Polen-Litauen Glaubensfreiheit vereinbart und zugleich Russland gewährt, als Schutzmacht der Orthodoxie im Falle einer Bedrohung zu wirken. Durch die Unterzeichnung des Vertrages trat Moskau der gegen das Osmanische Reich gerichteten Heiligen Liga bei (1697 dann in offizieller Form). Der Vertrag war zweifelsohne ein Erfolg für Russland, das einen machtpolitischen Bedeutungszuwachs verbuchen konnte.[38]

---

35 Vgl. Akty otnosjaščiesja k istorii Južnoj i Zapadnoj Rossii. Bd. 7, 252 f. Siehe auch: *Dolbilov/ Miller*, Zapadnye okrainy, 34–36; sowie *Plokhy*, Die Frontlinie, 93–100.
36 Vgl. Polnoe sobranie zakonov, Tom 1, 475–479, 482.
37 Vgl. Polnoe sobranie zakonov, Tom 2, 773–774; 776–778.
38 Vgl. *Dybaś*, Mächtepolitische Neuorientierungen, 401–403.

IV. Nichtlineare Integration und der Verlust der Eigenständigkeit des Hetmanats

Jetzt begann verstärkt die mühsame Integration und die sehr allmähliche rechtliche Angleichung der ukrainischen Gebiete,[39] die keineswegs linear verlief. Während im kulturellen Bereich, etwa der orthodoxen Gelehrsamkeit, der Einfluss der Kiever Akademie am Kiever Höhlenkloster durch die Rezeption der Renaissance und der katholischen Gegenaufklärung bedeutend blieb und ein erster Europäisierungsschub auf diese Weise Moskau erreichte[40], verlor der Kiever Metropolit als Hierarch an Bedeutung. Die kosakische Oberschicht, die zunehmend über Grundbesitz verfügte und in ihrer Lebensweise dem Adel immer ähnlicher wurde, hatte mit den agrarisch wirtschaftenden Unterschichten ein gemeinsames Eigenbewusstsein, das in manchem protonational genannt werden kann.[41] Die Kosakenheere blieben autonom, aber die Bauern begannen die vorrückende Unfreiheit zu spüren, auch wenn die Leibeigenschaft, wie sie das Gesetzbuch des Zaren Aleksej festschrieb, erst in der katharinäischen Zeit durchgesetzt wurde.

In der Zeit Peters des Großen gab es den letzten bedeutenden Versuch, für die Kosaken des Hetmanats, wenn schon nicht Unabhängigkeit, so doch weitgehende Autonomie zu schaffen und die Eigenständigkeit der ukrainischen Kultur auch nach außen zu repräsentieren. Ivan Mazepa steht in der ukrainischen Geschichtskultur bis in die Gegenwart für eben jene Bemühungen, während er in der russischen Geschichtskultur heute als Verräter gilt.[42] Mazepa stammte aus dem ukrainischen Adel des rechten Ufers. Er studierte in Kiev an der dortigen Akademie und danach am Warschauer Jesuitenkolleg. Später förderte er die orthodoxe Kirche und stärkte die Stellung der Kosakenaristokratie, die zu mehr Grundbesitz kam. Auch sich selbst vergaß er dabei nicht – ihm gehörten schließlich an die 20.000 Güter, was ihn zu einem der reichsten Männer Europas machte. Nach mehreren Jahren im Dienst des polnischen Königs und Reisen nach Westeuropa trat er 1669 in den Dienst des rechtsufrigen Hetmans Petro Dorošenko und kurz darauf in den Dienst des linksufrigen Hetmans Ivan Samojlovyč. Im Jahre 1687 wurde er mit der Unterstützung aus Moskau zu Samojlovyčs Nachfolger gewählt.

Mazepa arbeitete zunächst loyal mit der russischen Regierung zusammen, war mit dem jungen Zaren Peter I. befreundet und zog mit ihm gemeinsam gegen die osmanische Festung Asow. Auch im Großen Nordischen Krieg stand Mazepa

---

39 Siehe etwa zur vorsichtigen Ukraine-Politik Annas: *Petruchincev*, Vnutrennjaja politika, 249–352.
40 Vgl hierzu umfassend: *Okenfuss*, Rise and Fall.
41 Vgl. *Kohut*, The Ukrainian Elite.
42 Vgl. *Grob*, „Mazepa".

auf der russischen Seite und besetzte mit Peters Einvernehmen im Jahre 1703 die rechtsufrige Ukraine. So gelang es ihm, die beiden, zu Zeiten Chmel'nyc'kyjs existenten Teile des Hetmanates wieder zu vereinigen. 1708 wechselte er die Fronten mit etwa 3.000 Kosaken und schloss sich dem schwedischen König Karl XII. auf seinem Russlandfeldzug an. Nach der verlorenen Schlacht bei Poltava 1709 floh er mit dem König in das Osmanische Reich. Er starb dort im September 1709 in der Stadt Bender.

Baturyn, die wachsende und florierende Residenz Mazepas und seiner Vorgänger, war schon zuvor durch die Truppen des Zaren zerstört und die Bevölkerung ermordet worden. Peter I. wollte keinen Erinnerungsort an ein unabhängiges Hetmanat.[43] Der Versuch Mazepas, an der Seite Karls XII. die Unabhängigkeit der linskufrigen Ukraine zurückzugewinnen, war bekanntermaßen mit Poltava 1709 gescheitert.[44] Immerhin gelang es unter den Kaiserinnen Anna und Elisabeth, die Autonomie der Ukraine und den Titel des Hetmans formal zu erhalten, mit Letzterer war der Aufstieg der Familie der Razumovskijs verbunden – der Kosake Aleksej wurde ihr Favorit, sein jüngerer Bruder Kyrill kaum zwanzigjährig Hetman.[45] Kyrill, im Ukrainischen Kyrylo Rozumovskyi, versuchte gegenüber Elisabeth etwa durchzusetzen, dass die kosakischen Truppen nur an Kriegen teilnehmen müssten, die im Interesse des Hetmanats waren, und dass das Hetmanat eigene diplomatische Beziehungen zu europäischen Höfen unterhalten dürfte. Beides lehnte Elisabeth, die 1744 eine symbolträchtige Reise nach Kiev unternahm, ab.[46]

Katharina der Großen waren die verbliebenen Eigenrechte des Hetmanats, etwa im Bereich der Rechtsprechung, ein Dorn im Auge. So wie sie für das Baltikum eine administrative Uniformierung anstrebte, so wollte sie bei aller Wertschätzung für die ukrainische Kultur, die schon am Hofe Elisabeths populär war, eine rechtliche Angleichung. Kyrill war der französischen Hofkultur und den ukrainischen Traditionen gleichermaßen zugetan. Er inszenierte sich – wie seinerzeit Mazepa – in seiner kleinrussischen, erneuerten Residenz Baturyn nachgerade royal und spiegelte zugleich den Petersburger Hof. Zugleich arbeitete er geschickt mit der Starščina, der Oberschicht der Kosaken, die sich wegen Katharinas Wunsch nach Zentralisierung in Gärung befand. Razumovskij und die Kosakenoberen formulierten in Gluchov im Oktober 1763 eine Petition, in der sie eine weitgehende Autonomie Kleinrusslands und die Erblichkeit des Hetmanats für

---

43 Zur Verfolgung der Anhänger Mazepas, vgl. *Bovgyria*, Echoes of Poltava; *Schwarcz*, Die umstrittene Heldenfigur.
44 Vgl. *Plokhy*, The Gates, 122–128.
45 Vgl. *Kusber*, Zur Frage von Schande und Ehre.
46 Vgl. *Schulze-Wessel*, Der Fluch, 44–46.

die Familie Razumovskij forderten.[47] Katharinas politische Haltung gegenüber „Kleinrussland" war klar: Sie wollte die russische Provinzialadministration und das Sozialsystem übertragen. Dies bedeutete auch die Ausweitung der Gutswirtschaft und der Leibeigenschaft. Ihre Schriften in diesem Zusammenhang geben zudem Auskunft über ihr fortgesetztes Nachdenken über die Leibeigenschaft, die sie ganz aus der Perspektive des ökonomischen Nutzens für ihr Imperium betrachtete. Kleinrussland trug wenig zum Steueraufkommen des Imperiums bei und dies, obwohl die Böden sich bestens für landwirtschaftliche Nutzung, vor allem Getreide, eigneten. Die ukrainischen Bauern waren noch immer frei oder konnten zumindest ihre Dienstherren beliebig wechseln. Auch die landbesitzende, adelsähnliche Kosakenoberschicht hatte ein Interesse daran, diese Mobilität zu unterbinden, um so für kontinuierliche Landbewirtschaftung zu sorgen. In ihren Ausführungen legte die Monarchin Wert auf den Umstand, dass in dem einzuführenden System nicht der Bauer dem Grundherrn gehöre, sondern lediglich an das Land gebunden sei, was sie nicht als leibeigen im engeren Sinne bezeichnet wissen wollte. Die linksufrige Ukraine sei nicht, wie insinuiert, lediglich durch die Person der Kaiserin mit Russland verbunden, sondern ein integraler Bestandteil Russlands von alters her. Verwaltung und Sozialverfassung seien daher anzugleichen.[48]

Kyrill Razumovskij befand sich in der Zwickmühle. Einerseits wollte er sich nicht offen der von ihm bewunderten Zarin widersetzen, und es gab auch Stimmen in den kleinrussischen Eliten, die sich von einer vollkommenen Integration Karrierevorteile und ökonomischen Gewinn versprachen. Andererseits fürchteten viele das Ende der Freiheiten, der Autonomie in der komplexen Form, wie sie die Kosaken entwickelt hatten. Der Druck des Petersburger Hofes wurde schließlich zu stark. 1764 stellte Razumovskij sein Amt als Hetman zur Verfügung, er selbst ging von 1765 bis 1767 auf eine Auslandsreise. Einen Bruch mit Katharina bedeutete dies nicht. Sie fand ihn mit weiteren Gütern in Kleinrussland ab; er sollte als Präsident der von Peter dem Großen initiierten Akademie der Wissenschaften und in anderen Funktionen weiterhin eine bedeutende Rolle in Politik und Hofleben spielen.

Im November 1764 richtete sie das „Kleinrussische Kollegium" ein, das von Petersburg aus die Integration der Ukraine vorantreiben sollte. Zu dessen Präsidenten ernannte sie General Petr Rumjancev. Diese Wahl war auch ein Signal an die kleinrussischen Eliten, hatte Rumjancev doch seine Jugend in der Ukraine verbracht.[49] Das Hetmanat und die Autonomie der kleinrussischen Ukraine waren

---

47 Vgl. *Madariaga*, Russia, 72.
48 Vgl. *Kohut*, Abolition 93–97.
49 Vgl. *Kohut*, Abolition, 113 f.

abgeschafft, und die verstärkte Expansion des leibeigenschaftlichen Systems in diese Gebiete begann – zu einer Zeit, als es auch im Russischen Imperium verstärkt in die Kritik geriet. Nach dem Pugačev-Aufstand ließ Katharina 1775 symbolträchtig die Zaporoger Sič als Erinnerungsort zerstören – nichts sollte an die kosakischen Freiheiten erinnern. Im gleichen Jahr, dem Jahr ihrer Gouvernementsreform, wurde das Kleinrussische Kollegium aufgelöst und es wurden Gouvernements mit nachgeordneten Strukturen eingerichtet, wie überall im Imperium auch.[50] Der Widerstand der ukrainischen Elite war gering. Hatten sich ihre Mitglieder an der Wende vom 17. zum 18. Jahrhundert der russischen Elite überlegen gefühlt, machte deren Europäisierung die Integration in die imperiale Führungsschicht attraktiv. Die Familie Razumovskij oder Katharinas Vizekanzler Aleksandr Bezborodko, der der kosakischen Oberschicht der Zaporoger Kosaken entstammte, sind hierfür herausragende politische Beispiele.[51]

V. Der Zeitenwechsel und seine Folgen

Damit war der Zeitenwechsel, der in Perejaslav begonnen hatte, zu einem vorläufigen Abschluss gekommen. Die ehemals freien Gemeinschaften, die sich an der Wende vom 16. zum 17. Jahrhundert zunehmend institutionalisiert und sozial differenziert hatten, blieben nach 1654 zwar noch autonome Gemeinschaften, aber insbesondere die kosakischen Eliten konnten sich der Sogkraft der russisch-imperialen Adelskultur kaum entziehen. Allerdings gelang es ihnen in den repräsentativen Praktiken des Eigenen die Differenz zwischen Ukrainern und Russen markant zu halten. Nicht zuletzt dies war der Grund, warum Katharina II., die auf die Uniformierung des Reiches aus war, jeglicher Autonomie ein Ende setzte. Die Krone Polens konnte dem nach den Niederlagen im Polnisch-Russischen Krieg und der erfolgreichen Außensteuerung durch Peter I. nichts entgegensetzen und war als Partner für die Hetmane nicht mehr attraktiv. Denkt man diese Entwicklungen zusammen mit der Inkorporation der gewaltigen territorialen Gebietsgewinne aus der ersten Teilung Polen-Litauens, wird die Verschiebung zugunsten der machtpolitischen Bedeutung des Russischen Imperiums deutlich.[52] Das bedeutete in der Ukraine freilich nicht, dass ein Eigenbewusstsein schwand. Dieses bot eine der Grundlagen für die Nationsbildungsprojekte der Ukrainer im 19. Jahrhun-

---

50 Vgl. *Plokhy*, Gates of Europe, 134–138; vgl. Kusber, Katharina die Große, 62–66.
51 Vgl. *Kappeler*, Kleine Geschichte, 101.
52 Hierzu noch immer auf den Punkt: *Lemberg*, Polen zwischen Rußland, Preußen und Österreich.

dert.[53] Die Idee, dass Russen und Ukrainer eben keine ununterscheidbare Einheit seien, wie es in der historischen Publizistik, die den Akt von Perejaslav im 17. Jahrhundert rechtfertigte,[54] beschrieben wurde, blieb virulent. Das Momentum blieb jedoch auf der Seite der Autokratie – ein Zeitenwechsel mit einer Prägekraft zumindest bis zum Ende des Zarenreiches 1917.

Bibliografie

Gedruckte Quellen

Akty otnosjaščiesja k istorii Južnoj i Zapadnoj Rossii, sobrannye i izdannye Archeografičeskoij komissiej. Bd. 3, Sankt Peterburg 1861.

Akty otnosjaščiesja k istorii Južnoj i Zapadnoj Rossii, sobrannye i izdannye Archeografičeskoij komissiej, Bd. 7, St. Peterburg 1876.

Fennell, John L. (Hrsg. u. Übersetzer), The correspondence between Prince A. M. Kurbsky and Tsar Ivan IV of Russia. 1564–1579, Cambridge 1963.

Polnoe sobranie zakonov Rossijskoj imperii. Sobranie pervoe, Tom. 1 u. 2, St. Peterburg 1833.

Rothe, Hans (Hrsg.), Sinopsis, Kiev 1681. Facsimile (Bausteine zur Geschichte der Literatur bei den Slaven, 17), Köln 1983.

Sieur de Beauplan, Wilhelm le Vasseur, Beschreibung der Ukraine, der Krim und deren Einwohner. Aus dem Französischen übersetzt und nebst einem Anhange der die Ukraine, und die Budziackische Tataren betrifft, und aus dem Tagebuche eines deutschen Prinzen, und eines Schwedischen Kavaliers gezogen worden, hrsg. v. Johann W. Moeller, Breslau 1780.

Vernadsky, George (Hrsg.), A Source Book for Russian History from Early Times to 1917. Bd. 1, New Haven 1972.

Vossoedinie Ukrainy, s Rossiej. Dokumenty i materialy. Bd. 3, Moskau 1954.

Literatur

Alef, Gustave, Das Erlöschen des Abzugsrechts der Moskauer Bojaren, in: Forschungen zur osteuropäischen Geschichte 10 (1965), 7–74.

Augustynowycz, Christoph, Die Union von Brest, in: Religiöse Erinnerungsorte in Ostmitteleuropa. Konstitution und Konkurrenz im nationen- und epochenübergreifenden Zugriff, hrsg. v. Joachim Bahlcke/Stefan Rohdewald/Thomas Wünsch, Berlin 2013, 897–904.

Aust, Martin, Polen und Russland im Streit um die Ukraine. Konkurrierende Erinnerungen an die Kriege des 17. Jahrhunderts in den Jahren von 1934 bis 2006 (Forschungen zur osteuropäischen Geschichte, 74), Wiesbaden 2009.

---

53 Vgl. *Kohut*, The Development; *Sysyn*, The Cultural, Social and Political Context; *Sysyn*, The Cossack Chronicles; *Vulpius*, Nationalisierung.

54 Vgl. *Rothe*, Sinopsis. Siehe auch *Herzberg*, Die Vereinbarung.

Basarab, John, Pereiaslav 1654. A Historiographical Study, Edmonton 1982.

Bovgyria, Andrii, Echoes of Poltava. Trial of Mazepists and Mazepism in Eighteenth-Century Ukraine, in: Harvard Ukrainian Studies 31 (2009–2010), 521–534.

Essar, Dennis F./Andrew B. *Pernal*, Beauplan's Description d'Ukranie. A Bibliography of Editions and Translations, in: Harvard Ukrainian Studies 6 (1982), 485–499.

Davies, Brian, Empire and Military Revolution in Eastern Europe. Russia's Turkish Wars in the Eighteenth Century (Continuum Studies in Military History), New York 2011.

Davies, Brian, Warfare, State and Society on the Black Sea Steppe. 1500–1700, London 2007.

Dolbilov, Michail/Alexej M. *Miller*, Zapadnye okrainy Rossijkoj imperii, Moskau 2006.

Doronin, Andrej V. (Hrsg.), Drevnjaja Rus' posle Drevnej Rusi. Diskurs vostočnoslavjanskogo (ne) edinstva, Moskau 2017.

Doronin, Andrej V., (Hrsg.), Narrativy Rusi konca XV–serediny XVIII v. Istoričeskie narrativy „Rusi" v Velikom knjažestve Litovskom, Reči Pospolitoj, Get'manščine, Moskovskom gosudarstve i Rossijskoj imperii konca XV–serediny XVIII v. v poiskach svoej istorii, Moskau 2018.

Doronin, Andrej V. (Hrsg.), „Mesta pamjati" rusi konca XV–serediny XVIII v., Moskau 2019.

Dybaś, Bogusław, Mächtepolitische Neuorientierungen. Bündnisdiplomatie und Reichspolitik bis zur Begründung der sächsisch-polnischen Union, in: Polen in der europäischen Geschichte. Bd. 2, hrsg. v. Hans-Jürgen Bömelburg, Stuttgart 2017, 397–421.

Grob, Thomas, „Mazepa" as a symbolic figure of Ukrainian autonomy, in: Democracy and Myth in Russia and Eastern Europe, hrsg. v. Alexander Wöll/Harald Wydra (BASEES. Routledge Series on Russian and East European Studies, 36), London 2007, 79–97.

Filiyushkin, Aleksandr I., Das Bild der Autokratie des Moskauer Reiches in der Geschichtspolitik Russlands. Von der Selbstrepräsentation des 16. Jahrhunderts zur ‚Mobilmachung des Mittelalters' im 21. Jahrhundert, in: Die autokratische Herrschaft im Moskauer Reich in der „Zeit der Wirren" 1598–1613 (Studien zu Macht und Herrschaft, 2), hrsg. v. Dittmar Dahlmann/Diana Ordubadi, Göttingen 2019, 77–90.

Herzberg, Julia, Die Vereinbarung von Perejaslav 1654. Wiedervereinigung zweier „Brudervölker" oder Wurzel des Konflikts?, in: Die Ukraine in Europa. Traum und Trauma einer Nation, hrsg. v. Franziska Davies, Darmstadt 2023, 44–61.

Hrytsak, Yaroslav, Ukraine. Biographie einer bedrängten Nation, München 2024.

Jobst, Kerstin S., Geschichte der Ukraine, 2. Aufl., Stuttgart 2015.

Kappeler, Andreas, Die Kosaken. Geschichte und Legenden, München 2011.

Kappeler, Andreas, Kleine Geschichte der Ukraine, 4. Aufl., München 2014.

Kappeler, Andreas, Ungleiche Brüder. Russen und Ukrainer vom Mittelalter bis zur Gegenwart, München 2017.

Kivelson, Valerie A., The Devil Stole His Mind. The Tsar and the 1648 Moscow Uprising, in: The American Historical Review 98 (1993), 733–756.

Kohut, Zenon E., The Abolition of Ukrainian Autonomy (1763–1786). A Case Study in the Integration of non-Russian Area into the Empire, Philadelphia 1975.

Kohut, Zenon E., The Ukrainian Elite in the Eighteenth Century and its Integration into the Russian Nobility, in: The Nobility in Russia and Eastern Europe, hrsg. v. Ivo Banac/Paul Bushkovitch (Yale Russian and East European Publications, 3), New Haven 1983, 65–97.

Kohut, Zenon E., The Development of a Little Russian Identity and Ukrainian Nationbuilding, in: Harvard Ukrainian Studies 10 (1986), 556–576.

Kohut, Zenon E., Istoki paradigmy edinstva. Ukraina i sozdanie russkoj nacional'noj istorii (1620-e-1869-e gg.), in: Ab Imperio 1–2 (2001), 73–85.

Kumke, Carsten, Führer und Geführte bei den Zaporoger Kosaken. Struktur und Geschichte kosakischer Verbände im polnisch-litauischen Grenzland (1550–1648) (Forschungen zur osteuropäischen Geschichte, 49), Wiesbaden 1993.

Kusber, Jan, Leibeigenschaft im Rußland der Frühen Neuzeit. Aspekte der rechtlichen Lage und der
sozialen Praxis, in: Leibeigenschaft. Bäuerliche Unfreiheit in der frühen Neuzeit, hrsg. v. Jan
Klußmann (Potsdamer Studien zur Geschichte der ländlichen Gesellschaft, 3), Köln 2003, 135–
154.

Kusber, Jan, Zur Frage von Schande und Ehre im russischen Hochadel des 18. Jahrhunderts. Das Beispiel der Familie Razumovskij, in: Zwischen Schande und Ehre. Erinnerungsbrüche und die Kontinuität des Hauses. Legitimationsmuster und Traditionsverständnis des frühneuzeitlichen Adels
in Umbruch und Krise, hrsg. v. Marin Wrede/Horst Carl (Veröffentlichungen des Instituts für Europäische Geschichte Mainz, Beiheft 73: Abteilung für Universalgeschichte), Mainz 2007, 125–
140.

Kusber, Jan, Die „byzantinische Autokratie" als „travelling concept". Das Beispiel Russland, in: Byzanz
und seine europäischen Nachbarn. Politische Interdependenzen und kulturelle Missverständnis-
se, hrsg. v. Ludger Körntgen u. a. (Byzanz zwischen Orient und Okzident, 17), Mainz 2020, 139–
149.

Kusber, Jan, „Unter die hohe Hand nehmen". Strategien territorialer Expansion an der Peripherie des
frühneuzeitlichen Russischen Reiches, in: Core, Periphery, Frontier. Spatial Patterns of Power
(Macht und Herrschaft, 14), hrsg. v. Jan Bemmann/Dittmar Dahlmann/Detlev Taranczewski, Göttingen 2021, 139–169.

Kusber, Jan, Katharina die Große. Legitimation durch Reform und Expansion, Stuttgart 2022.

Lemberg, Hans, Polen zwischen Rußland, Preußen und Österreich im 18. Jahrhundert, in: Die erste polnische Teilung 1772, hrsg. v. Friedhelm B. Kaiser/Bernhard Stasiewski (Studien zum Deutschtum
im Osten, 10), Köln 1974, 29–48.

Madariaga, Isabel de, Russia in the Age of Catherine the Great, New Haven/London 1982.

Petruchincev, Nikolaj N., Vnutrennjaja politika Anny Ioannovny (1730–1740), Moskau 2014.

Okenfuss, Max J., The Rise and Fall of Latin Humanism in Early Modern Russia. Pagan Authors, Ukrainians and the Resiliency of Muscovy (Brill's Studies in Intellectual History), Leiden 1995.

Plokhy, Serhii, The Gates of Europe. A History of Ukraine, London 2015.

Plokhy, Serhii, Die Frontlinie. Warum die Ukraine zum Schauplatz eines neuen Ost-West-Konflikts wurde, Hamburg 2022.

Plokhy, Serhii, Das Tor Europas. Geschichte der Ukraine, Hamburg 2022.

Rustemeyer, Angela, Dissens und Ehre. Majestätsverbrechen in Russland 1600–1800 (Forschungen zur
osteuropäischen Geschichte, 69), Wiesbaden 2006.

Sas, Petro, Ukrainskij Get'manat. Naris istorii nacional'nogo deržavotvorenija XVII–XVIII st. Kn. 1., Kiev
2018.

Schulze-Wessel, Martin, Der Fluch des Imperiums. Die Ukraine, Polen und der Irrweg in der russischen
Geschichte, 2. Aufl., München 2023.

Schwarcz, Iskra, Die umstrittene Heldenfigur des ukrainischen Kosakenhetmans Ivan Mazepa. Dämo-
nisierung und Heroisierung der Erinnerung, in: Jahrbücher für Geschichte Osteuropas 65 (2017),
73–90.

Sljusarskij, Anton G., Social'no ėkonomičeskoe razvitie Slobožanščiny XVII–XVIII vv., Char'kov 1964.

Stökl, Günther, Die Entstehung des Kosakentums (Veröffentlichungen des Osteuropa-Institutes München, 3), München 1953.

Sysyn, Frank, The Cultural, Social and Political Context of Ukrainian History writing. 1620–1690, in: Europa Orientalis 5 (1986), 285–310.

Sysyn, Frank, The Cossack Chronicles and the Development of Modern Ukrainian Culture and National Identity, in: Harvard Ukrainian Studies 14 (1990), 593–607.

Sysyn, Frank, War der Chmel'nyćkyj-Aufstand eine Revolution? Eine Charakteristik der „großen ukrainischen Revolte" und der Bildung des kosakischen Het'manstaates, in: Jahrbücher für Geschichte Osteuropas 43 (1995), 1–18.

Sysyn, Frank, Khmel'nyts'kyi Uprising. A Characterization of the Ukrainian Revolt, in: Jewish History 17 (2003), 115–139.

Vulpius, Ricarda, Nationalisierung der Religion. Russifizierungspolitik und ukrainische Nationsbildung (1860–1920) (Forschungen zur osteuropäischen Geschichte, 64), Wiesbaden 2005.

Vulpius, Ricarda, Konkurrenz, Konflikt, Repression. Russland und die Ukrainische Nationsbildung, in: Osteuropa 6–8 (2022), 105–116.

Wilson, Andrew, The Ukrainians. Unexpected Nation, 5. Aufl., New Haven 2015.

Witzenrath, Christoph, The Russian Empire, Slavin and Liberation. Transcultural worldviews in Eurasia, Berlin 2022.

Wójcik, Zbigniew, Traktat Andruszowski 1667 roku i jego geneza, Warschau 1959.

Michael Kaiser
Kaiserliche Kommissare am Niederrhein (1651)

Die Landstände der erbvereinten Territorien der Vereinigten Herzogtümer im Kontext der Reichspolitik

I.

Mit dem Tod des letzten Jülicher Herzogs Johann Wilhelm im März 1609 brach eine Erbfolgekrise aus, die für die betroffenen Territorien eine Phase Jahrzehnte lang andauernder Unsicherheiten einleitete.[1] Zwar gab es im Jahr 1614 mit dem Vertrag von Xanten eine Lösung, die nicht nur die bevorzugten Mächte und betroffenen Landstände einbezog, sondern mit den benachbarten Mächten auch eine Sicherheitsarchitektur schuf, die diese Vertragskonstruktion stabilisierte.[2] Tatsächlich sollte der Xantener Vertrag sich als dauerhafte Lösung erweisen. Dabei war er als Provisorium ausgewiesen, was auch allen Beteiligten bewusst war. Dies galt nicht nur für die Erbanwärter oder den Kaiser, für den immer auch die Option im Raum stand, bei einem Erbfall – zumal bei unsicherer und ungeklärter Erbfolge – ein Territorium als erledigtes Lehen einzuziehen. Erst recht waren sich die Landstände in diesen Territorien über die grundsätzliche Vorläufigkeit der Regelung von 1614 im Klaren. Konnten sie davon ausgehen, dass sich Pfalz-Neuburg und Brandenburg als neue Landesherren würden halten können? Und wie konnten die Landstände vor dem Hintergrund des Zeitenwechsels sicherstellen, ihre Geltungsansprüche auf den politischen Bühnen zu erhalten?

Angesichts dieser uneindeutigen und letztlich ungeklärten Frage hielten sich die Landstände an die politische Konstruktion, die es in den Territorien zuvor bereits gegeben hatte. Mochte die herrschende Dynastie weggefallen sein, so blieb doch die Erbvereinigung aller fünf Territorien bestehen. Die Erbvereinigung, die seit 1495 existierte, schloss die drei Herzogtümer Jülich, Kleve und Berg, die Grafschaften Mark und Ravensberg sowie die Herrschaft Ravenstein in einem Verbund zusammen. So hatte sich parallel zur Vereinigung der Territorien auf dynastischer Ebene auch eine Vereinigung der Landschaften gebildet. Wie es für Kon-

---

1 Ich danke Irena Kozmanová (Prag) für ihren gewohnt großzügigen fachlichen Austausch über diese Thematik.
2 Grundsätzlich *Groten/Looz-Corswarem/Reininghaus* (Hrsg.), Erbfolgestreit, siehe auch *Anderson*, On the Verge of War.

https://doi.org/10.1515/9783111384214-008

struktionen frühmoderner Staatlichkeit üblich war, war die Verfasstheit der beteiligten Territorien von den übergeordneten Strukturen sowohl der Erbeinigung wie der dynastischen Einheit unberührt. Die Standschaften und die sich hier ausbildenden Landtage, Privilegienordnungen, Steuer- und Rechtssysteme samt Policeyordnungen blieben in den einzelnen Ländern erhalten, ohne dass eine Vereinheitlichung auch nur angestrebt wurde.[3] Dies hielt die Landschaften aber nicht ab, ein Bewusstsein ihrer Zusammengehörigkeit zu entwickeln, das besonders dann stark und sichtbar wurde, wenn politische Krisen die Landesherrschaft erschütterten; auch die Erbfolgekrise seit 1609 war immer wieder geeignet, die Kooperationen zwischen den Ländern der Vereinigten Herzogtümer zu befördern. Ebenso wenig überraschend war, dass die Landstände ihre Erbvereinigung immer wieder, zuletzt im Jahr 1647 bestätigten und erneuerten.[4]

Die Haltung der Stände, mehr auf die eigene Zusammengehörigkeit als auf das Vertragswerk von 1614 zu setzen, war durchaus angemessen, denn alle bisherigen Lösungsversuche der Erbfolge waren reichsrechtlich nicht sanktioniert. Wie offen die Situation war, dokumentierte nicht zuletzt der Westfälische Frieden. Im Dreißigjährigen Krieg hatten Bemühungen um die Beilegung des niederrheinischen Erbfolgestreits weitgehend geruht, so dass der Friedensvertrag den Auftrag zur Beilegung auf dem Rechtsweg oder durch eine gütliche Einigung (*amicabili compositione*) festschrieb. Nicht unwichtig war an der Stelle, dass der Prozessweg *coram Caesarea maiestate* erfolgen sollte, also dem Kaiser eine zentrale Rolle bei der Lösungsfindung zusprach.[5]

Neben dem Kaiser gab es noch einen weiteren auswärtigen Faktor, der im Rahmen der Erbfolgekrise eine große Rolle spielte: Für die vertragliche Lösung von Xanten wurden Garantiemächte bestellt, die die Stabilität dieses Konstrukts wahren helfen sollten. Dazu gehörten auch die Generalstaaten, die eine Reihe von Positionen im Herzogtum Kleve militärisch besetzt hatten und damit in der gesamten Region großen, auch machtpolitischen Einfluss ausübten. Nicht nur der Kurfürst von Brandenburg als Landesherr am Niederrhein pflegte zu den ‚Herren Staaten' gute Beziehungen und unterhielt Bündnisse mit ihnen – auch die Landstände, insbesondere von Kleve, hatten enge Kontakte zum mächtigen Nachbarn, sowohl politisch wie wirtschaftlich und persönlich.[6]

---

3 Zu diesen Aspekten verschiedene Beiträge im Sammelband *Büren/Fuchs/Mölich* (Hrsg.), Herrschaft.

4 *Kaiser*, Mehrfachherrschaft.

5 *Oschmann*, Friedensverträge, 110: IPO, IV, 57 und IPM, § 46.

6 Zur Rolle der Generalstaaten am Niederrhein siehe vor allem die hervorragende Studie von *Kozmanová*, Ideologische Intervention; zum engen, gleichwohl bisweilen schwierigen Verhältnis der Generalstaaten zu Brandenburg *Kaiser*, Okkupation.

Vergleichbare Beziehungen zu auswärtigen Potentaten hatten die Landstände der Vereinigten Herzogtümer teilweise schon im Vorfeld des Erbfalls, vor allem aber seit 1609 gepflegt: Neben den Generalstaaten und dem Kaiser spielte mitunter auch die spanische Krone eine Rolle. Wenn aber Landstände nicht nur den Landesherrn als politische Bezugsfigur kannten, sondern auch andere, alternative und zugleich mächtigere Potentaten, bedeutete dies eine immense Belastung für das Verhältnis zwischen ihnen und der Landesobrigkeit. So war es im Falle Pfalz-Neuburgs, das die Herzogtümer Jülich und Berg regierte, und Brandenburg, das sich die Landesherrschaft in Kleve, Mark und Ravensberg gesichert hatte: Sie galten den Zeitgenossen als *beati possidentes*, da sie sich im Moment des Erbfalls jeweils einen Teil der Territorienmasse hatten sichern können. Doch sie blieben untereinander Rivalen um das immer noch beanspruchte Gesamterbe und fürchteten gleichzeitig andere Erbprätendenten, allen voran Kursachsen. Außerdem fochten sie mit ihren Landständen die Konflikte aus, die typisch waren in dieser Formierungsphase des frühneuzeitlichen Staates, in der die Machtkonstellation zwischen einer landesherrschaftlichen Prädominanz oder einer stärkeren landständischen Partizipation ausgelotet wurde. So ergab sich eine klassische Konstellation, die sich, historiographisch meist als „Ständekonflikt" apostrophiert, auch in vielen anderen Territorien des Heiligen Römischen Reichs wiederfinden ließ. Die Besonderheit bei den niederrheinischen Territorien blieb die labile territoriale Regelung zusammen mit der Einflussnahme auswärtiger Mächte.

Im Folgenden soll es um einen besonderen kaiserlichen Eingriff in diese territorialen Konstellationen gehen, konkret um den Konflikt, der als Jülichscher Krieg von Juni bis Oktober 1651 dauerte. Es waren also nur wenige Monate, die allerdings einen nachhaltigen Effekt auf die Landstände in den Territorien haben sollten. Denn diese machten grundlegende politische Erfahrungen, aus denen sie bestimmte Schlüsse zogen und daran ihre Politik in den Folgejahren ausrichteten. Der Haupteffekt für die Landstände bestand darin, dass sie durch die Intervention der kaiserlichen Zentralgewalt eine politische Aufwertung erfuhren, die ihr politisches Selbstbewusstsein wachsen ließ und kurze Zeit später zu weitreichenden Konsequenzen im Ständekonflikt führte. Es ist daher plausibel, bei den weiteren Ausführungen vor allem auf die Landstände zu schauen. Sie waren zwar keineswegs die Hauptakteure, ihre Wahrnehmung ist jedoch von besonderer Bedeutung.

II.

Anfang Mai 1651 erfuhren die Landstände von Kleve und Mark, dass ihr Landesherr, der Kurfürst von Brandenburg, auf dem Weg an den Niederrhein sei.[7] Es sollte der zweite Besuch Friedrich Wilhelms in seinen westlichen Territorien sein. Zuvor war er im November 1646 an den Niederrhein gekommen und bis Anfang 1650 geblieben. Der Aufenthalt hatte bei den Ständen einen zwiespältigen Eindruck hinterlassen. Denn gleich zu Beginn hatte Kurfürst Friedrich Wilhelm, kaum dass er im Klevischen angelangt war, brandenburgische Truppen in bergisches Gebiet einrücken lassen.[8] Die Krise ließ sich rasch beilegen. Doch die Bereitschaft des Kurfürsten, den immer noch offenen Erbfolgestreit mit Pfalz-Neuburg militärisch zu entscheiden, war offenkundig geworden.

Angesichts dieses Erfahrungshorizonts schien sich im Frühsommer 1651 Geschichte zu wiederholen: Am 10. Juni kam Friedrich Wilhelm in Kleve an; am 13. Juni erließ er das sogenannte Kriegsmanifest, in dem er den Angriff auf die Territorien des Pfalzgrafen ankündigte, der tags darauf erfolgte.[9] Allerdings hatte er bereits am 12. Juni die klevischen Stände zu einem Landtag geladen, der am 16. Juni eröffnet wurde. In der Proposition teilte der Kurfürst den Ständen mit, dass er angesichts der fehlgeschlagenen gütlichen Vermittlungen es für *höchstnötig* erachtet habe, *vermittels einiger Soldatesca in Unsern Landen Jülich und Berg einen Einzug zu thun und Uns eines und anderen Orts zu bemächtigen.*[10]

Tatsächlich war ein ungefähr 3.000 Mann starkes kurbrandenburgisches Kontingent in das Herzogtum Berg eingefallen. Die Truppen besetzten die bergische Stadt Angermund, stießen ins Jülicher Amt Brüggen vor und unternahmen Streifzüge bis Pempelfort unweit von Düsseldorf. Der Vormarsch geriet jedoch sehr schnell ins Stocken, bald kämpften nur noch wenige kleinere Kommandos weiter. Mochten also die militärischen Optionen dessen, was zeitgenössisch der Jülichsche Krieg genannt wurde,[11] im Frühsommer 1651 überschaubar sein, waren die Belastungen für die Region insgesamt deutlich spürbar.

---

7 Siehe die klevischen Stände an Kurfürst Friedrich Wilhelm, Wesel 6. Mai 1651, in: Urkunden und Actenstücke (UA), Bd. 5, 494.
8 *Opgenoorth*, Friedrich Wilhelm, Bd. 1, 160.
9 Die Angaben nach UA, Bd. 5, 497, Anm. 4; zu den schon länger betriebenen Planungen für eine solche Aktion siehe *Opgenoorth*, Friedrich Wilhelm, Bd. 1, 213–216.
10 Kurfürstliche Proposition, Kleve 16. Juni 1651, in: UA, Bd. 5, 497–499, hier 498.
11 Zum „Jülichschen Krieg" siehe *Erdmannsdörffer*, Deutsche Geschichte, Bd. 1, 133–142, dort zum Begriff 134; überzeugend auch der Vorschlag, vom Normaljahrskrieg zu sprechen: *Fuchs*, Normaljahrskrieg; der Begriff des „Kuhkriegs", wie noch bei *Opgenoorth*, Friedrich Wilhelm, Bd. 1, 216, sollte nicht verwendet werden.

Die Reaktionen auf den militärischen Schlag des Kurfürsten fielen durchweg negativ bis ablehnend aus. Die klevischen Landstände waren angesichts der ruhelosen Aktivitäten ihres Landesherrn ohnehin reserviert. In der klevischen Landstadt Wesel war man generell skeptisch, fand *auch keine vrsach der zusamenkunfft* der Landstände und fragte sich deswegen, *waruber man die deputatos konnte Jnstruiren.*[12] Als der Landtag dann wie geplant am 16. Juni 1651 in Kleve begann, wussten die Stände aber, was zu tun war: Sie baten nicht nur ihren Landesherrn, alle militärischen Operationen einzustellen, sondern wandten sich noch am Tag der Landtagseröffnung an ihren Agenten im Haag. Er sollte bei den Generalstaaten dafür werben, die beiden Landesherren von allen Feindseligkeiten abzumahnen. Sie forderten damit eine konkrete Schutzleistung ein: *[L]aut des xantischen Vertrags und sonst dann* [die Generalstaaten] *die Stände von Cleve in ihre Garantie genommen und dieselbe gegen alle fremde Macht zu schützen sich erkläret haben.*[13]

Damit wurde ein fest etablierter landständischer Reflex sichtbar: Um Schutz, so hatten es die Landstände gelernt, suchten sie besser in Den Haag nach, kaum aber bei anderen Fürsten im Reich. Und tatsächlich ließ die Antwort aus Den Haag nicht lange auf sich warten. Bereits am 21. Juni erging eine Resolution der Generalstaaten, in der Brandenburg und Pfalz-Neuburg aufgefordert wurden, die Waffen ruhen zu lassen.[14] Mit diesem Schritt wurde auch der gleichzeitige Versuch des brandenburgischen Residenten überflüssig, der sich anschickte, in der Versammlung der Generalstaaten die Position seines Prinzipals zu erläutern: Zu diesem Zeitpunkt waren die generalstaatischen Schreiben an beide Konfliktparteien bereits ausgefertigt.[15]

Noch längere Zeit richteten zumindest die klevischen Landstände ihren Blick vornehmlich in Richtung Den Haag. Ein gutes Beispiel dafür ist Duisburg, das schon im April, also vor der Ankunft des Kurfürsten am Niederrhein, die Überstellung der eigenen Kanonen unter das Kommando eines brandenburgischen Obersts verweigert hatte.[16] Als Anfang September eine erneute Eskalation zwischen brandenburgischen und pfalz-neuburgischen Truppen wahrscheinlich schien, wollte sich Duisburg mit Wesel abstimmen und bei den Generalstaaten um eine niederländische Schutztruppe in seinen Mauern bitten. Wesel antwortete grundsätzlich positiv und verwies auf eine jüngst nach Den Haag expedierte Anfrage *in genere, daß sie* [die Generalstaaten] *sich dieses Landts in kraft der guaran-*

---

12 Ratsprotokoll zum 13. Juni 1651, StA Wesel, A3 Ratsprotokolle Nr. 100, fol. 42.

13 Die Syndici der klevischen Landstände an Leo van Aitzema, Kleve 16. Juni 1651, in: UA, Bd. 5, 499–501.

14 Allgemein zur generalstaatischen Position und Sichtweise in diesem Konflikt siehe *Kozmanová*, Ideologische Intervention, bes. 201–243.

15 Siehe die Aktenstücke in UA, Bd. 5, 502–504 mit Anm. 2.

16 Siehe UA, Bd. 6, 123. Am 17. Juni wiederholte der Kurfürst seine Forderung an die Stadt.

tie [des Xantischen Vertrags] *annemen, vnd besetzen wollten.*[17] Eine Antwort stand am 8. September noch aus, doch noch am 27. September beriet der Weseler Rat die Option, dass man die Generalstaaten auffordern solle, die brandenburgischen Steuereintreibungen (*militarische executiones*) zu unterbinden.[18]

Parallel zu den klevischen Sondierungen in Richtung Den Haag wurden auch verschiedene Kommunikationskanäle zwischen Landschaften aktiviert. Wie groß das Misstrauen der Landschaften gegenüber ihrer Landesherrschaft in diesen Wochen geworden war, zeigte auch die eilige Erneuerung der Ständeunion zwischen Kleve und Mark. Beide landständischen Korporationen, wiewohl längst verbunden, versicherten sich noch einmal der wechselseitigen Solidarität: ausgelöst durch Befürchtungen, der Kurfürst könnte einzelnen Ständevertretern *einige Ungelegenheit oder Schaden zufügen.*[19] Vor allem aber entspannen sich vielfältige und intensive Beratungen unter den Landständen. So wandten sich Anfang Juli die Märker an die Ständevertreter von Jülich und Berg mit der Aufforderung, dass *mit der deputation vnd vorhabender conferenz maturirt vnd keine ferner zeit verloren werden möge* – eine Nachricht, die vom märkischen Landtrompeter direkt überbracht wurde.[20] Und tatsächlich befanden sich vom 10. Juli bis Anfang August 1651 Ständedeputierte von Jülich und Berg bei ihren Standesgenossen in Wesel und Kleve zu weiteren Beratungen.[21]

Daneben gab es direkte Kontakte der Landstände zum Landesherrn auf der Gegenseite: Die Märker wandten sich Anfang September an den Pfalzgrafen und baten um Verschonung angesichts der Kriegsbelastungen; dabei bezeichneten sie sich *alß neutrale vnterthanen*, die von allen Feindseligkeiten *inparticipant* seien. Die Berechtigung, sich an Pfalz-Neuburg zu wenden, leiteten sie aus der Gemeinschaft der *Mitt Erbvereinigten hertzogthumben Gülich, Cleve vnd Berge* ab. Die Anfrage machte es dem Pfalzgrafen Wolfgang Wilhelm leicht, sich als verständnisvoller und gnädiger Herrscher in Szene zu setzen: Er versprach, seinen Generalen Anweisung zu geben, *daß Sie mögliche guete ordnung halten sollen.*[22] Diese Kommunikation wirkte wie ein Rückfall in frühere Jahrzehnte, als sowohl Brandenburg als auch Pfalz-Neuburg ihre Ambitionen auf das Gesamterbe durch gezielte Einflussnahmen in die jeweils anderen Territorien unterstrichen; eine Praxis, die

---

17 Ratsprotokoll zum 8. September 1651, StA Wesel, A3 Ratsprotokolle Nr. 100, fol. 75'.
18 Ratsprotokoll zum 25. September 1651, StA Wesel, A3 Ratsprotokolle Nr. 100 fol. 83'.
19 Union der Stände von Kleve und Mark, Wesel 8. August 1651, in: UA, Bd. 5, 525 f.
20 Protokoll der Jülicher Landstände zum 7. Juli 1651, LA NRW, Abt. Rheinland, Jülich Landstände, Akten Nr. 50.
21 Vgl. dazu Protokoll der Jülicher Vertreter, 10. Juli bis 8. August 1651, in: UA, Bd. 5, 514–522.
22 Landstände von Mark an Pfalzgraf Wolfgang Wilhelm, Dortmund 9. September 1651, LA NRW, Abt. Rheinland, Jülich II Nr. 3660 fol. 34 f. Ausf.; die Antwort des Pfalzgrafen, Düsseldorf 12. September 1651, ebd. fol. 36 f. Konzept.

landständische Reservatrechte nur bestärken konnte und auf die die beiden Landesherren deswegen ab den 1630er Jahren zunehmend verzichteten.[23]

Der Ausbau ihrer Rechte war jedoch in dieser Situation gar nicht das Kalkül
der Landstände. Vielmehr waren sie dezidiert bemüht, sich von den kriegerischen
Aktivitäten ihrer Landesherren fernzuhalten. So wurde am 14. Juli im Namen der
vier erbvereinten Landschaften das sogenannte Kontradiktionspatent erlassen,
das sich scharf gegen die militärische Eskalation und Truppenwerbungen wandte.[24] Da der Pfalzgraf auf den brandenburgischen Angriff seinerseits mit Truppenwerbungen reagiert hatte, forderten die Ständevertreter auch ihn noch einmal eigens auf, derartige Maßnahmen zu stoppen: Eine Parteinahme zugunsten eines
Fürsten konnte man den erbvereinten Landständen sicher ebenso wenig vorwer-
fen wie heimliche Taktiken zur Erweiterung der eigenen Freiheiten.[25]

Für Kurfürst Friedrich Wilhelm war dies jedoch nicht das vordringliche Problem. Denn schnell war sichtbar geworden, dass sein aggressives Vorgehen nir-
gends auf Verständnis stieß. Die Anwerbung von Söldnern, die Friedrich Wilhelm
initiiert hatte, kam kaum voran, da die benachbarten Reichsstände, bei denen diese Werbungen durchgeführt werden sollten, diese Maßnahmen unterbanden.[26]
Überhaupt kippte die Stimmung reichsweit zuungunsten Brandenburgs: Der Kurfürst galt nun als der Reichsstand, der erstmals nach dem Friedensschluss von
1648 wieder zu den Waffen gegriffen hatte. Wenn Pfalz-Neuburg von Friedrich
Wilhelm nur als *Aggressor* sprach, war dies nicht allein der Abneigung gegen den
Opponenten geschuldete, sondern spiegelte genau die Wahrnehmung bei den
Reichsständen sowie den Mächten Europas.[27] Schließlich vermochte es Pfalz-Neuburg seinerseits, militärische Kräfte zu mobilisieren, dazu kamen kleinere Hilfs-
kontingente von Kurtrier und Kurköln. Vor allem gewann Pfalz-Neuburg Karl von
Lothringen, der seit 1648 ein Herzog ohne Land war, aber immer noch über eine
ansehnliche Söldnerschar verfügte. Die Truppen des Lothringer Kondottiere fielen
nun in Kleve und Mark ein und bedrängten so die brandenburgische Position.[28]

Militärisch war der Kurfürst unter Druck geraten, und auch politisch war er
weitestgehend isoliert. In dieser Situation entschied sich Friedrich Wilhelm, auf
seinen Gegner zuzugehen. Dies erschien auch geboten, um den brandenburgi-

---

23 Siehe dazu *Kaiser*, Zwischen zwei Herrschern.
24 Kontradiktionspatent der Landstände von Kleve, Jülich, Berg und Mark, Wesel 14. Juli 1651, in:
UA, Bd. 5, 509 f.
25 Landständische Deputierte von Jülich, Kleve, Berg und Mark, Wesel 15. Juli 1651, in: UA, Bd. 5,
510.
26 Siehe die alarmierende Nachricht Graf Wittgensteins an Kurfürst Friedrich Wilhelm, Peters-
hagen 21. Juni 1651, in: UA, Bd. 6, 30.
27 Eine gute Skizze dieser Lage bei *Hüttl*, Friedrich Wilhelm, 179 f.
28 *Erdmannsdörffer*, Deutsche Geschichte, Bd. 1, 140 f.

schen Friedenswillen manifest werden zu lassen; der Kurfürst konnte es sich kaum noch leisten, weiter als Friedenszerstörer gesehen zu werden. Pfalzgraf Wolfgang Wilhelm ging auf die Friedenssignale ein, und so kam es am 19. August, nachdem am Tag zuvor ein Waffenstillstand vereinbart worden war,[29] zu einem persönlichen Treffen beider Fürsten in Angerort.[30] Die gereizte Stimmung vereitelte allerdings eine konstruktive Beratung; ein Folgetreffen zwei Tage später platzte, da der Pfalzgraf erst gar nicht erschien.[31] Eine weitere Konferenz in Essen ab dem 29. August brachte zwar weiterhin keinen Durchbruch, schuf jedoch Grundlagen für die im Oktober erzielte Einigung.[32]

Im September wähnte sich allerdings der Pfalzgraf im Vorteil und suchte seinerseits eine militärische Entscheidung, die er mit der Kündigung der Waffenruhe am 13. September einleitete. Doch in der Situation trat der Kaiser als Vermittler in Erscheinung und zog die Initiative zur Beilegung des Konflikts an sich. Genau dies war, kaum dass der Ausbruch der Feindseligkeiten in Wien bekannt geworden war, das zentrale Interesse des Kaisers gewesen. Ihm lag sehr daran, diese Störung des Reichsfriedens so kurz nach der Beendigung des großen Kriegs selbst beizulegen. Dies entsprach durchaus der Erwartung der Reichsstände. So hatte die Reichsstadt Köln bereits Mitte Juli gegenüber Brandenburg ihr Bedauern über den Bruch des teuer erkauften *teutschen frieden*[s] geäußert, knüpfte daran aber die Hoffnung, dass eine kaiserliche *Interposition*, also Vermittlung, diese Differenzen beilegen werde und *dadurch so vortreffliche benachbarte Furstenthumb vnd Landen von ferneren vnträglichen Kriegslasten befreyet vnd in sicheren gewißen ruhestandt vnuerlengt gesetzet vnd darbei immer zu erhalten werden mögen.*[33]

Entsprechend hatte Ferdinand III. schon am 3. Juli 1651 ein mahnendes Schreiben an Kurfürst Friedrich Wilhelm erlassen, das ihn zum Verzicht auf militärische Gewalt aufforderte; stattdessen solle er den Rechtsweg einschlagen.[34] Deutlich schärfer fiel die Warnung vom 24. Juli aus,[35] doch komplementär zur Abmahnung des Kurfürsten erging am selben Tag ein Inhibitionsmandat an die Landstände: So wie der Landesherr die Waffen niederlegen sollte, wurden die Landstände von Kleve, Mark und Ravensberg, ja alle Bewohner *von dem hochsten biß zu dem Niedrigsten*, aufgefordert, dem Kurfürsten von Brandenburg *mit rath, that, geldt, volck, munition oder anderen kriegs notturfften keines wegs* [zu] as-

---

29 Siehe UA, Bd. 6, 89.
30 Ein Protokoll der Zusammenkunft in Angerort findet sich in UA, Bd. 6, 91f.
31 Eine Analyse des Zusammentreffens bietet *Bechtold*, Außer Spesen nichts gewesen?
32 Material dazu in UA, Bd. 6, 99–101.
33 Reichsstadt Köln an Brandenburg, 14. Juli 1651, Historisches Archiv der Stadt Köln (HAStK)20 B: Briefbücher Ausgänge, A5 (30. Dez. 1646 bis 21. Dez. 1652), fol. 248–249.
34 Kaiser Ferdinand III. an Kurfürst Friedrich Wilhelm, Wien 3. Juli 1651, in: UA, Bd. 6, 40–42.
35 Kaiser Ferdinand III. an Kurfürst Friedrich Wilhelm, Wien 24. Juli 1651, in: UA, Bd. 6, 57–60.

sistiren.[36] Es war der Kaiser selbst, der diesen Befehl *bey vermeydung vnser höchsten straff vndt vngnad* an die Landstände erließ. Bemerkenswerterweise wies Ferdinand III. eigens darauf hin, dass seine direkte Ansprache an die Landstände nötig sei, da bisherige Abmahnungen an den Kurfürsten und Landesherrn überhaupt nicht verfangen hätten: ein erster früher Hinweis an die Landstände, dass der Kaiser sie in diesem Konflikt als relevant ansah.

Am Kaiserhof entstand bereits früh die Idee, dass die Entsendung einer kaiserlichen Kommission die angemessene Reaktion auf die aktuelle Krise am Niederrhein sei;[37] an eine Befriedung allein mittels kaiserlicher Mandate glaubte man nicht.[38] Entscheidend war allerdings die Auswahl der Kommissare, die einen solchen kaiserlichen Auftrag zu einem erfolgreichen Ende führen konnten. Recht schnell kam man in Wien auf Melchior von Hatzfeldt und Dr. Johann von Anethan[39], die für die anstehenden Aufgaben sowohl die nötigen Kenntnisse als auch das erforderliche Renommee mitbrachten. Bei Anethan handelte es sich um den kurtrierischen Kanzler, der seit über zwanzig Jahren in diplomatischen Missionen auf verschiedenen Reichsversammlungen präsent gewesen war, zuletzt auch für Kurtrier auf dem Westfälischen Friedenskongress. Zudem war er mit der Materie des jülichschen Erbfolgestreits insofern vertraut, als er bereits 1628 einer kaiserlichen Kommission angehört hatte, die in jülich-klevischen Archiven nach einschlägigen Unterlagen recherchiert hatte.[40] Der eigentliche Kopf der Kommission war aber Melchior von Hatzfeldt:[41] Seine Karriere im Kriegsdienst des Kaisers hatte ihn in den 1630er Jahren bis in den Rang eines Feldmarschalls geführt. Vom Kaiser mit der schlesischen Standesherrschaft Trachenberg beschenkt, war Hatzfeldt, dessen Familie ihren Stammsitz im Westerwald hatte und sich durchaus zu den rheinischen Territorien hin orientierte,[42] ganz in die habsburgische Klientel gewechselt. Sein Kommando über die Truppen des Niederrheinisch-Westfälischen Reichskreises wiesen ihn jedoch auch als Spezialisten für diese Region aus.[43] Hatz-

---

36 Kaiser Ferdinand III. an die Landstände von Kleve, Mark und Ravensberg, Wien 24.7.1651, Landesarchiv Nordrhein-Westfalen (LA NRW), Abt. Westfalen, Gesamtarchiv von Romberg, Akten 8724 Kopie; dieses kaiserliche Inhibitorium auch in UA Bd. 5, 534; auch die Landstände von Jülich und Berg erhielten ein solches Inhibitorium.

37 Grundlegend dazu *Ortlieb*, Im Auftrag des Kaisers, allerdings ist die Episode von 1651 nicht erwähnt.

38 Gutachten der kaiserlichen deputierten Räte, 21. Juli 1651, in: UA, Bd. 14 I, 43.

39 Die erste Erwähnung Hatzfeldts datiert wohl vom 5. Juli 1651, in: UA, Bd. 6, 44.

40 *Preuß*, Flüchtung, 165.

41 *Deventer*, Hatzfeldt.

42 *Friedhoff*, Hatzfeldt.

43 *Salm*, Armeefinanzierung.

feldt brach am 15. August auf, um an den Niederrhein zu gelangen; Anethan sollte erst auf dem Weg zu ihm stoßen.[44]

III.

Das kaiserliche Inhibitorium – Ausweis dafür, dass die kaiserliche Politik mit den Landständen kalkulierte – erreichte die Jülicher Landstände am 16. August,[45] die klevischen Landstände hingegen erst am 25. August 1651, als sie sich in Wesel versammelt hatten. Die kaiserliche Kommission war zu dem Zeitpunkt noch nicht in der Region angekommen. Erst am 2. September erreichte Hatzfeldt Bonn.[46] Auf Johann von Anethan musste er allerdings noch warten, was den Pfalzgrafen veranlasste, die Kommissare zur Eile zu drängen, um endlich die Verhandlungen aufzunehmen.[47] Am 13. September erreichten Hatzfeldt und Anethan Köln, wo sie kurz die Syndici der Jülicher und Bergischen Landstände trafen. Doch zunächst führte der Weg sie nach Düsseldorf, wo sie tags darauf eintrafen.[48] Hier blieben sie etwas länger zu Verhandlungen mit dem Pfalzgrafen, brachen dann aber am 17. September wiederum auf, um Kurfürst Friedrich Wilhelm am 18. September in Kleve zu treffen.[49] Dort begannen am Folgetag die Verhandlungen mit der kurfürstlichen Seite, deren Ergebnis Anethan nach Düsseldorf brachte, wo er am 25. September eintraf, während Hatzfeldt in Kleve blieb, wo die Verhandlungen ruhten. Anethan kam schließlich noch einmal zu weiteren Verhandlungen nach Kleve zurück.[50] Erst am 29. September wollten beide Kommissare in Köln sein, wohin sie die landständischen Vertreter der betroffenen Territorien schon vor ihrer Reise nach Kleve einbestellt hatten.

Nach ihrer intensiven Reisetätigkeit, die die Verhandlungen sowohl mit dem Kurfürsten als auch dem Pfalzgrafen nötig gemacht hatten, wollten Hatzfeldt und Anethan auch die Landstände der betroffenen Territorien in die Beratungen einbeziehen. Diese Absicht war keineswegs spontan im Laufe der Verhandlungen mit den beiden Landesherren aufgekommen; bereits am 13. September 1651, als

---

44 Siehe UA, Bd. 6, 83.
45 Jülicher Landtagsprotokoll zum 16. August 1651, LA NRW, Abt. Rheinland, Jülich Landstände, Akten Nr. 50.
46 UA, Bd. 5, 537, Anm. 2.
47 Pfalzgraf Philipp Wilhelm an Hatzfeldt, Köln 5. September 1651, in: UA, Bd. 5, 537 f.
48 Hatzfeldt an Dietrich von Mülheim, Düsseldorf 14. September 1651, in: UA, Bd. 5, 542.
49 UA Bd. 14 I, 52, und Hatzfeldt an Dietrich von Mülheim, Kleve 19. September 1651, in: UA, Bd. 5, 543.
50 Vgl. Hatzfeldt an Dietrich von Mülheim, Kleve 24. September 1651; sowie Johann von Anethan an dens., Düsseldorf 25. September 1651, in: UA, Bd. 5, 545–547.

Hatzfeldt und Anethan erstmals in Köln eintrafen, berichteten sie den landständischen Vertretern von der kaiserlichen Botschaft, die sie den Landständen von Jülich, Kleve, Berg und Mark baldmöglichst in Köln übergeben wollten. Hermann Ostmann leitete diese Information umgehend an Johann Nieß, den Syndicus der klevischen Ritterbürtigen, weiter mit dem Hinweis, dass die Klever und Märker schleunigst Deputierte in die Reichsstadt am Rhein entsenden sollten. Die Ortswahl war im Übrigen naheliegend, denn insbesondere die Jülicher und Bergischen Landstände kamen dort regelmäßig zusammen, wie auch Treffen der erbvereinten Stände gerne auf neutralem Boden stattfanden, während es für die kaiserlichen Kommissare selbstverständlich war, eine Reichsstadt als Austragungsort für Verhandlungen zu wählen. Damit war aber seit dem Eintreffen der Kommission klar, dass die kaiserliche Seite die Landstände in diesem Konflikt als politische Partner ansah.[51]

Allerdings schritt in diesem Stadium Kurfürst Friedrich Wilhelm ein. Er teilte den klevischen Landständen am 27. September mit, dass er von der Einladung der kaiserlichen Kommission an sie erfahren habe, aber sie, die Landstände, ihn, den Landesherrn, darüber zu informieren und dann dazu seine *gnädigste Willensmeinung zuvor zu vernehmen* hätten: Gleichwohl sei *euere Notification noch zur Zeit nicht einkommen*.[52] Was sich zunächst wie eine Formalie las – der Landesherr wollte über die landständische Deputation zu der kaiserlichen Kommission vorab informiert werden –, war tatsächlich ein deutlicher Verweis auf die von Friedrich Wilhelm beanspruchte Prärogative, dass allein er als Landesherr landständische Versammlungen einberufen könne. Zumindest müsse er aber über entsprechende ständische Zusammenkünfte vorab in Kenntnis gesetzt werden und es sei sein Einverständnis einzuholen. Die landständische Praxis in den Jahren und Jahrzehnten zuvor war allerdings sehr flexibel gewesen. Die Stände hatten sich deutliche Freiräume verschafft[53] und bis dato war die landesherrliche Seite kaum dagegen eingeschritten; die Auseinandersetzungen um das *ius convocandi et congregandi* sollten erst in den späteren 1650er Jahren deutlich an Schärfe gewinnen.

Der kurfürstliche Einspruch Ende September verfehlte – zumindest zunächst – seine Wirkung nicht. Verantwortlich hierfür war, dass Friedrich Wilhelm seinen Geheimrat Adam Isinck eingehend instruiert hatte, den klevischen Ständen den Standpunkt der Landesobrigkeit klarzumachen. Wie Isinck den Ständevertretern dann bei Beratungen in Wesel darlegte, wäre die Einberufung der Landstän-

---

51 Jülicher Landtagsprotokoll zum 13. September 1651, LA NRW, Abt. Rheinland, Jülich Landstände, Akten Nr. 50; und Hermann Ostmann an Johann Niess, Köln 13. September 1651, in: UA, Bd. 5, 541.
52 Kurfürst Friedrich Wilhelm an die klevischen Landstände, Kleve 26. September 1651, in: UA, Bd. 5, 547.
53 Generell dazu *Kaiser, Spielräume*.

de *ohne S*[eine] *Ch*[urfürstliche] *D*[urchlaucht] *Vorbewust und Consens* zu allererst gegen das allgemeine Recht:[54] Denn *dominus feudi superior* [könnte] *die Untertha-nen und subvasallen sine consensu domini inferioris vor sich oder seinen delegirten Commissaren nicht* [...] *citiren lassen.*[55] Außerdem verstoße diese Praxis gegen die Satzungen des Heiligen Römischen Reichs, weil sie den üblichen Reichs- und Kreishandlungen und den Reichsabschieden zuwider sei; man könne *kein einziges exemplum* beibringen, *dass I. Kais. Maj. eines Chur- oder Fürsten Unterthanen ohne vorhergehende Imploration vor sich citiren oder berufen lassen.*

Letztlich aber konnten auch diese massiven Vorhaltungen von kurfürstlicher Seite die Ständevertreter nur eine Zeit lang aufhalten. Den Verweis Isincks, dass die Landstände auch schon 1610 und 1611 *auff solch der Keiserl. Commissarien außschreiben nicht erscheinen, viel weiniger mitt denselben sich in einiger Hande-lungh einlaßen, sondern dieselben zu Jhr Churf. Dht verweisen wurden*, konterten die Ständevertreter mit Bezug auf das Landtagsprotokoll von 1609, demzufolge da-mals die kaiserlichen Kommissare trotz des landesherrlichen Verbots *gleichwohl vnerachtet dieselbe* [die Landstände] *zur audientz geholet* und ihnen die Proposi-tion verlesen hätten.[56] So wollten die Landstände den Aufforderungen der kaiser-lichen Kommissare dann doch Folge leisten.

Diese Entscheidung überrascht nicht, denn die Stände bekamen in dieser Pha-se hinreichend Signale, dass ihr Landesherr gerade auch von der kaiserlichen Sei-te immer mehr unter Druck geriet. Der Weseler Bürgermeister Brembgen wollte Ende September erfahren haben, dass Hatzfeldt und Anethan vom Kaiser ermäch-tigt seien,

> beyden Chur vnd Fursten anzumelden inerhalb 8 tagh die kriegs volcker von Reichs boden abzufhuren oder Jn widdrigen fall, durch keiser. Mandaten sie dazu anzuhalten, vnd das derwegen zu verhutungh Jhr Keisl. Majtt. vngnad notigh sein wurdte, zu Collen zucompari-ren.[57]

Anfang September gab es teilweise noch Bedenken unter den klevischen Land-ständen, die *die vorgeschlagene schickung nacher Collen nicht gut gefunden*; man

54 Protokoll der Beratungen Isincks mit den klevischen Landständen in Wesel, 27.–29. September 1651, in: UA, Bd. 5, 548–550. Zugegen waren die Syndici der Landstände sowie die Vertreter der Städte Wesel und Emmerich.
55 Mit *dominus feudi superior* ist hier der Kaiser gemeint, mit dem *dominus inferior* der Kurfürst.
56 Siehe dazu den Bericht der Weseler Gesandten von den Beratungen mit Adam Isinck, StA Wesel, A3 Ratsprotokolle Nr. 100, bes. fol. 86–86' vom 2. Oktober 1651.
57 Ratsprotokoll zum 27. September 1651, StA Wesel, A3 Ratsprotokolle Nr. 100, fol. 84.

wollte die Verhandlungen in Essen abwarten.[58] Doch damals waren die kaiserlichen Kommissare auch noch gar nicht im Lande angekommen. Mittlerweile hatten Hatzfeldt und Anethan die Szene betreten und so erschien es Ende September als ein Akt politischer Klugheit, die Deputation nach Köln zu entsenden.

Überhaupt waren die Landstände durchaus konfliktbereit und suchten ihren politischen Spielraum nach Möglichkeit auszunutzen. Bereits am 12. September stellte man in Wesel fest, dass die Stadt Kalkar, die gerade eine kurfürstliche Besatzung aufnehmen und versorgen musste, genau dazu *vermogh Jhr Keis. Majt ausgelaßenen befehlich nicht schuldigh were* – ein klarer Verweis auf das kaiserliche Abmahnungsmandat vom 24. Juli.[59] Dies machten die klevischen Stände am 21. September ihrem Landesherrn unmissverständlich klar.[60] Am 19. September ging Emmerich, eine der landtagsfähigen Städte des Herzogtums Kleve, noch einen Schritt weiter, als es bei Friedrich Wilhelm über die mit militärischer Gewalt vorgenommene Steuereintreibung klagte und für den Fall, dass diese Praxis nicht aufhöre, mit einer Anrufung des Kaisers um Schutz und Hilfe drohte.[61] Dieses Anliegen machten sich am 2. Oktober alle klevischen Stände zu eigen, indem sie dem Kurfürsten mitteilten, sie wollten binnen acht Tagen eine Klage an den Kaiser, die bereits fertig aufgesetzt und ausgefertigt sei, abschicken – falls bis dahin ihre Beschwerden bezüglich der gewaltsamen Steuereintreibungen *nicht remedirt und aller Schaden restituiret worden* seien.[62]

Zeitgleich setzten die Klever den Kurfürsten darüber in Kenntnis, dass sie dem Reichsoberhaupt, *welcher zu Sich uns allergnädigst gerufen*, schuldigen Gehorsam leisten und deswegen eine Gesandtschaft nach Köln schicken würden. Das war zwar eine offizielle Benachrichtigung über die Deputation nach Köln, aber sie stellte keineswegs ein Eingeständnis der vom Landesherrn beanspruchten Vorrechte dar. Friedrich Wilhelm konnte darauf weder seine Einwilligung zur Reise der Deputierten geben, noch konnte er etwa eine kurfürstliche Instruktion bezüglich der Schickung mitteilen. Entsprechend blieb dieses landständische Schreiben von kurfürstlicher Seite unbeantwortet.[63]

---

58 Dr. Johann Nieß, klevischer Syndicus, an Bertram Hildebrand Kumpsthoff, märkischer Syndicus, o. O. 9. September 1651, LA NRW, Abt. Westfalen, Gesamtarchiv von Romberg Akten 7630, unfol.

59 So das Weseler Ratsprotokoll vom 12. September 1651, StA Wesel, A3 Ratsprotokolle Nr. 100, fol. 77. Kalkar hatte die Stadt Wesel in der Sache um eine entsprechende Einschätzung gebeten.

60 Klevische Landstände an Kurfürst Friedrich Wilhelm, Rees 21. September 1651, in: UA, Bd. 5, 544.

61 Emmerich an Kurfürst Friedrich Wilhelm, 19. Sept 1651, in: UA, Bd. 5, 548.

62 Klevische Landstände an Kurfürst Friedrich Wilhelm, Wesel 2. Oktober 1651, in: UA, Bd. 5, 554; das Schreiben an den Kaiser vom selben Datum ebd., 551–553.

63 So explizit auch UA, Bd. 5, 554, Anm. 1.

So wenig die Stände am Ende bereit waren, auf die kurfürstliche Position Rücksicht zu nehmen, so wichtig war es der ständischen Deputation hingegen, sich bei den beiden kaiserlichen Kommissaren für die verzögerte Ankunft zu entschuldigen.[64] Dazu führten sie noch einmal die vom Kurfürsten vorgebrachten *rationes zu verhindterungh dieser schickungh* an, die eine erneute Beratung und Bevollmächtigung der klevischen Stände erforderlich gemacht hätten. Dies habe dann *einen tractum temporis von einige tagh erfordert, also daß eß eine puhr lautere vnmugligkeit gewesen,* pünktlich zum 29. September einzutreffen: So konnten sie erst am 3. Oktober aufbrechen und am 4. Oktober in Köln ankommen, *woselbst vns nicht weinigh bekummern daß wir E[uer] hoch Graff Excell vnd wol Edel L[ieb-den] gegenwarth in anhörungh der proposition, vnd eröffnungh der allergnedigsten von Jhr Kayserl Mt ertheilten commission versuchett haben werden.*

Die nach Köln entsandte Deputation bestand aus Johann Hermann von Wilich zu Diersfordt als Vertreter der Ritterbürtigen, dem Weseler Stadtsekretär Dr. Johann Becker und dem Syndicus der klevischen Ritterschaft, Dr. Johann Nieß.[65] Das bedeutet jedoch, dass keine Vertreter der märkischen Ritterschaft und Städte dabei waren; sie waren bereits in den Verhandlungen Ende September nicht mehr aufgetaucht.[66] Weniger überraschend war der Umstand, dass auch aus Ravensberg niemand zugegen war; die Grafschaft gehörte zwar zum Territorienverbund der Vereinigten Herzogtümer, war aber von jeher nicht nur geographisch in einer distanzierteren Rolle.[67] Insofern war in Köln nur ein Teil der eingeladenen Landstände vertreten. Doch der landständische Wille, an einer territorienübergreifenden Versammlung teilzunehmen, war überdeutlich. Nicht zuletzt hatte die im Jahr 1647 geschlossene Erbvereinigung der vier Territorien die politische Zusammengehörigkeit dieser Ständelandschaft besonders betont.[68] Und wie sehr sich dies auch in gemeinschaftlichem Handeln der beteiligten Stände ausprägte, hatte nicht zuletzt das Kontradiktionspatent vom August 1651 gezeigt, das einer koordinierten Beratung der vier Territorien entsprungen war und sich explizit der *unlängst renovirten Erbvereinigung und bei jeder Landschaft absonderlich auf-*

---

64 Klevische Deputierte an Graf Hatzfeldt und Johann von Anethan, o. O. o. D., StA Rees, Landtagsakten XXVIII (1651), 215–216.

65 Siehe die Angaben in UA, Bd. 5, 551, Anm. 1; ebenso auch in StA Rees, Landtagsakten XXVIII (1651), 203.

66 Immerhin hatte der Kurfürst sehr hart auf das ständische Kontradiktionspatent reagiert und die beiden märkischen Syndici, die sich als Deputierte in Kleve befanden, in Arrest nehmen lassen, siehe das Landtagsprotokoll zum 27. Juli 1651, LA NRW, Abt. Rheinland, Jülich Landstände, Akten Nr. 50. Möglicherweise verhinderte auch die Besetzung der Grafschaft Mark durch das Lothringische Kriegsvolk ein weiteres Engagement der märkischen Landstände.

67 Die kaiserliche Seite sollte das Fehlen dieser Landstände allerdings kritisch festhalten, sie wurden als *ungehorsamlich ausgebliebene* [...] *Landstände* angesprochen, siehe UA, Bd. 5, 557.

68 *Kaiser*, Mehrfachherrschaft, 105–110.

gerichteten beschworenen Union verpflichtet erklärte – und heftige Kritik des Kurfürsten nach sich zog.[69]

Die landständische Entschlossenheit, an der klevischen Gesandtschaft in Köln teilzunehmen, konnte allerdings nicht den Zeitverlust wettmachen. Denn als sie am 4. Oktober um drei Uhr nachmittags ankam, waren Hatzfeldt und Anethan schon wieder auf dem Weg nach Düsseldorf und dann weiter nach Kleve; die Reisediplomatie der kaiserlichen Kommission duldete offenbar keinen Aufschub. Die Kommissare hatten die kaiserliche Proposition, also das Grunddokument, das namens des Reichsoberhaupts den Landständen zur Kenntnis gebracht werden sollte, bereits am Vortag verlesen: Die Klever hatten diesen zentralen Moment, in dem sich der Kaiser direkt an die Ständevertreter der niederrheinischen Territorien gewandt hatte, schlichtweg verpasst. Das war auch insofern misslich, als genau dies der einzige Punkt der Agenda war, für den die klevischen Vertreter mandatiert waren: Sie waren allein *zu anhorungh der Kayserl. Proposition deputirt worden*, eine weitergefasste Instruktion gab es für sie nicht.[70] Dieses eingeschränkte Mandat war durchaus als Vorsichtsmaßnahme angesichts der kurfürstlichen Kritik zu verstehen.

Der weitere Verlauf der Kölner Beratungen zeigt allerdings, dass der inhaltliche Austausch zwischen den Vertretern der einzelnen Ständekorporationen in keiner Weise eingeschränkt wurde. Zunächst kam man überein, das klevische Missiv inklusive der Entschuldigung für die verspätete Ankunft den beiden Kommissaren nachzuschicken. Der Inhalt der verpassten Proposition wurde den drei Klevern mündlich und schriftlich hinterbracht, was dem üblichen Prozedere bei solchen Treffen entsprach. Und auch die anderen Punkte, die zwischen Hatzfeldt, Anethan und den Ständevertretern von Jülich und Berg angesprochen wurden, kamen zur Sprache: Die *schrifftliche Relation*, in der die Klever über ihre Gesandtschaft Rapport ablegten, hielt nicht nur fest, dass die begrenzte klevische Instruktion den anderen Ständevertretern leidtat (*doliren*), sondern vor allem, dass man überein gekommen sei, alles weitere *krafft der union an[zu]horen, vnd Jhren*

---

69 Kontradiktionspatent der Landstände von Kleve, Jülich, Berg und Mark, Wesel 14. Juli 1651, in: UA, Bd. 5, 509 f.; siehe Kurfürst Friedrich Wilhelm an die Landstände von Jülich, Kleve, Berg und Mark, Kleve 12. August 1651, in: UA, Bd. 5, 526–531.

70 Siehe zu diesen Beratungen das Weseler Ratsprotokoll vom 2. Oktober 1651, StA Wesel, A3 Ratsprotokolle Nr. 100, fol. 86': *So were von der Ritterschafft resolviret per deputatos daselben zuerscheinen, doch das Jhnen den deputatis keine andere Jnstruction gegeben werden solle, alß das sie die proposition der Herren commissarien anhoren, vnd dieselb Jhren Principalen hinterbringen sollen. Welches der Ritterburtigen [...] Deputati dieser Statt sich also gefallen laßen, die von Cleve aber darin nicht gehalten, Embrich vnd Rees aber Jhren Principalen ferner resolution daruber einholen wolten.*

principalen davon vertrawlich [zu] *berichten.*[71] Hier nutzte man also sehr pragmatisch die politische Bindung der erbvereinten Landstände, um sowohl Informationsaustausch als auch Beratungsfluss voranzubringen.

Auf diese Weise erfuhren die Klever aus erster Hand, dass bei den Verhandlungen der kaiserlichen Kommissare mit Brandenburg und Pfalz-Neuburg vor allem die Finanzen eine wichtige Rolle spielten, denn, so hieß es, es *hafftete daß gantze werck in satisfaction der militie vnd daß man der kriegsvolcker ohne ein stück geldes nicht wurde konnen entschlagen sein.* Dass bei dieser Finanzierungsfrage die Landstände heranzuziehen seien, war nicht schwierig zu erraten. Im Weiteren kamen allerdings auch Misshelligkeiten zwischen den Ständevertretern zutage. Man machte sich gegenseitig Vorhaltungen über verschiedene Punkte und erfuhr von unterschiedlichen Ansätzen und Lösungsstrategien, die konkret etwa die jüngsten Ausgleichsverhandlungen zwischen Pfalz-Neuburg und Brandenburg in Essen betrafen. Aufschlussreich ist unter anderem, wieviel stärker die Klevischen auf die Vermittlung durch die Generalstaaten setzten, dass diese *daß interesse statuum in diesen tractaten in obachten* [...] *nehmen* würden, während die Jülicher und Bergischen Vertreter vor allem auf ihre etablierten Kontakte zum Kaiserhof hofften. Immerhin boten letztere an, auch für die Klevischen zu handeln und zu vermitteln, ja im *interesse omnium unitarum provinciarum* zu agieren. Überhaupt tauchte mehrfach das Stichwort der Ständeunion auf, etwa inwieweit man *vigore unionis* handeln sollte. Die Ständevertreter waren sich also keineswegs einig, aber am Ende stand der Vorschlag im Raum, eine weitere Konferenz in Köln zur Beilegung der streitigen Fragen zwischen den Territorien anzuberaumen, denn es wären *daselbst ihre prothocolla, vnd aller nachricht vorhanden, auch hette man daselbst guette verpflegungh, wehre locus tutus, vnd allen Landständen vast gleich auch gelegen.*

Mit dieser Aussicht schlossen die Ständevertreter ihre Beratungen, die drei klevischen Deputierten kehrten daraufhin heim. Kurz darauf meldeten sich am 7. Oktober die kaiserlichen Kommissare Hatzfeldt und Anethan bei den klevischen Ständen und zeigten sich zufrieden, dass die Klever nach Köln gekommen waren.[72] Was war aber nun das Ergebnis dieser Kölner Zusammenkunft, die die kaiserlichen Kommissare angeregt hatten? Zunächst einmal wussten die Klever nun, dass am Ende sie, die Landstände, die Finanzierung des Jülichschen Kriegs würden stemmen müssen – das Stichwort der *satisfaction der militie* konnten sie nicht

---

71 *Schrifftliche relation der Cleuischen herrn deputirten, welche am 3ten 8bris ao 1651 nacher Coln, zu anhörungh der Kayserlichen proposition abgeschicket, sampt 6 mitt lit: A. B. C. D. E. et F. notirte beylagen,* StA Rees, Landtagsakten XXVIII (1651), 203–213, nicht ganz komplett in UA, Bd. 5, 557–560: danach auch die folgenden Zitate.

72 Hatzfeldt und Johann von Anethan an die klevischen Landstände, Xanten 7. Oktober 1651, in: UA, Bd. 5, 560.

anders interpretieren, nachdem erst kurz zuvor im Rahmen der Umsetzung des Westfälischen Friedens alle Reichsstände die Bedeutung bitter hatten erfahren müssen. Auch die Jülicher und Bergischen Landstände hatten dies bereits am 3. Oktober 1651 direkt von den Kommissaren gehört, die ihnen dringend rieten, für die Bezahlung des Militärs *eine erkleckhliche summa* aufzubringen, auch wenn sie dazu nicht verpflichtet seien.[73] Für die Stände der Vereinigten Herzogtümer wurde damit absehbar, dass die Kosten der aktuellen militärischen Aktivitäten für sie unvermeidbar sein würden. Doch sollte dies eine Grundlage dafür sein, dass eine kaiserliche Vermittlung zwischen Pfalz-Neuburg und Brandenburg tatsächlich zustande gebracht werden konnte.

IV.

Mit der Einigung, die am 11. Oktober 1651 tatsächlich zustande kam, war der Jülichsche Krieg zu Ende gegangen: der „kurze Kriegslärm" (Erdmannsdörffer), der am 14. Juni eingesetzt hatte, verstummte. Im Vorfeld hatte allerdings die kaiserliche Seite den Druck auf beide Seiten noch einmal beträchtlich erhöhen müssen. Keine Konfliktpartei hatte sich am Ende durchsetzen können, zugleich hatten weder Pfalz-Neuburg noch Brandenburg das Gesicht verloren.[74] Die Abdankung oder zumindest die Abführung der in den Territorien stehenden Truppen blieb zwar noch länger ein offenes Problem, das die Landstände über Monate umtrieb und auch den Kontakt zu den kaiserlichen Kommissaren halten ließ.[75] Doch der Konflikt an sich war beigelegt, der Friede wiederhergestellt und damit hatte die kaiserliche Kommission ihren Hauptauftrag erfüllt.

Diese Auseinandersetzung sollte das letzte Mal sein, dass die Erbanwärter im Jülich-Klevischen Erbfolgestreit eine militärische Lösung versuchten. Beigelegt war diese Streitfrage jedoch keineswegs: Der nächste Schritt sollte die Verständigung zwischen den possedierenden Mächten Brandenburg und Pfalz-Neuburg im Jahr 1666 sein, als sie im Vertrag von Kleve eine tragfähige Übereinkunft fanden, mit der das Provisorium von Xanten tatsächlich verstetigt wurde. Da es eine Vereinbarung zwischen den beiden Reichsständen war, also ohne Beteiligung des Kai-

---

73 Protokoll zum 3. Oktober 1651, LA NRW, Abt. Rheinland, Jülich Landstände, Akten Nr. 50.

74 *Erdmannsdörffer*, Deutsche Geschichte, Bd. 1, 142; *Opgenoorth*, Friedrich Wilhelm, Bd. 1, 221 f.; *Hüttl*, Friedrich Wilhelm, 183 f.

75 Siehe dazu noch die Korrespondenzen zumindest Jülicher Landstände mit Hatzfeldt und Anethan, nachzuvollziehen in den Landtagsprotokollen, LA NRW, Abt. Rheinland, Jülich Landstände, Akten Nr. 50: demzufolge gab es noch am 27. Oktober, aber auch noch am 8., 11. und 27. November 1651 Kontakt zu den Kommissaren.

sers oder des Reichstags, war dieser Erbfolgefall für andere Erbanwärter wie beispielsweise Kursachsen keineswegs endgültig geklärt. Einen wesentlichen Effekt hatte der Vertrag von 1666 aber auf die Landstände der betroffenen Territorien, die in der Folge tatsächlich ihren jeweiligen Landesherren vollumfänglich in ihren Rechten anerkannten. Kurfürst Friedrich Wilhelm erreichte nach dem Vertrag von Kleve die Huldigung in Kleve und Mark.[76]

Angesichts dieser weiteren Entwicklung erscheint der Jülichsche Krieg zunächst wie eine Zwischenepisode, die vor allem durch ihre Vergeblichkeit hervorsticht. Tatsächlich aber hatten diese Monate im Jahr 1651 ganz erhebliche Auswirkungen auf die Landstände in Jülich, Kleve, Berg und Mark. Denn sie erlebten in diesem Konflikt eine ungeahnte Aufwertung, die sie ganz unverhofft erreichten, die sie aber umso begieriger aufgriffen und weiterverfolgten. Dies lag an der Aufmerksamkeit, die den Ständen seitens der kaiserlichen Kommission zuteilwurde. Letztlich konnten sich die Landstände als politische Entitäten ansehen, die vom Reichsoberhaupt als für die Geschicke ihrer Territorien zuständige politische Akteure adressiert wurden. Natürlich teilten sie diese Zuständigkeit mit der Landesherrschaft, doch es gab wenige Gelegenheiten, bei denen die Stände geradezu gleichwertig mit den Landesherren als politischer Faktor in die diplomatischen Abläufe integriert waren. Genau dies passierte im Spätsommer, als Hatzfeldt und Anethan als kaiserliche Kommissare die landständischen Vertreter zu Beratungen nach Köln einluden. Die Grundlage für diese Einstufung lag auch in der Annahme, dass es sich bei den Landständen immer noch um Repräsentanten eines gemeinschaftlichen Territorienkomplexes handelte. Anders ist die Bezeichnung als *getrewe lobl[iche] Ständt, dieser vnjrten herrlichen Landen* in der kaiserlichen Proposition nicht zu verstehen,[77] und auch später sprachen die kaiserlichen Kommissare den Landständen gegenüber von den *unirten Mediat-Reichslande[n]*.[78] Es war die vom Kaiser immer noch realisierte Offenheit der Erbfolge, die nicht nur kaiserliche Eingriffsrechte, sondern auch die Position der betroffenen Landstände stärkte.

Waren sich Hatzfeldt und Anethan an dieser Stelle nicht im Klaren über die Dimension dessen, was sie mit diesen Formulierungen auslösten? Augenscheinlich sahen die Kommissare vor allem die scharfe Konkurrenzsituation zu den generalstaatischen Vermittlungsversuchen: Besonders in Kleve hoffte man doch

---

76 *Opgenoorth*, Friedrich Wilhelm, Bd. 2, 85–88.

77 *Copia Propositionis der Kay HH abgesandten so dennen Gulich vnd Bergischen Landt Ständen in Jhrer hochgraff Ex.ce H Graffen zu Gleichen vnd Hatzfeldt Hoff alhie zu Colln den 3ten 8bris 1651 beschehen*, StA Rees, Landtagsakten XXVIII (1651), 217–219, auch in UA, Bd. 5, 555.

78 Hatzfeldt und Johann von Anethan an die klevischen Landstände, Xanten 7. Oktober 1651, in: UA, Bd. 5, 560.

sehr auf die „Generalstaaten als Schutzmacht".[79] Deswegen mochte es Hatzfeldt und Anethan ein Anliegen sein, den Landständen unbedingt den Kaiser als den eigentlichen Vermittler und Friedensstifter vorzustellen. Wenn dabei den Landständen die besondere Gunst des Reichsoberhaupts zuteilwurde und sie in ihrem eigenen politischen Selbstverständnis ernst genommen wurden, war dies womöglich ein Preis, der gut vertretbar erschien. Immerhin blitzten schon Ende September bei den Weselern erste Zweifel auf, ob sie sich wirklich auf die Generalstaaten würden verlassen können. Ihre Bitte um Unterstützung und Schutz versah Wesel mit dem warnenden Hinweis, *daß die Landt Stende verursacht werden solten, wan sie auff die guarantie sich nicht zuverlaßen hetten, an andern orteren sich anzugeben, vnd hulff zusuchen:*[80] Das Vertrauen auf Den Haag bekam offenkundig Risse, auch wenn man sich in der Einschätzung der Lage nicht wirklich sicher war.[81]

Vor allem aber vergaßen die Landstände nicht, welche politische Wertigkeit ihnen von kaiserlicher Seite zugeschrieben worden war. Sie zogen daraus entsprechende Lehren und nutzten die manifest gewordene politische Aufwertung als Ausgangsposition für weitere politische Aktivitäten. Dies wurde vor allem beim Reichstag 1653/54 in Regensburg offenbar, auf dem eine Deputation der erbvereinten Landstände zugegen war und als größten Erfolg die Bestätigung der Landtagsrezesse und damit vieler ständischer Reservatrechte durch den Kaiser verbuchen konnte.[82] Die Landstände hatten bereits 1652 mit Vorbereitungen für den Reichstag begonnen; die entscheidenden Beratungen fanden im November 1652 statt,[83] doch muss es auf informeller Ebene zwischen einzelnen Landständen längst einen Austausch zu dieser Thematik gegeben haben. Zwar gab es unter den klevischen Landständen nach wie vor eine starke Orientierung hin zu den Generalstaaten. Aber die kaiserliche Seite gewann in Kleve und Mark an Einfluss, auch wenn womöglich das Wort von einer „kaiserliche[n] Partei" zu stark ist.[84] Allein diese Tendenz zeigte den politischen Erfolg, den Hatzfeldt und Anethan ganz im Sinne der kaiserlichen Politik erzielt hatten.

Dabei waren neben den Klevern auch die Jülicher und Bergischen Landstände nach wie vor sehr daran interessiert, ihre Kontakte auf Reichsebene und speziell am Kaiserhof aufrechtzuerhalten, ja vielleicht sogar zu intensivieren. Dies merkte Hatzfeldt nach der abgeschlossenen Kommission. Insbesondere der jülich-

---

79 *Fuchs*, Normaljahrskrieg, 309.

80 Ratsprotokoll zum 25. September 1651, StA Wesel, A3 Ratsprotokolle Nr. 100, fol. 83'.

81 So übrigens auch noch bei der zwiegespaltenen Bewertung der Situation Ende Oktober 1651, siehe UA, Bd. 5, 560.

82 Siehe das Schreiben Dietrich Karl von Wilich am 1. Dezember 1653, in: UA, Bd. 5, 705–707.

83 Siehe *von Haeften* in UA, Bd. 5, 596, die Instruktion findet sich ebd., 626–631; zum weiteren Kontext *Opgenoorth*, Friedrich Wilhelm, Bd. 1, 272 f.

84 So *von Haeften* in UA, Bd. 5, 413.

sche Syndicus Mülheim bemühte sich, den Kontakt zu halten. So zeigen die Korrespondenzen, die Mülheim auch lange nach der Kommission mit Hatzfeldt führte, das Bestreben, in ihm einen Fürsprecher landständischer Anliegen am kaiserlichen Hof zu gewinnen. So versprach Hatzfeldt dem Syndicus, am kaiserlichen Hof *das meinige gerne nach muglichkeit darbey thuen* zu wollen und beteuerte später noch einmal, *auch noch ferner, wo Jch nur kann vnd mag, das meinige zu thuen.*[85]

Allerdings zeichnete sich ab, dass diese Einbindung zugunsten der Landstände eine kritische Grenze erreicht hatte. Denn am 16. Mai 1652 schrieb der kaiserliche Feldherr Hatzfeldt deutlich zurückhaltender an den Syndicus. In einer eigenhändigen Nachschrift zum eigentlichen Brief fügte er den Hinweis an, dass die Landstände ihre diplomatischen Kontakte zum Kaiserhof doch besser selbst direkt wahrnehmen sollten – konkret empfahl er den Kontakt zum Reichsvizekanzler Ferdinand Sigismund Kurtz von Senftenau –, denn *sie meinen sonsten bey hoff, Jch wolle ein agenten abgeben.*[86] Auch Hatzfeldt wurde also in diesen Tagen bewusst, wie sehr er sich zugunsten der landständischen Interessen engagiert hatte. Und als einem in Reichsangelegenheiten erfahrenen Mann war ihm ohne Zweifel bekannt, wie delikat diese Parteinahme zugunsten der Landstände sein mochte. Er schloss seine Nachschrift deswegen mit der Bemerkung: *Jch vnterlasse nicht zuthuen, was ich kann, sie* [die Landstände] *musen aber selbsten die sachen accompagnieren.*

Die Landstände hielt dies nicht ab, weiterhin auf die Reichsebene zu streben, um auch dort für die eigenen politischen Belange zu kämpfen. So sollte dann der Regensburger Reichstag 1653/54 den Höhepunkt der landständischen Betätigung auf Reichsebene markieren.[87] Doch dieses Engagement wäre nie möglich gewesen ohne die positiven Erfahrungen, die die Landstände der Vereinigten Herzogtümer im Zuge der kaiserlichen Kommission 1651 gemacht hatten.

---

85 Melchior von Hatzfeldt an Syndicus Mülheim, Würzburg 19. April 1652 und Stetten 10. Mai 1652, LA NRW, Abt. Rheinland, Jülich, Landstände, Akten Nr. 51, beides Ausf.
86 Melchior von Hatzfeldt an Syndicus Mülheim, Stetten 16. Mai 1652, LA NRW, Abt. Rheinland, Jülich Landstände, Akten Nr. 51, Ausf.
87 *Kaiser*, Spielräume, 103–106.

Bibliografie

Ungedruckte Quellen

Landesarchiv Nordrhein-Westfalen (LA NRW):
– Abt. Rheinland, Jülich Landstände, Akten Nr. 50.
– Abt. Rheinland, Jülich II AA 0031 Nr. 3660.
– Abt. Westfalen, Gesamtarchiv von Romberg Akten 7630 u. 8724.
Historisches Archiv der Stadt Köln (HAStK), 20 B: Briefbücher Ausgänge, A5 (30. Dez. 1646 bis 21. Dez. 1652).
Stadtarchiv Rees, Landtagsakten XXVIII (1651).
Stadtarchiv Wesel, A3 Ratsprotokolle Nr. 100.

Gedruckte Quellen

Die Friedensverträge mit Frankreich und Schweden, bearb. v. Antje *Oschmann* (Acta Pacis Westphalicae, Ser. III, Abt. B: Verhandlungsakten, 1: Urkunden), Münster 1998.
Urkunden und Actenstücke zur Geschichte des Kurfürsten Friedrich Wilhelm von Brandenburg
– Bd. 5: Ständische Verhandlungen, 1. Bd., hrsg. v. August *von Haeften*, Berlin 1869,
– Bd. 6: Politische Verhandlungen, 3. Bd., hrsg. v. Bernhard *Erdmannsdörffer*, Berlin 1872,
– Bd. 14: Auswärtige Acten, 3. Bd., 1. Teil (Oesterreich), hrsg. v. Alfred F. *Pribram*, Berlin 1890.

Literatur

Anderson, Alison D., On the Verge of War. International Relations and the Jülich-Kleve Succession Crises (1609–1614) (Studies in Central European Histories, 13), Boston 1999.
Bechtold, Jonas, Außer Spesen nichts gewesen? Zweckmäßigkeiten eines Herrschertreffens zwischen dem Kurfürsten von Brandenburg und dem Herzog von Pfalz-Neuburg 1651, in: Gipfeltreffen in der Vormoderne. Der Bonner Vertrag 921 in synchroner und diachroner Perspektive, hrsg. v. Matthias Becher/Michael Rohrschneider (Macht und Herrschaft, 17), Bonn 2025, S. 339–372.
Büren, Guido von/Ralf-Peter *Fuchs*/Georg *Mölich* (Hrsg.), Herrschaft, Hof und Humanismus. Wilhelm V. von Jülich-Kleve-Berg und seine Zeit (Schriftenreihe der Niederrhein-Akademie/Academie Nederrijn, 11), Bielefeld 2018.
Deventer, Jörg, Melchior von Hatzfeldt (1593–1658), in: Schlesische Lebensbilder. Bd. 8: Schlesier des 14. bis 20. Jahrhunderts, hrsg. v. Arno Herzig, Neustadt a. d. Aisch 2004, 69–75.
Erdmannsdörffer, Bernhard, Deutsche Geschichte vom Westfälischen Frieden bis zum Regierungsantritt Friedrichs des Großen 1648–1740, 2 Bde., Meersburg/Naunhof/Leipzig 1932 (zuerst Leipzig 1892).
Friedhoff, Jens, Die Familie von Hatzfeldt. Adelige Wohnkultur und Lebensführung zwischen Renaissance und Barock (Vereinigte Adelsarchive im Rheinland e. V., Schriften, 1), Düsseldorf 2004.
Fuchs, Ralf-Peter, 1609, 1612 oder 1624? Der Normaljahrskrieg von 1651 in der Grafschaft Mark und die Rolle des Reichshofrates, in: Westfälische Forschungen 59 (2009), 297–311.

Groten, Manfred/Clemens von *Looz-Corswarem*/Wilfried *Reininghaus* (Hrsg.), Der Jülich-Klevische Erb-folgestreit 1609. Seine Voraussetzungen und Folgen. Vortragsband (Publikationen der Gesell-schaft für Rheinische Geschichtskunde, Vorträge, 36), Düsseldorf 2011.

Hüttl, Ludwig, Friedrich Wilhelm von Brandenburg, der Große Kurfürst 1620–1688. Eine politische Bio-graphie, München 1981.

Kaiser, Michael, Kleve und Mark als Komponenten einer Mehrfachherrschaft. Landesherrliche und landständische Entwürfe im Widerstreit, in: *Membra unius capitis*. Studien zu Herrschaftsauffas-sungen und Regierungspraxis in Kurbrandenburg (1640–1688), hrsg. v. dems./Michael Rohr-schneider (Forschungen zur Brandenburgischen und Preußischen Geschichte, Beihefte, 7), Berlin 2005, 99–119.

Kaiser, Michael, Die vereinbarte Okkupation. Generalstaatische Besatzungen in brandenburgischen Festungen am Niederrhein, in: Die besetzte *res publica*. Zum Verhältnis von ziviler Obrigkeit und militärischer Herrschaft in besetzten Gebieten vom Spätmittelalter bis zum 18. Jahrhundert, hrsg. v. Markus Meumann/Jörg Rogge (Herrschaft und soziale Systeme in der Frühen Neuzeit, 3), Münster 2006, 271–314.

Kaiser, Michael, Erweiterte Spielräume. Möglichkeiten landständischer Politik in Kleve und Mark im frühen 17. Jahrhundert, in: Der Jülich-Klevische Erbfolgestreit 1609. Seine Voraussetzungen und Folgen. Vortragsband, hrsg. v. Manfred Groten/Clemens von Looz-Corswarem/Wilfried Reining-haus (Publikationen der Gesellschaft für Rheinische Geschichtskunde, Vorträge, 36), Düsseldorf 2011, 83–110.

Kaiser, Michael, Zwischen zwei Herrschern. Die Landstände von Kleve-Mark und Jülich-Berg und die Herrschaftsansprüche Brandenburgs und Pfalz-Neuburgs, in: Fürsten, Macht und Krieg. Der Jü-lich-Klevische Erbfolgestreit, hrsg. v. Sigrid Kleinbongartz (Schriftenreihe Stadtmuseum Düssel-dorf), Düsseldorf 2014, 42–51.

Kozmanová, Irena, Ideologische Intervention in der Frühen Neuzeit. Beispiel der Republik der Verei-nigten Niederlande und der Landstände von Kleve-Mark in den 1640er und 1650er Jahren, Dis-sertation, Prag 2015. [https://dspace.cuni.cz/handle/20.500.11956/82594; 25.03.2024].

Opgenoorth, Ernst, Friedrich Wilhelm. Der Große Kurfürst von Brandenburg. Eine politische Biogra-phie, 2 Tle., Göttingen/Frankfurt a. M./Zürich 1971/1978.

Ortlieb, Eva, Im Auftrag des Kaisers. Die kaiserlichen Kommissionen des Reichshofrats und die Rege-lung von Konflikten im Alten Reich (1637–1657) (Quellen und Forschungen zur höchsten Ge-richtsbarkeit im Alten Reich, 38), Köln 2001.

Preuß, Heike, Die Flüchtung des klevischen Archivs 1621 und die kaiserliche Archivkommission 1628, in: Annalen des Historischen Vereins für den Niederrhein 220 (2017), 127–170.

Salm, Hubert, Armeefinanzierung im Dreißigjährigen Krieg. Der Niederrheinisch-Westfälische Reichs-kreis 1635–1650 (Schriftenreihe der Vereinigung zur Erforschung der Neueren Geschichte, 16), Münster 1990.

Teil III: **Lebensphasen eines Zeitenwechsels**

Thomas Richter

Hoffnung auf einen Zeitenwechsel durch Gott und Gustav II. Adolf

Johann Amos Comenius und seine Schrift *Bazuine des genaden jaar* (1632)

Einleitung

Rückschläge, Konflikte, Kriege, Heimatlosigkeit, Exil – und dennoch intensives philosophisches, theologisches und pädagogisches Schaffen: So oder so ähnlich könnte man den Lebensweg des Johann Amos Comenius in einen zugegebenermaßen arg verkürzenden Satz kleiden. Der mährische Gelehrte war zeitlebens mit zahlreichen Umbrüchen und Wenden konfrontiert, mit Schicksalsschlägen und Vertreibungen, die ihn, meist unfreiwillig, quer durch das gelehrte Europa führten, das in seiner Lebenszeit durch anhaltende Bellizität und den fortschreitenden, zunehmend kriegerisch ausgetragenen konfessionellen Gegensatz geprägt war.

Geboren 1592 in Nivnice bei Uherský Brod, wuchs Comenius in einer Familie auf, die zu den Böhmischen Brüdern gehörte, zu einem Zeitpunkt, als diese Glaubensgemeinschaft noch unter dem Schutz Kaiser Rudolfs II. stand.[1] In diesem, für die Zeit um 1600 vergleichsweise toleranten Klima (bei aller Vorsicht des Begriffs) konnte er nach dem Besuch des Gymnasiums von Přerov ab 1611 in Herborn, später in Heidelberg Theologie studieren. Nach dem Studium war er zunächst als Lehrer in Přerov tätig, ab 1616 als Pfarrer in Fulnek.[2] Die Auswirkungen der böhmischen Niederlage in der Schlacht am Weißen Berg im November 1620 bekam er unmittelbar zu spüren: Er musste flüchten und sich an verschiedenen Orten verstecken, während seine Familie in Fulnek nach einer Brandschatzung und einer Pestwelle ums Leben kam. Kurzzeitig fand er Zuflucht bei Karl von Žerotín, der

---

1 Auf eine Auflistung der beinahe unendlich erscheinenden Menge an Publikationen über Leben und Werk von Johann Amos Comenius in vielen Sprachen wird an dieser Stelle verzichtet. Verwiesen sei, neben den Indizes der maßgeblichen Zeitschriften Studia Comeniana et Historica und Comenius-Jahrbuch, auf die zumindest für frühere Arbeiten hilfreiche Sammlung von *Michel*, Comenius-Bibliographie – deutschsprachige Titel 1870–1999. Zuletzt in deutscher Sprache lesenswert ist *Richter*, Der unbekannte Comenius; für eine Zusammenfassung seiner Lebens- und Schaffensphasen vgl. *Exalto*, Comenius, reiziger en balling, 13–22.
2 Zur frühen Wirkensphase vgl. *Lapáček*, Komenský a Přerov, mit Kommentaren zu Ausführungen von Comenius über seine Přerover Zeit.

https://doi.org/10.1515/9783111384214-009

als ehemaliger Landeshauptmann versuchte, zwischen Kaiser Ferdinand II. und den besiegten Ständen zu vermitteln.[3] Nach langen Reisen durch Brandenburg und Holland musste er 1628 seine mährische Heimat endgültig verlassen und ließ sich im polnischen Leszno nieder. Hier erlebte sein Schaffen vor allem als Pädagoge und Philosoph eine wichtige Blütephase und es gelang ihm, sich mit Gelehrten in ganz Europa zu vernetzen.[4] Auf Vermittlung von Samuel Hartlib reiste Comenius nach England, 1642 auch nach Schweden und anschließend nach Holland, wo er René Descartes traf.[5] 1645 nahm er am Thorner Religionsgespräch teil, um einen Ausgleich der konfessionellen Spannungen in Polen zu erreichen.[6] Es folgte eine Phase der pädagogischen Reform im ungarischen Sárospatak auf Einladung der gegen Habsburg eingestellten Fürstenfamilie Rákóczi. Aufgrund der dortigen schwierigen Bedingungen entschied Comenius sich jedoch für eine Rückkehr nach Leszno.[7] Als die Stadt 1656 durch polnische Truppen zerstört wurde, fiel seine umfangreiche Bibliothek den Flammen zum Opfer. Erneut musste er fliehen. Zuflucht fand er bei seinem alten Freund Louis de Geer in Amsterdam.[8] In der niederländischen Stadt lebte und wirkte der alternde Comenius bis zu seinem Tod 1670. In der Amsterdamer Phase erschienen seine pädagogischen Hauptwerke *Opera didactica omnia*, *Didactica magna* und *Orbis sensualium pictus*, seine philosophische Essenz *Unum necessarium*, ein Kinderkatechismus, aber auch fortgesetzte Schriften gegen die religiöse Intoleranz der Habsburger.

---

3 Das Verhältnis zwischen Comenius und Karl d. Ä. von Žerotín ist in der deutschsprachigen Forschung bisher kein Schwerpunktthema. Dass Žerotín nicht mit allen Gedankengängen von Comenius einer Meinung war, zeigt *Bočková*, Apologia Karla st. z Žerotína a Listové do nebe, 58–66, am Beispiel der zu den Trostschriften gezählten *Briefe an den Himmel*.
4 Zum religiös toleranten Klima der polnischen Stadt vgl. zuletzt *Szymańska*, Leszno/Lissa im 17. Jahrhundert, 23–34.
5 Vgl. unteranderem *Hattem/Swier*, Comenius en Descartes. Worsteling om een wereldbeeld; *Turnbull*, Hartlib, Dury and Comenius; *Rood*, Comenius and the Low Countries, 118–162; kürzer auch bei *Romijnders/Smits*, Comenius en Leiden, 46–47.
6 Vgl. hierzu ausführlich *Richter*, Johann Amos Comenius und das Colloquium Charitativum von Thorn, passim.
7 Zur Wirkungszeit in Sárospatak und zum Versuch einer Schulreform im Geiste der comenianischen Pansophie vgl. *Caravolas*, Comenius in Ungarn, 19–31.
8 Den Kontakt zu De Geer stellte Gottfried Hotton her, der wiederum maßgeblich den Aufbau wallonisch-reformierter Gemeinden im Grenzland von Aachen, Limburg und Maastricht förderte. Zur Familie De Geer, speziell Lodewijk De Geer, vgl. *Hobrlant*, Het geslacht De Geer (auch in tschechischer Sprache unter dem Titel Rod De Geerů, patricijové doby Komenského a některé otázky jejich vzájemných vztahů, Naarden 2010, erschienen); *Rood*, Comenius and the Low Countries, 67–117; *Breedvelt-van Veen*, Louis de Geer 1587–1652; zu dessen ökonomischem Wirken in Schweden v. a. *Dahlgren*, Louis de Geer (1587–1652), hans lif och verk. Maßgeblich zu Komenskýs Amsterdamer Phase bleibt *Mout/Polišenký*, Komenský v Amsterodamu, daneben v. a. *Mercks*, Comenius en Amsterdam, 79–90.

Bei all dem, was Comenius erlebte und an Schicksalsschlägen durchmachen musste, mag ihn, den Gläubigen, vielleicht das Psalmwort begleitet haben: „Ich hebe meine Augen auf zu den Bergen – woher kommt mir Hilfe?" – für Comenius war die Antwort aber bereits klar: „Meine Hilfe kommt vom Herrn, der Himmel und Erde gemacht hat" (Ps 121,1b–2). Diese gläubige Rückbindung an die alttestamentliche Offenbarung JHWHs an sein Volk prägte geradezu Comenius' Interpretation der zeitgenössischen Ereignisse: Sein Volk, das böhmisch-mährische, als das neue Israel, vertrieben, zerstreut und unterjocht durch den habsburgischen Nebukadnezar, in die Vertreibung und babylonische Unterdrückung gepresst, und doch ein neues Israel in der beständigen Hoffnung auf die rettende Hand JHWHs, der sein – das protestantische – Volk aus der Gewalt der Unterdrücker befreien werde.

Gerade in der Kriegsphase um 1630 tritt diese theologische Deutung des eigenen Lebens und Erlebens mehr als deutlich hervor, mit dem habsburgischen Kaiser als apokalyptischem Antichristen. Selbst auf den ersten Blick theologisch-missionarisch wirkende Texte und Handlungen von Comenius zeigen seine dahinterliegende Hoffnung auf Glaubensfreiheit und Heimkehr für die böhmisch-mährischen Protestanten. Comenius betrieb beispielsweise gemeinsam mit Jakob Golius und Levinus Warner eine Übersetzung der Bibel ins Türkische.[9] Damit sollte zwar auch der Weg zu einer Missionierung der Muslime geebnet werden. Schaut man jedoch in seine 1663 erschienene Schrift *Letzte Posaun Uber Deutschlandt*[10], so entdeckt man eine weitere Hintergrundfolie: die Hoffnung auf den gemeinsamen Kampf der (konvertierten) Muslime und Protestanten gegen die Papisten, ja den kriegerischen Zug der Osmanen mit den Protestanten zum endgültigen Sieg über Habsburg und der Revision des Westfälischen Friedens.[11] Hoffnung schöpfte Comenius in diesem Zusammenhang sogar aus Naturereignissen, die er heilsgeschichtlich als Zeichen der anbrechenden Königsherrschaft Gottes ($\beta\alpha\sigma\iota$-

---

9 Vgl. dazu *Malcolm*, Comenius, the Conversion of the Turks, and the Muslim-Christian Debate on the Corruption of Scripture, 477–508; *Flemming*, Zwei türkische Bibelhandschriften in Leiden, 111–118; zu Comenius' Zusammenarbeit mit Golius vgl. kurz bei *Romijnders/Smits*, Comenius en Leiden, 45–49.

10 *Comenius*, Letzte Posaun; zu den unterschiedlichen Ausgaben vgl. *Schäfer*, Bibliographie, 192–198.

11 Zu diesem bislang wenig beachteten Werk vgl. v. a. *Zemek*, Letzte Posaun, 385–395, v. a. 387; *Hubková*, Komenského letákový spis ‚Letzte Posaun über Deutschland', 92–109; *Korthaase*, Comenius' Letzte Posaun über Deutschland, 458–462; zur Hoffnung auf den gemeinsamen Feldzug mit den Türken vgl. *Zemek*, Letzte Posaun, 390, 393; zur Fundgeschichte der Schrift vgl. *Müller*, Eine bis jetzt unbekannte deutsche Schrift des Comenius, 295–300; zur Rezeption der *Letzte*[n] *Posaun* durch Zeitgenossen vgl. *Veres*, Johann Amos Comenius und Friedrich Breckling, 71–83; zum weiteren Kontext der Verbindung von Protestantismus und Islam vgl. u. a. *Barudio*, Gustav Adolf, 523–524 mit weiterer Literatur.

λεία τοῦ θεοῦ) deutete. Das zeigt sich etwa bei seiner Interpretation von Erdbeben: Während viele Theologen seiner Zeit Erdbeben als Warnung Gottes an die Menschen auslegten, ihr sündhaftes Leben abzulegen,[12] verband Comenius Erdbeben als Zeichen des kommenden Heils mit spezifischen Ereignissen. So sah er etwa in einem Erdbeben in Ostmitteleuropa im Jahr 1662 ein Omen für die Bedrohung des christlichen Europas durch die Osmanen – nur ein Jahr vor der Belagerung Wiens und der Verwüstung Mährens durch die Türken. Die Spannung in der Sichtweise auf die Osmanen – Bedrohung Europas oder Kampfgenossen gegen Habsburg – findet sich immer wieder bei Comenius. Zugleich ist das dröhnende Beben für ihn aber auch spezifisch ein eindringliches Warnsignal, eine dröhnende Kriegsposaune gegen das religiös intolerante Habsburg.

Das Motiv der göttlichen Posaune, wie es in seiner späteren Schaffensperiode in der *Letzte[n] Posaun Uber Deutschlandt* wieder auftaucht, griff Comenius erstmals 1631/1632 auf, als er die Schrift *Bazuine des genaden jaar voor de Bohemische natie* veröffentlichte.[13] Neben der *Letzte[n] Posaun* zählt die *Bazuine* zu den wenigen Texten, die nicht im tschechischen Original überliefert sind.[14] Die niederländi

---

12 Vgl. nur beispielhaft *Mühleisen*, Erdbeben als Vehikel religiöser Ermahnung, 413–430; übrigens interpretierte auch die islamische Theologie jener Zeit Erdbeben in dieser Weise: vgl. *Hirschler*, Erdbebenberichte und Diskurse, 103–139; eine im engeren Sinne naturwissenschaftliche Behandlung von Erdbeben und anderen verheerenden Naturereignissen setzte erst nach dem Erdbeben von Lissabon 1755 ein, vgl. dazu sowie zum Aachen-Dürener Erdbeben 1756 im lokalen Kontext auch die beiden Predigten des Aachener reformierten Predigers *Hemessen*, Zwey Predigten, die auch unter dem Titel Twee leer-redenen, by gelegentheid van de onlangs voorgevallene hevige aardbevingen, Amsterdam 1756, ins Niederländische übersetzt wurden; zu den Erdbeben der Jahre 1660–1662, auf die sich Comenius in der *Letzte[n] Posaun* bezieht, vgl. *Jeitteles*, Versuch einer Geschichte der Erdbeben in den Karpathen- und Sudeten-Ländern, 287–349; *Bohuš*, Tatranský kaleidoskop, [https://www.lesytanap.sk/sk/casopis-tatry/obsah/2005-3; 8.8.2024]; *Raczkowska*, Recent Geomorphic Hazards in the Tatra Mountains, 54.

13 Der üblichen (vom niederländischen Titelblatt des Jahres 1632 abweichenden) Schreibweise folgend: *Bazuine des genaden jaar voor de Bohemische natie, verkondigende den droevigen troost, den wenenden vreugde, den gevangenen verlossinge, den verstrooiden weder 't samenkomste, beginnende aan 't einde des 1631 ende voorts vervolgende in 't jaar 1632.* Maßgebliche Ausgabe besorgt durch Stanislav Králik, Amedeo Molnár u. Roland Willemyns in den Johannis Amos Comenii Opera omnia, Bd. 3, 566–589, mit Kommentar. Im Gegensatz zu beinahe allen anderen Schriften ist die *Bazuine* in den *Opera omnia* in niederländischer Sprache eingeleitet und kommentiert. Wenn auch die gegenwärtige Comeniusforschung in Tschechien die Bedeutung der niederländischen Sprachkompetenz für die Erforschung von Leben und Werk von Comenius erkennt, bleibt doch die Sprachbarriere gerade in die andere Richtung, ins Tschechische, bis heute eine maßgebliche Hürde bei der Bearbeitung seiner nicht-lateinischen Werke. Vgl. dazu bereits *Langerfeld*, Die tschechische Schrift *Haggaeus redivivus* des Comenius aus dem Jahre 1632, 54 f.

14 Eine Rückübersetzung ins Tschechische wurde 1945 durch P. J. Chráska angefertigt. Nach der Beurteilung von Králik, Molnár und Willemyns, Bazuine, 584, ist diese Rückübersetzung jedoch sehr ungenau („zeer onnauwkeurig"). Eine neue niederländisch-tschechische Ausgabe des Textes

sche Übersetzung des verschollenen tschechischen Urtextes wurde 1632 durch Jan Gaius Muldâ-Thynaeus erstellt, einem Böhmen, der unmittelbar nach der Schlacht am Weißen Berg geflüchtet war.[15] Das Pamphlet wurde erst 1929 in der Universitätsbibliothek Leiden entdeckt.[16] Die späte Wiederentdeckung und sicherlich auch die Sprachbarriere führten dazu, dass die Forschung sich der *Bazuine* bisher nur sehr marginal zuwandte. Meist wurde die *Bazuine* nur kursorisch in Werken über die Trostschriften erwähnt. Im Folgenden wird erstmals eine Analyse von Comenius' Hoffnung auf ein Ende der habsburgischen Herrschaft in Böhmen versucht.[17]

Gustav II. Adolf als der neue Kyros – Comenius' Hoffnung auf die Befreiung Böhmens und seine biblisch-theologische Interpretation des Dreißigjährigen Krieges

Das Heftchen wurde 1632 in Kampen bei Roelof Dirckszoon Worst gedruckt und ist Bürgermeister, Schöffen und Rat von Kampen gewidmet. Der Widmung wurden vier Zitate aus der alttestamentlichen Prophetie vorangestellt.[18] Johann Amos Comenius verarbeitet in der *Bazuine* nach den biblischen Motiven der Babylonischen Gefangenschaft aus Jesaja heraus den Grund für die Vertreibung, das Leid des Exils und schließlich die Ankündigung der bevorstehenden Befreiung des böhmischen Volkes (das heißt der böhmischen Protestanten) aus der babylonisch-

---

ist derzeit (2025) durch John Exalto in Arbeit. *Rood*, Comenius and the Low Countries, vermutete, dass die tschechische Urfassung um die Jahreswende 1631/32 in Leszno entstand.

15 Vgl. *Králik/Molnár/Willemyns*, Bazuine, 583. Gaius hatte wahrscheinlich auch bereits mit der Übersetzung des berühmten *Labyrint světa* begonnen, starb aber 1635 noch während der dadurch unvollendet gebliebenen Arbeiten daran. Zur Sprachgestalt im Niederländischen des 17. Jahrhunderts vgl. ebd., 584.

16 Die Erstausgabe erfolgte unmittelbar darauf durch den Entdecker Otakar Odložilík. Maßgeblich ist heute jedoch die oben genannte Ausgabe in den Opera *omnia* von 1978, die dem einzigen erhaltenen Druck von 1632 folgt.

17 Bei *Neval*, Macht Gottes, v. a. 362, wird die *Bazuine* im Kontext von Comenius' biblischer wie politisierter biblischer Theologie erwähnt. Auch die niederländischsprachige Comeniusforschung hat sich bislang nicht mit der *Bazuine* befasst. Über Bemerkungen zum Charakter des Werkes gehen die meisten Kommentare nicht hinaus. Eine größere Arbeit fehlt bislang.

18 Jes 27,12–13; 50,1–3.9; 51,48–49; Sach 8,6.

habsburgischen Unterjochung.[19] Der Zorn auf die Habsburger kommt programmatisch schon im Bibelvers Jes 41,25 zum Ausdruck, der auf dem Titelblatt abgedruckt ist: *De Here verwekt enen van 't noorden, die over de geweldigen zal gaan als over leem, ende zal den drek treden als een potbakker.*[20]

Wie kaum ein anderer Text ist die *Bazuine* Ausdruck von Comenius' unerschütterlicher Hoffnung in den Rettergott und der Vision, dass die so lange ersehnte Zeitenwende unmittelbar bevorstehe. Böhmen, das neue Israel, wird durch Gottes starke Hand und unter Mithilfe eines Retters aus dem Norden aus dem habsburgischen Babylon befreit werden – statt des Perserkönigs Kyros ist es hier nun der Schwedenkönig Gustav II. Adolf, der das traumatische Exil beenden und Böhmen aus der Knechtschaft und Unfreiheit befreien wird.

Die *Bazuine des genaden jaar* ist in den größeren Rahmen der sogenannten Trostschriften von Comenius einzuordnen.[21] Doch auch innerhalb der Trostschriften ist die *Bazuine* bisher wenig beachtet worden. Sie steht, auch wegen der niederländischen Sprache, im Schatten der bekannteren Schriften wie *Truchlivý* (1623/24–1660), *Listové do nebe* (1618), *Nedobytedlný hrad jméno Hospodinovo* (1622), *Pres boži* (1624), *O sirobě* (1622/24), vor allem aber des *Labyrint světa a ráj srdce* (1623) und *Centrum securitatis* (1625).[22]

Das Heft, nur 16 Seiten im Umfang[23], ist ein fiktiver Dialog zwischen der Stimme der Posaune, Gott, und der Stimme der Zerstreuten, der böhmischen Exulanten. Er ist ganz nach alttestamentlichen Motiven gestaltet: Die Posaune Gottes verkündigt den Zerstreuten den Fall und die Zerstörung Babels sowie das im Titel genannte Gnadenjahr – das Ende von Verzweiflung und Exil.

Es war der militärische Siegeszug der antihabsburgischen Koalition unter Gustav Adolf von Schweden, der Comenius (und andere) auf ein Ende der konfessionellen Unterdrückung, die Befreiung Böhmens aus der habsburgischen Herrschaft und eine baldige Rückkehr der Verbannten hoffen ließ.[24] Jedoch entwirft er in der *Bazuine* keine ‚Nachkriegsordnung', wie etwa im Anfang 1632 enstandenen

---

19 Vgl. dazu und zum Charakter des Werkes insgesamt *Kumpera*, Jan Amos Komenský, 205–206; *Steiner*, Bazuine, 22–23.

20 *Von Norden habe ich einen kommen lassen und er ist gekommen, vom Aufgang der Sonne her den, der meinen Namen anruft. Er zerstampft die Gewaltigen wie Lehm und wie der Töpfer, der den Ton tritt.*

21 Vgl. zu den Trostschriften in deutscher Sprache maßgeblich *Schaller*, Die Trostschriften des Johann Amos Comenius, 11–37. Dagegen will *Neval*, Macht Gottes, 253, die *Bazuine*, ebenso wie die *Letzte Posaun*, zu den politischen Schriften gezählt wissen.

22 So findet die *Bazuine* etwa auch in Schallers Arbeit über die Trostschriften keine Erwähnung.

23 Vgl. *Králik/Molnár/Willemyns*, Bazuine, 583.

24 Vgl. *Kumpera*, Jan Amos Komenský, 206; zur Heroisierung Gustav Adolfs nach der Schlacht von Breitenfeld vgl. v. a. *Kaufmann*, Dreißigjähriger Krieg, 56–65.

Haggaeus redivivus[25], sondern verfasst eher eine Trostschrift im klassischen Sinne, die den Lesern Mut und Hoffnung auf eine Zeit machen soll, in der Leid und Exil ein Ende haben werden.

Der Zeitkontext, in dem die *Bazuine* entstand, ist just jene stürmische Kriegsphase von Herbst 1631 bis Frühjahr 1632, in der die Schweden massive Erfolge und Geländegewinne verzeichnen konnten.[26] Die böhmischen Exulanten, die nach der Schlacht am Weißen Berg ihre Heimat verlassen hatten, konnten in diesen Monaten rasanter schwedischer Siege nach der Schlacht von Breitenfeld (September 1631) auf die Erfüllung ihres Traums hoffen: die Befreiung ihres Vaterlandes von den Habsburgern durch die Truppen Gustav Adolfs. Gleichwohl hatte der Schwedenkönig die eigentliche Invasion Böhmens eher Kursachsen überlassen. Die Truppen von Kurfürst Johann Georg marschierten im November 1631 in Prag ein, wo sie sich bis zum Angriff Wallensteins im späten Frühjahr 1632 halten konnten.[27] Es ist sehr wahrscheinlich, dass Comenius in geradezu überschwänglicher Freude über die Ereignisse die Arbeiten an der *Bazuine* „vermutlich im ers-

---

25 Wie die *Bazuine* ist auch der in tschechischer Sprache überlieferte *Haggaeus* in der deutschsprachigen Forschung weitgehend unbekannt. Kurz vor dem Gegenschlag Wallensteins in Böhmen im Frühling 1632 verfasste Comenius mit dem *Haggaeus* eine Gesellschafts- und Kirchenordnung für die (nach seinem Hoffen schon bald eintretende) Nachkriegszeit in Böhmen. Zu Anfang greift Comenius das in der kurzen *Bazuine* bereits verwendete Motiv der Böhmen als neues Israel und ihrer Befreiung aus der babylonischen (habsburgischen) Gefangenschaft wieder auf, diesmal nicht mit einem Schwerpunkt auf der Jesajarezeption (wie in der *Bazuine*), sondern mit Motiven aus dem Dodekaprophethon, besonders aus Haggai. Dennoch ist der *Haggaeus* wegen seines programmatischen Charakters nur teilweise der gleichen Textgattung – erbauliche Trostschrift – zuzurechnen. Eine genauere Verhältnisbestimmung von *Bazuine* und *Haggaeus* steht indes noch aus. Zum Inhalt sowie der Text- und Editionsgeschichte vgl. *Langerfeld*, Die tschechische Schrift *Haggaeus redivivus* des Comenius aus dem Jahre 1632, 54–89; *Kumpera*, Jan Amos Komenský, 206 (kurz zum Verhältnis zwischen Bazuine und Haggaeus), 241–242 (zum Charakter des Haggaeus und dessen Entstehung kurz nach der Schlacht von Breitenfeld).
26 Während die Forschung über den Dreißigjährigen Krieg als Ganzen und in seinen Teilen in den vergangenen Jahrzehnten zahlreich spross, sucht man nach jüngeren Einzeldarstellungen zur Schlacht von Breitenfeld, die durchaus kriegswendenden Charakter hatte, weitgehend vergeblich. Neben einigen Bemerkungen bei *Leonhardt*, Studien zur Bildpublizistik, 5–12 (mit einem Schwerpunkt auf Leipzig und Magdeburg, aber nicht auf Böhmen) bleibt man daher vorläufig auf ältere Darstellungen oder auf militärhistorische Beiträge angewiesen, darunter *Lerche/Schulze*, Breitenfeld; *Opitz*, Schlacht bei Breitenfeld; *Sennewald*, Schlacht bei Breitenfeld; ausführlicher vgl. *Barudio*, Gustav Adolf 504–519; aus der Sicht der Militärgeschichte v. a. *Sennewald*, Kursächsisches Heer, 53–86.
27 Vgl. *Leonhardt*, Studien zur Bildpublizistik, 5–7; *Sennewald*, Kursächsisches Heer, 87–110, sowie die genannte ältere Literatur.

ten Rausch der hoffnungsvollen Berichte aus Böhmen" im Herbst 1631 begann und sie alsbald vollendete.[28]

Zentral – schon im Titel – steht das Gnadenjahr. Nach Levitikus 25,9 wurden Gnadenjahre durch das Blasen des Schofarhorns rituell angekündigt. Dieses alle fünfzig Jahre stattfindende Gnadenjahr schenkte all jenen, die in Sklaverei geraten waren, die Freiheit.[29] Unter den gegebenen Zeitumständen um die Jahreswende 1631/32 und durch die Identifizierung des böhmischen Volkes mit dem Volk Israel[30] wird die Intention von Comenius deutlich: die Verkündung der frohen Botschaft vom Ende der habsburgischen Sklaverei und die Heimkehr aus der Verbannung. War der Text zwar ursprünglich gedacht zur Erbauung „für die verjagten und verstreuten böhmischen Exulanten"[31], so wurde seine Zielgruppe doch gerade durch die Übersetzung ins Niederländische nun auch ausgeweitet, nämlich „zu einem propagandistischen Appell zur Unterstützung der verfolgten Glaubensgenossen aus den böhmischen Ländern" und – mit Verweis auf Amos 6,6 – alle, denen deren Schicksal nahegeht.[32] So eröffnet die Vorrede auch nicht mit einem böhmischen, sondern einem biblischen Bezug. Lässt man die später hinzugefügte Widmungszuschrift von Gaius beiseite, so beginnt der eigentliche Comeniustext mit einer Hinführung zum Gnadenjahr (nach Levitikus 25,9) und dem Verweis auf die Babylonische Gefangenschaft und Errettung Israels aus dieser durch das Wirken JHWHs, der einen König aus dem Norden, nämlich den Perserkönig Kyros, sandte, um Israel aus Babylon zu befreien (vgl. Esra 1,1–4).[33] Erst danach folgt der Aufruf an das Zielpublikum: *So hört dann hin, ihr böhmischen Völker* (*Zo hoort dan ook toe, gij Bohemische volkeren*)[34] – jenes böhmische Volk, das als Folge der Schlacht am Weißen Berg bereits eine *11-a 12-jarige kastijdinge* erdulde (gemünzt

---

28 *Králik/Molnár/Willemyns*, Bazuine, 586: „vermoedelijk in de eerste roes van de hoopgevende berichten uit Bohemen", nach *Odložilík*, Bazuine, 291.

29 Vgl. *Králik/Molnár/Willemyns*, Bazuine, 586; zum Gnadenjahr im alttestamentlichen Kontext vgl. *Zimmerli*, Das Gnadenjahr des Herrn, 321–332.

30 Die Kommentatoren des Textes verstehen unter den im Plural genannten *Bohemische volkeren* stets Tschechen, Mähren und Schlesier; vgl. *Králik/Molnár/Willemyns*, Bazuine, 587. Inwieweit sich hier der Nationalstaatsgedanke Tschechiens mit den drei Gebietsteilen Böhmen, Mähren und Schlesien durchgebrochen hat, wäre noch näher zu untersuchen. Bei der heilsgeschichtlichen Konstruktion der Böhmen als neuem auserwählten Volk Gottes steht Comenius allerdings in einer längeren Tradition; vgl. *Hlaváček*, Rudolfs Majestätsbrief, Comenius und die Exklusivität der Tschechen in der Heilsgeschichte, 215–224.

31 Im Widmungstext von Gaius, vgl *Králik/Molnár/Willemyns*, Bazuine, 569, „voor de verjaagde en verstrooide Bohemische ballingen".

32 Ebd., 587, „tot een propagandistisch appèl ter ondersteuning van vervolgde geloofsgenoten uit de Bohemische landen".

33 Vgl. ebd., 587.

34 Vorrede, ebd., 571.

auf die *70-jarige kastijdinge* Israels in Babel).[35] Der Autor ruft die Leserinnen und Leser auf, genau darauf zu hören, wie im Folgenden die Posaune Gottes tönt, die ihnen ein Gnadenjahr des Herrn verkündigt.

Der eigentliche Text, der in der Edition gerade einmal 410 Zeilen umfasst, ist inhaltlich nicht vergleichbar mit den übrigen politischen oder philosophischen Traktaten von Comenius. Vielmehr tritt er hier als Seelsorger in den Vordergrund, der ganz in der Tradition evangelischer Theologen seiner Zeit den (tschechisch-sprachigen) Leserinnen und Lesern Hoffnung machen und Gottes Segen zuspre-chen will, indem er die Bibel auslegt und auf die gegenwärtige Situation hin, den Sitz im Leben seiner Leserinnen und Leser, auslegt.[36] Dies vollzieht sich in der *Ba-zuine* im bereits angesprochenen Stil eines fiktiven Dialogs zwischen der göttli-chen Posaune – damit der Stimme Gottes selbst (*De stemme der bazuine*) – und den in einer Stimme zusammengefassten böhmischen Exulanten (*De stemme der verstrooiden*). Der Text selbst ist in dieser seelsorglichen Manier zusammengesetzt aus seitenweise aneinandergereihten Zitaten, Entlehnungen und Anspielungen auf Jesaja, Jeremia und die Psalmen (vor allem die Psalmen 18, 96, 97 und 119,137), andere Propheten (Hosea, Sacharja, Micha, Daniel) sowie vereinzelt auch auf an-dere Bücher (1Könige, 2Samuel, Nahum, Klagelieder, Exodus, Offenbarung, an ei-ner Stelle Matthäus und bezüglich des Gnadenjahrs auch Levitikus). Insofern lässt sich konstatieren, dass Comenius bei seiner Leserschaft eine gründliche biblische Vorbildung voraussetzt, die sie die zahlreichen Zitate und Anspielungen zuord-nen, begreifen und auf ihren aktuellen Sitz im Leben hin neu justieren und ver-stehen lässt. Die profunde Bibelkenntnis des Autors wiederum baut aus den alttes-tamentlichen Fragmenten einen Dialog zusammen, der die Leserinnen und Leser nicht nur in die Situation des neuen Israel versetzt und damit – nach der Bußzeit im Exil – unter die Gnade Gottes stellt, sondern auch in pastoraler Sorge die frohe Botschaft vom baldigen Ende der Knechtschaft verkündigt und ihnen so Hoffnung macht. Die Bibelstellen sind so geschickt und kunstvoll zusammengestellt[37], dass aus der Hand von Comenius ein geradezu prophetischer Text entsteht, eine Inter-pretation der Kriegsgeschehnisse im Herbst 1631 und Frühjahr 1632 im Licht der göttlichen Heilsgeschichte. Wie das alte Israel in Babylon, so wird auch das neue Israel, das böhmische Volk, noch zu Lebzeiten das machtvolle Eingreifen JHWHs

---

35 Vorrede, ebd., 571.

36 Freilich rezipierte die tschechisch- und niederländischsprachige Leserschaft das Werk sehr unterschiedlich: Während die *Bazuine* für die Böhmen den Charakter einer Trost-, Mut- und Hoff-nungsschrift hatte, mussten die Niederländer nicht getröstet werden; wohl aber konnten sie durch die Lektüre der *Bazuine* einerseits in der Auffassung bestätigt werden, dass Gustav Adolf in der Tat als der Erlöser der unterdrückten und vertriebenen Glaubensgeschwister anzusehen sei, und dieser andererseits die Unterstützung durch die Niederländer verdient habe.

37 Vgl. *Molnár/Sousedík*, Spisy útěšné, publicistické a informační z let 1617–1660, 9.

in die Geschichte erleben. Comenius zitiert hier aus Psalm 118,23 und Jesaja 28,29, um zu verdeutlichen, dass die aktuellen Ereignisse 1631/32 als genau jenes Wirken Gottes zu interpretieren seien. Diese große Zeitenwende aus der Unterdrückung hin zur Freiheit vollziehe sich direkt vor den eigenen Augen. Der, der dies möglich macht, ist erstens Gott selbst, der ein Gnadenjahr ausrufen lässt und die Freiheit aus der Unterjochung verkündet, doch zweitens ebenso sein ,weltlicher Arm', der dies militärisch durchsetzt und ermöglicht, nämlich der Gesandte Gottes aus dem Norden. So wird aus dem gottgesandten Perserkönig Kyros bei Jesaja, der Babel besiegt, nun der gottgesandte Schwedenkönig Gustav II. Adolf bei Comenius, der Ferdinand II. und das Haus Habsburg besiegt.[38]

Comenius gelingt auf diese Weise die Verbindung der eigenen Geschichte mit der biblischen Heilsgeschichte: JHWH verkündet dem versprengten Volk Israel und dem böhmischen Volk Rückkehr und Freiheit und damit auch die Freiheit des rechten (das heißt protestantischen) Gottesdienstes. Der Perserkönig Kyros, der aus dem Norden gegen Babylon reitet, Nebukadnezar vernichtend schlägt und den Israeliten die Freiheit bringt, wird in der Gegenwart identifiziert mit Gustav II. Adolf, der aus dem Norden gegen Habsburg reitet, es vernichtend schlägt und den protestantischen Böhmen die Freiheit bringt: Die Zeit der Wende von der Verbannung zum Heil ist gekommen.

Epilog

In der Zeit der militärischen Dominanz der Schweden um die Jahreswende 1631/32, die nach der Schlacht von Breitenfeld von Sieg zu Sieg ritten, mag Comenius eine begründete Hoffnung auf eine echte Zeitenwende gesehen haben – die *Bazuine* dürfte bei ihren (tschechischen) Leserinnen und Lesern effektiv diese Hoffnung geweckt und zugleich ihre Identifizierung mit dem auserwählten Gottesvolk gestärkt haben. Indes zeigte sich schon bald, spätestens nach der Schlacht von Lützen (November 1632), wie fragil diese Hoffnung in Wirklichkeit war.[39] Sie zerschlug sich allerspätestens im Westfälischen Frieden, der die Böhmischen Brüder nach wie vor aus der Gruppe der legitimen christlichen Bekenntnisse ausschloss und die habsburgische Oberherrschaft über Böhmen und Mähren zementierte.

---

38 So schon das programmatische Jesajazitat (41,25) auf dem Titelblatt; vgl. auch Králik/Molnár/Willemyns, Bazuine, 587.

39 Im Gegensatz zur Schlacht von Breitenfeld ist die Schlacht von Lützen – wegen des Todes Gustav Adolfs – deutlich häufiger Gegenstand der Forschung gewesen; hier soll jedoch der Verweis auf *Barudio*, Gustav Adolf, 602–617; *Wilson*, Lützen 1632, v. a. 113–168; *Sennewald*, Kursächsisches Heer, 153–178; *Fukala*, Bitva u Lützenu, 61–79 genügen.

Comenius' Wünsche und Hoffnungen auf den starken Rettergott, mit so starken Bildern in der *Bazuine* ausgedrückt, zerrannen. Nicht himmelhoch jauchzend, wie in der *Bazuine*, sondern zu Tode betrübt, schrieb er 1650 in großer Enttäuschung über den Westfälischen Frieden, seine Glaubensgemeinschaft dem Ende nahe dünkend, in nicht weniger eindrucksvollen Bildern *Kšaft umírající matky, jednoty bratrské* – das Testament der sterbenden Mutter, der Brüdergemeine.[40] Seine Hoffnung auf eine Zeitenwende durch den König aus dem Norden, verkündet durch die Posaune Gottes, war dahin.

Bibliografie

Quellen

Comenius, Johann A., Komenského poselství k milostivému létu 1631–32. Basuyne des ghenaden jaer, hrsg. v. Otakar Odložilík, in: Časopis Matice Moravské 53 (1929), 305–319.

Comenius, Johann A., Polnice milostového léta pro národ český, hrsg. v. P. J. Chráska, Kutná Hora 1945.

Comenius, Johann A., Bazuine des genaden jaar voor de Bohemische natie, verkondigende den droevigen troost, den wenenden vreugde, den gevangenen verlossinge, den verstrooiden weder 't samenkomste, beginnende aan 't einde des 1631 ende voorts vervolgende in 't jaar 1632, Kampen 1632, hrsg. v. Stanislav Králik/Amedeo Molnár/Roland Willemyns (Johannis Amos Comenii Opera omnia, 3), Prag 1978, 566–589.

Comenius, Johann A., Letzte Posaun Uber Deutschlandt. Die in Verdamliche Sicherheit versunckene Welt vom Sünden-Schlaff auffzuwecken und dadurch entweder der nicht auffs new herbey weltzenden Sündfluth zu entgehen, oder ja die Seele vor dem ewigen Untergang zuretten. Von Einem heimlich seufftzenden Jeremia I. C. an die sämptliche in dem Deutschen Jerusalem, Regenspurg, Versamlete Chur- und Fürsten, ja alle Reichs Stände und Städte gesandt, Amsterdam 1663.

Comenius, Johann A., Het testament van de stervende moeder, de Broedergemeente, hrsg. v. H. E. S. Woldring, Eindhoven 2020.

Hemessen, Gerhard v., Zwey Predigten, welche bey Gelegenheit der ohnlängst vorgefallenen hefftigen Erd-Erschütterungen gehalten worden, Frankfurt a. M./Leipzig 1756.

Literatur

Barudio, Günter, Gustav Adolf – der Große. Eine politische Biographie, 2. Aufl., Frankfurt a. M. 1982.

Bočková, Hana, Apologia Karla st. z Žerotína a Listové do nebe J. A. Komenského – dvojí obraz předbělohorské společnosti, in: Studia Comeniana et Historica 42 (1990), 58–66.

---

40 Zuletzt in niederländischer Übersetzung ediert durch Henk Woldring unter dem Titel Het testament van de stervende moeder, de Broedergemeente.

Bohuš, Ivan, Tatranský kaleidoskop, in: Časopis Tatry 3 (2005) [https://www.lesytanap.sk/sk/casopis-tatry/obsah/2005-3/; 8.8.2024].

Breedvelt-van Veen, Froukje, Louis de Geer 1587–1652, Amsterdam 1935.

Caravolas, Jean-Antoine, Comenius in Ungarn (1650–1654). Die pansophische Schule von Sárospatak, in: Comenius-Jahrbuch 3 (1995), 19–31.

Comenius-Bibliographie. Deutschsprachige Titel 1870–1999, hrsg. v. Gerhard Michel, St. Augustin 2000.

Dahlgren, Erik W., Louis de Geer (1587–1652), hans lif och verk, Uppsala 1923.

Exalto, John, Comenius, reiziger en balling, in: Jan Amos Comenius, vier eeuwen voetsporen in Nederland/Čtyři století Komenského v Nizozemsku/Styri storočia Komenského v Holandsku, hrsg. v. Pieter J. Goedhart/Jan C. Henneman/Kees Mercks, Amsterdam/Naarden 2022, 13–22.

Flemming, Barbara, Zwei türkische Bibelhandschriften in Leiden als mittelosmanische Sprachdenkmäler, in: Wiener Zeitschrift für die Kunde des Morgenlandes 76 (1986), 111–118.

Fukala, Radek, Bitva u Lützenu 16.11.1632 (Útrapy a hrůzy třicetileté války, 4), Budweis 2019.

Hattem, Mark van/Arianne *Swier*, Comenius en Descartes. Worsteling om een wereldbeeld, Naarden 1996.

Hirschler, Konrad, Erdbebenberichte und Diskurse der Kontinuität in der postformativen Periode, in: Der Islam – Zeitschrift für Geschichte und Kultur des islamischen Orients 84 (2007), 103–139.

Hlaváček, Petr, Rudolfs Majestätsbrief, Comenius und die Exklusivität der Tschechen in der Heilsgeschichte, in: Religion und Politik im frühneuzeitlichen Böhmen. Der Majestätsbrief Kaiser Rudolfs II. von 1609, hrsg. v. Jaroslava Hausenblasová/Jiří Mikolec/Martina Thomsen (Forschungen zur Geschichte und Kultur des östlichen Mitteleuropa, 46), Stuttgart 2014, 215–224.

Hobrlant, Vladimír, Het geslacht De Geer. Patriciërs ten tijde van Comenius en enkele aspecten van hun wederzijdze betrekkingen, 2. Aufl., Naarden 2010.

Hubková, Jana, Komenského letákový spis ‚Letzte Posaun über Deutschland‘, in: Studia Comeniana et Historica 89/90 (2013), 92–109.

Jeitteles, Ludwig H., Versuch einer Geschichte der Erdbeben in den Karpathen- und Sudeten-Ländern bis zu Ende des achtzehnten Jahrhunderts, in: Zeitschrift der deutschen geologischen Gesellschaft 12 (1860), 287–349.

Kaufmann, Thomas, Dreißigjähriger Krieg und Westfälischer Friede. Kirchengeschichtliche Studien zur lutherischen Konfessionskultur (Beiträge zur historischen Theologie, 104), Tübingen 1998.

Korthaase, Werner, Comenius' Letzte Posaun über Deutschland, in: Comenius und der Weltfriede, hrsg. v. Werner Korthaase/Sigurd Hauff/Andreas Fritsch, Berlin 2005, 457–466.

Kumpera, Jan, Jan Amos Komenský. Poutník na rozhraní věků, Ostrava 1992.

Langerfeld, Karl-Eugen, Die tschechische Schrift *Haggaeus redivivus* des Comenius aus dem Jahre 1632 als Vorform seiner später weltweit konzipierten *Consultatio catholica*, in: Comenius-Jahrbuch 19 (2011), 54–89.

Lapáček, Jiří, Komenský a Přerov. Jan Amos Komenský o svém pobytu v Přerově (1608–1618), Přerov 1993.

Leonhardt, Peter, „Tugendt vnd Laster=Kampff“. Studien zur Bildpublizistik nach der Schlacht von Breitenfeld (1631), Diss., Leipzig 1997.

Lerche, Otto/Friedrich *Schulze*, Breitenfeld. Zur Erinnerung an den Sieg Gustav Adolfs am 7./17. September 1631, Leipzig 1931.

Malcolm, Noel, Comenius, the Conversion of the Turks, and the Muslim-Christian Debate on the Corruption of Scripture, in: Church History and Religious culture 87 (2007), 477–508.

Mercks, Kees, Comenius en Amsterdam, in: Jan Amos Comenius, vier eeuwen voetsporen in Nederland/Čtyři století Komenského v Nizozemsku/Štyri storočia Komenského v Holandsku, hrsg. v. dems./Pieter J. Goedhart/Jan C. Henneman, Amsterdam/Naarden 2022, 79–90.

Molnár, Amadeo/Stanislav *Sousedík*, Spisy útěšné, publicistické a informační z let 1617–1660 (Johannis Amos Comenii Opera omnia, 3), Prag 1978, 7–12.

Mout, Marianne/Josef *Polišenký*, Komenský v Amsterodamu, Prag 1970.

Mühleisen, Hans-Otto, Erdbeben als Vehikel religiöser Ermahnung. Zu drei schwäbischen Predigten im Jahr 1601, in: Geschichte(n) des Wissens, Festschrift für Wolfgang E. J. Weber zum 65. Geburtstag, hrsg. v. Mark Häberlein/Stefan Paulus/Gregor Weber, Augsburg 2015, 413–430.

Müller, Joseph T., Eine bis jetzt unbekannte deutsche Schrift des Comenius, in: Monatsschrift für die Comenius-Gesellschaft 8 (1899), 295–300.

Neval, Daniel A., Die Macht Gottes zum Heil. Das Bibelverständnis von Johann Amos Comenius in einer Zeit der Krise und des Umbruchs (Zürcher Beiträge zur Reformationsgeschichte, 23), Zürich 2004.

Opitz, Walter, Die Schlacht bei Breitenfeld am 17. September 1631, Leipzig 1892.

Raczkowska, Zofia, Recent Geomorphic Hazards in the Tatra Mountains, in: Studia Geomorphologica Carpatho-Balcanica 40 (2006), 45–60.

Richter, Manfred, Johann Amos Comenius und das Colloquium Charitativum von Thorn 1645. Ein Beitrag zum Ökumenismus (Quellen und Forschungen zur Geschichte Westpreußens, 2), 2. Aufl., Münster 2018.

Richter, Manfred, Der unbekannte Comenius. Ein Bischof fordert – Ökumene radikal (Theologische Orientierungen, 43), Berlin/Münster 2021.

Romijnders, Anneke/Yannick *Smits*, Comenius en Leiden, in: Jan Amos Comenius, vier eeuwen voetsporen in Nederland/Čtyři století Komenského v Nizozemsku/Štyri storočia Komenského v Holandsku, hrsg. v. Pieter J. Goedhart/Jan C. Henneman/Kees Mercks, Amsterdam/Naarden 2022, 43–51.

Rood, Wilhelmus, Comenius and the Low Countries. Some Aspects of Life and Work of a Czech Exile in the Seventeenth Century, Amsterdam/Prag/New York 1970.

Schäfer, Ulrich, Zur Bibliographie des Johann Amos Comenius, in: Comenius-Jahrbuch 13–15 (2009), 173–198.

Schaller, Klaus, Die Trostschriften des Johann Amos Comenius, in: Comenius-Jahrbuch 6 (1998), 11–37.

Sennewald, Roland, Das kursächsische Heer im Dreissigjährigen Krieg 1618–1648, Berlin 2013.

Sennewald, Roland, Die Schlacht bei Breitenfeld am 7./17. September 1631, in: Daran erkenn ich meine Pappenheimer. Gottfried Heinrich zu Pappenheim, des Reiches Erbmarschall und General, hrsg. v. Maik Reichel, Wettin-Löbejun 2014, 79–92.

Steiner, Martin, Bazuine des genaden jaar, in: Bulletin Uni Comenius 21/22 (2005), 22–23.

Szymańska, Kamila, Leszno/Lissa im 17. Jahrhundert. Ein gelungenes religiöses, kulturelles und soziales „Experiment", in: Studia Comeniana et Historica 101–102 (2019), 23–34.

Turnbull, George H., Hartlib, Dury and Comenius. Gleanings from Hartlib's Papers, London 1947.

Veres, Magdolna, Johann Amos Comenius und Friedrich Breckling als „Rufende Stimme aus Mitternacht", in: Pietismus und Neuzeit 33 (2007), 71–83.

Wilson, Peter H., Lützen 1632, die berühmteste Schlacht des 30-jährigen Krieges, Berlin 2021.

Zemek, Petr, Comenius' ‚Letzte Posaun über Deutschland' und seine Wahrnehmung der politischen Realität und der türkischen Gefahr des Jahres 1663, in: Gewalt sei ferne den Dingen! Contemporary Perspectives on the Works of John Amos Comenius, hrsg. v. Wouter Goris/Meinert A. Meyer/Vladimir Urbánek, Wiesbaden 2016, 385–395.

Zimmerli, Walter, Das „Gnadenjahr des Herrn", in: Archäologie und Altes Testament. Festschrift für Kurt Galling zum 8. Januar 1970, hrsg. v. Arnulf Kuschke/Ernst Kutsch, Tübingen 1970, 321–332.

Florian Hartmann
Von Wechseln, Wenden und Wissen: Für eine Wissensgeschichte des Investiturstreits

I. Die Vielfalt der Wenden des 11. Jahrhunderts

Innerhalb der mittelalterlichen Epoche gilt oder galt das 11. Jahrhundert als markante Umbruchphase, als Vorabend einer europäischen Revolution, als Wendezeit,[1] „svolta",[2] als „mutation féodale".[3] Die Symptome des Wandels sind vielfältig, zu ihnen zählen neben Kirchenreform, Investiturstreit und dem Kampf zwischen Kaisertum und Papsttum eine spürbare Bevölkerungszunahme, die Freiheitsbestrebungen italienischer und flandrischer Städte sowie die Formierung der Ministerialität, eine Intensivierung der Wirtschaftsaktivität und eine Dynamisierung des Geisteslebens.[4] Sichtbar und nachvollziehbar sind diese Entwicklungen auch dank der Verdichtung schriftlicher Kommunikation, dank einer reicheren Überlieferung[5] und der kommunikativen Einbindung eines zunehmend breiteren Personenkreises, den manche mit dem Begriff der „Öffentlichkeit" zu fassen suchen.[6] Die Zunahme der Schriftlichkeit zu ganz unterschiedlichen Themen und in verschiedenen Formen hat zum Ende des 20. Jahrhunderts schließlich zu der Einsicht geführt, dass die Verengung dieser Entwicklungen auf einen Begriff wie etwa den

---

1 So schon sehr prägnant *Struve*, Wende; *Constable*, Reformation, 4: „The years between about 1040 and 1160 were a period of intense, rapid, and to a high degree self-conscious change in almost all aspects of human thought and activity"; vgl. an weiterer Literatur zu diesen Wandlungsprozessen *Leyser*, Vorabend; *Moore*, Revolution; *Jarnut/Wemhoff* (Hrsg.), Umbruch; *Schneidmüller/Weinfurter* (Hrsg.), Kaisertum.
2 *Violante/Fried* (Hrsg.), Secolo.
3 Zur Geschichte des Begriffs und seiner Schwächen generell *Mazel*, Féodalités; vgl. auch *Barthélemy*, Mutation, mit der Problematisierung 27 f.
4 Vgl. *Weinfurter*, Salier, 67–88; *Herbers*, Einführung; zur Bewertung des 11. Jahrhunderts als Epoche des Wandels vgl. auch *Wetzstein*, Vernetzungen, 341; aus angelsächsischer Perspektive *Cushing*, Reform; *Rexroth*, Fröhliche Scholastik, 119–151 zur „Renaissance des wissenschaftlichen Denkens und Wissens (um 1070–1115)"; *Dilcher*, Entstehung; *Kohl*, Violence.
5 Vgl. zur zunehmenden Schriftlichkeit und der damit verbundenen Ausprägung neuer Kommunikationsräume *Wetzstein*, Urbs; zur Bedeutung der Öffentlichkeit im 11. Jahrhundert vgl. *Erdmann*, Anfänge; dazu die Kritik von *Suchan*, Publizistik; ferner *Münsch*, Fortschritt; Ausgangspunkt für die Forschung war die Publikation der sogenannten Streitschriften und ihrer ersten Erschließung durch *Mirbt*, Publizistik; vgl. auch *Münsch*, Tyrann; *Münsch*, Defensio; *Münsch*, Tiersymbolik.
6 *Melve*, Public Sphere; vgl. auch *von Moos*, Das Öffentliche, 11–19.

https://doi.org/10.1515/9783111384214-010

des Investiturstreits verfehlt war.[7] So haben verdienstvolle Ansätze einzelne Wenden „jenseits des Investiturstreits"[8] in den Mittelpunkt gerückt und zum Ausgangspunkt weitergehender Perspektivierungen dieser Epoche gemacht; die Rede ist von feudalen,[9] papstgeschichtlichen,[10] kommunikativen[11] oder rechtsgeschichtlichen[12] Wenden. Zuletzt hat Thomas Kohl die Verengung der veralteten Forschungsperspektiven und ihre Genese aus nationalstaatlichen Deutungsmustern des 19. Jahrhunderts herausgearbeitet.[13] An den vielgestaltigen Wenden des 11. Jahrhunderts und ihren verschiedenen Perspektivierungen besteht demnach kein Zweifel: Neue Konfliktlinien brachen auf, Symptome neuer Entwicklungen, die sich gegenseitig verstärkten. Es fehlt allerdings immer noch an der verstehenden Synopse.[14] Dieses vernetzende Verstehen, das Interdependenzen freilegen soll, setzt derzeit in vielversprechenden Verbundprojekten ein.[15] Ein Anfang ist also gemacht!

---

7 Vgl. *Körntgen*, Investiturstreit, 91 f.; *Schieffer*, Entstehung; *Englberger*, Bischofserhebungen; *Englberger*, Investiturfrage.

8 So der Titel eines von der DFG geförderten wissenschaftlichen Netzwerkes; vgl. künftig *Doublier/Faini* (Hrsg.), Krise.

9 *Bloch*, La Société, mit der Unterscheidung zweier markant unterschiedlicher Phasen der Feudalität; zur Kritik *Mazel*, Féodalités; vgl. auch *Barthélemy*, Mutation.

10 *Schieffer*, Papstgeschichtliche Wende; verwandt damit ist der in der französischen Forschung lange bevorzugte, aber nicht unproblematische Begriff der gregorianischen Reform oder Wende; vgl. zu den terminologischen Debatten *Mazel*, Redéfinition; jüngst auch *Glass*, Revisiting.

11 Vgl. *Hartmann* (Hrsg.), Brief; Ausgangspunkt sind die Ergebnisse zur kommunikativen Verdichtung: *Hehl*, Papsttum, 9 f.; vgl. mit ganz ähnlichen Befunden auch *Seibert*, Kommunikation, 14 f.; *Hiestand*, Leistungsfähigkeit, 3–5; die fortschreitende Kommunikation unter den Gelehrten seit dem 11. Jahrhundert skizziert *Rexroth*, Scholastik, 132–136.

12 Vgl. den Titel des grundlegenden Artikels von *Fournier*, Tournant; aufgegriffen und weitergeführt von *Berman*, Recht; jüngst *Dusil*, Wissensordnungen; vgl. auch *Hartmann*, Wahrheit; der Begriff der „rechtsgeschichtlichen Wende" auch bei *Spahn*, Bibel, 4 f., 8 und öfter.

13 Jüngst dazu *Kohl*, Streit; in verdichteter Form *Kohl*, Erfindung, 6–8.

14 Zur wechselseitigen Beeinflussung von Investiturstreit und Kirchenreform auf der einen und Entstehung der Stadtkommunen in Norditalien auf der anderen Seite vgl. *D'Acunto*, Krise; mit Blick auf die katalytischen Wirkungen dieser beiden Neuentwicklungen auf die Geistesgeschichte in Norditalien vgl. auch *Witt*, Cultures; zwei jüngere internationale Verbundprojekte unter Leitung von Etienne Doublier und Enrico Faini beziehungsweise von Alessio Fiore, Thomas Kohl und Tristan Martine sollen helfen, die national-stereotypen Erklärungsmuster aufzubrechen; vgl. einstweilen *Kohl* (Hrsg.), Konflikt.

15 Vgl. den Ansatz von *Kohl*, Einleitung, mit dem Versprechen, 2: „Verschiedene Regionen Europas sollen in neuer Weise miteinander in Beziehung gebracht und ihre Gemeinsamkeiten und Unterschiede sowie Verbindungen zwischen ihnen herausgearbeitet werden. Auf diese Weise werden zugleich die etablierten Deutungsmuster hinterfragt, die den Wandlungsprozessen dieser Zeit in den national geprägten Forschungstraditionen zugeschrieben werden".

So klar für die internationale Forschung der allgemeine Wandel im Europa des 11. Jahrhunderts, die verschiedenen Wenden oder die Anbahnung einer Revolution auch sein mögen, so wenig gesichert ist die Wahrnehmung der Zeitgenossen. Einen Zeitenwechsel in eine neue Ära haben sie wohl nicht wahrgenommen.[16] Belege, dass sie einen nachhaltigen Wandel der Zeiten registriert hätten, gibt es kaum, wohl aber Beweise für das Gefühl von Verunsicherung. Deutlich stehen uns die Aussagen verunsicherter Autoren zur Verfügung, sie schreiben von *schismata, perturbationes, bella*.[17] Erkennbar wird darin ein Krisenbewusstsein von einem „Reich in Unordnung",[18] von Schismen – nicht nur auf der *cathedra Petri*, sondern auch in etlichen Bischofsstädten –, von unzählbaren Konflikten im ländlichen Raum, kurz, Wahrnehmungen einer „bedrohten Ordnung".[19] Diese Unordnung bedurfte der Erklärung. Das Geschehen musste in der Ordnung der Weltgeschichte verortet werden. Es galt, rechtliche und moralische Fragen zu klären.

Neben den – in ihrer überlieferten Zahl merklich zunehmenden – Briefen und Chroniken bieten die Aussagen vieler Kontroversschriften eine breite Grundlage zur Untersuchung der Debatten um diese Konflikte.[20] Die quantitative Zunahme der schriftlichen Überlieferung verbunden mit einer kommunikativen Verdichtung ist Ausdruck dieses Erklärungs-, Deutungs- und Bewältigungsdrucks.

Deutungskompetenz aber setzt Wissen voraus. Und daher verdienen die vielfältigen Versuche der Deutung, Bewältigung und Lösung der wahrgenommenen Störungen auch eine wissensgeschichtliche Einordnung. Zahlreiche Texte bezeugen auf vielfältige Weise die Anwendung gelernten und die Produktion neuen Wissens im Streit.[21] Welches Wissen war notwendig, um in diesen Debatten ein Mitspracherecht zu haben und um diese Debatten überhaupt führen zu können? In Anerkennung der wissensgeschichtlichen Studien der Adressatin dieser Festschrift sollen hier Zugänge zu einer noch zu schreibenden Wissensgeschichte eines Zeitenwechsels skizziert werden. Der Zugriff ist hier zunächst ein ausgesprochen quellenzentrierter. Einschlägige Zitate sollen die Anwendung verschiedenen Wissens dokumentieren. Damit soll nicht suggeriert werden, dass in diesen Debat-

---

16 Das mangelnde Bewusstsein für die Veränderungen betont am Beispiel der italienischen Stadtkommunen *Wickham*, Sleepwalking; vgl. allerdings die Kritik und Diskussion u. a. *Carocci* u. a., Origine, 112 f.

17 Aus der Vielzahl entsprechender Belege vgl. hier nur *Annales Augustani*, 130; *Liber de unitate ecclesiae conservanda*, 193; Yves de Chartres, Correspondance, I, Nr. 60, 248.

18 Vgl. *Becher*, Reich.

19 Vgl. *Drumm*, Geschichtsschreibung, unter Verweis auf die konzeptionelle Rahmung von *Patzold*, Bedrohte Ordnungen.

20 Zur schwierigen Definition der Gattung „Kontroversschrift" *Heinrich*, Streitschrift; die breiteste Beschreibung ist immer noch diejenige von *Mirbt*, Publizistik; vgl. auch *Suchan*, Publizistik.

21 Allgemein *Rexroth*, Scholastik, 129; vgl. jüngst zur Wissensproduktion in den und durch die Kontroversschriften *Nix*, Wissen.

ten stets etwas Neues, Revolutionäres zum Ausdruck käme; dies wäre methodisch kaum sicher zu belegen. Es soll vielmehr darum gehen, zu zeigen, wie in den Kontroversschriften Wissen rezipiert, angewandt, produziert und in weiteren Kreisen verbreitet wurde, wie voraussetzungsreich die Debattenführung war und welches Wissen dabei die Grundlage bildete.

II. Felder und Formen des Wissens im Streit

Rhetorisches Wissen

Vielfach ist darauf hingewiesen worden, dass die Verwerfungen des 11. Jahrhunderts zu einer erheblichen Zunahme der Schriften und der Briefkommunikation geführt haben, die sich auch in einer erheblich reicheren Überlieferung widerspiegelt.[22] Für diese Texte mussten sprachliche Voraussetzungen erfüllt werden. Neben basalen Grammatikkenntnissen im Lateinischen war auch Wissen über Stilistik und Überzeugungsstrategien erforderlich. Vor diesem Hintergrund ist es durchaus symptomatisch, dass in den frühen Wirren der Auseinandersetzungen zwischen Gregor VII. und Heinrich IV. das erste ausführliche rhetorische Lehrbuch zur Prosarhetorik, insbesondere zur Briefrhetorik, entstand.[23] Während die antike Rhetoriklehre auf die Oratorik konzentriert war und der Nachwelt kein einziges umfassendes Werk zur Briefrhetorik hinterlassen hat, setzte sich erstmals während der Debatten des 11. Jahrhunderts im Umfeld der Kanzlei Gregors VII. der Montecassiner Mönch Alberich an die Abfassung einer *Ars dictandi*, eines Werkes zur Briefrhetorik,[24] das sich schnell verbreitete und zu Beginn des 12. Jahrhunderts Ausgangspunkt für eine Vielzahl von neuen Werken gleichen Inhalts wurde.[25] Die Gattung wurde mit weit über 12.000 heute bekannten Textzeugen zu einem Bestseller des hohen und späten Mittelalters.[26] Kaum zufällig liegen die Anfänge dieser Gattung in den dynamischen Zeiten des ausgehenden 11. Jahrhunderts, was auch als Ausweis der gestiegenen Bedeutung von und Nachfrage nach rhetorischer Grundlagenschulung zu verstehen ist. Rhetorik hatte an Bedeu-

---

22 Vgl. exemplarisch die in Anm. 9 genannte Literatur.
23 Alberico di Montecassino, Breviarium.
24 Ebd.; zu Alberichs Verortung in den Debatten des Investiturstreits vgl. *Turcan-Verkerk*, L'art épistolaire; *Hartmann*, Enchiridion.
25 Vgl. *Camargo*, Ars dictaminis, 30 f.; zu den einzelnen Werken dieser Frühphase der Gattung vgl. das Repertorium von *Worstbrock/Klaes/Lütten* (Hrsg.), *Repertorium*.
26 Einen Gesamtüberblick bieten jetzt *Grévin/Hartmann* (Hrsg.), Handbuch; knappe Überblicke bieten *Richardson*, Ars dictaminis; *Lanham*, Writing Instruction.

tung gewonnen. Dass derselbe Alberich eine – heute verlorene – Streitschrift gegen Heinrich IV. verfasst hat[27] und dass zudem einer seiner Schüler, Johannes von Gaeta, später als ausgebildeter Briefrhetoriker der päpstlichen Kanzlei vorstehen und schließlich als Gelasius II. die *cathedra Petri* besteigen sollte,[28] verdeutlicht die neue Wertschätzung der Rhetorik. Der *Liber pontificalis*, eine Sammlung von Papstviten, die jeweils bald nach dem Tod eines jeden Papstes entstanden, meinte damals plötzlich festhalten zu müssen, dass sich der Papst durch rhetorisches Wissen ausgezeichnet habe:

> Damals weihte der überaus gebildete und beredte Papst Urban den Mönch Johannes, den er für weise und vorausschauend hielt, und förderte ihn und machte ihn zu seinem Kanzler, damit Johannes vermittels seiner ihm von Gott gegebenen Eloquenz den alten eleganten Stil, der am Heiligen Stuhl schon fast untergegangen war, nach Anweisung des Heiligen Geistes und mit Gottes Hilfe reanimierte und den *Cursus Leoninus* mit schnellem Klang wieder einführte.[29]

Rhetorisches Wissen wurde essenziell! Päpste wurden für ihre Eloquenz gelobt. Auf die Idee war in den Jahrhunderten zuvor kein einziger Papstbiograph gekommen. Auf der anderen Seite belegt die Vielzahl an Texten und Kontroversschriften sowie deren rhetorisch anspruchsvolle Gestaltung, dass rhetorisches Wissen vorhanden war und auch angewandt wurde.[30]

Juristisches Wissen

Zuletzt hat Stephan Dusil die Vielschichtigkeit und die Ausdifferenzierung von „Rechtswissen" seit dem 11. Jahrhundert analysiert.[31] Ob nun kausal unmittelbar eine Folge des Investiturstreits oder nicht, so gilt dennoch als gesichert, dass die westliche Rechtstradition im 11. Jahrhundert eine ganz wesentliche Prägung erhalten hat.[32] Die Kontroversschriften sind voll von Belegen aus unterschiedlichen

---

27 Petrus Diaconus, *De viris illustribus*, 1032 f.; *Chronica Monasterii Casinensis*, III, 35, 411.

28 *Engels*, Alberich.

29 Liber pontificalis, II, 311: *Tunc papa litteratissimus et facundus fratrem Iohannem virum utique sapientem ac providum sentiens ordinavit, admovit, suumque cancellarium ... constituit, ut per eloquentiam sibi a Domino traditam antiqui leporis et elegantiae stilum, in sede apostolica iam pene omnem deperditum, sancto dictante Spiritu, Iohannes Dei gratia reformaret ac leoninum cursum lucida velocitate reduceret.*

30 Vgl. *Robinson*, Colores; *Hartmann*, Rhetorik.

31 *Dusil*, Wissensordnungen.

32 Vgl. schon *Fournier*, Tournant; pointierter und in Bezug auf die Reaktionen wirkmächtiger *Berman*, Recht; zur Kritik an Bermans These des Investiturstreits als Ausgangspunkt vgl. *Fuhr-*

Rechtsquellen.[33] Zudem nimmt die Zahl der strukturierten Kirchenrechtssamm-
lungen zu.[34] Da die herangezogenen Normen je nach Verfasser unterschiedlichen
Rechtsquellen entstammen konnten, wurde das Bewusstsein für den Umgang mit
Normenkollisionen noch geschärft.[35] Zwar hatte schon Burchard von Worms Anfang des Jahrhunderts Widersprüche im Kirchenrecht problematisiert, doch sollte
der Bedarf an juristischer Kompetenz angesichts offenkundiger Normenkollisionen im Zuge der Herausforderungen zum Ende des Jahrhunderts deutlich zunehmen.[36] Quellen des Kirchenrechts wurden intensiv studiert, für die eigene Argumentation nutzbar gemacht und angesichts von Normenkollisionen schließlich sogar hierarchisiert.[37] Juristische Expertise war gefragt. Rechtswissen wurde zur
Ressource, neues Wissen über Recht und seine Auslegung und Gewichtung geschaffen.[38] Geschulte Juristen wie etwa Ivo von Chartres stellen ihre Kenntnisse
des Kirchenrechts ebenso zur Schau wie die überlegt argumentierende Exegese in
Fällen der Normenkollisionen:

> Auch der Herr Papst Urban hat Könige allein von der körperlichen Investitur ausgeschlossen,
> soweit wir sehen, nicht von der Wahl, da sie ja das Haupt des Volkes sind, oder von der Ein-
> weisung in den weltlichen Besitz. Zwar verbietet die achte Synode ihnen bei der Wahl allein
> die Anwesenheit, nicht aber bei der Einweisung in ihren Besitz. Was macht es für einen Un-
> terschied, ob die Übertragung durch Hand erfolgt oder durch Zeichen, durch Worte oder
> durch Stab? Denn Könige behaupten nicht, etwas Geistliches zu übertragen, sondern nur den
> Wünschen der Bittenden zuzustimmen und den Elekten kirchliche Höfe oder andere äußere
> Güter zu überlassen, die die Kirchen durch die Großzügigkeit der Könige besitzen. [39]

Um dieser Aussage Legitimität zu verleihen, lässt Ivo unmittelbar anschließend
den Kirchenvater Augustinus zu Wort kommen:

> Daher schrieb auch Augustinus im ersten Teil seines Johannes-Kommentars: „Mit welchem
> Gesetz verteidigst Du die Güter der Kirche? Mit göttlichem oder menschlichem? Göttliches
> Recht haben wir in den Schriften, das Menschliche in den Gesetzen der Könige. Woher be-

---

mann, Rezension; relativierend *Schieffer*, Papal Revolution; vgl. zu dem Niveau juristischen Wissens schon zu Beginn des 11. Jahrhunderts *Greulich*, Bernold, 12 f.
33 Vgl. *Hartmann*, Normenkollisionen.
34 Vgl. dazu den Überblick bei *Hartmann*, Wahrheit.
35 Vgl. *Becker*, Urban II., 69 f.; *Fuhrmann*, Pseudoisidor; zu Problemen der Normenkollisionen im
mittelalterlichen Rechtsleben vgl. allgemein den Band von *Esders/Ubl* (Hrsg.), Kollision, (im
Druck); darin konkret zu den Normenkollisionen in den Debatten des sog. Investiturstreits *Hartmann*, Normenkollisionen.
36 *Rexroth*, Scholastik, 104; von „Argumentationsnotständen" spricht *Sieber-Lehmann*, Papst, 21.
37 Die divergierenden Hierarchisierungen in verschiedenen Quellen benennt *Dusil*, Wissensordnungen, 224–227; vgl. auch *Hartmann*, Wahrheit.
38 Vgl. *Busch*, Sammeln, 244.
39 Yves de Chartres, Correspondance, 247.

sitzt man also, was man besitzt, etwa nicht durch menschliches Recht? Denn in göttlichem Recht heißt es: 'Dem HERRN gehört die Erde und was sie erfüllt'. (Ps. 24, 1) In menschlichem Recht heißt es: 'Dieses Gut gehört mir, dieser Sklave gehört mir, dieses Haus gehört mir'. [...]". Selbst wenn diese Auffassung [gegen die Investitur] durch ewiges Gesetz sanktioniert worden wäre, dann läge es nicht in der Hand von Meinungsführern, diese Auffassung auf einigen Ebenen rigoros zur Geltung zu bringen, sie auf anderen aber barmherzig zu übersehen, während sie selbst, gegen die diese Bestimmungen sprechen, in ihrem so empfangenen Amt bleiben. Da jetzt aber durch das Verbot der Meinungsführer besonders diese Auffassung für illegitim, die Nachsicht ihnen selbst gegenüber aber nach ihrer Einschätzung für legitim erklärt wird, sehen wir, dass für solche Vergehen niemand oder fast niemand verurteilt wird, aber viele geschlagen, viele Kirchen beraubt werden, viele Skandale entstehen, *regnum* und *sacerdotium* in Konflikt geraten, ohne deren Eintracht die menschlichen Angelegenheiten nicht unversehrt und sicher sein können.[40]

Allein durch ihr Rechtswissen waren die Gelehrten in der Lage, die ursprüngliche Funktion eines einzelnen Kanons zu ändern und die seit Jahrhunderten anerkannten Autoritäten je nach Erfordernissen des Augenblicks neu auszulegen. Diese Freiheit betrifft ihre interessengeleitete Auswahl der Rechtstexte, die sie nutzten, um ihr Anliegen zu rechtfertigen.[41] Die bewusste Herausstellung widersprüchlicher Normen zur Vorbereitung auf künftige Debatten wird bereits gegen Ende des 11. Jahrhunderts in der Ivo von Chartres zugeschriebenen *Panormia* deutlich. Stephan Dusil sieht darin eine Phase „experimenteller Bildung" im juristischen Wissen.

Historisches Wissen

Geschichte, als Heilsgeschichte verstanden, bot schon zuvor Orientierung und Richtung. Im Zuge unerklärlicher Verwerfungen und angesichts der Debatten um die Legitimität einzelner Handlungen wurde die Bedeutung der Vergangenheit noch einmal deutlicher. Was in Zeiten der Kirchenväter üblich war, konnte heute nicht falsch sein. Was es noch nie gegeben hatte, bedurfte gesonderter Legitimation. Geschichte wurde zum Argument.[42] Die Idee eines Zeitenwechsels war dieser Logik zunächst einmal fremd! Richtig war die Ordnung, wenn sie wieder so sein durfte, wie sie immer gewesen war. Der Zeitenwechsel wurde also geradezu bestritten, negiert, bekämpft. Die Lösung im Angesicht der Unordnung und des Schismas lag nicht im Heraufbeschwören einer neuen Zeit, sondern schlicht in

---

40 Yves de Chartres, Correspondance, 247 f.
41 Das ist eines der Kernergebnisse der akribischen Studie von *Dusil*, Wissensordnungen.
42 Vgl. zur Geschichte als Argument in den Debatten des 11. Jahrhunderts *Goetz*, Geschichte; allgemein zur Instrumentalisierung der Geschichte im Mittelalter jüngst überaus anregend *Bubert*, Aneignungen.

der Umkehr, in der Re-Form im wahrsten Sinne des Wortes. Gregor VII., selbst am Einleiten von Neuerungen bekanntlich nicht ganz unbeteiligt, schärft seinen Anhängern über sein Sprachrohr, den Bischof Hermann von Metz, ein:

> Gestärkt durch diese Institutionen und durch diese Autoritäten haben viele Päpste bald Könige, bald Kaiser exkommuniziert. Denn falls jemand konkrete Beispiele für die Namen dieser Fürsten fordert: Der heilige Papst Innozenz hat Kaiser Arcadius exkommuniziert, weil dieser zugestimmt hatte, dass der heilige Johannes Chrisostomos von seinem Sitz vertrieben wurde. Ein anderer römischer Bischof hat den Frankenkönig nicht so sehr wegen seines Unrechts, sondern deswegen von der Herrschaft abgesetzt, weil er für solche Machtbefugnis nicht geeignet war. Er hat an dessen Stelle Pippin, den Vater Kaiser Karls des Großen, eingesetzt und alle Franken von ihrem Treueid befreit, den sie dem König zuvor geleistet hatten. Dies hat die heilige Kirche in ihrer großen Autorität häufig getan, wenn sie Ritter von ihrer Treueverpflichtung löste. Dies wurde auch an den Bischöfen vollzogen, die mit apostolischer Autorität aus ihrem bischöflichen Amt abgesetzt wurden. Und obwohl der heilige Ambrosius nicht einmal ein heiliger Bischof der gesamten Kirche war, hat er für eine Schuld, die von anderen Bischöfen gar nicht als so schwerwiegend angesehen wurde, den Kaiser Theoderich den Großen exkommuniziert und aus der Kirche ausgeschlossen. Er zeigte sogar in seinen Schriften, dass Gold nicht um so viel wertvoller als Blei ist, wie die priesterliche Würde höher steht als die königliche Gewalt.[43]

Und weil die Exkommunikation gewohnheitsmäßig als ein probates Mittel zum Erhalt der Ordnung und zur Sanktionierung von Angriffen auf diese Ordnung angesehen wurde, wurde das Vorgehen Gregors VII. nicht als Zeitenwende, sondern als Fortführung alter Zeiten legitimiert. Auf der Gegenseite ist uns eine Schrift Widos von Osnabrück überliefert, der die Exkommunikation Heinrichs IV. durch Gregor VII. mit der Aussage, so etwas sei noch nie geschehen, als illegitim brandmarkte:

> Seit sich königliche Häupter dem Joch Christi unterworfen hatten, sind nämlich viele römische Bischöfe Hildebrand vorangegangen, die ihn an Standhaftigkeit wahren Glaubens und wahrer Religion übertrafen. Zu deren Zeiten haben viele römische Herrscher in der Kirche verbrecherisch die schwersten Dinge verübt. Aber die Strafgewalt der Päpste wagte es nicht, einen von ihnen mit dem Wort der Exkommunikation zu bestrafen. [...] Auch waren viele Kaiser von nicht geringem Geist im feurigen Wahn gegen diese römischen Bischöfe entbrannt, den diese aber lieber geduldig ertrugen, als zu versuchen, ihn durch Rache auszulöschen. Denn was für gewaltige Übel Ludwig, der Vater der Kleriker, der römischen Kirche zur Zeit Papst Nikolaus' I. von allen Seiten und ohne jedes vernünftige Urteil angetan hat, in was für einer harten und engen Belagerung er den genannten Papst zusammen mit dem ihm anvertrauten Klerus und Volk eingeschlossen und 52 Tage, vom Zorn geleitet, bedrängt hat, ihn mit Hunger und Kälte zerschunden, mit einer Mischung aus Mord und Raub eingeschnürt hat, das zeigt schonungslos die über die Klagen der Römer verfasste Schrift. Aber

---

43 Brief Gregors VII. an Hermann von Metz, vom 15. März 1081: Register Gregors VII., II, Lib. VIII, 21, 553 f.

obwohl diese Mischung aus Schmerz und Unrecht den Sinn des Papstes mit nicht geringer Beunruhigung belastete, wollte er dennoch die Last der schweren Gefahr in geduldiger Demut erleichtern, als den Wahn des Herrschers durch strenge Rache zum Schlimmeren antreiben. Das ist offensichtlich nun geschehen: Kirchlicher und königlicher Besitz wird, wie Beute, überall besetzt und das umliegende Gebiet von allen geplündert. Die Schafe Christi gehen überall zugrunde.[44]

Das Wissen um das Agieren der Päpste in der Vergangenheit dient schließlich zur Legitimierung seiner Kritik an Gregor VII., den er bewusst nicht mit seinem Papstnamen anspricht und dem er den illegitimen Gebrauch historischen Wissens vorwirft, um seine These zusätzlich zu rechtfertigen.

Aus dem Vorhergehenden steht also fest, dass Hildebrand unrecht und gottlos handelte, als er sich, von zornigem und feindseligem Impetus getrieben, erdreistete, den römischen Herrscher aufzuwiegeln mit dem Wort einer unrechten Exkommunikation, für die es keinen Präzedenzfall seiner Vorgänger gibt. Und weil Hildebrand in seinem Brief kein Beispiel unter den römischen Bischöfen finden konnte, führte er den Mailänder Bischof Ambrosius an, der Kaiser Theodosius exkommuniziert habe, um damit zu erweisen, dass das, was Ambrosius, der Bischof irgendeiner Metropole, getan hat, ihm als höherem und römischen Bischof erlaubt sei. Aber weil er mit einer Lüge sein Beispiel korrumpiert und es unpassend für seine Argumentation einspannt, stärkt keine belastbare Beweiskraft das Vorhaben seiner Absicht.[45]

Die Geschichte belege, so argumentierten die Streitparteien, dass bestimmte Verfahren von angesehenen Autoritäten etabliert worden waren und allein deswegen in der eigenen Gegenwart noch legitim sein mussten. Was hingegen nie geschehen war, stand zunächst unter dem Verdacht der Illegitimität. In dieser Logik würde ein wahrhaftiger Zeitenwechsel also tatsächlich erst eintreten, wenn und indem ein unerhörtes, weil bislang nicht belegtes Verfahren legitimiert und damit alltäglich würde. Aber genau diese Zeitenwende galt es zu verhindern. So wurden die Ereignisse der Gegenwart zwar durchaus als markante Störungen der Ordnung wahrgenommen, aber damit war nicht unbedingt die Wahrnehmung einer Zeitenwende verbunden. Im Gegenteil: Die Benutzung der Geschichte als Argument zielte auf die Vermeidung von Zeitenwechseln ab. Um die Geschichte zum Argument machen zu können, bedurfte es eines spezifischen Wissens. Die Voraussetzung konziser historischer Argumentation war also das Wissen um die Geschichte selbst.

---

44 Wido von Osnabrück, *Liber*, 467 f.
45 Ebd., 468.

Logisches Wissen

Dem Investiturstreit wurde schon längst eine katalytische Wirkung auf dem Weg zur Scholastik zugeschrieben. Auch wenn sich Spuren scholastischer Methode schon deutlich vorher etwa in der Älteren Wormser Briefsammlung aus den 1030er Jahren finden, wird die Nutzung (und die Kritik daran) mit den 1080er Jahren intensiver. Neben Berengar von Tours[46] wäre im Reich etwa Manegold von Lautenbach zu erwähnen, der sich zwar auch als Kenner von Recht und Geschichte erweist, daneben aber auch logische Schlüsse, *argumenta a minore ad maiorem* und Syllogismen verwendet. Beispielhaft sei sein berühmter Schweinehirten-Vergleich zitiert:

> So wie die königliche Würde und Macht alle weltlichen Gewalten überragt, so darf zu ihrer Verwaltung nicht der übelste und schändlichste Mensch eingesetzt werden, sondern der muss, wie an Ort und Würde so auch an Weisheit und Frömmigkeit die übrigen übertreffen. Wer also für alle Sorge trägt und alle lenken muss, der muss notwendigerweise über allen mit der größeren Gnade an Tugenden glänzen und sich bemühen, die ihm übertragene Gewalt mit einem Höchstmaß an Gerechtigkeit zu verwalten. Denn das Volk erhebt ihn nicht so über sich selbst, dass es ihm das Recht überträgt, über das Volk eine Tyrannei auszuüben, sondern dass er es vor der Tyrannei anderer beschütze. Aber wenn der, der zur Unterdrückung der Übeltäter und zur Verteidigung der Rechtschaffenen gewählt wird, damit anfängt, die Schlechtigkeit gegen sie zu pflegen, die Guten zu zerreiben und die Tyrannei, die er vertreiben müsste, gegen seine Untertanen selbst grausamst auszuüben, ist es dann nicht offenkundig, dass er verdientermaßen von der ihm zuerkannten Würde herabstürzt, dass das Volk von dessen Gewaltherrschaft und Unterdrückung frei lebt, da er selbst den Vertrag (*pactum*), auf dessen Grundlage er erhoben worden ist, offensichtlich vorher gebrochen hat? Und niemand kann jene rechtens oder vernünftig der Untreue beschuldigen, weil ja feststeht, dass jener die Treue zuerst verraten hat. Um nämlich ein Beispiel von niederen Dingen heranzuziehen: Wenn jemand einem andern seine Schweine zu angemessenem Preis zum Weiden anvertraute und später merkte, dass dieser sie nicht weiden, sondern stehlen, schlachten und verschwenden würde, würde er nicht den versprochenen Lohn zurückhalten und diesen vom Weiden der Schweine mit Schande abziehen? Wenn dies, so will ich meinen, schon bei kleinen Angelegenheiten beachtet wird, dass ein Schweinehirte nicht behalten wird, weil die Schweine nicht weidet, sondern zu verschleudern trachtet, dann ist mit rechter und billiger Argumentation derjenige, der, statt Menschen zu regieren, versucht, sie in Irrtum zu stürzen, um so viel plausibler seiner Macht und Würde, die er über Menschen erhalten hat, beraubt, um wie viel die charakteristischen Wesensmerkmale der Menschen über der Natur der Schweine stehen.[47]

Manegold erweitert an dieser Stelle seine sonst auf Zitaten von Rechtsautoritäten beruhende Argumentation um eine bemerkenswerte Note. Analogien und Syllo-

---

46 Vgl. *Radding/Newton*, Theology; *Cowdrey*, Papacy.
47 Manegold von Lautenbach, Liber ad Gebehardum, c. 30, 365.

gismen veranschaulichen seine Thesen. Vielleicht hat die Einsicht in die Grenzen der juristischen Argumentation, die sich aus den erwähnten Normenkollisionen fast zwangsläufig aufdrängten, den Weg für diese Form der Argumentation befördert. Während sich bei Manegold insgesamt aber noch ein eher zurückhaltender Umgang zeigt, wird im normannischen Nordfrankreich die Höhe logischer Argumentation mit einem gewissen Spaß an Übertreibung offenkundig. So scheint der sog. Normannische Anonymus mit der damals kursierenden Zwei-Gewalten-Lehre geradezu spielerisch umzugehen:

> In der Passion des Herrn soll es zwei Schwerter gegeben haben (Lk 22, 38: Sie sprachen aber: HERR, siehe, hier sind zwei Schwerter. Er aber sprach zu ihnen: Es ist genug.). Einige sagen, sie bedeuteten, dass es in der Kirche Gottes zwei Schwerter geben müsse, ein körperliches, mit dem der weltliche Fürst Verurteilte töten soll, und ein geistliches, mit dem der Hirte der Kirche die sündigen Seelen straft. Und auf das körperliche Schwert scheint jenes Schwert gedeutet zu haben, mit dem Petrus des Hohenpriesters Knecht schlug (Jo 18,10) und das derselbe Petrus aus der Scheide gezogen hatte, um zu verletzen. Aber wenn derselbe (Petrus) von Christus mit den Worten angegriffen wurde: „Stecke Dein Schwert in die Scheide (Jo 18,11)! Denn wer das Schwert nimmt, der soll durchs Schwert umkommen" (Mt 26, 52), wie kann es dann bedeuten, dass es in der Kirche ein Schwert geben müsse, wenn derjenige, der es nimmt, durchs Schwert umkommt? Die Allegorie, die bedeutet, dass in der Kirche jemand umkommen muss, ist also nicht angemessen. Aber wenn jenes Schwert, das nicht aus der Scheide gezogen wird und das niemanden schlägt, das geistliche Schwert bedeutet, dann muss das auch bedeuten, dass das geistliche Schwert nicht aus der Scheide gezogen werden darf, um jemanden zu verletzen. Auch das scheint unangemessen, dass Sünder durch das geistliche Schwert nicht verletzt werden. Aber was bedeutet es, dass Christus befiehlt, dass jeder, der kein Schwert hat, seine Tunika verkaufen und ein Schwert kaufen soll (Lk 22, 36), wenn er später sagt: „Wer das Schwert nimmt, der soll durchs Schwert umkommen" (Mt 26, 52)? Will er etwa, dass seine Jünger umkommen, wenn sie Schwerter kaufen und nehmen? Aber vielleicht liegt hier etwas verborgen, das in den Kommentaren der Heiligen gesucht werden muss.[48]

Die sophistische Argumentationsform, die Nutzung der Logik statt der heiligen Autoritäten, wurde bisweilen beißend kritisiert.[49] Doch belegt die Kritik an sich nur die Verbreitung und die darin wahrgenommene Gefahr und Überzeugungskraft dieser Methode.[50] Das Wissen oder die Kompetenz zu streiten hat damit eine neue, jedenfalls bis ins 11. Jahrhundert so nicht wahrnehmbare Dimension erhalten, deren frühe Zeugnisse sich zu Beginn des Jahrhunderts erst in einigen Schulen andeuteten, in den Kontroversschriften dann allerdings in einem breiteren Diskurs aufscheinen.[51]

---

48 Normannischer Anonymus, J 20, 108–110.
49 Vgl. die Belege bei *Hartmann*, Rhetorik.
50 Vgl. *Goetz*, Geschichtsbewusstsein, 199.
51 Vgl. *Hartmann*, Wahrheit, 83.

III. Von Wechseln, Wenden und Wissen

Die vielfältigen Wenden des 11. Jahrhunderts sind aus heutiger Perspektive offenkundig.[52] Den Zeitgenossen traten diese Veränderungen in Form von deutlich wahrnehmbaren Störungen und Verunsicherungen vor Augen. Diese verlangten nach Deutung und Ordnung, schufen Informationsbedürfnisse, regten die Kommunikation an, zwangen zu Einordnung und Nachforschung, forderten Lösungen und förderten das Nachdenken. Alte Texte wurden neu interpretiert, Grundsätze neu formuliert, sprachlich klarer gefasst. All dies erforderte Wissen und schuf Wissen – wie jeder Zeitenwechsel. Eine nachhaltige Umbruchsepoche, eine Revolution, ein Epochenwandel verdient immer auch eine wissensgeschichtliche Betrachtung.

Die Reform der Kirche, die Rückkehr zur als Ideal verstandenen Urkirche, war im 11. Jahrhundert nicht möglich ohne das Wissen um den vermeintlichen Urzustand, um die Geschichte und das Recht. Nach dem Mangel historiographischer Überlieferung im 10. Jahrhundert wurde Klio im 11. Jahrhundert wieder gesprächiger. Das Wissen über Geschichte wuchs erheblich. Dies betraf nicht nur die jüngere Gegenwartsgeschichte des 11. Jahrhunderts, sondern reichte weiter zurück. Weltchroniken trugen das Wissen über die Geschichte der Welt seit ihren Anfängen zusammen. Man griff zu antiker Historiographie ebenso wie zu spätantiken Weltgeschichten. Wer die Gegenwart verstehen wollte, musste die Vergangenheit studieren. Wer über die Deutung hinaus auch Sinn stiften wollte, musste schreiben und kommunizieren. Auch dies erforderte Wissen und Kompetenzen. Dieses kommunikative Wissen wurde durch neue rhetorische Lehrwerke aufbereitet und zur Verfügung gestellt.[53] Um 1100 integrieren neuartige rhetorische Werke auch die syllogistische Argumentation in ihr Curriculum. Man erlernte und lehrte das kommunikative, rhetorische, argumentative Wissen in neuen Lehrbüchern, die erstmals im zweiten Jahrzehnt des 12. Jahrhunderts Verbreitung fanden.

Die vielfältigen Wenden des 11. Jahrhunderts, seien sie papstgeschichtlich, kommunikativ oder rechtshistorisch, standen demnach in einem unauflösbaren Verhältnis zum Wissen ihrer Zeit; sie waren Folge und zugleich Auslöser wissensgeschichtlicher Wenden. Überkommenes Wissen, das Identität gestiftet, Orientierung geboten hatte, geriet ins Wanken; Grundkonsens wurde infrage gestellt.[54] Epistemische Verfahren, die bis dahin zur Lösung von Konflikten beziehungsweise zur Begründung eigener Ansichten herangezogen wurden, hatten sich als defi-

---

52 Vgl. die in Anm. 1 und 2 genannte Literatur.
53 Beispielhaft anhand von vier Werken finden sich Studien zur Arbeitsweise und Wissensproduktion bei *Nix*, Wissen, 34–268.
54 Zu den wissensgeschichtlichen Narrativen vgl. *Füssel*, Wissen, 134 f.

zitär erwiesen. Etablierte „Denkstile" oder „Denkkollektive" gerieten an ihre Grenzen.[55] Darin lag wissensgeschichtlich wohl die größte Wende der Epoche. Den Wenden der Zeit musste man wissend begegnen. Wenn man die Veränderungen des 11. Jahrhunderts tatsächlich erfassen will, kommt man nicht umhin, die mentalen Veränderungen und die Neubewertung von Wissen in den Blick zu nehmen. Keine der Veränderungen war ohne Wissen möglich. Und daher ist die Umwertung von Wissen, sein gesellschaftliches Ansehen zu analysieren. Vor allem aber gilt es, neben dem Wissen auch die Einstellung zum Wissen zu untersuchen.

Bibliografie

Quellen

Alberico di Montecassino, Breviarium de dictamine, hrsg. v. Filippo *Bognini* (Edizione Nazionale dei testi mediolatini, 21, Serie I, 12), Florenz 2008.

Annales Augustani, hrsg. v. Georg Heinrich *Pertz* (MGH Scriptores, 3), Hannover 1839, 123–136.

Chronica Monasterii Casinensis, hrsg. v. Hartmut *Hoffmann* (MGH Scriptores, 34), Hannover 1980.

Liber de unitate ecclesiae conservanda, hrsg. v. Wilhelm *Schwenkenbecher* (MGH Libelli de lite, 2), Hannover 1892, 173–284.

Liber pontificalis, hrsg. v. Louis *Duchesne* (Bibliothèque des Ecoles françaises d'Athènes et de Rome 2), Paris 1892.

Manegold von Lautenbach, Liber ad Gebehardum, hrsg. v. Kuno Francke (MGH Libelli de lite, 1), Hannover 1891, 308–430.

Normannischer Anonymus, Die Texte des Normannischen Anonymus, hrsg. v. Karl Pellens (Veröffentlichungen des Instituts für europäische Geschichte Mainz, 42), Wiesbaden 1966.

Petrus Diaconus, De viris illustribus Casinensibus, hrsg. v. Jacques-Paul Migne (Patrologia Latina, 173), Paris 1895, Sp. 1003–1050.

Das Register Gregors VII., hrsg. v. Erich *Caspar*, 2 Bde. (MGH Epistolae selectae, 2), Berlin 1923–1928.

Wido von Osnabrück, Liber de controversia inter Hildebrandum et Heinricum imperatorem, hrsg. v. Lothar von Heinemann (MGH Libelli de lite, 1), Hannover 1891, 462–470.

Yves de Chartres, Correspondance, I, 1090–1098, hrsg. v. Jean Leclercq (Les classiques de l'histoire de France au Moyen Âge, 22), Paris 1949.

Literatur

Barthélemy, Dominique, La mutation de l'an 1100, in: Journal des Savants (2005), 3–28.

Becher, Matthias, Ein Reich in Unordnung. Die Minderjährigkeit Heinrichs IV. und ihre Folgen bis zum Ende des Sachsenaufstands 1075, in: Canossa 1077 – Erschütterung der Welt. Geschichte, Kunst

---

55 Zum Begriff vgl. *Fleck*, Entstehung.

und Kultur am Aufgang der Romanik. Katalog der Ausstellung Paderborn 2006, Bd. 1, hrsg. v. Christoph Stiegemann/Matthias Wemhoff, München 2006, 62–69.

Becker, Alfons, Papst Urban II. (1088–1099). Bd. 1: Herkunft und kirchliche Laufbahn. Der Papst und die lateinische Christenheit (Schriften der MGH, 19, I), Stuttgart 1964.

Berman, Harold J., Recht und Revolution. Die Bildung der westlichen Rechtstradition, Frankfurt a. M. 1991.

Bloch, Marc, La Société féodale. 2 Bde., Paris 1939–1940.

Bubert, Marcel, Aneignungen der Geschichte. Historische Argumente und ihre politische Nutzung im Gefüge mittelalterlicher Evidenzpraktiken, in: Aneignungen der Geschichte. Narrative Evidenzstrategien und politische Legitimation im europäischen Mittelalter, hrsg. v. dems., Köln 2024, 9–40.

Busch, Jörg W., Vom einordnenden Sammeln zur argumentierenden Darlegung. Beobachtungen zum Umgang mit Kirchenrechtssätzen im 11. und frühen 12. Jahrhundert, in: FMSt 28 (1994), 243–256.

Camargo, Martin, Ars dictaminis. Ars dictandi (Typologie des sources du Moyen Âge occidental, 60), Turnhout 1991.

Carocci, Sandro u. a., Origine dei comuni. Discutere ‚Sonnambuli verso un nuovo mondo' di Chris Wickham, in: Storica 24 (2018), 91–147.

Constable, Giles, The Reformation of the Twelfth Century, Cambridge 1994.

Cowdrey, Herbert E. J. , The Papacy and the Berarian Controversy, in: Auctoritas und Ratio. Studien zu Berengar von Tours, hrsg. v. Peter Ganz/Robert B. Huygens/Friedrich Niewöhner (Wolfenbütteler Mittelalter-Studien, 2), Wiesbaden 1990, 109–136.

Cushing, Kathleen G., Reform and Papacy in the Eleventh Century. Spirituality and Social Change (Manchester Medieval Studies), Manchester/New York 2005.

D'Acunto, Nicolangelo, Die Krise der Systeme mit universalem Anspruch und die Verortung der Macht zwischen Konflikten und Ordnungsprozessen in Italien, in: Konflikt und Wandel um 1100. Europa im Zeitalter von Feudalgesellschaft und Investiturstreit, hrsg. v. Thomas Kohl (Europa im Mittelalter. Abhandlungen und Beiträge zur historischen Komparatistik, 36), Berlin 2020, 89–100.

Dilcher, Gerhard, Die Entstehung der lombardischen Stadtkommune (Untersuchungen zur deutschen Staats- und Rechtsgeschichte. N. F., 7), Aalen 1967.

Doublier, Étienne/Enrico *Faini* (Hrsg.), Krise und Aufbruch. „Deutschland" und „Italien" jenseits des Investiturstreits (im Druck).

Drumm, Dennis, Geschichtsschreibung als Reaktion auf bedrohte Ordnung. Das Hirsauer Geschichtsverständnis zu Beginn des 12. Jahrhunderts, in: Konflikt und Wandel um 1100. Europa im Zeitalter von Feudalgesellschaft und Investiturstreit, hrsg. v. Thomas Kohl (Europa im Mittelalter. Abhandlungen und Beiträge zur historischen Komparatistik, 36), Berlin 2020, 75–88.

Dusil, Stephan, Wissensordnungen des Rechts im Wandel. Päpstlicher Jurisdiktionsprimat und Zölibat zwischen 1000 und 1215 (Mediaevalia Lovaniensia Series 1, 47), Löwen 2018.

Engels, Odilo, Alberich von Montecassino und sein Schüler Johannes von Gaeta, in: Studien und Mitteilungen zur Geschichte des Benediktiner-Ordens 66 (1955), 35–55.

Englberger, Johann, Gregor VII. und die Bischofserhebungen in Frankreich. Zur Entstehung des ersten römischen Investiturdekrets vom Herbst 1078, in: Die früh- und hochmittelalterliche Bischofserhebung im europäischen Vergleich, hrsg. v. Franz-Reiner Erkens (AKG Beihefte, 48), Köln/Weimar/Wien 1998, 193–258.

Englberger, Johann, Gregor VII. und die Investiturfrage. Quellenkritische Studien zum angeblichen Investiturverbot von 1075 (Passauer historische Forschungen, 9), Köln 1996.

Erdmann, Carl, Die Anfänge der staatlichen Propaganda im Investiturstreit, in: HZ 154 (1936), 491–512.

Esders, Stefan/Karl *Ubl* (Hrsg.), Kollision und Interferenz normativer Ordnungen im früheren Mittelalter (Vorträge und Forschungen) (im Druck).

Fleck, Ludwik, Entstehung und Entwicklung einer wissenschaftlichen Tatsache. Einführung in die Lehre vom Denkstil und Denkkollektiv, neu hrsg. u. eingeleitet v. Lothar Schäfer/Thomas Schnelle, Frankfurt a. M. 1980.

Fournier, Paul, Un Tournant de l'Histoire du Droit 1060–1140, in: Nouvelle Revue Historique de Droit 41 (1917), 129–180.

Fuhrmann, Horst, Pseudoisidor, Otto von Ostia (Urban II.) und der Zitatenkampf von Gerstungen (1085), in: ZRG Kan. Abt. 68 (1982), 52–69.

Fuhrmann, Horst, Rezension zu Harold J. Berman, Recht und Revolution, in: Deutsches Archiv 48 (1992), 335.

Füssel, Marian, Wissen. Konzepte – Praktiken – Prozesse (Historische Einführungen, 19), Frankfurt a. M./New York 2021.

Glass, Dorothy F., Revisiting the „Gregorian Reform", in: Romanesque Art and Thought in the Twelfth Century, hrsg. v. Colum Hourihane (The Index of Christian Art. Occasional Papers, 10), Princeton 2008, 200–218.

Goetz, Hans-Werner, Geschichte als Argument. Historische Beweisführung und Geschichtsbewußtsein in den Streitschriften des Investiturstreits, in: HZ 245 (1987), 31–69.

Goetz, Hans-Werner, Geschichtsbewusstsein und Frühscholastik in der spätsalischen und frühstaufischen Weltchronistik, in: Vom Umbruch zur Erneuerung?. Das 11. und beginnende 12. Jahrhundert, Positionen der Forschung, hrsg. v. Jörg Jarnut/Matthias Wemhoff (MittelalterStudien, 13), München 2006, 197–218.

Greulich, Oskar, Die kirchenpolitische Stellung Bernolds von Konstanz, in: HJb 55 (1935), 1–54.

Grévin, Benoît/Florian *Hartmann* (Hrsg.), Ars dictaminis. Handbuch der mittelalterlichen Briefstillehre (Monographien zur Geschichte des Mittelalters, 65), Stuttgart 2019.

Hartmann, Florian (Hrsg.), Brief und Kommunikation im Wandel. Medien, Autoren und Kontexte in den Debatten des Investiturstreits (Papsttum im mittelalterlichen Europa, 5), Köln/Weimar/Wien 2016.

Hartmann, Florian, Das *Enchiridion de prosis et rithmis* Alberichs von Montecassino und die Flores rhetorici, in: QFIA 89 (2009), 1–30.

Hartmann, Florian, Normenkollisionen und Normenrelevanz im Diskurs des ausgehenden 11. und frühen 12. Jahrhunderts, in: Kollision und Interferenz normativer Ordnungen im frühen und hohen Mittelalter, hrsg. v. Stefan Esders/Karl Ubl (Vorträge und Forschungen) (im Druck).

Hartmann, Wilfried, Rhetorik und Dialektik in der Streitschriftenliteratur des 11./12. Jahrhunderts, in: Dialektik und Rhetorik im früheren und hohen Mittelalter. Rezeption, Überlieferung und gesellschaftliche Wirkung antiker Gelehrsamkeit vornehmlich im 9. und 12. Jahrhundert, hrsg. v. Johannes Fried (Schriften des Historischen Kollegs. Kolloquien, 27), München 1997, 73–95.

Hartmann, Wilfried, Wahrheit und Gewohnheit. Autoritätenwechsel und Überzeugungsstrategien in der späteren Salierzeit, in: Salisches Kaisertum und neues Europa. Die Zeit Heinrichs IV. und Heinrichs V., hrsg. v. Bernd Schneidmüller/Stefan Weinfurter, Darmstadt 2007, 65–84.

Hehl, Ernst-Dieter, Das Papsttum in der Welt des 12. Jahrhunderts. Einleitende Bemerkungen zu Anforderungen und Leistungen, in: Das Papsttum in der Welt des 12. Jahrhunderts, hrsg. v. dems./Ingrid Heike Ringel u. a. (Mittelalter-Forschungen, 6), Stuttgart 2002, 9–23.

Heinrich, Christian, Was versteht man unter einer Streitschrift? Vorschlag einer Neudefinition, in: Brief und Kommunikation im Wandel. Medien, Autoren und Kontexte in den Debatten des Investiturstreits, hrsg. v. Florian Hartmann (Papsttum im mittelalterlichen Europa, 5), Köln/Weimar/Wien 2016, 91–102.

Herbers, Klaus, Zur Einführung: Europa an der Wende vom 11. zum 12. Jahrhundert, in: Europa an der Wende vom 11. zum 12. Jahrhundert. Beiträge zu Ehren von Werner Goez, hrsg. v. dems., Stuttgart 2001, 9–22.

Hiestand, Rudolf, Die Leistungsfähigkeit der päpstlichen Kanzlei im 12. Jahrhundert mit einem Blick auf den lateinischen Osten, in: Papsturkunden und europäisches Urkundenwesen. Studien zu ihrer formalen und rechtlichen Kohärenz vom 11. bis 15. Jahrhundert, hrsg. v. Peter Herde/Hermann Jakobs (Beihefte zum Archiv für Diplomatik, 7), Köln 1999, 1–26.

Jarnut, Jörg/Matthias *Wemhoff* (Hrsg.), Vom Umbruch zur Erneuerung? Das 11. und beginnende 12. Jahrhundert. Positionen der Forschung (MittelalterStudien, 13), München 2006.

Kohl, Thomas (Hrsg.), Konflikt und Wandel um 1100. Europa im Zeitalter von Feudalgesellschaft und Investiturstreit (Europa im Mittelalter. Abhandlungen und Beiträge zur historischen Komparatistik, 36), Berlin 2020.

Kohl, Thomas, Die Erfindung des Investiturstreits, in: HZ 312/1 (2021), 34–61.

Kohl, Thomas, Einleitung. Konflikt und Wandel um 1100, in: Konflikt und Wandel um 1100. Europa im Zeitalter von Feudalgesellschaft und Investiturstreit, hrsg. v. dems. (Europa im Mittelalter. Abhandlungen und Beiträge zur historischen Komparatistik, 36), Berlin 2020, 1–12.

Kohl, Thomas, Streit, Erzählung und Epoche. Deutschland und Frankreich um 1100 (Monographien zur Geschichte des Mittelalters, 67), Stuttgart 2019.

Kohl, Thomas, Violence, Power, and Social Change. European cities, c. 1050–1120, in: Dynamics of Social Change and Perceptions of Threat, hrsg. v. Ewald Frie u. a. (Bedrohte Ordnungen, 6), Tübingen 2019, 65–81.

Körntgen, Ludger, Der Investiturstreit und das Verhältnis von Religion und Politik im Frühmittelalter, in: Religion and Politics in the Middle Ages. Germany and England by Comparison. Religion und Politik im Mittelalter. Deutschland und England im Vergleich, hrsg. v. dems./Dominik Waßenhoven, Berlin 2012, 89–115.

Lanham, Carol D., Writing Instruction from Late Antiquity to the Twelfth Century, in: A Short History of Writing Instruction from Ancient Greece to Modern America, hrsg. v. James J. Murphy, 2. Aufl., Mahwah (NJ) 2001, 79–121.

Leyser, Karl, Am Vorabend der ersten europäischen Revolution. Das 11. Jahrhundert als Umbruchszeit, in: HZ 257 (1993), 1–28.

Mazel, Florian, Féodalités. 888–1180 (Histoire de France), Paris 2011.

Mazel, Florian, Pour une redéfinition de la réforme „grégorienne". Éléments d'introduction, in: La réforme „grégorienne" dans le Midi (milieu XIe–début XIIIe siècle, hrsg. v. dems./Michelle Fournié/Daniel Le Blévec (Cahiers de Fanjeaux, 48), Toulouse 2013, 9–38.

Melve, Leidulf, Inventing the Public Sphere. The Public Debate during the Investiture Contest (c. 1030–1122) (Brill's Studies in Intellectual History, 154/1–2), Leiden/Boston 2007.

Mirbt, Carl, Die Publizistik im Zeitalter Gregors VII., Leipzig 1894.

Moore, Robert I., The First European Revolution. c. 970–1215, Oxford 2000.

Münsch, Oliver, Die *Orthodoxa defensio imperialis*. Ein Beitrag zur Publizistik des Investiturstreits, in: Quellen, Kritik, Interpretation. Festgabe zum 60. Geburtstag von Hubert Mordek, hrsg. v. Martin T. Buck, Frankfurt a. M. u. a. 1999, 135–154.

Münsch, Oliver, Fortschritt durch Propaganda?. Die Publizistik des Investiturstreits zwischen Tradition und Innovation, in: Vom Umbruch zur Erneuerung?. Das 11. und beginnende 12. Jahrhundert. Positionen der Forschung, hrsg. v. Jörg Jarnut/Matthias Wemhoff (MittelalterStudien, 13), München 2006, 151–167.

Münsch, Oliver, Heuchlerischer Tyrann oder Opfer päpstlicher Willkür?. Die Darstellung Heinrichs IV. in publizistischen Texten des Investiturstreits, in: Die Salier, das Reich und der Niederrhein, hrsg. v. Tilman Struve, Köln 2008, 173–205.

Münsch, Oliver, Tiersymbolik und Tiervergleiche als Mittel der Polemik in Streitschriften des späten 11. Jahrhunderts, in: HJb 124 (2004), 3–43.

Nix, Maximilian, Widerständiges Wissen. Widerstandskonzeption und Wissensproduktion in den theoretischen Kontroversschriften um 1100 (Historische Studien, 517), Husum 2023.

Patzold, Steffen, Bedrohte Ordnungen, mediävistische Konfliktforschung, Kommunikation. Überlegungen zu Chancen und Perspektiven eines neuen Forschungskonzepts, in: Aufruhr – Katastrophe – Konkurrenz – Zerfall, hrsg. v. Ewald Frie/Mischa Meier (Bedrohte Ordnungen, 1), Tübingen 2014, 31–60.

Radding, Charles M./Francis I. *Newton*, Theology, Rhetoric, and Politics in the Eucharistic Controversy, 1078–1079. Alberic of Monte Cassino against Berengar of Tours, New York 2003.

Rexroth, Frank, Fröhliche Scholastik. Die Wissenschaftsrevolution des Mittelalters, München 2018.

Richardson, Malcolm, The Ars dictaminis, the Formulary, and Medieval Epistolary Practice, in: Letter-Writing Manuals and Instruction from Antiquity to the Present: Historical and Bibliographic Studies, hrsg. v. Linda C. Mitchell/Carol Poster (Studies in Rhetoric-Communication), Columbia 2007, 52–66.

Robinson, Ian S., The ‚colores rhetorici‘ in the Investiture Contest, in: Traditio 32 (1976), 209–238.

Schieffer, Rudolf, Die Entstehung des päpstlichen Investiturverbots für den deutschen König. (MGH. Schriften, 28), Stuttgart 1981.

Schieffer, Rudolf, Motu proprio. Über die papstgeschichtliche Wende im 11. Jahrhundert, in: HJb 122 (2002), 27–41.

Schieffer, Rudolf, The Papal Revolution in Law?. Rückfragen an Harold J. Berman, in: Bulletin of Medieval Canon Law, N. S. 22 (1998), 19–30.

Schneidmüller, Bernd/Stefan *Weinfurter* (Hrsg.), Salisches Kaisertum und neues Europa. Die Zeit Heinrichs IV. und Heinrichs V., Darmstadt 2007.

Seibert, Hubertus, Kommunikation – Autorität – Recht – Lebensordnung. Das Papsttum und die monastisch-kanonikale Reformbewegung (1046–1124), in: Vom Umbruch zur Erneuerung?. Das 11. und beginnende 12. Jahrhundert. Positionen der Forschung, hrsg. v. Jörg Jarnut/Matthias Wemhoff (MittelalterStudien, 13), München 2006, 11–29.

Sieber-Lehmann, Claudius, Papst und Kaiser als Zwillinge? Ein anderer Blick auf die Universalgewalten im Investiturstreit (Papsttum im mittelalterlichen Europa, 4), Köln/Weimar/Wien 2015.

Spahn, Philipp N., Die Bibel als Norm? Das Ringen um das Recht der Kirche in Streitschriften aus der Zeit des Investiturstreits, ca. 1050–1140 (Studien zur Europäischen Rechtsgeschichte, 335 / Recht im ersten Jahrtausend, 2), Frankfurt a. M. 2022.

Struve, Tilman, Die Wende des 11. Jahrhunderts. Symptome eines Epochenwandels im Spiegel der Geschichtsschreibung, in: Historisches Jahrbuch 112 (1992), 324–365.

Suchan, Monika, Publizistik im Zeitalter Heinrichs IV. Anfänge päpstlicher und kaiserlicher Propaganda im Investiturstreit, in: Propaganda, Kommunikation und Öffentlichkeit (11.-16. Jahrhundert), hrsg. v. Karel Hruza (Forschungen zur Geschichte des Mittelalters, 6), Wien 2001, 29–45.

Turcan-Verkerk, Anne-Marie, L'art épistolaire au XIIe siècle. Naissance et développement de l'*ars dictaminis* (1080–1180), in: Annuaire de l'École pratique des hautes études (EPHE). Section des Sciences historiques et philologiques 140 (2009), 155–158 [https://journals.openedition.org/ashp/699; 1.3.2024].

Violante, Cinzio/Johannes *Fried* (Hrsg.), Il secolo XI. Una svolta? (Annali dell'Istituto storico italo-germanico, 35), Bologna 1993.

von Moos, Peter, Das Öffentliche und das Private im Mittelalter. Für einen kontrollierten Anachronismus, in: Das Öffentliche und Private in der Vormoderne, hrsg. v. dems./Gert Melville (Norm und Struktur, 10), Köln 1998, 3–83.

Weinfurter, Stefan, Das Jahrhundert der Salier (1024–1125), Ostfildern 2004.

Wetzstein, Thomas, Europäische Vernetzungen. Straßen, Logistik und Mobilität in der späten Salierzeit, in: Salisches Kaisertum und neues Europa, Die Zeit Heinrichs IV. und Heinrichs V., hrsg. v. Bernd Schneidmüller/Stefan Weinfurter, Darmstadt 2007, 341–370.

Wetzstein, Thomas, Wie die *urbs* zum *orbis* wurde. Der Beitrag des Papsttums zur Entstehung neuer Kommunikationsräume im europäischen Hochmittelalter, in: Römisches Zentrum und kirchliche Peripherie. Das universale Papsttum als Bezugspunkt der Kirchen von den Reformpäpsten bis zu Innozenz III., hrsg. v. Jochen Johrendt/Harald Müller (Neue Abh. Göttingen, N. F., 2), Berlin/New York 2008, 47–75.

Wickham, Chris, Sleepwalking into a New World. The Emergence of Italian City Communes in the Twelfth Century, Princeton 2015.

Witt, Ronald G., The Two Latin Cultures and the Foundation of Renaissance Humanism in Medieval Italy, Cambridge 2012.

Worstbrock, Franz J./Monika *Klaes*/Jutta *Lütten* (Hrsg.), Repertorium der artes dictandi des Mittelalters. Teil I: Von den Anfängen bis um 1200 (Münstersche Mittelalter-Schriften, 66), München 1992.

Klaus Freitag
Die Zerstörung von Poleis und die Vernichtung von Polisverbänden in militärischen Auseinandersetzungen im Griechenland des 5. Jahrhunderts v. Chr.

Die eindrücklichsten Zeitenwechsel und Umbrüche in der polyzentrischen griechischen Staatenwelt wurden durch die absichtliche Zerstörung und vollständige Auslöschung eines Bürgerverbandes einer der über 1000 belegten antiken Poleis infolge militärischer Auseinandersetzungen unter Griechen und mit Nicht-Griechen verursacht.[1] Solche Zäsuren sind generell schwer eindeutig zu bestimmen und einzuordnen und richteten sich meist nur auf bestimmte Regionen, Gemeinschaften und Gruppen. Eine Niederlage im Krieg konnte die Zerstörung der städtischen Infrastruktur und sogar den politischen „Untergang" einer Polis und die Auflösung des Bevölkerungsverbandes mit sich bringen.[2]

Ein besonderes Ereignis, über das Thukydides in seinem Peloponnesischen Krieg ausführlich berichtet, geschah im Jahr 413 v. Chr.[3], als die kleine Polis Mykalessos in Boiotien von 1300 thrakischen Söldnern, von Athen finanziert unter der Führung des Atheners Dieipeithes, überfallen wurde. Die Söldner, die eigentlich auf Sizilien eingesetzt werden sollten, wurden aus Kostengründen in ihre Heimat zurückgeführt und überfielen Mykalessos auf dem Rückweg. Die Stadtmauer war nach der Aussage des Thukydides schwach und an einigen Stellen sogar eingestürzt, an anderen nur niedrig gebaut. Außerdem standen die Tore offen, weil sich die Bevölkerung sicher fühlte. Die Thraker drangen unvermittelt in die Stadt ein, verwüsteten Gebäude und Heiligtümer und schlachteten Menschen, die ihnen in die Hände fielen, alle ohne Unterschied ab. Auch Kinder und Frauen hatten sie getötet und obendrein, so Thukydides, sogar Zugtiere und was ihnen sonst an lebenden Wesen unter die Augen kam. Sie fielen außerdem in ein Schulhaus ein –

---

1 Hier seien aus der Fülle der Forschungsliteratur nur einige zentrale Forschungsbeiträge erwähnt, *Ducrey*, Traitement des prisonniers; *ders.*, Guerre et guerriers; *Pritchett*, The Greek State at War, V.; *Hanson*, Warfare and Agriculture; *van Wees*, Greek Warfare.
2 Vgl. dazu grundsätzlich *Hansen/Nielsen*, Inventory, mit dem grundlegenden Kapitel „Destruction and Disappearance of Poleis", 120–122 und dem Register „Destruction and Disappearance of Poleis", 1363–1364 und der Appendix: The Destruction and Survival of Cities [ONLINE: www.cambridge.org/fachard-harris-appendix] aus der Publikation von *Fachard/Harris*, The Destruction of Cities.
3 In diesem Artikel sind alle weiteren genannten Jahreszahlen als „vor Christus" zu verstehen.

https://doi.org/10.1515/9783111384214-011

dem größten am Ort, und die Kinder waren eben hereingekommen – und machten alle nieder. Mit den Kindern wurde die Stadt ihrer Zukunft beraubt. Eine derartige Katastrophe war – so Thukydides – noch nie über eine ganze Polis so überraschend und in dieser Schrecklichkeit hereingebrochen (Thuk. 7,29).[4] Doch vergleichbare Ereignisse hat es in der Zeit des Peloponnesischen Krieges wohl häufiger gegeben, ohne dass sie Thukydides in seinem Geschichtswerk erwähnt. In den normalen Alltag von Mykalessos, das als *Kome* im 5. Jahrhundert v. Chr. möglicherweise abhängig von Theben oder Tanagra (Strab. 9,2,11) war und von Thukydides trotzdem als Polis bezeichnet wird, griff das Grauen des Krieges urplötzlich unbarmherzig ein. Die Thraker machten nicht einmal vor unschuldigen Opfern Halt, von der Bevölkerung wurde laut Thukydides ein beträchtlicher Teil ausgelöscht.[5] Der Vorfall besaß keinerlei Bedeutung für den Ausgang des Peloponnesischen Krieges. Thukydides will sein Mitleiden zum Ausdruck bringen und exemplarisch zeigen, dass die in Kriegsexzessen zutage tretende Verrohung der Akteure noch steigerungsfähig war. Er setzt damit ein Vorzeichen für weitere Ereignisse im letzten Drittel des siebenundzwanzigjährigen Krieges.[6] Der Reiseschriftsteller Pausanias glaubt später, dass die thrakischen „Barbaren" die gesamte Bevölkerung getötet hätten (Paus. 1,23,3). Als Begründung führt Pausanias folgendes an: Alle boiotischen Städte, die die Thebaner später verwüstet hätten (Plataiai, Thespiai, Orchomenos), seien zu seiner Zeit wieder besiedelt, da die Bewohner bei ihrer Eroberung geflohen waren und später zurückkehrten. Hätten also die Barbaren nicht alle Mykalesser ermordet, so wären die Übriggebliebenen später in der Lage gewesen, die Stadt wieder in Besitz zu nehmen. Pausanias legt großen Wert auf die „Übriggebliebenen", die derartige Katastrophen aus unterschiedlichen Gründen überlebten und auf eine Wiedergründung der zerstörten Polis hofften.

Ich möchte mich ausgehend von Thukydides' Bericht und der Äußerung des Pausanias über das Schicksal einer kleinen Stadt in Boiotien auf Poliszerstörungen infolge militärischer Konfrontationen im 5. Jahrhundert v. Chr.[7] konzentrieren, in dessen Verlauf mit den Perserkriegen, den Peloponnesischen Kriegen und Auseinandersetzungen in Sizilien weitreichende und langfristige militärische Auseinandersetzungen stattfanden, die im Vergleich zu anderen Epochen zu einer erheblichen militärischen Eskalation beitrugen. Dabei soll vor allem der Frage nachgegangen werden, wie die „Übriggebliebenen" der Polisverbände, deren Be-

---

4 *Bäbler*, Fleißige Thrakerinnen, 190.
5 *Kallet*, The Diseased Body Politic, 223–244.
6 *Will*, Athen oder Sparta, 212.
7 Für die hellenistische Zeit vgl. *Michels*, Von neuem beginnen?, 125–147.

völkerung besiegt, vertrieben, deportiert, versklavt und getötet wurde, mit diesen katastrophalen Ereignissen umgehen mussten.

Verantwortlich für die Zerstörungen von Poleis waren im 5. Jahrhundert Nicht-Griechen wie die Perser[8] und Karthager[9], griechische „Tyrannen", wie Hippokrates[10], der Tyrann von Gela, Gelon von Syrakus[11] und Dionysios von Syrakus[12], sowie griechische Poleis (Sparta[13], Athen[14], Argos[15], Theben[16]), die mit ihren Bündnispartnern eine gewisse hegemoniale Stellung in einer Region oder in ganz Griechenland anstrebten und die militärischen und finanziellen Ressourcen mitbrachten, die notwendig waren, um derartige militärische Operationen durchzuführen.

In einigen Fällen kam es auch zu einer Kooperation von Verbündeten, wie bei der Vertreibung und Versklavung von in Argos Amphilochikon lebenden Ambrakioten wohl 437 durch Akarnanen und Athener. Diese siedelten dort Amphilochier und Akarnanen an, die zuvor von Ambrakia vertrieben worden waren (Thuk. 2,68,3–7).[17] Im Jahr 416/5 wurde das befestigte Orneai in der Argolis, in dem sich oligarchisch gesinnte Argiver aufhielten, von Argos mit Unterstützung der Athener belagert und zerstört[18], die Vertriebenen wurden nach Argos überführt (Paus. 2,25,6).

---

8 Perser eroberten und zerstörten griechische Poleis im Ionischen Krieg und in den Perserkriegen: Sehr bekannt ist der Fall von Milet (494), des Weiteren waren betroffen wohl Phokaia (494, Hdt. 6,17), Prokennesos (493, Hdt. 6,33,2), Artake (493, Hdt. 6,33,2), Naxos (490), Eretria (490), viele phokische Poleis (480), darunter Abai, Aiolidai, Amphikaia, Charadra, Daulis, Drymos, Elateia, Erochos, Hyampolis, Neon/Tithorea, Parapotamioi, Pedieis, Phanoteus, Teithronion und Triteis (Hdt. 8,32–38), in Boiotien Thespiai und Plataia (Hdt. 8,50,2), Athen (Hdt. 8,53, 9,13) und Olynthos (480/79, Hdt. 8,127). Möglicherweise mussten einige andere Poleis zwischen dem Hellespont und Attika dasselbe Schicksal erleiden.
9 Herakleia auf Sizilien (zu Beginn des 5. Jh. v. Chr. Diod. 4,23,3), Selinunt 409 (Diod. 13,55–57; dazu *Schleicher*, Eine Polis an der Grenze, 384–400) Himera, 409 (Diod. 13,59,4–62,5; Diod. 11,49,4; Strab. 6,2,6). Akragas 406 v. Chr (Diod. 13,85–89).
10 Zankle (Hdt. 6,23,5); Morgantina (Diod. 11,78,5).
11 Kamarina (484, Hdt. 7,156,2; Thuk. 6,5,3; Schol. Aeschin. 3,189), Euboia (Hdt. 7,156,3) und Megara (483, Hdt. 7,156,2). Megara wurde im 5. Jh. v. Chr. nicht wiederbegründet (Thuk. 6,49,4), das Gebiet gehörte zu Syrakus.
12 Katane (403 v. Chr. Diod. 14,15,1–3).
13 Plataiai 427 v. Chr.
14 Skyros, Histiaia, Aigina, Poteidaia, Torone, Skione, Melos, u. a.
15 Argos gewann durch die Ausschaltung des prospartanischen Mykene und Tiryns die Kontrolle über die nördliche Argolis zurück (nach 468 Diod. 11,65; Strab. 8,6,19; Paus. 7,25,5–6, 8,46,3) und vernichtete möglicherweise auch Hysiai, Orneai und Mideia. Im Jahr 416/5 belagerte Argos, unterstützt von Athen, die Stadt einen Tag und man zerstörte die Siedlung (Thuk. 6,7,1–2; Diod. 12,81,4–5).
16 Plataiai 426.
17 *Gehrke*, Stasis, 34.
18 Thuk. 6,7,1–2. Diod. 12,81,4–5.

Betroffen waren von Zerstörungen sowohl das urbane Zentrum (*Asty*) und das Umland (*Chora*) als auch der Polisverband, der in der *Asty* und in der *Chora* lebte.[19] Die Bevölkerung, die in der *Chora* ihren Lebensunterhalt fand, konnte sich in befestigte Orte in ihrer Umgebung zurückziehen, während die Invasion begann, die sich häufig nicht auf das Umland konzentrierte.[20] In der Regel wurde der befestigte urbane Kern der Polis belagert (zum Teil über mehrere Jahre, siehe Poteidaia und Plataiai), eingenommen (mitunter durch Verrat wie in Eretria im Jahr 490[21] und auch bei der Einnahme von Melos 416/5 war Verrat im Spiel[22]) und anschließend von den siegreichen Soldaten geplündert. Mit der Aussicht auf reiche Beute wurden die Plünderungen so weit getrieben, dass sie die ökonomischen Grundlagen einer Polis mitunter zerstören konnten.[23] Aber auch auf die belagernden Poleis kamen enorme Kosten zu. Noch im 4. Jahrhundert betont der Athener Isokrates den großen ökonomischen Aufwand für Athen, der bei der Belagerung von Melos 416/5 entstanden sei.[24] Melos selbst war infolge der rigiden athenischen Belagerung von einer großen Hungersnot betroffen, der „Melische Hunger" (λιμῷ Μηλίῳ) wurde im antiken Griechenland sprichwörtlich.[25] Die ausgehungerte Polis von Melos musste sich schließlich ergeben und auf Strafmaßnahmen warten.

Die Schleifung der Stadtmauern

Häufig wurden nach Aussage der Quellen die Stadtmauern geschleift, wie immer das auch im konkreten Fall durchgeführt wurde. Das Niederlegen der Stadtmauern wurde als Vergeltungsmaßnahme und zur Prävention eines zukünftigen Aufstandes oder Abfalls angeordnet. Mit der Annahme der Forderung nach Niederlegung der Stadtmauern versuchten besiegte Poleis, weitere Zerstörungen und Massaker an der Bevölkerung zu verhindern. Die mitunter kilometerlangen Befestigungen konnten vielfach aus organisatorischen Gründen nicht vollständig niedergelegt werden. Häufig waren die siegreichen Gegner auch technisch nicht in der Lage oder nicht willens, eine vollständige Zerstörung der Fortifikationen

---

19 *Hansen*, The Hellenic Polis, 151.
20 *Fachard*, La défense du territoire d'Érétrie, 279–292.
21 Hdt. 6,100–1; Paus. 7,10,2; Plut. Mor. 510B; *Gehrke*, Stasis, 63–64.
22 Thuk. 5,116,3; *Gehrke*, Stasis, 111.
23 *Pritchett*, The Greek State at War, V, 155.
24 Isokr. 15,113.
25 Aristoph. Aves, 186; Hesych. s. v. λιμῷ Μηλίῳ (II 599 Latte); Photius, Lex. s. v. λιμῷ Μηλίῳ (II 508 Theodoridis); Suda, s. v. λιμῷ Μηλίῳ (III 272 Adler); Zenobius IV 94 (CPG I 113); Schol. Arist. Aves 186.

durchzuführen und die Mauern komplett zu schleifen.[26] Der aus der augustei-schen Zeit stammende Strabon (10,1,10) berichtet, dass man zu seinen Zeiten noch die Fundamente einer Befestigung sehen konnte, die man mit der von den Per-sern zerstörten Stadtmauer des alten Eretria in Verbindung brachte.[27] Ob man diese Mauern wirklich mit den von den Persern zerstörten Fortifikationen identi-fizieren kann, ist nicht das Entscheidende. Wichtiger ist, dass Bewohner von Ere-tria sich fast 500 Jahre nach der Zerstörung noch an dieses Ereignis erinnerten und auf Mauerfundamente hinwiesen, die von den Persern zerstört worden seien. Mit dem Niederlegen der Stadtmauern brachte man zum Ausdruck, dass die Zeit der Autonomie der Polisgemeinschaft zu Ende war.[28] In archaischer Zeit gehörte es aber noch nicht zum festen und gängigen Repertoire der Griechen, ihre Städte zu befestigten.[29] Das änderte sich nach den Erfahrungen der Perserkriege im Zu-sammenhang mit der Intensivierung und Professionalisierung der Kriegsführung durch technische Neuerungen. Nun war in den Poleis die Furcht vor Angriffen omnipräsent, man reagierte auf diese Herausforderung mit dem Bau von Stadt-mauern, die nun weithin auch zu einem Symbol für Autonomie und Selbständig-keit wurden.

Zerstörung der Städte und der Heiligtümer

Öffentliche Gebäude[30] und Wohnhäuser wurden niedergebrannt und Städte bis-weilen nach Aussage der antiken Quellen bis „auf den Erdboden" (zum Beispiel Mykene durch Argos nach 468, Plataiai durch Theben 426, Thyrea durch Athen 424) niedergemacht. Auch Heiligtümer waren von Zerstörungen betroffen. Solche wurden vor allem mit dem aus griechischer Sicht rigiden Vorgehen der Perser ge-gen griechische Poleis in Verbindung gebracht. Herodot berichtet, dass die Perser, nachdem sie in die Stadt Eretria auf Euboia eingedrungen waren, als Vergeltung für die zuvor in Sardes niedergebrannten heiligen Stätten zuerst die Heiligtümer geplündert und angezündet hätten (Hdt. 6,101,3). Heiligtümer hatten die Perser zu-vor auch nach der Einnahme von Naxos zerstört (Hdt. 6,96). Auch der Apollon-Tempel im phokischen Abai wurde geplündert und niedergebrannt (Hdt. 8,33).[31] Als Xerxes mit seinen Truppen Athen erreichte, nahm er eine verlassene Stadt ein

---

26 *Fachard/Harris*, Introduction, 13.
27 *Walker*, Archaic Eretria, 271–273.
28 Dazu *Camp*, Walls and the Polis, 41–57.
29 *Frederiksen*, Greek City Walls of the Archaic Period.
30 Zum Beispiel in Eretria *Saggini*, Perserschutt in Eretria?, 366–376.
31 *Niemeier*, Das Orakelheiligtum des Apollon, 1–3.

und erstürmte die Akropolis mit den Heiligtümern, die geplündert und angezündet wurden. Während der persischen Besetzung wurden ebenfalls Heiligtümer in einigen Demen wie zum Beispiel das Mysterien-Heiligtum von Eleusis, 20 km von der Stadt entfernt, zerstört. Im „Helleneneid", den die Griechen vor der Schlacht bei Plataiai im Jahr 479 geleistet hätten, habe man versprochen, die zerstörten Heiligtümer als Denkmal des persischen Frevels nicht wieder aufzubauen.[32] Die überlieferte Eidformel ist aber viel jünger als der Rest des Eides und wohl nicht original.[33] Über die Hintergründe der Zerstörung von griechischen Kultstätten im Rahmen der Perserkriege wird in der Forschung lebhaft diskutiert, indem man statt eines religiös motivierten Rachefeldzuges der Perser rein praktische Gründe, konkrete strategische Erwägungen und die Aussicht auf nennenswerte Beute in den Tempeln in den Vordergrund rückt.[34] Die Unverletzlichkeit der Heiligtümer gehörte jedenfalls zu den unbestrittenen Normen der griechischen Polisgesellschaften (Thuk. 4,97,2), gegen die zu verstoßen zu den denkbar größten Vergehen zählte und daher unerbittliche Vergeltung durch die Götter und auch die Menschen nach sich ziehen musste. Aber auch in griechischen Auseinandersetzungen wurden offensichtlich Heiligtümer zerstört, wie aus dem Bericht des Thukydides zu der gründlichen Zerstörung von Plataiai durch das benachbarte Theben im Jahr 426 ersichtlich wird: Thebaner hätten aus Steinen der umliegenden Fundamente der zerstörten Stadt ein Gästehaus (*katagogeion*) errichtet, in das auch andere Boioter zu gemeinsamen Kultfeiern eingeladen werden sollten.[35] Das Gebäude hätten die Thebaner der Hera geweiht, bevor sie dann auch im Territorium der Stadt einen Tempel von hundert Fuß Länge für die Hera, Stadtgöttin Plataiais, bauten (Thuk. 3,68). Theben war jedenfalls bemüht, die Kultlandschaft und den Kultbetrieb in Plataiai zu organisieren und unter seiner Einflussnahme zu bewahren, aber ansonsten blieb die Stadt unbewohnt. Das landwirtschaftlich nutzbare Gebiet von Plataiai wurde thebanischen Bürgern für zehn Jahre verpachtet. Die Thebaner wiesen das Territorium ihrem *ager publicus* zu.

Nach der Einnahme und Zerstörung einer Polis kam es auch vor, dass symbolträchtige Kultgegenstände überführt wurden, wie zum Beispiel bei der Überführung eines alten hölzernen Herakultbildes aus Tiryns ins argivische Heraion nach der Zerstörung der Stadt durch Argos.[36]

Eine griechische Polis war aber nicht ‚aufgelöst', wenn Häuser, öffentliche Gebäude und Heiligtümer der Stadt in Asche gesunken und die Stadtmauern ge-

---

32 Diod. 11,29,3–4; Lyk. Leokr. 80–81.
33 *Siewert*, Der Eid von Plataiai, 105.
34 *Scheer*, Die geraubte Artemis, 69–83; *Funke*, Die Perser und die griechischen Heiligtümer, 21–34.
35 *Iversen*, The Small and Great Daidala, 390.
36 Paus. 2,17,5; Paus. 8,46,3.

schleift waren. Solange die Bevölkerung an ihrem alten Wohnsitz bleiben konnte und die Möglichkeit zur Wiedererrichtung des urbanen Zentrums besaß, hatte sie ihren Polisstatus nicht verloren. Eine Polis wurde vernichtet, indem man, selbst wenn nach der Einnahme das städtische Zentrum als solches weitgehend erhalten blieb, die Existenz des Staates auflöste durch die Gefangennahme und Vertreibung und Deportation der Bürger oder ein Massaker an der Bevölkerung. Die Sieger entschieden darüber, wie man mit der Bevölkerung umging, derer man habhaft wurde, und ob man die Stadt von der politischen Landkarte des antiken Griechenland strich. Die Zerstörungen der urbanen Zentren und der städtischen und ländlichen Heiligtümer waren vor allem eine Folge von konkreten Kriegshandlungen und der anschließenden Plünderungen. Zudem tendieren antike Autoren dazu, das Ausmaß der Poliszerstörungen zu übertreiben, und ihre Berichte darüber lassen sich oft als literarische Topoi interpretieren.

Der Umgang mit dem Gebiet einer Polis nach der Eroberung

Das gesamte eroberte Gebiet, Stadt (Asty) und Umland (Chora) der Polis, wurde unter die Kontrolle der siegreichen Polis beziehungsweise der auswärtigen Macht gestellt und gegebenenfalls auch an Verbündete übergegeben. Das Gebiet von Mykene teilte man zwischen Argos, Kleonai und Tenea auf.[37] War das städtische Zentrum nicht vollständig zerstört, erlaubte man bestimmten Gruppen, dort zumindest einige Zeit zu wohnen. Dabei dachte man an verbündete und befreundete Bürger der unterworfenen Polis oder an andere Griechen, mit denen man politisch verbunden war. So genehmigten die Lakedaimonier und Thebaner 427 den „übriggebliebenen Plataiern", die auf ihrer Seite standen und sich möglicherweise in Theben aufgehalten hatten, in der noch nicht zerstörten Stadt für ein Jahr zu wohnen. Gleiches gestatteten die Thebaner Männern aus Megara, die wegen innerer Kämpfe ihre Heimat hatten verlassen müssen (Thuk. 3,68).[38]

Bisweilen wurde das Territorium der eroberten Polis auch an Siedler (Kleruchen), die aus der siegreichen Polis stammten, verteilt. Die Athener wendeten das Muster der Kleruchengründungen an (Skyros, Histiaia, Aigina, Poteidaia, Melos).[39] Bei der Benennung der athenischen Kleruchien fand das Ethnikon mit dem alten

---

37 Diod. 11,65,2–5; Paus. 2,16,5; Paus. 5,23,3; Paus. 8,27,1; Strab. 8,6,19.
38 *Konecny/Aravantinos/Marchese*, Plataiai, 31.
39 *Igelbrink*, Kleruchien.

Ortsnamen weiter Verwendung[40], wenn zum Beispiel von Athenern in Aigina die Rede ist. Nach der Zerstörung der Poleis auf der Insel Skyros wurden Athener dort angesiedelt. Die Athener vertrieben die Bewohner von Histiaia im Jahr 446 und richteten dort eine Kleruchie ein.[41] Erst nach dem Ende des Peloponnesischen Krieges verließen die Siedler Histiaia und kehrten nach Athen zurück (Plut. Lys. 13,3). Im Jahre 431 vertrieben die Athener sämtliche Bewohner von der Insel Aigina und siedelten dort attische Kleruchen an, indem sie das Gebiet der Insel verteilten. Die vertriebenen Bewohner von Aigina wurden von den Spartanern aufgenommen und in dem Grenzdistrikt von Argolis und Lakonien, der Thyreatis, angesiedelt (Thuk. 2,27,1. Plut. Per. 34,1). Die Athener schickten im Jahr 429 nach Abzug der Bevölkerung 1000 attische Kleruchen nach Poteidaia.[42] Den Ort Melos gründeten die Athener selbst neu, indem sie später 500 attische Bürger als Kleruchen entsandten. Eine Grabinschrift, die in die Zeit der athenischen Okkupation zwischen 416 und 404 zu datieren ist, weist den Personennamen ‚Eponphes' auf, wobei dessen Zugehörigkeit zur attischen Phyle ‚Pandionis' sowie zum attischen Demos ‚Kytheros' explizit hervorgehoben wird (IG XII 3, 1187). Eponphes war wahrscheinlich ein melischer Kollaborateur, dem die athenische Staatsbürgerschaft in Folge seiner Verdienste um die Eroberung der Insel verliehen wurde und der dort in seiner neuen Eigenschaft als athenischer Bürger auf Melos eigenen Besitz erhielt.

Flucht vor der Zerstörung

Die Polisgemeinschaften vor Ort wurden nach der Eroberung zerschlagen, indem man ihnen erlaubte, ihre Polis zu verlassen oder sie gewaltsam vertrieb. In einigen Fällen, die vor allem mit dem Persereinfall nach Griechenland in Verbindung stehen, entkamen aber durch Flucht große Teile der Bevölkerung, bevor deren Polis eingenommen und zerstört wurde. Während des Rachefeldzuges des Datis nahmen die Perser die Stadt Naxos ein. Die Bewohner hatten im Vorfeld ihre Stadt verlassen und waren in die Berge geflüchtet. Die Perser brannten die Stadt und Heiligtümer nieder und versklavten die Bevölkerung, derer sie habhaft werden konnten.[43] Teile der naxischen Bevölkerung hatten sich aber mit den Persern arrangiert und erhielten so möglicherweise nach 490 die Herrschaft in ihrer Stadt

---

40 Dem. 7,18; Arist. Oik. 1347A.
41 Thuk. 1,114,1–3; Thuk. 7,57,2; Thuk. 8.95.7; Theopomp. fr. 387; Philoch. fr. 118; Diod. 12,7,1; Diod. 22.2; Plut. Per. 23,4.
42 *Meiggs/Lewis*, GHI Nr. 66; Thuk. 2,70,4; Diod. 12,46,7 IG I³ 62.
43 Hdt. 6,96; vgl. *Costa*, Nasso, 171–80.

zurück.[44] In der Seeschlacht bei Salamis gingen naxische Schiffe von den Persern wieder auf die Seite der Griechen über.[45] Seit 477 war Naxos als verbündete Polis Mitglied des Delisch-Attischen Seebund (Thuk. 1,98,4, 99).

Die Perser zerstörten im Jahr 480 viele Städte der Phoker in Mittelgriechenland auch mit Unterstützung verbündeter Griechen. Die Bevölkerungen verließen bereits im Vorfeld in großer Zahl ihre Poleis mit ihrem transportablen Hab und Gut und den Tieren, weil man sich zum Widerstand gegen die Perser zu schwach fühlte. Man floh, soweit man dazu imstande war, in die Gegend des lokrischen Amphissa (Hdt. 8,32) und in die unwegsamen Gegenden auf dem Parnass (Diod. 11,14). Pausanias (10,3,3) berichtet, dass die flüchtigen Phoker nach dem Abzug der Perser in ihre Poleis zurückkehrten und sich an den Wiederaufbau machten.[46] Nur eine Polis, Parapotamioi, sei wegen Schwäche und Geldmangel nicht wiederaufgebaut worden. Stattdessen wurden die Bürger auf andere phokische Poleis aufgeteilt (Paus. 10,33,8). Von Parapotamioi seien noch nicht einmal Trümmer vorhanden, und die Bewohner hätten keine Erinnerung mehr daran, wo ihre zerstörte Polis wiederzufinden wäre. Die Bewohner der boiotischen Polis Thespiai, die wie die Athen freundlich gesinnte Polis Plataiai nicht auf persische Seite übergegangen waren (Hdt. 7,132), flohen auf die Peloponnes, als die Perser ihre Stadt im Jahre 480 niederbrannten (Hdt. 8,50). Auch die Bevölkerung von Plataiai in Boiotien wurde im Vorfeld evakuiert, zuerst nach Athen, dann auf die Peloponnes, mit allem, was sie besaß (Diod. 11,14). Die männliche Bevölkerung der Plataier im wehrfähigen Alter nahm am Kampf der Griechen gegen die Perser teil[47] und kehrte nach der Schlacht bei Plataiai in ihre Stadt zurück. Nach dem Abzug der Perser erfolgte die Wiederbegründung der Stadt.[48]

Das bekannteste Beispiel für eine Polis, die sich vor ihrer feindlichen Besetzung entschlossen hatte, die Heimat zu verlassen und die Bevölkerung zu evakuieren, ist Athen. Die Polis wurde zweimal, 480 und 479, von den Persern verheert und zerstört.[49] Einige Heiligtümer in der Stadt und in den Demen wurden zerstört. Die Athener verloren ihren Familienbesitz (Thuk. 1,74,2) und die Gräber der Angehörigen. Frauen, Kinder und andere wurden nach Salamis und auf die Peloponnes

---

44 *Gehrke*, Stasis, 123.
45 Hdt. 8,46,3; Aischyl. Pers. 879–887; Hellanikos, FGrHist 323a, fr. 28; Ephor. fr. 187; Plut. Mor. 869A.
46 *Fachard/Harris*, Introduction, 20.
47 Hdt. 8,1; Hdt. 8,44; Hdt. 8,50; Thuk. 3,54.2.
48 Plut. Arist. 20; Paus. 9,4,1–3.
49 *Kousser*, Destruction and Memory, 263–282; *Sioumpara*, Zerstörung und Wiederherstellung der Ordnung, 91–110; *Yates*, Remembering and Forgetting the Sack of Athens, 189–230; *Meyer*, The Acropolis Burning!, 95–109; *Camp*, The Persian Destruction of Athens, 79–84.

gebracht. Athener flüchteten auch auf die Insel Aigina,[50] die männliche Bevölkerung bestieg zu Tausenden die attischen Trieren. Die solidarischen Bewohner von Troizen auf der Peloponnes sicherten den von ihnen aufgenommenen Athenern ein Existenzminimum und bezahlten Lehrer, welche die Kinder unterrichteten (Plut. Them. 10,4–5).[51] Noch im 2. Jh. n. Chr. konnte Pausanias Weihungen von athenischen Frauen in einer Stoa auf der Agora von Troizen sehen (Paus. 2,31,7). Nach dem erfolgreichen Ende der Perserkriege wurde unverzüglich der Rücktransport von Frauen und Kindern und gerettetem Hab und Gut aus den überseeischen Zufluchtsorten und ein Wiederaufbau der Häuser und Stadtmauern noch im Herbst 479 in die Wege geleitet (Thuk. 1,89,4).

Viele Poleis konnten sich durch organisierte Flucht dem Zugriff der Perser entziehen und nach der persischen Niederlage in ihre Städte zurückkehren. Die tiefgreifenden Probleme, die nach einer Rückkehr der Flüchtigen mit perserfreundlichen Bevölkerungsgruppen entstehen konnten, die sich wie zum Beispiel in Naxos mit den Besatzern arrangiert hatten und weiterhin in der Stadt lebten, werden in den antiken Quellen in der Regel nicht thematisiert.

Vertreibungen nach der Zerstörung

Nach der Zerstörung und der Kapitulation wurden Personen häufig aus den betroffenen Poleis vertrieben und umgesiedelt beziehungsweise deportiert. Der griechische Begriff für Vertreibung lautet *anástasis*. Unter Deportation ist mit Blick auf das 5. Jh. v. Chr. eine Art Umsiedlung von Menschen in andere Gebiete, vor allem in das Perserreich, zu verstehen, die sich als eine erzwungene Migration definieren lässt.[52] Die Vertriebenen wurden zu in der Fremde Lebenden und heimatlos (*apoleis*) und häufig zu einem Werkzeug in der Hand der siegreichen Macht. Flüchtlinge kamen in benachbarten Poleis oder in Gegenden, die weit entfernt waren, unter. Nach der Zerstörung durch Argos in den 60er Jahren des 5. Jh. wurden einige Mykener in das benachbarte Kleonai vertrieben, andere flüchteten nach Keryneia und nach Makedonien (Paus. 7,25,5–6). Teile der Bevölkerung von Tiryns wurden nach Zerstörung der Stadt nach Argos überführt, bekamen dort aber das Bürgerrecht verliehen (Paus. 2,25,7). Einige Tirynthiner konnten jedoch fliehen, unter anderem nach Epidauros (Strab. 8,6,11) und Halieis.[53] Münzen aus Halieis aus dem 4. Jh. v. Chr. tragen die Münzlegende „tirynthioi" oder „tiryn-

---

50 Hdt. 8,41,1; Hdt. 8,53; Hdt. 9,13; Thuk. 1,89; Diod. 11,14; Diod. 11,28,6.
51 *Stupperich/Stupperich*, Economy and the Persian Wars, 27–43.
52 *Matarese*, Deportationen, 3.
53 Ἁλιέας τοὺς ἐκ Τίρυνθος, Hdt. 7, 137; Ephorus, FGrHist 70 F 56.

thion".[54] Auch nach ihrer Vertreibung aus Tiryns behielten „Tirynthioi" nach vielen Jahrzehnten ihr Ethnikon bei.

Die Übergabe von Poteidaia auf der Chalkidike an Athen war 429 nach langer Belagerung vertraglich durch ein Abkommen geregelt worden, ohne die Stadt zu zerstören.[55] Daraufhin verließen die Bewohner von Poteidaia (Männer, Frauen und Kinder) ihre Stadt und zogen auf die benachbarte Chalkidike und – so Thukydides – wohin jeder konnte und Aufnahme fand.[56] Den Bewohnern wurde erlaubt, mit einem Kleidungsstück pro Person (für die Frauen zwei) und einer festgesetzten Geldsumme als Wegzehrung die Stadt zu verlassen. Die Poteidaier konnten offensichtlich nicht als geschlossener Verband zusammenbleiben, sondern mussten weit zerstreut unterkommen. Das war im Falle der Polis Plataiai anders. Die Stadt wurde zu Beginn der spartanischen Belagerung 431 von etwa 500 Mann verteidigt, von denen im zweiten Belagerungsjahr etwa 200 einen erfolgreichen Fluchtversuch unternahmen, der sie nach Athen führte.[57] Dort wurde ihnen das Bürgerrecht mit einigen Einschränkungen verliehen.[58] Sie wurden mit ihren Familien, die sich seit der Beginn der Belagerung in Athen aufhielten, zusammengeführt.[59] Einige Plataiaer wurden dann von Athen nach der Eroberung von Skione im Jahre 421 als Kleruchen (athenische Siedler) auf der Chalkidike angesiedelt (Thuk. 5,32,1)[60], aber viele blieben weiterhin in Athen (Lys. 23,5–7). Die Athener vertrieben die Bewohner von Delos mit dem berühmten Apollon-Heiligtum im Jahr 422, einigen von ihnen wurde von den Persern gestattet, in Adramyttion in Kleinasien zu leben.[61] Im folgenden Jahr führten die Athener aber „Delier" auf ihre Insel zurück (Thuk. 5,32,1).

Deportationen von ganzen Polisverbänden oder bestimmten Gruppen von Griechen[62] in weit entlegene Gebiete unter Anwendung staatlicher Gewalt mit langjährigem oder lebenslangem Zwangsaufenthalt gehörten in der *interpretatio*

---

54 *Dengate*, The Coins, 127–140.

55 Thuk. 1,59–67; Thuk. 2,58; Plat. Charmides, 153A–B; Thuk. 2,70,1–3.

56 Thuk. 2,70,4; Diod. 12,46,6.

57 Thuk. 2,6,4; Thuk. 3,24,2.

58 Dem. 59,103–4; Isok. 12,94; Lys. 23,2–3; *Osborne*, Naturalization in Athens, II, D 1; *Blok*, Citizenship in Classical Athens, 257–259.

59 *Seibert*, Flüchtlinge, Bd. 1, 80.

60 *Buraselis*, Plataia Between Light and Darkness, 9.

61 Thuk. 5,1; Thuk. 8,108,4; Paus. 4,27,9.

62 Diod. 16,110, 4–5 berichtet, dass im Gebiet der Kelonen in Medien „bis auf den heutigen Tag" eine Gruppe von Boiotern wohnte, die zurzeit von Xerxes' Feldzug dort angesiedelt worden waren, die jedoch ihre väterlichen Sitten noch nicht aufgegeben hätten. Sie seien zweisprachig und hätten sich in der einen Sprache den Einheimischen angepasst, während sie in der anderen Sprache sehr viele griechische Wörter bewahrt hätten und auch an einigen griechischen Lebensformen festhielten. Dazu *Matarese*, Deportationen, 142–143.

graecae zum gängigen persischen Handlungsrepertoire.[63] Zum Portfolio der griechischen Kriegführung gehörten derartige Deportationen nicht, nicht zuletzt, weil die griechischen Poleis anders als die persischen Könige kaum über Herrschaftsräume verfügten, in die hinein derartige Umsiedlungen vorgenommen werden konnten.

Nach der Schlacht bei Lade (Hdt. 6,8) wurde im Jahr 494 Milet von Persern erobert, die meisten Männer wurden getötet, Frauen und Kinder versklavt (Hdt. 6,18–20). Die Milesier, die verschont und gefangen worden waren, wurden nach Susa übergeführt und anschließend in der Stadt Ampe am Roten Meer an der Mündung des Tigris angesiedelt. Sie konnten dort möglicherweise ihre alten Organisationsformen beibehalten. Herodot äußert sich zu Milet abschließend folgendermaßen: „Milet war nun von Milesiern entleert" (Hdt. 6,22,1), man kann aber davon ausgehen, dass einige Milesier sich mit den Persern arrangiert hatten und vor Ort verblieben.[64]

Im Jahr 490 wurde die Bevölkerung von Eretria versklavt. Männer, Frauen und Kinder seien zuerst nach Susa in Asien verschleppt worden.[65] Der Perserkönig Dareios siedelte sie dann im Land Kissia auf seinem Besitztum namens Arderikka in der Nähe von Susa an. Herodot berichtet, dass sie noch zu seiner Zeit dort lebten und ihre alte Sprache bewahrt hatten (Hdt. 6,119). Viel später erwähnt Philostrat, es sei überliefert worden, dass 780 Eretrier gefangengenommen worden seien, allerdings nicht ausschließlich Männer im waffenfähigen Alter, sondern auch Frauen und Kinder und sogar Greise. Nach Medien seien ungefähr vierhundert Männer und zehn Frauen verbracht worden, während die übrigen auf dem Wege von Ionien nach Lydien gestorben seien (Philostr. VA 1,24). Nach Philostrat wurde ihnen sogar erlaubt, die neue Siedlung wie eine griechische Stadt etwa mit griechischen Tempeln auszustatten. Eretria auf Euboia war aber zehn Jahre später wieder restituiert und in der Lage, an den Seeschlachten bei Artemision (Hdt. 8,1,2) und Salamis (Hdt. 8,46,2) mit sieben Trieren teilzunehmen und für die Landschlacht bei Plataiai gemeinsam mit Styra 600 Hopliten zu stellen.[66]

Viele Polisverbände wurden nach ihrer militärischen Niederlage vertrieben oder deportiert. Trotz der Tatsache, dass sie mitunter weit verstreut und viele Jahre im Exil leben mussten, wird einzelnen Personen oder ganzen Bevölkerungsgruppen in den antiken Quellen immer noch eine Identifikation mit ihrer verlassenen Polis und der Wille, in diese zurückzukehren, zugeschrieben. In der Tat

---

63 *Kramer*, Herkunft, Transformation und Funktion orientalischer Kriegsmotive, 83–104.
64 Dazu *Matarese*, Deportationen, 65–73.
65 Hdt. 6,106,2; Hdt. 6,107,2; Hdt. 6,115; Hdt. 6,118–19; Plat. Menex. 240A-C; Philostr. VA 1.24. Dazu *Matarese*, Deportationen, 75–91.
66 Hdt. 9,28,5; *Meiggs/Lewis*, HGI, Nr. 27,8.

wiesen trotz Vertreibungen und Deportationen viele zerstörte Poleis eine große Resilienz auf. Sie konnten sich in erstaunlichem Tempo von Zerstörungen erholen und ihren Wiederaufbau und die Neukonstituierung ihrer Polisgemeinschaft in die Wege leiten.

Hinrichtungen der Bevölkerung

Ganze gefangengenommene Bevölkerungen, überlebende Männer im wehrfähigen Alter oder mit einer bestimmten politischen Ausrichtung wurden vor Ort oder andernorts hingerichtet. Herodot berichtet, dass in Milet im Jahr 494 die meisten Männer von den Persern getötet worden seien (Hdt. 6,18–20). In der Chora blieben aber offensichtlich Milesier ansässig, die sich dann mit der persischen Oberhoheit arrangierten und von den Gewaltmaßnahmen der Perser unberührt blieben.[67] Nach der endgültigen Kapitulation von Athens Verbündetem Plataiai im Jahr 427 wurden auf Beschluss der Spartaner sämtliche männliche Gefangene – 200 Plataier und 25 Athener – getötet.[68] Die 110 Frauen, die sich noch in der Stadt aufhielten, wurden in die Sklaverei verkauft. Sparta übergab das Gebiet 427/6 den Thebanern, welche als treibende Kraft im Hintergrund die Zerstörung der Stadt gefordert hatten.[69]

Ein Teil der männlichen Bevölkerung, der für die zum Konflikt führende Politik der Polis verantwortlich gemacht wurde, wurde in Mytilene hingerichtet. Die Polis Mytilene auf der Insel Lesbos, die alle anderen Insel-Poleis mit Ausnahme des demokratisch verfassten Methymna auf ihre Seite gebracht hatte, ergab sich nach langer Belagerung den Athenern (Thuk. 3,28,1) und Vertreter der oligarchischen Faktion wurden nach Athen gesandt (Thuk. 3,35,1). Die athenische Volksversammlung entschied sich für einen *Andrapodismos* („Versklavung" der Bevölkerung, Thuk. 3,36,2), revidierte aber am folgenden Tag die Entscheidung (Thuk. 3,49,1). Über 1000 Männer, die als Anführer für die Revolte verantwortlich gemacht und nach Athen gesandt worden waren, wurden dort exekutiert. Die anderen Mytilener wurden gezwungen, ihre Mauern zu schleifen und die Flotte zu übergeben.

Die Stadt Skione auf der Chalkidike wurde 421 von Athenern nach dem Abfall (Thuk. 5,18,7–8) eingenommen, die männlichen Erwachsenen im wehrfähigen Al-

67 *Ehrhardt*, Milet nach den Perserkriegen, 1–19; *Lohmann*, Miletus after the Disaster of 494 B.C., 50–69.
68 Thuk. 3,68,2; Dem. 59,103.
69 Thuk. 3,68,2–3; 5,17,2; *Gehrke*, Stasis, 132–133.

ter wurden getötet, Frauen und Kinder versklavt und das Land nach der Entvölkerung den Plataiern gegeben, die in Athen Zuflucht gefunden hatten.[70]

Im Jahre 416/5 töteten die Athener alle erwachsenen Melier, die sie zu fassen bekamen. Einige konnten sich dem entziehen, indem sie von der Insel flüchteten oder dort Verstecke fanden. Andere Melier waren bei der Einschließung der Stadt nicht anwesend.[71]

Eine vollständige physische Auslöschung beziehungsweise ein Massaker an der gesamten vor Ort greifbaren Bevölkerung kam vergleichsweise selten vor.[72] Der persische Heerführer Artabazos, der zu dem von Xerxes eingesetzten Heerführer Mardonios in Griechenland zurückkehren sollte, belagerte im Winter 480/79 das aufständische Olynthos, das von Bottiaiern bewohnt wurde, die von den Makedonen aus der Bucht von Thermal vertrieben worden waren. Nach der Einnahme der Stadt wurden die Bottiaier an einen See geführt und dort ermordet (Hdt. 8,127). Als grausamer Schlusspunkt eines jahrzehntelangen Konflikts wurde im Jahr 424 die von vertriebenen Aigineten bewohnte Stadt Thyrea auf der Peloponnes von den Athenern unter Führung des Nikias eingenommen, geplündert und anschließend bis auf die Grundmauern niedergebrannt. Die Aigineten aber, soweit sie nicht im Kampf umgekommen waren, nahm man mit nach Athen. Die gefangenen Bewohner von Aigina aus Thyrea wurden, so Thukydides, aus seit ewigen Zeiten bestehender Feindschaft[73] allesamt getötet. Mit anderen Gefangenen, die während der kriegerischen Einfälle dieses Jahres gemacht wurden, ging man weniger rigoros um: Diese wurden entweder gegen ein Lösegeld freigelassen oder in Gewahrsam genommen, aber zumindest nicht getötet.[74] Auch wenn man diskutieren kann, ob ein regelrechter Genozid im griechischen Denken und Handeln angelegt gewesen sein könnte, kann man das Vorgehen der Athener gegen die Aigineten durchaus als einen Akt der „conspicuous destruction" interpretieren, der dazu diente, Macht zu demonstrieren und „Ehre" wiederherzustellen.[75] Es werden in den Quellen, die sich mit dem 5. Jh. v. Chr. beschäftigen, einige Fälle erwähnt, in denen von der Hinrichtung der männlichen Bevölkerung die Rede ist. Diese Vorgänge sind aber vor allem mit den eskalierenden Gewaltexzessen des Peloponnesischen Krieges in Verbindung zu bringen, die in der griechischen Erinnerungskultur sowohl der Sieger als auch der Besiegten einen erheblichen Niederschlag gefunden haben.

---

70 Thuk. 5,32,1; Xen. Hell. 2,2,3; Isok. 4,109.
71 *Tritle*, From Melos to My Lai, 7.
72 *Hansen/Heine Nielsen*, Inventory, 120–122.
73 *Weilhartner*, „ἡ λήμη τοῦ Πειραιέως". Über das negative Bild der Insel Aigina, 343–351.
74 Thuk. 4,57; Plut. Nik. 6; Diod. 12,44,2.
75 *Van Wees*, Genocide, 19–37.

Die Versklavung der Bevölkerung (*Andrapodismos*)

Die Versklavung der Bevölkerung ist eine Methode, die vor allem von den bedeutendsten Hegemonialmächten in Griechenland, Athen und Sparta, angewandt wurde, auch um die Beute zu erhöhen.[76] Ein *Andrapodismos* zielte darauf ab, die Gefangengenommenen in den Status eines „Sklaven" zu versetzen, was aber mit Blick auf Geschlecht und Alter der Gefangenen auf unterschiedliche Weise durchgeführt wurde. In vielen Fällen weiß man auch nicht, ob und wie der Verkauf der Gefangenen in die Sklaverei organisiert wurde und wann und an welchem Ort dieser stattfand.[77] Bisweilen ist von der Versklavung der gesamten Bevölkerung einschließlich der wehrfähigen Männer die Rede. Eion in Thrakien wurde, unter persischer Herrschaft stehend, im Jahr 476/5 (Hdt. 7,107) von Athenern unter Kimon belagert und erobert; die Bevölkerung wurde versklavt.[78] Die Athener unter Kimon nahmen im selben Jahr wohl ebenfalls die Insel Skyros ein und verkauften die Bevölkerung in die Sklaverei.[79] Die Argiver machten die Mykener zu Sklaven und weihten ein Zehntel der Ertragssumme dem Gott, möglicherweise dem Apollon in Delphi, während sie die Stadt dem Erdboden gleichmachten.[80] Athener eroberten 446 Chaironeia in Boiotien und führten einen *Andrapodismos* durch, der offensichtlich die ganze Bevölkerung betraf.[81] Die Polis Iasos in Karien wurde 412 von den Spartanern auf Anstiftung des persischen Satrapen Tissaphernes (Thuk. 8,28,3) geplündert, die Bevölkerung versklavt und die Stadt anschließend dem Tissaphernes übergeben.[82] Die Versklavung von Gemeinschaften und großen Menschenmengen nach einem Krieg war eine Praxis, die im klassischen Griechenland bisweilen vorkam und auch später von griechischen Königen praktiziert wurde. Katane wurde 403 von Dionysios I. von Syrakus nach Verrat eingenommen, die Bewohner wurden in die Sklaverei verkauft (Diod. 14,15,1–3).

Von dem Schicksal von Frauen und Kindern innerhalb der Polisverbände hört man in den antiken Quellen generell nur wenig, auch wenn es um die An-

---

76 *Garland*, Wandering Greeks, 98.

77 *Gaca*, The Andrapodizing of War Captives, 117–161; *Gaca*, Girls, Women, and the Significance of Sexual Violence in Ancient Warfare, 73–88.

78 Thuk. 1,98,1; Plut. Kim. 7–8.

79 Thuk. 1,98,2; Diod. 11,60,2; Plut. Kim. 8.3–7; Plut. Thes. 36,1.

80 Diod. 11,65; Strab. 8,6,19.

81 Thuk. 1,113,1; Diod. 12,6,1.

82 Thuk. 8,28,4; Thuk. 8,29,1. Ob die Stadt danach wiederbegründet, in der Zwischenzeit wieder auf die Seite Athens übergegangen war und von dem Spartaner Lysander im Jahr 405 eingenommen wurde, der 800 der Männer im wehrfähigen Alter tötete, Frauen und Kinder in die Sklaverei verkaufte und die Stadt dem Erdboden gleichmachte (Diod. 13,104,7; Plut. Lys. 19,3), ist wegen Textproblemen im Manuskript des Diodor unsicher. *Hansen*, The Shotgun Method, 9–10; *Fabiani*, Diodoro XIII 104, 7, 99–104.

wendung von physischer Gewalt geht. Im Jahre 480 verfolgten die Perser die flüchtigen Phoker und brachten einige Frauen um, indem sie von Soldaten geschändet wurden (Hdt. 8,33). Häufiger erfährt man aber pauschal in den Quellen, dass Frauen und Kinder versklavt wurden, etwa in Milet (von den Persern, 494), in Plataiai (von Spartanern, 427), Torone (422), Skione (421), und Melos (416)[83] (jeweils von Athenern). Plutarch berichtet in seiner ‚Vita des Alkibiades‘, dass eine Zahl von Kriegsgefangenen aus Melos nach Athen verbracht wurde: Alkibiades habe sich aus der Zahl der Kriegsgefangenen von Melos ein Mädchen herausgesucht, es zu seiner Geliebten gemacht und ein Kind, das sie ihm gebar, aufgezogen. In der athenischen Öffentlichkeit[84] hätten sie das als „Menschenfreundlichkeit" (φιλανθρωπία) herausgestellt. Dabei trug Alkibiades offensichtlich die Hauptverantwortung dafür, dass die ganze waffenfähige Bevölkerung niedergemetzelt worden war.[85] Er soll für das unglückliche Schicksal der Inselbewohner verantwortlich gewesen sein und seine Stimme hat möglicherweise in den entscheidenden Volksversammlungen den Ausschlag gegeben.[86]

Aber mit einem *Andrapodismos* ist wohl nicht nur gemeint, dass man die Frauen und Kinder an Sklavenhändler verkaufte, um die Beute zu erhöhen, sondern dass man teilweise auch todbringende Praktiken vorsätzlicher und systematischer, auch sexueller Gewalt gegen die überlebenden Bewohnerinnen ausübte. In diesem Zusammenhang ist auch eine Episode in den Hellenika des Xenophon relevant, in der von der Erstürmung von Methymna im Jahr 407 die Rede ist. Als die Spartaner die Athen freundlich gesinnte Stadt Methymna auf Lesbos gewaltsam eroberten, raubten die Soldaten das Gut und Geld vollständig, die Kriegsgefangenen aber ließ Kallikratidas alle auf den Markt zusammentreiben. Doch als die Bundesgenossen forderten, dass auch die Bürger von Methymna verkauft würden, weigerte er sich und erklärte, jedenfalls solange er den Oberbefehl habe, werde keiner der Hellenen zum Sklaven gemacht (Xen. Hell. 1,6,14–15). In der Endphase des Peloponnesischen Krieges scheint es spartanische Strategie gewesen zu sein, die Bevölkerung der eroberten Poleis nicht zu versklaven. Auch die Polis

---

83 Isokr. 4,100; zehn Jahre zuvor hatte Athen schon einmal Melos gegriffen (Thuk. 3,91,1–3), man zog sich dann aber zurück, ohne große militärische Erfolge erzielt zu haben.
84 In Athen lebte damals der aus Melos stammende Dichter und Philosoph Diagoras, der diese Darstellung nicht akzeptierte. Er soll, als Melos eingenommen wurde, aus Trauer und Zorn die Existenz der Götter geleugnet und die Mysterien von Eleusis verspottet haben. Er sei daraufhin wegen Asebie angeklagt und verurteilt worden und habe Athen verlassen. In einem Dekret hätten die Athener demjenigen ein Talent versprochen, der den flüchtigen Diagoras tötete. Aristoph. Aves, 1073–1074; Schol. Arist. Aves 1073; Schol. Arist. Nub. 830; vgl. *Will*, Der Untergang von Melos; *Winiarczyk*, Diagoras of Melos.
85 *Vickers*, Alcibiades and Melos, 265–281.
86 Andok. 4,22; Plut. Alk. 16,6.

Lampsakos wurde 405 von Sparta unter Lysander mit Gewalt eingenommen und geplündert, der dann aber anordnete, dass keine Gewaltexzesse gegen die freie Bevölkerung stattfinden sollten und dass diese freigelassen werden sollte (Xen. Hell. 2,1,19).[87]

Die Übriggebliebenen zwischen Katastrophe und Resilienz

Die Quellen zeigen, dass viele zerstörte Poleis oder politisch aufgelöste Polisverbände eine oder zwei Generationen nach ihrer Zerstörung wieder existierten, wenn sich die politische Ausgangslage verändert hatte. Nur ganz wenige Poleis verschwanden für immer von der politischen Landkarte (Mykene, Tiryns). Das in den 60er Jahren des 5. Jahrhundert v. Chr. zerstörte Mykene wurde im 3. Jahrhundert v. Chr. als Kome von Argos wiederbegründet (IG IV 498). Die 50 Jahre, die es gedauert hatte, bis die Polis Plataiai wiederaufgebaut werden konnte, stellen eine Ausnahme dar: Das von den Thebanern 427/6 zerstörte Plataiai wurde erst mit Unterstützung Spartas nach dem Abschluss des Königsfriedens 386 als Polis wiederhergestellt, und es kehrten „Plataier aus Athen"[88] zurück. Kurze Zeit danach, wohl im Jahr 373, wurde die Polis erneut von den Thebanern eingenommen und der Polisverband wieder aufgelöst.[89] Plataier hatten trotz der Tatsache, dass viele von ihnen das athenische Bürgerecht verliehen bekommen hatten, offensichtlich ihre Identität in gewisser Weise bewahren können. Auch in vielen anderen Fällen wiesen Poleis offensichtlich eine große Resilienz auf und konnten sich nach der Katastrophe häufig in kurzer Zeit, also mit erstaunlichem Tempo erholen.[90] Im Exil befindliche Gruppen beziehungsweise Einzelpersonen versuchten ihre Polisidentität zu bewahren und die Gelegenheit zu nutzen, in ihre Polis zurückzukehren, auch wenn viele Flüchtlinge und Deportierte ihre Heimat nicht wiedergesehen haben. Viele, die ihre Polis durch Zerstörung verloren hatten, fanden in benachbarten Städten Unterkunft und in weiter entfernten befreundeten Poleis Schutz und Aufnahme. Nach der Zerstörung und dem Abzug der feindlichen Kontingente oder nach einer grundsätzlichen Veränderung der politischen Ausgangslage kehrten diese in ihre zerstörten Städte zurück und begannen den Wiederaufbau, auch wenn mittlerweile viele Jahre vergangen waren. Mögen neue Siedler

---

87 *Gehrke*, Stasis, 103.
88 Paus. 9,1,4.
89 Xen. Hell. 6,3,1. 3,5; Isok. 14,1, 5, 7, 19, 35, 46; Paus. 9,1,4–8; Diod. 15,46,4–6.
90 *Hansen*, 95 Theses about the Greek Polis, 279.

aus anderen Gründen dazugekommen sein, es wurden häufig der alte Polisname, die kulturelle Tradition und religiöse Kulte übernommen und bewahrt. In vielen Fällen fand die Zerstörung des urbanen Zentrums einer Polis und die Auslöschung seiner Bevölkerung in der Realität weniger effektiv und radikal statt, als es aufgrund der antiken literarischen Darstellungen zu erwarten wäre. Dies ist auch darauf zurückzuführen, dass Poliseroberung und -zerstörung Züge eines literarischen Topos bekamen, indem die Darstellung möglichst grauenvoller Details auf einen starken Effekt beim Leser abzielte und man das Ausmaß der Zerstörungen entsprechend drastisch darstellte. Es ist vermutet worden, dass „a substantial number of inhabitants"[91] die Zerstörung oder den *Andrapodismos* überlebt und ein Gefühl für eine Poliszugehörigkeit sowie die Hoffnung auf Rückkehr bewahrt hätten, zum Beispiel die Bewohner von Skione, Melos und Aigina.[92] Es wurde auch darauf hingewiesen, dass in einer milesischen Liste von eponymen Beamten (Stephanephorenliste) aus der Alexanderzeit auch für die Jahre, in denen Milet angeblich zerstört war, eine Kontinuität festzustellen ist.[93]

Die Zäsur durch die persische Zerstörung der Stadt wurde viele Jahre später nicht mehr wahrgenommen. Die Zerstörung der Poleis und der Verlust des unabhängigen staatsrechtlichen Status bedeuteten zwar in erster Linie einen Umbruch im eigentlichen Sinne, aber vielerorts war wie gesehen trotzdem eine gewisse Siedlungskontinuität gegeben. Eine wie auch immer zusammengesetzte Restbevölkerung fand eine Übereinkunft mit der städtezerstörenden Macht und sorgte dann häufig für Kontinuitäten mit Blick auf den Polisnamen, Traditionen und Kulte. In einigen Poleis kehrten auch vertriebene Einzelpersonen oder ganze Gruppen zurück, die sich weiterhin mit ihrer Polis identifizierten.

Auch bei den Verantwortlichen blieb die Erinnerung an die Zerstörung und die massiven Umbrüche präsent. Vor allem die Athener setzten sich nach Aussage der Quellen mit ihrem Vorgehen gegen Aigina, Skione, Melos etc. auseinander. Nach Xenophon (Hell. 2,2,3) erinnerten sich die Athener angesichts der eigenen Katastrophe nach der Schlacht bei Aigospotamoi im Peloponnesischen Krieg im Jahre 405 daran, was sie seinerzeit unter anderem den Meliern, „lakedaimonischen Siedlern", angetan hatten. Die Athener hätten die ganze Nacht nicht schlafen können, da sie sich mit Erinnerungen an all das „den griechischen Anschauungen" widersprechende Schlimme plagten. Das Wissen um vergangene Zerstörungen von Poleis, für die man verantwortlich war, spielte jedenfalls auch bei der Wahrnehmung und Einordnung eines aktuellen Umbruchs in Athen eine nicht unwesentliche Rolle.

---

91 *Hansen/Heine Nielsen*, Inventory, 122.
92 Xen. Hell. 2,2,9; Plut. Lys. 40.
93 Milet I 3, 122; *Ehrhardt*, Milet nach den Perserkriegen, 3.

Bibliografie

Literatur

Bäbler, Bärbel, Fleißige Thrakerinnen und wehrhafte Skythen. Nichtgriechen im klassischen Athen und ihre archäologische Hinterlassenschaft (Beiträge zur Altertumskunde, 108), Stuttgart/Leipzig 1998.

Blok, Josine, Citizenship in Classical Athens, Cambridge 2017.

Buraselis, Kostas, Plataia between Light and Darkness. Thoughts on the Small Boiotian Polis as a Symbol of Unity and as a Paradigm of Disunity in Ancient Greece, in: Classica Et Mediaevalia 1 (2024), 3–16.

Camp II, John McKesson, The Persian Destruction of Athens, in: The Destruction of Cities in the Ancient Greek World. Integrating the Archaeological and Literary Evidence, hrsg. v. Sylvian Fachard/Edward M. Harris, Cambridge/New York 2021, 79–84,

Camp II, John McKesson, Walls and the Polis, in: Polis & Politics. Studies in Ancient Greek History, hrsg. v. Pernille Flensted-Jensen/Thomas Heine Nielsen/Lene Rubinstein, Copenhagen 2000, 41–57.

Costa, Virgilio, Nasso dalle origini al V sec. A. C., Roma 1997.

Dengate, James A., The Coins. Provenances, in: The Excavations at Ancient Halieis. The Fortifications and Adjacent Structures, Bd. 1, hrsg. v. Marian Holland McAllister, Bloomington 2005, 127–140.

Ducrey, Pierre, Traitement des prisonniers de guerre dans la Grèce antique, des origines à la conquête romaine (Travaux et mémoires/École Français d'Athènes, 17), Paris 1968.

Ducrey, Pierre, Guerre et guerriers dans la Grèce antique, Paris 1985.

Ehrhardt, Norbert, Milet nach den Perserkriegen. Ein Neubeginn?, in: Stadt und Stadtentwicklung in Kleinasien, hrsg. v. Elmar Schwertheim/Engelbert Winter (Asia Minor-Studien, 50), Bonn 2003, 1–19.

Fabiani, Roberta, Diodoro XIII 104, 7 e la presunta distruzione di Iasos del. 405 a. C., in: PP 52 (1997), 81–104.

Fachard, Sylvian, La défense du territoire d'Érétrie. Étude de la chora et de ses fortifications, Gollion 2012.

Fachard, Sylvian/Edward M. *Harris* (Hrsg.), The Destruction of Cities in the Ancient Greek World. Integrating the Archaeological and Literary Evidence, Cambridge/New York 2021.

Fachard, Sylvian/Edward M. *Harris*, Introduction. Destruction, Survival and Recovery in the ancient Greek World, in: The Destruction of Cities in the Ancient Greek World. Integrating the Archaeological and Literary Evidence, hrsg. v. Sylvian Fachard/Edward M. Harris, Cambridge/New York 2021, 1–33.

Frederiksen, Rune, Greek City Walls of the Archaic Period. 900–480 BC (Oxford Monographs on Classical Archaeology), Oxford 2001.

Funke, Peter, Die Perser und die griechischen Heiligtümer in der Perserkriegszeit, in: Herodot und die Epoche der Perserkriege. Realitäten und Fiktionen. Kolloquium zum 80. Geburtstag von Dietmar Kienast, hrsg. v. Bruno Bleckmann (Europäische Geschichtsdarstellungen, 14), Köln/Weimar/Wien 2007, 21–34.

Gaca, Kathy L., The Andrapodizing of War Captives in Greek Historical Memory, in: TAPhA 140 (2011), 117–161.

Gaca, Kathy L., Girls, Women, and the Significance of Sexual Violence in Ancient Warfare, in: Sexual Violence in Conflict Zones. From the Ancient World to the Era of Human Rights, hrsg. v. Elizabeth D. Heineman (Pennsylvania Studies in Human Rights), Philadelphia 2011, 73–88.

Garland, Robert, Wandering Greeks. The Ancient Greek Diaspora from the Age of Homer to the Death of Alexander the Great, Princeton 2014.

Gehrke, Hans–Joachim, Stasis. Untersuchungen zu den inneren Kriegen in den griechischen Staaten des 5. und 4. Jahrhunderts v. Chr. (Vestigia, 35), München 1985.

Hansen, Mogens H., The Hellenic Polis, in: A Comparative Study of Thirty City–State Cultures, hrsg. v. dems. (Det Kongelige Danske Videnskabernes Selskab, Historiskfilosofiske Skrifter, 21), Copenhagen 2000, 141–183.

Hansen, Mogens H., 95 Theses About the Greek „Polis" in the Archaic and Classical Periods. A Report on the Results Obtained by the Copenhagen Polis Centre in the Period 1993–2003, in: Historia 52 (2003), 257–282.

Hansen, Mogens H./Thomas *Heine Nielsen*, An Inventory of Archaic and Classical Poleis, Oxford/New York 2004.

Hansen, Mogens H., The Shotgun Method. The Demography of the Ancient Greek City–State Culture, Columbia 2006.

Hanson, Victor D., Warfare and Agriculture in Classical Greece (Biblioteca di Studi Antichi, 40), Berkeley 1998.

Igelbrink, Christian, Die Kleruchien und Apoikien Athens im 6. und 5. Jahrhundert v. Chr. Rechtsformen und politische Funktionen der athenischen Gründungen (Klio, Beihefte. Neue Folge, 25), Berlin 2015.

Iversen, Paul A., The Small and Great Daidala in Boiotian History, in: Historia 56 (2007), 381–418.

Kallet, Lisa, The Diseased Body Politic, Athenian Public Finance, and the Massacre at Mykalessos. (Thucydides 7.27–29), in: AJPh 120 (1999), 223–244.

Konecny, Andreas/Vassilis *Aravantinos*/Ron *Marchese*, Plataiai. Archäologie und Geschichte einer boiotischen Polis (Sonderschriften des Österreichischen Archäologischen Instituts, 48), Wien 2013.

Kousser, Rachel, Destruction and Memory on the Athenian Acropolis, in: Art Bulletin 91 (2009), 263–282.

Kramer, Norbert, Herkunft, Transformation und Funktion orientalischer Kriegsmotive bei Herodot, in: Zwischen Assur und Athen. Altorientalisches in den Historien Herodots (Spielräume der Antike, 4), hrsg. v. Hilmar Klinkott/dems., Stuttgart 2017, 83–104.

Lohmann, Hans, Miletus after the Disaster of 494 B. C. Refoundation or Recovery?, in: The Destruction of Cities in the Ancient Greek World. Integrating the Archaeological and Literary Evidence, hrsg. v. Sylvian Fachard/Edward M. Harris, Cambridge/New York 2021, 50–69.

Matarese, Chiara, Deportationen im Perserreich in teispidisch-achaimenidischer Zeit (Classica et orientalia, 27), Wiesbaden 2021.

Meiggs, Russel/David M. *Lewis*, A Selection of Greek Historical Inscriptions to the End of the Fifth Century B. C., Oxford 1969.

Meyer, Marion, The Acropolis Burning! Reactions to Collective Trauma in the Years After 480/79 BCE, in: Emotional Trauma in Greece and Rome. Representations and Reactions, hrsg. v. Andromache Karanika/Vassiliki Panoussi (Routledge Monographs on Classical Studies), New York 2020, 95–109.

Michels, Christoph, Von neuem beginnen?. Zerstörung und Wiederaufbau von Poleis im Hellenismus, in: Athen und/oder Alexandreia? Aspekte von Identität und Ethnizität im hellenistischen Griechenland, hrsg. v. Klaus Freitag/dems., Köln/Weimar/Wien 2014, 125–147.

Niemeier, Wolf–Dietrich, Das Orakelheiligtum des Apollon von Abai/Kalapodi. Eines der bedeutendsten griechischen Heiligtümer nach den Ergebnissen der neuen Ausgrabungen (Trierer Winckel-
mannsprogramme, 25), Wiesbaden 2016.

Osborne, Michael J., Naturalization in Athens, Bd. 2, Brüssel 1982.

Pritchett, William Kendrick, The Greek State at War, Bd. 5, Berkeley 1985.

Saggini, Tamara, Perserschutt in Eretria? Pottery from a Pit in the Agora, in: Greek Art in Motion. Studies in Honour of Sir John Boardman on the Occasion of his 90th Birthday, hrsg. v. Rui Morais/
Delfim Ferreira Leão/Diana Rodríguez Pérez, Oxford 2019, 366–376.

Scheer, Tanja S., Die geraubte Artemis. Griechen, Perser und die Kultbilder der Götter, in: Die Griechen und der Vordere Orient. Beiträge zum Kultur- und Religionskontakt zwischen Griechenland
und dem Vorderen Orient im 1. Jahrtausend v. Chr., hrsg. v. Markus Witte/Stefan Alkier (Orbis
biblicus et orientalis, 191), Göttingen 2003, 69–83.

Schleicher, Frank, Eine Polis an der Grenze des karthagischen Machtbereiches. Handelsmotive als Ursache für die Zerstörung Selinunts 409 v. Chr., in: Historia 66 (2017), 384–400.

Seibert, Jakob, Die politischen Flüchtlinge und Verbannten in der griechischen Geschichte. Von den
Anfängen bis zur Unterwerfung durch die Römer, Bd. 1, Darmstadt 1979.

Siewert, Peter, Der Eid von Plataiai (Vestigia, 16), München 1972.

Sioumpara, Elisavet P., Zerstörung und Wiederherstellung der Ordnung. Wiederverwendung von Bau-
materialien in attischen Heiligtümern nach den Perserkriegen, in: Umbau-, Umnutzungs- und
Umwertungsprozesse in der antiken Architektur, hrsg. v. Katja Piesker/Ulrike Wulf-Rheidt (Diskussionen zur archäologischen Bauforschung, 13), Regensburg 2020, 91–110.

Stupperich, Reinhard/Corinna *Stupperich*, Economy and the Persian Wars. The Case of Troizen, in:
Coastal Geoarchaeology in the Mediterranean. On the Interdependence of Landscape Dynamics,
Harbour Installations and Economic Prosperity in the Littoral Realm, hrsg v. Max Engel/Friede-
rike Stock/Helmut Brückner (Archaeology and Economy in the Ancient World, 5), Heidelberg
2022, 27–43.

Tritle, Lawrence A., From Melos to My Lai. War and Survival, London/New York 2000.

Van Wees, Hans, Greek Warfare. Myths and Realities, London 2005.

Van Wees, Hans, Genocide in Archaic and Classical Greece, in: Our Ancient Wars. Rethinking War
Through the Classics, hrsg. v. Victor Caston/Silke-Maria Weineck, Ann Arbor 2016, 18–36.

Vickers, Michael, Alcibiades and Melos. Thucydides 5.84–116, in: Historia 48 (1999), 265–281.

Walker, Keith G., Archaic Eretria. A Political and Social History from the Earliest Times to 490 BC, Lon-
don/New York 2004.

Weilhartner, Jörg, „ἡ λήμη τοῦ Πειραιέως". Über das negative Bild der Insel Aigina und ihrer Einwohner in der attischen Geschichtsschreibung, in: Akten des 11. Österreichischen Archäologentages
in Innsbruck, hrsg. v. Gerhard Grabherr/Barbara Kainrath (Ikarus, 3), Innsbruck 2008, 343–351.

Will, Wolfgang, Der Untergang von Melos. Machtpolitik im Urteil des Thukydides und einiger Zeitgenossen, Bonn 2006.

Will, Wolfgang, Athen oder Sparta. Die Geschichte des Peloponnesischen Krieges, München 2019.

Winiarczyk, Marek, Diagoras of Melos. A Contribution to the History of Ancient Atheism (Beiträge zur
Altertumskunde, 350), Berlin/Boston 2016.

Yates, David C., Remembering and Forgetting the Sack of Athens, in: Collective Violence and Memory
in the Ancient Mediterranean (Culture and History of the Ancient Near East, 135), hrsg. v. Sonja
Ammann u. a., Leiden 2024, 189–230.

Bettina Braun und Wolfgang Dobras

Die eigene und die fremde Revolution

Der Herrschaftswechsel in Mainz 1798 im Spiegel der französischen Nationalfeste

> Am dreissigsten Dezember 1797 am Tage des Übergangs von Mainz, nachmittags um drei
> Uhr starb zu Regensburg in dem blühenden Alter von 955 Jahren 5 Monaten, 28 Tagen, sanft
> und seelig an einer gänzlichen Entkräftung und hinzugekommenen Schlagflusse, bei völli-
> gem Bewusstseyn und mit allen heiligen Sakramenten versehen, das heilige römische Reich
> schwerfälligen Andenkens.[1]

Metaphorischer und sprachgewaltiger konnte man einen Zeitenwechsel kaum
ausdrücken, als es Joseph Görres mit diesen Worten in einer Rede vor der patriotischen Gesellschaft in Koblenz am 7. Januar 1798 tat. Der Übergang von Mainz an
Frankreich infolge des Vertrags von Campo Formio markierte für ihn eine Epochenzäsur, nämlich den Anfang vom Ende des Heiligen Römischen Reichs. Ob seine Diagnose zutreffend war, soll hier nicht erörtert werden.[2] Stattdessen soll vielmehr die Mainzer Perspektive eingenommen werden. Denn, so die Annahme,
wenn der Übergang von Mainz an Frankreich für das gesamte Reich einen Zeitenwechsel einläutete, so ist das erst recht für die von Görres angesprochene Stadt
am Rhein, Sitz des Reichserzkanzlers und Residenz des Mainzer Erzbischofs, zu
erwarten.[3]

Einen Einblick in die Mainzer Wahrnehmung der Ereignisse erlaubt die Chronik des Türmers der Stephanskirche in Mainz, Hermann Kaspar Schneider. Dort
heißt es über den Jahreswechsel 1797/98:

> Den 17 October wurde da der frieden mit Oesterreich geschlosen. Das deutsche reich ist sich
> überlassen, zu Rastadt wird ein Congres gehalten, die Oesterreicher rüsten sich zum abzug,

---

1 *Görres*, Schriften, 95.
2 Siehe dazu zum Beispiel *Braun*, Reich; *Burgdorf*, Wendepunkte.
3 Den Zäsurcharakter des Jahreswechsels 1797/98 bestätigt die neuere Forschung. So betont Müller, dass 1798 für das Rheinland eine Zeitenwende bedeutete, weil mit diesem Jahr eine neue
politische, soziale und ökonomische Ordnung begann, die im Wesentlichen auch den Herrschaftswechsel von 1815 überdauerte, als nur der Herrscher, nicht jedoch die rechtliche und politische
Ordnung ausgetauscht wurden: *Müller*, Jahr des Umbruchs; für Mainz hebt Dumont die einschneidenden Veränderungen der Jahre 1798 und 1799 hervor: *Dumont*, Mayence, 349. Dies deckt sich
mit der Überzeugung des französischen Generals Jacques Maurice Hatry, der den Mainzern nichts
weniger als ein *neues Zeitalter* ankündigte: Rede Hatrys bei der Pflanzung des Freiheitsbaumes
am 7. Januar 1798, in: Reden, gesprochen bei Pflanzung des Freiheitsbaumes in Mainz am 18ten
Nivos des 6ten Jahres der einen und untheilbaren Frankenrepublik, Mainz 1798, 5–8, hier 5.

https://doi.org/10.1515/9783111384214-012

in allen Kirchen werden bettstunden gehalten. Den 10 December marschirten alle Oesterreicher und Reichstrupen von hir ab, die Stadt ist von den Franken volig eingeschlosen. Das Markschiff und Posten bleiben aus. Den 30 december heut frue um 10 uhr sind die Mainzer Trupen hir abgezogen und die franken rein. 6000 Man ligen bei den bürger, welchen man Quatir, Kost kurz alles geben Muß, diesen Monath haben wir so grausame Sturmwind mit regengüss das gleigen den aeltesten leute nicht gedenken will, auch rechiret eine wunderlige krankheit unter den kazen, sie trauren einige täg, fressen nicht, krepiren so stark, das sie anfangen rar zu werden. Das Jahr 1798 den 11 Jenner heut ist der Regierungskommisar Rudler hir angekommen. Den 13 Jenner hilt das Vicedomamt seine lezte sizung, worauf die von Rudler angestelte Munizipalität ihre stele einnam.[4]

Geradezu buchhalterisch zählt Schneider auf, wie sich der Herrschaftswechsel abspielte: Die Mainzer Truppen zogen ab und die französischen ein, auf die letzte Sitzung des Vizedomamts, der für die Stadt zuständigen Behörde des Kurstaats, folgte die Übernahme ihrer Posten durch die französischen Beamten. Mindestens so sehr wie diese äußere Abfolge des Herrschaftswechsels interessieren ihn die Auswirkungen auf den Alltag der Menschen: Aufgrund der französischen Belagerung blieben das Marktschiff und die Post aus, die französischen Truppen wurden bei den Bürgern einquartiert, was zu den in solchen Fällen üblichen Belastungen führte, hinzu kamen Wetterunbilden und eine rätselhafte Katzenkrankheit. Angesichts dieser Aufzählung von Kalamitäten überrascht der folgende Satz: *Es war ein schener und fruchtbarer sommer, feste wurden auf feste gefeuret*[5]. Weder scheint dieser Satz zu der vorhergehenden Beschreibung zu passen noch lässt er sich mit der Rede Görres' in Einklang bringen, der einen tragischen Todesfall beschrieb, auf den wohl kaum wenige Wochen später bereits wieder fröhliche Feste folgten.

Aber der Türmer wusste natürlich, worüber er schrieb. Denn in der Tat jagte im Jahr 1798 in Mainz ein Fest das nächste, selten dürfte der Festkalender der Stadt so voll gewesen sein wie in diesem Jahr. Auf die Errichtung des Freiheitsbaums auf dem Markt am 7. Januar 1798 folgte bereits am 21. Januar das *Fest der gerechten Bestrafung des letzten Königs der Franzosen*, das heißt der Hinrichtung Ludwigs XVI. Am 20. März wurde das Fest der Volkssouveränität gefeiert, zehn Tage später folgte das Fest der Jugend. Ende Mai ging es weiter. Der Festsommer begann mit dem Fest der Dankbarkeit am 29. Mai, gefolgt vom Fest des Ackerbaus am 28. Juni. Am 14. Juli wurde die Erstürmung der Bastille gefeiert, zwei Wochen später erinnerte das Fest des 10. Thermidor an die Hinrichtung Robespierres. Am 10. August boten der Sturm auf die Tuilerien und die anschließende Abdankung

4 Stadtarchiv Mainz, NL Müller, Nik./192 (alt Konv. XIV, Nr. 1), fol. 8v. Ein besonderer Dank geht an Prof. Ullrich Hellmann, der 2019 eine Transkription des Textes mit Erläuterungen angefertigt hat.
5 Ebd., fol. 9r.

Ludwigs XVI. Anlass für das nächste Fest, bevor am 4. September (18. Fructidor) der Sieg des Direktoriums über die Royalisten gefeiert wurde. Damit ging das Jahr zu Ende, am 22. September begann mit dem Fest der Gründung der Republik das Neue Jahr, das Jahr VII. Damit aber sind die Feste nicht einfach Ausdruck volkstümlicher Geselligkeit, wie die Notiz des Türmers zunächst nahelegen könnte, sondern sie sind Teil der von Schneider zuvor beschriebenen politischen Umwälzung.

In Bezug auf Herrschaftswechsel vor allem in der napoleonischen Zeit hat Helga Schnabel-Schüle betont, dass diese nur dann erfolgreich waren, wenn es gelang, den Beherrschten das neue Regime als legitim glaubhaft zu machen. Denn Herrschaft beruhte – jedenfalls auf Dauer – eben nicht nur auf militärischer Überlegenheit und völkerrechtlichen Verträgen, sondern auch

> auf Kommunikation und Interaktion mit den scheinbar Ohnmächtigen, ebenso wie auf deren Leistungen und Erwartungen. Herrschaft musste daher kommunikativ erzeugt, das heißt vor Ort in direktem Kontakt der unteren Herrschaftsträger mit den zu Beherrschenden ausgehandelt werden.[6]

Dieser Prämisse folgend sollen die Mainzer Feste des Jahres 1798[7] als eine solche Form der Kommunikation und Interaktion der Französischen Republik mit der Mainzer Bevölkerung untersucht werden.[8]

Mit diesem Fokus rücken die lokalen Besonderheiten stärker in den Vordergrund der Analyse, da Kommunikation und Interaktion stets von den konkreten Akteuren und den lokalen rechtlichen, politischen und wirtschaftlichen Gegebenheiten abhingen. Demgegenüber hat die ältere Forschung vor allem die zentrale Ebene und damit die französischen Absichten und Idealvorstellungen hervorgehoben. Damit betonte sie den Zwangscharakter und die Einheitlichkeit der Maß-

---

6 So die Definition von *Schnabel-Schüle*, Herrschaftswechsel, 9.

7 Berücksichtigt werden alle Feste, zu denen im Sinne der Fragestellung aussagekräftige Quellen vorliegen. Da es um die Feste im Zusammenhang mit dem Herrschaftswechsel geht, werden vorrangig die Feste des Jahres 1798 untersucht und die Feste des Jahres 1799 nur fallweise ergänzend herangezogen. Ohnehin gab es im Jahre 1797/98 „eine regelrechte Festwelle" (*Stein*, Revolutionskultur, 90), die anschließend abebbte, auch weil sich durch die außenpolitischen Probleme in der ersten Jahreshälfte 1799 die Rahmenbedingungen entscheidend veränderten. Nach dem Staatsstreich vom 18. Brumaire VIII/9. November 1799 wurde der Festkalender radikal zusammengestrichen; von den Revolutionsfesten blieben nur der 14. Juli und der 1. Vendémiaire als Neujahrsfest erhalten.

8 In ihrer idealtypischen Darstellung des Ablaufs der Inbesitznahme eines neuen Herrschaftsgebiets erwähnt Schnabel-Schüle Feste freilich nicht; *Schnabel-Schüle*, Herrschaftswechsel, 17. Das dürfte nicht nur daran liegen, dass sie sich auf die Hauptetappen konzentriert, sondern auch daran, dass sie vor allem die Herrschaftswechsel unter Napoleon, also die Jahre nach 1803, im Blick hat, als die revolutionäre Festkultur keine Rolle mehr spielte.

nahmen und reduzierte die deutsche Bevölkerung folglich weitgehend auf die Rolle des Objekts obrigkeitlicher Maßnahmen.[9] Selbst Rolf Reichardt, der die bisher ausführlichste Darstellung der Mainzer Revolutionsfeste[10] vorgelegt hat, konzentrierte sich vor allem auf die Übernahme der revolutionären Symbole und der in Frankreich ausgeprägten Festkultur, erlaubt aber durch seine teilweise recht detaillierten Beschreibungen auch einen Blick auf die Mainzer Spezifika und lässt in ausführlichen Zitaten die Mainzer Protagonisten zu Wort kommen.[11] Wenn er aber zum Beispiel das Mitführen einer Buchdruckerpresse einschließlich des auf einer Schrifttafel ausgesprochenen Danks an Johannes Gutenberg als „Lokalkolorit" abtut, betont freilich auch er die einheitlichen, aus Frankreich importierten Elemente der Festkultur und wertet die lokalen Anpassungen als Skurrilitäten ab, statt sie als Ergebnis eines Kommunikationsprozesses zu verstehen und nach ihrer Funktion zu fragen.[12]

Die zu Beherrschenden ernst zu nehmen setzt voraus, die lokalen Gegebenheiten ernst zu nehmen. Das gilt für Mainz in besonderem Maße. Denn die Stadt konnte sich als „Centralort des Reichs"[13] der besonderen Aufmerksamkeit sowohl Frankreichs als auch des Reichs sicher sein. Darauf deutet bereits die Tatsache, dass Görres am Übergang von Mainz an Frankreich das Reichsende festgemacht hatte. Dieser Bedeutung von Mainz trug auch die französische Verwaltung Rechnung, indem die Zentralverwaltung der vier rheinischen Departements – ungeachtet der eher peripheren Lage – in Mainz angesiedelt wurde. Für die hier zu untersuchende Frage ist aber vor allem wichtig, dass Mainz (wie seine Umgebung) im Unterschied zu den anderen annektierten Gebieten eine eigene revolutionäre Vergangenheit besaß, nämlich die gerade erst fünf Jahre zurückliegende Mainzer

---

9 Siehe zum Beispiel die Ausführungen von Dotzenrod, die die Feste 1797/98 als „stereotype Einrichtung" bezeichnet (*Dotzenrod*, Republikanische Feste, 64) und betont, dass die Bürger keinen Einfluss auf die Gestaltung der Feste genommen hätten, wobei sie allerdings auch erwähnt, dass diese „anfangs in reger Zusammenarbeit mit den republikanischen Zirkeln" geplant worden seien, die sie also offenbar nicht zu den Bürgern rechnet: ebd., 60.
10 Zu den Begriffen „Revolutionsfeste" bzw. „Nationalfeste oder -feiertage" und der Entwicklung der revolutionären Festkultur siehe *Schröer*, Republik im Experiment, 381–429.
11 *Reichardt*, Revolutionskultur, passim.
12 Wie fruchtbar ein Ansatz sein kann, der die Vielgestaltigkeit der Feste an unterschiedlichen Orten ernst nimmt, hat jüngst Wolfgang Hans Stein mit seiner grundlegenden Studie über das Saar-Departement gezeigt: *Stein*, Revolutionskultur; eine vergleichbare Untersuchung zu Mainz kann hier selbstverständlich nicht geboten werden, ganz abgesehen davon, dass die Quellenlage keine Untersuchung in dieser Tiefe erlauben würde. Zu den Festen der Jahre 1798/99 existieren nur zwei Akten im Stadtarchiv Mainz, 60/872 u. 873; *Göbel*, Findbuch, 363 f.
13 Das Diktum von Mainz als *Centralort* des Reiches stammt aus einer verlorenen Schrift von Georg Wilhelm Friedrich Hegel zur Reform des Reiches: *Rosenkranz*, Hegel's Leben, 238; siehe auch *Dumont*, Mayence, 348.

Republik.[14] Die Französische Revolution, wie sie vor allem in Paris stattgefunden hatte, war zwar auch in Mainz eine „fremde Nationalgeschichte, die den Bewohnern der rheinischen Departements nun in Form der Nationalfeste präsentiert wurde."[15] Aber die fremde Revolutionsgeschichte konnte in Mainz mit der eigenen Revolutionserfahrung verknüpft werden. Diese Möglichkeit wurde in erheblichem Maße genutzt und verlieh den Mainzer Festivitäten ein durchaus eigenes Gepräge. Dies wird im Folgenden an den Feiern der National- bzw. Revolutionsfeste in Mainz in den Jahren 1798/99 gezeigt.

Die Revolutionsfeste in Mainz 1798/99

Kein Revolutionsfest im engeren Sinn, aber dennoch ein festliches öffentliches Ereignis bildete die Pflanzung eines Freiheitsbaumes in Mainz am 7. Januar 1798, also gerade eine Woche nach dem Übergang der Stadt an Frankreich. Die Initiative ging nicht von der französischen Administration aus, die sich zu diesem Zeitpunkt erst noch etablieren musste,[16] sondern dürfte eine gemeinsame Aktion von Revolutionsanhängern[17] und Militär gewesen sein. Während die Mainzer Anhänger der Franzosen den Herrschaftswechsel nutzen wollten, um ein Zeichen zu setzen,[18] ergriff das französische Militär sicher gerne die Gelegenheit, um sich der Öffentlichkeit zu präsentieren und der Aktion einen offiziellen Charakter zu verleihen. Der Festzug, der mit dem Freiheitsbaum vom Deutschhaus, dem Sitz des

---

14 Zur Mainzer Republik siehe weiterhin als Standardwerk *Dumont*, Mainzer Republik; die maßgeblichen Quellen sind ediert in *Scheel*, Mainzer Republik 1 u. 2.

15 *Stein*, Revolutionskultur, 91. Zur bereits zeitgenössischen synonymen Verwendung der Begriffe „Revolutionsfeste" und „Nationalfeste" siehe ebd., 85: „Verstanden als gemeinsamer Wille des gesamten Volkes zur Annahme und Durchsetzung der Ziele des Revolutionsprozesses waren die Revolutionsfeste (*fêtes révolutionnaires*) auch Nationalfeste (*fêtes nationales*)".

16 So traf der zum Generalkommissar für die vier linksrheinischen Departements ernannte Franz Joseph Rudler erst am 11. Januar 1798 in Mainz ein: *Dumont*, Mayence, 349.

17 Die Bezeichnung dieser Gruppe bereitet erhebliche Schwierigkeiten und wechselt zwischen Jakobinern, Neojakobinern und Republikanern; sie selbst bezeichneten sich als Patrioten. Siehe dazu den von dem ehemaligen Mitglied des Mainzer Jakobinerklubs Franz Konrad Macké verfassten und Ende 1797 im „Aachener Wahrheitsfreund" publizierten Aufruf, anlässlich des Übergangs an Frankreich auf Rache gegenüber den Gegnern und Verfolgern von 1793 zu verzichten; *Hansen*, Quellen 4, Nr. 87, 463 f.; zu dem in Deutschland negativ konnotierten Begriff „Jakobiner" siehe *Cottebrune*, Entmythisierung, 56–58.

18 Auch an anderen Orten des linken Rheinufers kam es im Herbst 1797 und verstärkt nach dem Dekret Rudlers vom 11. Dezember 1797, das die Angliederung der linksrheinischen Gebiete an Frankreich ankündigte, zur Pflanzung von Freiheitsbäumen durch Anhänger der Revolution: *Hansen*, Quellen, 4, 492.

französischen Oberbefehlshabers, zum sogenannten Höfchen am Dom marschierte, vereinte ganz unterschiedliche Elemente: Stark präsent war das französische
Militär, für die Musik sorgte hingegen die bürgerliche Stadtmusik, mit dem Vize-
dom Freiherr Philipp Anton Sigmund von Bibra reihte sich der Leiter der kurfürstlichen Stadtverwaltung zusammen mit den Stadträten und Bürgerhauptleu-
ten als Repräsentanten der alten Ordnung ein, gefolgt von einer *Anzahl Patrioten,
die sich mit den gutdenkenden Bürgern vereinigt hatten.*[19] Dass der Freiheitsbaum
am Höfchen aufgepflanzt wurde, wo in kurfürstlicher Zeit die Mainzer dem Kurfürsten gehuldigt hatten,[20] ließ den Zeitenwechsel augenfällig werden. Zugleich
aber wurde die Brücke geschlagen zu den Freiheitsbäumen der Mainzer Republik,
die eben genau hier gestanden hatten.

Diesen Verweis auf die ersten Freiheitsbäume machten die Redner dann in
ihren Ansprachen explizit. Der Mathematikprofessor Matthias Metternich,[21] der
1792/93 zu den maßgeblichen Köpfen des Jakobinerklubs gehört hatte, begann seine Rede mit den Worten *Heute nun, zum zweitenmale ist der Baum der Freiheit
von Mainz gepflanzt* und erinnerte daran, dass die erste Pflanzung fast auf den
Tag genau fünf Jahre zurücklag. Gleichzeitig dankte er der französischen Armee
dafür, dass sie Mainz und dem linken Rheinufer die Freiheit erkämpft hatte.[22] Auf
diese Weise verband er geschickt die eigene freiheitliche Tradition mit der militärischen Eroberung durch die französischen Truppen. Metternich verhehlte aber
auch nicht, dass seine Position und die seiner Mitstreiter nur eine Minderheiten-
position innerhalb der Bevölkerung war, wenn er zugab, dass der *bey weitem
größte Theil der Mainzer [...] gut gesinnt, nur noch betäubt von der großen Umän-*

---

19 Mainzer Zeitung Nr. 4, 8.1.1798, 1, ein Teil des Berichts gedruckt in *Reichardt*, Revolutionskultur, 26. Zur Pflanzung des Freiheitsbaums am 7. Januar 1798 jetzt auch der Abschnitt „Am Anfang
stand der Freiheitsbaum" in der online-Ausstellung „Zweimal Frankreich und zurück. ‚Reichsenden' 1798 und 1918 in Mainz"; [https://www.ub.uni-mainz.de/de/zweimal-frankreich-und-zurueck/
story; 24.8.2024].
20 Zu den Huldigungen in der Stadt Mainz siehe *Dittmar*, Herrschereinzüge, 87–94.
21 Der Mathematikprofessor Matthias Metternich (1741–1825), der 1793 auch zu den Deputierten
des Rheinisch-deutschen Nationalkonvents gehört hatte, war nach der Haft auf der Festung Eh-
renbreitstein in Koblenz und auf dem Petersberg in Erfurt sowie dem Exil im Elsass im Januar
1798 nach Mainz zurückgekehrt, wo er im Februar Mitglied der neu geschaffenen Zentralverwaltung wurde; Kurzbiographie mit allen Lebensstationen bei *Lachenicht*, Information, 478–482.
22 Rede Metternichs bei der Pflanzung des Freiheitsbaums in Mainz am 7.1.1798, in: Reden, gesprochen bei Pflanzung des Freiheitsbaumes in Mainz am 18ten Nivos des 6ten Jahres der einen
und untheilbaren Frankenrepublik, Mainz 1798, 8–12. Genau genommen handelte es sich um die
dritte Errichtung eines Freiheitsbaumes, denn erstmals hatte man am 3. November 1792 auf dem
Höfchen einen Freiheitsbaum gepflanzt, der durch einen neuen – den von Metternich erwähnten – Baum am 13. Januar 1793 ersetzt worden war; *Dumont*, Mayence, 329 f.; *Scheel*, Mainzer
Republik 1, 533–540.

derung der Dinge, nur noch durch Geschwätze irre geführt sei.[23] Er appellierte deshalb an die *gute[n], aber schüchterne[n]* Mainzer, die ausgestreckte Hand der *fränkischen* Brüder nicht zurückzustoßen.[24] Der Freiheitsbaum symbolisierte damit nicht nur die neue Ordnung, die aus Frankreich importiert worden war, sondern verwies auch auf die eigene revolutionäre, freiheitliche Vergangenheit, die 1793 militärisch beendet worden war.[25] Diese doppelte Bedeutung wurde auch dadurch betont, dass die Baumpflanzung in Mainz für sich stand und nicht wie vielfach an anderen Orten mit der Einführung der neuen Verwaltungen kombiniert wurde, was den Veranstaltungen zwangsläufig einen stärker obrigkeitlichen Charakter verlieh.[26] Dennoch war der Freiheitsbaum selbstverständlich ein Symbol der neuen Herrschaft und sollte als solcher geschützt werden. Am 13. Januar 1798 wurde deshalb befohlen, beschädigte oder beseitigte Freiheitsbäume umgehend zu ersetzen, und das schon länger geltende Verbot der Beschädigung der Bäume wurde erneuert.[27]

Während am 7. Januar mit der Freiheit eine entscheidende, gleichwohl aber eher amorphe Errungenschaft der Revolution im Mittelpunkt stand, wurde bei den beiden folgenden Festen die Volkssouveränität als zentrales Kennzeichen der neuen Ordnung gefeiert. Damit war der Gegenstand des Festes deutlich konkreter – und zugleich im Kontext der besetzten Gebiete problematischer. Die Übertragung dieser Feste aus Innerfrankreich auf das Rheinland barg durchaus einige Fallstricke in sich, die zutage treten, wenn man hinter die immer wieder ähnliche Inszenierung des öffentlichen Spektakels der Feste in Mainz blickt.

---

23 Rede Metternichs bei der Pflanzung des Freiheitsbaums in Mainz am 7.1.1798, 11.
24 Noch schärfer betonte den Kontrast Karl Joseph Retzer, der darauf verwies, dass an eben dieser Stelle nicht nur der erste Freiheitsbaum gestanden hatte, der dann durch *Schindershände* abgeschlagen worden sei, sondern dass hier auch das Schafott für ihn und die anderen Revolutionsanhänger errichtet worden sei, dem sie sich nur durch ihre Flucht nach Frankreich hätten entziehen können, bis ihnen jetzt der militärische Sieg die Rückkehr ermöglicht habe; Rede Retzers anlässlich der Errichtung des Freiheitsbaums am 7.1.1798, in: Reden, gesprochen bei Pflanzung des Freiheitsbaumes in Mainz am 18ten Nivos des 6ten Jahres der einen und untheilbaren Frankenrepublik, Mainz 1798, 12–16.
25 Das unterschied Mainz zum Beispiel von Trier, wo der Baum von 1798 als „Baum der Freiheit" dem „Baum unserer Besiegung" von 1795 gegenübergestellt wurde, der nur infolge der französischen Besetzung errichtet worden war, während die Mainzer Redner darauf insistierten, den Freiheitsbaum 1793 aus innerer Überzeugung aufgepflanzt zu haben; *Stein*, Revolutionskultur, 136.
26 Für das Saar-Departement *Stein*, Revolutionskultur, 130–158; *Hansen*, Quellen 4, 493, 564, 569.
27 *Bockenheimer*, Geschichte, 73.

Am 21. Januar 1798 wurde an die *Bestrafung des letzten Königs der Franken*, das heißt an die Hinrichtung Ludwigs XVI. am 21. Januar 1793, erinnert.[28] Dabei handelte es sich nun in der Tat um ein Ereignis einer fremden Nationalgeschichte, das in Mainz nur schwer zu vermitteln war, da Ludwig XVI. nie König der Mainzer gewesen war. François-Valentin Mulot[29], der Sekretär des Regierungskommissars Rudler, nahm deshalb in seiner Rede auch kaum auf die konkreten Ereignisse Bezug, sondern rechnete mit dem Königtum als der Herrschaft eines Einzelnen grundsätzlich ab und stellte dieser Staatsform die Herrschaft des ganzen Volkes gegenüber, wobei er betonte, dass dieses das Recht habe, den Herrscher zu bestrafen, wenn er seine Herrschaft missbrauche.[30] Damit knüpfte er an die bewusst doppeldeutige Bezeichnung des Festes an: Denn mit dem *letzten* König war eben nicht nur konkret der König gemeint, der zuletzt regiert hatte, also Ludwig XVI., es sollte zugleich auch deutlich gemacht werden, dass er der letzte König der Franzosen überhaupt gewesen sei, dass mit ihm also das Königtum ein für alle Mal abgeschafft war.

An dieser Stelle hätte es eigentlich nahegelegen, eine Parallele zu den Mainzer Verhältnissen zu ziehen, wo mit dem Kurfürsten ebenfalls ein Einzelner regierte, der zudem nicht einmal durch eine Verfassung und schon gar nicht durch das Volk legitimiert war. Diese Parallele zog Mulot aber nur äußerst vorsichtig, als er am Ende seiner Rede, direkt an die Mainzer gewandt, sprach: *Heute ist der Tag an welchem ihr mit der Knechtschaft brecht, hier nehmt ihr Abschied von denen, die sich eure Herrn nannten.*[31] Überhaupt weisen die Mainzer Inszenierungen

---

28 Der Bericht in der Mainzer Zeitung vermittelt das übliche Bild eines erhabenen Festzugs mit den gängigen Elementen; Mainzer Zeitung Nr. 13, 22.1.1798, gedruckt in *Reichardt*, Revolutionskultur, 36.

29 François-Valentin Mulot, Mitglied des Lyceums der Künste und der freien Gesellschaft der Wissenschaften zu Paris, war als Sekretär Rudlers im Januar 1798 nach Mainz gekommen und wurde im November desselben Jahres *professeur des belles lettres* an der neu errichteten Mainzer Zentralschule; *Hansen*, Quellen 4, 402 Anm. 1 u. 951 Anm. 5.

30 *Die Franken konnten ohne Zweifel, um ihre Freiheit zu befestigen, die sie mit Mühe errungen hatten, über einen strafbaren König, der ihnen diese Freiheit rauben wollte, das Todesurtheil sprechen. Das souvraine Volk konnte ohne Zweifel über einen König richten, der, [...] troz dem feierlich geleisteten Schwur, eine Konstitution in Vollzug zu setzen, [...] ein verrätherisches Herz unter der Maske der Aufrichtigkeit verbarg, [...] der endlich seine, mit ihm verschwornen, Könige heimlich zum Umsturze dieser Konstitution herbeirief, um seinen despotischen Sitz wieder auf den Trümmern des konstitutionsmäßigen Thrones aufzubauen, den ihm die ersteren Gesezgeber des Volkes, selbst nach seiner schändlichen und strafbaren Flucht, aus Nachsicht noch erhalten hatten [...]. [...] Nicht das Ende eines Königs, nein! das Ende des Königtums wird gefeiert.* Rede des Bürgers Mulot ehemaligen Volksrepräsentanten gesprochen in Mainz am Jahresfest der Bestrafung des lezten Königs der Franken den 2ten Pluvios des 6ten republikanischen Jahres, Mainz: Wirth [1798], 4–7.

31 Ebd., 16. Diese vorsichtige Bezugnahme unterschied sich zum Beispiel deutlich von der Rede, die „der Bürger N." in Bonn beim gleichen Anlass hielt: Er stellte geradezu bedauernd fest, dass kaum Elemente einer direkten Abrechnung mit den Kurfürsten oder gar mit der Person Kurfürst Friedrich Karl Josephs von Erthal[32] auf. Über die Gründe für diese auffallende Zurückhaltung lässt sich nur mutmaßen. Möglicherweise war den Festorganisatoren klar, dass dazu eben doch nur eine Minderheit bereit gewesen wäre. Gerade nach der Erfahrung von 1792/93 waren die Mainzer vorsichtig, ob der Herrschaftsumschwung von Dauer sein oder der in Aschaffenburg residierende Kurfürst nicht doch noch einmal zurückkehren würde. Nicht zufällig hatte Matthias Metternich am 7. Januar 1798 als Reaktion auf diese weit verbreiteten Ängste vom Mainzer Stadtkommandanten General François-Joseph Lefebvre ein Bekenntnis eingefordert, dass Mainz und das linke Rheinufer auf Dauer Teil der Französischen Republik sein würden.[33]

Ein ganz anderes Bild der Ereignisse von 1792/93 zeichnete der Präsident der Munizipalität Adam Umpfenbach[34] in seiner Rede, die wenig mit der Mulot'schen Zurückhaltung gemein hatte. So behauptete er, dass *eine nicht unbeträchtliche Zahl unserer Mitbürger schon im Jahre 1792 sich mit fester Energie für die Freiheit* erklärt habe und dass *[d]ie ganze Bürgerschaft [...] bei der Pflanzung des Freiheitsbaumes* dabei gewesen sei. Es grenzte dann an Geschichtsklitterung, wenn er außerdem den Eindruck vermittelte, dass sich von 2400 Bürgern nur 200 nicht *für die Freiheit* erklärt hätten.[35] Umpfenbach beendete seinen Rückblick auf die glorreiche Mainzer Revolutionsgeschichte mit einem Appell an die französische Verwaltung, diejenigen Mainzer, die für ihren Freiheitskampf einen hohen Preis in

---

die Bürger nicht die *Hinrichtung unsers eignen Tirannen, des geistlichen Despoten,* feiern könnten, der sich *wie mancher andere Niederträchtige, aus dem Staube gemacht und verschwelgt in den Armen seiner Buhlerinnen den Rest jener Wittwen- und Waisengelder, die er samt vielen anderen Schätzen seinen ehemaligen Untertanen raubte und mit sich fortschleppte*; Hansen, Quellen 4, 517. Dieser Vorwurf entsprach zwar dem Klischee, war aber gerade für den Kölner Kurfürsten Maximilian Franz von Österreich denkbar unpassend.

32 Zu ihm siehe *Duchhardt,* Erthal.

33 Rede Metternichs bei der Pflanzung des Freiheitsbaums in Mainz am 7.1.1798, in: Reden, gesprochen bei Pflanzung des Freiheitsbaumes in Mainz am 18ten Nivos des 6ten Jahres der einen und untheilbaren Frankenrepublik, Mainz 1798, 16.

34 Adam Umpfenbach (geb. 1748) hatte schon der Munizipalverwaltung der Mainzer Republik angehört und war am 13. Januar 1798 zum Präsidenten der von Rudler errichteten Mainzer Munizipalität ernannt worden; *Dumont,* Mainzer Republik, 385; *Hansen,* Quellen 4, Nr. 95, 501 f.

35 Es handelte sich nicht um den Eid auf Freiheit und Gleichheit, den man schwören musste, um sich an den Wahlen zur Munizipalität und zum Rheinisch-deutschen Nationalkonvent am 24. Februar 1793 beteiligen zu dürfen, und den nur 372 Mainzer leisteten. Umpfenbach meinte den Eid, zu dem die Konventskommissare die Mainzer Anfang März 1793 ultimativ aufgefordert hatten, andernfalls sie mit Ausweisung und Enteignung zu rechnen hatten. Um dem zu entgehen bzw. um in Mainz bleiben zu dürfen und weniger aus Überzeugung leisteten nun mindestens 2.205 Mainzer den Eid. *Scheel,* Mainzer Republik 2, 273–275 u. 277 f.; *Dumont,* Mainzer Republik, 379 Anm. 251; *Dumont,* Mayence, 336.

Form von Gefängnis, Krankheit, Exil und wirtschaftlicher Not gezahlt hatten, finanziell zu entschädigen.[36] Er nutzte also geschickt die Gelegenheit, um die Vertreter der Besatzungsmacht an ihre Verantwortung für ihre Anhänger zu erinnern, indem er zugleich ihren Anteil an dem revolutionären Geschehen betonte.

War die Volkssouveränität am 21. Januar eher implizit, als Gegenpart zum Königtum, Gegenstand des Fests gewesen, so trug das Fest am 20. März die Volkssouveränität im Titel. Das Fest sollte die Bürger Frankreichs auf die am folgenden Tag beginnenden Parlamentswahlen einstimmen und ihnen vor Augen führen, welch kostbare Errungenschaft ihnen die revolutionäre Ordnung mit dem auf der Volkssouveränität beruhenden Wahlrecht beschert hatte. Diesen Zweck konnte das Fest in den französisch besetzten Rheinlanden freilich von vornherein nicht erfüllen, da die Menschen dort nicht die vollen Bürgerrechte erhalten hatten und deshalb auch nicht wahlberechtigt waren. Dennoch wurde das Fest auch für die rheinischen Departements angeordnet und in Mainz ebenfalls in der inzwischen fast schon üblichen Form gefeiert. Hauptbestandteile des Zuges waren ein Freiheitsbaum sowie die auf einem Samtkissen mit Trikolorfransen gebettete Konstitution des Jahres 1795.[37] Besonderes Augenmerk wurde auf das Zusammenspiel von Jung und Alt als Repräsentanten des Volkes gelegt. Der Freiheitsbaum wurde von jungen Mainzern getragen, umgeben von weißgekleideten Mädchen mit Trikolore-Schärpen. Danach trugen vier junge Männer Fahnen mit Artikeln aus dem Grundrechtekatalog der Verfassung von 1795, die die Volkssouveränität thematisierten. Es folgten *Greise mit weissen Stäben in der Hand,* und danach zwei Knaben, die nicht nur die Verfassung trugen, sondern auch Bänder, mit denen die Stäbe der Alten zu Fasces vereinigt werden sollten, um die Einheit zu betonen.[38] An dem Zug, der von Militär und Musikkapellen eskortiert wurde, nahmen selbstverständlich auch die Repräsentanten des Regimes teil: Regierungskommissar Rudler, einige Generäle, die Mitglieder der Departement- und Munizipalverwaltung sowie Vertreter der Justiz. Eine wichtige Rolle spielten außerdem die Lehrer der Mainzer Schulen mit ihren Schülern, die sich mit Rufen *Vive la Nation Française* und

---

36 Rede des Bürger Präsidenten Umpfenbach im Namen der Munizipalität am gestrigen Feste = Beilage zur Mainzer Zeitung, 22.1.1798, 1 f., hier 1.
37 Zum Ablauf und den Akteuren des Festes siehe den Bericht in der Mainzer Zeitung Nr. 46, 1. Germinal an VI/21.3.1798, 1; identischer Abdruck in der Frankfurter Kaiserlichen Reichs-Ober-Post-Amts-Zeitung, Beilage zu Nr. 47, 22.3.1798, 3, sowie das von der Munizipalverwaltung verfasste Protokoll (Municipalité de Mayence, Proces-Verbal de la fête qui a eu lieu à Mayence le trente Ventôse, an VI de la République Française, pour honorer la Souveraineté du Peuple, Mainz: André Crass, 1798); eine kurze Zusammenfassung auch bei *Reichardt,* Revolutionskultur, 37.
38 Mainzer Zeitung Nr. 46, 1. Germinal an VI/21.3.1798, 1.

Vive la République als würdige künftige Staatsbürger präsentierten.[39] Vom Stadt-
haus marschierte der Zug durch die von viel Volk gesäumte Grande Rue[40] in Richtung Schloss, wo man sich – von patriotischen Gesängen untermalt – um einen
dort errichteten, den Verteidigern der Volkssouveränität gewidmeten Vaterlandsaltar formierte und den Freiheitsbaum aufstellte.

Erneut lassen sich allerdings auch Elemente beobachten, die auf die Mainzer
Gegebenheiten Rücksicht nahmen. Der Zug begann durchaus ungewöhnlich, nämlich am Münstertor[41], weil durch dieses Tor 1793 die Reichstruppen einmarschiert
waren und der Mainzer Republik ein Ende bereitet hatten.[42] Dort, wo 1793 die
Freiheit beendet worden war, wurde jetzt der Freiheitsbaum abgeholt, der dann
nach einer Prozession durch die Stadt am Schlossplatz eingepflanzt wurde. Denn
anders als zu Beginn der 1790er Jahre wurden nun möglichst lebende Bäume verwendet.[43] In der Festbeschreibung wurde der Hoffnung Ausdruck verliehen, dass
der Baum Wurzeln schlagen möge und sich in seinem Schatten einst die Freunde
des Vaterlands und der Freiheit versammeln könnten.[44] Die Symbolik war offensichtlich: So wie der Baum sollte auch die neue Herrschaft Wurzeln schlagen,
wachsen und gedeihen.

Auf dem Platz vor dem Schloss war auf einer Plattform ein Vaterlandsaltar
errichtet worden. Dort wurde nun die Verfassung präsentiert und es wurden Reden gehalten. Generalkommissar Rudler wandte sich nach einer französisch vorgetragenen Ansprache über die Volkssouveränität noch in einer zweiten kurzen
Rede auf Deutsch an die *Bewohner von Mainz*. Er erinnerte sie daran, dass sie
schon einmal durch ihren Mut *in den Genuß der unumschränkten Volks-Rechte getreten* seien, dass die Despoten ihnen diese Rechte aber wieder genommen und
sie diese nur dank der französischen Waffen wieder erhalten hätten und diesen
Tag deshalb feiern könnten.[45] Rudler verbalisierte damit noch einmal explizit,
was der Festzug durch seine Route symbolisiert hatte: Die französische Eroberung

---

39 Municipalité de Mayence, Proces-Verbal de la fête qui a eu lieu à Mayence le trente Ventôse,
an VI de la République Française, pour honorer la Souraineté du Peuple, Mainz 1798, 5.
40 Heute: Große Bleiche.
41 Das 1664 im Zuge des Festungsausbaus errichtete Münstertor befand sich im Nordwesten der
Stadt und stand quer über der heutigen Bingerstraße am Münsterplatz. 1887 wurde es abgerissen.
42 Diese Begründung wird in dem Festbericht explizit angegeben: Municipalité de Mayence, Proces-Verbal, 4.
43 *Stein*, Revolutionskultur, 148. Am 7. Januar 1798 war hingegen aus jahreszeitlichen Gründen
vermutlich ein abgesägter Baum aufgestellt worden, da eine Pflanzung Anfang Januar kaum möglich und erfolgversprechend gewesen sein dürfte. Die Quellen geben hierzu keine Auskunft.
44 Municipalité de Mayence, Proces-Verbal de la fête qui a eu lieu à Mayence le trente Ventôse,
an VI de la République Française, pour honorer la Souraineté du Peuple, Mainz 1798, 8 f.
45 Rede des Bürgers Rudler, Regierungs-Kommissars, an die Bewohner von Mainz, ebd., 29.

hatte Mainz die Freiheit und Volkssouveränität wiedergegeben, die die Mainzer sich 1792 schon einmal erkämpft hatten.

Noch weiter in die Mainzer Geschichte griff Kriminalrichter Georg Friedrich Rebmann in seiner Rede zurück.[46] Er erinnerte nicht nur daran, dass Mainz die erste Stadt gewesen sei, in der mutige Bürger sich für die Französische Revolution ausgesprochen hätten, als dies noch mit einem erheblichen Risiko verbunden gewesen sei, sondern dass in Mainz auch vor zwei [sic!] Jahrhunderten die Erfindung gemacht worden sei, die die Verbreitung der Wahrheit durch die Presse erst möglich gemacht habe.[47] Die Mainzer hätten also nicht nur in der Mainzer Republik Mut bewiesen und seien damals schon auf der richtigen Seite gestanden, sondern Gutenberg habe mit seiner Erfindung eine wichtige Voraussetzung für die Verbreitung der Wahrheit, und das heißt: der Ideale und Werte der Französischen Revolution, geschaffen. Geschickter konnte man die Mainzer kaum in ihrem Stolz abholen: Denn auch diejenigen, für die die Mainzer Republik kein positiv besetzter Erinnerungsort war, konnten sich sicherlich beim Stolz auf den Erfinder des Buchdrucks wiederfinden, wenn man schon den Verlust der politischen Bedeutung der Stadt, die sie im Ancien Régime gehabt hatte, verkraften musste.

Allerdings konnten alle diese Reden mit ihren geschickten Bezügen auf die Mainzer Vergangenheit nicht über den grundsätzlichen Konstruktionsfehler dieses Fests hinwegtäuschen. Gefeiert wurde etwas, was die Mainzer nicht besaßen, nämlich die Volkssouveränität. Unter diesem Konstruktionsfehler litt das Fest im gesamten Rheinland. Aber dieses Defizit gewann gerade vor dem Hintergrund der Mainzer Geschichte noch einmal eine ganz andere Dimension. Denn nach Ansicht der Mainzer Revolutionsanhänger waren sie bereits seit 1793 französische Vollbürger. Deutlich brachten sie diese Überzeugung zum Ausdruck, als Anfang April 1798 im Auftrag Rudlers in den vier rheinischen Departements Abstimmungen über die Vereinigung mit Frankreich durchgeführt wurden.[48] In ihrer Reunionsadresse[49] beriefen sich die *soussignés Citoyens de Mayence* auf das Dekret des Pariser Nationalkonvents vom 30. März 1793: Dieser hatte damals dem Antrag des Rheinisch-deutschen Nationalkonvents vom 21. März 1793 um Aufnahme von 84

46 Rede von Kriminal-Richter Rebmann, gehalten am 30sten Ventos, im 6ten Jahre, ebd., 30–32; der Jurist und Publizist Georg Friedrich Rebmann (1768–1824) war von Rudler im Februar 1798 zum Richter für das Departement Donnersberg ernannt worden: *Hansen*, Quellen 4, Nr. 106, 550.
47 Wie Rebmann auf zwei Jahrhunderte kam, bleibt unklar.
48 Zu den Reunionsadressen der vier rheinischen Departements: *Hansen*, Quellen 4, Nr. 126, 659–820; *Dumont*, Reunionsadressen; *Müller*, Volksbefragung; zur Mainzer Reunionsadresse *Dumont*, Mayence, 359 f.
49 Archives Nationales Paris, F/1c III/Mont-Tonnerre/3. Der Reunionswunsch der Mainzer ist zweisprachig verfasst: Die französische Fassung ist in *Hansen*, Quellen 4, Nr. 126, 792 f. ediert.

Orten aus Rheinhessen und der Pfalz in die Französische Republik zugestimmt.[50] Daraus wurde in der Reunionsadresse der völkerrechtliche Anspruch abgeleitet, seit diesem Datum bereits *mit der Frankenrepublik vereinigt* zu sein. Selbstbewusst erklärte man, auf diesem Beschluss zu beharren, den 1793 die Parlamente zweier souveräner Nationen gefasst hätten.[51]

Weniger heikel als das Souveränitätsfest waren die folgenden Feste: das am 29. Mai gefeierte Fest der Dankbarkeit sowie das am 28. Juni anstehende Fest des Ackerbaus. Aber auch diesen sogenannten moralischen, also ahistorischen und auf den ersten Blick unpolitischen Festen ließen sich lokale Aspekte abgewinnen. Beim Fest der Dankbarkeit wurde nicht nur Vertretern des französischen Militärs gedankt, sondern auch den Mainzer Erfindern der Buchdruckerkunst Fust und Gutenberg.[52] Dabei beließ man es nicht bei einer entsprechenden Schrifttafel, sondern Buchdrucker führten in dem Zug eine kleine Druckerpresse mit sich. Weshalb man den Erfindern der Druckkunst dankbar war, wurde in diesem Fall nicht eigens thematisiert. Der Zusammenhang dürfte aber derjenige gewesen sein, auf den Rebmann in seiner Rede am 20. März hingewiesen hatte. Der Buchdruck erlaubte die schnelle Verbreitung von Informationen und Meinungen über große Distanzen hinweg und machte damit Ereigniskomplexe wie die Französische Revolution erst möglich.[53]

Ein Jahr später galt die Dankbarkeit dann konkret einigen Personen der eigenen revolutionären Geschichte, von denen der im Dezember 1798 gestorbene Theologieprofessor, Richter und ehemalige Jakobiner Felix Anton Blau[54] beson-

---

50 Das Dekret des Rheinisch-deutschen Nationalkonvents vom 21.3.1793 ist ediert in *Scheel*, Mainzer Republik 2, 473, das Dekret des Pariser Nationalkonvents vom 30.3.1793 in *Hansen*, Quellen 2, Nr. 361, 812 f. und *Scheel*, Mainzer Republik 2, 544.
51 Auch wenn die Reunionsadresse, die immerhin über 3100 von ca. 4200 stimmberechtigten Mainzer Bürgern unterzeichneten, folgenlos blieb, stellte sie doch einen außergewöhnlichen Versuch dar, eine Fortdauer der 1793 beschlossenen, jedoch gewaltsam und damit widerrechtlich unterbrochenen Zugehörigkeit zur Französischen Republik zu konstruieren und damit die Legitimität der (Wieder-)Inbesitznahme zu begründen.
52 Mainzer Zeitung Nr. 96, 30.5.1798, 1; *Reichardt*, Revolutionskultur, 37.
53 Auch bei späteren Festen findet sich der Verweis auf Gutenberg und seine Verdienste, so zum Beispiel im Festzug des 14. Juli 1801, wo neben einer Druckerpresse auch eine Büste Gutenbergs mitgeführt wurde, auf der folgende Inschrift angebracht war: *Der Buchdruckerkunst: Dem Meisterwerke des menschlichen Erfindungsgeistes! Sie hat die Völker durch Aufklärung gebildet, Sie verkündet heute Freiheit, Sieg und Frieden*; Programmheft für die Feierlichkeiten des 14. Juli 1801 (Stadtarchiv Mainz, 60/877). Siehe jetzt auch den Abschnitt „Der Sturm auf ... St. Peter?!" in der online-Ausstellung „Zweimal Frankreich und zurück. ‚Reichsenden' 1798 und 1918 in Mainz": [https://www.ub.uni-mainz.de/de/zweimal-frankreich-und-zurueck/story; 24.8.2024].
54 Der Mainzer Theologieprofessor Felix Anton Blau (geb. 1754), dessen Bücher Anfang der 1790er Jahre von der kurfürstlichen Zensur wegen seiner radikalen Thesen verboten worden waren, war in der Mainzer Republik in der Allgemeinen Administration tätig und vertrat die

ders hervorgehoben wurde. Neben ihm wurde aber auch Georg Forsters[55], Johann Martin Eckels[56] und ungenannter Patrioten gedacht, die für das Vaterland gestorben seien.[57] Zum Dank an die französische Nation trat nun also der Dank an die lokalen Vorkämpfer der Freiheit hinzu. Ein solcher Dank passte auch deshalb gut in die Zeit, weil es im Sommer 1799 angesichts der Erfolge der Koalitionsarmee nicht unwahrscheinlich war, dass erneut ein Einsatz für das Vaterland beziehungsweise die Freiheit nötig werden würde. Insofern schwang in dem rückblickenden Dank zugleich ein Appell für die Gegenwart mit.

Auch beim Fest des Ackerbaus von 1798 ließ sich an die eigene Geschichte anknüpfen. Im Unterschied zu den anderen Festzügen beschränkte sich die Route in diesem Fall nicht auf den Stadtraum, sondern der Zug nahm seinen Weg – dem Anlass gemäß – in die freie Natur. Allerdings hatte man als Ziel nicht irgendeinen Acker gewählt, sondern das Gelände der ehemaligen Favorite, also des Sommerschlosses der Mainzer Kurfürsten, das im Krieg 1793 zerstört worden war. Friedrich Lehne[58] zeigte auf den Garten und erklärte seinen Zuhörern, dass dessen hochmütiger Besitzer, also Kurfürst Friedrich Karl Joseph von Erthal, hier nächtliche Orgien mit den von Frankreich ausgewiesenen Unterdrückern gefeiert habe und dass dieser Ort der Ausgangspunkt für den schrecklichen Krieg der vergange-

---

Gemeinde Badenheim als Deputierter im Rheinisch-deutschen Nationalkonvent. Nach der Rückeroberung von Mainz bis 1795 auf der Festung Königstein inhaftiert, emigrierte er nach Paris. 1798 kehrte er nach Mainz zurück, wo er die Stelle eines Richters am Kriminalgericht des Departements Donnersberg übernahm und Bibliothekar der neu errichteten Zentralschule wurde, aber schon am 23. Dezember 44-jährig – hochgeachtet wegen seiner republikanischen Grundsätze – starb. Ihm zu Ehren wurde am Fest der Dankbarkeit seine Büste mit Lorbeer bekränzt. *Mathy*, Blau; *Hansen*, Quellen 4, Nr. 182, 1111 f.

55 Zu Georg Forster (1754–1794), dem bekanntesten Kopf der Mainzer Republik, und seinem Wirken in Mainz siehe die maßgebliche Biographie von *Uhlig*, Forster, 298–324.

56 Der Zinngießer Johann Martin Eckel (geb. um 1711) war Mitglied des Mainzer Jakobinerklubs und wurde am 26. Februar 1793 als einer von sechs Mainzer Deputierten in den Rheinisch-deutschen Nationalkonvent gewählt, dessen erste Sitzung er als Alterspräsident eröffnete. Nach dem Ende der Mainzer Republik wurde er verhaftet und starb am 5. September 1793 an den Folgen der Haft; *Dumont*, Mainzer Republik, 328, 389, 401, 476; *Dobras*, Mainzer Republik, 50.

57 Mainzer Zeitung Nr. 106, 30.5.1799, 3 f.; *Reichardt*, Revolutionskultur, 38; *Hansen*, Quellen 4, 1111 f.; *Mulot*, Discours prononcé le dix Prairial, an VII, à la fête de la Reconnoissance, Mainz 1799.

58 Friedrich Lehne, eines der jüngsten Mitglieder des Mainzer Jakobinerklubs, betätigte sich als Dichter im Sinne der Französischen Revolution und war Sekretär der französischen Kommissare. Nach der Rückeroberung von Mainz 1793 floh er nach Frankreich. Nach seiner Rückkehr nach Mainz 1798 wurde er im Februar Dolmetscher-Sekretär der Zentralverwaltung des Departements Donnersberg und im April Mitbegründer der Zeitung „Beobachter vom Donnersberg"; *Schweigard*, Lehne, 64.

nen Jahre gewesen sei.[59] Damit spielte Lehne auf den Fürstenkongress in Mainz im Juli 1792 an, als sich auf Einladung des Mainzer Kurfürsten im Anschluss an die Krönung Kaiser Franz' II. die wichtigsten Fürsten des Reichs, darunter der neue Kaiser und der preußische König, in der Favorite getroffen hatten, um über das Vorgehen gegen das revolutionäre Frankreich zu beraten. Aus dem Fest des Ackerbaus wurde so durch die Ortswahl eine Abrechnung mit der kurfürstlichen Herrschaft, der die Schuld für den andauernden Krieg zugewiesen wurde.

Zu einem ganz anderen Mittel griff man bei den Festen des 14. Juli und des 10. August/23. Thermidor. Zwar wurden erneut Festzüge veranstaltet, die auf dem Schlossplatz endeten, wo ein Vaterlandsaltar errichtet worden war und wo die benachbarte Peterskirche seit Ende April 1798 als Dekadentempel[60] diente. Vor oder nach den dort gehaltenen Reden aber wurden die erinnerten Ereignisse in einer Art *Reenactment* nachgespielt, wobei die Peterskirche als Bastille beziehungsweise das Schloss als Tuilerienpalast diente, die jeweils ‚gestürmt' wurden.[61] Es wurde also ein durchaus aufwändiges Spektakel geboten, um den Mainzern die ihnen fremden Ereignisse näherzubringen.[62]

Dabei war aber insbesondere am 14. Juli 1798 doch eine gehörige Portion Phantasie gefragt. Denn inszeniert wurde von den Angehörigen des französischen Militärs eher die Eroberung einer belagerten Festung als die Stürmung eines Gefängnisses. Am Ende der Kämpfe aber stürmte Louis Bastoul, einer der in Mainz stationierten Generäle, mit dem Säbel in der Hand die „Bastille"/Peterskirche, und das Hissen der Trikolore auf den Mauern kündete vom Sieg der Revolution.[63] Während das Schauspiel alle Sinne ansprach, lieferten die Redner im Anschluss an die Aufführung die Interpretation nach und bezogen erneut die Mainzer Ge-

---

59 Discours prononcé á la Célébration de la fête de l'Agriculture dans la Commune de Mayence le 10 Messidor l'an 6 par le Citoyen Lehné, Mainz: Pfeiffer, 1798, 6 f. Die deutsche Fassung lautete: Rede am Feste des Ackerbaus den 10ten Messidor 6ten Jahres gesprochen auf dem Hügel der ehemaligen Favorite bei Mainz.

60 *Hansen*, Quellen 4, Nr. 128, 825.

61 Ähnliche szenische Nachspiele der Ereignisse wurden auch an anderen Orten veranstaltet; *Stein*, Revolutionskultur, 228.

62 So auch der Tenor des Abschnitts „Der Sturm auf … St. Peter?!" in der online-Ausstellung „Zweimal Frankreich und zurück. ‚Reichsenden' 1798 und 1918 in Mainz"; [https://www.ub.uni-mainz.de/de/zweimal-frankreich-und-zurueck/story; 24.8.2024]. Auf dieses Problem verweist auch Stein, wenn er in Bezug auf die Erinnerungsfeste der Französischen Revolution konstatiert: „Die Reihe der Erinnerungsfeste der Französischen Revolution konnte im Rheinland nicht an eine erlebte Geschichte der Revolution anknüpfen […]. Die Revolution war hier ein fremdes Ereignis, das allenfalls in pädagogischer Absicht wie Schulwissen vermittelt werden konnte."; *Stein*, Revolutionskultur, 225.

63 Mainzer Zeitung Nr. 120, 16.7.1798, 1, in Auszügen in *Reichardt*, Revolutionskultur, 45.

schichte ein. Abraham Lembert[64], der Verwaltungschef des Departments Donnersberg, teilte die Geschichte in eine Zeit der Tyrannei und Finsternis vor dem 14. Juli 1789 und ein mit diesem Tag beginnendes Zeitalter der Freiheit ein, das schon eine ganze Reihe glanzvoller Siege hervorgebracht habe, die sich weitgehend mit den Anlässen der Revolutionsfeste deckten. Nach diesen allgemeinen Ausführungen wandte er sich direkt an die Zuhörer, die für ihn stellvertretend für die Bewohner des Departements Donnersberg standen: Sie hätten *bei der frohen Kunde vom 14ten Juli den festen Vorsatz* [ge]*faßt*[...], *ihr Vaterland frei zu machen und diesen Vorsatz in Erfüllung gebracht.*[65] Erneut wurde also an die Mainzer Republik erinnert, als die Mainzer die Französische Revolution zu ihrer eigenen gemacht hätten, sodass sie jetzt mit umso größerem Recht den 14. Juli feiern dürften, weil auch sie zu den Siegern gehörten. Nur sehr subtil deutete er an, dass die vollständige Vereinigung des linken Rheinufers mit Frankreich noch ausstand, und erinnerte dann an diejenigen, die im Rheinisch-deutschen Nationalkonvent als erste diese Vereinigung gefordert und so das Dekret des Pariser Nationalkonvents vom 30. März 1793 über die Aufnahme des Gebietes von Landau bis Bingen in die Französische Republik erwirkt hatten. Namentlich nannte er Johann Martin Eckel, Georg Forster und Adam Lux[66] und setzte sie mit denjenigen gleich, die bei der Erstürmung der Bastille ihr Leben verloren hatten. Mit diesem Dank an die Mainzer Märtyrer der Revolution beschloss er seine Rede, die erneut geschickt eine Brücke von den Pariser zu den Mainzer Ereignissen schlug.

Ein Jahr später, am 14. Juli 1799, scheint man auf derartige Inszenierungen verzichtet zu haben.[67] Die von Matthias Metternich und Abraham Lembert gehaltenen Reden folgten dem bekannten Muster einer einleitenden Erörterung über

---

64 Der aus Mannheim stammende und im Elsass tätige Publizist Abraham Lembert (1766–1832) war mit Matthias Metternich nach Mainz gekommen und im Februar 1798 Bürochef der Zentralverwaltung des Departements Donnersberg geworden. Zusammen mit Friedrich Lehne gab er den „Beobachter vom Donnersberg" heraus. Kurzbiographie mit allen Lebensstationen bei *Lachenicht*, Information, 476–478.

65 Rede für die Feier des vierzehnten Juli, gehalten zu Mainz, am 26 Messidor, VI von A. Lembert, Mainz [1798], 6. Frz. Fassung: Discours pour la Fête du quatorze Juillet célébrée à Mayence le 26 Messidor, 6. Année, prononcé en allemand et traduit en français par A. Lembert, Mainz: Pfeiffer, 1798.

66 Adam Lux (1765–1793) gehörte neben Georg Forster und André Patocki zu den Mainzer Konventsabgeordneten, die Ende März 1793 dem Pariser Konvent die Bitte um Anschluss von 84 rheinhessischen und pfälzischen Orten an Frankreich überbrachten. Wohlwissend, dass ihm seine öffentliche Kritik an der Hinrichtung Charlotte Cordays die Todesstrafe einbringen würde, war er am 4. November 1793 in Paris guillotiniert worden. *Dumont*, Lux.

67 Die Mainzer Zeitung enthält keinen Bericht über irgendwelche Festivitäten, sodass nicht angegeben werden kann, in welchem Rahmen der Ereignisse gedacht wurde. Überliefert sind nur die Reden Metternichs und Lemberts von diesem Tag.

die Segnungen der Republik und einem Schlussteil, der an lokale Ereignisse anknüpfte. Metternich erinnerte in diesem Zusammenhang an die erste Feier des 14. Juli im Jahre 1793 *in einer fürchterlichen Epoche für Mainz*, womit er darauf anspielte, dass die Stadt schon wenige Tage später, am 23. Juli, vor den gegnerischen Truppen kapitulieren sollte und die Mainzer Republik damit ihr Ende fand. 1799 war die Lage kaum besser: Denn *noch macht Mainz, noch macht das linke Rheinland keinen Theil der Republik*, das heißt: die vollständige Integration in die Französische Republik ließ weiter auf sich warten, und erneut gaben die Erfolge der gegnerischen Truppen Anlass zu schlimmen Befürchtungen, sodass keineswegs sicher war, wer sich durchsetzen würde, auch wenn Metternich die historische Gerechtigkeit beschwor: [D]er Sieg muß dem zu Theil werden, der für Freiheit und Tugend kämpft.[68] Auch Lembert spielte auf die aktuelle Bedrohung der Republik an und appellierte an die *Waffenbrüder der Forster und Blau*, sich zusammenzuschließen und die Republik zu verteidigen.[69] Er griff damit den Appell auf, den Mulot in seiner Rede zum Fest der Dankbarkeit am 29. Mai desselben Jahres bereits ausgesprochen hatte.

Wenige Wochen nach dem 14. Juli 1798 bekamen die Mainzer erneut ein historisches Schauspiel geboten. Am 10. August wurde an den Sturm auf den Tuilerienpalast mit der anschließenden Gefangennahme und Absetzung Ludwigs XVI. 1792 erinnert.[70] Im Festzug wurden dieses Mal die Insignien des alten Regimes mitgeführt, indem auf einem Wagen ein Thron, Kronen, Szepter, Wappen und eine weiße Fahne zum Schlossplatz transportiert und beim Vaterlandsaltar verbrannt wurden.[71] Dabei handelte es sich offensichtlich um eine allgemeine Absage an die Monarchie, ohne dass ein konkreter Bezug zum Mainzer Kurfürsten hergestellt wurde.

Dieser Bezug wurde etwas deutlicher in der Inszenierung, die den Festakt beendete. Denn der Sturm auf den Tuilerienpalast wurde am ehemaligen kurfürstli-

---

68 Rede am Feste des vierzehnten Julius in Mainz gesprochen von M. Metternich, Mainz: Pfeiffer 1799, 14 f.
69 Discours pour la Fête du quatorze Juillet célébré le 26 Messidor de l'an VII par le citoyen Lembert, Mainz: Pfeiffer, 1799.
70 Während heute die Bedeutung des 14. Juli alle anderen Revolutionsereignisse überstrahlt, waren die Gewichtungen anfangs durchaus anders und der 14. Juli lange Zeit umstritten und nur von relativer Bedeutung. Matthias Metternich wies darauf in seiner Rede am 14. Juli 1799 hin, wenn er ausführte, dass erst der 10. August den 14. Juli vollendet habe, da es im Anschluss an den Bastillesturm schien, *als habe man's vergessen, oder es doch nicht nöthig erachtet, den Königsthron, und alle dessen Stützen umzuwerfen.* Rede am Feste des vierzehnten Julius in Mainz gesprochen von M. Metternich, Mainz: Pfeiffer, 1799, 3.
71 Mainzer Zeitung Nr. 131, 11.8.1798, 1 f. Vor der Verbrennung sprachen Regierungskommissar Rudler und General Joubert, deren Reden jedoch nicht überliefert sind, sodass es in diesem Fall nicht möglich ist, festzustellen, wie die Redner die Inszenierung deuteten.

chen Schloss nachgespielt. Das erleichterte das Verständnis der Inszenierung, da das kurfürstliche Schloss offensichtlicher den Tuilerienpalast darstellen konnte als die Peterskirche die Bastille. Wenn am Ende des Schauspiels die Trikolore auf dem Balkon des Mainzer Schlosses aufgesteckt wurde, wurde nicht nur an die Pariser Ereignisse des 10. August 1792 erinnert, sondern auch der Triumph der Republik über die kurfürstliche Herrschaft gefeiert, obwohl eine explizite Parallelisierung zwischen königlicher und kurfürstlicher Herrschaft unterblieb.

Auch das Ankündigungsplakat für das letzte Fest des Jahres 1798, nämlich das Fest anlässlich der Gründung der Republik am 22. September, mit dem 1798 das Jahr VII der Republik begann, nahm noch einmal auf die revolutionäre Vergangenheit von Mainz Bezug, wenn es gleich zu Beginn des zweiten Absatzes hieß, *daß es sich gebührt, dieses Fest in Mainz mit allem Glanz zu feiern [...], in Mainz, wo der erste Grundstein der cisrhenanischen Freiheit gelegt wurde.*[72]

Resümee

Die 1798 in Mainz gefeierten Revolutionsfeste verdeutlichten mit ihrer Übernahme des französischen Festkalenders den Zeitenwechsel, den Übergang an Frankreich, der sich eben auch in anderen Festen und einem anderen Kalender manifestierte. Gleichzeitig ist das Bemühen zu erkennen, den Mainzern das Gefühl zu vermitteln, dass sie bei diesem Umschwung nicht einfach Objekte der Geschichte waren, denen eine fremde Ordnung aufoktroyiert wurde, sondern dass sie mit ihrer revolutionären Vergangenheit der Mainzer Republik diesen Umschwung mit herbeigeführt hatten, dass es also auch ‚ihre‘ Revolution war, die gefeiert wurde. Damit wurde die neue Herrschaft legitimiert, indem sie also nicht als neue Herrschaft inszeniert wurde, sondern als die Herrschaft, die das Mainzer Volk schon einmal erkämpft hatte und die ihm wieder entrissen und nun von den französischen Truppen zurückgebracht worden war. Aus diesem Anlass wurden *feste [...] auf feste gefeuret*, wie der Türmer von St. Stephan feststellte.

---

72 Berathschlagung der Munizipal-Verwaltung vom Kanton Mainz. Sitzung vom ersten Ergänzungstag des 6ten Jahres. Die Rede des Generalsteuereinnehmers des Departements Donnersberg und ehemaligen Präsidenten des Rheinisch-deutschen Nationalkonvents Andreas Joseph Hofmann anlässlich des Festes schilderte den triumphalen Siegeszug der Revolution in vielen Ländern Europas, enthielt aber keine lokalen Bezüge; Rede des Bürgers Hofmann beim Gründungsfeste der Republik. Mainz den 1ten Vendemiaire siebenten Jahrs; kurze Auszüge bei *Reichardt*, Revolutionskultur, 44, aber fälschlicherweise datiert auf 1799. Die falschen Datierungen ziehen sich durch den kompletten Abschnitt „23. September 1799/1800“, der eigentlich „23. September 1798/99“ heißen müsste.

Bibliografie

Ungedruckte Quellen

Archives Nationales Paris, F/1c III/Mont-Tonnerre/3.
Stadtarchiv Mainz, 60/872, 60/873, 60/877.
Stadtarchiv Mainz, NL Müller, Nik. / 192 (alt Konv. XIV, Nr. 1).

Gedruckte Quellen

Auszug aus dem Berathschlagungs-Register der Central-Verwaltung des Departements vom Donners-
 berg, Mainz 1799.
Der Beobachter vom Donnersberg, Mainz 1798–1801.
Frankfurter Kaiserliche Reichs-Ober-Post-Amts-Zeitung, Nr. 47, 22.3.1798.
Görres, Joseph, Politische Schriften der Frühzeit (1795–1800), hrsg. v. Max Braubach, Köln 1928.
Hansen, Joseph (Hrsg.), Quellen zur Geschichte des Rheinlandes im Zeitalter der Französischen Revo-
 lution 1780–1801, Bd. 1–4 (Publikationen der Gesellschaft für Rheinische Geschichtskunde, XLII),
 Bonn 1913–1938.
Hofmann, Andreas J., Rede des Bürgers Hofmann beim Gründungsfeste der Republik. Mainz den 1ten
 Vendemiaire siebenten Jahrs, o. O. o. J.
Lehne, Friedrich, Discours prononcé à la Célébration de la Fête de l'Agriculture dans la Commune de
 Mayence le 10 Messidor l'an 6, Mainz: Pfeiffer, 1798.
Lehne, Friedrich, Rede am Feste des Ackerbaus den 10ten Messidor 6ten Jahres gesprochen auf dem
 Hügel der ehemaligen Favorite bei Mainz, Mainz 1798.
Lembert, Abraham, Rede für die Feier des vierzehnten Juli, gehalten zu Mainz, am 26 Messidor, 6 von
 A. Lembert, Mainz 1798.
Lembert, Abraham, Discours pour la Fête du quatorze Juillet célébrée à Mayence le 26 Messidor, 6.
 Année, prononcé en allemand et traduit en français par A. Lembert, Mainz: Pfeiffer, 1798.
Lembert, Abraham, Discours pour la Fête du quatorze Juillet célébrée le 26 Messidor de l'an VII par le
 citoyen Lembert, Mainz: Pfeiffer, 1799.
Mainzer Zeitung 1798.
Metternich, Matthias, Rede am Feste des vierzehnten Julius in Mainz, Mainz: Pfeiffer, 1799.
Mulot, François-Valentin, Rede des Bürgers Mulot ehemaligen Volksrepräsentanten gesprochen in
 Mainz am Jahresfest der Bestrafung des lezten Königs der Franken den 2ten Pluvios des 6ten
 republikanischen Jahres, Mainz: Wirth, 1798.
Mulot, François-Valentin, Discours prononcé le dix Prairial, an VII, à la fête de la Reconnoissance,
 Mainz: Crass, 1799.
Municipalité de Mayence, Proces-Verbal de la fête qui a eu lieu à Mayence le trente Ventôse, an VI de
 la République Française, pour honorer la Souveraineté du Peuple, Mainz 1798.
Reden, gesprochen bei Pflanzung des Freiheitsbaumes in Mainz am 18ten Nivos des 6ten Jahres der
 einen und untheilbaren Frankenrepublik, Mainz: André Crass, 1798.
Scheel, Heinrich (Hrsg.), Die Mainzer Republik. 1: Protokolle des Jakobinerklubs; 2: Protokolle des Rhei-
 nisch-deutschen Nationalkonvents mit Quellen zu seiner Vorgeschichte (Akademie der Wissen-

schaften der DDR. Schriften des Zentralinstituts für Geschichte, 42 u. 43), Berlin [Ost] 1975 u. 1981.
Umpfenbach, Adam, Rede des Bürger Präsidenten Umpfenbach im Namen der Munizipalität am gestrigen Feste (= Beilage zur Mainzer Zeitung, 22.1.1798).

Literatur

Bockenheimer, Karl G., Geschichte der Stadt Mainz während der zweiten französischen Herrschaft (1798–1814), Mainz 1890.
Braun, Bettina, Das Reich blieb nicht stumm und kalt. Der Untergang des Alten Reiches in der Sicht der Zeitgenossen, in: Epochenjahr 1806? Das Ende des Alten Reichs in zeitgenössischen Perspektiven und Deutungen (Veröffentlichungen des Instituts für Europäische Geschichte, Beiheft 76), hrsg. v. Christine Roll/Matthias Schnettger, Mainz 2008, 7–29.
Burgdorf, Wolfgang, Wendepunkte deutscher Geschichte. Das Reichsende 1806 und seine Wahrnehmung durch Zeitgenossen, in: Heiliges Römisches Reich deutscher Nation 962 bis 1806. Altes Reich und neue Staaten 1495 bis 1806. Essays, hrsg. v. Heinz Schilling/Werner Heun/Jutta Götzmann, Dresden 2006, 17–30.
Burgdorf, Wolfgang, Ein Weltbild verliert seine Welt. Der Untergang des Alten Reiches und die Generation 1806 (bibliothek altes Reich, 2), 2. Aufl., München 2009.
Cottebrune, Anne, „Deutsche Freiheitsfreunde" versus „deutsche Jakobiner". Zur Entmythisierung des Forschungsgebietes „Deutscher Jakobinismus" (Gesprächskreis Geschichte, 46), Bonn 2002.
Dittmar, Sven, Herrschereinzüge und Huldigungen in Kurmainz nach 1648, in: Mainzer Zeitschrift 115/116 (2020/2021), 79–110.
Dobras, Wolfgang, Die Mainzer Republik. Ausgewählte Ereignisse und ihre archivalische Überlieferung, in: Die Mainzer Republik und ihre Bedeutung für die parlamentarische Demokratie in Deutschland, hrsg. v. Hans Berkessel u. a. (Mainzer Beiträge zur Demokratiegeschichte, 1), Oppenheim 2019, 34–53.
Dotzenrod, Ottilie, Republikanische Feste im Rheinland zur Zeit der Französischen Revolution, in: Öffentliche Festkultur. Politische Feste in Deutschland von der Aufklärung bis zum Ersten Weltkrieg, hrsg. v. Dieter Düding/Peter Friedemann/Paul Münch, Reinbek 1988, 46–66.
Duchhardt, Heinz, Friedrich Karl Joseph von Erthal (1719–1802), Karl Theodor von Dalberg (1744–1817) und das Ende von Reichskirche und Reich, in: Mainzer (Erz-)Bischöfe in ihrer Zeit, hrsg. v. Franz J. Felten (Mainzer Vorträge, 12), Stuttgart 2008, 103–121.
Dumont, Franz, Die Reunionsadressen von 1798 im Departement Donnersberg, in: Pfalzatlas, Textband III, hrsg. v. Willi Alter, Speyer 1981, 1468–1470.
Dumont, Franz, Die Mainzer Republik von 1792/93. Studien zur Revolutionierung in Rheinhessen und der Pfalz (Alzeyer Geschichtsblätter, 9), 2., erw. Aufl., Alzey 1993.
Dumont, Franz, Mayence. Das französische Mainz (1792/98–1814), in: Mainz. Die Geschichte der Stadt, hrsg. v. dems. u. a., Mainz 1998, 319–374.
Dumont, Franz, „Sein Leben dem Wahren widmen". Adam Lux als historische Gestalt, in: Stefan Zweig, Adam Lux. Mit Essays von Franz Dumont und Erwin Rotermund, 2. Aufl., Obernburg a. M. 2005, 113–146.
Göbel, Ramona, Munizipalverwaltung und Mairie der Stadt Mainz 1798–1814. Findbuch des Stadtarchivs Mainz (Veröffentlichungen der Landesarchivverwaltung Rheinland-Pfalz, 103), Koblenz 2004.

Lachenicht, Susanne, Information und Propaganda. Die Presse deutscher Jakobiner im Elsaß (1791–1800) (Ancien Régime, Aufklärung und Revolution, 37), München 2004.

Mathy, Helmut, Felix Anton Blau (1754–1798). Ein Mainzer Lebensbild aus der Zeit der Aufklärung und französischen Revolution, zugleich ein Beitrag zur radikalen Aufklärungstheologie am Mittelrhein, in: Mainzer Zeitschrift 67/68 (1972/73), 1–29.

Müller, Jürgen, 1798. Das Jahr des Umbruchs im Rheinland, in: Rheinische Vierteljahresblätter 62 (1998), 205–237.

Müller, Klaus, Eine Volksbefragung im Rheinland am Ende des 18. Jahrhunderts. Zu den Reunionsadressen des Jahres 1798, in: Anknüpfungen. Kulturgeschichte – Landesgeschichte – Zeitgeschichte. Gedenkschrift für Peter Hüttenberger (Düsseldorfer Schriften zur Neueren Landesgeschichte und zur Geschichte Nordrhein-Westfalens, 39), hrsg. v. Volker Ackermann u. a., Essen 1995, 105–119.

Reichardt, Rolf, Französische Revolutionskultur in Mainz 1792–1801, in: Die Publizistik der Mainzer Jakobiner und ihrer Gegner. Revolutionäre und gegenrevolutionäre Proklamationen und Flugschriften aus der Zeit der Mainzer Republik (1792/93). Katalog zur Ausstellung der Stadt Mainz im Rathaus-Foyer vom 14. März bis 18. April 1993, Mainz 1993, 11–51.

Rosenkranz, Karl, Georg Wilhelm Friedrich Hegel's Leben, Berlin 1844.

Schnabel-Schüle, Helga, Herrschaftswechsel. Zum Potential einer Forschungskategorie, in: Fremde Herrscher – fremdes Volk. Inklusions- und Exklusionsfiguren bei Herrschaftswechseln in Europa (Inklusion/Exklusion. Studien zu Fremdheit und Armut von der Antike bis zur Gegenwart, 1), hrsg. v. ders./Andreas Gestrich, Frankfurt a. M. u. a. 2006.

Schröer, Christina, Republik im Experiment. Symbolische Politik im revolutionären Frankreich (1792–1799) (Symbolische Kommunikation in der Vormoderne), Köln/Weimar/Wien 2014.

Schweigard, Jörg, Friedrich Lehne. Revolutionspoet, Frühdemokrat, Journalist, Obernburg a. M. 2018.

Stein, Wolfgang H., Revolutionskultur ohne Revolution. Die französischen Nationalfeste im Rheinland am Beispiel des Saardepartements, St. Ingbert 2018.

Uhlig, Ludwig, Georg Forster. Lebensabenteuer eines gelehrten Weltbürgers (1754–1794), Göttingen 2004.

Franziska Schedewie

Die Deutschlandpolitik der Perestrojka in ihrer Selbstdarstellung

Imagepflege, Glasnost und Zeitenwechsel in der Zeitschrift
Sowjetunion heute, 1985–91

Einleitung

Unter dem Eindruck des russischen Angriffs auf die Ukraine am 24. Februar 2022
wurden Osteuropahistoriker:innen mit der Frage konfrontiert, ob sie mit ihrer
Wissenschaft ein zweites Mal durch Nicht-Vorhersehen versagt und einen Zeitenwechsel versäumt hätten: In dieser Situation des Kriegsbeginns, wie auch schon
1989–91 angesichts des Berliner Mauerfalls und der deutschen Wiedervereinigung
sowie des 1991 folgenden Endes der Sowjetunion.

Um dieser Frage in Bezug auf Deutschland retrospektiv nachzugehen, braucht
man nicht in geheime Archive zu tauchen. Eine einschlägige Quelle ist in vielen
öffentlichen Bibliotheken frei zugänglich, ja sogar in privaten Haushalten vorhanden. Denn wer sich damals in der Bundesrepublik Deutschland für die Sowjetunion interessierte, konnte gegen 10 DM Postgebühr die Zeitschrift *Sowjetunion heute*
(im Folgenden zitiert als *SU heute*) abonnieren.[1]

Die Zeitschrift wurde ab 1956 in deutscher Sprache von der Presseabteilung
der sowjetischen Botschaft in Bonn herausgegeben, in den 1980er Jahren gemeinsam mit der Presseagentur Nowosti/APN. Sie erschien monatlich auf 68 Seiten in
einer Auflagenhöhe von 38.000 Exemplaren um 1980, mit einer Verdoppelung auf
bis zu 80.000 während der Reformperiode Perestrojka. Es handelte sich ursprünglich um ein für die Außenbeziehungen und -propaganda im Systemwettbewerb
konzipiertes, offizielles Image-Magazin. Anders als *Sputnik* in der DDR[2] stellte
Sowjetunion heute mehr als einen Pressespiegel dar. Die Themen der *SU heute* sollten *ein Fenster in das Leben unseres Landes und unserer Menschen* öffnen, so der

1 *Sowjetunion heute*, hrsg. v. der Presseabteilung der Botschaft der UdSSR in Zusammenhang mit
der Informationsagentur Nowosti (IAN), Köln 1956–1991. Die Zeitschrift selbst war kostenlos, die
Postgebühr betrug 1986 6 DM, 1989 10 DM, 1991 12 DM. Dank an Joachim von Puttkamer, Dennis
Dierks und die Herausgeber für wertvolle Anregungen. Gefördert durch die Deutsche Forschungs-
gemeinschaft (DFG) – SCHE 1997/2-1.
2 *Sputnik*, hrsg. v. Nachrichtenagentur Nowosti, Moskau 1967–97.

https://doi.org/10.1515/9783111384214-013

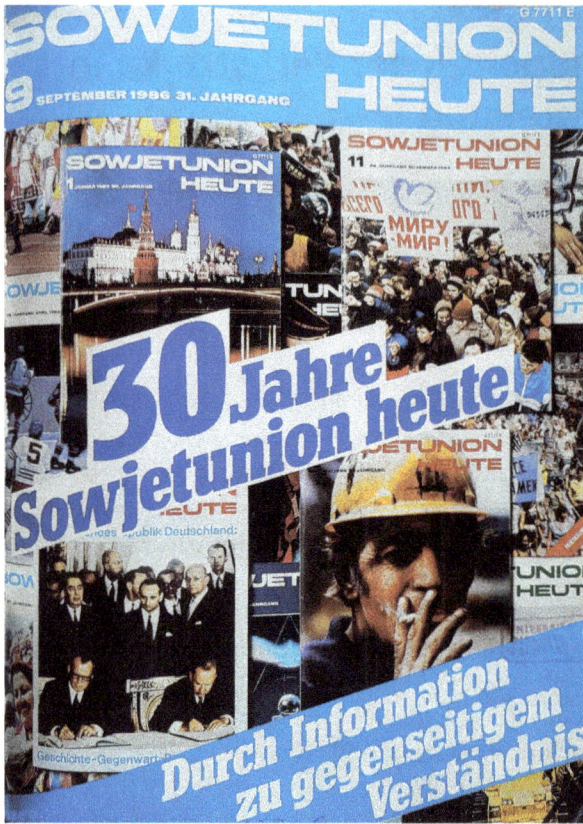

Abb. 1: *Sowjetunion heute*, 31,9 (1986), Titelseite.

Botschafter Juli Kwizinski im September-Heft 1986,[3] und zwar in weit gefächerten Bereichen von Politik und Gesellschaft, Wirtschaft und Kultur, Landeskunde, Technologie, Wissenschaft, Alltagsleben und Sport. Ein großer Anteil widmete sich den sowjetisch-bundesdeutschen Beziehungen und der Geschichte. Mit vielen Farbillustrationen und einer hohen Papierqualität war die Zeitschrift aufwändig hergestellt. Ergänzt wurde sie durch einen Dokumententeil und Extraausgaben zu besonderen Anlässen.[4] Gemäß ihrer eigenen Zielgruppenerhebung avisierte die

---

3 *Kwizinski*, Juli, Grußwort zum dreißigjährigen Jubiläum von *Sowjetunion heute*, in: SU heute 31,9 (1986), 2.
4 SU heute 31 (1986), Sondernummer April 1986 (90 S.); SU heute 34 (1989), Sondernummer Juni 1989 (34 S.). – Das (west-)deutsche Pendant zu ‚Sowjetunion heute' bildete die Zeitschrift ‚Guten Tag: žurnal iz Germanii' [Zeitschrift aus Deutschland], hrsg. v. Presse- und Informationsdienst der Bundesregierung, Hamburg 1979–1994.

Zeitschrift ein breites Durchschnittspublikum.[5] Bestandsnachweise gibt es heute aber auch für über 140 Universitäts- und Fachbibliotheken.[6] Für eine erwünschte weite Rezeption (und um Vorbehalten gegen sowjetische Propaganda am Ende des Kalten Krieges entgegenzuwirken) sprach die Redaktion aktiv die westdeutsche politische Prominenz und öffentliche Meinungsbildner um Empfehlung an[7] und veröffentlichte Kurznachrichten zu sowjetisch-deutschen Kontakten. Zudem druckte sie das Magazin im kopierfreundlichen DIN A4-Format mit bibliographischer Angabe auf jeder Seite und pauschaler Nachdruckerlaubnis im Impressum.

Mit dieser leicht zugänglichen und auf Attraktivität bedachten Zeitschrift legte die sowjetische Botschaft in Bonn ein Medium vor, das ab 1985 auch den staatlichen Reformprozess einschließlich seiner Komponenten Glasnost (Öffentlichkeit), Demokratisierung und Nowoe Myschlenie (Neues Denken in der Außenpolitik) begleitete. In ihren regelmäßigen Ausgaben übersetzte die Redaktion den in die ‚Umgestaltung' aufgebrochenen Kurs der sowjetischen Regierung, kommunizierte ihn in das westliche Ausland – und war ihm gleichzeitig selbst unterworfen. Dabei begleitete die *SU heute* gegenüber der westdeutschen Öffentlichkeit nolens volens Monat für Monat den Prozess, der sich im Nachhinein als der Weg zur deutschen Einheit erwies.

Wie stellte diese offizielle Image-Zeitschrift die Deutschlandpolitik der Perestrojka bis 1990/91 dar? Welche Aussagen, Tendenzen und Zeichen lassen sich retrospektiv feststellen und hätten damalige Abonnenten womöglich hellhörig machen können? – Interessant ist aus heutiger Perspektive die Zeit bis zum Mauerfall 1989, der damals überraschend kam. Unter anderen Gesichtspunkten ebenso interessant ist die Phase im Anschluss, in der international die Weichen zur deutschen Einheit und einer neuen Europapolitik gestellt wurden. Die heutige Forschung hält fest, zum Beispiel mit den Worten von Kristina Spohr (2019), dass die „auf einen so schnellen und allumfassenden Wandel durch nichts vorbereitete" Welt in den Jahren 1990/91 „durch eine Diplomatie neu gestaltet wurde, die vor allen Dingen bewahrend wirkte. Etablierte Institutionen des Kalten Krieges wurden an die neuen Gegebenheiten angepasst",[8] neue Strukturen für „die Herausforderungen einer neuen Ära" nicht geschaffen.[9] Alexander von Plato (2002) spricht von nicht realisierten „Hoffnungen der sowjetischen Führung auf einen neuen

---

5 Unsere Zeitschrift in den Augen ihrer Leser, in: SU heute 31,1 (1986), 60 f.

6 Nachweis gemäß Zeitschriftendatenbank [https://zdb-katalog.de/title.xhtml?idn=012918679&view=brief; 07.06.2024].

7 Beispiele bilden die u. a. von Oberbürgermeistern und Chefredakteuren erbetenen Statements anlässlich des dreißigjährigen Jubiläums der Zeitschrift, vgl. SU heute 31,9 (1986), 10–17.

8 *Spohr*, Wendezeit, 13 u. 15.

9 Ebd., 18.

moralischen Stil in der Diplomatie".[10] Im Rückblick gilt es zu bedenken, dass die
Epoche 1990/91 eine war, in der es neben der deutschen Wiedervereinigung
gleichzeitig um die europäische Integration sowie aber auch um die Zukunft beziehungsweise das Ende des sowjetischen Militärbündnisses Warschauer Pakt
und den drohenden Zerfall der Sowjetunion ging. Wie zugespitzt die Situation
war, wird in *SU heute* anschaulich: Schon im Dezember 1989 und Januar 1990 erschienen im Abstand von nur einem Heft Artikel, die sich für das noch geteilte
Deutschland mit der Frage nach *konföderativen Strukturen* befassten – und für
die noch bestehende UdSSR dagegen mit der Frage nach *Bundesstaat oder Staatenbund*.[11] Wie positionierte sich die Image-Zeitschrift in diesen Fragen gegenüber ihrem deutschen Lesepublikum? Welche Themen, Beiträge und Ansprüche aus der
laufenden Diskussion wurden in die Zeitschrift transportiert und dort medial aufbereitet? Welche Themen kamen nicht vor?

Dieser Beitrag geht diesen Fragen nach, indem er die Zeitschrift nach Losungen und Begriffen analysiert, die aus der Wendezeit bekannt waren, wie insbesondere ‚das gemeinsame europäische Haus'. Er fragt zudem nach Einsatz visuel-
ler Mittel wie Bildmaterial und Layout sowie nach Kontexten und Deutungsrahmen, in denen Politik und konkrete Ereignisse präsentiert wurden. Einen
wichtigen Deutungsrahmen bildeten historische Bezüge und speziell das Thema
des Zweiten Weltkriegs. Dies mag in dieser Zeitschrift kaum überraschen: Denn
erstens war gegenüber dem westdeutschen Lesepublikum im bisher üblichen
sowjetischen Sprachgebrauch die Deutschlandpolitik inklusive der ideologischen
Existenzbegründung der DDR als das ‚bessere', „antifaschistische" Deutschland
unmittelbar mit dem Krieg verknüpft.[12] Weichte die UdSSR die Gründungsdichoto-
mie BRD–DDR in einem medial vermittelten neu ausgerichteten Kriegs- und
Deutschlandbild auf, war dies womöglich als eine Aufkündigung der Schutzgaran-
tie für die DDR auszulegen.[13] Zweitens bildete der Krieg ein Hauptreferenzthema
in der globalen Rhetorik von Hochrüstung, Abrüstung und Entspannung in den
1980er Jahren. Drittens stellte der ‚Große Vaterländische Krieg' (1941–45) aus sowjetischer Perspektive einen wesentlichen identitätsstiftenden Faktor dar.[14] Im

---

10 *Plato*, Die Vereinigung, 422.

11 *Portugalow*, Nikolai, BRD-DDR. Konföderative Strukturen sind möglich, in: SU heute 34,12
(1989), 10 f.; Die UdSSR – Bundesstaat oder Staatenbund? Eine aktuelle Diskussion, in: SU heute
35,1 (1990), 42 [= APN-Artikel, der „die Diskussion in *Prawda* aufgreift", ebd.]. – Vgl. u. a. auch
Ehrhardt, Die ‚sowjetische Frage'.

12 Z. B. *Bereschkow*, Valentin, Die denkwürdigen Jahre des Krieges (1), in: SU heute 29,9 (1984),
36–41.

13 Zu Reaktionen der DDR-Führung auf die Perestrojka vgl. *Nepit*, Die SED; vgl. zuletzt auch
Wentker, Die Deutschen und Gorbatschow.

14 Vgl. *Tumarkin*, The Living and the Dead.

sowjetischen kollektiven Gedächtnis war nicht nur die Grundannahme eines aggressiven deutschen Expansionismus eingeschrieben,[15] sondern auch die vom Zweiten Weltkrieg vermeintlich als einem ‚reinen Verteidigungskrieg'. Beides hatte auch die *SU heute* bisher so vermittelt. Schrieben sich nun Perestrojka und Glasnost offiziell eine neue, kritische Auseinandersetzung mit der Vergangenheit auf die Fahnen,[16] so war auch die Image-Zeitschrift gefordert, neue Narrative nach außen zu entwickeln. Die außenpolitische Brisanz der Thematik war so groß wie ihr politisches PR-Potential: In der DDR wurde *Sputnik* im November 1988 als geschichtsbild- und systemgefährdend verboten;[17] beim westdeutschen Publikum dagegen konnte ein Bekenntnis zu Offenheit Vertrauen bewirken und Anspruch auf Glaubwürdigkeit, ja moralischen Vorsprung in Sachen historischer Aufklärung begründen. ‚Moralischer Vorsprung' bildete an sich ein Hauptargument, mit dem Perestrojka ‚von oben' international beworben wurde.[18] Viertens untermauerte die Sowjetunion auch in dieser Zeitschrift ihre geforderten Mitspracherechte und Ansprüche bei einer Neuordnung Deutschlands durch ihre Siegerrolle und hohen Opferzahlen im Krieg.

Die Analyse der sowjetischen Deutschlandpolitik in ihrer medialen Selbstdarstellung ergänzt dabei den Forschungsstand zur ‚deutschen Frage'. Sie ist komplementär zum einen zu den auf Archivalien, Interviews und Memoiren gestützten Studien der komplizierten internen Entscheidungsprozesse im Kreml.[19] Zum anderen ist sie komplementär zu den Analysen der internationalen Beziehungen, in die die sowjetische Politik eingebunden war.[20] Sie bildet auch einen Beitrag an

---

15 Vgl. *Shumaker*, Gorbachev and the German Question, 2.

16 Vgl. u. a. *Afanassjew*, Es gibt keine Alternative zu Perestroika; *Davies*, Perestroika und Geschichte, v. a. 127–244; Afanassjew publizierte mehrere Beiträge auch in *SU heute* (s. Fn. 67).

17 https://www.stasi-unterlagen-archiv.de/informationen-zur-stasi/themen/beitrag/das-sputnik-verbot/; 07.06.2024.

18 Dies belegen Aussagen der Perestrojka-Vordenker. Vgl. z. B. *Cohen/vanden Heuvel*, Voices of Glasnost. Dazu auch das laufende, durch die DFG geförderte Forschungsprojekt der Verfasserin ‚Perestrojka als Mehrebenenprozess'.

19 Vgl. zum Forschungsstand u. a. *Adomeit*, Imperial Overstretch; *Biermann*, Zwischen Kreml und Kanzleramt; *Galkin/Tschernjajew* (Hrsg.), Gorbatschow und die deutsche Frage; *Altrichter/Möller/Zarusky/Hilger*, Michail Gorbatschow und die deutsche Frage; *Karner* u. a. (Hrsg.), Der Kreml und die deutsche Wiedervereinigung 1990; *ders.*, u. a. (Hrsg.), Der Kreml und die Wende 1989; *Kazarina*, u. a., Konec Ėpochi; *Kramer*, Beyond the Brezhnev Doctrine; *ders.*, The Demise of the Soviet Bloc, 788–854; *Küchenmeister* (Hrsg.), Honecker – Gorbatschow; Otvečaja na vyzov vremeni. Vnešnjaja politika perestrojki, hrsg. v. Meždunarodnyj fond social'no-ėkonomičeskich i politologičeskich issledovanij (Gorbačev-Fond); *Plato*, Die Vereinigung Deutschlands; *Shumaker*, Gorbachev and the German Question; *Umbach*, Das rote Bündnis; *Wagensohn*, Von Gorbatschow zu Jelzin; *Wendt*, Hierarchy under Anarchy; *Wilke*, Sowjetische Deutschlandpolitik, 167–180.

20 Vgl. u. a. *Spohr*, Wendezeit; *Sarotte*, Not One Inch; *Savranskaya/Blanton* (Hrsg.), The Last Superpower Summits; *Service*, The End of the Cold War; *Zubok*, A Failed Empire.

der Schnittstelle zwischen Politik- und Mediengeschichte.[21] Wie diplomatisch gab sich die Zeitschrift *SU heute*? Wie versuchte sie, ihre Leser für sowjetische Positionen einzunehmen? War sie Medium eines ‚neuen moralischen Stils‘? – Diese Fragen sind schon deshalb relevant, weil hier medial oft dieselben Akteure in Erscheinung traten, die damals auch in und um den Kreml aktiv waren.[22] Sie sind aber vor allem wichtig, weil heute die angesprochene ‚bewahrend-anpassende‘ Diplomatie und Politik und die Institutionen, speziell die NATO, von russischer Seite in zum Teil revisionistischer Weise scharf kritisiert werden. Die Zeitschrift *SU heute* gibt Einblicke in Denkhorizonte und Diskurse, die während der Perestrojka gezielt an die westdeutsche Öffentlichkeit herangetragen werden sollten – und zwar in einer spezifischen Auswahl, die damals von den Verantwortlichen der Zeitschrift getroffen wurde und heute in einer in sich geschlossenen Quelle vorliegt.

Zum Profil der Zeitschrift im Hinblick auf ihre Auswertung

Die Autoren (selten Autorinnen) und Personen, deren Beiträge mit deutschlandpolitischen Themen in der Zeitschrift erschienen (als primär verfasste Artikel, Interviews oder zweitaufgelegte Artikel aus sowjetischen Zeitungen), bildeten ein Spektrum aus Redakteuren und Korrespondenten, Politikern und Politikberatern sowie Experten und Wissenschaftlern der prominenten Forschungseinrichtungen, zum Beispiel dem Amerika-Kanada-Institut der Akademie der Wissenschaften oder dem 1988 gegründeten Europa-Institut. Die folgende Aufstellung (Auswahl) zeigt Autoren und Beiträger unterschiedlicher Art in der Reihenfolge ihres Erscheinens und mit der Anzahl ihrer im engen Sinne deutschlandpolitikbezogenen Beiträge zwischen Januar 1986 und April 1991.[23]

---

21 Zur Mediengeschichte während Perestrojka vgl. u. a. *Čeremuškin*, Krise und Zerfall, 341–354; *Derix*, Bebilderte Politik; *Gibbs*, Gorbachev's Glasnost; *Roisko*, Gralshüter eines untergehenden Systems; vgl. auch *Hanke/Keidel* (Hrsg.), Unruhe ist de erste Bürgerpflicht.
22 Manche von ihnen sind bis heute (2024) für den Kreml aktiv, andere haben dieses Umfeld in verschiedene Richtungen verlassen.
23 Eine exakte Zählung ist schwierig, da Übergänge zu anderen Themen oft fließend sind. In der hiesigen Auflistung ist mit Lilija Schewzowa nur eine Frau dabei, die sich als Politologin in ihrem Interview gegenüber dem APN-Korrespondenten mit Sozialismus und Pluralismus auseinandersetzte, s. unten, Fn. 79.

Tab.1: Beiträger (Anzahl Beiträge) zur ‚deutschen Frage', Januar 1986–April 1991

Wladlen Kusnezow (8),	Wladimir Markow (1),	Wadim Sagladin (1),
Sergej Martynow (6),	Nikolai Tscherwow (1),	Leonid Potschiwalow (1),
Valentin Falin (13),	Spartak Beglow (2),	Witali Schurkin (1),
David Dawidowitsch (1),	Waleri Dawydow (1),	Nikolai Portugalow (2),
Juli Kwizinski (3),	Georgi Schachnasarow (2),	Wladimir Schenajew (1),
Daniil Proektor (3),	Juri Afanassjew (4),	Lilija Schewzowa (1),
Daniil Granin (1),	Oleg Bogomolow (1),	Sergej Karaganow (1),
Georgi Arbatow (4),	Alexander Bowin (4),	Wladislaw Terechow (1),
Sergej Achromejew (2),	Wjatscheslaw Daschitschew (2),	Wladimir Miljutenko (3)
Boris Kaimakow (2),	Wadim Nekrassow (1),	

Die Experten sind aus der Forschungsliteratur bekannt und werden durch Rafael Biermann in ihrer deutschlandpolitischen Haltung als konservativ-hemmend, realistisch-reformorientiert oder demokratisch-liberal (in der deutschen Frage aufgeschlossen) kategorisiert.[24] Aus allen Kategorien dieses etablierten wie renommierten Personenkreises waren in der *SU heute* Autoren dabei. Durchweg nicht vertreten als Beiträger waren die außenpolitisch Hauptverantwortlichen. Es fehlte der Parteichef Gorbatschow (obwohl suggeriert wurde, er hätte sich im Juni 1989 direkt *an meine* [= seine] *deutschen Leser* gewandt; tatsächlich wurde aber das Vorwort seines neuen Buches wiedergegeben, das im Ullstein-Verlag erschienen war).[25] Es fehlte auch der Außenminister Eduard Schewardnadse (der wie Gorbatschow fast nur auf Fotos und im Dokumententeil erschien) und der Botschafter Kwizinski (1986–90), der immerhin zweimal einen Gruß an die Leser richtete.[26] Journalistisch sehr präsent, auch visuell, war dagegen sein Vorgänger im Amt (1971–78) Valentin Falin. Als Kandidat des ZK der KPdSU wurde Falin im April 1986 Leiter der Presseagentur Nowosti/APN und verlieh der Zeitschrift durch die Zahl seiner eigenen Artikel, Interviews und Diskussionsveranstaltungen (‚Rundtischgespräche') sichtbares Profil. Die Abwesenheit der Verantwortungsträger und der kommunikative Charakter der *SU heute*, die einer Illustrierten ähnelte, gaben der Zeitschrift Freiheitsgrade außerhalb der förmlichen Diplomatie, und es ist anzunehmen, dass sie auch als ein Extra-Kanal diente, um Nachrichten und Stimmungen zu kolportieren. Welche Freiheitsgrade die Redaktion *de facto* besaß,

---

24 Vgl. *Biermann*, Zwischen Kreml und Kanzleramt, v. a. 112–124.
25 In: SU heute 34,6 (1989), 2. – *Gorbatschow*, Glasnost. Das neue Denken.
26 Erst nach seinem Ausscheiden als Botschafter veröffentlichte die Zeitschrift einen Artikel aus *Prawda*, vgl. *Kwizinski*, Neue Beziehungen zu Osteuropa entwickeln, in: SU heute 37,4 (1991), 10 f. – Als eine Ausnahme zu Schewarnadse vgl. das Interview mit ihm, geführt durch IAN-Korrespondent Wladimir Markow, Die Politik des neuen Denkens bewährt sich, in: SU heute 36,4 (1991), 11.

lässt sich leider nicht aus Redaktionsnotizen oder Weisungen, sondern nur aus der Zeitschrift selbst erschließen.[27] Letztlich gilt für die Analyse, dass die Zeitschrift das Organ der Botschaft war, dass sie als solches auftrat – und somit ein Element der – „zunehmend ambivalent[en]"[28] – sowjetischen Diplomatie und Außenpolitik repräsentierte.

Eine engmaschige Periodisierung, wie sie in der Historiographie für die Abläufe und Meinungsfindungsprozesse in der ‚deutschen Frage' entwickelt wurde,[29] ist bei der Auswertung der Zeitschrift nur bedingt anwendbar. Zum Beispiel kamen hier die katalytischen Vorgänge des Jahres 1989 in der DDR gar nicht zur Sprache. Für die sowjetische Seite mochte es einleuchten, die Flucht von DDR-Bürgern, die Montagsdemonstrationen oder Erich Honeckers Sturz nicht zu thematisieren, da dies innere Vorgänge eines anderen Staates betraf; vor allem aber hatte die Zeitschrift seit 1986 offenbar einen praktischen *modus vivendi* gefunden, indem zwar einerseits die Existenz des Moskauer Vertrages von 1970[30] als Basis für konstruktive Beziehungen mit der Bundesrepublik hochgehalten wurde – andererseits die faktische Existenz der DDR, deren Grenzen der Vertrag bestätigte, so selten und abstrakt wie möglich Erwähnung fand. (1984 noch hatte dies anders ausgesehen. Damals wurde der *Bruderbund* mit der DDR rhetorisch gestärkt.[31]) Außerdem erfolgten Reflexionen in der Zeitschrift oft indirekt und zeitverzögert.[32] Daher bietet sich für die Auswertung eher eine Einteilung in zwei große Phasen an, davon die erste vom Beginn der Perestrojka bis zur Jahreswende 1989/90. Für diese Zeitspanne ist zu fragen, ob, ab wann und wie die ‚deutsche Frage' in dieser Zeitschrift offen und öffentlich angesprochen und wie sie kontextualisiert wurde. Gleichzeitig war dies auch die Anfangs- und Hochphase, in der Perestrojka und Neues Denken als staatliches Programm erst anliefen und entwickelt wurden, um-

---

27 Weder Archivrecherchen in Moskau (AVPRF, GARF, RGANI) noch die Durchsicht von Memoiren gaben konkrete Hinweise auf diese Zeitschrift. Falin schreibt über seine journalistische Tätigkeit und die Presseagentur APN, vgl. *Falin*, Politische Erinnerungen; er geht aber nicht auf *SU heute* ein, ebenso wenig eine Anthologie seiner Schriften, vgl. *Janzewa* u. a. (Hrsg.), Valentin Falin. Gleiches gilt für die Memoiren des Botschafters: *Kwizinskij*, Vor dem Sturm. So ist für diesen Beitrag auch nicht bekannt, wer die Texte der Zeitschrift auf Deutsch schrieb oder übersetzte.
28 *Biermann*, Zwischen Kreml und Kanzleramt, 124.
29 Vgl. z. B. ebd., 35 f.
30 Der Moskauer Vertrag vom 12. August 1970 gilt in Deutschland als Grundstein der an ‚Wandel durch Annäherung' orientierten neuen Ostpolitik unter Bundeskanzler Willy Brandt, [https://www.bpb.de/kurz-knapp/hintergrund-aktuell/210710/12-august-1970-unterzeichnung-des-moskauer-vertrags/; 08.09.2024].
31 Vgl. *Bereschkow*, Die denkwürdigen Jahre des Krieges (1), in: SU heute 29,9 (1984), 36–41.
32 Natürlich gelangte nicht jedes wichtige Gespräch in die Zeitschrift. Zum Dokumententeil ist anzumerken, ohne dies hier zu vertiefen, dass es Abweichungen von der Edition 2011 gibt.

gehend aber schon nach außen kommuniziert wurden.[33] Eine Zäsur und kurze Interimsphase bildeten sodann der Mauerfall am 9. November und das – in der Zeitschrift aber nie explizit und namentlich benannte – Zehn-Punkte-Programm Helmut Kohls, vorgestellt in seiner Rede im Bundestag am 28. November. Beides fiel theoretisch im Dezember-Heft 1989 zusammen, da der Redaktionsschluss für November der 27. Oktober und für Dezember der 30. November war. Der Beginn der zweiten Phase in der Zeitschrift lässt sich daraufhin mit dem Januar-, aber mehr noch dem Februar-Heft 1990 festmachen. Nun wurden die Perspektiven und Probleme auf dem Weg zum konkreten Einigungsprozess kommentiert und mit den innersowjetischen Entwicklungen kontextualisiert. Ab 1991 standen die letzteren massiv im Vordergrund. Stärker als während der ersten Phase war der Ansatz der Zeitschrift in der zweiten durch Glasnost und die Krisenphänomene in der UdSSR geprägt und lässt Verunsicherung angesichts der zunehmend offenen Lage und Zukunftsentwicklung durchblicken. *Wir wissen noch nicht alles über die Gesellschaftsform, die wir anstreben,* zitierte der scheidende Chefredakteur Juri Puschkin in seinem letzten Vorwort zum Januar-Heft 1990 Michail Gorbatschow über den Stand der Perestrojka und titelte dieses Editorial mit *In Zeiten des Umbruchs.*[34]

I. Phase 1 – bis Ende 1989

Die Auswertung für die erste Phase soll mit den Losungen beginnen, für die Gorbatschow frühzeitig bekannt wurde und die einen wesentlichen Faktor für den Erfolg seiner „Propagandaoffensive" bildeten.[35] Auch die Edition der Dokumente zur deutschen Frage aus dem Gorbatschow-Fonds (im Folgenden zitiert als Edition 2011)[36] stellt in ihrer Einleitung heraus, dass in der neuen Außenpolitik bestimmte einprägsame Begriffe die alten ideologischen Prinzipien ersetzten, um „die geschichtliche Zusammengehörigkeit Europas als Lebenswelt, Sicherheits- und Wertegemeinschaft" zu unterstreichen. In Bezug auf die deutsche Teilung kamen in der Öffentlichkeit prägnante Schlagworte an, die wie ‚Orakelsprüche' interpretiert

---

33 Rafael Biermann bezeichnet diese Zeit als „erweiterte Erosionsphase", *Biermann*, Zwischen Kreml und Kanzleramt, 768.
34 *Puschkin*, Juri, In Zeiten des Umbruchs, in: SU heute 35,1 (1990), 1. Redaktionsschluss war der 29. Dezember 1989. Puschkin nannte Glasnost als den *Begriff, der zur Richtschnur journalistischer Praxis in den sowjetischen Medien wurde,* um *unser Land offen und problemorientiert als ein Land im Umbruch* zu beschreiben, ebd.
35 *Spohr*, Wendezeit, 59; laut Spohr hatte der amerikanische Präsident George Bush den Begriff gegenüber von Weizsäcker im Februar 1989 gebraucht.
36 *Galkin/Tschernjajew* (Hrsg.), Michail Gorbatschow und die deutsche Frage (s. Fn. 19).

wurden.[37] Sie wurden nicht nur von Gorbatschow, sondern auch von anderen Akteuren bzw. Autoren verwendet. Wo und wie erschienen sie in der *SU heute*?

,Gemeinsames europäisches Haus'

Der bekannteste Begriff war der vom ,gemeinsamen europäischen (auch: gesamteuropäischen) Haus', und nach gängiger Annahme handelte es sich um ein neues, durch Michail Gorbatschow geprägtes Wort. Entsprechend liest sich auch die Edition 2011 mit ihrem Zitat des Bundespräsidenten Richard von Weizsäcker vom 7. Juli 1987 bei seinem Besuch in Moskau:

> Mit dem Gedanken an die Zukunft müssen wir uns auch unser gemeinsames europäisches Haus vorstellen. Ich möchte übrigens diese Gelegenheit benutzen, um Ihnen, Herr Generalsekretär, dafür zu danken, dass Sie diesen so frischen Begriff in den politischen Wortschatz eingeführt haben. – Gorbatschow: Wie wird er in der BRD aufgenommen? – von Weizsäcker: Es ist ein Orientierungspunkt, der uns bei der Vorstellung hilft, wie die Ordnung in diesem gemeinsamen europäischen Haus aussehen soll. Insbesondere, inwieweit es darin Wohnungen geben wird, die für gegenseitige Besuche zugänglich sind.[38]

Zutreffender wäre, so bemerkt bereits Rafael Biermann, eine Einordnung, wonach die Aufladung des Begriffs primär mit positiven Werten für eine europäische Verständigung neu war; der Begriff selbst war es nicht.[39] Leser der *SU heute* konnten ihn bereits in der Ära Leonid Breschnews entdecken, zum Beispiel in einem Interview mit Valentin Falin 1981[40] oder 1983 beim Besuch des Bundeskanzlers Helmut Kohl.[41] Damals war der Begriff mit einer klaren exkludierenden, gegen die USA gerichteten Komponente versehen. Gorbatschows Verdienst war es, den inkludierenden, vertrauensbildenden Gehalt zu stärken.[42] Von 1986 an passte der Begriff zum Aufbau konstruktiver Beziehungen und Abbau von Feindbildern. In der Zeitschrift tauchte er oft auf und wurde mit Solidarität und Sicherheit in Europa verbunden.[43] In Bezug auf die ,deutsche Frage' blieben manche exkludierende Spit-

---

37 *Altrichter/Möller*, Vorwort zur deutschen Ausgabe, in: ebd., VII–XIX, u. a. IX, XII.

38 Nr. 16. Gespräch Gorbačevs mit Bundespräsident von Weizsäcker am 7. Juli 1987 [Auszug], in: Edition 2011, 38–48, hier 41.

39 Vgl. *Biermann*, Zwischen Kreml und Kanzleramt, 86 f.

40 In: SU heute 26,7 (1981), 8.

41 Besuch Bundeskanzler Helmut Kohls in der UdSSR, in: SU heute 28,8 (1983), 4–9, hier 6.

42 Vgl. *Biermann*, Zwischen Kreml und Kanzleramt, 86–87; vgl. auch u. a. *Adomeit*, The „Common House", 212–224; sowie *Gorbatschow*, Das gemeinsame Haus Europa und die Zukunft der Deutschen.

43 Vgl. u. a. *Markow*, Wladimir, KPdSU und SPD im Dialog, in: SU heute 33,6 (1988), 56 f., hier u. a.: *Wie sich die Vorstellungen der Europäer von einem ,gemeinsamen Haus' auch immer unterscheiden*

zen jedoch nicht aus. Im Februar 1986 (zu Beginn der Reformen) veröffentlichte *SU heute* mit einem Portraitfoto des Autors den Auszug aus einem Schreiben des Historikers Abdulchan Achtamsjan unter der Überschrift „Ein verdienstvoller Botschafter der Verständigung". Bei der Lektüre wird aber klar, dass es hier nicht um ihn, sondern vielmehr um Ulrich von Brockdorff-Rantzau ging. Achtamsjans Abhandlung schloss mit den Sätzen:

> Der Graf vertrat der Revolution und dem Sozialismus völlig fremde Ansichten, die Klasseninteressen der zwei Staaten waren diametral entgegengesetzt. Rantzau vermochte es jedoch, sich über die kleinliche Biertischpolitik zu erheben und auf Übereinstimmung der Lebensinteressen der Völker Europas zu setzen. Europa ist unser gemeinsames Heim. Diesen Gedanken, der heutzutage besonders aktuell ist, betonte Rantzau durch seine gesamte praktische Tätigkeit. Militärische Konflikte zu vermeiden, eine friedliche Regelung von Problemen anzustreben, gutnachbarliche Beziehungen zu einem großen Land, das eine große Zukunft hat, herzustellen – diese Ziele setzte sich der Mensch, den man manchmal als ‚Wanderer zwischen zwei Welten' oder auch als den letzten deutschen Botschafter mit Format bezeichnete.[44]

Ulrich von Brockdorff-Rantzau war 1922–28 der erste deutsche Botschafter in Moskau nach dem Vertrag von Rapallo.[45] Sechs Jahrzehnte später wusste die sowjetische Zeitschrift wohl, dass sie mit der impliziten Würdigung jenes Vertrags sticheln und polarisieren konnte.[46] Einigermaßen unerwartet und als Gegenwartsbezug erschien der Begriff vom ‚gemeinsamen europäischen Haus' hier also im Kontext eines – aus der Sicht der Zeitschrift – historischen Beispiels für den Aufbau verlässlicher, nachbarschaftlicher [sic!] deutsch-sowjetischer Beziehungen. Diese waren, so der Tenor, dem Gewissen eines einzelnen, vorbildlichen Mannes zu verdanken, der sich missgünstigen westlichen Vereinnahmungsversuchen und

---

mögen, eines ist klar: Es muß ein festes Fundament haben. ‚Ein solches Fundament kann nur die gleiche Sicherheit sein', stellte Egon Bahr fest. [...], ebd., 56; vgl. auch den fünfseitigen, reich bebilderten Artikel Unser gemeinsames Haus in Europa. Treffen von Journalisten aus 29 KSZE-Ländern, in: SU heute 34,1 (1989), 58–62.

44 In: SU heute 2 (1986), 68 f., hier 69. Abdulchan A. Achtamsjan leitete 1986 den Lehrstuhl für Geschichte und Politik der Länder Europas und Amerikas an der MGIMO und hatte sich 1974 mit der Arbeit „Rapall'skaja politika – opyt mirnogo sosuščestvovanija sovetskogo gosudarstva i Germanii v 1922–1932 godach" [Die Politik von Rapallo – die Erfahrung der friedlichen Koexistenz des sowjetischen Staates und Deutschlands in den Jahren 1922–1932] habilitiert, vgl. Achtamsjan (1930–2018), in: Novaja i Novejšaja Istorija (2018) 5, 248.

45 Vgl. *Conze*, Art. Brockdorff-Rantzau, 620–621.

46 Vgl. Gorbatschows Bemerkung im Politbüro: Rapallo jährt sich zum 65. Mal. Die Deutschen erinnern sich daran. Die Erinnerung an Rapallo quält die Westmächte, es rumort in den Köpfen: Ist ein neuerlicher Umschwung dieser Art möglich?, Nr. 17. Protokoll der Sitzung des Politbüros vom 16. Juli 1987 [Auszug], in: Edition 2011, 49–52, hier 50.

Exklusionsabsichten gegen die junge, aufstrebende UdSSR nicht hatte beugen wollen.

Auch in einem anderen Artikel (als direktem Kommentar zum Besuch von Weizsäckers in Moskau) verwies der Begriff zwar auf den Wunsch nach konstruktiven Beziehungen. Nichts deutete aber auf Bewegung in der ,deutschen Frage' – von der das *Gerede* vielmehr *sich und andere [...] in Aufregung versetze* und störe, *ein neues Kapitel zu eröffnen.*[47]

Zwei Jahre später, im September 1988, lässt sich eine Verwendung finden, mit der sich die Zeitschrift nun in das, wenn man so will, „gefährliche Spiel mit den deutschen Erwartungen"[48] begab. Hier zitierte der Autor Wadim Nekrassow in einem zuvor in der Parteizeitung *Prawda* erschienenen Artikel Gorbatschow aus dessen vielbeachteter Rede im April 1987 in Prag. Demnach bedeutete der Begriff ,gesamteuropäisches Haus' vor allem *die Anerkennung einer gewissen Unteilbarkeit,* auch wenn es um Staaten verschiedener Gesellschaftssysteme und entgegengesetzter militärpolitischer Blöcke ging.[49] Das Wort *Unteilbarkeit* besaß ähnlich wie ,Teilung' Signalcharakter für westdeutsche Leser. Der Autor stellte für *die Länder dieses Kontinents eine gewisse Gemeinschaft* heraus, die es, so der Tenor dieses Artikels, konstruktiv zu nutzen gelte. Allerdings stellte er Gemeinsamkeit und Unteilbarkeit in einem europäischen Gesamtkonzept explizit als *Anliegen* dar.[50] Und so wurde der Begriff vom ,gemeinsamen europäischen (bzw. ,gesamteuropäischen) Haus' auch in der Zeitschrift in einer Weise platziert, die, wie schon in der Literatur konstatiert, bis 1989 für die ,deutsche Frage' typisch sein sollte: als Anliegen und Perspektive genauso wie als Vorbedingung, so dass die Überwindung der deutschen Teilung gleichzeitig in scheinbar greifbare Nähe wie

---

47 *Kusnezow*, Wladlen, Den Worten müssen Taten folgen, in: SU heute 32,9 (1987), 8 f.; Kusnezow war Mitarbeiter des ZK der KPdSU. Das *Fundament eines gesamteuropäischen Hauses* sah er *durch die Normalisierung der Beziehungen der UdSSR und der anderen sozialistischen Staaten zur Bundesrepublik Deutschland auf der Grundlage der Anerkennung der territorialen und politischen Nachkriegsrealitäten durch das Vierseitige Abkommen über Westberlin und die gesamteuropäische Konferenz gelegt.* Doch sei der Boden des *gesamteuropäischen Hauses der Entspannung* durch die *Erhaltung der Doktrin von der nuklearen Abschreckung,* so Kusnezow, *vermint;* man könne nicht *das politische Gerüst des gesamteuropäischen Hauses aufbauen und die Waffenberge aufstocken,* ebd.
48 *Shumaker*, Gorbachev and the German Question, 68. Laut Shumaker wollte Moskau ein kooperatives Verhalten Bonns fördern, indem es Hoffnung auf allmähliche Fortschritte bei der Überwindung der Teilung vermittelte, riskierte damit aber, „genuine revisionist German sentiments" zu erwecken.
49 *Nekrassow*, Wadim, Gleichberechtigung im gemeinsamen Haus Europa, in: SU heute 33,9 (1988), 6 f. Der Artikel war laut *SU heute* in der Parteizeitung *Prawda* erschienen.
50 Ebd.

in utopische Entfernung rückte.[51] Denn ein europäisches Gesamtkonzept war ja noch nicht erreicht.

Mit solcher Art von Garantieausschluss bzw. Rückzugsformel ging in einem Beitrag im wichtigen Juni-Heft 1989 der Vize-Direktor des Europa-Instituts Wladimir Schenajew so weit zu räsonieren:

> Wenn die Deutschen also von eventueller Wiedervereinigung im Rahmen Europas sprechen, dann betrachte ich das als ein positives Moment. Wer den ‚Rahmen Europas‘ aber nicht als Gesamteuropa, sondern als Westeuropa versteht, setzt auf diese Weise voraus, daß die ‚deutsche Frage‘ automatisch gelöst wird, wenn die DDR in die westeuropäische Integration einbezogen wird. Das ist natürlich keine Lösung. Die Stärkung Westeuropas bei gleichzeitiger Konfrontation mit Osteuropa löst weder das Gesamtproblem ‚Frieden‘ noch das Problem ‚europäische Sicherheit‘ und auch nicht die ‚deutsche Frage‘. Die Bundesrepublik kann unser Partner nur für den Fall sein, daß sie gemeinsam mit uns den Weg zur Errichtung des ‚gesamteuropäischen Hauses‘ beschreitet, das eigentlich ein System der europäischen Sicherheit darstellt. Wird ein solches System geschaffen, dann wird auch eine Vereinigung der beiden deutschen Staaten zu einer Frage, die nur sie selbst angeht. Die ‚deutsche Frage‘ kann nur im Rahmen des ‚gesamteuropäischen Hauses‘ gelöst werden.[52]

Wichtig war das Juni-Heft wegen Gorbatschows mit Spannung erwartetem Staatsbesuch in Bonn. Die Zeitschrift ging nicht so weit, für ihren höchsten Parteichef den Spitznamen ‚Gorbi‘ zu übernehmen. Doch der Wunsch nach Annäherung und freundlichen Gesten lag in der Luft – und damit die ‚deutsche Frage‘. Die Zeitschrift konnte davon ausgehen, dass sie in der Bundesrepublik auf Zeichen der Bewegung, ja des Entgegenkommens gelesen würde. Sie hatte deshalb wohl vorgesorgt und der sensiblen Thematik einen Rahmen gegeben. Im Artikel Schenajews war der verheißungsvolle, obgleich unverbindliche Satz von der *Vereinigung der beiden deutschen Staaten* als Blickfang in einem Kasten fett gesetzt, wie vorher auch schon des Autors *Ansicht*, wonach *die Sowjetunion und andere sozialistische Staaten an einen Beitritt zum Europarat denken* [müssen], *der sich in diesem Fall zu einem gesamteuropäischen Beratungsorgan entwickeln wird*.[53] Im Text brachte Schenajew als Argument, dass allein die UdSSR von Vornherein gegen die Teilung gewesen sei:

> Im Westen wird häufig die Meinung geäußert, die ‚deutsche Frage‘ sei eine Angelegenheit zweier Staaten – der Bundesrepublik und der DDR. Ich glaube, das ist ein Irrtum, weil diese Frage noch vor der Gründung der Bundesrepublik und der DDR entstand. Sie stand auf der Tagesord-

---

51 Vgl. *Altrichter/Möller*, Vorwort, XII; eine weitere Losung Gorbatschows war analog bekannt und wurde nur von ihm gebraucht: ‚Die Geschichte wird entscheiden‘; vgl. ebd.
52 *Schenajew*, Wladimir, (Interview durch APN-Korrespondent Sergej Martynov), Zusammenarbeit in europäischer Dimension, in: SU heute 34,6 (1989), 36–39, hier 37.
53 Ebd.

nung der Konferenzen in Teheran, Jalta und Potsdam, auf denen die Westmächte vorgeschlagen hatten, Deutschland in Kleinstaaten aufzuspalten, wobei die Sowjetunion der einzige Staat war, der für ein einheitliches, demokratisches Deutschland plädierte.[54]

Wie mit Rapallo wurde der Begriff vom ‚gemeinsamen europäischen Haus' erneut in einen historischen Kontext gerückt, hier die unmittelbare Vorgeschichte des Kalten Krieges. Auch dieser Autor stellte konstruktive, aber isolierte und verkannte Absichten der UdSSR heraus. Eine andere Lesart als diese einseitig sowjetische diskutierte der Text nicht.

‚Jedes Volk soll selbst seinen Entwicklungsweg wählen'

Noch eine Losung (auch als ‚Sinatra-Formel' bekannt) fand Eingang in die *SU heute: Jedes Volk soll selbst seinen Entwicklungsweg wählen.* Schon bemerkenswert früh wurde dieser Satz im November-Heft 1987 durch Wadim Sagladin kolportiert. Sagladin, Erster Stellvertretender Leiter der Internationalen Abteilung des ZK der KPdSU, galt als liberal und enger Berater Gorbatschows. Leser der *SU heute* konnten ihn als denjenigen erinnern, der 1984 zusammen mit dem ebenfalls liberalen Georgi Arbatow sowie Oskar Lafontaine (damals Oberbürgermeister von Saarbrücken) engere Beziehungen zwischen UdSSR und Bundesrepublik anstrebte.[55] Im November 1987 bekannte er sich unter der Überschrift *Historisch unvermeidlich* zu dem folgenden Vorschlag:

> [J]edes Volk soll selbst seinen Entwicklungsweg wählen; jedes Land, jede Gesellschaft sollen auf wie auch immer geartete Versuche verzichten, anderen ihre Wahl aufzuzwingen; jeder soll die Richtigkeit seines Weges und die Attraktivität seines Beispiels durch eigene Arbeit, durch eigene Errungenschaften und mit Argumenten der Sozialpolitik beweisen.[56]

Auch auf ein im Historischen Materialismus und marxistisch-leninistischen Sprachgebrauch nicht versiertes westdeutsches Lesepublikum, das die Überschrift nicht ideologisch einordnete, konnte so eine Passage sensationell wirken. Auf einmal waren solche verbalen Zugeständnisse direkt aus der Sowjetunion möglich.

---

54 Ebd.

55 *Lafontaine*, Beziehungen erweitern und vertiefen, in: SU heute 29,10 (1984), 58 f.

56 *Sagladin*, Wadim, Historisch unvermeidlich, in: SU heute 32,11 (1987), 12–14, hier 14. Im Juni 1988 wurde Sagladin mit dem Satz zitiert, es sei unrealistisch, die BRD von den USA zu trennen, *Markow*, Wladimir, KPdSU und SPD im Dialog, in: SU heute 33,6 (1988), 56 f.; Sagladin hier aber auch: ‚*Es lohnt sich nicht, zu raten, wann irgendein Land des Westens den sozialistischen Entwicklungsweg wählen oder wann ein Staat im Osten Europas auf den Sozialismus verzichten wird. Die Perestroika in der UdSSR, die Veränderungen in den anderen sozialistischen Ländern zeugen davon, daß ihre Völker den Sozialismus akzeptieren und ihn verbessern wollen*', ebd., 56.

Zwischenfazit, Einsatz von Bildern und Erinnerungskultur an den Zweiten Weltkrieg

Bedeuten solche Äußerungen, dass aufmerksame Leser in der *SU heute* bis Ende 1989 schon hätten ‚das Gras wachsen hören‘ und die Möglichkeit einer Wiedervereinigung in naher Zukunft hätten herauslesen können? – (Immerhin gab die Zeitschrift im Juni 1989 auch einen Umfragewert unter Moskauer Bürgern an, wonach 30 Prozent augenscheinlich die Meinung vertraten, die Deutschen müssten die Teilung nicht akzeptieren.[57] Und immerhin schrieb auch der Schriftsteller und APN-Korrespondent Leonid Potschiwalow in seinem vierseitigen Artikel *Wir und die Deutschen* im Oktober 1988:

> Heute betrachten wir die Deutschen [...] mit ganz anderen Augen. [...] Es gibt keine Nationalität ‚DDR-Deutscher‘, ‚Bundesdeutscher‘ oder ‚Westberliner‘. Es gibt Deutsche. Unterscheiden sie sich voneinander? Es mag sein, daß sie sich tatsächlich voneinander unterscheiden. Aber sind aus den Ost- und den Westdeutschen verschiedene Völker geworden? Ich glaube, dazu war [sic!] die historische Zeit der getrennten Entwicklung zu kurz.[58]

Die Antwort auf die Frage, ob man den historischen Verlauf aus der Zeitschrift hätte voraussahnen können, sollte wohl lauten: mit heutigem Wissen vielleicht ja; damals wohl kaum.

Denn zum einen handelte es sich um Einzelaussagen, deren Tragweite schwer erkennbar war, da sie oft unverbindlich formuliert im Kontext des offensichtlich erwünschten Ausbaus der Beziehungen auftauchten[59] – und oft im gleichen Text auch schon relativiert wurden. In seinem eben zitierten Artikel lehnte Potschiwalow ein wiedervereinigtes Deutschland denn auch sofort ab, wenngleich er doch vage suggerierte, dass der Zukunft mit einer Art kreativer Offenheit zu begegnen sei:

---

57 Gleiche Fragen in Moskau und der Bundesrepublik, in: SU heute 34,6 (1989), 32–34, hier 33. Nach Angabe des Artikels wurde die Umfrage im Oktober 1988 sowohl vom Institut für Soziologie der Akademie der Wissenschaften der UdSSR als auch der Forschungsgruppe Wahlen in Mannheim durchgeführt. Westdeutschen Lesern konnte aus dem Vorspann zu diesem Artikel der Eindruck entstehen, die Soziologie wäre auch in der UdSSR als anerkanntes Fach mit Einfluss auf die öffentliche Meinungsbildung etabliert gewesen. Tatsächlich konnte das Fach seinen prekären Status aber erst während der Perestrojka überwinden. Vgl. dazu z.B. *Teckenberg*, Perestrojka in der sowjetischen Soziologie, 92–104.
58 *Potschiwalow*, Leonid, Wir und die Deutschen, in: SU heute 33,10 (1988), 4–7, hier 6. – Der Artikel war zuvor in der Zeitung *Literaturnaja Gazeta* erschienen und hatte nach Angabe der *SU heute* viel Interesse, aber auch scharfe Kritik durch die DDR-Führung und den dortigen Botschafter Wjatscheslaw Kotschemasov dafür geerntet, eine gefährliche Diskussion begonnen zu haben.
59 Vgl. *Wentker*, Die Deutschen und Gorbatschow, 512 [u. a.].

Wenn wir uns jedoch scheuen, in Bezug auf die Bevölkerung von zwei in politischer Hinsicht unvereinbaren Staaten den Begriff ‚deutsch‘ zu verwenden, weil dieser Sammelbegriff jenen Revanchisten Auftrieb geben könnte, die von einem wiedervereinigten Deutschland träumen, dann ist dies wiederum nichts anderes als Konservatismus, der das freie Denken fesselt und uns daran hindert, die Welt so zu sehen, wie sie ist.[60]

Zum anderen stand bis 1989 die wiederholte klare Bezugnahme auf den Moskauer Vertrag von 1970 als Grundlage und Potential für alle Beziehungen und die Erklärung, dass der politische Charakter der Blöcke erhalten bleibe: Zu lesen war dies beispielsweise in dem Artikel *Sechs Thesen zu Europa* im Mai-Heft 1989, vor dem Bonner Staatsbesuch (wobei das Wort ‚Europa‘ in Form eines Hauses abgebildet war).[61]

Dieser (in der Bundesrepublik euphorisch erwartete) Staatsbesuch wurde in der Zeitschrift begrüßt, doch hatte sie wie gesagt vorgebaut: Unter der Überschrift *Das Eis ist gebrochen* erschienen in der Juni-Ausgabe neben Schenajews Artikel zwei Doppelseiten mit Zitaten Gorbatschows, die durchweg auf konstruktive Zusammenarbeit und dabei den Moskauer Vertrag ausgerichtet waren.[62] Gleich auf der nächsten Seite folgte ein damals bekannter Artikel des Deutschlandexperten und Mitarbeiters der ZK-Abteilung für internationale Beziehungen der KPdSU Nikolai Portugalow. *Im Geiste guter Partnerschaft* schlug er den Westdeutschen ein deutlich begrenztes Modell zur Überwindung der Spaltung Europas vor, nämlich mit

zwei deutsche[n] Wohnungen in diesem Haus, die gleichberechtigt und voneinander unabhängig sind, einander offenstehen – wie jetzt zum Beispiel Ungarn und Österreich mit unterschiedlichen Systemen einander offenstehen und in Zukunft auch von fremder militärischer Präsenz und fremden Nuklearwaffen frei sind; zwei deutsche Wohnungen, deren Mieter immer etwas zu besprechen und zu vereinbaren haben, denn sie sprechen die gleiche Sprache und sind miteinander verwandt. Stellt denn diese Perspektive nicht jeden bundesdeutschen Patrioten und in breiterem Sinne jeden Deutschen zufrieden? Ist dies nicht ein Ziel, das sich anzustreben lohnt?[63]

---

60 *Potschiwalow*, Wir und die Deutschen, 6. Dazu prognostizierte er der DDR im sprachlichen Duktus der Systemkonkurrenz eine düstere Zukunft, falls sie sich dem sowjetischen Reformkurs verschloss: *Wenn sie* [= Perestrojka] *scheitert, wird es auch der DDR schwer fallen, dem Ansturm des Westens Widerstand entgegenzusetzen*, ebd.
61 Sechs Thesen zu Europa, in: SU heute 34,5 (1989), 6 f. Die Thesen stammten aus dem Europa-Institut der Akademie der Wissenschaften und waren für *SU heute* redaktionell bearbeitet worden.
62 Das Eis ist gebrochen, in: SU heute 34,6 (1989), 4–7; Redaktionsschluss für dieses Heft war der 26. Mai 1989, zwei Wochen vor Beginn des Staatsbesuchs.
63 *Portugalow*, Im Geiste guter Partnerschaft, in: SU heute 34,6 (1989), 8–10, hier 10.

Der Staatsbesuch selbst bot mit reichlich Bildmaterial Gelegenheit, unterschwellig und ‚pro domo' ein ausgeprägteres historisch-moralisches Bewusstsein auf der sowjetischen Seite zu demonstrieren. So zeigte zum Beispiel ein abgedrucktes Pressefoto als Schnappschuss die drei *First Ladies* Raissa Gorbatschowa, Hannelore Kohl und Christina Rau bei ihrem Besuch des Soldatenfriedhofs Stukenbrock; doch nur Raissa Gorbatschowa wandte auf diesem Bild ihren Blick den vielen Grabsteinen zu und schien die Inschriften mit Interesse zu lesen, während die beiden Deutschen scheinbar eilig und ungerührt in andere Richtungen sahen.[64]

Noch bis Ende 1989 gab die *SU heute* somit ein Bild ab, wonach der Ausbau der Beziehungen mit Westdeutschland gefördert und die sowjetischen Reformziele aktiv beworben wurden – eine Änderung der Grenzen und innerstaatlichen Strukturen aber nicht anstand. Gegebenenfalls unterstrich die Zeitschrift nach sowjetischer Lesart vielmehr, dass die sowjetische Außenpolitik die deutsche Teilung und Entfremdung zwischen Ost und West nicht ursprünglich zu verantworten hätte. Gleichzeitig ließ die Zeitschrift durch Vertreter der wissenschaftlichen, publizistischen und politikberatenden, wenngleich nicht regierungshauptverantwortlichen Prominenz doch erstaunlich früh und offen durchblicken, dass in der Sowjetunion über Bewegung in der ‚deutschen Frage' anscheinend laut nachgedacht wurde.

Abb. 2: Drei *First Ladies*[65]

---

64 In: Sondernummer der Zeitschrift ‚Sowjetunion heute' (Juni 1989), 21; als Nachweis gab die Zeitschrift dpa/Tschauner an.
65 In: SU heute 34, Sondernummer Juni 1989. Bildnebenschrift: *Am 13. Juni besuchte Raissa Gorbatschowa den Ehrenfriedhof in Stukenbrock bei Bielefeld, auf dem 65.000 sowjetische Kriegsgefangene begraben sind. Raissa Gorbatschowa, die diesen größten sowjetischen Soldatenfriedhof in der Bundesrepublik in Vertretung ihres Mannes besuchte, wurde dabei von der Frau des Bundeskanz-*

Zudem vollzogen sich in der Zeitschrift Veränderungen bei den Darstellungen des Zweiten Weltkriegs. Augenfällig wurde der Krieg im Vergleich zu früheren Heften seltener thematisiert. Ebenso gab es einen inhaltlichen Wandel. Im Sinne des gegenseitigen Abbaus von Feindbildern erschienen anstelle von Darstellungen von Kriegsgräueln mehr auf berührende Einzelschicksale bezogene Erzählungen wie beispielsweise der Bericht über *einen Fall, bei dem Menschenleben erhalten werden konnten.*[66] Insgesamt bot die Zeitschrift in der ersten Phase bis 1990 ein Abbild des offiziellen Diskurses in der UdSSR: Sie druckte zwar vier Abhandlungen des Historikers und Stalinismuskritikers Juri Afanassjew, der für Öffnung der Archive und Abkehr von historischen Mythen eintrat,[67] gab sich aber skeptisch in Bezug auf die Aufdeckung des geheimen Zusatzprotokolls zum Hitler-Stalin-Pakt.[68] Tendenziell beharrte sie aber nicht auf umfassender Wahrung des überkommenen Geschichtsbilds. So ergeben sich Anhaltspunkte, dass ein aktiver politischer Schutz für die DDR anderen Prioritäten zumindest nebengeordnet wurde.

In der folgenden zweiten Phase jedoch (hier als Vorgriff), als es schon um die Verhandlung der deutschen Einheit ging, stellte die Zeitschrift sowjetische Ansprüche unter Verweis auf den Krieg in den Vordergrund. Dabei argumentierte sie mit Aussagen, die den Diskurs damals schon prägten. Zum einen waren dies – zum Beispiel laut dem neuen Chefredakteur ab Januar 1990 Wladimir Miljutenko – die aus sowjetischer Sicht *legitimen Sicherheitsinteressen – damit das, was mit diesen Opfern errungen worden ist, sich nicht in neue Gefahren für die UdSSR und das ganze Europa verwandelt.*[69] Zum anderen war dies laut *SU heute* das *volle moralische Recht* beziehungsweise die unverbrüchliche Annahme, dass der Krieg mit

lers, Hannelore Kohl (rechts), und der Frau des nordrhein-westfälischen Ministerpräsidenten, Christina Rau (links), begleitet.
66 Als Parlamentär in der Zitadelle von Spandau, in: SU heute 32,5 (1987), 10 f.; vgl. auch u. a. Erinnerung an eine mutige Tat, in: SU heute 34,5 (1989), 15.
67 *Afanassjew*, Juri (Interview mit *Sowjetskaja Kultura*), „Wir brauchen die Wahrheit über die Gesellschaft, in der wir leben", in: SU heute 32,8 (1987), 40–42; *ders.*, Die Vergangenheit kennen, um die Zukunft zu errichten, ebd. 10, 38–40; ders., Geschichte ist kein starres Wissen, ebd., 41; ders., Unserer Zeit entsprechend würdig handeln, in: SU heute 34,3 (1989), 58–61 (zuerst erschienen in *Sowjetskaja Estonija*; die *SU heute* druckte hier eine Antwort auf die Pressekonferenz 1988, s. Fn. 68.
68 Vgl. z. B. Die Geschichte lässt sich nicht ummodeln. Pressekonferenz zum Thema „Europa vor dem zweiten Weltkrieg", in: SU heute 33,3 (1988), Beilage, I–IV. Es handelte sich um eine Konferenz der Presseagentur Nowosti, u. a. unter Beteiligung von Valentin Falin; vgl. aber auch im Jahr darauf die Artikel Zum 50. Jahrestag des sowjetisch-deutschen Nichtangriffsvertrages, in: SU heute 34,8 (1989), 12–14; Auf dem Wege zur ganzen Wahrheit, ebd., 9, 5–7; *Falin*, „Mit einem Federstrich lässt sich nichts ändern", ebd. 35,7 (1990), 18 f. Der Umgang mit der Anerkennungsfrage des Dokuments erfolgte in der Zeitschrift schrittweise.
69 *Miljutenko*, Wladimir, Der Gipfel und die deutsche Frage, in: SU heute 35,6 (1990), 5.

seinen hohen sowjetischen Opferzahlen die Berücksichtigung der sowjetischen Interessen in *eine Frage von Verantwortung und von höherer Gerechtigkeit* verwandelte.[70] Einhergehend schienen sich die thematischen Schwerpunkte der Beiträge zu wandeln, um diese Rechte zu untermauern: Anstatt wie in der Phase zuvor über Einzelschicksale die persönliche Annäherung von Feinden herauszustellen, druckte die Zeitschrift nun einen Artikel, der eine humane Behandlung deutscher Kriegsgefangener in der Sowjetunion bezeugen sollte.[71]

II. Phase 2 – Ende 1989 bis 1991

Nach dem Mauerfall

Am 9. November 1989 fiel die Berliner Mauer. Die fundamentale Bedeutung des Ereignisses geht zum Beispiel aus dem Tagebucheintrag von Anatoli Tschernjaew hervor, laut dem [e]*ine ganze Epoche in der Geschichte des ‚sozialistischen Systems'* [...] *zu Ende gegangen* [ist]:

> die DDR, die Berliner Mauer – das ist die Hauptsache. Denn hier geht es schon nicht mehr um den ‚Sozialismus', sondern um eine Veränderung des Kräfteverhältnisses in der Welt; hier ist das Ende von Jalta, das Finale für das Stalin'sche Erbe und für die Zerschlagung von Hitler-Deutschland. Das ist, was Gorbačev ‚angerichtet' hat. Er hat sich wahrhaft als groß erwiesen, weil er den Gang der Geschichte gespürt und ihr geholfen hat, einen ‚natürlichen' Lauf zu nehmen.[72]

Wie verhielt sich die Zeitschrift ‚Sowjetunion heute', die auch nach dieser Zäsur wie jeden Monat im Briefkasten ihrer Abonnenten landete?

Schon das Titelblatt der Dezember-Ausgabe spricht für sich, oder vielmehr: Es herrschte vielsagende Sprachlosigkeit: Abgebildet war vor tiefblauem Himmel die Basilius-Kathedrale in Moskau. Das sowjetische Imperium zog sich auf sein Innerstes – die uralte Kirche am Roten Platz – zurück. Gebaut ab 1552 zum ‚Dank' anlässlich der Eroberung Kazans, markierte die Basilius-Kathedrale den Beginn des russländischen Imperiums. Ihre Abbildung präsentierte daher beides zugleich: ein fundamentales, hochaufgeladenes Machtsymbol – aber für die Leser

---

70 Ebd.
71 *Rylko*, Peter, „Man hat uns in allem wie Menschen behandelt", in: SU heute 36,6 (1991), 44 f.; vgl. z. B. auch das Interview *Lipilin*, Leonid/Alexej *Antosiak*, Die Befreiung Europas bleibt ein historisches Verdienst, in: SU heute 35,5 (1990), 6 f. Hier wurden noch einmal die Opferzahlen herausgestellt.
72 Nr. 53. Auszug aus dem Tagebuch Černjaevs vom 10. November 1989, in: Edition 2011, 228.

der Zeitschrift auch ein konventionelles, tausendfach reproduziertes, gleichsam ‚leeres' Postkartenmotiv.

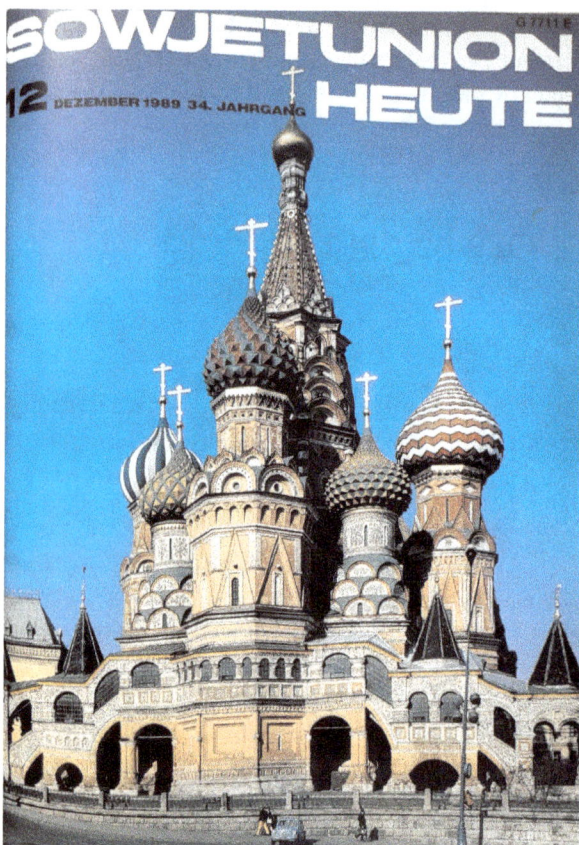

Abb. 3: Basilius-Kathedrale auf dem Cover von *SU heute* 34,12 (1989).

Keine Sprachlosigkeit herrschte dagegen im Heft selbst, in dem ein weiterer bekannter Artikel von Nikolai Portugalow mit dem Titel *Konföderative Strukturen sind möglich* abgedruckt wurde. Dieser war auch in deutschen Zeitungen erschienen. Nur zwei Beiträge von Portugalow finden sich somit während der Perestrojka-Periode in der *SU heute*. Beide erschienen 1989 zu kritischen Momenten und zielten darauf, die DDR und ihre Beziehungen zur Bundesrepublik zu reformieren, sie aber als souveränen Staat zu erhalten.[73]

---

73 Zu Portugalows praktisch zeitgleichem ‚elektrisierendem' Besuch in Bonn vgl. *Spohr*, Wendezeit, 213–215 und *Plato*, Die Vereinigung Deutschlands, 113–119, u. a.; hier wäre ein Beispiel gege-

Die folgende Januar-Ausgabe hielt sich in deutschlandpolitischen Fragen bedeckt, was auf die in der Literatur als chaotisch beschriebene Umorientierungsphase im Kreml gedeutet werden kann. Erst nach Gorbatschows Radiorede vom 30. Januar 1990, welche im Herausgebervorwort der Februar-Ausgabe aufgegriffen wurde (Redaktionsschluss war der 2. Februar) und in der Gorbatschow erklärte, *daß die ‚Vereinigung der Deutschen niemals und von niemanden* [sic!] *in Zweifel gezogen' werde*,[74] brachen sich die Kommentare Bahn.

1990

Schon an den Überschriften fällt auf, dass diese Kommentare verhalten ausfielen und Skrupel unter Berufung auf die Vergangenheit enthielten. Bewertungen zu Deutschland changierten mit solchen, die sich auf die inneren Vorgänge in der UdSSR bezogen, und wurden manchmal anscheinend bewusst ambivalent präsentiert.[75] Je konkreter die deutsche Einheit vorbereitet wurde, desto ausdrücklicher fielen die mahnenden Anspielungen aus. Am 31. August 1990, zwei Wochen vor Abschluss des Zwei-Plus-Vier-Vertrags, hieß die Überschrift des Geleitworts zum September-Heft *Vor der Stunde Null.* Chefredakteur Miljutenko erklärte, dass bei der Diskussion der Ratifizierung des Vertrags *kaum ein Automatismus oder ein bedingungsloses Hurra zu erwarten* sei.[76]

Die Zeitschrift kritisierte in dieser Phase erwartungsgemäß nicht offen die Politik ihrer Regierung. Sie machte ihren deutschen Lesern aber klar, zu welchen (so der Tenor: nicht selbstverständlichen) Zugeständnissen sich die Sowjetunion bereit erklärte. Bildete die Zeitschrift in Phase 1 vor dem Mauerfall einen Kommunikationsort, an dem über die deutsche Frage womöglich ‚lauter nachgedacht' werden konnte als durch die Hauptverantwortlichen in Politik und Diplomatie, so schien dies für die jetzige Phase der Verhandlungen ebenfalls zuzutreffen, nun im

---

ben, weshalb eine engmaschige Periodisierung entlang der Ereignisse auf die Zeitschrift nicht anwendbar ist: Denn diese Gespräche (mit Horst Teltschik u. a.) kamen in der Zeitschrift nicht vor – abgesehen von einem Leserbrief im Februar-Heft 1990. In diesem beschwerte sich der Absender, dass Portugalow nicht unbefangen zum Thema Stellung nehmen könne. Der Absender erinnerte sich an Portugalow mit *seiner brillanten Rhetorik* aus dem WDR-Fernsehen als einen der *sowjetischen Journalisten, die vor Jahren an Werner Höfers Frühschoppen gelegentlich teilnahmen*, Deutsche Einheit als Friedensfaktor?, in: Briefe, SU heute 35,2 (1990), 4.

74 Gedanken vor bedeutsamen Entscheidungen, in: SU heute 35,2 (1990), 3.

75 Vgl. z. B. *Miljutenko*, Wladimir, Über den Sieger wird nicht Gericht gehalten, in: SU heute 35,8 (1990), 3. Unter dieser Überschrift konnten Leser durchaus eine weitere Thematisierung des Zweiten Weltkriegs erwarten. Tatsächlich ging es aber um Gorbatschows Durchsetzungsfähigkeit auf dem XXVIII. Parteitag der KPdSU.

76 *Miljutenko*, Wladimir, Vor der Stunde Null, in: SU heute 35,9 (1990), 3.

Hinblick auf die Implikationen der deutschen Einheit sowie die Rolle und Außenwirkung der UdSSR im Zuge ihres inneren Wandels und in neu aufgestellten internationalen Beziehungen.[77] Zwischenzeitlich war außerdem Glasnost in den sowjetischen Medien weiter eingesunken und schlug sich auch in dieser Zeitschrift nieder. Manche Beiträge wiesen sich im Vergleich zu früheren Grenzen des Tolerierten durch beachtliche Courage aus. Momente des Aufbrechens alter Strukturen werden hier sichtbar. Denn diese Beiträge kritisierten nun nicht mehr nur beflissen und auf andere Weise systemkonform *Mißstände, Fehlschläge und Versäumnisse* bei der praktischen Reformumsetzung,[78] sondern hinterfragten die Substanz des sowjetischen Systems. Drei Artikel zwischen April und Juli 1990 fallen besonders auf. Im April-Heft sezierte die Politologin Lilija Schewzowa im APN-Interview den *‚sozialistische[n] Pluralismus'* in Osteuropa und diagnostizierte für die sowjetische Gesellschaft Defizite aus *unserer mangelnden politischen Kultur und den fehlenden Traditionen der Konsensfindung.*[79] Im gleichen Heft erschien unter dem Titel *Wege zur offenen Gesellschaft* ein Artikel des Journalisten und Volksdeputierten Fjodor Burlazki, der zuvor in der Zeitung *Sowjetskaja Kultura* publiziert worden war. Burlazki prangerte die *Abkapselung von außen* und *kulturelle Isolation* an, welche *möglicherweise [...] mit dem uralten Bestreben Rußlands zusammen*[hingen], *eine eigene Zivilisation ins Leben zu rufen*; aus diesem sei *die Idee des russischen Sozialismus* als *Anmaßung* und *Quelle des Isolationismus* der sowjetischen Gesellschaft hervorgegangen, deren Ergebnis aber *unser zunehmendes Zurückbleiben in der Technologie* bildete.[80] Im Juli 1990 vertrat Wjatscheslaw Daschitschew, dass man in der UdSSR einsehe, *daß das Land ohne vollständige Wiederherstellung der allgemein-menschlichen Werte kaum zu einem geachteten und vollberechtigten Mitglied der europäischen Gemeinschaft werden* [könne]. Er beschuldigte die Sowjetunion unter Stalin, zu ihrer Sicherheit nicht durch *Schaffung eines Streifens wahrhaft befreundeter Länder entlang ihrer westlichen Grenzen* beigetragen zu haben. Stattdessen habe sie auf *den Weg* [gesetzt], *der auf die Erweiterung des sowjetischen Einflussbereichs in Europa als Fortsetzung der Poli-*

---

77 Vgl. z. B. das diplomatische Grußwort des neuen Botschafters Wladislaw Terechow an die Leser der *SU heute* im Juni 1990: *Meine Arbeit in Bonn beginnt in einem wichtigen Augenblick in den Beziehungen zwischen unseren Staaten. [...] Die Möglichkeiten beider Länder sind bei weitem nicht realisiert, obwohl die Bundesrepublik sowohl im wirtschaftlichen als auch im kulturellen Bereich schon jetzt unser führender Partner ist. Auch politisch ist unser Zusammenwirken von großer Bedeutung für die weitere Entwicklung in Europa. Hier entsteht gegenwärtig eine ganz neue Situation. [...] Sicherlich, es ist noch nicht alles erreicht, was angestrebt wird, wir stehen sozusagen im Vorzimmer des neuen Europas. Aber die Türen sind geöffnet. [...],* in: SU heute 35,6 (1990), 3.
78 [Chefredakteur] *Puschkin*, In Zeiten des Umbruchs, in: SU heute 35,1 (1990), 3.
79 *Schewzowa/Tschewtaikin*, Osteuropa auf neuen Wegen, in: SU heute 35,4 (1990), 6.
80 *Burlazki*, Wege zur offenen Gesellschaft, in: SU heute 35,4 (1990), 54.

tik, die 1939 nach der Unterzeichnung eines Paktes mit Hitler begonnen worden war.[81] Dieser Kommentar wurde von der Redaktion auf Seite 5 der Zeitschrift gesetzt. Er ist besonders bemerkenswert, weil er augenfällig als einziger so explizit die Möglichkeit der Hegemoniebestrebungen und Dominanz der UdSSR in Europa ansprach. Der Rahmen einer herkömmlichen ‚Image-Zeitschrift' wurde mit solchen Aussagen gesprengt.

Andere Beiträge schienen durch mehr Kontinuität in der Darstellung sowjetischer Außenpolitik und Auswahl ihrer Themen und Bezugspunkte vertrauter. Im April-Heft 1990 berief sich der stellvertretende Chefredakteur Boris Kaimakov in seinem Artikel *Die Vereinigung Deutschlands steht auf der Tagesordnung* in herkömmlicher Weise auf die *legitimen Interessen jener Macht [...], die die Hauptlast des Zweiten Weltkriegs getragen hat.*[82] Die Stalin-Note von 1952 konnotierte er als eine damals aus westlichen ideologischen Interessen vereitelte Lösung:

> Heute sind viele Bürger der Bundesrepublik verblüfft, wenn sie an die sowjetische Note vom 10. März 1952 erinnert werden. Damals schlug die Sowjetunion den Westmächten vor, Bedingungen für die Vereinigung Deutschlands zu schaffen. Der Vorschlag wurde nicht aufgegriffen. Ich wage die Vermutung, daß sich die gesamte Nachkriegsordnung Europas anders entwickelt hätte, wenn das Denken der Westmächte und Adenauers nicht in den Fesseln einer ‚militärischen Bedrohung aus dem Osten' befangen gewesen wäre.[83]

Herauszuhören ist ein Bestreben, auch historisch im Recht sein zu wollen – und zwar selbst unter Stalin. In der Umbruchphase der Perestrojka konnten solche Momente der Kontinuität verschiedene Zwecke erfüllen: Sie konnten einem Bedürfnis nach Selbstvergewisserung entsprechen; sie konnten (ähnlich wie beim ‚gemeinsamen Haus Europa') unterschwellig auf eine Neutralisierung westlichen beziehungsweise amerikanischen Einflusses in Europa hinwirken, wenn einseitig auf die Anfänge des Kalten Krieges rekurriert wurde; sie konnten auch dazu gedacht sein, konservative Skeptiker des demokratischen Reformkurses ins Boot zu holen. Das letztere Motiv ist bei der offiziellen Zeitschrift, die einen staatlichen Auftrag zu erfüllen hatte, mit zu bedenken.

Im Oktober 1990 meldete sich Kaimakov erneut zu Wort. Unter der Überschrift *Deutschland. Ein altes, neues Wort* beschrieb er *seine Gedanken und Emp-*

---

81 *Daschitschew*, Europa im Wandel, in: SU heute 35,7 (1990), 5; Daschitschew war damals ‚profiliertester liberaler Kritiker' der früheren Deutschlandpolitik gewesen und galt als ‚extremer Außenseiter', der aber von Schewardnadse im Januar 1987 zum Vorsitzenden des Akademischen Konsultativrats bei der Hauptabteilung die Sozialistischen Staaten Europas im Außenministerium berufen wurde, *Biermann*, Zwischen Kreml und Kanzleramt, 121.

82 *Kaimakow*, Die Vereinigung Deutschlands steht auf der Tagesordnung, in: SU heute 35,4 (1990), 7.

83 Ebd.

findungen aus Anlaß der deutschen Vereinigung.[84] Er stellte den *äußerst wichtigen Schritt zur Überwindung der Ost-West-Konfrontation* heraus, den Gorbatschow unternommen habe, nachdem er *von der UNO-Tribüne aus das Primat der allgemein-menschlichen Werte vor den klassenbedingten verkündete.* Zweifellos habe *die intellektuelle Elite in der Sowjetunion das Streben des deutschen Volkes nach Einheit nicht nur unterstützt, sondern auch die öffentliche Meinung darauf vorbereitet, die kommenden Veränderungen gelassen hinzunehmen.* Es stellte sich aber heraus, dass die Lenkung des Prozesses entglitten war; es sei *Klio* nicht möglich gewesen – hier spielte er mit der Muse auf Gorbatschows Wort von der ‚Entscheidungsmacht der Geschichte' an –, *die Zügel der deutschen Quadriga in Griff zu halten, nachdem diese querfeldein losgestürmt war.* Nun sorgte sich der Autor jedoch vor der Wirkung der Bilder, falls Gorbatschow am 3. Oktober nach Berlin reiste:

> Auch wenn es die Deutschen gern sähen [...] – ich halte das für überflüssig. Ein großer Politiker zeichnet sich dadurch aus, daß er seine Entscheidungen nicht nur aufgrund einer nüchternen Analyse fällt, sondern auch in der Lage ist, auf sein Herz zu hören. Als Journalist kann ich den Wert eines Fotos von Gorbatschow und Kohl auf den Stufen des Reichstages sehr gut einschätzen. Doch dieses Spektakel würde in Deutschland und in der Sowjetunion völlig unterschiedlich aufgenommen werden. Bis zu einer gesamteuropäischen Katharsis ist es noch weit.[85]

Kaimakov bezog sich auf die Erinnerung an das Kriegsende und fürchtete wohl, dass die ikonischen Bilder von 1945 durch neue ersetzt werden könnten. So treffend seine Einschätzung möglicherweise auch war, bot er doch auch im Weiteren eine überkommene sowjetische Deutung:

> Am schwierigsten ist es mit den Gefühlen derer, die 1945 nach Berlin kamen. Sie kamen nicht nur als Sieger, sondern als Befreier Deutschlands und Europas vom Nazismus. Deshalb wurde der sowjetische Soldat in Prag, Warschau und Budapest mit Freudentränen empfangen. Und man muss gerade ihre Gefühle verstehen, wenn sie hören, daß ‚Deutschland sich niemals mit dem Verlust seiner Ostgebiete abfinden wird'.[86]

Ohne auf die Frage der ‚Freudentränen' hier einzugehen: Der Zwei-Plus-Vier-Vertrag hatte die deutschen Staatsgrenzen unter Ausschluss künftiger Gebietsansprüche festgelegt; die Bemerkung war daher an sich obsolet, wenngleich zutrifft, dass eine Minderheit in Deutschland sogar im Bundestag (1991) sich damit nicht abfinden wollte. Kaimakov befürwortete die deutsche Einheit als *Schlußstrich unter die Periode des kalten Krieges* und hob hervor, dass auch die sowjetische Armee sie

---

84 *Kaimakov*, Deutschland. Ein altes, neues Wort, in: SU heute 35,10 (1990), 10 f.
85 Ebd.
86 Ebd.

als eine *natürliche Sache* bezeichnete. Nach dem 3. Oktober werde der sowjetische Blick auf Deutschland ein anderer sein:

> *Gorbatschow hat eine große Verantwortung vor der Geschichte auf sich genommen. Aber sie ist, Gott sei Dank, zu gleichen Hälften zwischen dem sowjetischen Präsidenten und dem deutschen Kanzler verteilt.*[87]

Gleichgewicht (wie hier durch gleiche Verteilung) als Basis für Stabilität und Sicherheit schien vielfach die Denkweisen zu prägen, und nicht nur auf sowjetischer Seite. Für die *SU heute* muss man konstatieren, dass selbst augenscheinlich liberale Artikel unter Gleichgewicht eine Art ‚Besitzstandswahrung' verstanden. Bestenfalls sieht man hier, dass Perestrojka auch ein kommunikativer Lernprozess war, der in Echtzeit vermittelt wurde. In einem anderen Artikel schon im kritischen Moment des Januar 1990 jedenfalls trat der Autor Spartak Beglow, Journalist der Nachrichtenagentur Nowosti, für die Möglichkeit der *Veränderung der Beziehung zwischen der DDR und der Bundesrepublik* ein. In einem *neuen Helsinki* sah er *die Schlüssel zum europäischen Gleichgewicht* – und nahm dabei für Michail Gorbatschow den Vorzug in Anspruch, *sich als erster für einen Kurs auf Veränderungen in seinem Teil der Welt* [sic!] *engagiert zu haben*.[88] Gleichgewichts- genauso wie vielfach die Gerechtigkeitsvorstellungen richteten sich demnach an den Supermächten aus; Staaten dazwischen wurden subsumiert.[89] Ebenfalls prägten Gleichgewichts- und Ausgleichsvorstellungen die Kommentare sowohl zur Frage des gesamtdeutschen NATO-Beitritts als auch zu ökonomischen Aspekten. Chefredakteur Miljutenko stellte im Juni 1990 beim gegenwärtigen *Zustand der militärischen Kräfte der UdSSR* den Abrüstungsprozess im Fall der deutschen NATO-Mitgliedschaft in Frage:

> Die UdSSR kürzt und reformiert zur Zeit ihr militärisches Potential, es ergibt sich aber die Frage, ob bei einer Mitgliedschaft des vereinigten Deutschland in der NATO der Abbau fortgesetzt wird oder andere Maßnahmen ergriffen werden, um die Kräfteverschiebung zugunsten der NATO auszugleichen.[90]

---

87 Ebd.

88 *Beglow*, Spartak, Europa nach Malta, in: SU heute 35,1 (1990), 5.

89 Vor diesem Hintergrund war im Übrigen eine Berücksichtigung eigenständiger außenpolitischer Interessen der noch bestehenden, aber schon im Abfall begriffenen Sowjetrepubliken in dieser Zeitschrift damals kaum zu erwarten. Der Umgang mit den Nationalitäten und Unabhängigkeitsbewegungen in *SU heute* bildet ein eigenes Forschungsfeld. – Zu (sozialen) Gerechtigkeitsvorstellungen in der Transformationszeit vgl. *Kuhr-Korolev*, Gerechtigkeit und Herrschaft.

90 *Miljutenko*, Wladimir, Der Gipfel und die deutsche Frage, in: SU heute 35,6 (1990), 5; vgl. auch das Vorwort der Redaktion im April-Heft 1990, ‚Aufbruch zu neuen Ufern', in: SU heute 35,4 (1990), 3: *Umstritten, gerade aus sowjetischer Sicht, bleibt weiterhin, ob die DDR beziehungsweise ein ver-*

Diesen Kommentar konnte man lesen, als ob die UdSSR im laufenden Prozess übervorteilt worden wäre.

Nicht nur unter ökonomischen Gesichtspunkten lenkte auch Sergej Karaganow, damals schon als Politikberater aktiv, in einem Artikel in *SU heute* den Blick auf die Notwendigkeit von Wirtschaftsbeziehungen. Er kritisierte, dass eine *gewisse Normalisierung der Beziehungen und die Bereitschaft des Westens, zusätzliche Kredite zu gewähren, nicht mit einem Ausbau, sondern mit einer Verringerung des Handelsvolumens einher*[gingen]. Dem Westen schrieb er Verantwortung bei der Realisierung des sowjetischen Reformkurses im eigenen Interesse zu: Er prognostizierte eine Schwächung des Einflusses der UdSSR in Europa, zurückzuführen auf den Wandel in Ostmitteleuropa, die *Erosion der harten bipolaren Konfrontation, die Verringerung des militärischen Faktors in der Welt,* aber auch auf *das Zurückbleiben der UdSSR in Wirtschaft, Wissenschaft und Technik.* Einerseits argumentierte er, dass die Tatsache, dass die UdSSR im *humanitären und juristischen Bereich* auch *offensichtlich im Rückstand* sei, *möglicherweise im Westen Kritik an der UdSSR an*[sporne] und *die Positionen derjenigen* [stärke], *die gegen die Fortsetzung der positiven Entwicklungen in der europäischen Politik sind.* So gebe es *im Westen Kräfte, die den Prozeß der Entmilitarisierung der europäischen Politik nicht unumkehrbar machen wollen.* Ausgerechnet Karaganow, so möchte man heute im Rückblick bemerken, bezog sich aber andererseits auch auf die Idee des 'gesamteuropäischen Hauses'. Die *europäische Politik der Sowjetunion* [habe] *eine bestimmte Grenze erreicht.* Es sei *viel getan worden: Zahlreiche Probleme sind gelöst,* und es sei nun möglich, eine *Politik unmittelbar für den Bau eines gesamteuropäischen Hauses* auszuarbeiten.[91]

Obwohl forsch in seiner Aussage und prominent platziert auf Seite 6, muss man Karaganows Artikel – auf eine Seite gepresst und mit einer wenig aussagekräftigen Überschrift versehen – rein äußerlich eine gewisse Unauffälligkeit zuschreiben. Ganz anders dagegen trat im Juli 1990 die Presseagentur APN/Nowosti mit ihrer dreiseitigen Wiedergabe eines Rundtischgesprächs auf, das sie selbst schon im April zum Thema *Die Vereinigung Deutschlands aus sowjetischer Sicht* organisiert hatte.[92] Medial tat die Zeitschrift anscheinend alles, damit dieser Artikel rezipiert würde: Extra groß druckte sie Titel und Foto der Teilnehmer auf der ersten Seite, gefolgt von markanten Überschriften im Text, die die Ergebnisse sor-

---

einigtes Deutschland Teil der NATO sein kann oder einen anderen Status, etwa den der Neutralität, erhält.
91 *Karaganow,* Sergej, Die Veränderungen in Europa und die UdSSR, in: SU heute 35,2 (1990), 6.
92 Die Vereinigung Deutschlands aus sowjetischer Sicht. Ein Rundtischgespräch bei der Presseagentur Nowosti, in: SU heute 35,7 (1990), 35–37; Teilnehmer waren Igor Netschajew, Dmitri Danilow, Daniil Proektor, Albert Jegorow, Gennadi Woronzow, Wladimir Gutnik, Juri Urjas und Moderator Sergej Martynov.

tiert präsentierten: Unter *Ein Gleichgewicht der Interessen* ging es um die Frage des Rechts der Deutschen auf nationale Selbstbestimmung im internationalen Zusammenhang; unter *Das Problem der Angleichung und Artikel 23* besprachen die Teilnehmer die unterschiedlichen Verfassungen und Rechtssysteme in Bundesrepublik und DDR. Unter *Die militärische Parität* sah Daniil Proektor (Professor am Institut für Weltwirtschaft und internationale Beziehungen) *das Prinzip der geteilten Sicherheit in Frage gestellt* und wurde mit den Worten zitiert, die *NATO werde weiter bestehen und durch eine Modernisierung der nationalen Armeen [...] gestärkt. Die Organisation des Warschauer Vertrages mache hingegen eine Krise durch.* Das *sich abzeichnende Ungleichgewicht* könne durch alle Teilnehmer des Helsinki-Prozesses mit einer Umgestaltung des Sicherheitssystems beseitigt werden, *und zwar mit der Ablösung der Blockstruktur durch eine Struktur der kollektiven Sicherheit, deren Grundlage ein vernünftiges Minimum an Rüstung und der Aufbau des gesamteuropäischen Hauses bilden.* Der Erfolg hänge unmittelbar mit dem Erfolg der Perestrojka in der UdSSR zusammen; wie dies genau gemeint war, blieb im Text allerdings offen. Konkreter und weniger besorgt oder auch vorwurfsvoll als andernorts[93] fielen die Aussagen unter *Ökonomische Folgen für die UdSSR* aus: *Es könnte uns der Vereinigungsprozess großen Nutzen bringen.*[94]

Diese Wiedergabe des Nowosti-Rundtischgesprächs spiegelte die Diskussion in der Zeitschrift an sich. Erneut wurde erstens die Interpretation von Gleichgewicht betont, die mit Ansprüchen auf Rücksichtnahme auf sowjetischer Seite verbunden war, sei es, weil die UdSSR diese Ansprüche durch die Befreiung Deutschlands unter großen Opfern erkämpft habe, oder sei es, weil sie sich infolge ihrer Umgestaltung im Rückstand befand und Rücksicht als Fairness und Anerkennung der Leistung der Perestrojka erwarten dürfe. Zweitens zeigte sich hier wie auch sonst, dass sich die Diskussion in erster Linie um die sowjetischen Positionen und Anliegen drehte. Die Sichten und Belange anderer (nicht-sowjetischer) Teilnehmer kamen selten zur Sprache, manchmal als Stimmen auswärtiger Teilnehmer zum Beispiel im Rundtischgespräch, aber so gut wie gar nicht in Form von eigenen Gastbeiträgen nicht-sowjetischer Autoren oder Autorinnen, die es in der Zeitschrift mit Ausnahmen (wie zum Beispiel die eingangs erwähnten Empfehlungen) auch während Perestrojka nur wenig gab. Drittens ging auch die Zusammenfassung des Rundtischgesprächs von einem Denkansatz aus, der damals viele Zeitge-

---

93 Vgl. z. B. Chefredakteur Miljutenkos Bemerkung zu Wirtschaftsaspekten im März 1990: *Vor unseren Augen wurde die Berliner Mauer eingerissen. Aber viele Mauern bleiben in der Wirklichkeit noch unverändert in den Köpfen der Menschen bestehen – die Mauern alter Klischees und Vorurteile, aber auch die Cocom-Mauer,* Miljutenko, Laßt uns den Frieden vorbereiten, in: SU heute 35,3 (1990), 3; (Cocom stand für das ‚Coordinating Committee on Multilateral Export Controls‘ zur Kontrolle des westlichen Technologieexports).

94 Ebd., 37.

nossen auch außerhalb der UdSSR umtrieb: dass zwar *die Vereinigung Deutschlands unumgänglich* sei; dass sie aber auch *das Ende der vierzigjährigen Friedensperiode nach sich ziehen könnte.* Gemeint waren *bedrohliche Aspekte des deutschen Nationalcharakters* und – nicht ganz unberechtigterweise – *die Angst vor einem neuen starken Staat in Europa.*[95]

Auf diese Weise konnte in der Zusammenschau ein Bild kreiert werden, wonach die UdSSR allein und in der kritischen Situation der Perestrojka in der Deutschlandpolitik zu großen Zugeständnissen bereit war. Sich selbst ordnete die UdSSR in der Zeitschrift dabei als friedliebende Macht ein. Die Aufarbeitung der eigenen Geschichte erfolgte gegebenenfalls nach innen und war mit den Ausnahmen etwa der Artikel von Schewzowa oder Daschitschew in Bezug auf Ostmitteleuropa in der Zeitschrift kaum sichtbar. (Der Umgang mit den sowjetischen Republiken, Nationalitäten und Minderheiten bildet dabei noch ein ganz eigenes Thema.) Daschitschews Artikel – welcher im gleichen Heft publiziert wurde wie das Nowosti-Rundtischgespräch – war der einzige, der die Möglichkeit einer sowjetischen Hegemonie ungeschönt anklingen ließ. Obwohl diese Möglichkeit – genauso wie das Risiko eines dominanten deutsch-sowjetischen Schulterschlusses – im Raum stand, wurde dies in keinem anderen Artikel mit historischen Bezügen oder zum ‚gemeinsamen europäischen Haus' offen artikuliert, auch nicht in der großen Reportage zum Treffen von Journalisten aus 29 KSZE-Ländern.[96] Heute mag dies auffallen, und man mag unter Rekurs auf von Plato die Frage stellen, wie echt denn die ‚Hoffnungen auf einen neuen moralischen Stil' in Politik und Diplomatie in der Selbstdarstellung waren.[97] Damals war die allgemeine öffentliche Stimmung und optimistisch-zukunftsgerichtete Erwartungshaltung jedoch eine andere – und die internationalen Journalisten aus 29 Ländern inklusive UdSSR boten das Vokabular dazu: Es ging um eine *freimütige Diskussion*, Überwindung von *Misstrauen und Fremdsein, Unabhängigkeit* der Presse, Demokratisierung.[98]

Oktober 1990–1991

Im Oktober 1990 veröffentlichte die *SU heute* die Kommentare von sieben bekannten Sowjetbürgern, die von der Presseagentur aufgefordert waren, ihre Gefühle angesichts der vollzogenen Einigung Deutschlands zu beschreiben und Vorschläge

---

95 Ebd., 35.
96 S. Fn. 43: Unser gemeinsames Haus in Europa. Treffen von Journalisten aus 29 KSZE-Ländern, in: SU heute 34,1 (1989), 58–62.
97 S. Fn. 10: von Plato, 422.
98 Unser gemeinsames Haus in Europa, 58–62.

für neue Beziehungen zu formulieren. Unter den Befragten war der Historiker (Generaloberst und Stalin-Biograf) Dmitri Wolkogonow, der in seinem Statement *das vereinigte Deutschland stark und demokratisch und freundschaftlich gegenüber der Sowjetunion und allen Nachbarn* wissen wollte. Auch dabei war der Marschall Sergej Achromeew, einst Berater Gorbatschows, der später am August-Putsch 1991 beteiligt war. Er hob in seinem Kommentar die Rolle der UdSSR hervor, die den Einigungsprozess ermöglicht habe, und begrüßte den Rückgang der militärischen Konfrontation.[99]

Das Jahr 1991 entwickelte in der Zeitschrift dann noch einmal eine andere Dynamik, als die Vereinbarungen mit Deutschland zum Tragen kamen. Die Sowjetunion befand sich aufgrund wirtschaftlicher und sozialer Not und der nationalen Bewegungen in einer schweren Krise, und diese bestimmte zum Großteil die Beiträge. Für die Beziehungen mit Deutschland lassen sich vier große Themen identifizieren: erstens der Abzug der sowjetischen Truppen aus der nun ehemaligen DDR;[100] zweitens die materiellen Hilfsangebote aus Deutschland; drittens die Auswanderung ‚jüdischer Kontingentflüchtlinge‘ und ‚Russlanddeutscher‘;[101] und viertens der Aufstieg von Boris Jelzin und sein Besuch in Bonn im November 1991.[102] Jedes Thema war komplex und prägte die nachfolgende Transformationszeit.

Schlussbetrachtung

Mit welchem Gewinn hätte man also damals die Zeitschrift *SU heute* für Vorhersagen in der Deutschlandpolitik nutzen können? Und wie kommentierte sie die deutsche Einheit?

Deutlich zeichneten sich in der Zeitschrift die Veränderungsprozesse in der UdSSR während der Perestrojka ab. Die Auswertung bezüglich der ‚deutschen Frage‘ weist auf eine spezifisch zusammengestellte, nach außen adressierte Innensicht, die für die Phase bis zum (überraschenden) Mauerfall 1989 mehr Vorüberlegungen bis hin zu einzelnen, im Nachhinein vermeintlich erkennbaren Frühindikatoren erkennen lässt, als vielleicht zu erwarten gewesen wäre.

---

99 Stimmen zur Vereinigung Deutschlands, in: SU heute 35,10 (1990), 6 f.; neben Wolkogonow und Achromeew wurden Jan Vogeler (Professor für Philosophie), Alfred Schnittke (Komponist), Juri Sorja (Mitherausgeber der Neuausgabe von Materialien der Nürnberger Prozesse) und Wjatscheslaw Kondratjew (Autor und Kriegsteilnehmer) gefragt.
100 Vgl. z. B. *Borissenko*, Waleri, Nach dem Truppenabzug, in: SU heute 36,2 (1991), 28–30.
101 Vgl. z. B. UdSSR-Deutsche an der Schwelle zur Massenemigration, in: SU heute 36,7 (1991), 11.
102 Vgl. Besuch Boris Jelzins in Bonn, in: SU heute 36,12 (1990), 12–15.

Gleichzeitig entwickelte die Zeitschrift ihre journalistischen, redaktionellen und politischen Positionen weiter, sodass sie selbst über das halbe Jahrzehnt des engeren Reformprozesses ihr Aussehen wandelte. Ab Frühjahr 1990 kommentierte *SU heute* die bevorstehende vertragliche deutsche Wiedervereinigung und vermittelte dem westdeutschen Lesepublikum eine primär aus den sowjetischen Bedürfnissen hergeleitete Perspektive. Sie zeigte, wie es sich bei der Wiedervereinigung (in der Zeitschrift auch: ‚Vereinigung') um ein großes Zugeständnis seitens der Sowjetunion handelte. Die UdSSR forderte vor den Lesern die Berücksichtigung ihrer Interessen im Sinne eines ‚Gleichgewichts' ein – erstens als Ausgleich für dieses Zugeständnis, zweitens aus für legitim erklärten Sicherheitsinteressen und drittens, weil sie sich wegen der Perestrojka in einem Rückstand befand. Um solche Anliegen vorzubringen, verwendeten Autoren fortgesetzt den bekannten Begriff vom ‚gemeinsamen Haus Europa'. Die Image-Zeitschrift der sowjetischen Botschaft in Bonn hatte früher schon sowjetische Positionen gebracht; während Glasnost wurde die Auswahl vielfältiger und enthielt sogar systemkritische Stimmen (allerdings bekannter, etablierter Autoren). Die Zeitschrift bot mit ihrer Zusammenstellung der Beiträge eine reiche Plattform, um sich im offiziellen Rahmen über Art und Inhalte von wissenschaftlichen, publizistischen, politikberatenden Diskursen in der UdSSR zu informieren.

Im Juni 1991 erschien noch einmal ein zweiseitiger Artikel von Daniil Proektor, in dem er eine Bilanz der Entwicklung der Beziehung zwischen der UdSSR und Deutschland zog. Er schrieb:

> Was ist von Deutschland in der absehbaren Zukunft zu erwarten? Es wird sich weiter in Westeuropa eingliedern und eines der wichtigsten Elemente eines künftigen einheitlichen Europa – des ‚Gemeinsamen Marktes' – bilden, vielleicht wird es sogar zum wirtschaftlichen und technologischen Zentrum. Unter den neuen europäischen Bedingungen wird Deutschland nicht unser politischer oder militärischer Gegner werden und Grenzen nicht gewaltsam ändern wollen. Es wird auch kaum aus eigener Initiative einen Rückfall in den kalten Krieg wünschen.[103]

Es wäre interessant, in der Kontinuität dieser Zeitschrift als offiziellem Organ in Deutschland die weiteren Entwicklungen über 1991 hinaus zu verfolgen. Doch wurde die *SU heute* 1992 nicht nur in *Vostok* (Osten) umbenannt, sondern auch von der Botschaft abgekoppelt und privatisiert. Für ein Image-Magazin der Form, wie es über drei Jahrzehnte bis zum Ende des Kalten Kriegs bestanden hatte, war kein Geld mehr da und – so schien es damals – auch kein Bedarf.

---

103 *Daniil Proekor*, Die Beziehungen zu Deutschland in der Vergangenheit und heute, in: SU heute 36,6 (1991), 10 f.; Anlass war der fünfzigste Jahrestag des deutschen Überfalls auf die Sowjetunion. Der Artikel war zuvor in der Zeitung *Iswestija* erschienen.

Heute, da infolge des russischen Kriegs gegen die Ukraine der Zugang zu zentralen sowjetischen Archiven praktisch verwehrt ist, sind Osteuropahistoriker:innen auf neue Quellenbestände angewiesen. Medien wie die von der Forschung lange übersehene Zeitschrift *Sowjetunion heute* bieten eine weiterführende Alternative.

Bibliografie

Quellen

Afanassjew, Juri (Hrsg.), Es gibt keine Alternative zu Perestroika. Glasnost, Demokratie, Sozialismus, [orig. Moskau 1988] Nördlingen 1988.
Galkin, Aleksandr/Anatolij *Tschernjajew* (Hrsg.), Michail Gorbatschow und die deutsche Frage. Sowjetische Dokumente 1986–1991, deutsche Ausgabe hrsg. v. Helmut Altrichter, Horst Möller, Jürgen Zarusky, kommentiert von Andreas Hilger, München 2011.
Gorbatschow, Michail, Glasnost – das neue Denken, Berlin 1989.
Gorbatschow, Michail, Das gemeinsame Haus Europa und die Zukunft der Deutschen, Düsseldorf u. a. 1990.
Kazarina, I. V. u. a. (Hrsg.), Konec Épochi. SSSR i revoljucii v stranach Vostočnoj Evropy v 1989–1991 gg. Dokumenty, Moskau 2015.
Voices of Glasnost. Interviews with Gorbachev's Reformers, hrsg. v. Stephen F. *Cohen*/Katrina van den *Heuvel*, New York/London 1989.
Sowjetunion heute 26 (1981), 28 (1983), 29 (1984), 31 (1986), Sondernummer April 1986, 32 (1987), 33 (1988), 34 (1989), Sondernummer Juni 1989, 35 (1990), 36 (1991) hrsg. v. der Presseabteilung der Botschaft der UdSSR in Zusammenhang mit der Informationsagentur Nowosti (IAN), Köln 1956–1991.

Literatur

Achtamzjan (1930–2018), in: Novaja i Novejšaja Istorija 5 (2018), 248.
Adomeit, Hannes, The „Common House". Gorbachev's Policies Towards Western Europe, in: The Western Community and the Gorbachev Challenge, hrsg. v. Armand Clesse/Thomas C. Schelling, Baden-Baden 1989, 212–224.
Adomeit, Hannes, Imperial Overstretch. Germany in Soviet Policy from Stalin to Gorbachev. An Analysis Based on New Archival Evidence, Memoirs, and Interviews (Internationale Politik und Sicherheit, 48), 2. Aufl., Baden-Baden 2016.
Biermann, Rafael, Zwischen Kreml und Kanzleramt. Wie Moskau mit der deutschen Einheit rang, (Studien zur Politik, 30), Paderborn u. a. 1997.
Bundesarchiv (Hrsg.), Das „Sputnik"-Verbot. Proteste gegen die Einstellung der Zeitschrift „Sputnik". [https://www.stasi-unterlagen-archiv.de/informationen-zur-stasi/themen/beitrag/das-sputnik-verbot/; 07.06.2024].

Čeremuškin, Petr, Krise und Zerfall des sowjetischen Propagandaapparates zur Information über die sozialistischen Länder am Beispiel der Nachrichtenagentur TASS, in: Das letzte Jahrzehnt des Sozialismus. Transformationsprozesse in der DDR und in der Sowjetunion (1985 bis 1989/91), hrsg. v. Michael Mayer u.a., Moskau 2016, 341–354.

Conze, Werner, „Brockdorff-Rantzau, Ulrich Graf von" in: Neue Deutsche Biographie 2 (1955), 620–621. [https://www.deutsche-biographie.de/pnd118674242.html#ndbcontent; 07.06.2024].

Davies, Robert W., Perestroika und Geschichte. Die Wende in der sowjetischen Historiographie, München 1991.

Derix, Simone, Bebilderte Politik. Staatsbesuche in der Bundesrepublik Deutschland 1949–1990, Göttingen 2009.

Ehrhardt, Hans-Georg (Hrsg.),„Die ‚sowjetische Frage'. Integration oder Zerfall? (Militär, Rüstung, Sicherheit, 71), Baden-Baden 1991.

Falin, Valentin, Politische Erinnerungen, München 1993.

Galkin, Aleksandr/Anatolij *Tschernjajew* (Hrsg.), Gorbatschow und die deutsche Frage. Sowjetische Dokumente 1986–1991 (Quellen und Darstellungen zur Zeitgeschichte, 21), München 2011.

Gibbs, Joseph, Gorbachev's Glasnost. The Soviet Media in the First Phase of Perestroika, College Station 1999.

Hanke, Irma/Hannemor *Keidel* (Hrsg.), Unruhe ist die erste Bürgerpflicht. Politik und Politikvermittlung in den 80er Jahren, Baden-Baden 1988.

Hosking, Geoffrey, Russland. Nation und Imperium 1552–1917, Berlin 2003.

Janzewa, L. N. u. a. (Hrsg.), Valentin Falin. Unikal'naja figura sovetskoj diplomatii. Stat'i iz SMI, zapiski iz dnevnikov, vospominanija soratnikov, Moskau 2020.

Karner, Stefan u. a. (Hrsg.), Der Kreml und die Wende 1989 (Veröffentlichungen des Ludwig-Boltzmann-Instituts für Kriegsfolgen-Forschung, 15), Innsbruck/Wien/Bozen 2014.

Karner, Stefan u. a. (Hrsg.), Der Kreml und die deutsche Wiedervereinigung 1990. Interne sowjetische Analysen (Veröffentlichungen des Ludwig-Boltzmann-Instituts für Kriegsfolgen-Forschung, 16), Berlin 2015.

Kramer, Mark, Beyond the Brezhnev Doctrine. A New Era in Soviet-East European Relations?, in: International Security 14 (1989–1990), 25–67.

Kramer, Mark, The Demise of the Soviet Bloc, in: The Journal of Modern History 83 (2011), 788–854.

Küchenmeister, Daniel (Hrsg.), Honecker – Gorbatschow. Vieraugengespräche, Berlin 1993.

Kuhr-Korolev, Corinna, Gerechtigkeit und Herrschaft. Von der Sowjetunion zum Neuen Russland (Kulturen der Gerechtigkeit, 10), Paderborn 2015.

Kwizinskij, Julij A., Vor dem Sturm. Erinnerungen eines Diplomaten, Berlin 1993.

Otvečaja na vyzov vremeni. Vnešnjaja politika perestrojki: dokumental'nye svidetel'stva. Po zapisjam besed M. S. Gorbačeva s zarubežnymi dejateljami i drugim materialam, hrsg. v. Meždunarodnyj fond social'no-ėkonomičeskih i politologičeskich issledovanij (Gorbačev-Fond), Moskau 2010.

Nepit, Alexandra, Die SED unter dem Druck der Reformen Gorbatschows. Der Versuch der Parteiführung, das SED-Regime durch konservatives Systemmanagement zu stabilisieren (Extremismus und Demokratie, 8), Baden-Baden 2004.

Plato, Alexander von, Die Vereinigung Deutschlands – ein weltpolitisches Machtspiel. Bush, Kohl, Gorbatschow und die geheimen Moskauer Protokolle (Schriftenreihe der Bundeszentrale für Politische Bildung, 381), 2. Aufl., Berlin 2003.

Roisko, Pekka, Gralshüter eines untergehenden Systems. Zensur der Massenmedien in der UdSSR 1981–1991 (Medien in Geschichte und Gegenwart, 31), Köln/Weimar/Wien 2015.

Sarotte, M. E., Not One Inch. America, Russia, and the Making of Post-Cold War Stalemate, New Haven/London 2021

Savranskaya, Svetlana/Thomas *Blanton* (Hrsg.), The Last Superpower Summits. Gorbachev, Reagan, and Bush. Conversations that Ended the Cold War, Budapest/New York 2016.

Service, Robert, The End of the Cold War 1985–1991, New York 2015.

Shumaker, David H., Gorbachev and the German Question, Westport 1995.

Spohr, Kristina, Wendezeit. Die Neuordnung der Welt nach 1989, München 2019.

Teckenberg, Wolfgang, Perestrojka in der sowjetischen Soziologie? Was man hört, was man sieht, in: Zentralarchiv-Information 23 (1988), 92–104.

Umbach, Frank: Das rote Bündnis. Entwicklung und Zerfall des Warschauer Paktes 1955 bis 1991 (Militärgeschichte der DDR, 10), Berlin 2005.

Tumarkin, Nina, The Living and the Dead. The Rise and Fall of the Cult of World War II in Russia, New York 1994.

Wagensohn, Tanja, Von Gorbatschow zu Jelzin. Moskaus Deutschlandpolitik (1985–1995) im Wandel, Baden-Baden 2000.

Wendt, Alexander/Daniel *Friedhelm*, Hierarchy under Anarchy. Informal Empire and the East German State, in: International Organization 49 (1995), 689–721.

Wentker, Hermann, Die Deutschen und Gorbatschow. Der Gorbatschow-Diskurs im doppelten Deutschland 1985 – 1991, Berlin 2020.

Wilke, Manfred, Sowjetische Deutschlandpolitik in der Ära Gorbatschow, in: Der Zerfall des Sowjetimperiums und Deutschlands Wiedervereinigung/The Decline of the Soviet Empire and Germany's Reunification, hrsg. v. Hanns J. Küsters, Köln/Weimar/Wien 2016, 167–180.

Zubok, Vladislav M., A Failed Empire. The Soviet Union in the Cold War from Stalin to Gorbachev, 2. Aufl., Chapel Hill 2009

Teil IV: **Zeitenwechsel als Kategorie der Geschichtswissenschaft und Gegenwartsbewältigung**

Marian Füssel
Die vielen Struktur-Revolutionen der Frühen Neuzeit

Beobachtungen zur historiographischen Semantik von Zeitenwechseln

„Im Anfang steht keine Revolution"
Hans-Ulrich Wehler (1987)[1]

Epochengrenzen sind auf den ersten Blick ein leidiges Thema. Man kommt nicht ohne sie aus, jedes Proseminar implementiert sie aufs Neue, nur um sie gleich wieder zu dekonstruieren und zu relativieren. Geht es um Mittelalter und Frühe Neuzeit, so stehen schnell Begriffe wie Alteuropa, Vormoderne oder Ancien Régime als selbst wieder zu problematisierende Alternativen im Raum.[2] Gerade die Frühe Neuzeit wird als ‚Sandwich-Epoche' jedoch besonders stark durch ihre Grenzen des ‚nicht mehr' oder ‚noch nicht' konstituiert.[3] Im landläufigen deutschsprachigen Handbuchnarrativ, das eine Zeit von etwa 1500 bis 1800 als eigene Epoche konstituiert, sind die Grenzen durch eine Kumulation von politischen, eher ereignishaften und technisch-kulturellen, eher strukturellen Faktoren bestimmt.

Am Beginn stehen der Fall Konstantinopels, die Erfindung des Buchdrucks, die Reformation und die europäische Expansion in Übersee, am Ende die Französische Revolution, das Ende des Alten Reiches und eine ganze Reihe von kulturellen Umbrüchen, die man unter die Sattelzeit von 1750–1850 fasst, darunter Industrielle Revolution, Olfaktorische Revolution oder Leserevolution.[4] Bereits hier fällt die Parallelität von politischen und kulturellen Revolutionsbegriffen auf, die man jedoch genauso am Beginn der Frühen Neuzeit finden kann, etwa wenn der Bauernkrieg zur ‚Revolution des gemeinen Mannes' wird und die frühmoderne Medienrevolution begleitet.[5] Doch kaum ein Handbuch wird die Frühe Neuzeit als Epo-

---

1 *Wehler*, Gesellschaftsgeschichte, 35.
2 *Bödeker/Hinrichs*, Alteuropa; *Jaser/Lotz-Heumann/Pohlig*, Alteuropa.
3 *Schlögl*, Anwesende, 11; zuletzt zu Fragen der Epochenbezeichnung *Mahler/Zwierlein*, Zeiten bezeichnen. Darin ‚bezeichnender'-weise kein einziger Hinweis auf die strukturellen Revolutions-Begriffe.
4 *Schorn-Schütte*, Geschichte Europas, 15–26; *Emich*, Geschichte, 97–101; *Jones/Wahrman*, Cultural Revolutions.
5 *Blickle*, Bauernkrieg; *Burkhardt*, Reformationsjahrhundert.

https://doi.org/10.1515/9783111384214-014

che einführen mit einem Verweis der Art: ‚Dieser Zeitraum konstituiert sich durch folgende fünfzehn Struktur-Revolutionen‘, selbst wenn der Grundansatz eher prozess- als ereignisorientiert ist.[6] Das Begriffsarsenal wäre jedoch reich dafür gefüllt. Mein Erkenntnisinteresse liegt jedoch nicht darin, die Revolutionen ‚einführungsfähiger‘ zu machen, sondern nach ihrer seltsamen Parallelexistenz und ihren historiographischen Konjunkturen zu fragen. Wenn der Militärhistoriker Clifford J. Rogers konstatiert „The concept of ‚revolution‘ in history is a flexible one“, untertreibt er damit fast.[7] So hat die Geschichtsschreibung des 20. Jahrhunderts den politischen Revolutionsereignissen eine Vielzahl von Revolutionen an die Seite gestellt, die für langfristige Prozesse in Kultur und Gesellschaft stehen.[8] Begriffsgeschichtlich wurde allerdings mit Blick auf das 18. Jahrhundert argumentiert, dass die „Idee der Revolution als eines epochalen, unumkehrbaren Wandels in systematischer Weise“ vielleicht sogar „erstmals auf Ereignisse in den Wissenschaften angewandt [wurde] und erst später auf politische Ereignisse“.[9] Doch selbst wenn das zutrifft, hat sich die Applikationsdynamik im 20. Jahrhundert klar verkehrt.

So kennen wir allein für die Frühe Neuzeit inzwischen unter anderem ohne Anspruch auf Vollständigkeit die Wissenschaftliche Revolution, die Militärische Revolution, die Kommerzielle Revolution, die Finanzrevolution, die Preisrevolution, die (Druck-)Medienrevolution, die Papierrevolution, die Manuskriptrevolution, die Kommunikationsrevolution, die Verkehrsrevolution, die Informationsrevolution, die Konsumrevolution, die Leserevolution, die Geruchsrevolution, die Agrarrevolution, die Demographische Revolution, die Ozeanische Revolution, die Spirituelle Revolution und die Industrious Revolution.[10]

---

6 Ähnliches wäre für die Spätantike zu diagnostizieren, so leitet Bernhard Jussen seine Epochendekonstruktion des ‚Mittelalters‘ jüngst wie folgt ein: „Am Anfang war die Revolution[.] ‚Sexuelle Revolution‘, ‚Ehe-Revolution‘, ‚religiöse Revolution‘, ‚theologische Revolution‘, ‚Revolution der Vorstellungskraft‘, ‚kulturelle Revolution‘, ‚römische Revolution‘, ‚spätrömische Revolution‘ [...] Die historischen Wissenschaften nuancieren mit allerlei Attributen, wenn es um jene ‚Revolution‘ geht, die man inzwischen zumeist als ‚Transformation der römischen Welt‘ bezeichnet.“ *Jussen*, Geschenk, 9. Dort Nachweise zu allen Konzepten ebd., 412 mit Anm. 1.
7 *Rogers*, Revolution in History, 76.
8 *Niggemann*, Revolte.
9 *Shapin*, Revolution, 11; *Cohen*, Origins; *Griewank*, Revolutionsbegriff.
10 *Hall*, The Scientific Revolution; *Roberts*, Die militärische Revolution; *Meumann*, Militärische Revolution; *Rover*, The Commercial Revolution; *Lopez*, The commercial revolution; *Denzel*, Kommerzielle Revolution.; *Wiebe*, Preisrevolution; *Eisenstein*, Printing Revolution; *Lyall*, Materials; *Stallybras*, Printing and the Manuscript Revolution; *Maire Vigueur*, Révolution documentaire; *Behringer*, Kommunikationsrevolution; *Behringer*, Fahrplan; *Dover*, The Information Revolution; *Kwass*, Consumer Revolution; *Engelsing*, Perioden; *Corbin*, Pesthauch, „Revolution der Wahrneh-

Diese diversen Revolutionen werden hier unter dem Begriff Struktur-Revolutionen subsumiert, einerseits um den Hiatus zwischen Struktur und (politischem) Ereignis zu verdeutlichen, andererseits weil ein Begriff wie Kultur-Revolution auch jenseits seiner fragwürdigen politischen Implikationen noch irreführender wäre. Denn viele haben nicht das Kulturelle als Ziel, und alle weisen wiederum eine eigene Kultur im Sinne der neuen Kulturgeschichte auf.

Die Vielzahl der Revolutionen steht in merkwürdigem Widerspruch zu Bildern der vermeintlichen Statik vormoderner Gesellschaften. Die meisten Revolutionsbegriffe florieren im anglophonen Sprachraum, alle bilden große Modernisierungserzählungen, waren lange eurozentrisch und huldigen einer Rhetorik des Ursprungs und der Geburt.[11] Für die Frage nach der historiographischen Konzeptionalisierung von Zeitenwechseln verspricht ein vergleichender Blick auf Struktur-Revolutionen als Epochensignaturen daher einigen Aufschluss. Zunächst ist nach der Genese jener Revolutionsbegriffe zu fragen, um sie selbst angemessen zu historisieren (I.), dann geht es um Ausweitungen (II.) und schließlich um Kritik und Persistenz der Konzepte (III.).

I. Die Blüte der Revolutionen

Am Anfang der bis heute nicht abebbenden Adaption des politischen Revolutionsbegriffs auf langfristige strukturelle Vorgänge steht wahrscheinlich die Industrielle Revolution, über die unter anderem die Meinungen auseinandergehen, ob sie erstmals bereits 1799 von Louis-Guillaume Otto, 1837 von Jérôme-Adolphe Blanqui, 1845 von Friedrich Engels oder 1848 von Horace Greely so bezeichnet wurde.[12] Bis zur nächsten Revolutionskonstruktion vergingen dann beinahe fünfzig Jahre. 1894 promovierte Georg Wiebe in Leipzig zum Thema der „Preisrevolution des XVI. und XVII. Jahrhunderts".[13] Die Preisrevolution meint einen signifikanten Anstieg der Inflation, in erster Linie von Getreidepreisen, der aus einem Ursachenbündel hervorging, zu dem unter anderem die spanischen Silberimporte, die Effizienzsteigerung europäischer Montanwirtschaft, die Ausweitung der Märkte, Bevölkerungswachstum und herrschaftliche Geldpolitik zählten.[14]

---

mung", 299; *Landry*, Révolution démographique; *Jutercenka/Burschel*, Frühe Neuzeit, 26; *Ivanov*, Spiritual Revolution; *De Vries*, The Industrious Revolution.

11 *Loo/Reijen*, Modernisierung.

12 Ausgerechnet zur Industriellen Revolution hat die EDN keinen eigenen Artikel, vgl. indes *Pfister*, Industrialisierung, 904; vgl. auch https://en.wikipedia.org/wiki/Industrial_Revolution#Etymology [24.2.2025].

13 *Wiebe*, Preisrevolution.

14 *Metz*, Preisrevolution.

In den 1910er Jahren stand die Industrielle Revolution Pate für die Wissenschaftliche Revolution. Lange wurde deren ‚Erfindung' fälschlich dem französischen Philosophen Alexandre Koyré zugeschrieben, der erstmals 1935 und später in seinen *Études galiléennes* entsprechende Formulierungen prägte, aber wohl nicht als Erfinder des Begriffs gelten kann.[15] Andere Spuren führen zu John Dewey (1915), aber ohne nachhaltige Rezeption, so dass für David Wootton das Buch „The Rise of European Liberalism" (1936) des sozialistischen Intellektuellen Harold J. Laski den Ausschlag gab. Denn Laski beeinflusste wiederum den Wissenschaftshistoriker Herbert Butterfield in Cambridge, der sich zunächst von der „so called Scientific Revolution" distanzierte, den Begriff aber immer wieder nutzte und verbreitete.[16] Eine andere, frühere Genealogie hat 2023 James A. Secord rekonstruiert: Er sieht die Ursprünge des Konzeptes im Zusammenhang mit der „Progressive Era" der USA nicht in der Wissenschaftsgeschichte, sondern in Debatten der Evolutionspsychologie, der Anthropologie und des amerikanischen Pragmatismus.[17] Bereits im 19. Jahrhundert kursierten lose begriffliche Assoziationen zur Revolution der Wissenschaft, doch erst Martha Ornstein habe 1913 in ihrer Dissertation „The Role of Scientific Societies in the Seventeenth Century" das Ganze zu einem Konzept geformt. Auf Buchtiteln bis heute wirksam, tauchte die Scientific Revolution erstmals 1954 bei A. Rupert Hall und John Desmond Bernal auf.[18] Bis dann ausschließlich die Frühe Neuzeit als Ursprung einer Wissenschaftlichen Revolution gelten sollte, dauerte es jedoch noch einige Jahre, da der Begriff zunächst auf eine rezente Wissenschaftliche Revolution in der Physik gemünzt wurde, die mit Rutherford und Einstein das Atom-Zeitalter einleitete. Wichtiger noch für das Für und Wider der Plausibilität des Revolutionsbegriffs ist, dass Koyré und Butterfield von zwei ganz unterschiedlichen Typen von Revolutionen ausgingen: Während Koyré sich an Gaston Bachelards epistemologischen Brüchen orientierte und von einer „single intellectual mutation", einem Austausch einer Idee durch eine andere, ausging, folgte Butterfield einem „lengthy, complex transformative process", vergleichbar mit der Reformation, für die Laski den Begriff „theologische Revolution" verwendete.[19]

Eine strukturelle Revolution des Mittelalters, die später auch auf die Frühe Neuzeit Anwendung fand, wurde 1942 von Raymond de Rover in Gestalt der Commercial Revolution konstruiert.[20] Rover bezog den Begriff auf das 13. Jahrhundert

---

15 Vgl. *Wootton*, The Invention of Science, 15–19.
16 Ebd.
17 *Secord*, Inventing.
18 *Hall*, The Scientific Revolution, der zweite Band von *Bernal*, Science in History trägt den Titel The Scientific and Industrial Revolutions.
19 *Wootton*, The Invention of Science, 19.
20 *Rover*, Commercial Revolution.

und subsumierte darunter Innovationen wie den bargeldlosen Zahlungsverkehr, die doppelte Buchführung oder die Schiffsversicherung.[21] Später wurde der Begriff jedoch auch verwendet, um Prozesse um 1600 und im ausgehenden 17. Jahrhundert zu bezeichnen. So etwa konkret für die erste Phase die Einführung neuer „Techniken des Zahlungsverkehrs" wie Indossament und Diskont oder die Etablierung von Börsen, Wechselbanken und Überseehandelsgesellschaften, für die zweite vor allem Praktiken des Reexports. Allein für England sieht die Forschung dann ein Zusammenfallen „der drei Revolutionen"; der Kommerziellen, der Finanziellen und der Industriellen Revolution.[22] Bereits hier zeichnet sich einerseits eine Tendenz zur Verquickung mehrerer Struktur-Revolutionen ab sowie andererseits eine gewisse geistige Mutterschaft der Industriellen Revolution als teleologischer Bezugsgröße.

Im gleichen Erscheinungsjahr wie dem der Titel Halls und Bernals, nämlich 1954, veröffentlichte der französische Mediävist Georges Duby einen Artikel über die mittelalterliche „Agrarrevolution"; allerdings ist der Begriff als solcher bereits deutlich älter.[23] Auch bei Duby dürfte ein marxistischer Hintergrund vorauszusetzen sein.[24] Im Fall der Militärischen Revolution lässt sich im gleichen Zeitraum indes ein klares Gründungsdatum benennen: Am 21. Januar 1955 hielt Michael Roberts an der Queen's University in Belfast seine gleichnamige *inaugural lecture* zum Thema. Ihm zufolge habe die „europäische Welt" zwischen „1560 und 1660" einen „bedeutenden und langfristig wirksamen Umwälzungsprozeß" durchgemacht, den man „ohne Übertreibung als militärische Revolution" bezeichnen könne.[25] Eine Revolution, die als „eine zentrale Scheidelinie zwischen mittelalterlicher Gesellschaft und moderner Welt" anzusehen sei.[26] In der Forschung wird der Militärischen Revolution heute ein „über das Militär hinausweisendes gesellschaftliches Modernisierungspotential" attestiert.[27]

Einer der wenigen genuin deutschen Revolutionsbegriffe ist der Anfang der 1970er Jahre von Rolf Engelsing geprägte Begriff der Leserevolution.[28] Mit dem erstmals 1973 formulierten Konzept ist eine quantitative wie qualitative Veränderung des Leseverhaltens ab dem letzten Drittel des 18. Jahrhunderts verbunden. Immer mehr Menschen lasen immer mehr Bücher in einer extensiven Lektüre, anstatt der intensiven wiederholten Lektüre weniger Bücher. Auch hier ließ der

---

21 *Denzel*, Kommerzielle Revolution, 981.
22 Ebd., 982.
23 *Duby*, La révolution agricole médiévale.
24 *Duby*, Geschichte, 111–143.
25 *Roberts*, Die militärische Revolution, 300; Ebd., 273.
26 Ebd., 273.
27 *Meumann*, Militärische Revolution, 506.
28 *Engelsing*, Perioden, 139; *Wittmann*, Gibt es eine Leserevolution.

explizite Bezug auf die Industrielle Revolution nicht lange auf sich warten. Bereits 1975 hat Wolfgang R. Langenbucher eine „erste Leserevolution" einer kleinen Bevölkerungsschicht im Zeitraum 1760–1830, parallel zur „ersten industriellen Revolution", unterschieden von einer „zweiten Leserevolution", gekoppelt wiederum an die „zweite industrielle Revolution", die von „Automatisierung und Atomenergie" bestimmt sei.[29]

In den 1980er und 1990er Jahren folgten dann die Revolutionen in immer dichterer Folge. 1982 veröffentlichten Neil McKendrick, John Brewer und John H. Plumb den einflussreichen Sammelband „The Birth of a Consumer Society: The Commercialization of Eighteenth-Century England", der den Begriff der Consumer Revolution ins Spiel brachte, obgleich auch über deren exakte Ursprünge kaum Konsens besteht. Der Bezug zur Industriellen Revolution ist jedoch auch hier eindeutig, so sei die Konsumrevolution „the necessary analogue to the industrial revolution, the necessary convulsion on the demand side of the equation to match the convulsion of the supply side".[30] Strukturell verwandt mit der Konsumrevolution ist die „industrious revolution", ein Begriff den der Japaner Akira Hayami bereits 1967 entwickelte, der in der westlichen Forschung allerdings meist mit den Arbeiten von Jan de Vries aus den 1990er und frühen 2000er Jahren assoziiert wird. De Vries definiert die „industrious revolution" als Prozess einer

> household-based resource reallocation that increased both the supply of marketed commodities and labor and the demand for market-supplied goods. The industrious revolution was a household-level change with important demand-side features that preceded the Industrial Revolution, a supply-side phenomenon.[31]

De Vries hat seine Intervention reflexiv in eine ‚Revolte der Frühneuzeithistoriker:innen' eingeordnet, einer Revolte gegen die Erklärungsansprüche der Industriellen Revolution. Anders als die Revolte der Mediävisten gegen die Renaissance, sieht er diese als konstruktive Erweiterung: „we come not to bury it but to improve it."[32] Er hat jedoch die teleologische Sogwirkung seines „companion concepts" unterschätzt, das die Industrielle Revolution mit Vor-Geschichten und Kontexten ausstattet, aber die Frühe Neuzeit nicht als eigene Epoche historisiert.

In den 1990er Jahren trat der Begriff der Medienrevolution eine lange Karriere an. Eine genaue Urheberschaft für die ‚frühneuzeitliche Medienrevolution', mit der man meist die Erfindung des Buchdrucks bezeichnet, ist kaum auszumachen;

---

29 *Langenbucher*, Demokratisierung, 13.
30 *McKendrick/Brewer/Plumb*, Birth of a Consumer Society, 9; *Sear*, Origins; als Forschungsüberblick vgl. *Kwass*, Consumer Revolution.
31 *De Vries*, The Industrial Revolution; dazu *Allen/Weisdorf*, Was there an ‚Industrious Revolution'.
32 Ebd., 253.

frühe deutschsprachige Referenzpunkte bilden Aufsätze von Niklas Luhmann und Michael Giesekes Studie zum Buchdruck von 1991.[33] Vorausgegangen waren Elizabeth Eisensteins Arbeiten zum Buchdruck, deren Synthese 1983 den Titel trug „The Printing Revolution in Early Modern Europe".[34] Hierin sprach Eisenstein noch von einer „unacknowledged Revolution", einer übersehenen Revolution.[35] Immerhin hat es die Medienrevolution auf den Titel von epochenbezogenen Einführungswerken wie Johannes Burkhardts „Das Reformationsjahrhundert. Deutsche Geschichte zwischen Medienrevolution und Institutionenbildung 1517–1617" geschafft.[36]

Eng mit der Medienrevolution verbunden sind die Kommunikationsrevolution[37] und die Leserevolution. Die Kommunikationsrevolution scheint aus dem Amerikanischen, wo sie zunächst nicht auf die Frühe Neuzeit gemünzt war, Mitte der 1990er Jahre ins Deutsche übertragen worden zu sein. Auch hier führt die Spur in die 1930er Jahre. 1933 hatte der Amerikaner Robert G. Albion das Konzept der Kommunikationsrevolution erstmals systematisiert und historisch-empirisch angewandt.[38] Er sah diese ab 1760 in Nordamerika beginnen und setzte sie direkt in Bezug zur Industriellen Revolution, ein Konzept, das er als überfrachtet betrachtete und auf Industriethemen beschränkt wissen wollte. Die Kommunikationsrevolution sah er als „a distinct development with its own separate phenomena and consequences" an.[39] So sei die Geschichte der Kanäle, Dampfschiffe, Eisenbahnen, Telegrafen, Unterseekabel, Telefone, Automobile, drahtlosen Telegrafen, Flugzeuge oder Radios etwas ganz anders als die Geschichte der Fabriken und Gießereien. „The change in communications has knit the world closer together" und habe damit Konsequenzen weit jenseits der industriellen Produktion gezeitigt.

In einem Beitrag von Erdmann Weyrauch über das „Buch als Träger der frühneuzeitlichen Kommunikationsrevolution" von 1995 heißt es gleich einleitend, jedoch defensiv und distanzierend, die Frage, „ob es eine gesamtgesellschaftliche Revolution in der Frühen Neuzeit gegeben habe", müsse hier ungeprüft bleiben.[40] Ganz anders Wolfgang Behringer, der den Begriff in seiner Geschichte des Reichs-

---

33 *Giesecke*, Buchdruck, *Luhmann*, Epochenbildung; kritisch: *Schanze*, Buchdruck.

34 *Eisenstein*, Printing Revolution; dazu *Chartier*, Printing revolution; *Grafton/Eisenstein/Johns*, How Revolutionary.

35 *Eisenstein*, Printing Revolution, 3–12.

36 *Burkhardt*, Reformationsjahrhundert.

37 *Behringer*, Art. Kommunikationsrevolution.

38 *Albion*, The Communication Revolution; dazu ausführlich *Behringer*, Communcations Revolutions, 334–337.

39 *Albion*, The Communication Revolution, 718 f.

40 *Weyrauch*, Buch, 1.

Postwesens als „Motor der Kommunikationsrevolution" plakativ genutzt hat.[41] Behringer möchte die Kommunikationsrevolution als „umfassenden, langfristig angelegten Vorgang von den Medienrevolutionen unterscheiden und mit anderen singulären und grundlegenden Umwälzungen wie der Wissenschaftsrevolution oder der Industriellen Revolution auf einer Abstraktionsebene angesiedelt sehen".[42] Zuvor hatte er bereits die „Verkehrsrevolution" des 17. Jahrhunderts ausgemacht und damit einen älteren Begriff, der schon im 19. Jahrhundert Verwendung gefunden hatte und meist für das 19. und 20. Jahrhundert reklamiert wird, vordatiert beziehungsweise um einen Vorläufer erweitert.[43] Das frühneuzeitliche Postwesen wird als „avantgardistische Form der Raumorganisation" interpretiert, ein „System der gleichmäßigen Raumproportionierung, dessen Einführung das Reise- und Nachrichtenwesen revolutioniert, mehrere Medienrevolutionen bewirkt und wesentlich zur Entwicklung der modernen Raum- und Zeitwahrnehmung beigetragen habe."[44] Der Wille zur Modernisierungserzählung kann deutlicher nicht ausgedrückt werden als mit dem Satz: „Das frühneuzeitliche Postwesen war das erste Internet."[45]

Ebenfalls stark von Gegenwartserfahrungen geprägt, aber jüngeren Datums scheint die Ozeanische Revolution zu sein: „Dies ist eine geteilte Geschichte; indem sie alle Kontinente verband, vereinte die Ozeanische Revolution die Welt und den Globus und leitete damit eine globale Geschichte ein, der kein Mensch und kein Ort entkommen konnte."[46] Als Relevanz- und Evidenzverstärker wirkt die Verkettung von Revolutionen, wenn es etwa heißt, die „ozeanische Revolution' fiel überdies zusammen mit einer ‚Medien-' oder ‚Kommunikationsrevolution'".[47] Bereits zuvor war wiederholt auf die Ko-Existenz der Wissenschaftlichen und der Militärischen Revolution hingewiesen worden, ohne diese an direkte Kausalitäten zu binden.[48] Dieses ‚Zusammenfallen' stützt jeweils beide Begriffe, die so als gegeben erscheinen können. Je mehr Revolutionen man fand, desto plausibler musste es erscheinen, dass es sich überhaupt um reale Revolutionen handelte. Geoffrey Parker etwa hat zur Verteidigung der Militärischen Revolution gegen den Vorwurf, ein so langer Prozess könne keine Revolution mehr sein, mit einem

---

41 *Behringer*, Zeichen des Merkur; *Ders.*, Art. Kommunikationsrevolution.
42 *Behringer*, Welt, 424.
43 *Behringer*, Fahrplan. Vgl. bereits 1881 *Stein*, Verkehrsrevolution.
44 *Behringer*, Welt, 433.
45 Ebd.
46 *Caanizares-Esguerra/Seeman*, Foreword, XX; dt. nach *Jutercenka/Burschel*, Frühe Neuzeit, 26.
47 *Jutercenka/Burschel*, Frühe Neuzeit, 26.
48 „A simple causal relationship obviously does not exist between developments as complex as the Military Revolution and the Scientific Revolution", aber „Mathematical practioners thus signify a connection between the Military and Scientific Revolutions." *Cormack*, Mathematics, 182.

Abgleich anderer Strukturevolutionen geantwortet. „One might disqualify the ‚agricultural revolution‘", da sie über ein Jahrtausend gebraucht habe, doch „both the scientific and the industrial revolutions lasted well over a century".[49] Historiographische Konstrukte werden so zu vergangenen Realitäten reifiziert, die sich wechselseitig mit Evidenz ausstatten.

II. Ausweitungen: Revolutionen im Plural

Über die Jahrzehnte haben die Revolutionskonzepte vielfache Ausweitungen und Debatten erfahren, die sich wesentlich auf drei Ebenen abspielten: einer räumlichen, einer zeitlichen und einer methodischen Ebene. Die Wissenschaftliche Revolution etwa durchlief eine ideengeschichtliche, eine sozialhistorische, eine kulturhistorische und eine postkoloniale Phase.[50] Auch ereilte die meisten Revolutionen eine Verzeitlichungsdebatte: Während die Wissenschaftliche Revolution zwei Pole, das 16. Jahrhundert und das frühe 18. Jahrhundert, fand, erstreckte sich die Militärische Revolution gar vom späten Mittelalter bis zum 18. Jahrhundert.[51] Die meisten Revolutionen sind im Zeitraum der Frühen Neuzeit verortet, eine zunächst genuin mittelalterliche Strukturrevolution ist die Kommerzielle Revolution, die dann auf die Frühe Neuzeit ausgeweitet wurde.[52] Häufiger ist die umgekehrte Richtung anzutreffen, in der die Mediävistik sich frühneuzeitliche Revolutionen aneignet, so etwa die Militärische Revolution, die Leserevolution oder die Wissenschaftliche Revolution.[53]

Viele Revolutionen sind Opfer einer epochalen Zergliederung geworden. So hat Clifford J. Rogers mit Blick auf die Glorreiche, Französische, Kopernikanische und Industrielle Revolution auf die Fragwürdigkeit einer sich über ein Jahrhundert erstreckenden Revolution hingewiesen:

> The length of time involved can range from a year to a century, depending on the scope of the revolution – depending on whether it is a government, a social structure, an idea, or an economy which is overturned – but in none of these cases does the time-frame during which reversal takes place exceed a single (maximum) human life span.[54]

---

49 *Parker*, Defense, 339–340.
50 *Jacob*, The Cultural Meaning.
51 *Rogers*, Military Revolution Debate; *Knox*, Dynamics.
52 *Lopez*, The Commercial Revolution.
53 Vgl. zur Wissenschaftsrevolution *Rexroth*, Fröhliche Scholastik. Für die Spätantike wären die Aneignungsprozesse separat zu prüfen, vgl. *Jussen*, Geschenk, 9.
54 *Rogers*, Military Revolutions, 76.

Rogers hat dann selbst die Militärische Revolution in vier Teil-Revolutionen unter-
gliedert: eine Infanterierevolution seit dem Beginn des 14. Jahrhunderts, eine Ar-
tillerierevolution einsetzend 1420–1440, dann die Artillerie-Festungsrevolution
des 16. Jahrhunderts und eine Pulver-Revolution, die sich mit Roberts klassischer
Phase deckt (1560–1660).[55] Es geht auch noch kleinteiliger, wenn man die Revolutionen bis in die Gegenwart weiterdekliniert; so kommen manche Forscher:innen
auf bis zu zehn Militärische Revolutionen.[56] Markus Meumann fasst die Ausweitungen in der Konsequenz zusammen:

> Die Verwendung des R[evolutions] Begriff ist für einen sich über längere Zeiträume, Epo-
> chen oder sogar die gesamte nzl. Geschichte erstreckenden, somit eindeutig evolutiven, auf
> allmählichen Veränderungen und technischen Fortentwicklungen beruhenden Vorgang ei-
> gentlich ungerechtfertigt.[57]

Roger Chartier und Guglielmo Cavallo sehen eine erste Leserevolution zwischen
dem 12. und 13. Jahrhundert, mit dem Übergang vom lauten zum leisen Lesen,
dann eine zweite Leserevolution zur Zeit der Reformation usw. bis zur letzten Leserevolution des digitalen Zeitalters.[58] Ähnliches lässt sich für die Medienrevolution zeigen; so hat Michael Giesecke den Buchdruck als dritte Medienrevolution
in einer Folge von vier bezeichnet, wobei er die erste mit der „Ausbildung einer
spezifisch menschlichen Sprache", die zweite mit der „Einführung komplexer
Schriftsysteme" und die vierte als „elektronische Medienrevolution" gegeben
sieht.[59] Die Frühe Neuzeit hätte hier also nur Anspruch auf eine Etappe der medialen Revolutionsfolgen.

Eine Variante der Vorverlagerung ist es, nicht den Zeitpunkt früher anzuset-
zen, sondern beispielsweise aus der Wissenschaft des 16. Jahrhunderts eine „proto-scientific revolution" zu machen.[60] Eine Mischung aus Verräumlichung und
Verzeitlichung wirkte bei der Konsumrevolution, die ihren Ausgang zunächst im
England des 18. Jahrhunderts nahm, dann aber auch die Niederlande im 17. Jahrhundert oder das Italien der Renaissance als Ursprungsort und -zeit entdeckte.[61]

War es zunächst die Einbettung in den jeweiligen nationalen Kontext[62], die
die Ausweitung der großen Revolutionen prägte, so kam es mit der globalge-
schichtlichen Wende zu einer weit folgenreicheren Ausweitung und Dekonstruk-

---

55 Ebd.; vgl. auch *Eltis*, Military Revolution.
56 *Krepinevich*, Cavalry to Computer.
57 *Meumann*, Militärische Revolution, 506–507.
58 *Chartier/Cavallo*, Einleitung.
59 *Giesecke*, Als die alten Medien.
60 *Freeland*, 1543 and all that.
61 *Goldthwaite*, Wealth; *Martines*, Renaissance; *Welch*, Shopping.
62 *Porter*, The Scientific Revolution.

tion des latenten bis offenen Eurozentrismus vieler Revolutionskonzepte.[63] So ist die Militärische Revolution auch produktiv auf Asien und Südasien angewendet worden.[64] Den Anfang dazu machte Geoffrey Parker, auch wenn sich die Akzente im „Aufstieg des Westens" mittlerweile verschoben haben.[65] Noch evidenter ist die globale Perspektive im Fall des Buchdruckes, der in Asien weit vor Gutenberg erfunden wurde.[66] Auffällig ist, dass die meisten Revolutionsbegriffe ihre größte Konjunktur im angloamerikanischen Sprachraum feiern. Selbst so verbreitete Konzepte wie die Wissenschaftliche oder die Militärische Revolution finden in Deutschland oder Frankreich deutlich weniger Aufnahme.[67] Mehrere Revolutionen wurden inzwischen zu Evolutionen umgemünzt, so etwa die militärische Evolution oder die Medienevolution.[68] Verschwunden sind die Revolutionen damit nicht.

III. Totgesagte leben länger oder die Produktivkraft der Dekonstruktion

„Die sogenannte wissenschaftliche Revolution hat es nie gegeben und davon handelt dieses Buch".[69] Mit diesem ebenso provokativen wie verheißungsvollem ersten Satz leitet Steven Shapin seine Einführung in die Geschichte der Wissenschaftlichen Revolution ein. Shapin ist damit charakteristisch für den reflexiv fortschreibenden Stil der Revolutionshistoriographie, die trotz aller Dekonstruktion den Begriff in der Diskussion halten. So schreibt David Wootton:

> If we define the term 'revolution' narrowly as an abrupt transformation that affects everybody at the same time, there is no Scientific Revolution – and no Neolithic Revolution, or Military Revolution (following the invention of gunpowder), or Industrial Revolution (following the invention of the steam engine) either. But we need to acknowledge the existence of extended, patchy revolutions if we want to turn aside from politics and understand large-scale economic, social, intellectual and technological change. Who, for example, would ob-

---

63 *Burns*, The Scientific Revolution; *Carson*, Face Value.
64 *Lorge*, Asian Military Revolution; *De la Garza*, Mughal Empire.
65 *Parker*, Die militärische Revolution.
66 *Bösch*, Mediengeschichte, 26–34.
67 *Bérenger*, La révolution militaire; *Wollschläger*, „Military Revolution"; *Prinz*, Aufbruch. Auffällig ist, dass das ebenso für die Spätantike zu gelten scheint: „In der deutschsprachigen Forschung greift man mit Blick auf diese Transformation kaum einmal auf den Terminus „Revolution" zurück." *Jussen*, Geschenk, 412.
68 *Bickenbach*, Medienevolution.
69 *Shapin*, Die wissenschaftliche Revolution, 9.

ject to the term 'the digital revolution' on the grounds that it is not a singular and discrete event, localized in time and space?[70]

Eine ganz ähnliche Provokation wie die Shapins lässt sich inzwischen auch für die Militärische Revolution finden. „There never was a Military Revolution" beginnen Frank Jacob und Gilmar Visoni-Alonzo ihre fundamentalkritische „Revision" der These.[71] Zuvor hatten sich Historiker wie Jeremy Black bereits mit Regalmetern an kritischer Debatte am Konzept abgearbeitet, ohne es ganz über Bord zu werfen.[72] Jacob und Visoni-Alonzo konstatieren indes: „The term is not helpful in describing the processes that underlie military transformations. It is a limiting concept, geographically as well as with regard to the impact of historical events. And it has been proven wrong by research of scholars in non-European and global history."[73]

Massive Kritik hat inzwischen auch der Begriff der Medienrevolution auf sich gezogen. Für Rudolf Schlögl ist die „mediale Revolution", die aus „der zunehmenden Nutzung von Schrift und Druck erwuchs", mit Blick auf die „Evolution der Strukturen" der Frühen Neuzeit „nicht als eine Ursache oder gar als die eine, sondern als eines der Symptome dieser Umgestaltung zu sehen".[74] Angesichts einer „inflationären Ausbreitung des Revolutionsbegriffs" hat Andreas Fickers angemahnt, „mit dem symbolischen Kapital des Revolutionsbegriffs bedächtig umzugehen" und stattdessen eine „genealogische Betrachtung des Medienwandels" vorgeschlagen, der Medienwandel „als eine konstante Spannung von ‚Altem' und ‚Neuem', d. h. von Kontinuität und Wandel", versteht.[75]

Manchen Texten ist jedoch auch anzumerken, dass einige Historiker:innen offensichtlich ‚genervt' sind von der permanenten Dekonstruktion ihrer Konzepte und diese von sich weisen als Wortklauberei oder Spielerei mit Begriffen; schließlich würden die Revolutionen doch funktionieren und man brauche einfach Makrokonzepte. Clifford J. Rogers hat die anhaltende Bedeutung der Debatte um die Militärische Revolution damit begründet, dass es bislang einer der wenigen Versuche sei, das Militärische in das „big picture" historischer Narrative zu integrieren. Dabei steht die Wirtschaftsgeschichte zweifellos Pate: „Unfortunately, however, military history has been nowhere near as succesful as economic history in integrating its material into the ‚big picture' presented in general histories."[76] Allein

---

70 *Wooton*, The Invention of Science, 20–21.
71 *Jacob/Visoni-Alonzo*, The Military Revolution, 1.
72 *Black*, Beyond the military revolution; *Black*, A Military Revolution?
73 *Jacob/Visoni-Alonzo*, The Military Revolution, 6.
74 *Schlögl*, Anwesende, 14.
75 *Fickers*, Konservative Medienrevolutionen, 262 f. u. 272.
76 *Rogers*, Revolution in History, 1.

die Militärische Revolution habe das geschafft: „Yet it would be fair to say that at least one area of historical scholarship has done a good job of weaving the thread of military history into the overall picture it presents."[77]

Hält man selbst keine Aktien an einer der Bindestrich-Revolutionen, so kann ein vergleichender Blick wie eine Art Tracer für bestimmte historiographische Trends wirken. Man sieht nationale Pfadabhängigkeiten, die Konkurrenz der Epochen um Modernität und Relevanz und die langsame Überwindung beziehungsweise zumindest kritische Reflexion des Eurozentrismus. Der Vorwurf des Eurozentrismus ist ein aufschlussreicher Tracer für die normative Aufladung von Struktur-Revolutionen. Diese stehen so für die Modernität und den Vorsprung des Westens, die vielbeschworene „great divergence" (Samuel P. Huntington; Kenneth Pomeranz) eingeschlossen, so dass es attraktiv scheint, sie auch außerhalb Europas zu finden, allein um das Narrativ zu dekonstruieren. Ob es wünschenswert ist, dass man zum Beispiel auch eine Preisrevolution erfuhr, steht dabei kaum zur Debatte. Das Beispiel der Preisrevolution wurde gewählt, weil es eines der wenigen Revolutionskonzepte mit eindeutig negativ konnotierten Folgen ist. Die meisten anderen fügen sich klaren Modernisierungserzählungen, besonders deutlich im Fall der Wissenschaftlichen Revolution, die für das Selbstbild einer aufgeklärten Welt zentral ist. Für die innerfachliche Ökonomie der Aufmerksamkeit ist es jedoch zunächst ganz gleich, ob die Vorzeichen negativ oder positiv sind – Relevanz können ja gerade die krisenhaften Zustände beanspruchen. Die Frage nach den sozialen Kosten etwa der Militärischen Revolutionen wird von ihren Advokaten kaum je gestellt und selbst wenn, wäre dies nur ein weiterer Relevanzverstärker. Vom Erzählmuster „die Revolution frisst ihre Kinder" (Georg Büchner) ist man weit entfernt. Eine Alternative böte Michel Foucaults Analyse der Disziplinargesellschaft. Epistemologisch nah am Bachelard'schen Bruch, der auch für Koyrés wissenschaftliche Revolution Pate stand, ist einer der Clous dieser Theorie ja die Verschränkung von Produktivitäts- und Subjektivierungsleistung der Machtapparate. Aber das wäre ein anderes Thema.

IV. Fazit: Warum Revolution?

Was motiviert den Gebrauch des Wortes Revolution für Strukturprozesse? Zunächst einmal ist festzuhalten, dass viele der Begriffe aus einer Zeit stammen, in der die Politikgeschichte klar dominierte, das Etikett der Revolution konnte also der Logik einer Bedeutungsaufwertung analog zur politischen Geschichte Rele-

---

77 Ebd., 2.

vanz beanspruchen. Nach dem Zweiten Weltkrieg trat die Wirtschaftsgeschichte neben die Politikgeschichte, die Industrielle Revolution wurde zur Mutter der Struktur-Revolutionen, da man mit ihrem Aufstieg auf längerfristige Erklärungsmodelle setzte, die die Sozial- und Wirtschaftsgeschichte bereithielt und damit an Vorbildfunktion gewann.

Der vergleichende Blick auf die Entwicklung von Struktur-Revolutionen hat zunächst gezeigt, wie einflussreich die Industrielle Revolution als Mutter der Revolutionsbegriffe war und dass marxistische Begriffe auch bei erklärten Nicht-Marxisten Eingang fanden. Rein von den Publikationsdaten betrachtet ergibt sich eine erste Konjunkturphase der Revolutionssemantik in den 1910 bis 1930er Jahren mit Ornstein (1913), Albion (1933), Landry (1934), Koyré (1935), Laski (1936) und Rover (1942), dann abermals Mitte der 1950er Jahre mit Hall (1954), Bernal (1954), Duby (1954) und Roberts (1955) sowie in den 1990er und 2000er Jahren unter anderem mit Gieseke (1991), De Vries (1994) und Behringer (2003). Durch transnationale Rezeptionsvorgänge kam es dabei zu Ungleichzeitigkeiten, etwa wenn Behringer auf Albion (1933) oder De Vries auf Hayami (1967) Bezug nahmen.

Fragt man nach der Konstitution der Frühen Neuzeit durch Zeitenwechsel, lassen sich die Revolutionen erneut gruppieren. Am Beginn der Frühen Neuzeit stehen ganz handbuchkonform die Medienrevolution, die Preisrevolution und die Anfänge der Revolution, am Ende der Epoche haben wir ein Bündel von Revolutionen, die man in Deutschland mit der Sattelzeit korrelieren würde, wie die Lese-, Geruchs- und Konsumrevolution oder die Industrious Revolution. Bleiben noch solche Revolutionen, die um das lange 17. Jahrhundert, also die Mitte der Epoche, angesiedelt sind wie die Wissenschaftliche, Militärische, Kommerzielle Revolution oder die Kommunikations-, Informations- beziehungsweise Finanzrevolution.

Alle vorgestellten Revolutionsbegriffe folgen dem modernen Verständnis einer Revolution, nicht einem zyklischen, vormodernen Modell.[78] Das bedeutet, sie transformieren ganze Gesellschaften und sind tendenziell irreversibel. Ein Punkt, in dem sie deutlicher vom politischen Revolutionsbegriff abweichen, ist der Zeitraum. Das Wort Revolution verheißt eine ereignishafte Beschreibbarkeit eines langfristigen Prozesses. Für keine der Struktur-Revolutionen reichte ein einzelnes Jahrzehnt, die meisten erstreckten sich über mehr als ein ganzes Jahrhundert, auch wenn umstritten ist, um welches Jahrhundert es sich jeweils handelt. Handlungstheoretisch kauft man sich mit der (politischen) Revolution ein bewusstes und agonales Eintreten *für* etwas ein, der Typus der ‚friedlichen Revolution' dürfte wohl die Ausnahme sein. Bei der Revolution eines Weltbildes wie in der Wissenschaftlichen Revolution leuchtet der Konflikt beziehungsweise die Konkurrenz ein, auch bei der Olfaktorischen Revolution als sozialem Distinktionshandeln. Für

---

78 *Griewank*, Revolutionsbegriff; *Reichardt*, Revolution.

Kommunikation, Konsum oder Fleiß wird es schon schwieriger, was dann die Flucht zum Evolutions-Begriff nahelegt. Eine weitere narrative Logik der Revolution ist, dass sie einen Vorher-Nachher-Bruch schafft. Die Zeit nach der Revolution ist nicht mehr dieselbe wie zuvor, damit wird stets ein vorrevolutionäres Zeitalter geschaffen, das einem ‚noch nicht‘ gehorcht und meist defizitär oder zumindest weniger komplex erscheinen muss.

Wenn die Revolutions-Inflation einer Hegemonie der großen Erzählungen von Politik- und Wirtschaftsgeschichte nacheiferte, so hätten dieser Logik zufolge die Revolutionsbegriffe nach den *cultural turns* an Bedeutung einbüßen müssen, doch das Gegenteil ist der Fall.[79] Die Revolution scheint funktional vielmehr wie ein empirisch-gegenständliches Korrelat zu den *cultural turns* zu wirken. Paul M. Dover etwa stellt die Rede von der frühneuzeitlichen Informationsrevolution direkt in Bezug zu einem „informational turn in early modern studies", und eine ‚Ozeanische Wende‘ (= turn) etwa wird begleitet vom ‚Auffinden‘ einer Ozeanischen Revolution in der vergangenen Wirklichkeit.[80] Sie wird selbstverständlich nicht gefunden, sondern konstruiert, doch die Logik (und/oder Rhetorik) der Forschung legt nah, dass der neue Blick auch neue Gegenstände sichtbar macht. So leisten beide Begriffe im Wechselspiel der *From Optic to Topic*-Logik der *turns* Folge, kritische Blicke werden als Themen normalisiert und entschärft.[81] Damit ist das historiographische Überleben der Struktur-Revolutionsbegriffe auch im Zeichen der kulturwissenschaftlichen Wenden abgesichert oder zumindest stabilisiert. Man mag sich mit den *turns* permanent wenden oder nicht: Am Ende stehen zu viele Revolutionen.

Bibliografie

Literaturverzeichnis

Albion, Robert G., The Communication Revolution. 1760–1933, in: Newcomen Society Transactions 14 (1933), 13–25.

Allen, Robert C./Jacob L. *Weisdorf*, Was there an ‚Industrious Revolution‘ before the Industrial Revolution? An Empirical Exercise for England, c. 1300–1830, in: The Economic History Review 64 (2011), 715–729.

Bachmann-Medick, Doris, Cultural turns. Neuorientierungen in den Kulturwissenschaften, 5. Aufl. (mit neuem Nachwort), Reinbek bei Hamburg 2014.

---

79 *Bachmann-Medick*, Cultural turns.
80 *Juterczenka/Burschel*, Frühe Neuzeit, 18.
81 *Wilder*, Optic.

Behringer, Wolfgang, Der Fahrplan der Welt. Anmerkungen zu den Anfängen der europäischen Verkehrsrevolution, in: Geschichte der Zukunft des Verkehrs. Verkehrskonzepte von der Frühen Neuzeit bis zum 21. Jahrhundert, hrsg. v. Hans-Liudger Dienel/Helmuth Trischler (Beiträge zur historischen Verkehrsforschung, 1), Frankfurt a. M./New York 1997, 40–58.

Behringer, Wolfgang, „Die Welt in einen anderen Model gegossen". Das frühmoderne Postwesen als Motor der Kommunikationsrevolution, in: Geschichte in Wissenschaft und Unterricht 53 (2002), 424–433.

Behringer, Wolfgang, Im Zeichen des Merkur. Reichspost und Kommunikationsrevolution in der Frühen Neuzeit (Veröffentlichungen des Max-Planck Instituts für Geschichte, 189), Göttingen 2003.

Behringer, Wolfgang, Communications Revolutions. A Historiographical Concept, in: German History 24 (2006), 333–347.

Behringer, Wolfgang, Art. Kommunikationsrevolution, in: Enzyklopädie der Neuzeit, Bd. 6, Stuttgart/Weimar 2007, 1018–1020.

Bérenger, Jean (Hrsg.), La révolution militaire en Europe. (XVe–XVIIIe siècles), actes du colloque organisé le 4 avril 1997 à Saint-Cyr Coëtquidan (Hautes Études Militaires, 3), Paris 1998.

Bernal, John Desmond, Science in History, London 1954.

Bickenbach, Matthias, Medienevolution – Begriff oder Metapher? Überlegungen zur Form der Mediengeschichte, in: Die Medien der Geschichte, hrsg. v. Fabio Crivellari u. a., Konstanz 2004, 109–136.

Black, Jeremy, A Military Revolution?. Military Change and European Society 1550–1800, Basingstoke u. a. 1991.

Black, Jeremy, Beyond the Military Revolution. War in the Seventeenth-Century World, Basingstoke, Hampshire u. a. 2011.

Blickle, Peter, Der Bauernkrieg. Die Revolution des Gemeinen Mannes (Beck'sche Reihe, 2103), München 1998.

Bödeker, Hans E./Ernst *Hinrichs* (Hrsg.), Alteuropa – Ancien régime – frühe Neuzeit. Probleme und Methoden der Forschung (Problemata, 124), Stuttgart-Bad Cannstatt 1991.

Bösch, Frank, Mediengeschichte. Vom asiatischen Buchdruck zum Fernsehen (Historische Einführungen, 10), Frankfurt a. M./New York. 2019.

Burkhardt, Johannes, Das Reformationsjahrhundert. Deutsche Geschichte zwischen Medienrevolution und Institutionenbildung 1517–1617, Stuttgart 2002.

Burns, William E., The Scientific Revolution in Global Perspective. New York 2016.

Caanizares-Esguerra, Jorge/Erik H. *Seeman*, Foreword, in: The Atlantic in Global History, 1500–2000, hrsg. v. dens., Abingdon/New York 2017, XVIII–XXIII.

Carson, Cary, Face Value. The Consumer Revolution and the Colonizing of America, Charlottesville 2017.

Chartier, Roger/Guglielmo *Cavallo*, Einleitung, in: Die Welt des Lesens. Von der Schriftrolle zum Bildschirm, hrsg. v. dens., Frankfurt a. M. u. a. 1999, 9–58.

Chartier, Roger, The Printing Revolution. A Reappraisal, in: Agent of Change. Print Culture Studies after Elizabeth L. Eisenstein, hrsg. v. Sabrina Alcorn Baron/Eric Lindquis/Eleanor Shevlin (Studies in Print Culture and the History of the Book), Amherst 2007, 397–408.

Cohen, I. Bernhard, The Eighteenth-Century Origins of the Concept of Scientific Revolution, in: Journal of the History of Ideas 37 (1976), 257–288.

Corbin, Alain, Pesthauch und Blütenduft. Eine Geschichte des Geruchs, Frankfurt a. M. 1988.

Cormack, Lesley B., Mathematics and Empire. The Military Impulse and the Scientific Revolution, in: The Heirs of Archimedes: Science and the Art of War through the Age of Enlightenment, hrsg. v. Brett D. Steele/Tamera Dorland (Dibner Institute Studies in the History of Science and Technology), Cambridge, Mass. 2005, 181–204.

De la Garza, Andrew, The Mughal Empire at War. Babur, Akbar and the Indian Military Revolution, 1500–1605, London 2016.

Denzel, Markus A., Art. Kommerzielle Revolution, in: Enzyklopädie der Neuzeit Bd. 6, Stuttgart/Weimar 2007, 980–982.

De Vries, Jan, The Industrious Revolution. Consumer Behavior and the Household Economy, 1650 to the present, Cambridge 2009.

De Vries, Jan, The Industrial Revolution and the Industrious Revolution, in: Journal of Economic History 54 (1994), 249–270.

Dover, Paul M., The Information Revolution in Early Modern Europe, Cambridge/New York 2021.

Duby, Georges, La révolution agricole médiévale, in: Revue de géographie de Lyon 29 (1954), 361–366.

Duby, Georges/Guy *Lardreau* Geschichte und Geschichtswissenschaft. Dialoge (Suhrkamp Taschenbuch Wissenschaft, 409), Frankfurt a. M. 1982.

Eisenstein, Elizabeth L., The Printing Revolution in Early Modern Europe, Cambridge u. a. 1983. Die Druckerpresse. Kulturrevolutionen im frühen modernen Europa, Wien/New York 1997.

Eltis, David, The Military Revolution in Sixteenth-Century Europe (International Library of Historical Studies, 3), London u. a. 1995.

Emich, Birgit, Geschichte der Frühen Neuzeit (1500–1800) studieren, 2. Aufl. (UTB, 2709), München 2019.

Engelsing, Rolf, Die Perioden der Lesergeschichte in der Neuzeit, in: Ders., Zur Sozialgeschichte deutscher Mittel- und Unterschichten (KSGW, 4), Göttingen 1973, 112–154.

Fickers, Andreas, Konservative Medienrevolutionen. Überlegungen zu einer Genealogie des Medienwandels, in: Theorien des Medienwandels, hrsg. v. Susanne Kinnebrock/Christian Schwarzenegger/Thomas Birkner, Köln 2015, 259–279.

Freeland, Guy, 1543 and all that. Image and Word, Change and Continuity in the Proto-Scientific Revolution (Australasian Studies in History and Philosophy of Science, 13), Dordrecht 2000.

Giesecke, Michael, Als die alten Medien neu waren. Medienrevolutionen in der Geschichte, in: Information ohne Kommunikation? Die Loslösung der Sprache vom Sprecher, hrsg. v. Rüdiger Weingarten (Fischer Taschenbücher, 4185), Frankfurt a. M. 1990, 75–98.

Giesecke, Michael, Der Buchdruck in der frühen Neuzeit. Eine historische Fallstudie über die Durchsetzung neuer Informations- und Kommunikationstechnologien, Frankfurt a. M. 1991.

Goldthwaite, Richard, Wealth and Demand for Art in Italy. 1300–1600, Baltimore 1993.

Grafton, Anthony/Elizabeth *Eisenstein*/Adrian *Johns*, How Revolutionary was the Print Revolution?, in: American Historical Review 107 (2002), 84–128.

Griewank, Karl, Der neuzeitliche Revolutionsbegriff. Entstehung und Entwicklung, 2. Aufl. (Kritische Studien zur Politikwissenschaft), Frankfurt a. M. 1969.

Hall, Alfred R., The Scientific Revolution 1500–1800. The Formation of the Modern Scientific Attitude, London u. a. 1954.

Ivanov, Andrey V., A Spiritual Revolution. The Impact of Reformation and Enlightenment in Orthodox Russia, Madison, WI 2020.

Jacob, Frank/Gilmar *Visoni-Alonzo*, The Military Revolution in Early Modern Europe. A Revision, London 2016.

Jacob, Margaret C., The Cultural Meaning of the Scientific Revolution (New Perspectives on European History), New York u. a. 1993.

Jaser, Christian/Ute *Lotz-Heumann*/Matthias *Pohlig* (Hrsg.), Alteuropa – Vormoderne – neue Zeit. Epochen und Dynamiken der europäischen Geschichte (1200–1800) (Beihefte ZHF, 46), Berlin 2012.

Jones, Colin/Dror *Wahrman*, The Age of Cultural Revolutions. Britain and France, 1750–1820, Berkeley 2002.

Jussen, Bernhard, Das Geschenk des Orest. Eine Geschichte des nachrömischen Europa 526–1535, München 2023.

Juterczenka, Sünne/Peter *Burschel*, Die Frühe Neuzeit als maritime Epoche. in: Das Meer. Maritime Welten in der Frühen Neuzeit, hrsg. v. dens. (Frühneuzeit-Impulse, 4), Köln 2021, 17–36.

Knox, MacGregor, The Dynamics of Military Revolution. 1300–2050, Cambridge u. a. 2001.

Krepinevich, Andrew F., Cavalry to Computer. The Pattern of Military Revolutions, in: The National Interest 37 (1994), 30–42.

Kwass, Michael, The Consumer Revolution, 1650–1800, Cambridge 2022.

Langenbucher, Wolfgang R., Die Demokratisierung des Lesens in der zweiten Leserevolution. Dokumentation und Analyse, in: Lesen und Leben. Eine Publikation des Börsenvereins des deutschen Buchhandels in Frankfurt am Main zum 150. Jahrestag der Gründung des Börsenvereines der Deutschen Buchhändler am 30. April 1825 in Leipzig, hrsg. v. Herbert H. Göpfert u. a., Frankfurt a. M. 1975, 12–35.

Landry, Stephane, La Révolution démographique, Paris 1934.

Loo, Hans van der/Willem *van Reijen*, Modernisierung. Projekt und Paradox, München 1992.

Lopez, Roberto Sabatino, The Commercial Revolution of the Middle Ages. 950–1350, Cambridge 1976.

Lorge, Peter Allan, The Asian Military Revolution. From Gunpowder to the Bomb (New Approaches to Asian History, 3), Cambridge u. a. 2008.

Luhmann, Niklas, Das Problem der Epochenbildung und die Evolutionstheorie, in: Epochenschwellen und Epochenstrukturen im Diskurs der Literatur- und Sprachhistorie, hrsg. v. Hans-Ulrich Gumbrecht/Ursula Link-Heer (Suhrkamp Taschenbuch Wissenschaft, 486), Frankfurt a. M. 1985, 11–33.

Lyall, Roderick, Materials. The Paper Revolution, in: Book Publishing in Britain 1375–1475, hrsg. v. Jeremy Griffiths/Derek Pearsall, Cambridge 1989, 11–30.

Mahler, Andreas/Cornel *Zwierlein* (Hrsg.), Zeiten bezeichnen. Frühneuzeitliche Epochenbegriffe. Europäische Geschichte und globale Gegenwart/Labelling Times. The ‚Early Modern‘ – European Past and Global Now (Wolfenbütteler Forschungen, 177), Wiesbaden 2023.

Maire Vigueur, Jean-Claude, Révolution documentaire et révolution scriptuaire. Le cas de l'Italie médievale, in: Bibliothèque de l'École des Chartes (1995), 177–185.

Martines, Lauro, The Renaissance and the Birth of Consumer Society, in: Renaissance Quarterly 51 (1998), 193–203.

McKendrick, Neil/John *Brewer*/John H. *Plumb*, The Birth of a Consumer Society. The Commercialization of Eighteenth-Century England, London u. a. 1983.

Metz, Rainer, Art. Preisrevolution, in: Enzyklopädie der Neuzeit, Bd. 10, Stuttgart/Weimar 2009, 314–316.

Meumann, Markus, Art. Militärische Revolution, in: Enzyklopädie der Neuzeit, Bd. 8, Stuttgart/Weimar 2008, 506–510.

Niggemann, Ulrich, Revolte und Revolutionen in der Frühen Neuzeit (Einführungen in die Geschichtswissenschaft. Frühe Neuzeit, 3), Göttingen 2023.

North, Michael (Hrsg.), Kommunikationsrevolutionen. Die neuen Medien des 16. und 19. Jahrhunderts (Wirtschafts- und sozialhistorische Studien, 3), Köln/Weimar/Wien 1995.

Parker, Geoffrey, Die militärische Revolution. Die Kriegskunst und der Aufstieg des Westens 1500–1800, Frankfurt a. M. 1990; Orig. The Military Revolution. Military Innovation and the Rise of the West, 1500–1800, Cambridge [u. a.] 1988.

Parker, Geoffrey, In Defense of *The Military Revolution*, in: The Military Revolution Debate: Readings on the Military Transformation of Early Modern Europe, hrsg. v. Clifford J. Rogers, Boulder 1995, 337–365.

Pfister, Ulrich, Art. Industrialisierung, in: Enzyklopädie der Neuzeit, Bd. 5, Stuttgart/Weimar 2007, 902–920.

Porter, Roy, The Scientific Revolution in National Context, Cambridge u. a. 1992.

Prinz, Michael, Aufbruch in den Überfluss?. Die englische „Konsumrevolution" des 18. Jahrhunderts im Lichte der neueren Forschung, in: Der lange Weg in den Überfluss. Anfänge und Entwicklung der Konsumgesellschaft seit der Vormoderne, hrsg. v. dems. (Forschungen zur Regionalgeschichte, 43), Paderborn 2003, 191–217.

Reichardt, Rolf, Art. Revolution, in: Enzyklopädie der Neuzeit Bd. 11, Stuttgart/Weimar 2010, 152–175.

Rexroth, Frank, Fröhliche Scholastik. Die Wissenschaftsrevolution des Mittelalters (Historische Bibliothek der Gerda Henkel Stiftung), München 2018.

Roberts, Michael, Die militärische Revolution 1560–1660, in: Absolutismus, hrsg. v. Ernst Hinrichs (Suhrkamp Taschenbuch, 535), Frankfurt a. M. 1986, 273–309.

Rogers, Clifford J. (Hrsg.), The Military Revolution Debate. Readings on the Military Transformation of Early Modern Europe (History and Warfare), Boulder 1995.

Rogers, Clifford J., The Military Revolution in History and Historiography, in: The Military Revolution Debate. Readings on the Military Transformation of Early Modern Europe, hrsg. v. dems. (History and Warfare), Boulder 1995, 1–10.

Rogers, Clifford J., The Military Revolutions of the Hundred Years War, in: The Military Revolution Debate. Readings on the Military Transformation of Early Modern Europe, hrsg. v. dems. (History and Warfare), Boulder 1995, 55–93.

Rover, Raymond de, The Commercial Revolution of the 13th Century, in: Bulletin of the Business Historical Society 16 (1942), 34–39.

Schanze, Frieder, Der Buchdruck eine Medienrevolution?, in: Mittelalter und frühe Neuzeit. Übergänge, Umbrüche und Neuansätze, hrsg. v. Walter Haug (Fortuna vitrae, 16), Tübingen 1999, 286–311.

Schlögl, Rudolf, Anwesende und Abwesende. Grundriss für eine Gesellschaftsgeschichte der Frühen Neuzeit, Konstanz 2014.

Schorn-Schütte, Luise, Geschichte Europas in der Frühen Neuzeit. Studienhandbuch 1500–1789 (UTB, 8414), Paderborn/München/Wien/Zürich 2009.

Sear, Joanne, The Origins of the Consumer Revolution in England. From Brass Pots to Clocks (Themes in Medieval and Early Modern History), London 2020.

Secord, James A., Inventing the Scientific Revolution, in: Isis 114 (2023), 50–76.

Shapin, Steven, Die wissenschaftliche Revolution, Frankfurt a. M. 1998.

Stallybrass, Peter, Printing and the Manuscript Revolution, in: Explorations in Communication and History, hrsg. v. Barbie Zelizer (Shaping Inquiry in Culture, Communication and Media Studies, 1), New York 2008, 111–118.

Stein, Oswald, Die Verkehrsrevolution des Bodenseebeckens, Augsburg 1881.

Wehler, Hans-Ulrich, Deutsche Gesellschaftsgeschichte, Bd. 1. Vom Feudalismus des Alten Reichs bis zur Defensiven Modernisierung der Reformära 1700–1815, München 1987.

Welch, Evelyn, Shopping in the Renaissance. Consumer Cultures in Italy, 1400–1600, New Haven/London 2005.

Weyrauch, Erdmann, Das Buch als Träger der frühneuzeitlichen Kommunikationsrevolution, in: Kommunikationsrevolutionen. Die neuen Medien des 16. und 19. Jahrhunderts, hrsg. v. Michael North (Wirtschafts- und sozialgeschichtliche Studien, 3), Köln/Weimar/Wien 1995, 1–13.

Wiebe, Georg, Zur Geschichte der Preisrevolution des XVI. und XVII. Jahrhunderts (Staats- und social-wissenschaftliche Beiträge, 2), Leipzig 1895.

Wilder, Gary, From Optic to Topic. The Foreclosure Effect of Historiographic Turns, in: The American Historical Review 117 (2012), 723–745.

Wittmann, Reinhard, Gibt es eine Leserevolution am Ende des 18. Jahrhunderts?, in: Die Welt des Lesens. Von der Schriftrolle zum Bildschirm, hrsg. v. Roger Chartier/Guglielmo Cavallo, Frankfurt a. M./New York/Paris 1999, 419–454.

Wollschläger, Thomas, Die „Military Revolution" und der deutsche Territorialstaat unter besonderer Berücksichtigung Brandenburg-Preußens und Sachsens. Determinanten der Staatskonsolidierung im europäischen Kontext 1670–1740, Norderstedt 2004.

Wootton, David, The Invention of Science. A New History of the Scientific Revolution, London 2016.

Ines Soldwisch
Wende, Umbruch, Revolution?

Das Jahr 1989 und seine Deutungen

Einführung: Revolution als Prozess und als Wandel von Begriffen

Deutsche Demokratische Republik, Herbst 1989: Am Anfang waren die Freude, die Überraschung, der Schock.

> Es begann eine Zeit, als die Realität fast täglich die Fantasie überholte. Bis dahin war kaum einem Zeitzeugen bewusst geworden, dass er sich inmitten eines rasanten historischen Prozesses befand. Noch eben gerade, so schien es vielen, auf der Standspur verharrend, befanden sich auf einmal gleich mehrere Gesellschaften im Ostblock auf der Überholspur, und das mit überhöhtem Tempo.[1]

Den meisten Menschen in der DDR war es Ende 1989 herzlich egal, welche Begriffe Historikerinnen und Historiker später für diese abenteuerlichen Monate, die sie soeben durchlebt hatten, finden würden. Viele waren auf die Straße gegangen, hatten sich in Bürgerrechtsgruppen und Friedensinitiativen engagiert. Die Mehrheit blickte abwartend, ängstlich und hoffend auf die Zukunft, die vor ihr lag. Die Menschen durchlebten in wenigen Monaten Emotionen, machten schöne und schlimme Erfahrungen, die für ein ganzes Leben reichen würden. Sie überlebten den Staat, den ihre Eltern und Großeltern mitaufgebaut und den sie selbst größtenteils getragen hatten.

Doch für die Geschichtswissenschaft war und ist es wichtig, Begriffe zu finden, um die historischen Prozesse und Zäsuren, die sich innerhalb von Monaten ereigneten und die weit in die Zukunft reichen sollten, zu beschreiben, zu analysieren und Erklärungen zu finden – für die Monate, die die deutsche und die europäische Geschichte, gar die Weltgeschichte veränderten. Entsprechend schnell entspann sich in der Geschichtswissenschaft eine Debatte darüber, wie das nicht Erwartete – die Fluchtbewegung, die Grenzöffnung, der Zusammenbruch der DDR, die Wiedervereinigung – begrifflich zu fassen sei. Eng damit verbunden waren die Diskussionen über die Ursachen dessen, was sich 1989 ereignet hatte. So verwundert es nicht, dass die Fachdiskussion um Termini wie „Implosion", „Wen-

---

1 *Kowalczuk*, Ende, 4.

https://doi.org/10.1515/9783111384214-015

de", „Umbruch" und „Revolution" kreiste.[2] Übrig geblieben sind in der Historiographie die Begriffe Wende und Revolution, die jedoch immer noch herausfordern. Um dies gleich zu klären: Beide Begriffe stehen nicht gleichberechtigt nebeneinander; beide Begriffe sind problembehaftet. Der Begriff „Wende" ist der umgangssprachlich am häufigsten benutzte: Er wurde und wird zwar von der Wissenschaft mehrheitlich abgelehnt, ungeachtet dessen greifen ihn einige Forscher und Forscherinnen, wie gezeigt werden wird, immer wieder auf. In der geschichts- und der politikwissenschaftlichen Forschung hat sich der Begriff der „Revolution" durchgesetzt. Mit den Jahren kamen signifikante Erweiterungen hinzu, die durch differenziertes Quellenstudium und neue Fragestellungen offensichtlich wurden. Komposita wie „Gewaltfreie", „Friedliche", „Nachgeholte" beziehungsweise „Bürgerliche" Revolution sollten das Wesen der Revolution verdeutlichen.[3] Der Begriff ignoriert jedoch, dass viele Menschen in der DDR zunächst keine Revolution wollten und zumindest bis zum November 1989 für einen Umbruch, ja vielleicht für eine Wende, aber ganz sicher für eine demokratische DDR auf die Straße gingen. Für die Arbeit der Bürgerrechtsgruppen galt dies sowieso. Im osteuropäischen Raum, zum Beispiel in Polen, wird der Niedergang des Ostblocksystems daher auch als „Refolution" bezeichnet, eine Mischung aus Reform und Revolution.[4] Auch darüber ließe sich trefflich diskutieren.

Für das, was 1989/1990 in der DDR *passierte*, können – je nach historischer Fragestellung – zeitgenössische Begriffe gefunden werden, die helfen, das historische Ereignis zu erklären und zu deuten. Bei allen Differenzen im Detail sind nicht die einzelnen Bestandteile zur Erklärung des Systemzusammenbruchs der DDR wissenschaftlich umstritten, sondern die Gewichtung einzelner Erklärungsfaktoren und die begriffliche Fassung des Gesamtphänomens. Insgesamt gilt: Wir stehen hier nicht mehr wie zu Beginn der 1990er Jahre vor einer Unsicherheit in der Benennung, sondern inzwischen fast vor einem Überangebot an Deutungen. Je nach Berücksichtigung von innen- und außenpolitischen, kulturellen, gesellschaftlichen und ökonomischen Akteurinnen und Akteuren, Motivationen und Ursachen wurden mit dem Fortschritt der Forschung andere Begriffe gefunden und jüngst in einen Transformationszusammenhang gerückt.[5] Historikerinnen und Historiker, die zeitgeschichtlich forschen, müssen zudem auch in terminologischer Hinsicht ihrer eigenen Eingebundenheit Beachtung schenken. Jede und jeder von uns hat eigene Erfahrungen, eigenes Wissen und besitzt Fähigkeiten, beides anzuwenden. Im Endeffekt bedeutet dies, dass wir uns in der inzwischen

---

2 Vgl. beispielhaft *Jessen*, „Revolution" und „Wende".
3 Vgl. *Kowalczuk*, Ende, 25.
4 *Ihme-Tuchel*, DDR, 75.
5 *Kuller/Ganzenmüller*, Transformationsgeschichte.

über 30-jährigen Historiographiegeschichte über 1989/1990 mit dem auseinander-
setzen müssen, was Reinhart Koselleck treffend als „temporale Struktur[en] begriffsgeschichtlichen Wandels" beschrieben hat.[6]

Außerdem ist zu bedenken, dass die für die Ereignisse von 1989 verwendeten
Begriffe ihre je eigene Vorgeschichte haben. Nehmen wir nur einmal den Begriff
der „Wende", der nach 1989/1990 eine Umdeutung erlebte. Stellen wir uns kurz
die Frage, was die Mehrheit der informierten bundesdeutschen Bevölkerung und
große Teile der Historiographie Mitte der 1980er Jahre mit dem Terminus „Wende" verbanden, gelangen wir zu Bundeskanzler Helmut Kohl, der sich für die *geis-
tig-moralische Wende* im *Sinne einer grundsätzlichen Neubesinnung* verantwortlich fühlte, die mit dem Regierungswechsel 1982 zu einer Regierung aus CDU und
FDP einhergehen sollte.[7] Vorbereitet worden ist dieser Begriff unter noch anderen
Auspizien: Hans-Dietrich Genscher hatte 1981 in einem internen FDP-Papier eine
Wende in der Koalitionspolitik gefordert, die in der Konsequenz zum Scheitern
der sozialliberalen Koalition führen sollte. Diesen Bezug stellen heute nur noch
wenige her. „Wende" steht offensichtlich für eine gewisse Normalität im historischen Prozess, für Veränderung, für Umkehr, ohne jedoch mit allem Vorherigen
zu brechen.

Es wird deutlich: Begriffe bezeichnen nicht nur das Ereignis, sondern sie haben eine heuristische Funktion. Damit verbindet sich eine Menge Fragen, unter
anderem die, welche Wertungen hinter Begriffen stehen. Folgen wir den Historikerinnen und Historikern und ihren Analysen, kommen wir zu dem Ergebnis,
dass Begriffe im Diskurs fluide sind, also sich entwickeln. Die Geschichtswissenschaft ist daher, wie Koselleck argumentiert, in besonderer Weise zur Reflexion,
Schärfung und Klärung von Begriffen und damit zu begrifflicher Innovation aufgefordert.

I. Das Ringen um begriffliche Deutungsmacht im Jahr 1989

Begriffe dienen uns dazu, geschichtliche Wirklichkeit beschreibbar zu machen,
bringen aber meist ein Problem mit sich: Entweder schießen sie über die Wirklichkeit hinaus oder sie bleiben hinter der Wirklichkeit zurück. Da wir dieses Di-
lemma nur mit Sprache lösen können, bemühen wir uns weiter, Begriffe zu finden, die die geschichtliche Wirklichkeit aber nie zu 100 Prozent abbilden können.

---

6 *Koselleck*, Hinweise auf die temporalen Strukturen, 31.
7 *Kohl*, Rede am 9. September 1982 im Deutschen Bundestag; sowie *Kohl*, Erinnerungen, 51.

Von „Träger[n] einer in diese Wirklichkeit verwobenen Bedeutungsdimension" hat Christian Geulen 2010 gesprochen.[8]

Zeitgenössische Begriffe, die 1989 von wichtigen Akteurinnen und Akteuren in die Diskussion eingebracht wurden, waren *Umbruch* und *Reform*. Diese Begriffe brachten den Wunsch nach einer Modifikation des bestehenden Systems zum Ausdruck, ohne dabei die Grundfesten dieses Systems anzutasten.[9] Am ehesten ist dieser Wunsch in den Bemühungen der Bürgerrechtsbewegungen der DDR zu finden, die sich zum Ziel gesetzt hatten, eine reformierte DDR zu schaffen, ohne das Staatssystem dabei aufzugeben. Dieser Begriff erscheint passend, sofern die Historikerin oder der Historiker danach fragt, welche Motive aktive Bürgerrechtlerinnen und Bürgerrechtler hatten, eine Zeit des Umbruchs in Osteuropa für Veränderungen des Zusammenlebens in der DDR zu nutzen. Dennoch, so hat der Politikwissenschaftler Ludger Kühnhardt argumentiert, sind die genannten Begriffe als wissenschaftliche Analysekategorien problematisch, weil sie den Niedergang des „kommunistischen Totalitarismus" noch im Nachhinein beschönigten.[10]

Der bekannteste Begriff jener Zeit ist der der *Wende*. Auch hier werden die Akteurinnen und Akteure in den Mittelpunkt der Forschung gestellt, allerdings mehrere Akteursgruppen zugleich. Nicht nur die Bürgerrechtlerinnen und Bürgerrechtler, die ein demokratisches System anstrebten, sondern auch die alten Eliten, die das bestehende Herrschaftssystem nicht aufgeben wollten, allenfalls bereit waren, es zu verändern, zu wandeln oder zu wenden. Nicht umsonst kam der Ausspruch *Eine Wende müsse durch das Land gehen* am 14. Oktober 1989 von Egon Krenz, einst Kronprinz von Erich Honecker und für fünf Monate sein Nachfolger als Generalsekretär des Zentralkomitees der SED. Krenz versuchte in einer Fernseh- und Rundfunkansprache am Abend des 18. Oktober 1989, sich von Erich Honecker abzugrenzen: *Mit der heutigen Tagung werden wir eine Wende einleiten, werden wir vor allem die politische und ideologische Offensive wiedererlangen.*[11]

Dieser Versuch Egon Krenz', in schwierigen Tagen die begriffliche Deutungsmacht zu erlangen und zu behalten, schlug fehl. Schon bald wurde auf Transparenten und Plakaten die Krenz'sche Wende mit Wortschöpfungen wie *Wendehälse* oder Phrasen wie *lasst euch nicht verwenden* ins Lächerliche gezogen.

Als Vertreter des alten Systems benutzte auch Erich Honecker kurz vor seinem Tod 1994 in seinen Moabiter Notizen den Begriff *Wende* und sprach in glei-

---

8 *Geulen*, Plädoyer, 79.
9 Von den alten Systemeliten wurde der Begriff der *Übernahme* eingeführt. Vgl. *Kowalczuk*, Endspiel, 536 f.
10 *Kühnhardt*, Deutungsmuster des deutschen Herbstes 1989, 13.
11 Neues Deutschland, 19.10.1989.

chem Atemzug den Menschen der DDR den Willen und die Bereitschaft ab, ihre DDR aufzugeben:

> Es war und bleibt ein Irrtum zu glauben, daß die ‚Wende' im Jahre 1989 von der Straße eingeleitet worden wäre. Von diesen Vorstellungen sollten alle, die sie hatten oder noch haben, getrost Abschied nahmen. Die ‚Wende' 1989 wurde, wie man jetzt noch deutlicher als damals erkennen kann, durch die radikale Änderung in der Weltpolitik erzwungen, die ihren Ausgangspunkt in der radikalen Änderung der Politik der sowjetischen Führung unter Gorbatschow hatte.[12]

Aus der Sicht des Politikwissenschaftlers Winfried Steffani diente der Wendebegriff Egon Krenz zur Verharmlosung des Strukturbruchs und wäre insofern nicht geeignet, als Forschungsbegriff den dramatischen historischen Wandlungsprozess zu erklären.[13] Was Steffani nicht berücksichtigte, ist die Temporalität des Wendebegriffs selbst, ist der Bedeutungswandel in der Zeit, das Umschlagen von einem Erfahrungsbegriff in einen Erwartungsbegriff. Den dramatischen Veränderungsprozess konnte Steffani eben erst mit zeitlichem Abstand von fast zehn Jahren wahrnehmen und beschreiben. Die *Wende* war ein Begriff, den viele Zeitgenossinnen und Zeitgenossen im Laufe der Geschehnisse zur Beschreibung des Erlebten und Zukünftigen heranzogen. Im Verlauf des Geschehens etablierte sich sogar eine „Wende in der Wende" (Helmut Zwahr), als die Demonstrierenden ihren Slogan von „Wir sind das Volk" zu „Wir sind ein Volk" veränderten und die „Revolution" als Zukunft vorstellbar und greifbar wurde.

Einflussreicher, besonders in der politikwissenschaftlichen Transformationsforschung, ist der Begriff der „Implosion", da er das Hauptaugenmerk auf den Machtzerfall und das Systemversagen legt.[14] Beide Entwicklungen werden auf interne politische und ökonomische Strukturdefizite des Staatssozialismus oder auf externe Systemkonstellationen wie den Fortfall der außenpolitischen Bestandsgarantie der DDR im Warschauer Pakt zurückgeführt. In dieser Lesart brach das System zusammen, es implodierte. Insofern hat der Begriff Implosion, den unter anderem der Sozialwissenschaftler Rolf Reißig prägte, eine Berechtigung. [15]

Die gesellschaftlichen Akteurinnen und Akteure jedoch, die Protest- und Ausreisebewegung, die Bürgerrechtlerinnen und Bürgerrechtler, werden in diesem Kontext eher vernachlässigt oder spielen eine untergeordnete Rolle als Beschleunigungsfaktor des Machtzerfalls. Die Implosion der DDR sei unausweichlich gewesen, alternativlos, wie der Soziologe Jan Wielgohs feststellte.[16]

---

12 *Honecker*, Moabiter Notizen, 23.
13 *Steffani*, Wende oder Umbruch?, 284.
14 *Reißig*, Scheitern der DDR, 59.
15 Ebd.
16 *Wielgohs/Schulz*, Die revolutionäre Krise, 1984.

II. „Revolution" – Karrieren sprachlicher Präzisierung

Auch der Begriff der „Revolution" ist von Zeitzeuginnen und Zeitzeugen benutzt worden, zum Beispiel von der Schriftstellerin Christa Wolf am 4. November 1989 auf dem Berliner Alexanderplatz, als sie den applaudierenden Massen zurief:

> Mit dem Wort Wende habe ich meine Schwierigkeiten. Ich sehe da ein Segelboot, der Kapitän ruft: Klar zur Wende, weil der Wind sich gedreht hat oder ihm ins Gesicht bläst. [...] Ich würde von revolutionärer Erneuerung sprechen. (*Applaus*) Revolutionen gehen von unten aus. Unten und oben wechseln ihre Plätze im Wertesystem.[17]

Christa Wolf sprach diese Worte auf der wohl größten Protestdemonstration in der DDR. Die Demonstration war nicht staatlich organisiert und geriet zu einer Abrechnung mit dem System. Auf den Plakaten und Transparenten der Teilnehmerinnen und Teilnehmer war dies noch deutlicher zu erkennen als an den Worten der Rednerinnen und Redner. Wolf erklärte „das Wort Wende öffentlich zum Unwort".[18] Sie stellte in ihrer Rede die zwei Begriffe gegenüber, die später, wie dargelegt, die Forschung prägen sollten, mit ähnlichen Interpretationen. Die Wortmächtigkeit der Autorin wird offenbar im zögerlichen und vage formulierten Misstrauen gegenüber dem Staat, dessen Führungsspitze eben wenden und nicht revolutionieren und damit das System und sich selbst retten wolle.

Wolf thematisierte das Staatsvolk der DDR als unabdingbar für die Revolution, denn es *geht auf die Straße, um sich als Volk zu erkennen. Und dies ist für mich der wichtigste Satz dieser letzten Wochen – der tausendfache Ruf: Wir – sind – das – Volk!*[19] Die Schriftstellerin sprach den Menschen in der DDR somit die Verantwortung für das Infragestellen des Systems zu, für den Wunsch nach einer revolutionär erneuerten DDR, den auch sie selbst vertrat. Dennoch war es nicht im Sinne der berühmten Autorin, ganz mit dem eigenen Staat zu brechen. Deutlich wird dies in folgenden Worten: *Wir fürchten benutzt zu werden. Und wir fürchten, ein ehrlich gemeintes Angebot auszuschlagen.* Indirekt machte sie die *Wendehälse* dafür verantwortlich, denn [s]*ie [...] blockieren die Glaubwürdigkeit der neuen Politik.*[20]

---

17 *Wolf*, Berliner Großdemonstration am 4. November 1989.
18 *Sabrow*, 1989 als Erzählung, 27.
19 *Wolf*, Berliner Großdemonstration am 4. November 1989.
20 Ebd.

Abb. 1: Demonstration am 4. November 1989 in Berlin[21]

Sie erhoffte sich, wie viele Bürgerrechtler, eine demokratische DDR. Egon Krenz, lange Jahre Stellvertreter Erich Honeckers, galt ihr und vielen anderen als einer der Wendehälse, wie auf Plakaten zu lesen war. Zur Revolution im Sinne Wolfs gehörte ein aufrichtiger und ernstgemeinter Wechsel in der Staats- und Parteiführung sowie die Machtübergabe an Akteurinnen und Akteure, die eben nicht so stark in das bisherige System des Staatssozialismus eingebunden waren wie Egon Krenz.

Diese Sensibilisierung für Begrifflichkeiten verfehlte nicht ihre Wirkung, wie die Reaktion der Staats- und Parteiführung bewies. Das mächtige Wort der Revolution gehörte seit Jahrzehnten zum Vokabular der Sozialisten, allerdings mit anderer Konnotation. In dieser verharrte Krenz, als er am 17. November 1989 – knapp zwei Wochen nach der Demonstration auf dem Alexanderplatz – eine Pressekonferenz gab. Dort formulierte er als als *captatio benevolentiae*:

> Und sie werden feststellen, wir machen eine friedliche Revolution, und ich bin froh und glücklich darüber, daß unser Volk eine solche Stimmung hat, auf die Straße geht, aber daß es auch nicht vergißt zu arbeiten. Und das ist das Wichtigste, denn ohne Arbeit kann man keine Revolution machen.[22]

---

21 Bundesarchiv, Bild 183-1989-1104-437 / *Settnik*, Bernd / CC-BY-SA 3.0, CC BY-SA 3.0, [https://commons.wikimedia.org/w/index.php?curid=5424801, 12.11.2024].
22 Neues Deutschland, 18./19.11.1989.

Abb. 2: Christa Wolf auf der Demonstration am 4. November 1989 in Berlin[23]

Dieser an intellektueller Schlichtheit kaum zu unterbietende Satz zeigt deutlich die tiefe Verwurzelung Krenz' in der sozialistischen Semantik vorangegangener Jahrzehnte. Er macht erschreckend klar, wie sehr die Wahrnehmung der gesellschaftlichen Wirklichkeit zwischen Staatsmacht und Volk auseinandergedriftet war. Heute ist kaum mehr nachzuvollziehen, dass die damals Herrschenden dachten, mit diesem 40 Jahre alten Narrativ eines wie auch immer gearteten Pseudo-Arbeiter-Ethos durchzukommen und ihre Macht retten zu können.

III. Vergangenheit und Zukunft der DDR-Forschung

Die Frage nach der Deutungshoheit über die Revolution von 1989 schlägt immer wieder Wellen, zuletzt 2024, als es darum ging, welche Akteurinnen und Akteure für die Revolution verantwortlich gewesen seien.[24] Konsens besteht drüber, dass es ein Konglomerat von Ursachen für den Untergang des Systems der DDR gab.

---

23 Bundesarchiv, Bild 183-1989-1104-060 / *Link*, Hubert / CC-BY-SA 3.0, CC BY-SA 3.0, [https://commons.wikimedia.org/w/index.php?curid=5424797, 12.11.2024].
24 *Vgl. Kowalczuk*, Freiheitsschock.

Aber wer *machte* die Revolution? Sie ist nicht vom Volk gemacht worden, denn die große Mehrheit blieb abwartend zu Hause. Stattdessen muss die Forschung Bürgerrechtsbewegungen und die Arbeit der Kirche wieder stärker in den Blick rücken, um 1989 als Erinnerungsort des demokratischen Austestens und der Selbstermächtigung stärker auszuleuchten.

Ein anderer Aspekt, der sowohl die Ursachen der Revolution als auch ihre Zeitlichkeit berührt, ist die Frage der Singularität. Ist das, was 1989 geschah, im Sinne einer Epochenzäsur, gar einer Zeitenwende, eines Zeitenwechsels zu interpretieren? Oder ist 1989 als ein Element einer Transformationsgeschichte zu deuten?[25]

Für eine Epochenzäsur spricht zuallererst der Übergang in eine neue Staatlichkeit. Er ist allerdings eingebettet in eine deutsche und europäische Transformationsgeschichte. Die Solidarność-Bewegung in Polen, Glasnost und Perestroika in der Sowjetunion,[26] der Protest gegen die gefälschten Kommunalwahlen vom 7. Mai 1989 in der DDR, die Öffnung der ungarischen Grenze, die ersten freien Wahlen am 18. März 1990 – diese Aufzählung könnte noch fortgesetzt werden. Was sie zeigt, ist: In den vorangegangenen Jahrzehnten war eine Krise des sozialistischen Systems meist auf ein Land beschränkt (1953, 1956, 1968, 1980/1981, 1985/1986). Jetzt war die Krise überall spürbar.[27]

Beide Interpretationen haben klare Vorteile: Eine Zäsur bietet Orientierung im Kontext klarer Zeitabschnitte, die sich auf Politik und Gesellschaft übertragen lassen, sie mitkonstruieren und bedingen. Lange Zeit wurde in der deutschen Geschichtswissenschaft in großen Epochen und ihren Unterteilungen gedacht. Für die Neuzeit kommen in diesem Zusammenhang unter anderem Begriffe wie das „lange 19. Jahrhundert", die „Stunde Null", das heißt der 8. Mai 1945, oder auch „Friedliche Revolution" und „Wende" für den „Umbruch" 1989/90 in Deutschland und Osteuropa in Frage.

In der Transformationsgeschichte wird die zu historisierende Zeit eine größere, da mehr nach einer *longue durée*, nach chronologisch und kontextuell weitgespannteren Entwicklungen, Bewegungen und damit Erklärungsmustern gefragt wird. Dabei werden grundlegende Fragen der geschichtswissenschaftlichen Forschung berührt: Wie kann die Historikerin oder der Historiker einen Wandel der Zeiten forscherisch bewältigen und welche Rolle spielen dabei Begriffe? Welche Bedeutung kommt Umbrüchen als Austausch zwischen den Zeiten in der Ge-

---

25 *Kuller/Ganzenmüller*, Transformationsgeschichte.
26 Siehe hierzu den Beitrag „Die Deutschlandpolitik der Perestrojka" von Franziska Schedewie in diesem Band.
27 Vgl. dazu die Ausführungen von *Ihme-Tuchel*, DDR, 74.

schichtswissenschaft zu? Was haben Begriffsschaffung (Wende, Friedliche Revolution, Transformation) und historische Innovation miteinander zu tun?

Für die geschichtswissenschaftliche Einordnung eines Ereignisses, die Interpretation und die Bewertung einer historischen Wirklichkeit sind Begriffe als Orientierung unbedingt erforderlich. Sie helfen zu strukturieren, zu erklären und zu deuten. Dennoch gilt es, die temporalen Strukturen von Begriffen zu beachten. Jegliche Begriffskonstruktion beinhaltet eine Spannung zwischen Erfahrung und Erwartung.

Streng wissenschaftlich gesehen könnte der Niedergang der DDR mit den Begriffen und Instrumentarien der Transformationsforschung erfasst werden, wenn – ja, wenn da nicht Millionen von persönlichen ost-, west- und gesamtdeutschen Erinnerungen und Erfahrungen wären, die einer exakten Kategorisierung entgegenstehen. 35 Jahre nach der deutschen Wiedervereinigung ist es wichtiger denn je, die Geschichte der DDR und ihres Niedergangs eben nicht als abgeschlossene Geschichte des Ostens zu erzählen. Dass die Geschichte der DDR, die Millionen Menschen politisch, kulturell und mental prägte, noch lange nicht vorbei ist, hat jüngst Ilko-Sascha Kowalczuk überzeugend dargelegt.[28]

Eine weitere Anforderung an die Forschung: Es ist eine gesamtdeutsche Geschichte, die erforscht werden muss, eine Gesamtgeschichte, die Unterschiede und Parallelen aufweist, die unterschiedliche Konzepte für Demokratie kannte – einmal die staatlich diktierte und als Demokratie bezeichnete sozialistische Ideologie der DDR und die freiheitliche Demokratie des Westens.

Kontakte zwischen Menschen in Ost und West hat es über Jahrzehnte gegeben, sei es über Besuche, West- und Ostpakete, Briefwechsel. Hunderttausende Menschen, die durch ihre Erfahrungen mit Unfreiheit und Diktatur bis 1989 in den Westen flüchteten, gestalteten die Sozial- und Gesellschaftsgeschichte der Bundesrepublik mit.

Letztendlich leben wir seit 1990 in einem Deutschland, das getragen wird von Erinnerungen, Erfahrungen, sozialen Prägungen aus Ost und West. Gute Anfänge einer gesamtdeutschen Geschichte sind hier forscherisch zum Beispiel von der Oldenburger Historikerin Gunilla Budde und der Journalistin Ursula Weidenfeld gemacht worden.[29] Budde rückt in ihrer Untersuchung Parallelen und Berührungspunkte in der Gesellschaftsgeschichte beider deutscher Staaten in den Mittelpunkt. Weidenfeld erforscht die deutsch-deutsche Geschichte als Wettbewerb der Systeme, aber auch als Parallelgeschichte. Wichtig scheint für mich in den nächsten Jahren eine Erforschung der staatspolitischen Sozialisation in beiden deutschen Staaten zu sein, die zu unterschiedlichen Zeitpunkten im Leben der Men-

---

28 *Kowalczuk*, Freiheitsschock.
29 Vgl. *Budde*, Die beiden deutschen Gesellschaften; *Weidenfeld*, Das doppelte Deutschland.

schen begann und ihren Niederschlag in unterschiedlichen Organisationssystemen fand. So können wir zu Erkenntnissen darüber kommen, welche Freiheits- und Demokratienarrative sich in beiden deutschen Staaten durchsetzten beziehungsweise durchgesetzt wurden, die die Deutungen über 1989 prägten und bis heute ihre gesellschaftliche und politische Nachwirkung entfalten.

Es ist die getrennte und doch gemeinsame deutsche Geschichte, über die wir schreiben sollten, denn nicht nur der Osten hat eine riesige Transformation erlebt. Der Westen wandelte sich im Sinne einer innerdeutschen Geschichte über Jahrzehnte – durch Westdeutsche, durch Ostdeutsche und durch unser gemeinsames Staatsvolk nach 1990.

Bibliografie

Quellen

Honecker, Erich, Moabiter Notizen. Letztes schriftliches Zeugnis und Gesprächsprotokolle vom BRD-Besuch 1987 aus dem persönlichen Besitz Erich Honeckers, Berlin 1994.

Kohl, Helmut, Rede am 9. September 1982 im Deutschen Bundestag, in: [https://www.bundeskanzler-helmut-kohl.de/quellen-1/zitate/geistig-moralische-wende/; 14.05.2024].

Kohl, Helmut, Erinnerungen, Bd. 2: 1982–1990, München 2005.

Neues Deutschland. Organ des Zentralkomitees der Sozialistischen Einheitspartei Deutschlands
– 19.10.1989 [https://www.nd-archiv.de/ausgabe/1989-10-19; 13.5.2024].
– 18./19.11.1989: Wir arbeiten für eine friedliche Revolution. Egon Krenz antwortete auf Fragen der Weltpresse [https://www.nd-archiv.de/artikel/1975111.wir-arbeiten-fuer-eine-friedliche-revoluti on.html; 13.5.2024].

Wolf, Christa, Christa Wolf auf der Berliner Großdemonstration am 4. November 1989, in: Deutsche Geschichte in Dokumenten und Bildern. Bd. 10, Ein Deutschland in Europa 1989–2009, hrsg. v. Konrad H. Jarausch/Helga A. Welsh, [https://germanhistorydocs.ghi-dc.org/sub_document.cfm? document_id=2880&language=german; 23.4.2024].

Literatur

Budde, Gunilla, So fern, so nah. Die beiden deutschen Gesellschaften (1949–1989), Stuttgart 2023.

Geulen, Christian, Plädoyer für eine Geschichte der Grundbegriffe des 20. Jahrhunderts, in: Zeithistorische Forschungen/Studies in Contemporary History, 7 (2010), 79–97.

Ihme-Tuchel, Beate, Die DDR, 2. Aufl., Darmstadt 2007.

Jessen, Ralph, „Revolution" und „Wende", „Anschluss" und „Volk". Begriffsgeschichtliche Annäherungen an 1989/90, in: Die revolutionären Umbrüche in Europa 1989/91. Deutungen und Repräsentationen, hrsg. v. Jörg Ganzenmüller (Europäische Diktaturen und ihre Überwindung, 28), Köln/Wien 2021, 31–58.

Koselleck, Reinhart, Hinweise auf die temporalen Strukturen begriffsgeschichtlichen Wandels, in: Begriffsgeschichte, Diskursgeschichte, Metapherngeschichte, hrsg. v. Hans E. Bödeker (Göttinger Gespräche zur Geschichtswissenschaft, 14), Göttingen 2002, 29–48.

Kowalczuk, Ilko-Sascha, Endspiel. Die Revolution von 1989 in der DDR, München 2009.

Kowalczuk, Ilko-Sascha, Das Ende der DDR 1989/90. Von der Revolution über den Mauerfall zur Einheit, in: Aus Politik und Zeitgeschichte 35–37 (2019), 4–11.

Kowalczuk, Ilko-Sascha, Freiheitsschock. Eine andere Geschichte Ostdeutschlands von 1989 bis heute, München 2024.

Kühnhardt, Ludger, Umbruch – Wende – Revolution. Deutungsmuster des deutschen Herbstes 1989, in: Aus Politik und Zeitgeschichte 40–41 (1997), 12–18.

Kuller, Christine/Jörg *Ganzenmüller* Wie vermittelt man eine Transformationsgeschichte Ostdeutschlands?, in: Zeitgeschichte-online, März 2019 [https://zeitgeschichte-online.de/themen/wie-vermittelt-man-eine-transformationsgeschichte-ostdeutschlands; 14.05.2024].

Reißig, Rolf, Das Scheitern der DDR und des realsozialistischen Systems. Einige Ursachen und Folgen, in: Der Zusammenbruch der DDR. Soziologische Analysen, hrsg. v. Hans Joas/Martin Kohli, Frankfurt a. M. 1993, 49–69.

Sabrow, Martin, „1989 als Erzählung", in: Aus Politik und Zeitgeschichte 35–37 (2019), 25–33.

Steffani, Wilfried, Wende oder Umbruch?, in: Deutschland Archiv 31 (1998), 282–285.

Weidenfeld, Ursula, Das doppelte Deutschland. Eine Parallelgeschichte 1949–1990, Berlin 2024.

Wielgohs, Jan/Marianne *Schulz*, Die revolutionäre Krise am Ende der achtziger Jahre und die Formierung der Opposition, in: Widerstand, Opposition, Revolution, hrsg. v. Deutschen Bundestag (Materialien der Enquete-Kommission „Aufarbeitung von Geschichte und Folgen der SED-Diktatur in Deutschland", 7,2), Baden-Baden 1995, 1950–1994.

Armin Heinen
Zeiten(ohne)Wende

Putins Herrschaftssystem, der Ukrainekrieg und das Unbehagen
über die bundesrepublikanische Debatte

Widersprüchliche Positionen ohne Verständigungsmöglichkeiten

Putins kriegerischer Angriff auf die Ukraine, die grausame imperiale Machtde-
monstration großrussischen Herrschaftswillens, ist Thema aufgeregter Debatten
in Deutschland geworden – von Politikern, von Medienschaffenden, von Wissenschaftlern.[1] Wer diese Debatten verfolgt, häufig mehr als 90 Minuten täglich fern-
sieht, Radio hört oder Zeitung liest, wer den Ausführungen der Meinungsmacher
nachspürt, der verzweifelt ob der Vielfalt zugespitzter Positionen und der fehlenden Verständigungsbereitschaft. Allzu häufig reden die Beteiligten aneinander
vorbei. Warum dies so ist, möchte ich darlegen.

Wenn meine Beobachtung zutrifft, dann liegt ein wichtiger Grund für die Unfähigkeit zum produktiven Streiten darin, dass die Diskussionen auf der Oberflä-
che verbleiben, dass die Hintergründe für die so unterschiedlichen und unver-
söhnlichen Positionen nur am Rande thematisiert werden. Noch anders: Nach
meiner Wahrnehmung liegt der Sachverhalt darin verursacht, dass die Beteiligten
von jeweils unterschiedlichen Grundannahmen über das politische System in
Russland ausgehen, ohne dies jedoch zu thematisieren. Das hat gravierende Folgen, kommen doch die Diskutanten zu ganz unterschiedlichen Schlussfolgerungen: über das kommende Schicksal der Ukraine, über die zukünftige Weltord-
nung, schließlich auch über die Folgewirkungen für Deutschland und Europa. Vor
welchen Herausforderungen wir tatsächlich stehen, welche Zeitenwende uns konkret erwartet, weil Putins Russland sich offen der Logik der internationalen
Rechtsordnung und übergreifender Kooperation verweigert und darin Nachah-
mer findet, bleibt nebelhaft und konturlos. So verstärken die Debatten über den
Ukrainekrieg das Gefühl einer generellen Unsicherheit.

Aufklärung ist unter diesen Voraussetzungen dringend erforderlich. Sie ist zu
erreichen, wenn die Grundannahmen der unterschiedlichen Positionen über das
Putin'sche Herrschaftssystem dargelegt und die sich daraus ergebenden Schlussfolgerungen analysiert werden. Die Aufgabe besteht demnach darin, die Debatten-

---

[1] Herzlichen Dank an Christine Roll für die vielen anregenden Debatten zum Thema.

https://doi.org/10.1515/9783111384214-016

beiträge in ihren Argumentationsketten vollständiger als bisher üblich zu beschreiben, das meint, auf folgende Aspekte hin zu durchleuchten: (a) Systemana-
lyse in Hinblick auf das Putin'sche Regierungssystem, (b) Untersuchung der
grundlegenden Annahmen über das internationale System und (c) Analyse der
daraus folgenden außenpolitischen Entscheidungsoptionen für Deutschland.

Auf einer ersten Ebene werde ich zwischen (1.) eher politikwissenschaftlichen
Ansätzen und (2.) eher geschichtswissenschaftlich Erklärungsvarianten differen-
zieren. Beide Ansätze verweisen für ihre Argumentation auf Erfahrungen aus der
Geschichte. Die ‚politikwissenschaftlichen' Deutungen interessiert freilich eher
das Systematische, die Statik der Ursachen also. Die ‚geschichtswissenschaftlichen'
Analysen betonen dagegen die Abfolge der Krisen, das Prozesshafte. Auch werden
die historischen Vergleiche explizit benannt, ausführlich gewürdigt. Im Einzelnen
differenziere ich zwischen: (a) Deutungen der „realistischen Schule" der internationalen Politik, b) „revisionistischen Interpretationsansätzen" und c) Analysen,
die das politische System selbst in Augenschein nehmen und „Russland als Mafiastaat" beschreiben. Die eher geschichtswissenschaftlichen Erklärungsansätze verweisen, wie erwähnt, auf die zeitliche Entwicklungsdynamik: a) Erstens wird auf
das Nachwirken imperialen Denkens hingewiesen und auf den krisenhaften Verlauf postimperialer Transformation ganz allgemein. b) Zweitens sehen manche
Ansätze Russland als neostalinistische Macht, die sich permanent herausgefordert
fühle und dem internationalen Recht misstraue, mit der Folge eines neuen Kalten
Krieges. Schließlich wird c) Russland als quasifaschistischer Staat beschrieben, geprägt durch eine radikalnationalistische Ideologie völkischer Neugeburt, eine aus-
geprägte Gewaltorientierung und eine systemimmanente Radikalisierung, welche
nur durch einen Systemzusammenbruch ihr Ende finde. Während Wissenschaft
und Medienvertreter sich der Frage nach den Ursachen für das russische Gewalt-
handeln stellen, bleibt die deutsche Politik, vor allem die von Kanzler Olaf Scholz
bestimmte Regierungspolitik, auffallend stumm. Wie sich zeigen wird, hängt dies
unter anderem mit den jeweiligen Grundannahmen über die Konfliktstruktur
und mit den Zukunftserwartungen zusammen.

Im Folgenden werde ich die unterschiedlichen Positionen innerhalb der öffentlichen Debatte Deutschlands zugespitzt vorstellen. Als Grundlage hierfür dienen mir Zeitungsartikel und Internetbeiträge.

I. Politikwissenschaftlich inspirierte Deutungsansätze

„Außenpolitischer Realismus" – Geringe Zukunftshoffnungen: entweder ein unbefriedigender Frieden oder ein lang andauernder Krieg *ohne wirkliche Wiederherstellung der Rechtsordnung*

Für die „realistische Schule" der Außenpolitik steht in Deutschland, publizistisch wirksam, der Politikwissenschaftler Johannes Varwick (Halle). Grundeinheiten dieser Betrachtungsweise der internationalen Beziehungen sind Staaten mit ihrer je unterschiedlichen Größe und (militärischen) Stärke. Alle Staaten, so die Ausgangsposition, streben nach Machtmaximierung. Varwick verweist insbesondere auf den „offensiven Realismus" von John Mearsheimer, wonach das Hegemonialstreben von Großmächten unvermeidlich sei, nicht zuletzt geschürt von Einkreisungsängsten. Russland habe deshalb die Osterweiterung der NATO als Bedrohung empfinden müssen. Der Fehler westlicher Politik liege darin, die Ukraine gegen den expliziten Willen Russlands aufgewertet und innenpolitisch gespalten zu haben. Dies habe letztlich in eine Sackgasse geführt, ja führen müssen. Möglicherweise könnten westliche Friedensinitiativen, welche die berechtigten Großmachtinteressen Russlands aufgriffen, zu einem raschen Kriegsende führen, denn nichts sei wichtiger als der Frieden. Varwick selbst verweist gleichzeitig auch auf die Schwächen des Ansatzes: die Ausblendung der innenpolitischen Konstellation in Russland und das Fehlen jeglicher Hinweise auf die ideologische Basis der russischen Politik.[2]

Überraschenderweise sind es gerade manche SPD-Politiker, die eine solche „realistische" Position vertreten, Ralf Stegner[3] etwa, Repräsentant des linken Parteiflügels, freilich auch Bundeskanzler Olaf Scholz selbst, obwohl er doch eher der Parteirechten zugehört. Welche Ängste große Teile der deutschen Politik antreiben, zeigen Berichte aus dem Berliner Entscheidungszentrum. Demnach habe

---

2 *Varwick*, Taugt die realistische Theorieschule zur Erklärung des russischen Kriegs gegen die Ukraine?; Berliner Zeitung, Warum Realpolitik im Ukraine-Krieg mich ins Abseits manövriert hat (*Varwick*, Johannes), 13.01.2023 [https://www.berliner-zeitung.de/politik-gesellschaft/gastbeitrag-politikwissenschaftler-johannes-varwick-warum-realpolitik-im-ukraine-krieg-mich-ins-abseits-manoevriert-hat-li.303282; 12.7.2023].

3 Baden Online, Außenpolitikexperte Ralf Stegner über den Krieg in der Ukraine (*Walter*, Bertram), 24.5.2023 [https://www.bo.de/lokales/lahr/aussenpolitikexperte-stegner-ueber-den-krieg-in-der-ukraine; 27.11.2023].

man lange auf eine Politik der Kooperation gesetzt, russische Empfindlichkeiten ernst genommen und eine Einbindung der Ukraine in den Westen abgelehnt. Heute habe man allerdings gleichermaßen Angst vor einem russischen Sieg wie vor einem ukrainischen Durchmarsch, weil ein gedemütigtes Russland jeglichen Halt zu verlieren drohe und vermutlich noch unberechenbarer sei als das Russland Putins. Im Kern, so heißt es, stelle man sich deshalb auf einen jahrelangen Abnutzungskrieg ein. Er werde freilich so enden, dass ein vollkommener Gesichtsverlust für Putin verhindert werde.[4]

„Außenpolitischer Revisionismus": Die Schuld des Westens und die Notwendigkeit zu vorurteilslosen Friedensverhandlungen

Der „revisionistische" Deutungsansatz unterscheidet sich kaum vom „realistischen" Konzept. Die russischen Politikgestalter werden als rationale Akteure betrachtet, die Großmachtansprüche Moskaus zur Kenntnis genommen und nicht weiter kommentiert. Für den Kriegsausbruch ist aus Sicht des Revisionismus die Überheblichkeit des Westens und dessen willkürliche Weigerung verantwortlich, die berechtigten russischen Interessen zu akzeptieren. Längerfristig gilt der Widerstand der Ukraine als aussichtslos. Jeder Tag des Krieges koste unnötige materielle Verluste und menschliches Leid. Deshalb müsse alles unternommen werden, um den Krieg so schnell wie möglich zu beenden. Indes, der Fokus liegt, stärker als beim „Realismus", auf Deutschland selbst. Jede Möglichkeit zur Kriegsbeendigung gelte es wahrzunehmen, auch und gerade in deutschem Interesse, auch und gerade zum Wohl der kleinen Leute, die in Deutschland am meisten unter dem Krieg litten. Überraschenderweise finden sich solch revisionistische Ansätze sowohl bei den Rechtspopulisten der AfD als auch bei Teilen der Linken. Ich möchte Letztere national gesonnene Sozialisten nennen (Sarah Wagenknecht, Oskar Lafontaine und andere).[5] Jegliche Reste marxistisch inspi-

4 FOCUS Online, Vier Endszenarien. „Scholz hat Angst davor, dass die Ukraine gewinnt", 31.8.2023 [https://www.focus.de/politik/scholz-hat-angst-davor-dass-die-ukraine-gewinnt-vier-endszenarien-sind-laut-militaerexperten-realistisch_id_203170395.html; 30.8.2023]; Tagesschau, „Der Krieg wird auf jeden Fall bis 2025 dauern". Interview mit Militärexperte Gustav Gressel (*Aretz*, Eckart), 18.8.2023 [https://www.tagesschau.de/ausland/europa/ukraine-offensive-russland-100.html; 10.1.2024]; MSN, Wladimir Putins Ukraine-Krieg. Historiker gibt Prognose ab: „Der Krieg wird enden, wenn ...", 2024 [https://www.msn.com/de-de/nachrichten/welt/wladimir-putins-ukraine-krieg-historiker-gibt-prognose-ab-der-krieg-wird-enden-wenn/ar-AA1mKJN2; 10.1.2024].
5 Manifest für den Frieden (*Schwarzer*, Alice/Sarah *Wagenknecht*), 10.02.2023 [https://www.change.org/p/manifest-f%C3%BCr-frieden; 17.9.2023]; T-Online, Professor landet YouTube-Hit mit Fak-

rierter Herrschaftskritik oder gesellschaftskritischer Analysefähigkeit sind bei diesen Deutungen verloren gegangen. Dafür finden wir eine Betonung von Emotionen, etwa bei der ehemaligen ARD-Korrespondentin Gabriele Krone-Schmalz.[6]
Auch deshalb hat der Revisionismus in der Wissenschaft kaum Befürworter gefunden. Beobachten lässt sich indes eine breitere Unterstützung in der Öffentlichkeit, vor allem in Ostdeutschland. Zugespitzt formuliert: Die Großmächte tun aus
Sicht des Revisionismus, was sie wollen, treiben Machtpolitik, zeigen den anderen
Mitspielern im internationalen System ihre Grenzen auf. Der Westen habe in
Selbstüberschätzung seiner eigenen Fähigkeiten die Ukraine zur Schwächung
Russlands missbraucht. Leidtragende seien, neben den Ukrainern, letztlich die
einfachen deutschen Bürger, die vielen kleinen Leute. Statt Waffen zu liefern, be-
stehe die einzige Möglichkeit, dem Unheil ein Ende zu bereiten, in aufrechten Ver-
handlungsbemühungen, gerade seitens Deutschlands mit seinen traditionell guten
Beziehungen zu Russland.

Politische Systemlehre: Russland, ein „Mafiastaat" – Gewalthandeln als einzige Chance des Überlebens für das Regime Putins

Dezidiert gesellschaftswissenschaftlich argumentieren dagegen jene, die Russland
als „Mafiastaat" diagnostizieren. Das ist ein Begriff, den die russische Opposition
in der Vergangenheit entwickelt hat. Als Politikwissenschaftler hat sich Stephan
Bierling (Regensburg) mit dem Konzept beschäftigt.[7] Kennzeichnend seien die
Selbstorganisation als ‚Familie' mit einem Paten an der Spitze, das Schweigegelöb-
nis, die Gewaltbereitschaft und die damit verbundenen Loyalitätscodes, welche
die Ziele und das Überleben der Familie über Moral und Wahrheit stellten. Der
Mafiastaat dringe in immer weitere Bereiche der Gesellschaft vor, um die Kontrol-

---

ten zu Russland und Ukraine (*Ströbel*, Michael), 26.3.2023 [https://www.t-online.de/region/stutt
gart/id_100144110/tuebinger-professor-begeistert-bei-youtube-fakten-zu-russland-und-ukraine.
html; 7.8.2024].

6 Tagesschau, Ein bisschen gemeinsam gegen die Ukraine-Politik (*Vorreyer*, Thomas), 25.11.2023
[https://www.tagesschau.de/inland/innenpolitik/wagenknecht-linke-ukraine-demo-100.html;
6.1.2024]; Die Annexion der Krim charakterisierte Krone-Schmalz als Resultat russischer „Not-
wehr unter Zeitdruck": ZEIT Online, SPD Sachsen distanziert sich von Veranstaltung mit Krone-Schmalz (*Schlitt*, Anna-Lena), 16.5.2024 [https://www.zeit.de/politik/deutschland/2024-05/spd-
freiberg-sachsen-gabriele-krone-schmalz-kritik; 8.8.2024].

7 Neue Zürcher Zeitung, Wie Demokratien zu Mafia-Staaten werden (*Bierling*, Stephan), 14.5.2018
[https://www.nzz.ch/meinung/asad-und-erdogan-putin-orban-und-trump-der-unheimliche-auf
stieg-der-polit-paten-ld.1382811; 2.9.2023]; *Volkov*, Putinland.

le zu intensivieren und gegenseitige Abhängigkeiten zu erzeugen. Die damit verbundene Aufteilung der Reichtümer mit dem Ziel einer Bereicherung der Gefolgsleute sichere dem System eine gewisse Stabilität. Schließlich würden die öffentlichen Angelegenheiten wie eine Privatsache der Familie behandelt. Der ursprüngliche Gesellschaftsvertrag in Russland, so die Überlegung dieses Ansatzes, bestand darin, dass Putin wirtschaftliche Stabilität und Ordnung sowie eine Steigerung der Selbstachtung Russlands versprach, und die Bürger im Gegenzug Einschnitte in ihre Rechte und Freiheiten akzeptierten. In dem Maße, wie die Ungerechtigkeiten und ökonomisch-sozialen Grenzen des Systems erkennbar wurden, rekurrierte das System auf imperialen Nationalismus und eine Ausweitung von Nachweisen eigener Stärke. Der Angriff gegen die Ukraine war in dieser Sicht Ausdruck der inneren Krise des Systems. Nach außen solle der Krieg die Unbesiegbarkeit und Alternativlosigkeit zum Putin'schen Herrschaftssystem beweisen, nach innen weitere Repressionsmaßnahmen legitimieren.

Viele Anhänger hat die Diagnose Russlands als eines Mafiastaates in Deutschland nicht. Noch ist die wissenschaftlich-konzeptionelle Basis für eine solche Interpretation zu wenig im öffentlichen Diskurs verankert. Und vonseiten der Politik besteht die Befürchtung, mit dieser Diagnose den notwendigen Handlungsspielraum allzu sehr einzuengen. Immerhin, Anton Hofreiter als Vorsitzender des Europaausschusses des Bundestages und führender linker Grünen-Politiker hat den Begriff bewusst benutzt und auf die Konsequenzen für den Ukrainekrieg hingewiesen. Niemand, so Hofreiter, solle sich Illusionen über Verhandlungen mit Putin machen.[8] Er werde sich allenfalls an jene Verhandlungsergebnisse halten, die in seinem Interesse lägen. Kurz, Verhandlungen mit Putin seien sinnlos, weil Putin rechtsverbindliche Abmachungen ebenso wenig einhalten werde wie in der Vergangenheit Hitler. Es bleibe unter diesen Umständen allein die vorbehaltlose und tatkräftige Unterstützung für die Ukraine. Dem rechtlosen Machtsystem Putins ließe sich nur durch rechtsgebundene Gegenmacht begegnen.

---

8 Redaktionsnetzwerk Deutschland, Hofreiter: ‚Die russische Führung agiert wie ein Mafiastaat' (*Decker*, Markus), 25.08.2023 [https://www.rnd.de/politik/prigoschin-tot-hofreiter-vergleicht-russische-fuehrung-mit-mafia-staat-SKWB4FSL5FAWJDJEZXVABBVRUQ.html; 2.9.2023].

II. Geschichtswissenschaftlich inspirierte Deutungsansätze

Imperiale Tradition, postimperiale Gewalt und der Ukrainekrieg als verdeckter Angriff auf den Westen

Während die politikwissenschaftlichen Deutungsansätze eher das Strukturelle in den Blick nehmen und Machtkonstellationen thematisieren, untersuchen die geschichtswissenschaftlich inspirierten Erklärungskonzepte den Ukrainekrieg als Ergebnis historischer Prozesse. Einer der führenden deutschen Osteuropa-Historiker, Martin Schulze Wessel (München), hat jüngst ein Buch mit dem Titel publiziert: „Der Fluch des Imperiums. Die Ukraine, Polen und der Irrweg in der russischen Geschichte".[9] Ausgangspunkt ist die Beobachtung einer breiten Akzeptanz, wenn nicht gar Unterstützung seitens der russischen Gesellschaft, für den Putin'schen Kurs gegenüber dem westlichen Nachbarstaat. Kulturgeschichtlich, so Schulze Wessel, sei dies zurückzuführen auf die spezifisch imperiale Tradition Russlands, geprägt durch eine Verbindung von imperialen Herrschaftsansprüchen, Ideen russischer Führung, missionarischem Zivilisationseifer sowie einer antiwestlichen Obsession. Angesichts der vielen ungelösten Identitätsfragen der Gegenwart stehe Russland der höchst mühsame Abschied vom imperialen Denken noch bevor. Hierbei handele es sich um einen höchst langwierigen Prozess, gerade in Fällen wie der Ukraine. Mich, als außenstehenden Beobachter, erinnert die Problemlage an den Algerienkonflikt und damit an die bürgerkriegsähnlichen Erschütterungen in Frankreich infolge des Rückzugs aus dem französisch geprägten Nordafrika, zu dem die Metropole engere kulturelle und menschliche Bindungen unterhielt als zu jeder anderen Kolonie. Es lohnt daher, die Argumentation Martin Schulze Wessels noch einmal ausführlicher zu betrachten: Putin sei kein Betriebsunfall. Auffallend häufig beziehe er sich in seinen Reden auf die Geschichte Russlands. Spätestens seit Peter dem Großen habe Russland eine hegemoniale Stellung über Nordost- und Ostmitteleuropa angestrebt, in diesen Jahrzehnten flankiert von Preußen, das dadurch eine gewisse Handlungsfreiheit für seinen Bereich gewonnen habe. Im russischen Selbstverständnis habe das Imperium der Unterdrückung demokratischer und nationaler Kräfte gedient und zugleich auf der Leitrolle der Orthodoxie und des Slawismus beruht. Alexander Puschkin habe Anfang des 19. Jahrhunderts die russische Position zusammengefasst: Russland könne nur als Imperium existieren oder gar nicht und müsse die slawischen Völker assimilieren. Es sei freilich erst der Georgier Josef Stalin gewesen, der den ethnischen

---

9 *Schulze Wessel*, Der Fluch des Imperiums.

Vorrang der Russen innerhalb des Imperiums zementiert habe. Nach 1991 seien es solch altimperiale Topoi gewesen, die geholfen hätten, die russische Identitätskrise aufzufangen. Auch der traditionelle Anti-Ukrainismus habe erst nach 1991 wieder breitere Akzeptanz gefunden. Hinzu kam eine neuerliche Distanzierung gegenüber dem Westen und von dessen Werten. Daher sei ein kurzfristiger Neubeginn der russischen Politik unwahrscheinlich, die einzig denkbare Lösung: ein neuer Kalter Krieg mit Integration der (Rest-?)Ukraine in die NATO.[10]

Michael Thumann, Osteuropakorrespondent der ZEIT, hat die Thesen Martin Schulze Wessels noch schärfer formuliert. Demnach brauche Putin den Krieg, benötige er die militärische Zuspitzung nach außen, um seine autokratische Herrschaft nach innen abzusichern. Der Krieg legitimiere den umfassenden Herrschaftsanspruch des Diktators und seiner Gefolgsleute, ermögliche einen umfassenden Zugriff auf die Wirtschaft und mache die Freiheits- und Wohlstandsverluste für die Russen einsichtig. Noch anders formuliert: Putin wolle den Krieg, habe keinerlei Interesse an dessen Beendigung, fühle sich im Krieg bestärkt. Er könne mit dem Krieg die Begrenzung der Modernisierung auf das Militärische gut begründen. Für ihn sei der Krieg der Normalzustand des internationalen Systems, das Lebenselixier Russlands und damit auch seiner eigenen Herrschaft. Auch deshalb sei der Krieg nicht auf die Ukraine beschränkt, sondern Ausdruck russischer Vitalität, russischer Lebensfähigkeit und sichtbarer Überlegenheitsnachweis gegenüber dem Westen. Russland habe sich gerade nicht der westlichen Zivilisation und deren verweichlichter Kultur untergeordnet. Dieses Denken beiseitegeschoben, nicht ernst genommen zu haben, sei der grundsätzliche Fehler westlicher Politik. Deshalb auch habe der Westen vor allem auf Sanktionen gesetzt, obwohl damit Putins Diagnose geringerer Konsumorientierung und größerer Flexibilität der russischen Bevölkerung nur noch bestätigt werde. Außerdem bewirke die Größe des Landes und die geringere Modernität der russischen Wirtschaft in der Breite eine höhere Resilienz. Notwendig sei, so Martin Schulze Wessel und Michael Thumann, in Deutschland eine wirkliche Zeitenwende, eine mentale Vorbereitung

---

10 Ebd.; *Schulze Wessel*, Martin, Putin ist kein Betriebsunfall der russischen Geschichte, in: Frankfurter Allgemeine Zeitung, 2.5.2023, 7; Frankfurter Allgemeine Zeitung, Führung wäre jetzt verlangt (*ders.*), 03.01.2024 [https://www.faz.net/aktuell/feuilleton/debatten/deutschland-und-die-ukraine-fuehrung-waere-jetzt-verlangt-19419652.html; 29.1.2024]; ähnlich argumentiert aus Sicht vergleichender Imperialismusforschung Jörn Leonhard. Siehe T-Online, ‚Das haben viele Beobachter im Westen unterschätzt'. Historiker Leonhard über Putin, 18.7.2023 [https://www.t-on line.de/nachrichten/panorama/wissen/geschichte/id_100200468/ukraine-krieg-historiker-ueber-im perialen-phantomschmerz.html; 20.7.2023].

der westdeutschen Bevölkerung auf härtere Zeiten – ohne Friedensdividende, ohne Globalisierungsgewinne, ohne langfristige Zukunftsgewissheit.[11]

Ähnliche Überzeugungen finden wir seitens der Politik vor allem bei Teilen der CDU und der FDP. So warnte Norbert Röttgen, CDU-Außenpolitiker, dass Putin mit seinem Imperialismus nicht durchkommen dürfe.[12] Und Roderich Kiesewetter, ehemaliger Stabsoffizier und Sicherheitspolitiker, stellte kategorisch fest: „Russland muss lernen zu verlieren, indem es seine kolonialen und imperialen Ansprüche" aufgebe.[13] Entsprechend hat Marie Agnes Strack-Zimmermann (FDP) argumentiert:

> Der Hass auf den Westen sitzt tief bei Putin. Es gibt neue russische Schulbücher. Darin wird Kindern 80 Jahre nach dem Kriegsende die Geschichte erzählt, Deutschland wolle Russland wieder angreifen. Kinder werden an Waffen ausgebildet. Das muss man sich alles vor Augen führen. Mit ihm zu verhandeln, ist nur aus der Stärke heraus möglich.[14]

Dementsprechend setzen sich die genannten Politiker für eine starke Unterstützung der Ukraine ein, auch mit Waffen und Munition. Eine diplomatische Lösung des Ukraine-Krieges ist in dieser Deutung unvorstellbar, hat sich doch der russische Imperialismus in den letzten Jahrzehnten zum reinen Kriegsimperialismus gewandelt. Allein der Systemzusammenbruch oder zumindest Systemwandel könne zu einer Lösung führen.

Aggressiver Neo-Stalinismus und die Logiken eines zu erwartenden neuen Kalten Krieges

Alle historisch orientierten Analysen enden mit vergleichsweise düsteren Szenarien. So auch jene Deutungen, die Putins Herrschaft als neo-stalinistisches Regime beschreiben. Neuerlich, so die Darlegung, leite die russische Politik ein tief in der russischen Geschichte verwurzeltes Misstrauen, verbunden mit paranoidem Vor-

11 *Thumann*, Michael, Der Krieg bin ich, in: Die ZEIT 40 (2023), 6; siehe auch *ders.*, Revanche. Wie Putin das bedrohlichste Regime der Welt geschaffen hat, München 2023.
12 RBB24, Röttgen (CDU): „Keine Stunde der Diplomatie" mit Russland, 3.7.2023 [https://www.info radio.de/rubriken/interviews/2023/07/03/nach-dem-wagner-aufstand-vor-dem-nato-gipfel-roettgen. html; 7.8.2024].
13 Phoenix, Roderich Kiesewetter (CDU): „Russland muss verlieren lernen", 27.6.2023 [https:// www.phoenix.de/roderich-kiesewetter-cdu-a-3181665.html; 8.8.2024].
14 Hessische/Niedersächsische Allgemeine, Strack-Zimmermann über Ukraine-Krieg und Deutschland: „Der Hass auf den Westen sitzt tief bei Putin" (*Gerth*, Steffen), 1.6.2024, [https:// www.hna.de/politik/ukraine-krieg-putin-russland-scholz-eu-usa-nato-fdp-strack-zimmermann-zr-93104142.html; 8.8.2024].

behalten dem Westen gegenüber. Zudem finde man offen lancierte Vernichtungsphantasien. Manfred Berg,[15] Historiker an der Universität Heidelberg mit Schwerpunkt auf der amerikanischen Geschichte, oder Stefanie Babst,[16] Sachbuchautorin, Osteuropaexpertin und ehemalige Mitarbeiterin im Planungsstab der NATO, haben auf die ideologische Basis des Moskauer Expansionsstrebens hingewiesen: großrussischer Nationalismus, Verachtung des Westens, Gefühl der eigenen Überlegenheit durch Ausnutzung von Konflikten innerhalb der „Feindstaaten". Immer mehr ähnele das Russland Putins jenem Stalins. Insofern gelte es für den Westen, aus dem 1946 verfassten „Langen Telegramm" des diplomatischen Russlandkenners George F. Kennan zu lernen. Die „neurotische Weltsicht des Kremls" bleibe solange erfolgreich, wie sie die mangelnde Kohäsion und Entschlossenheit westlichen Widerstandes ausnutzen könne.[17] Gleichzeitig sei jede Hoffnung auf Deeskalation vergeblich. Weder seien die USA für den gegenwärtigen Konflikt verantwortlich noch eine gegenseitige Fehlperzeption deren eigentliche Ursache. Anders formuliert, weder Revisionismus noch Post-Revisionismus erwiesen sich in der gegenwärtigen Situation als erklärungskräftig. Und dementsprechend bleibe allein eine entschiedene Eindämmungspolitik übrig. Sie ziele darauf ab, den Krieg zu begrenzen und setze Putins aggressiver Unterdrückungspolitik eine Politik friedlicher Integration entgegen. Mehr noch, es lasse sich argumentieren, dass der Kalte Krieg Putins Herrschaft infrage stelle, weil er dessen Expansionsstreben Grenzen setze und eine Rückkehr zu autoritären und bürokratischen, wenn nicht gar demokratischen Strukturen der Herrschaft erzwinge. Der neo-stalinistische, kriegsbedingte Herrschaftsanspruch Putins hätte mit dem Übergang zu einem zweiten Kalten Krieg jedenfalls seine Grundlage verloren. Den Wandel der Sowjetunion vom aggressiven Stalinismus zu einer eher defensiven, statisch-bürokratisch agierenden Großmacht nach 1953 könnte man als Beispiel hierfür heranziehen.

Unter den deutschen Politikern hat Michael Roth, ehemaliger Staatssekretär im Auswärtigen Amt und Repräsentant einer SPD-Minderheitenposition, Putins politisches Regime als neo-stalinistisch gekennzeichnet. „Wir erleben den Stalinismus", so erklärte er vor Kurzem, „in Reinkultur und das wird noch schlimmer werden!"[18] Einzig Waffenlieferungen könnten dem Unheil ein Ende setzen, denn Putin brauche militärische Erfolge, weil sonst sein Herrschaftsanspruch gefährdet

---

15 *Berg*, Manfred, Der Kreml-Versteher, in: Die ZEIT 25 (2022), 19.
16 *Speckmann*, Thomas, Kein Sprint – ein Marathon. Stefanie Babst empfiehlt dem Westen gegenüber Russland eine Strategie des ‚Roll Back Putinismus', in: Frankfurter Allgemeine Zeitung, 12.9.2023, 6.
17 Ebd.
18 Prisma.de, Michael Roth mit dunkler Prognose: „Der Stalinismus in Russland wird jetzt zunehmen", 26.06.2023 [https://www.prisma.de/news/tv/SPD-Politiker-Roth-warnt-Der-Stalinismus-in-Russland-wird-jetzt-zunehmen,44847436; 3.10.2023].

sei. Für Deutschland und die europäischen Staaten heiße dies, zu Waffenlieferungen in bisher unbekanntem Ausmaß bereit sein zu müssen. Putin sei für seinen Sieg zu einem langen Krieg und einer kaum fassbaren Brutalität bereit. Nur wenn ihm die Grenzen aufgezeigt würden, sei ein Ende des Krieges denkbar. Man könnte entlang der Roth'schen Argumentationslinie ergänzen, nur bei nachvollziehbarem und erfolgreichem Engagement ist auch das internationale Ansehen des Westens wiederherzustellen.

Putins Regime als Quasi-Faschismus – Keine Alternativen zu außenpolitischem Widerstand und einem Ende des Putin'schen Herrschaftssystems

Ein dritter historischer Begriff ist in der öffentlichen Debatte nicht sonderlich verbreitet, er wird aber durchaus diskutiert: die Analyse Russlands als Quasi-Faschismus. Stanley Payne, einer der bekanntesten, vergleichend arbeitenden amerikanischen Faschismusforscher, Historiker und Hispanist, hat sich in dieser Richtung geäußert. Demnach sei Putins Diktatur zwar nicht unmittelbar faschistisch (es fehle eine faschistische Massenbewegung), aber sie komme dem Faschismus unter allen Diktaturen nach 1945 am nächsten.[19]

Welche Faschismusdefinition man auch heranzieht, sie umschließt ganz offenbar auch Putins Russland. Das gilt selbst für die marxistische Dimitrov-These von 1935, wonach Faschismus zu verstehen sei als „terroristische Diktatur der am meisten reaktionären, chauvinistischen und imperialistischen Elemente des Finanzkapitals".[20] Dezidiert ideologiekritisch hat 1991 der Zeithistoriker Roger Griffin den Faschismus definiert: „Fascism is a political ideology whose mythic core in its various permutations is a palingenetic form of populist ultra-nationalism." [21] Klassische Definitionen charakterisieren Faschismus als „political movement that emphasizes extreme nationalism, militarism, and the supremacy of both the nation and the single, powerful leader over the individual citizen".[22] Weiterhin sehen diese Definitionen den Faschismus ausgezeichnet durch eine Rheto-

---

19 Radio Free Europe Radio Liberty, Nasty, repressive, aggressive – Yes. But is Russia fascist? Experts say ‚no' (*Coalson*, Robert), 09.04.2023 [https://www.rferl.org/a/russia-repressive-aggressi ve-not-fascist/31794918.html; 8.8.2024].
20 Hier zitiert aus der deutschsprachigen Version der Wikipedia: Wikipedia, Art. „Faschismustheorie" [https://de.wikipedia.org/wiki/Faschismustheorie; 8.8.2024].
21 Einen knappen, instruktiven Überblick über die Faschismusdefinitionen bietet die englischsprachige Wikipedia: Wikipedia, Art. „Definitions of fascism" [https://en.wikipedia.org/wiki/Definitions_of_fascism; 4.12.2023].
22 Ebd.

rik der Volksgemeinschaft, eine Inszenierung der Einheit und der Kampfbereit-
schaft sowie einen spezifischen Kult der Gewalt. Schließlich, als System sei der Faschismus zu definieren als Zustimmungsdiktatur unter einem charismatischen
Führer. Wolfgang Schieder, Hans Mommsen, Sven Reichardt, auch ich selbst, haben stärker die Praxis faschistischer Politik in den Mittelpunkt gestellt. In der kür-
zesten Definition von Sven Reichardt steht Faschismus für einen nationalistischen
Kampfbund.[23] Das Besondere ist freilich, dass dieser Kampfbund sich permanent
gewandelt hat, vom Nationalsozialismus im engeren Sinne über den Squadrismus
zur Massenbewegung. Für den Faschismus als politisches System beobachten wir
eine polykratische Herrschaftspraxis und einen Systemwandel von der Vermitt-
lungsdiktatur über den „Polizeistaat" zur radikalen Gewaltentäußerung.[24]

Fragen wir nach den Ursachen für den Aufstieg faschistischer Bewegungen,
so zeigen sich ebenfalls historische Ähnlichkeiten: Ablehnung westlicher Werte in
breiteren Teilen der russischen Gesellschaft, wortreicher Aufstand gegen die moderne „Dekadenz" seitens namhafter Intellektueller, post-imperialer Nationalismus, Verwerfungen infolge politischer und wirtschaftlicher Transition, Krise der
alten Eliten, welche deshalb auf eine autoritäre Umgestaltung zu ihren Gunsten
setzen, verbreitete gesellschaftliche Gewaltpraxis. Hinzu kommt – als Folge dikta-
torialer staatlicher Eingriffe und Repressionsmaßnahmen – die zunehmende Ori-
entierungslosigkeit der breiten Masse mit Rückzug auf den lokalen Raum oder die
erfolgreich inszenierte Hoffnung auf charismatische Befreiung angesichts einer
verachteten jüngeren Vergangenheit.

Es fällt nicht schwer, Putins Herrschaftssystem solchen Faschismusdefinitionen zuzuordnen. Freilich hat dies unmittelbare Auswirkungen auf die Frage nach
dem Ende des Ukrainekrieges. Kein faschistisches System der Vergangenheit hat
sich selbst aufgegeben, sich selbst transformiert. Sein Ende fand der historische
Faschismus immer durch innere (Italien, Rumänien) oder äußere (Italien,
Deutschland) Zusammenbrüche. Russland als Quasi-Faschismus wird demnach
nur dann ein berechenbares Mitglied der Völkergemeinschaft werden, wenn es
zu rechtsstaatlichen Strukturen zurückkehrt, wenn der Putin'sche Quasi-Faschismus seine Machtgrundlage verliert.

Während Wissenschaft, so etwa Claus Leggewie[25] in Deutschland, und Medi-
en, etwa Die ZEIT[26], durchaus den Vergleich mit dem historischen Faschismus ge-

---

23 *Reichardt*, Praxeologie und Faschismus.
24 *Heinen*, Erscheinungsformen des europäischen Faschismus.
25 Deutschlandfunk, „Wladolf Putler"?. Was Putins Regime mit Faschismus und Stalinismus gemein hat (*Leggewie*, Claus), 19.02.2023 [https://www.deutschlandfunk.de/was-putins-regime-mit-fa
schismus-und-stalinismus-gemein-hat-100.html; 28.9.2023].
26 *Bittner*, Joachim, Ist es Faschismus?. Wer Putins Regime nicht den passenden Namen gibt,
wird auch nicht die passenden Reaktionen finden, in: Die ZEIT 13 (2022) 15.

wagt haben, meidet die deutsche Politik den Rückbezug auf die Systeme Mussolinis oder Hitlers. Die Worte Faschismus oder Nationalsozialismus scheinen für die deutschen Politiker in Hinblick auf Russland tabu. Das ist durchaus verständlich, weil damit die Handlungsmöglichkeiten nur noch weiter reduziert würden als sie es ohnehin schon sind. Doch intellektuell, im Sinne politischer Aufklärung, auch in Hinblick auf die notwendige diskursive Mobilisierung der Öffentlichkeit ist ein solcher Verzicht auf den historischen Vergleich problematisch.

Eine emotionalisierte Debatte ohne wirkliches Miteinanderdiskutieren – Innere Konflikte und außenpolitischer Bedeutungsverlust Deutschlands

Warum, so ist zu fragen, tun sich die Politiker, vor allem die Regierungsverantwortlichen, in Deutschland so schwer, das russische Herrschaftssystem umfassend zu analysieren? Warum vermeiden sie stimmige, argumentativ schlüssige Konzepte gegenüber der Öffentlichkeit? Warum stellen sie sich nicht den Herausforderungen von Wissenschaft und Medien? Letztere argumentieren ja durchaus nachvollziehbar und geradlinig, wie wir gesehen haben. Ganz offensichtlich gibt es hierfür mindestens drei Gründe:

1. Kein Politiker in Deutschland wagt, die Konsequenzen dessen durchzudeklinieren, was Olaf Scholz als Kanzler mit dem Begriff „Zeitenwende" beschrieben hat. Damit wäre nämlich von Seiten der Politiker zuzugeben, dass allzu viele vertraute Annahmen heute brüchig geworden sind, dass auch sie als Politiker keine einfachen Lösungen zu versprechen haben. („Wir schaffen das"; „Deutschland, eine führende Industrienation"; „Zusammenhalt durch eine umfassende Sozialpolitik"; „Frieden und Wohlstand für alle durch globale wirtschaftliche Zusammenarbeit"; die „Klimakatastrophe als alle anderen Herausforderungen überragendes internationales Problem"; „Deutschland als Friedensmacht"; „Völkerrecht als Basis für den globalen Zusammenhalt"; ...). Während Wissenschaft und Medien immer dramatischer das Fehlen eines angemessenen Zukunftsmodells für Deutschland einklagen, lehnen sich die überarbeiteten Parteiprogramme vielfach an alte Deutungsmuster an. Freilich, auch das Verschweigen des notwendigen Abschiedes von vertrauten Annahmen und begründeten Wohlstandserwartungen erzeugt gesellschaftliche Kosten. Es steigert die Unzufriedenheit zahlreicher Gruppen, befördert extre-

me Positionen bis in die Mitte der Gesellschaft, gefährdet die Grundlagen der Demokratie und spielt somit dem Putin'schen Expansionswillen durch inneren Aufruhr im Westen und Selbstbeschäftigung mit den hausgemachten Krisen in die Karten.

2. Jede Äußerung zu Russland reduziert aus Sicht führender deutscher Politiker die Handlungsmöglichkeiten für eine zukünftige Friedensinitiative. Und noch immer sieht sich die deutsche Politik als Russland mental eng verbundener Staat. Das Schuldgefühl ob des Zweiten Weltkrieges wirkt nach. Gleichzeitig hat kein anderer europäischer Staat vergleichbar auf die demokratische Transition in Russland gesetzt. Mehr als die deutliche argumentative Trennung zwischen (a) dem zur freudlosen Anpassung gezwungenen, unterdrückten russischen Volk und (b) den gewaltsamen Auswüchsen eines autokratischen Herrschaftssystems scheinen als außenpolitische Aussagen inopportun. Wiederum erzeugt die fehlende Bereitschaft, die Realität angemessen zu beschreiben, hohe Kosten. Deutschland verliert gegenüber den oppositionellen Kräften in Russland an Glaubwürdigkeit, irritiert die westlichen Verbündeten und verliert damit an Einwirkungsmöglichkeiten weltweit. Ebenso ist die notwendige Abstimmung europäischer Außenpolitik mit Frankreich als der einzig verbliebenen EU-Atommacht gefährdet.

3. Auch der Wandel des Mediensystems erschwert öffentliche Debatten. Die klassischen deliberativen Medien (etwa Wochenzeitungen wie Die ZEIT oder Tageszeitungen wie die Süddeutsche oder die FAZ) haben an Bedeutung verloren, während die sozialen Medien (Twitter/X) und die konfrontativen Debattenformate (zum Beispiel Diskussionssendungen im Fernsehen) den öffentlichen Diskurs immer stärker prägen.

Im Ergebnis bleibt die deutsche Öffentlichkeit zu häufig ohne Führung durch ihre (Regierungs-)Politiker, erscheint die deutsche Politik auch von außen gesehen als höchst zögerlich und geprägt von einer tiefen eigenen Unsicherheit. Angesichts der Unfähigkeit zu einer aufklärenden öffentlichen Debatte fällt Deutschland, fällt die deutsche Politik als eigenständiger, namhafter internationaler Akteur im Ukrainekrieg zurück – trotz nennenswerter Waffenlieferungen in den letzten Monaten.

Bibliografie

Zeitungsartikel und Internetbeiträge

Baden Online, Außenpolitikexperte Ralf Stegner über den Krieg in der Ukraine (*Walter*, Bertram), 24.5.2023 [https://www.bo.de/lokales/lahr/aussenpolitikexperte-stegner-ueber-den-krieg-in-der-ukraine; 27.11.2023].

Berg, Manfred, Der Kreml-Versteher, in: Die ZEIT 25 (2022), 19.

Berliner Zeitung, Warum Realpolitik im Ukraine-Krieg mich ins Abseits manövriert hat (*Varwick*, Johannes), 13.01.2023 [https://www.berliner-zeitung.de/politik-gesellschaft/gastbeitrag-politikwissenschaftler-johannes-varwick-warum-realpolitik-im-ukraine-krieg-mich-ins-abseits-manoevriert-hat-li.303282; 12.7.2023].

Bittner, Joachim, Ist es Faschismus?. Wer Putins Regime nicht den passenden Namen gibt, wird auch nicht die passenden Reaktionen finden, in: Die ZEIT 13 (2022) 15.

Deutschlandfunk, „Wladolf Putler". Was Putins Regime mit Faschismus und Stalinismus gemein hat (*Leggewie*, Claus), 19.02.2023 [https://www.deutschlandfunk.de/was-putins-regime-mit-faschismus-und-stalinismus-gemein-hat-100.html; 28.9.2023].

FOCUS Online, Vier Endszenarien. „Scholz hat Angst davor, dass die Ukraine gewinnt", 31.8.2023 [https://www.focus.de/politik/scholz-hat-angst-davor-dass-die-ukraine-gewinnt-vier-endszenarien-sind-laut-militaerexperten-realistisch_id_203170395.html; 30.8.2023].

Frankfurter Allgemeine Zeitung, Führung wäre jetzt verlangt (*Schulze Wessel*, Martin), 03.01.2024 [https://www.faz.net/aktuell/feuilleton/debatten/deutschland-und-die-ukraine-fuehrung-waere-jetzt-verlangt-19419652.html; 29.1.2024].

Hessische/Niedersächsische Allgemeine, Strack-Zimmermann über Ukraine-Krieg und Deutschland: „Der Hass auf den Westen sitzt tief bei Putin" (*Gerth*, Steffen), 1.6.2024, [https://www.hna.de/politik/ukraine-krieg-putin-russland-scholz-eu-usa-nato-fdp-strack-zimmermann-zr-93104142.html; 8.8.2024].

Manifest für den Frieden (*Schwarzer*, Alice/Sarah *Wagenknecht*), 10.02.2023 [https://www.change.org/p/manifest-f%C3%BCr-frieden; 17.9.2023].

MSN, Wladimir Putins Ukraine-Krieg. Historiker gibt Prognose ab: „Der Krieg wird enden, wenn …", 2024 [https://www.msn.com/de-de/nachrichten/welt/wladimir-putins-ukraine-krieg-historiker-gibt-prognose-ab-der-krieg-wird-enden-wenn/ar-AA1mKJN2; 10.1.2024].

Neue Zürcher Zeitung, Wie Demokratien zu Mafia-Staaten werden (*Bierling*, Stephan), 14.5.2018 [https://www.nzz.ch/meinung/asad-und-erdogan-putin-orban-und-trump-der-unheimliche-aufstieg-der-polit-paten-ld.1382811; 2.9.2023].

Phoenix, Roderich Kiesewetter (CDU): „Russland muss verlieren lernen", 27.6.2023 [https://www.phoenix.de/roderich-kiesewetter-cdu-a-3181665.html; 8.8.2024].

Prisma.de, Michael Roth mit dunkler Prognose: „Der Stalinismus in Russland wird jetzt zunehmen", 26.06.2023 [https://www.prisma.de/news/tv/SPD-Politiker-Roth-warnt-Der-Stalinismus-in-Russland-wird-jetzt-zunehmen,44847436; 3.10.2023].

Radio Free Europe Radio Liberty, Nasty, repressive, aggressive – Yes. But is Russia fascist? Experts say ‚no' (*Coalson*, Robert), 09.04.2023 [https://www.rferl.org/a/russia-repressive-aggressive-not-fascist/31794918.html, 8.8.2024].

RBB24, Röttgen (CDU): „Keine Stunde der Diplomatie" mit Russland, 3.7.2023 [https://www.inforadio.de/rubriken/interviews/2023/07/03/nach-dem-wagner-aufstand-vor-dem-nato-gipfel-roettgen.html; 7.8.2024].

Redaktionsnetzwerk Deutschland, Hofreiter: ‚Die russische Führung agiert wie ein Mafiastaat' (*Decker*, Markus), 25.08.2023 [https://www.rnd.de/politik/prigoschin-tot-hofreiter-vergleicht-russische-fuehrung-mit-mafia-staat-SKWB4FSL5FAWJDJEZXVABBVRUQ.html; 2.9.2023].

Schulze Wessel, Martin, Putin ist kein Betriebsunfall der russischen Geschichte, in: Frankfurter Allgemeine Zeitung, 2.5.2023, 7.

Speckmann, Thomas, Kein Sprint – ein Marathon. Stefanie Babst empfiehlt dem Westen gegenüber Russland eine Strategie des ‚Roll Back Putinismus', in: Frankfurter Allgemeine Zeitung, 12.9.2023, 6.

Tagesschau, „Der Krieg wird auf jeden Fall bis 2025 dauern". Interview mit Militärexperte Gustav Gressel (*Aretz*, Eckart), 18.8.2023 [https://www.tagesschau.de/ausland/europa/ukraine-offensive-russland-100.html; 10.1.2024].

Tagesschau, Ein bisschen gemeinsam gegen die Ukraine-Politik (*Vorreyer*, Thomas), 25.11.2023 [https://www.tagesschau.de/inland/innenpolitik/wagenknecht-linke-ukraine-demo-100.html; 6.1.2024];

Thumann, Michael, Der Krieg bin ich, in: Die ZEIT 40 (2023), 6.

T-Online, Professor landet YouTube-Hit mit Fakten zu Russland und Ukraine (*Ströbel*, Michael), 26.3.2023 [https://www.t-online.de/region/stuttgart/id_100144110/tuebinger-professor-begeistert-bei-youtube-fakten-zu-russland-und-ukraine.html; 7.8.2024].

T-Online, ‚Das haben viele Beobachter im Westen unterschätzt'. Historiker Leonhard über Putin, 18.7.2023 [https://www.t-online.de/nachrichten/panorama/wissen/geschichte/id_100200468/ukraine-krieg-historiker-ueber-imperialen-phantomschmerz.html; 20.7.2023].

Wikipedia, Art. „Definitions of fascism" [https://en.wikipedia.org/wiki/Definitions_of_fascism; 4.12.2023].

Wikipedia, Art. „Faschismustheorie" [https://de.wikipedia.org/wiki/Faschismustheorie; 8.8.2024].

ZEIT Online, SPD Sachsen distanziert sich von Veranstaltung mit Krone-Schmalz (*Schlitt*, Anna-Lena), 16.5.2024 [https://www.zeit.de/politik/deutschland/2024-05/spd-freiberg-sachsen-gabriele-krone-schmalz-kritik; 8.8.2024].

Literatur

Heinen, Armin, Erscheinungsformen des europäischen Faschismus, in: Europäische Sozialgeschichte. FS für Wolfgang Schieder, hrsg. v. Christof Dipper/Lutz Klinkhammer/Alexander Nützenadel (Historische Forschungen, 68), Berlin 2000, 3–20.

Reichardt, Sven, Praxeologie und Faschismus. Gewalt und Gemeinschaft als Elemente einer praxeologischen Faschismusbegriffs, in: Doing Culture. Neue Positionen zum Verhältnis von Kultur und sozialer Praxis, hrsg. v. Karl H. Hörning (Sozialtheorie), Bielefeld 2004, 129–153.

Schulze Wessel, Martin, Der Fluch des Imperiums. Die Ukraine, Polen und der Irrweg in der russischen Geschichte, München 2023.

Thumann, Michael, Revanche. Wie Putin das bedrohlichste Regime der Welt geschaffen hat, München 2023.

Varwick, Johann, Taugt die realistische Theorieschule zur Erklärung des russischen Kriegs gegen die Ukraine?, in: SIRIUS 7 (2023), 72–79;

Volkov, Leonid, Putinland. Der imperiale Wahn, die russische Opposition und die Verblendung des Westens, München 2024.

Danksagung

Ein Buch zu publizieren ist immer eine Gruppenleistung. Der vorliegende Band bildet keine Ausnahme – ohne die tatkräftige Unterstützung zahlreicher Personen und Institutionen wäre er nicht erschienen. Unser herzlicher Dank gebührt zuvörderst den 15 Beiträger:innen, die sich bereitwillig und mit großem Einsatz auf das Thema der Festschrift eingelassen haben. Die Neuman & Esser Stiftung der Familie Peters gab uns bereits in einer sehr frühen Phase des Buchprojekts die Zusage, die historische Forschung an der RWTH Aachen University ein weiteres Mal substanziell zu fördern und die Drucklegung des Bandes großzügig zu unterstützen. Nicht weniger dankbar sind wir proRWTH, namentlich dem Vorstandsvorsitzenden Bernd Markert sowie Referentin Jeannette Schwerdt, für den gewährten Druckkostenzuschuss.

Jim Nikodem übernahm nicht nur mit großer Sorgfalt die formale Bearbeitung der Beiträge, sondern unterstützte uns mit seinem wachen Blick auch beim inhaltlichen Lektorat. Sandra-Kristin Diefenthaler stand uns mit ihrer kunsthistorischen Expertise bei der Suche nach einer passenden Abbildung für das Cover zur Seite. Bettina Neuhoff, Lena Hummel und das De Gruyter-Team betreuten das Buchprojekt kompetent und geduldig.

Aachen/Mainz im November 2024
Thomas Dorfner, Thomas Kirchner und Matthias Schnettger

https://doi.org/10.1515/9783111384214-017

www.ingramcontent.com/pod-product-compliance
Lightning Source LLC
Chambersburg PA
CBHW070407100426
42812CB00005B/1663